DIE CACTACEAE
Band VI

Abb. 3244. Nopalxochia phyllanthoides (DC.) Br. & R., eine der wichtigsten Elterarten in der „Phyllohybriden"-Zucht; der erste bekanntgewordene Blendling „Ignescens" entstand wahrscheinlich 1824 durch Einkreuzung von Heliocereus speciosus (Cav.) Br. & R.

DIE CACTACEAE

Handbuch der Kakteenkunde

CURT BACKEBERG

Band VI

Nachträge und Index

Mit 307 zum Teil farbigen Abbildungen im Text

Gustav Fischer Verlag · Stuttgart · New York

1985

CIP-Kurztitelaufnahme der Deutschen Bibliothek
Backeberg, Curt:
Die Cactaceae : Handbuch d. Kakteenkunde
Curt Backeberg.
Unveränd. Nachdr. d. 1958—1962 in Jena erschienenen 1. Aufl.
Stuttgart ; New York : Fischer
Bd. 6. Nachträge und Index. — 1985.
 ISBN 3-437-30385-6

Unveränderter Nachdruck der 1958 bis 1962 in Jena erschienenen 1. Auflage

Lizenzausgabe für Gustav Fischer Verlag · Stuttgart · New York

© VEB Gustav Fischer Verlag Jena 1960
Abdruck, auch auszugsweise, nur mit Genehmigung des Verlages
Alle Rechte vorbehalten · Printed in Germany
Gesamtherstellung: Friedrich Pustet, Graphischer Großbetrieb, Regensburg

ISBN 3-437-30385-6

INHALT

Zur Genealogie der „Phyllohybriden" 3545
Nachträge 3573
Berichtigungen und Ergänzungen 3905
Nachwort 3915
Namensverzeichnis 3919

Zur Genealogie der „Phyllohybriden" *(Epicacti)*
(Englischer Titel: „Genealogy of the large Flowered Cactus Hybrids", von GORDON D. ROWLEY, England.[1])

> „Der Reiz der Stammbaumforschung liegt zweifellos in seiner rätselhaften Unergründlichkeit."
> F. HARRISON.

Es gibt wohl nur wenige Sukkulentensammlungen, in denen man nicht einige der großblütigen „Phyllokakteen" oder „Epiphyllum" — wie neuerdings der gebräuchliche Name lautet — findet. In Amerika hat man für sie den schönen Namen „Orchid-Cacti" geprägt. Viele von ihnen haben aber unter ihren Vorfahren überhaupt keine Blattkakteen, wie man weiter unten sieht, und die einzige Ähnlichkeit mit Orchideen besteht darin, daß sie teilweise von Pflanzen mit epiphytischem Wuchs abstammen. Es wäre also angebracht, daß man für sie einen guten allgemeingültigen Vulgärnamen wählte. Aber welchen? Die Azteken hatten dafür bereits einen recht kennzeichnenden Begriff geschaffen: „Cuauhnochtli" oder „Baumkaktus", dem etwa die mehr botanische Bezeichnung „Epicactus" entsprechen würde. Jedenfalls erfordert die steigende Beliebtheit dieser Gewächse, einen treffenden volkstümlichen Namen für sie zu finden. In Deutschland ist „Blattkaktus" der gebräuchlichste.

Einige kultivieren diese Pflanzen, ohne in ihnen überhaupt Kakteen zu sehen, andere wieder, weil sie meinen, sie seien die einzigen wirklich ansehnlichen (was auch darin seinen Grund hat, daß die zahlreichen prächtig und reich blühenden Kakteenarten, die in jüngerer Zeit gefunden wurden, noch viel zu wenig bekannt sind). Jedenfalls sind die „Phyllokakteen" die alleinigen Vertreter ihrer Familie, bei denen systematische Kreuzungsversuche mit dem Ziel der Auslese ansehnlicher Blütengrößen und -farben unternommen wurden. Als Ergebnis dessen findet man heute in der Literatur zahllose Bastardnamen.

Über den Ursprung dieser Hybriden sagt die Amerikanische Epiphyllum-Gesellschaft: „Verschiedene Autoren haben die Ansicht, daß es so gut wie unmöglich ist, etwa die Herkunft älterer Kreuzungen festzustellen" (26). Das wäre kein ermutigender Start für einen Genealogen, der sich um die Klärung dieses Problems bemüht. Aber die nachfolgenden Ausführungen werden zeigen, daß ein solches Unterfangen nicht so hoffnungslos ist, wie es den Anschein hat. Das Rätsel der Abstammung ist hier nicht unlösbar, und es ist für manchen vielleicht überraschend, daß es durchaus möglich ist, die Hauptzweige der „Bastard-Stammbäume" darzustellen. Man muß sich daher auch wundern, daß angesichts der ziemlich umfangreichen Literatur des 19. Jahrhunderts noch nicht eher der Versuch gemacht wurde, die Stämme der Hybriden zu benennen und zu klassifizieren. Die einzigen neueren Bücher, die sich mit dieser Frage befassen, sind SCOTT HASELTONS „Epiphyllum Handbook" (15) und KURT KNEBELS „Phyllokakteen" (18).

Nomenklatur: Da in den beiden vorerwähnten Büchern nur kurze historische Hinweise gegeben wurden, ist es wichtig, zuerst auf die Nomenklaturfragen einzugehen bzw. festzustellen, daß alle Hybriden von Bedeutung „intergenerisch"

---

[1]) Die Bastardnamen sind, wie auch sonst meist, nicht in das Sachverzeichnis aufgenommen, da das Handbuch nur von natürlichen Arten handelt. Die Namen der „Phyllohybriden" lassen sich aber in ROWLEYS übersichtlicher Arbeit leicht auffinden. Die eingeklammerten Zahlen beziehen sich auf den Literaturnachweis.

sind und dementsprechend benannt werden müssen. Schon HAWORTH sagte 1821:
„Wenn man weiß, daß eine Pflanze aus zwei Arten entstand, ist sie keine der
beiden ... sie hat etwas von beiden und wird auch besser so beschrieben, indem
man in ihrem Namen ihren Ursprung wiedergibt."

Mit der intergenerischen Kreuzung der Kakteen läßt sich nur noch die bei den
Orchidaceae vergleichen, und sie ist auch ein gutes Vorbild für die Handhabung
der Nomenklaturfragen. Obwohl man mit Kakteenkreuzungen schon 30 Jahre
vor den ersten erfolgreichen Orchideenkreuzungen begann, haben die letzteren
einen rund 60jährigen Vorsprung in den Benennungs- und Klassifikationsfragen.

Glücklicherweise bedeutet bei den Cactaceae die Befolgung des Vorbildes bei
den Orchidaceae nur die Einführung von sechs neuen Hybrid-Gattungsnamen
(von denen zwei schon veröffentlicht sind), soweit es sich um die meisten Hybriden des 19. Jahrhunderts handelt. Es könnten noch viele mehr aufgestellt
werden, wenn man etwa, wie bei den Orchidaceae, auch drei- oder viergenerische
Hybriden klassifizieren wollte. Es sind allerorten auch zahlreiche bigenerische
Formen entstanden; aber es hätte keinen Sinn, ihnen schöne Namen zu geben,
zumal die Pflanzen meist über den Ort ihres Ursprungs nicht hinausgelangten.
Daher werden hier nur jene Hybriden behandelt, die weiter verbreitet sind und
auch für den Erwerbszüchter Bedeutung haben. Außerdem sollte man mit der
Aufstellung neuer Namen dieser Art zurückhaltend sein.

Vorweg ein kurzer Hinweis bezüglich Kennzeichnung der Hybrid-Gattungsnamen. Zum Beispiel bedeutet „× *Heliochia*", daß es sich hier um Kreuzungen
der Gattungen *Heliocereus* und *Nopalxochia* handelt; die Hybrid-Gattungsnamen
schließen auch Kreuzungen zwischen allen Arten der Eltergattungen ein.

Wenn sich nun ergibt, daß die erste Kreuzung irgendwelcher Arten ziemlich
einheitlich charakterisiert ist, so können doch schon die zweite Generation oder
spätere im Aussehen große Unterschiede aufweisen und es wünschenswert erscheinen lassen, viele dieser Abkömmlinge von denselben beiden Eltern auszulesen und zu benennen. Solche Hybridnachkommen werden mit der Abkürzung
„nm" (nothomorphs: zu deutsch „Bastardformen") gekennzeichnet; man gibt
ihnen besser volkstümliche als latinisierte Namen. Um ein Beispiel anzuführen:
das Binom „× *Heliaporus smithii*" schließt alle Nachkommenschaft ein, die der
Kreuzung von *Heliocereus speciosus* × *Aporocactus flagelliformis* entstammt, ungeachtet dessen, welche Elterart hier als Vater oder Mutter gewählt wurde, und
„× *H. smithii* nm. ‚Mallisonii'" stellt dabei nur einen besonderen vegetativen
Vermehrungsstamm (Clone) dar: der bekannte „*Aporocactus* (oder *Cereus*) *mallisonii*" der Kakteensammlungen.

Primäre bihybride Gruppe

Der Beschreibung und Klassifizierung der hier behandelten Kakteenhybriden
wird zweckmäßigerweise ein Überblick in Form eines Diagramms vorausgeschickt
(Tafel 1). Die Darstellung gibt einen aufschlußreichen und breiten Abriß. Seit
Beginn um 1824 bis zum Jahre 1900 gab es vor allem sechs fertile intragenerische
Hybriden, die von zu fünf Gattungen gehörenden Arten abstammten; sie bildeten die Grundlage der frühen „Phyllocactus" (ROWLEY: *Epicacti*)-Kreuzungen.
Ich bezeichne sie als die „Primäre bihybride Gruppe"; alle kamen vor 1860 zustande und werden heute noch häufiger in den Sammlungen gefunden. Nur der
Vollständigkeit halber werden zwei weitere solcher Bastarde, „*Aporocactus* ×
Nopalxochia" und „*Aporocactus* × *Selenicereus*", in der Darstellung noch aufgeführt, aber von ihnen ist heute nichts mehr bekannt, d. h., ob sie fertil waren

oder in späteren Kreuzungen irgendeine Rolle spielten. Die anderen sechs zur primären bihybriden Gruppe gehörenden Bastarde aber wurden wiederholt nachgekreuzt und enthalten, wie dies auch vorauszusetzen ist, Charaktere beider Eltern (s. Tafel 4), sind aber untereinander ganz verschieden, und es ist daher nicht schwierig, einen Schlüssel für ihre Bestimmung aufzustellen. Da viele der populären Hybriden in diese Kategorie fallen, hat der Schlüssel auch noch praktische Bedeutung für deren Unterbringung in der einen oder anderen der vorgesehenen 13 Gruppen. Beachtenswert ist ferner, daß die verschiedenen Hybrid-

Tafel 1

Überblick über die „Primäre bihybride Gruppe"
(1824—1860)

Die angegebenen Jahreszahlen bedeuten: entweder die erste Einführung der betreffenden Spezies oder die erste authentische Hybride jeder Gruppe bzw. in welchem Land sie entstand.
Die Zahlen in Klammern geben die geschätzte Mindestzahl von hinreichend unterschiedenen Bastarden bekannter Abkunft an.
Die in fetten Linien eingerahmten Namen stellen botanische Gattungen und Arten dar.

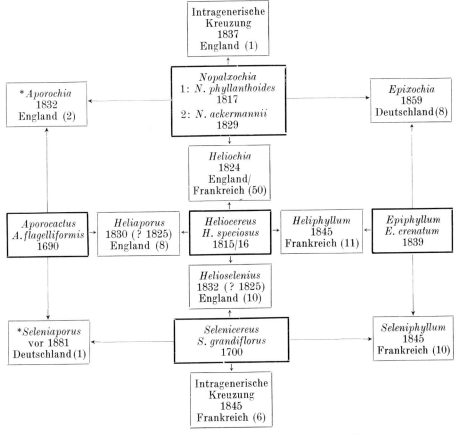

* vor dem Namen: Nicht veröffentlichte, provisorische Namen.
Es sind nur drei Hinweise auf diese zwei mit einem * gekennzeichneten Kreuzungen bekannt; Abkömmlinge dieser Pflanzen gibt es offenbar nicht mehr.

Gattungen auch eine unterschiedliche Kultur verlangen, angefangen von „*Heliochia*", der härtesten und am meisten sonnenliebenden, bis „*Seleniphyllum*", das empfindlich ist und auch Schatten verträgt.

Die folgende schlüsselmäßige Übersicht stellt nur den ersten Schritt auf dem Wege dar, die vielen bei den „*Epicacti*" auftauchenden Probleme zu lösen. Gegenwärtig sind authentisch etikettierte Pflanzen in englischen Sammlungen nur selten zu finden, und die erste Vorläufergeneration kreuzt so lebhaft, daß man danach die weitere Entwicklung kaum erkennen kann. Die Konservierung von Herbarmaterial ist reichlich vernachlässigt, und häufig ist man nur auf alte Beschreibungen und Abbildungen angewiesen. Ich bin daher überzeugt, daß ein intensiveres Studium lebenden Materials noch mehr Charaktere erkennen läßt, die die

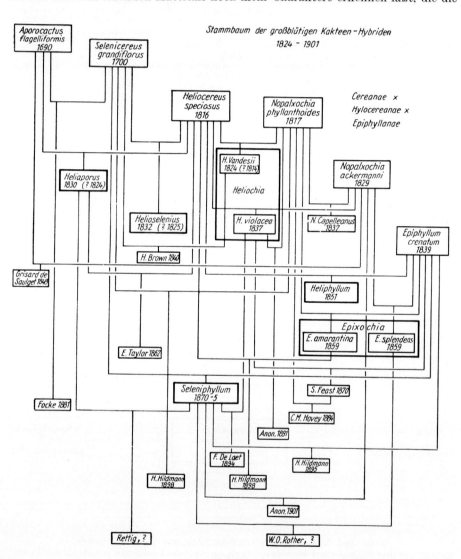

Tafel 2

Identifizierung erleichtern und ermöglichen werden, viele weitere Bastardformen (notomorphs) zu klassifizieren. Bis dahin ist es aber immerhin möglich, vielen alten Hybriden unserer Kollektionen, die, weil ihre Originaletiketten verlorengingen, bisher zur Anonymie verurteilt waren, einen Gattungs- und oft auch einen Artnamen zu geben.

Schlüssel
der hierunter anzuführenden natürlichen und Hybridgattungen

A Blüten weiß oder gelblich
  B Triebe flach, blattförmig, selten 3flügelig, ausgewachsen fast stachellos
    C Ovarium schuppig, fast nackt; Blüten nächtlich, einige auch bei Tage offen . . . . **Epiphyllum**
      Elterteil der Hybriden:
      E. crenatum, 1839
    CC Ovarium schuppig und borstig, mit weißen Stacheln; Tagblüten, 2—3 Tage dauernd . . × **Seleniphyllum**
      (Selenicereus × Epiphyllum)
      S. cooperi-Bastardformen:
      'Cooperi', 'Wrayi', 'Albus superbissimus', 'Pfersdorffii', sowie vielleicht 'Tettaui' und 'Thomasianus'(?).
  BB Triebe 5—7kantig, meist mit kurzen, festen Stacheln; Ovarium mit Bündeln von abfallenden Stacheln und Haaren, ohne Schuppen . . . . **Selenicereus**
    Elterteil der Hybriden:
    S. grandiflorus, 1700
    Intragenerische Bastarde:
    'Maximilian', 'Uranus'.

AA Blüten weder weiß noch gelblich
  D Triebe ausgewachsen stachlig, mit (3—)4—13 Rippen oder Kanten
    E Blüten klein, 4—10 cm lang, schiefsaumig; Triebe peitschenförmig, kriechend oder hängend; Rippen 7—13 . . . . . **Aporcactus**
      Elterteil der Hybriden:
      A. flagelliformis 1690.
    EE Blüten groß, 10 cm oder mehr lang, geradsaumig; Rippen bis 7
      F Rippen stärker hervortretend, 3—4, seltener bis 7 . **Heliocereus**
        Elterteil der Hybriden:
        H. speciosus, 1815-6
      FF Rippen niedrig, 5—7
        G Blüten 10—15 cm ⌀, 10 cm lang, trichterförmig . × **Heliaporus**
          (Heliocereus × Aporcactus)
          H. smithii-Bastardformen:
          'Smithii', 'Mallisonii'

GG Blüten größer, 12—28 cm ⌀, 18—23 cm lang,
  becherförmig . . . . × **Helioselenius**
  (*Heliocereus* × *Selenicereus*)
  H. maynardii-Bastardformen:
  'Maynardii', 'Allnuttii', 'Flemmingii', 'Ruber' und vielleicht 'Colvillii'.

DD Triebe ausgewachsen stachellos oder nur borstig, flach oder gelegentlich 3flügelig, blattförmig

  H Röhre länger als die Saumbreite . . . . . . × **Heliphyllum**
  (*Heliocereus* × *Epiphyllum*)
  H. charltonii-Bastardformen:
  'Charltonii', 'Parzii', 'Gordonianus', 'Splendens', 'Franzi', 'J. T. Peacock', 'Grand Soleil'.

  HH Röhre nur so lang wie die Saumbreite oder kürzer
    I Blüten zahlreich, kleiner, bis 10 cm lang;
    Ovarium winzig beschuppt, kahl   **Nopalxochia**
    Elterteil der Hybriden:
      N. phyllanthoides, ? 1817, *N. ackermannii*, 1829
      Intragenerischer Bastard:
      N. × *capelleana*

    II Blüten meist weniger zahlreich, aber größer, einzeln oder wenige an jedem Trieb; Ovarium borstig
      J Triebe flach, unten kurz zylindrisch; Areolen filzig, unbewaffnet; Blüten zart rosa bis hellkarmin . . . . × **Epixochia**
      (*Epiphyllum* × *Nopalxochia*)
      K: Blüten mittelgroß, mit breiten Petalen
        E. crenatum × *N. phyllanthoides*
        Epixochia amarantina-Bastardform:
        'Amarantinus' etc.
      KK: Blüten groß, verhältnismäßig wenige, Petalen schmal
        E. crenatum × *N. ackermannii*
        Epixochia splendens-Bastardformen:
        'Splendens', 'Vogelii', 'Roseus'.

      JJ Triebe flach oder 3flügelig, unten nicht zylindrisch; Areolen borstig; Blüten scharlach bis metallisch-purpurn . . . . × **Heliochia**
      (*Heliocereus* × *Nopalxochia*)
      L: Blüten mittelgroß, reichlich erscheinend
        H. speciosus × *N. phyllanthoides*
        Heliochia vandesii-Bastardformen:
        'Vandesii', 'Jenkinsonii', 'Lateritius', 'Ignescens', 'Hybridus', 'Quillardeti' und viele andere

LL: Blüten groß, spärlicher erscheinend
   H. speciosus × *N. ackermannii*
   Heliochia violacea-Bastardformen:
   'Conway's Giant', 'Feastii', 'Violaceus', 'Jacques Courant', 'Kampmannii', 'Kermesinus Magnus', 'Ludmani'.

Übersicht über die „Primäre bihybride Gruppe"
[(*) bedeutet: Erstabbildung]

HELIOCHIA ROWL. Gen. hybr. nov.

Hybridae inter Heliocereus et Nopalxochia; characteris duorum generum. Plantae validae, caulibus planis vel trigonis, solidis, brevicylindricis ad basim, laetoviridibus, latis, crenatis, saepe glaucis vel rubromarginatis. Areolae aciculis rigidis armatae. Flores magni usque ad permagni, diurni, expansi, brevitubulati et petalis latis gerentes, rubri vel purpureosanguinei, saepe metallico violaceo suffusi.

Habitus: Stämmig, oft bemerkenswert kräftige Hybriden, 60—100 cm hoch.
Triebe: Stark, kurz, breit, flach oder häufig 3flügelig, am Rande tief ausgekerbt, stumpflich, mit gewellten Kanten, oft ± spiralig gedreht, gras- oder dunkelgrün, bis zur Triebreife die Ränder und der Neuwuchs rötlich wie bei *Heliocereus*, zuweilen reifig.
Areolen: Borstig, mit Stächelchen und kurzer Wolle ('Vandesii' ist fast unbewaffnet).
Blüten: Am Tage geöffnet, 4—5 Tage dauernd, reich erscheinend, mittelgroß bis sehr groß, 10—12 cm lang, 10—20 cm ⌀, scharlach oder purpurrot und oft teilweise bläulich-tonig wie bei *Heliocereus*, geruchlos, mit kurzer Röhre und diese mit langen Schuppen ohne Borsten. Petalen breit, oblong, fest, lanzettlich oder verbreitert. Staubblätter zahlreich, nicht herausragend.

   × Heliochia vandesii ROWL. nom. nov.

Hybridae inter Heliocereus speciosus et Nopalxochia phyllanthoides. Flores medii, numerosi.

Cereus speciosus var. *Ignescens* ("1814"), 'Cierge Couleur de Feu' JACQ., in Journ. Jard. II: 287. 1832-3 (*).
   Das Publikationsdatum '1814' ist höchstwahrscheinlich ein Druckfehler (statt 1824), da um 1814 noch keine der Elternarten in der Kultur bekannt war.
Cereus speciosus var. *Quillardeti* (1824), 'Cactus de Quillardet' JACQ., in l. c. I: 98. 1832 (*).
Cereus *Jenkinsonii* (1824) SWEET, in Hort. Brit. Ed. II: 236-7. 1830; WALPERS, in Rep. Bot. Syst. II: 278. 1843.
Cereus speciosus (*phyllanthoides* DC.) × *C. speciosissimus* SWEET, in Brit. Flower Garden III: T. 250. 1828.
Cereus speciosissimus × *phyllanthoides* (1828) HAW., in Phil. Mag. N. S. VI: 107—110. 1829.
Cereus *hybridus* O. (1829), in Allg. Gartenztg. I: 72. 1833.
Cereus speciosissimus × *C. speciosa* (1829) G. C. in LOUDON, Gard. Mag. V: 469-70. 1829.

Cereus speciosus × *C. alatus* (1831) LEHM., in Flora I: 80. 1831; WARSZEWITZ, in LOUDON, Gard. Mag. XVII: 357-9. 1841.
Cereus speciosissimus var. *lateritius* (1832), 'Brick-red hybrid Cactus' LINDL., in Bot. Reg. XIX Pl. 1596 (*). 1837.
Epiphyllum Vandesii (HORT.) G. DON, in Gen. Hist. Dichlam. Pl. III: 170. 1834; PFEIFF., in Enum. Cact. 121-2, 1837; BURNETT, in Mag. Bot. & Gard. III: 5. 1837.
Epiphyllum Jenkinsonii (*Cactus Jenkinsonii* HORT.) G. DON., l. c.
Cereus speciosissimus DC. γ *Jenkinsonii* (hort. Angl.) PFEIFF., l. c.
Cereus speciosissimus DC. ε *ignescens* (hort. Dresd.) PFEIFF., l. c., 181. 1837; WALPERS, l. c.
Cactus speciosus var. *lateritius* MAUND, Bot. I: Pl. 12 (*). 1837.
Cereus speciosissimus DC. β *lateritius* PFEIFF., l. c. 121-2, 1837.
'Selloi' WARSZEWITZ, aufgeführt in FOCKE, Pflanzenmischlinge, 184. 1881 (= × *Heliochia* 'Ackermannii' HORT. non *Epiphyllum ackermannii* HAW.

Der Vollständigkeit halber werden hier noch die Namen folgender Bastarde angeführt, die in der Literatur vorkommen, und für die angenommen werden muß, daß sie von den gleichen Eltern abstammen wie die oben erwähnten:

'Aurantiacus'   'Eugenia'   'Mexicanus'
'Bodii'   'Finkii'   'Minus'
'Bollwillerianus' 'Kiardii'   'Mittlerii'
'Bowtrianus'   'Longipes'   'Multiflorum'
'Coccineus'   'Lothii'   'Peintnerii'
'Coccineus grandi- 'Loudoni'   'Roydii'
  florus'   'Macqueanus'   'Sarniensis'
'Curtisii'   'Maelenii'   'Superbus'
'Dangelii'   'Majus'   'Suwaroffii'
'Devauxii'   'Makoyi'   'Unduliflorus'
'Dyckianus'   'May-fly'   'Vitellinus'

Bezüglich weiterer Einzelheiten wird auf die folgenden Quellen verwiesen: PFEIFFERS Enumeratio von 1837, WALPERS Repert. Bot. II von 1843, FÖRSTERS Handbuch der Cacteenkunde von 1846 und dessen II. Ausgabe von RÜMPLER, 1885, sowie SALM-DYCKS Katalog von 1850. Viele dieser Pflanzen waren kaum voneinander zu unterscheiden, und nur sehr wenige haben sich bis heute erhalten. Viele Abweichungen der Schreibweise kommen vor, wie „Mackoyi" und „Guillardieri" (für „Quillardeti").

Bereits 1840 wurde eine trigenerische Hybride gezüchtet durch Kreuzung von 'Jenkinsonii' mit *Selenicereus grandiflorus* (H. BROWN, in LOUDON Gard. Mag. XVI. 597). Ein wichtiger früher Vorläufer von *Heliochia* ist „Epiphyllum splendidum" (PAXTON, Mag. Bot. I: 49—51. 1834), das durch Kreuzung mit *Epiphyllum crenatum* um 1870 in Baltimore 'C. M. Hovey' ergab (Gard. Chron. XIV: 103. 1880; NICHOLSON, Dict. Gard. III: 112-3. 1886-7); daraus entstanden wieder viele andere schöne Hybriden.

× *Heliochia violacea* ROWL. nom. nov.

Hybridae inter Heliocereus speciosus et Nopalxochia ackermannii. Flores permagni, pauciores.

Cereus speciosissimus × *ackermannianus* HERB., in Amaryllidaceae, 358-9. 1837; ERRINGTON, in Proc. Hort. Soc. XV: 234. 1841; HERBERT, in J. Hort. Soc. II: 96-7. 1847.
Conway's Giant (1842) LINDL. in Gard. Chron. II: 367. 1842.

Cereus speciosus × *ackermannii* (1842) LLEWELYN, in l. c. 383.
'Hansii' (1846), in FÖRSTER, Handb. Cacteenkde. Ed. I: 428. 1846.
Phyllocactus × 'Violaceus' (1869) F. & T. SMITH, in Gard. Chron. 19. Juni: 666. 1869.
'Kampmannii' (1886), in FÖRSTER-RÜMPLER, Handb. Cacteenkde. Ed. II: 850-64. 1886 (dort *'Kampmanni'* geschrieben, S. 854).
'Kermesinus Magnus' (1886), in l. c.; Gartenflora XLIV: T. 1421 (*). 1895.
'Ernesti' und 'Jaques Courant' (? vor 1902) ROTHER, in Prakt. Leitf. Ausg. I: 96. 1902.
'Feastii' (1905) DE LAET, in FÖRSTER-RÜMPLER, Handb. Cacteenkde., Ed. II: 852. 1886.
'Ludmani' gehört wahrscheinlich auch hierher, doch kann über seine Abstammung nichts angegeben werden.

Kompliziertere *Heliochias* kamen durch Einbeziehung beider *Nopalxochia*-Arten zustande, z. B. *'Conways Giant'* × *Nopalxochia phyllanthoides* (Monatsschr. Kaktkde. I: 128. 1891, und V: 94. 1895).

Die *Heliochias* wurden deshalb so populär, weil sie die härtesten und daher langlebigsten aller epiphytischen Kakteenhybriden sind. Ihre reiche Blüte, selbst unter widrigen Umständen, macht sie zu idealen Anfängerpflanzen. Man kann auch sagen, daß viele sogenannte „*Epiphyllum*-Sammlungen" weder echte *Epiphyllum*-Arten enthalten noch Nachkommenschaft von diesen.

HELIAPORUS ROWL.
in Cact. & Succ. J. Gr. Brit. XIII: 54. 1951
Syn.: *Aporoheliocereus*, nomen, in KNEBEL „Phyllocactus" 18. 1949

Hybridae inter Heliocereus et Aporocactus; characteris duorum generum. Habitu Aporocactus similius, sed caulibus brevioribus, validioribus, sexangularibus. Flores Heliocereus in facie coloreque appropinquantes, aequale limbo, miniati vel roseococcinei.

× Heliaporus smithii (PFEIFF.) ROWL., in l. c.

Hybridae inter Heliocereus speciosus et Aporocactus flagelliformis. Characteris Heliaporus ut supra.
? *Cereus smithianus* (1824) in SWEET, Hort. Brit. Ed. 2: 236-7. 1830.
'Crimson Creeping Cereus' (1830) in PAXTON. Hort. Reg. II: 161-2 (*). 1833; LINDLEY, in Bot. Reg. XIX: T. 1565 (*). 1837.
Cereus smithii PFEIFF., in Enum. Cact. III: 111. 1837; LINK & OTTO, in Verh. Ver. Beförd. Gartenb. XII: 134, t. 1. 1837; JACQUES, in Journ. Jard. 283 (*). 1837-8.
Cereus mallisonii PFEIFF., in Enum. Cact. III: 181. 1837.
Cereus nothus WENDL. (1837), von FOCKE zitiert in Pflanzen-Mischl., 1881; HERBERT in Amaryllidaceae, 1837.
Cereus flagelliformis longissimus, in Proc. Hort. Soc. VI: 79. 1839.
Cereus speciosissimus hybridus, in Bot. Mag., T. 3822 (*). 1840.
Cereus flagelliformis mallisonii WALP., in Rep. Bot. II: 278. 1843.
Cereus flagelliformis speciosus SD., in Cact. Hort. Dyck. 1849. 50. 1850.
Cereus crimsonii PRITZ., in Icon. Bot. Index 246. 1855.
'Aurora', 'Splendens' und 'Vulcan', in A. BLANC „Hints on Cacti", 27. c. 1890.
Cereus ruferi HGE. (*Cereus rueferi*, MfK, 16: 10. 1906),, zitiert in FOURNIER Cact. et Pl. Grass. CLXIII. 1935.

'*Aporocactus mallisonii* HORT. ex BORG, „Cacti". 1937.
Habitus: Wie *Aporocactus*, aber kräftiger und kürzer, intermediär zwischen beiden Eltern.
Triebe: 6rippig, gekantet, gekerbt, dicker und weniger stachlig als *Aporocactus*, hellgrün wie *Heliocereus*.
Areolen: Mit kurzer Wolle und dünnen Borsten, die äußeren derselben gelblich.
Blüten: Am Tage geöffnet, 3—4 Tage dauernd, zahlreich, bis 10 cm lang, 10 bis 15 cm ⌀, trichterförmig, mit regulärem Saum, feuerrot oder rosakarmin mit violettem Hauch wie bei *Heliocereus*. Petalen spreizend. Staubfäden gelb, herausragend.

Zuerst um 1830 in England gezogen (frühere Berichtangaben sind zweifelhaft) und seitdem oft wiederholte Kreuzung. Fertil; eine Rückkreuzung nach *H. speciosus* wurde um 1862 von R. TAYLOR gemacht. Die *Heliapori* sind ansehnliche hängende Korbpflanzen für das Glashaus; eine Anzahl neuer Kreuzungen sind in jüngerer Zeit aus Deutschland berichtet worden.

HELIOSELENIUS ROWL.
in Cact. & Succ. J. Gr. Brit. XIII : 54. 1951

Hybridae inter Heliocereus et Selenicereus; characteris duorum generum. Habitus intermedius. Flores Selenicerei facie, sed rubri colorati, permagni, vespertini aperti et per duos vel tres dies permanentes.

Helioselenius maynardii (PAXT.) ROWL., in l. c.

Hybridae inter Heliocereus speciosus et Selenicereus grandiflorus. Characteris generum ut supra.

? *Cereus colvillii* (1825), in SWEET Hort. Brit. Ed. II : 236-7. 1830.
Cereus grandifloro-speciosissimus Maynardii LEM., in Flore des Serres III : 233-4 (*). 1837.
Cereus speciosissimus × *C. grandiflorus* (1832) LOUD., in Gard. Mag. IX : 114. 1833; HERBERT, in Amaryllidaceae 358-9. 1837; Gard. Chron. III : 465. 1843; l. c. XVII : 772. 1882.
Cereus speciosissimus DC. *v grandiflorus* PFEIFF., in Enum. Cact. 121-2. 1837.
Cereus grandiflorus β *speciosissimus* PFEIFF., in l. c. 113. 1837.
Cereus grandiflorus × *speciosissimus*, in Gard. Chron. III : 377, 432. 1843; l. c. IV : 587. 1844.
Cereus speciosus var. *Allnuttii* (1845), in Ann. Hort. 541. 1846.
Cereus grandiflorus Maynardi (1845) PAXT., 'Lady Maynard's Great-flowering Cereus', in Mag. Bot. XIV : 75-6 (*). 1848.
?*Cereus fulgidus* HOOK. (1870), in Bot. Mag. T. 5856 (*). 1870.
'Flemmingii' K. SCH., in Mschr. Kakteenkde. III : 109. 1893.
'Ruber' K. SCH., in l. c.

Habitus: Langtriebig, niederbiegend, wie *Selenicereus*.
Triebe: 5—7kantig, hellgrün.
Areolen: Wollig, mit 6—8 kurzen Borstenstacheln.
Blüten: Abends öffnend und 2—3 Tage dauernd, groß bis sehr groß, 18—23 cm lang, 13—27 cm ⌀, rot, wie die von *Selenicereus* geformt, mit ziemlich kurzer, schuppiger Röhre und becherig aufgewölbten Petalen, ohne den violetten Ton von *Heliocereus*. Staubfäden nicht herausragend.

Ziemlich schlanke, Wärme liebende Pflanzen; sie werden in den Sammlungen nur selten gefunden. Bereits 1877 hielt man sie für ausgestorben (Burdbidge

Propn. & Impr. Cult. Plants, 221), aber es gibt noch einzelne in England und Deutschland. 'Haagei' soll nach LABOURET (1853) hierher gehören, paßt aber nicht recht in das Bild dieser Gruppe; LABOURETS Angaben über Kaktushybriden sind so ungenau, daß man ihnen mißtrauisch gegenüberstehen muß. Vielleicht ist dies eine spätere Generation oder eine Rückkreuzung nach *Epiphyllum*. L. COURANT begann eine beachtliche Reihe von Kreuzungen zwischen *Helioselenius* und *Epiphyllum hookeri* im Jahre 1892 (RÜMPLER, 'Die Sukkulenten').

HELIPHYLLUM ROWL. hybr. nov.

Hybridae inter Heliocereus et Epiphyllum; characteris duorum generum. Caules primo angulares, postea ut in Epiphyllum plani. Flores magni, speciosi, facie Epiphyllum sed varietate colorum Heliocereus conjuncti.

Syn.: *Phyllocereus* WORSLEY 1931 non MIQUEL et alia, in J. R. H. S. LVI: xxxiii. 1931.

Phyllocereus KNEBEL 1931 non MIQUEL et alia, in Cact. en Vetpl. IV:26.1938.

Heliocactus JANSE, in l. c. 28[1]).

× Heliphyllum charltonii ROWL. nom. nov.

Hybridae inter Heliocereus speciosus et Epiphyllum crenatum. Characteris Heliphyllum ut supra.

Phyllocactus speciosissimo-crenatus, 'Hybrid Crenate Cactus' (1851) in PAXTON, Fl. Gard. II : T. 62 (*). 1851-2.

Cereus crenatus × *C. speciosissimus*, in J. Hort. Soc. IX : 1 vii. 1855: J. C. L. in Gard. Chron. (12. Juni) 478. 1858; l. c. XXII : 394. 1884.

Phyllocactus Charltonii, in Gard. Chron. (12. Juni) 638. 1869.

Phyllocactus Parzii, in l. c.

Cereus Gordonianus, in BURBIDGE: Propn. & Impr. Cult. Plants 218-26. 1877; SCHUMANN, in Blüh. Kakt. T. 36 (*). 1903.

Cereus splendens, in BURBIDGE, l. c.

Phyllocactus speciosissimo-crenatus PAXT. v. *Franzi* F. SCHMIDT, in Gartenfl. XXX : 227. 1881.

Phyllocactus crenatus × *Cereus speciosissimus*, in Gard. Chron. Ser. 3 IX : 620. 1891.

'Franzi', in Gartenfl. XLI, T. 1370 (*). 1892.

'J. T. Peacok' W. WATSON, in The Garden (30. Januar) 104. 1892.

'Grand Soleil' WEINGART, in Mschr. f. Kakteenkde. X : 121. 1900.

Habitus: Wie *Epiphyllum*.

Triebe: Zuerst kantig, später abgeflacht, schlank, scharf gekerbt.

Areolen: Mit kräftigen Borsten ('Franzi').

Blüten: Sehr zahlreich, groß, Form wie die von *Epiphyllum*, rosenrot. (In der F_2-Generation sehr variabel in der Farbe, von reinweiß bis leuchtend scharlach, darin an *Heliocereus* erinnernd, aber der purpurne Schein mehr auf den Rand begrenzt.)

---

[1]) JANSE schlug diesen Namen als Ersatz für den von KNEBEL vor, der ein späteres Homonym von *Phyllocereus* MIQUEL 1839 et alia war, als Bezeichnung für Blendlinge von *Cereus* (*Heliocereus*) und *Phyllocactus*; es wurde aber weder eine lateinische Diagnose gegeben noch eine Kombination unter dem neuen Namen. Der Grund, weswegen dieser hier nicht anerkannt bzw. verwandt wurde, ist aber auch, daß *Phyllocactus* jetzt ein ungültiger Name ist, und der Gebrauch von „× *Heliocactus*" für Kreuzungen von *Heliocereus* × *Epiphyllum* würde nur die Verwirrung vergrößern, die an sich schon durch die beharrliche Weiterverwendung von *Phyllocactus* in der populären Literatur besteht. „*Heliphyllum*" wurde der Vorzug gegeben gegenüber der Schreibweise „*Heliophyllum*" wegen des ähnlichen älteren Gattungsnamens *Heliophylla* von SCOPOLI.

Die Kreuzungen dieser Gruppe sollen zuerst bereits um 1845 von C. SIMON und L. COURANT vorgenommen worden sein; sie sind seitdem aber häufig wiederholt worden. Die ersten *Heliphyllum*-Hybriden waren auch das Ausgangsmaterial für viele der populärsten heutigen Blendlinge; durch spätere Auslese hat man fast völlig stachellose Pflanzen erzielt. In den letzten 50 Jahren ergaben sich noch weitere Kreuzungsmöglichkeiten durch die Einführung weiterer *Heliocereus*-Arten (der weißblütige *H. speciosus albiflorus* (PFEIFF.) [Syn.: *H. amecamensis*[1])], eingekreuzt durch WORSLEY; *H. cinnabarinus* (EICHLAM) BR. & R., eingekreuzt durch KNEBEL) sowie verschiedener *Epiphyllum*-Spezies.

EPIXOCHIA ROWL. Gen. hybr. nov.

Hybridae inter Epiphyllum et Nopalxochia; characteris duorum generum. Habitus intermedius, caulibus latis, brevibus, crassis, crenatis, ad basim brevicylindricis, sursum planis, nitidis, atroviridibus, multifloris. Areolae brevilanatae. Flores rosei vel coccinei vel adsperse coccineo-punctati, laxe aggregati.

Habitus: Kräftig, intermediär zwischen beiden Eltern.
Triebe: Dunkel glänzendgrün, zahlreich, kurzzylindrisch am Grunde, nach oben zu breit, kurz, dick, stark geflügelt, ± tief gekerbt.
Areolen: Klein, kurzwollig oder filzig, gewöhnlich stachellos.
Blüten: Weit ausgebreitet, glockig oder noch enger geschlossen, die Sepalen nicht spreizend, zartrosa, karmin oder karmin-gefleckt, in Büscheln erscheinend, d. h. mehrere beieinander, äußere Perigonblätter von den inneren deutlich unterschieden.

× Epixochia amarantina ROWL. nom. nov.

Hybridae inter Epiphyllum crenatum et Nopalxochia phyllanthoides. Flores aliquanto parvi, numerosi, petalis latis.

Phyllocactus crenatus β *amarantinus* REG., in Gartenflora X : 84-5. 1859-60.
Phyllocactus crenatus δ *lateritius* REG., in l. c. (non × *Heliochia* 'Lateritius').
Phyllocactus crenatus × *phyllanthoides* FOCKE, in Pflanzenmischlinge 185. 1881.

× Epixochia splendens ROWL. nom. nov.

Hybridae inter Epiphyllum crenatum et Nopalxochia ackermannii. E. amarantino similis, sed floribus majoribus, petalis plerumque angustioribus.

Phyllocactus crenatus γ *splendens* REG., in Gartenflora X : 84-5. 1859-60, (*) T. 321; FOCKE, in Pflanzenmischlinge 185. 1881.
Phyllocactus crenatus β *Vogeli* REG., in l. c. 84-5; FOCKE, in l. c.; SCHUMANN, in Blüh. Kakt. (*) T. 180. 1921.
Phyllocactus crenatus SALM v. *roseus grandiflorus* REG., in Gartenflora XI : 237, (*) T. 357. 1862.
Phyllocactus crenatus × *ackermannii* MACKINTOSH (1873), in BURBIDGE Propn. & Impr. Cult. Plants 218-226. 1877.
? *Phyllocactus crenatus* ε *roseus* REG., in Gartenflora X : 84-5. 1859-60.

---

[1]) Zitat nach ROWLEY; bei PFEIFFER gibt es nur einen *Cereus speciosissimus* σ *albiflorus* ?, der schon (auch lt. SCHUMANN) zu PFEIFFERS Zeit ungeklärt war. WEINGART (SCHUMANN, Gesamtbschrbg., Nachtr., 54. 1903) hielt eine heller grüne Form des *Mediocactus coccineus* (SD. in DC.) BR. & R. für den „lange verschollenen alten *Cereus albiflorus*", den BRITTON u. ROSE als *Cereus albiflorus* K. SCH. unter *H. speciosus* aufführen. *C. speciosissimus* war eine unberechtigte Umbenennung. Der weißblütige *H. speciosus* kann bisher mit Sicherheit nur als v. *amecamensis* (HEESE) WGT. bezeichnet werden; er stammt von Amecameca in Mexiko.

Der *Nopalxochia-ackermannii*-Charakter, der gewöhnlich diese Gruppe von der vorhergehenden unterscheidet, sind die größeren Blüten, die an den Trieben verhältnismäßig weniger zahlreich entstehen[1]). Leider sind die *Epixochias* nur unzulänglich belegt, und obwohl bekannt ist, daß C. Simon eine Anzahl Blendlinge erster Generation zog, konnte doch für die Zeit vor 1859 nichts mehr über solche Kreuzungen festgestellt werden.

SELENIPHYLLUM Rowl. Gen. hybr. nov.

Hybridae inter Selenicereus et Epiphyllum; characteris duorum generum. Habitus ut in Epiphyllum sed caulibus ad basim longi-cylindricis. Flores albi, straminei vel luteoli, nocturni aperti, permagni, 15—25 cm $\varnothing$, tubo longo, usque ad 15 cm, squamoso, sine spinis (sed e. g. in S. cooperi ovario setoso).

Syn.: *Phylloselenicereus*, nomen, in Knebel „Phyllocactus" 18. 1949.

× Seleniphyllum cooperi Rowl. nom. nov.

Hybridae inter Selenicereus grandiflorus et Epiphyllum crenatum. Characteris generum ut supra.

Phyllocactus crenato-grandiflorus Reg., in Gartenflora XXXIII: 357 (*). 1884;
'Cooperi' (1870-5) Hort. ex Regel, l. c.; Worsley, in J. R. H. S. XXXIX. 95. 1913. 'Wrayi' (c. 1880), in Worsley, l. c.; Schumann, in Blüh. Kakt. T. 62 (*). 1905.
'Thomasianus'[2]), in Schumann, Blüh. Kakt. T. 41 (*). 1903.
'Meyereanus' Worsley, in l. c.

Die nachfolgenden Bastardformen gehören mit ziemlicher Sicherheit hierher, obwohl es dafür (mit Ausnahme von Züchterkatalogen) keine publizierten Unterlagen gibt:
'Albus grandiflorus'
'Albus perfectus'
'Albus superbissimus'
'Pfersdorffii'
? 'Tettaui'

Habitus: Starkwüchsig, ziemlich dichttriebig.
Triebe: Unten lang-zylindrisch, oben flach und *Epiphyllum*-ähnlich, dick, von mittlerer Länge (gelegentlich bis 1,5 m), scharfkantig, mit schwacher Kerbung, graugrün bis grasgrün; im Neutrieb dunkelrot, glänzend.
Areolen: Klein, unansehnlich, ohne Wolle, mit Schuppenblättern und nur gelegentlich weichen Borsten, sonst unbewaffnet.

---

[1]) Dies ist mir nicht recht verständlich, da ich *N. ackermannii* ebenfalls mit dichtstehendem reicherem Blütenansatz beobachtete. Vielleicht ist eher *E. crenatum* für den geringeren Blütenansatz ausschlaggebend gewesen (Backeberg).

[2]) Ob diese Pflanze wirklich hierher gehört, erscheint mir nicht als gesichert. Schumann beschrieb die Blütenröhre 1895 als bis 20 cm lang, die Blüten (Gesamtbschrbg. 214. 1898) als „seitlich aus den oberen Teilen der letzten Glieder ... durch die gelben Staubfäden von allen mir bekannten Arten unterschieden". Schumann bezeichnete die Pflanze auch als „keinesfalls einer der zahllosen Bastarde ... eine ganz sicher gut begründete neue und sehr schöne Art". Der Röhrenlänge „bis 20 cm" und Rowleys Kennzeichnung des *Seleniphyllum*-Blütenursprungs „flowers arising near ground level" nach paßt sie nicht in Rowleys entsprechende Charakteristika von *Seleniphyllum*. Von irgendwelcher Bekleidung des Ovariums sagt Schumann trotz Beschreibung desselben nichts; von Britton u. Rose wissen wir, daß *E. macropterum* durch „scales on ovary ... with long hairs in their axilis" gekennzeichnet ist, so daß Webers und Britton u. Roses Identifizierung von „*E. macropterum*" mit *E. thomasianum* nicht richtig sein kann (Backeberg).

Blüten: Abends öffnend, aber 2—3 Tage dauernd, wie *Selenicereus*, nur nachts duftend, 17—25 cm ⌀, mit langer Röhre von 12—15 cm Länge nahe der Basis entstehend (bei 'Wrayi' höher), weiß, krem oder gelblich; äußere Perigonblätter schmal, gelb, purpurrot oder bronze; ca. 10—15 schmale Röhrenschuppen; Ovarium mit weißen Borsten.

Die beiden weißblütigen Eltern ergaben nicht nur die Hybriden mit den größten und schönsten weißen Blüten, sondern auch eine Reihe von Blendlingen mit kremgelben und neuerdings sogar orangefarbenen. Spätere (sekundäre) Abkömmlinge von *Seleniphyllum* sind:

Seleniphyllum 'Hildmannii' (× *Seleniphyllum cooperi* 'Wrayi' × *Epiphyllum crenatum*), Gartenflora XLIV, (*) T. 1421. 1895.

Seleniphyllum × *Nopalxochia* 'Coopermannii' (1901) (× *S. cooperi* 'Cooperi' × *Nopalxochia ackermannii*) WORSLEY, in Gard. Chron. LXXXIV: 209. 234. 1928.

Seleniphyllum × *Heliochia*:
 × *S. cooperi* 'Cooperi' × *H. violaceus* 'Kampmannii', Mschr. Kaktkde. IV: 66. 1894.
 × *S. cooperi* 'Cooperi' × *H. violaceus* 'Conways Giant' (1899) DE LAET, in J. R. H. S. XXXI: lxxiv. 1906.
 × *S. cooperi* 'Albus Superbissimus' × *H. violaceus* 'Kermesinus Magnus' FOBE, in Mschr. Kaktkde. IX: 27. 1899.

Seleniphyllum × *Epixochia*:
 × *S. cooperi* 'Wrayi' × *E. splendens* 'Vogeli' ROTH, in Prakt. Leitf. Ausg. 4. 1921.

Seleniphyllum × *Heliaporus*:
 × *S. cooperi* 'Cooperi' × *H. smithii* 'Mallisonii' (RETTIG, ohne Datumangabe), erwähnt von KNEBEL, in „*Phyllocactus*" 18. 1949.

Der Ursprung von 'Cooperi', dem *Seleniphyllum*-Prototyp, wurde von WORSLEY (l. c. 1913) untersucht. Er stellte fest, daß er um 1870—75 von THOMAS COOPER aus W. W. SANDERS Kollektion in Reigate eingeführt wurde und neigt zu der Ansicht, daß es sich hier überhaupt nicht um eine Hybride, sondern eine gute neue Art handelt. Eine zytologische Untersuchung zur Klärung dieser Frage wäre zu wünschen.

Die *Seleniphyllum*-Arten verlangen eine höhere Wintertemperatur (von ungefähr 50—60° F [10—15° C]) als die anderen Hybridengattungen, um gut zu blühen, denn sie sind ziemlich empfindlich, lieben die Wärme[1]) und vertragen schattigen Stand. Als Schattenblüher haben sie sich vor allem in und am Rande von Industriegebieten bewährt.

Historische Übersicht

Tafel 2 gibt einen zusammenfassenden Überblick über die Ergebnisse der Kakteen-Hybridisierung im 19. Jahrhundert, soweit ich die Einzelheiten herausfinden konnte. Zur Vereinfachung wurden nur jene Berichte berücksichtigt, die sicher begründet sind und züchterische Bedeutung hatten oder haben. Die sechs Bastarde der primären bihybriden Gruppe wurden genau gekennzeichnet, um

---

[1]) Die für *Seleniphyllum*-Bastarde angegebene Empfindlichkeit kann sich wohlverstanden nicht auf den Prototyp 'Cooperi' beziehen (Bd. II, S. 755 [Abb. 685]). Diesen halte ich für eine der härtesten Kakteen, denn ich besitze ein Vermehrungsstück von einer Pflanze, die sich nachweislich seit über 50 Jahren in unserer Familie befindet, regelmäßig blüht und sich sowohl in voller Sonne im Glashaus wie auch im Freien (den Sommer über) ausgezeichnet hält (BACKEBERG).

sie von jenen zu unterscheiden, die geringere Bedeutung haben oder zu keinen befriedigenden Ergebnissen führten.

Die ersten Blendlinge, von denen einigermaßen verläßliche Berichte vorliegen, sind die von *Heliochia*; sie wurden durch Kreuzung von *Heliocereus speciosus* und *Nopalxochia phyllanthoides* gezüchtet. Die erste Jahresangabe, die für sie vorliegt, ist 1814, und zwar für die Bastardform ('nm') 'Ignescens'. Wenn dieses Datum zuträfe, müßten aber die Elterarten schon mindestens 3 Jahre früher in Kultur gewesen sein. Auf Grund eines anderen Hinweises desselben Autors bez. 'Quillardeti', einem weiteren nm. derselben Kreuzung, kann man jedoch mit mehr Sicherheit die Entstehung dieser beiden Bastarde in das Jahr 1824 verlegen. Auch nach der zweiten und dritten Ausgabe von SWEETS „Hortus Britannicus" (27) wird als das Entstehungsjahr von drei der ersten Kakteenhybriden 1824 angegeben, und zwar für die Namen 'Jenkinsonii' und 'Smithianus' bzw. 1825 für 'Colvillii'. 'Jenkinsonii' ist eine weitere *Heliochia* derselben Abkunft wie die beiden oben erwähnten; von 'Smithianus' und 'Colvillii' liegen genaue Angaben nicht vor oder sie sind verworren. Mit 'Smithianus' oder 'Smithii' scheint man mehrere verschiedene Kreuzungen bezeichnet zu haben, d. h., es ist nicht sicher, ob man damit zuerst den *Heliaporus smithii* gemeint hat, der dann eine 6 Jahre früher berichtete Kreuzung gewesen wäre als der bekannte 'Mallisonii'. Ungeklärt ist auch ‚Colvillii', aber hier haben wir wenigstens den indirekten Nachweis von HERBERT (16), daß es sich um einen *Helioselenius* handelte, indem der erste sichere Bericht über diese Hybridgattung um 12 Jahre vorverlegt wurde. Viele interessante und schöne Blendlinge können in die phylogenetischen Untersuchungen nicht einbezogen werden, weil über sie dazu nicht genug bekannt ist: die *Epiphyllum-crenatum*-Kreuzungen von J. T. PEACOCK und C. M. HOVEY gegen Ende der 70er Jahre des vorigen Jahrhunderts sowie viele Züchtungen von C. SIMON, L. COURANT, VEITCH und DE LAET (20). Ferner muß man bei der Wiedergabe von Stammbäumen bedenken, daß meist die Mutterpflanze einer Kreuzung besser bekannt ist als der Vater, und daß Datumangaben leicht dadurch zu Irrtümern führen, daß man sie nicht früh genug ansetzte, denn es dauert Jahre, bis eine neue Hybride blüht, Aufmerksamkeit erregt und schließlich einen gedruckten Namen erhält. Auch diese verursachen manches Kopfzerbrechen. So wurde lange Zeit das Binom „*Cereus speciosus*" irrtümlich für *Nopalxochia phyllanthoides* gebraucht, während die Pflanze, die wir heute *Heliocereus speciosus* nennen, als „*Cereus speciosissimus*" bezeichnet wurde[1]). Weiß man das nicht, wird man leicht irregeführt. Aber trotz solcher Anlässe zu Irrtümern ist es doch überraschend, wieviel wir über die Geschichte der frühesten Kreuzungen wissen.

Allem Anschein nach ist das erste Hybridgenus *Heliochia* ungefähr gleichzeitig und unabhängig voneinander in Frankreich und England entstanden. Es ist dies die größte und wichtigste aller älteren Hybridgattungen; die gleiche Kreuzung wurde oft wiederholt und führte in späteren Generationen zu einer großen Anzahl von benannten Kulturformen, wenn auch zu weit mehr Namen als angebracht waren. Dadurch, daß noch eine weitere als *Nopalxochia*-Art angesehene Spezies hinzukam, *N. ackermannii*, entstand eine zweite große Gruppe von *Heliochias* (*H. violacea*) mit verhältnismäßig größeren, wenn auch an Zahl geringeren Blüten als bei den vorerwähnten Hybriden. Die Eigenschaft, selbst unter ungünstigen Bedingungen zu blühen, und ihre Robustheit und Wider-

---
[1]) Da BONPLAND *Nopalxochia phyllanthoides* irrtümlich als „*Cactus speciosus*" angesehen hatte, stellte, statt dessen ältesten Namen von CAVANILLES, DESFONTAINES unberechtigterweise für ihn den neuen Namen „*Cactus speciosissimus*" auf.

Abb. 3245. Eine interessante Neuzüchtung von G. D. ROWLEY: Eine Kreuzung von × Heliochia 'Ackermannii' mit Seleniphyllum × Nopalxochia 'Coopermannii'; auffällig sind die blattähnlichen Spitzen an den Vorsprüngen der Triebkanten. (Foto: G. D. ROWLEY.)

standsfähigkeit gegen niedrigere Temperaturen machte sie außerordentlich populär und führte dazu, daß sie bis heute in größerer Formenzahl während der Zeit des Niederganges der Kakteenliebhaberei erhalten blieben als die empfindlicheren Bastarde.

Ein wichtiger Markstein war die Einführung von *Epiphyllum crenatum* im Jahre 1839. Es erwies sich im Gegensatz zu anderen *Epiphyllum*-Arten als leicht kreuzbar, und mit dem Entstehen von *Heliphyllum* um 1845 sowie zweier *Epixochias* im Jahre 1859 begannen die „Phyllohybriden" (ROWLEY: *Epicacti*) ihre jetzige vollendetere Form zu finden: flache, fast unbestachelte Triebe, eine umfangreichere Farbpalette und ziemlich langröhrige, beschuppte Blüten.

Aporocactus wurde schon früh in die Kreuzungsarbeit einbezogen und ergab den seit jeher populären 'Mallisonii', *Selenicereus* außerdem die prächtige Hybride *Helioselenius maynardii*, den „Sonne- und Mond-Cereus" (um den Hybridgattungsnamen wörtlich zu übersetzen), oder, wie ihn PAXTON nannte, 'Lady Maynard's großblühender Cereus'. Er hat hängende Triebe und Blüten ähnlich denen von *Selenicereus*, aber von glänzend roter Farbe, ist jedoch keine robuste Pflanze und auch nicht leicht zu kultivieren, weswegen er mehr als einmal nahe am Aussterben war. Weit besser bekannt und auch historisch bedeutsamer sind die *Seleniphyllum*-Bastarde, die vielleicht schon im Jahre 1845 entstanden und unter den Weißblühern immer noch eine bevorzugte Rolle spielen.

Seit ihrem Beginn im Jahre 1824 gewann die Kaktus-Hybridisierung schnell an Popularität, besonders in England, dessen Züchter in den ersten zwanzig Jahren führend waren. Das Jahr 1843 sieht diese „Mode" auf dem ersten Höhepunkt, die Liebhaberzüchter waren eifrig bemüht, einander den Rang abzulaufen, und Pflanzen von ungewöhnlicher Größe und erstaunlichem Blütenreichtum wurden für Ausstellungen angezogen. 'Conways Giant' erhielt bald einen Konkurrenten in *'Cereus ackermannii regalis'* von Mr. ERRINGTON, der sich schon durch seine *Heliaporus*- und *Heliochia*-Kreuzungen einen Namen gemacht hatte. H. KENNY und die Firma T. Davies & Co. wetteiferten miteinander in der Auslese neuer *Helioselenius*-Formen; eine davon besaß sogar Blüten von 25 cm Durchmesser! Allein „Gardeners Chronicle" (32) berichtete von acht anderen Bastarden, die in einem Jahr zur Prüfung eingereicht wurden, und von einer Flut von Anfragen über Bestäubung, Sämlingsanzucht und allgemeine Kulturmethoden. ALLNUTT, BEATON, H. BROWN, J. GREEN und LLEWELLYN in England, MITTLER und WARSZEWITZ auf dem Kontinent gehörten zu den Pionieren auf diesem Gebiet und trugen das ihrige bei zu HERBERTS (1847) (17) und GAERTNERS (1849) (10) mustergültigen und bedeutsamen Arbeiten über die wissenschaftliche Seite der Hybridenzüchtung. HERBERTS zwei Publikationen sind besonders wichtig durch den Vorrang, den er den Kakteenhybriden zukommen ließ: er nennt sie als Beispiele intergenerischer Hybriden und war einer der ersten von denen, die untereinander fertile Arten zu derselben Gattung gestellt sehen wollten. Er verzeichnete die fruchtbaren Hybriden und scheint hauptsächlich an dem Gedanken interessiert gewesen zu sein, einen größeren Wohlgeschmack der Früchte zur Verbesserung der Elterarten herauszuzüchten!

Die erste trigenerische Hybride entstand 1840, die erste quadrigenerische 1894. Es gab natürlich auch außer den intergenerischen Kreuzungen solche innerhalb

3246

3247

Abb. 3246. Nopalxochia ackermannii (HAW.) KNUTH, neben N. phyllanthoides der zweite Elterteil der intragenerischen Hybride ⟨Capelleanus⟩ (Nopalxochia × capelleana (ROTH.) ROWL., [s. Bd. II, S. 761]); zusammen mit Heliocereus speciosus (CAV.) BR. & R. auch Elterteil berühmter Bastarde wie 'Conways Giant' und anderer.

Abb. 3247. „Phyllohybride" ⟨CURT BACKEBERG⟩, von KNEBEL gezüchtet, eine sehr wüchsige, harte und ungewöhnlich reichblühende Kreuzung.

der Gattungen (intragenerische), z. B. *Nopalxochia* × *capelleana* (ROTH.) ROWL.[1]) (vgl. Bd. II: 761. 1959), eine Kreuzung zwischen *N. phyllanthoides* und *N. ackermannii*.

Von England aus griff das Interesse am Hybridisieren auf den Kontinent über, und Frankreich, Belgien und Deutschland bemühten sich in den 90er Jahren gleichermaßen um die Wiedergeburt dieser bedeutenden Kakteenliebhaberei von einst. Neue Gattungen und Arten kamen zu den sechs ursprünglichen hinzu, so daß die Genealogie zusehends komplizierter wurde und damit schwieriger zu entwirren oder zu klassifizieren. Ein amerikanischer Autor (26) beklagte einmal, daß das Fehlen genügender Unterlagen für das Wissen um die älteren Hybriden zu bedauern sei; er irrte aber dabei insofern, als es gerade die späteren Hybriden sind, für die Analysen fehlen, obwohl die Grundlagen dazu durchaus gegeben sind. Wenn die Züchter veranlaßt werden könnten, genauere Aufzeichnungen zu publizieren, würde sich diese Situation wohl bald bessern. Offenbar denken sie nicht so wie ADDISON, der meinte, daß „Titel und Vorfahren einen guten Namen noch berühmter machen". Ohne solche Stammbaumangaben ist man lediglich auf Mutmaßungen angewiesen; man kann dann keine phylogenetische Klassifikation wiedergeben, sondern muß sich auf eine künstliche beschränken, wie sie mit Erfolg in Amerika eingeführt wurde und die sich nur auf Blütenform und -farbe erstreckt.

Ein Pionier auf dem Gebiet der Klassifizierung von Kakteenhybriden war W. O. ROTHER (25); er versuchte als erster, sie nach morphologischen und Kulturunterschieden zu gruppieren. Einer der wenigen Züchter um die Jahrhundertwende, der genaue Angaben über seine Hybridisierungsarbeit machte, war A. WORSLEY (29, 30, 31) (Tafel 3 oben). Sein Werk wurde 1925 von Dr. R. T. CHITTENDEN in der John Innes Horticultural Institution fortgesetzt; er zog eine Anzahl von *Heliphyllum*-Formen unter Verwendung von *Heliocereus amecamensis* heran. Zur Vervollständigung des Verzeichnisses zeitgenössischer Hybrideure müssen noch genannt werden: CURT KNEBEL (18), dessen wichtigste Ergebnisse durch Verwendung von *Heliocereus cinnabarinus* erzielt wurden (Tafel 3 unten), und ROBERT GRÄSER (13, 14), der den Nachweis der Befruchtungsmöglichkeit zwischen einer größeren Anzahl von Epiphyten und bodenbewohnenden Kakteengattungen erbrachte (und auch solche Kreuzungen anzog).

Durch sorgfältige Auslese von Mutationen, Chimären[2]) und die Einkreuzung ungewöhnlicher Erbanlagen wurden neuere „Phyllohybriden" herangezogen mit Charakteren, die den Elterarten fehlen: fast gefüllte Blüten, zweifarbige Petalen, Zwischenfarbtöne wie orange, eine lang andauernde Blütezeit usw. (KNEBEL.)

Im übrigen gibt es noch eine Anzahl von bigenerischen Hybriden, die mehr „floristische" Bedeutung haben; sie sind im Stammbaum gewissermaßen tote Zweige und haben — vielleicht, weil sie steril waren — keinen dauernden Anteil an der fortschreitenden Züchtungsarbeit gehabt.

Sodann müssen hier noch die Gattungen *Hylocereus*, *Mediocactus* und *Echinopsis* erwähnt werden. In der Literatur wird häufig gesagt, daß man sie in der Anfangszeit der Hybridenzüchtung verwandte. Wenn dem wirklich so ist, besagt doch die Literatur darüber nichts. Sicher sind die beiden ersteren Gattungen in diesem Jahrhundert zu Kreuzungen mit herangezogen worden, aber man kann dies nicht als ein Faktum aus der Anfangszeit der Züchtung bezeichnen.

Bezüglich *Echinopsis* läßt sich mit kurzen Worten sagen, daß verständlicherweise deren Härte und kompaktes Wachstum zu Züchtungsversuchen verlockten,

---

[1]) *Phyllocactus* × *capelleanus* ROTH., in Prakt. Leitfaden, I: 96. 1902.
[2]) Propfbastarde, d. h. keine echten Bastarde.

Zur Genealogie der „Phyllohybriden" (Epicacti) 3563

Die Worsley-Kreuzungen 1900-1931

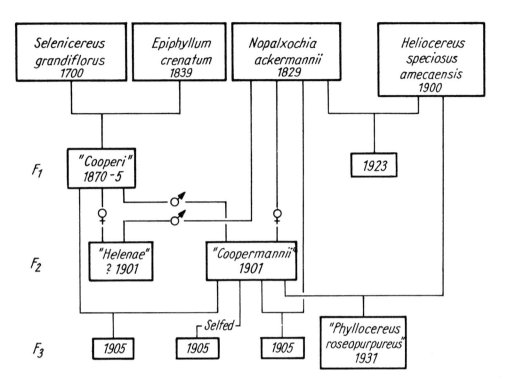

Die Knebel-Kreuzungen 1900-1950

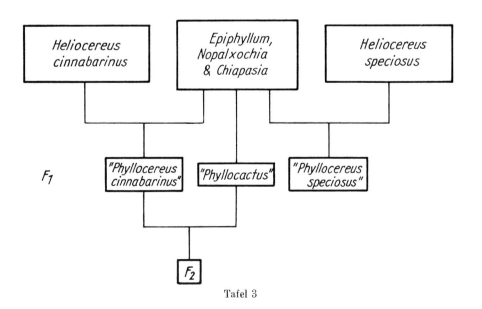

Tafel 3

besonders auch *E. aurea* (*Pseudolobivia*), um mit ihrer Hilfe zu gelben Blütenfarben zu gelangen. Bisher ist all das aber nicht gelungen. NICOLAIS (23) Versuche sind nicht genügend belegt, und seine vagen Angaben könnten höchstens dazu anregen, sie unter genauer Kontrolle zu wiederholen[1]). Nur einmal gelang mit Sicherheit eine *Echinopsis*-Hybride; sie wurde 1900 von GOLZ (12) als eine Pfropfung auf *Opuntia* ausgestellt und als weichtriebig ähnlich wie bei *Aporocactus*, die Bestachelung mehr der von *Echinopsis* ähnelnd, beschrieben, aber Blütenangaben fehlen. Andere haben ebenfalls Kreuzungen zu erzielen versucht und gewannen auch Samen, aber entweder keimten sie nicht, oder die Sämlinge starben schon früh. Eine Möglichkeit, zu den begehrten gelben Blüten von „Phyllohybriden" zu gelangen, ist vielleicht durch moderne Zuchtmethoden gegeben, etwa, indem durch Anwendung von Colchicin versucht wird, tetraploide Ausgangsarten zu gewinnen (alle bisher untersuchten sind diploid), und dann die Kreuzungsversuche damit zu wiederholen; dies würde auch risikoloser sein als die Anwendung von Colchicin auf die wenigen vorhandenen Sämlinge. Jedenfalls scheint die Schwierigkeit, gelbe Blütenfarben bei den „*Epicacti*" zu erzielen, nicht unüberwindbar zu sein.

Da *Zygocactus* und *Schlumbergera* früher als *Epiphyllum* bezeichnet wurden, müssen sie hier wenigstens erwähnt werden: Hybriden derselben spielten schon in der frühen Züchterarbeit eine Rolle. Die ersten Bastarde wurden bereits 1851 (33) gezogen, so der populäre „Weihnachtskaktus", bei uns einer der wenigen Überlebenden jener Zeit[2]). Über ihn hat Dr. REID MORAN (22) eine ausgezeichnete Arbeit verfaßt. Will man ihm folgen, handelt es sich hier wie bei × *Rhipsa-*

---

[1]) J. NICOLAI hat in MfK., 138—140. 1894, Ausführungen gemacht, die nicht unbeachtet bleiben sollten. Er sagt l. c., daß die von ihm in über 14jähriger Arbeit vorgenommenen Kreuzungen mit *Echinopsis* „schöne Pflanzen mit weißen Blüten" ergaben. Er nennt:
    Phyllocactus castneri, Triebe unten stielrund, Blüten mit starkem Geruch;
    Phyllocactus Frau Adelheid Nicolai, prachtvoll reinweiß, von der Petalenmitte bis zum Schlund rosa angehaucht, die Blüten trichterig; die Glieder meist dreikantig;
    Phyllocactus laarsenii, reinweiß blühend, mit schmalen Petalen;
    Phyllocactus hauffii, schneeweiße Blüte, 23 cm ⌀, mit becherartig breit ausliegenden Blumenblättern;
    Phyllocactus Gruß aus Blasewitz, Blüte reinweiß; Narbe zusammengefaltet;
    Phyllocactus guentheri, eine schön gelblichweiß blühende Hybride mit starkem Fliederduft.

NICOLAI sagt ferner, das einzig Auffallende, das an Kreuzungen mit *Echinopsis* erinnere, sei ein etwas kürzeres und strafferes Wachstum, ein willigeres Blühen und die reinweißen, schönen Blumen, „trotzdem die *Phyllocactus*-Eltern dunkelrosa und dunkelrote Blüten hatten". Da NICOLAI unter „*Phyllocactus*-Eltern" keine cereoiden Pflanzen verstand, kann es sich nur um die beiden heute bekannten *Nopalxochias* gehandelt haben, und NICOLAI gibt auch an, daß letztere als Mutter, *Echinopsis* als Vater diente und die Kreuzungen gut gelungen seien, während umgekehrte Verwendung stets mißlang.

Nach NICOLAIS Angaben scheint es sich bei Abb. 3248 um den „*Phyllocactus guentheri*" zu handeln, Wuchs gedrungener, zum Teil hängend, Triebe oft dreikantig, Blüte mit gelblichen äußeren Perigonblättern, ca. 10 cm ⌀, auch am Tage geöffnet, 2 Tage lang. Daß bei diesem Bastard eine *Nopalxochia* als Elterteil verwandt wurde, ergab sich einwandfrei daraus, daß die Knospen beidseitig in Reihen übereinander entstanden mit den typisch zurückgebogenen Schuppenblättern; eine Anzahl davon fiel wieder ab. Auffallend ist, daß sich stets nur weiße Blüten ergaben; einmal muß also eine weißblühende (nicht rosablütige) *Echinopsis* verwandt worden sein, zum anderen muß sich die weiße Blütenfarbe bei solchen Kreuzungen stark durchsetzen. Es sind mir keine anderen weißblütigen, gedrungenen, mäßig großblütigen Bastarde mit *nopalxochia*-ähnlichem Knospenansatz (genau so wie in Abb. 689a) bekannt, und so bezweifle ich auch NICOLAIS Angaben. ROWLEYS Anregung, diese Versuche zu wiederholen, sollte daher beherzigt werden (BACKEBERG).

[2]) In São Paulo sah ich noch viele solcher Züchtungen, mit denen man sich jedenfalls in Brasilien noch in neuerer Zeit befaßte (BACKEBERG).

phyllopsis graeseri um intragenerische Kreuzungen; sie gehörten daher nicht hierher, sind im übrigen aber auch nicht als „Phyllohybriden" zu bezeichnen (× *Rhipsaphyllopsis graeseri* hat außerdem nur floristische Bedeutung, indem der Blütenfarbton mehr oder weniger nach kirschrot hin schwankt; an Blütenreichtum ist bis heute *Epiphyllopsis* unerreicht, auch was die Härte wurzelechten Wuchses anbetrifft; BACKEBERG). Zu erwähnen ist aber noch, daß die ersten *Zygocactus*-Hybriden von HERBERT (16) als bereits 1837 entstanden berichtet wurden; ferner vermutet man, daß mit ihnen 1844 (8) *Heliaporus* eingekreuzt wurde, sowie bereits vor 1849 (10) *Selenicereus grandiflorus*.

Zytogenetik

Seltsamerweise scheinen die Kakteenhybriden fast völlig der Aufmerksamkeit der Zytologen und Genetiker entgangen zu sein; anscheinend glaubt man, daß sie ja doch nur alle 7 Jahre oder so Gott will blühen, wenn überhaupt; mit ihrer

Abb. 3248. „Phyllohybride" 'Güntheri' (?); vermutlich eine NICOLAIsche Kreuzung, gedrungen, hängend, mit nopalxochia-ähnlichem Blüten- und Neutriebansatz. NICOLAI gab als Vaterpflanze eine Echinopsis sp. an. Die mittelgroße Blüte ist 2 Tage geöffnet. Die reich erscheinenden Knospen sind rötlich und anfangs unten beborstet.

Tafel 4
„Primäre bihybride Gruppe"
Übersicht über die Merkmalsvererbung bei Kreuzungen der ersten Generation
Abkürzungen: D = dominierend; R = rezessiv; I = intermediär
— = Charaktere bei beiden Eltern ähnlich
N = neue Charaktere, denen beider Eltern unähnlich
→ = Merkmalswechsel, während der ontogenetischen Entwicklung auftretend

Gattungs-merkmale:	APORO-CACTUS	EPI-PHYLLUM	HELIO-CEREUS	NOPAL-XOCHIA	SELENI-CEREUS
APOROCACTUS	↓	↓	↓	↓	↓
Hängender Wuchs		Hybriden nicht bekannt[1])	D	R	Keine Angaben vorliegend
Viele Rippen	→		I	D → R	
Kleine Blüten			R	D, I oder R?	
Schiefer Saum			R	R	
EPIPHYLLUM					
Triebe flach		Hybriden nicht bekannt[1])	R → D	—	D
Stachellos	→		D oder R	R	± D
Schuppenblätter			R	R	D
Weiße Blüten			R, I, D oder N^i	R	— oder N^{ii}
Blüten nächtlich			R	R	—
Langröhrig			D	± R	R
Ovarium stachellos	→		?	—	R
Ovarium schuppig			D	D	—
HELIOCEREUS					
Kräftigkeit		D	D	D	R
Stacheln		—	R oder D	D	—
Kantige Triebe	→	—	D → R	D → R	—
Blüten rot		D	D oder N^i	D oder N^{iii}	D
Blüten violettonig		R	D	D oder R	R
Blüten tagsoffen		—	D	—	R
NOPALXOCHIA					
Flache Triebe		R → D	—	± D	Keine Angaben vorliegend
Filzareolen	→	?	D	—	
Massenblüher		—	D	D	
Ovarium stachellos		?	—	R	
SELENICEREUS					
Kantige Triebe		Keine Angaben zu erhalten	R	Keine Angaben zu erhalten	
Blüte weiß			— oder N^{ii}	R	
Blüte zur Triebmitte oder scheitelnah	→		— oder N^{iv}	—	
Blüte becherig aufgebogen			—	D	
Blüte kurzlebig			R	R	
Röhre schuppig			—	D	

N^i = zweifarbig   N^{iii} = rosa und zweifarbiger Blütenton
N^{ii} = orange Blütenton   N^{iv} = basal blühend

[1]) Lt. ROWLEY. WEINGART beschrieb in MfK., 23. 1920, den *Cereus freiburgensis* hybr. Hort. MUNDT, eine MUNDTsche Kreuzung zwischen einem *Epiphyllum* (wahrscheinlich *E. crenatum*) und *Aporocactus flagelliformis*, und zwar die einzige cereiforme Pflanze unter den Sämlingen. Die ca. 1,5 cm starken Triebe hatten vier im Querschnitt dreieckige Rippen mit gekerbt-geschweiften Kanten; Areolen 10—12 mm entfernt, nur wenig graufilzig; Randst. meist 6; Mittelst. 1—3, dünnadelig, gelbbraun, 3 mm lang, basal verdickt; Bl. 12,5 cm lang, 10 cm ⌀; Röhre 4,5 cm lang, weiß, rötlich überlaufen und mit roten Schuppen; Sep. karminrot mit rückseitig dunklerem Mittelstreifen; Pet. 5,5 cm lang, 9 mm breit, mit Stachelspitze,

Tafel 5

„Primäre bihybride Gruppe"
Übersicht der gegenseitigen Kreuzungen

		Vaterpflanze				
		APORO-CACTUS	*EPIPHYL-LUM*	*HELIO-CEREUS*	*NOPAL-XOCHIA*	*SELENI-CEREUS*
Mutterpflanze	*APORO-CACTUS*		Keine Hybriden bekannt	*Heliaporus smithii.* Bericht unzulänglich	(Unbenannt) NEUBERT ex GAERTNER 1849	Keine Hybriden bekannt
	EPIPHYL-LUM	Keine Hybriden bekannt		*Heliphyllum:* H. charltonii 'Hybrid Crenate Cactus' 1851 'Grand Soleil' 1896	*Epixochia:* E.amarantina 'Amarantina' 1861 E. splendens 'Roseus grandiflorus' 1861, 'Splendens' 1861, 'Vogeli' 1861	*Seleniphyllum:* S. cooperi 'Cooperi' 1870—75
	HELIO-CEREUS	*Heliaporus:* H. smithii 'Mallisonii' 1830, 'Nothus' 1837, 'Smithii' 1837	*Heliphyllum:* H. charltonii (Unbenannte) in Gard. Chron. 1891		*Heliochia:* H. vandesii 'Jenkinsonii' 1834	*Helioselenius:* H. maynardii 'Maynardii' 1837 (Unbenannte) H. KENNY 1843
	NOPAL-XOCHIA	(Unbenannte) GRISARD DE SAULGET 1848	*Epixochia:* Berichte unzulänglich	*Heliochia:* H. vandesii 'Hybridus' 1829 (Unbenannte) LEHMANN 1831, 'Vandesii' 1834 H. violacea 'Conway's Giant' 1842, 'Feastii' ? um 1886		Berichte unzulänglich
	SELENI-CEREUS	'Grandiflorus fl. rubr.' ex FOCKE 1881	*Seleniphyllum:* S. cooperi 'Wravi' ca. 1880 'Meyerianus'. 1905	*Helioselenius:* H. maynardii (Mindestens 2 Unbenannte) T. DAVIES 1843, 'Haagei' ? vor 1906	(Unbenannte) HILDMANN 1898	

weinrosa, nach oben zu dunkler, nach unten heller, Schlund weiß; Staubf. weiß; Gr. 1 mm stark; N. 7, gelblich, pelzig.

Der ausgelesene Bastard ist merkwürdig in der Form, blühwillig, die Blüte sehr schön; einzelne Exemplare trifft man zuweilen noch in deutschen Sammlungen. Ein Züchter sagte mir, daß Sämlinge von E. crenatum × Aporoc. flagelliformis rasch absterben; MUNDT hätte daher wohl eher einen Bastard als Mutter benutzt, vielleicht E. crenatum × Selenic. pteranthus? (BACKEBERG).

Anzucht scheint man sich daher, als zu abwegig, gar nicht erst befassen zu wollen. Man kann nur hoffen, daß sich die Einstellung in diesen Fragen bzw. den Kakteen gegenüber in Kürze ändert, denn das würde eine dringend benötigte große Hilfe bedeuten, nicht nur um gewisse Lücken zu füllen und zweifelhafte Punkte im Familienstammbaum zu klären, sondern auch um die künftige Anzucht sinnvoll zu steuern. Man würde z. B. nur Zeit vergeuden, wenn man etwa versuchen wollte, *Nopalxochia phyllanthoides* mit *Mediocactus coccineus* zu kreuzen, weil man nicht weiß, daß die erstere diploid mit der Chromosomenzahl 22 ist, der letztere aber tetraploid mit der Chromosomenzahl 44 (7), so daß die Abkömmlinge triploid wären, d. h. mit großer Wahrscheinlichkeit unfruchtbar.

Polyploidie ist in der Kakteenfamilie selten und bisher bei „Phyllohybriden" oder deren Vorläufern überhaupt noch nicht berichtet worden. *Heliocereus amecamensis* und *Nopalxochia ackermannii* sind nachgewiesenermaßen diploid, wie es auch *Selenicereus grandiflorus* und *Epiphyllum crenatum* sein müssen, denn bei deren Hybride 'Cooperi' habe ich festgestellt, daß sie ebenfalls diploid ist. Das Rätselraten um *Nopalxochia ackermannii* wurde zum Teil auch durch die Zytologie beendet. Bekanntlich wurden die Pflanzen dieses Namens lange Zeit als Hybriden angesehen, bis DE LAET (20) 1905 feststellte, daß sie konstant aus Samen auflief, und 1937 untersuchte bei ihr E. BEARD (1) die Meiose (Reifeteilung) und stellte eine regelmäßige Paarung von elf Bivalenten fest, ebenso wie DE LAETS Feststellung von Wichtigkeit ist als Charakteristikum einer guten Art.

Aus der Übersicht der miteinander gekreuzten Gattungen geht hervor, daß verschiedene charakteristische Kennzeichen sich als MENDELsche Dominanten verhalten, und die Tafel 4, die auf Grund zusammengetragener Informationen aufgestellt wurde, zeigt das Verhalten der Schlüsselmerkmale bei der Kreuzung.

Hierbei gilt es noch viel zu lernen. Die enorm langen Griffel einiger *Epiphyllum*-Arten wie *E. phyllanthus*, mit einer Länge bis 30 cm, scheinen sie als Mutterpflanzen unverwendbar zu machen, wie KNEBEL zu seinem Leidwesen feststellen mußte. Aber als Pollenspender können sie ohne Schwierigkeit dienen. Vielleicht würde auch ein Bestreichen der unreifen Ovarien mit „β-naphthoxyacetic acid" (Naphtholoxyessigsäure) ein zu frühes Abfallen der Frucht verhüten, d. h. dem Pollen mehr Zeit gewähren, bei einer so ungewöhnlichen Griffellänge das Ovarium zu erreichen.

Wechselseitige Kreuzungen

Auf Tafel 5 habe ich alle jene Formen der „Primären bihybriden Gruppe" verzeichnet, bei denen Publikationen eindeutig angaben, welche Elterarten als Mutterpflanze verwandt wurden und welche als Pollenlieferant. Offenbar sind viele Kreuzungen wechselweise vorgenommen worden, so daß die genannte Nachkommenschaft nicht selten weit davon entfernt ist, ein gleiches Aussehen zu zeigen. Das würde eine Stütze für die wiederholten Versicherungen sein, daß verschiedene Charaktere wie Habitus, Widerstandsfähigkeit, Farbe und Duft nur durch einen Elterteil vermittelt werden. Die heutige zytologische und genetische Wissenschaft hat da aber manchen Mythus zerstört und nachgewiesen, daß beide Eltern zu der Vererbung genau gleichwertige Chromosomensätze beisteuern, unabhängig davon, welche Pflanze als Mutter und welche als Vater diente. Gewisse Charakteristika können aber mehr über das Zytoplasma als über die Chromosomen vererbt werden und folgen dabei nicht den MENDELschen Gesetzen; dazu trägt auch mehr die Mutterpflanze bei, indem sie bei dem Befruchtungsvorgang mehr Zytoplasma mitgibt als der winzige Pollenkern. Zum Beispiel waren Kreuzungen zwischen *Kalanchoe flammea* und *K. bentii* (*K.* × *kewensis* T.-DYER) (28), bei denen *K. flammea* als weiblicher Elterteil verwandt wurde, viel starkwüchsiger als jene, die aus dem umgekehrten Vorgang resultierten. So mag schon ein Körnchen Wahrheit in den oben erwähnten wiederholten Versicherungen sein; sie verdienen immerhin überprüft zu werden, und sei es nur, um unzutreffende Angaben endgültig in das Reich der Fabel zu verweisen.

„Synthetische Arten"

Unter „Synthetische Arten" wird hier die durch Hybridisierung erzielte Nachbildung natürlicher Spezies verstanden. Es liegen mehrere Berichte über solche durch bigenerische Kreuzung nachgebildeten Formen vor. Der berühmteste Fall war die Bildung einer „falschen *Nopalxochia ackermannii*" durch Auslese aus Kreuzungen von *Nopalxochia phyllanthoides* und *Heliocereus speciosus*. Zuerst soll dies GAERTNER (10) 1849 gelungen sein, später WARSZEWITZ (9) mit seinem „Selloi" etwas vor 1881 und in neuerer Zeit offenbar auch KNEBEL[1]). Die Wiederentdeckung der wildwachsenden *Nopalxochia ackermannii* im Jahre 1944 (11) beendete erst die Verwirrung, die auch durch zwei ähnliche Namen entstanden war, und zwar endgültig dadurch, daß dem Zytologen und Genetiker die Anzucht einer samenechten (also merkmals-konstanten) *N. ackermannii* gelang (s. oben).

LABOURET (19) behauptete, daß *Epiphyllum latifrons* durch Kreuzung einer anderen *Epiphyllum*-Art mit *Selenicereus grandiflorus* nachgebildet worden sei. Wir wissen von lebenden *Seleniphyllum*-Arten, daß die meisten vegetativen Merkmale von *Selenicereus* in der F_1-Generation nach *Epiphyllum* zurückschlagen (rezessiv sind), ebenso wissen wir aber auch, daß auf LABOURETS Verzeichnis der Kaktushybriden wenig Verlaß ist.

Noch auffälligere Resultate dieser Art behauptet KNEBEL (18) erzielt zu haben: durch Kreuzung von *Selenicereus grandiflorus* mit *Epiphyllum phyllanthus*, einer Pflanze, die ganz *Selenicereus boeckmannii* ähnelte, sowie eine Nachbildung von *Aporocactus* ('*A. knebelii*' HORT.), der aus Samen von *Heliocereus cinnabarinus*-Hybriden (womit gekreuzt, gibt KNEBEL nicht an) auflief. Zytologische Untersuchungen solcher Kreuzungen, wenn sie noch irgendwo vorhanden sind, würden vielleicht mehr Licht in die Frage ihres Zustandekommens bringen.

Nachtrag: *Disocactus*-Kreuzungen hat ROWLEY nicht erwähnt. KNEBEL berichtet von solchen durch W. WEINGART angezogenen Bastarden in Mschr. d. DKG., 26. 1932 (mit Abbildungen): *Disocactus eichlamii* wurde mit *Aporocactus martianus* gekreuzt; es ergab vierkantig-triebige Pflanzen mit Blüten, die etwas größer als die von *Disocactus eichlamii* waren. KNEBEL (34) nannte diese Hybridgattung *Aporodisocactus*. Das Interessante dabei ist, daß RETTIG (nach KNEBEL) diesen Pflanzen völlig ähnelnde durch Kreuzung von *Seleniphyllum* 'Cooperi' mit *Heliaporus smithii* 'Mallisonii' herangezogen hat (Namen nach ROWLEY); es liegt hier also der Fall vor, daß ein Bastard, der aus zwei Hybriden hervorging, einem anderen gleicht, der aus zwei natürlichen Arten erzielt wurde. Schließlich möge in diesem Zusammenhang noch von einer anderen Merkwürdigkeit berichtet werden, die KNEBEL l. c., S. 46, erwähnt, nämlich daß aus einer Aussaat von *Aporocactus flagriformis* eine ganz anders gestaltete Pflanze mit 13 cm langen und 9 cm breiten, also epipyllum-ähnlichen Blüten auf-

---

[1]) In „Phyllokakteen", 45. 1951, berichtet KNEBEL, daß unter seinen Kreuzungen mit *Cereus cinnabarinus* auch Pflanzen entstanden, die ganz dem sogenannten „Schusterkaktus" „*Phyllocactus ackermannii* hybr." glichen, d. h. nicht der *Nopalxochia* gleichen Namens, sondern dem bekannten reichblühenden Bastard, den KNEBEL danach auf Kreuzung mit *Heliocereus cinnabarinus* zurückführt.

lief, das Ovarium ist beschuppt und nur mit Filzspuren bedeckt. Es ist wohl zu vermuten, daß hier eine Fremdbestäubung vorlag, deren Ursprung nicht mehr festzustellen ist. Leider hat Knebel, der mehrere hundert Hybriden züchtete und benannte, auch in seinem Buch „Phyllokakteen" von 1951 keine genaue Statistik der vorgenommenen Kreuzungen gegeben, so daß wir über das Zustandekommen der zum Teil sehr schönen Bastarde kaum etwas wissen, selbst nicht bei den *Heliphyllum*-Kreuzungen (Knebel: *Phyllocereus cinnabarinus*-Generation F_1 und F_2). Zum Teil geben seine Farbfotos die angegebenen Blütentöne nicht genau wieder. Es gelang ihm auch die Züchtung kräftiger Pflanzen von geringerem Volumen und die Ausdehnung der Gesamtblüte eines „Phyllohybriden"-Sortimentes auf insgesamt 10 Monate zu erreichen. Das zu wissen, ist für den deutschen Leser vielleicht interessant. Leider dürften die „Knebelschen Hybriden" in Europa nur noch in geringem Umfang vertreten sein; Knebel selbst nannte es „eine abgestorbene Kultur", ähnlich wie es der Bornemanns erging; dieser hatte die Anregung zur „Phyllohybriden"-Züchtung wohl schon von seinem englischen Aufenthalt mitgenommen und hat bis zu seinem Tode im Jahre 1921 eine Reihe Bastarde mit zum Teil sehr schönen Blütenfarben herangezogen, die sogenannten „Bornemannschen Hybriden" (Backeberg).

Ein Forschungsprogramm

> Gerade angesichts des vorerwähnten Rückgangs der „Phyllohybriden"-Züchtung kommt Rowleys nachfolgenden Anregungen besondere Bedeutung zu
> (Backeberg).

Wie so häufig bringt es die Betrachtung einer großen Gruppe von Gartenpflanzen mit sich, daß bei ihnen Probleme auftauchen, die weder die Bewunderung der Pflanzen noch das Durcharbeiten der Literatur allein lösen kann. So liegt der Fall auch bei den „*Epicacti*". Einige der wichtigsten Ergebnisse sind vorstehend skizziert worden; eine Wiederbelebung des Interesses an den „Phyllohybriden" würde sicher noch weit mehr zutage fördern, was sowohl die wissenschaftlichen wie die praktischen Fragen anbelangt. Um zu einer solchen Wiederbelebung zu ermutigen und die Aufmerksamkeit jener auf dieses Thema zu lenken, die über die erforderlichen Forschungsmöglichkeiten verfügen, möge als Anregung das folgende Programm genannt werden:

1. Das erste Erfordernis sind die Pflanzen selbst. Ältere Kollektionen und Botanische Gärten sollten nach Überlebenden aus der Erstzeit der Kreuzungsarbeit durchgesehen und an bestimmter Stelle eine Standardkollektion zum Vergleichen und für die Klassifizierung geschaffen werden[1]). Es gibt nationale Rosen-, Rhododendron-, Iris-, Tulpen- und Narzissensammlungen usw., warum daher nicht also auch solche von Kakteenhybriden?

2. Eine eingehende zytologische Überprüfung der Arten und Vorläuferhybriden ist erforderlich, um festzustellen, welche Rolle (wenn überhaupt) in ihrer Zusammensetzung die Polyploidie gespielt hat, um Licht in die Abstammung zu bringen und den Weg für die künftige Züchterarbeit zu ebnen.

---

[1]) Wünschenswert wäre also, daß man irgendwo eine Generalsammlung aller noch vorhandenen „Phyllohybriden" anlegte, möglichst — soweit festzustellen — mit Angaben, von welchem Züchter sie stammen, und ihre Namen zu ermitteln, soweit Verzeichnisse bestehen (wie etwa das Knebels in „Phyllokakteen", 1951). Eine solche Sammlung würde die Nachbestimmung anderer Pflanzen erleichtern und vom Aussterben bedrohte Kreuzungen erhalten (Backbg.).

3. Ein ähnliches genetisches Studium ist erforderlich, um die Zuchtmethoden festzustellen und die „Primäre bihybride Gruppe" wiedererstehen zu lassen, und zwar unter modernen Anzuchtbedingungen und überwachter Bestäubung.
4. Ein Vergleich alter und neuer Hybriden muß vorgenommen werden, mit dem Ziel, die überaus große Zahl der züchterischen Gartennamen zu reduzieren und, soweit möglich, wieder die ältesten Namen zur Anwendung zu bringen, wenn feststeht, daß neuere Kreuzungen von „Phyllohybriden" nicht von den früheren unterschieden sind. Der ideale Weg wäre hier, ein internationales Registrierungsschema zu schaffen, wie dieses im Internationalen Code von 1953 für die Nomenklatur der Kulturpflanzen vorgeschlagen wird. Die Veröffentlichung der approbierten neuen Namen von Sukkulentenhybriden könnte in den verschiedenen nationalen Zeitschriften erfolgen, besser noch in einem internationalen Journal wie „Taxon".
5. Die Züchter sollten dazu ermutigt werden, nicht nur Kreuzungen mit bestimmten Zielen vorzunehmen, wie z. B. die Schaffung neuer Charaktere, sondern auch möglichst genau anzugeben, wie ihre Neuheiten entstanden sind. Nur dann sind solche Pflanzen auch für den Wissenschaftler so interessant wie für den Pflanzenliebhaber. Viele bekamen den Anstoß zum Sukkulentensammeln gerade durch die großblütigen „Phyllohybriden". Wir sind noch weit davon entfernt, hier alle Möglichkeiten ausgeschöpft zu haben, ja ich glaube, wir stehen hier sogar noch am Anfang. Viel ist auf diesem Gebiet schon von der amerikanischen Epiphyllumgesellschaft geleistet worden, besonders was Punkt 4 und 5 anbetrifft, und in der John Innes Horticultural Institution ist ebenfalls damit begonnen worden, eine Sammlung zum Studium von Punkt 2—4 aufzubauen.

Zusammenfassung

1. Die neueren großblütigen „Phyllohybriden" können auf eine „Primäre bihybride Gruppe" zurückgeführt werden, die von acht Urkreuzungen abstammt; sie wurden zum ersten Mal zwischen 1824 und 1859 erzielt und sind seitdem oft wiederholt worden.
2. Über 100 Züchternamen können auf Grund der veröffentlichten Angaben darin einbezogen und viele andere auf Grund ihrer morphologischen Merkmale systematisch eingeordnet werden. Ein Schlüssel, der auf Blüten- und Triebmerkmale begründet ist, wurde aufgestellt als erster Schritt zu einer ordnungsgemäßen Klassifizierung, ähnlich derjenigen, die bei den Orchidaceae allgemein angewandt wird.
3. Die Geschichte der Kakteenhybridisierung zeigt Tatsachen auf, die unter den Kulturpflanzen einzigartig sind oder höchstens bei den Orchidaceae ein Gegenstück haben, und zwar:
   a) Äußerste taxonomische Verschiedenheit der Eltern. Die sechs Urarten gehören zu fünf verschiedenen Gattungen (oder sechs, wenn man die Annahme unterstellt, daß *Nopalxochia ackermannii* eigenen Gattungsrang verdient).
   b) Die Fruchtbarkeit so extremer Kreuzungen, bei Einbeziehung von drei, vier oder mehr Gattungen zu ihrem Aufbau.
   c) Die Tatsache, daß bei dem periodischen Auf- und Absteigen der Kakteenpopularität immer nur die härtesten und anpassungsfähigsten Kulturformen überlebten, während fast alle anderen verschwunden sind.

d) Als Folge davon die Neuzüchtung und Neubenennung derselben Kreuzungen mit jedem Wiederaufstieg und damit eine sehr komplizierte Synonymie.
4. Es wurden verschiedene Behauptungen bezüglich Unterschiede bei wechselseitiger Hybridisierung und die Nachbildung natürlicher Arten durch Kreuzungen besprochen und damit die Notwendigkeit zu experimentellen Studien aufgezeigt.

Bibliographie

1. Beard, E. C., in Bot. Gaz. IC, 1—21. 1937.
2. Berger, A., in 16th Ann. Rep. Missouri Bot. Gard. 1905.
3. — in „Die Kakteen", 1929.
*4. Boyer, J., „Les Epiphyllum (*Phyllocactus*) Hybrides", in Cactus No. 29. 73—78. 1951.
*5. Britton, N. L., & Rose, J., „The Cactaceae", 1919—1923.
*6. Burbidge, F. W., in „The Propagation and Improvement of Cultivated Plants", 218—226. 1877.
7. Darlington, C. D., & Wylie, A. P., in „The Chromosome Atlas", Ausg. II (1955).
8. Errington, R., in Gard. Chron., 733. 1844.
*9. Focke, W. O., in „Die Pflanzen-Mischlinge", 182-5, 528-9. 1881.
*10. Gaertner, C. F., in „Versuche und Beobachtungen über die Bastarderzeugung im Pflanzenreich", 137, 174, 179, 242, 284, 550, 633. 1849.
11. Gilly, C. L., in Amer. Cact. & Succ. J., XVI: 94-6. 1944.
12. Golz, E., in Mschr. f. Kakteenkde., X: 103. 1900.
13. Gräser, R., in Sukkulentenkunde, III: 47—51. 1949.
14. — in Kakt. u. a. Sukk., 6—8. 1950 und 33—6. 1953.
*15. Haselton, S. E., in „The Epiphyllum Handbook", 1946.
*16. Herbert, W., in „Amaryllidaceae", 345, 358—9. 1837.
*17. — in J. Hort. Soc. II: 96—7. 1847.
*18. Knebel, C., in „Phyllokakteen" 1951; „Phyllocactus", Engl. Ausg. 1949.
19. Labouret, J., in „Monographie des Cactées". 1853.
*20. Laet, M. de, in J. R. H. S. XXXI: lxxiv. 1906.
*21. Lecoq, H., in „De la Fécondation Naturelle et Artificielle des Végétaux et de l'Hybridation", 205—13. 1862.
22. Moran, R., in Gentes Herb., VIII: 320—21, 328—45. 1953.
23. Nicolai, J., in Mschr. f. Kakteenkde., IV: 138—40. 1894[1]).
24. Rollins, R. C., in „Plant Genera", in Chron. Bot. XIV: 133—9. 1953.
25. Rother, W. O., in „Praktischer Leitfaden für die Anzucht und Pflege der Kakteen und Phyllokakteen", Ausg. I. 1902 (viele Ausg., nur II: 1910 und IV: 1921 gesehen).
26. Rush, H. G., in Epiphyllum Society of Amer. Nachr.-Blatt, V: 5. 1949.
27. Sweet, R., in „Hortus Britannicus", Ausg. II: 236—7. 1830.
28. Thiselton-Dyer, W. T., in Ann. Bot., XVII: 435—41. 1903.
29. Worsley, A., in Rep. 3rd. Intern. Conf. Genetics, 405—14. 1906.
30. — in J. R. H. S. XXXIX: 92—97. 1913.
31. — in Gard. Chron., LXXXIV: 209, 234. 1928.
32. Verschiedene Autoren in Gard. Chron., II: 247, 377, 432, 465 usw. 1843.
33. Anon., in J. R. H. S. VII: xi. 1852.
34. Anon., in l. c. XXXI: lxxiv. 1906.

---

* = In dieser Literatur finden sich wichtige Besprechungen von Kakteenhybriden.
[1]) Eine englische Textübersetzung liegt vor in: Amer. Cact. & Succ. J. XVIII: 4—5. 1946.

Nachträge

Die Nachträge werden in der Reihenfolge der Handbuchordnung gebracht, mit Nummernbezeichnung jedoch nur dann, wenn es sich um bereits in den Schlüsseln erfaßte Arten handelt, deren Nummern also feststehen.

Zu den neuen RITTER-Arten: Diese werden einheitlich ohne laufende Nummer aufgeführt, zumal bei den unbeschriebenen Arten meist keine genaue Schlüsselposition zu ermitteln ist. Ihre Wiedergabe erfolgt nach dem gleichen Grundsatz wie bei BRITTON u. ROSE: alle bis zur Drucklegung bekanntgewordenen Namen zu registrieren, selbst wenn sie nur Katalognamen sind. Gültige Beschreibungen können für sie von mir nicht gegeben werden, weil nicht alle dazu notwendigen Angaben zu erlangen sind; vorausgesetzt ist jedoch, daß ordnungsgemäße Publikationen nachgeliefert werden und sich an den Bezeichnungen nichts ändert. Wo RITTER — wie z. B. im Falle *Horridocactus-Pyrrhocactus* und *Neochilenia-Chileorebutia* — andere Kombinationen verwendet, mußten die Arten mit entsprechender Begründung in die für sie vorgesehenen Gattungen meiner Klassifikation einbezogen bzw. danach umkombiniert werden, um sie in der hier gültigen Form wiederzugeben. Das vorerwähnte Verfahren ist in der botanischen Praxis zwar nicht üblich, ließ sich aber angesichts der ungewöhnlichen Sachlage nicht vermeiden.

Unterfamilie 1: *Peireskioideae* K. SCH.

1. PEIRESKIA (PLUM.) MILL.

Untergattung 2: Neopeireskia BACKBG.

In „Beitrag zur Kenntnis der peruanischen Kakteenvegetation", 191. 1958, hat RAUH im Blütenlängsschnitt der Abb. 80: IV gezeigt, daß die Arten dieser Untergattung einen oberständigen Fruchtknoten im Griffelfuß haben, darin also der U.-G.-*Peireskia* sehr nahe verwandt sind. Die sitzenden, meist einzeln öffnenden kleinen Blüten weisen jedoch eine kelchartige Ausbildung der äußeren Perigonblätter auf, und bei *P. humboldtii* werden meist laubig entwickelte, also blattartige Schuppenblätter gebildet, die bei *P. vargasii* nur selten zu beobachten sind. Die Früchte sind auffällig klein, durchweg nur unter 1 cm groß. Mit den vorerwähnten Merkmalen zeigt die Untergattung eine gute Geschlossenheit. Inzwischen untersuchte ich Material von RITTER der nachstehenden Art und stellte bei ihr dickknollig-holzige Wurzeln fest, die später an Umfang zunehmen. Vermutlich weisen dieses Merkmal mehrere Arten der Untergattung auf, wenn nicht alle.

Von den bisher beschriebenen Arten weicht durch größere Stachelzahl ab:

— **Peireskia sparsiflora** RITT. — WINTER-Katalog, 23. 1959 (FR 640)

In der Blattform von der *P. humboldtii* und *P. vargasii* nicht wesentlich abweichend, zumal RAUH l. c., Abb. 79, zeigt, daß bei ersterer auch mehr breitovale Blätter vorkommen, gegenüber der ursprünglich beschriebenen „engoblongen" Form. RAUH sagt daher mit Recht, daß untersucht werden sollte, ob *P. vargasii* JOHNS. nicht etwa nur eine Varietät der *P. humboldtii* (HBK.) BR. & R. ist. Das gilt auch für *P. sparsiflora* RITT. Diese bildet zwar unter günstigen Um-

Abb. 3249
Junge Peireskia sparsiflora Ritt. (FR 640). (Sammlung: Jardin Exotique, Monako.)

Abb. 3250
Links: Ältere Kulturpflanze der Peireskia sparsiflora Ritt. — Rechts: Triebe der Peireskia sparsiflora Ritt. in der Trockenzeit. Die noch unbeschriebene Art hat die meisten Stacheln unter den Arten der U.-G. Neopeireskia Backbg., mit einzelnen kurzen, kleinen und sitzenden Blüten.

ständen anfangs ziemlich große und dicht stehende Blätter aus, die auch verhältnismäßig breit sind, unter ungünstigeren Verhältnissen sind sie aber auch schmaler und stehen entfernter. Die Stachelzahl ist die höchste bisher in der Untergattung beobachtete: bis 8; davon sind die mehr randständigen 6 hellgelblich und dünner, 3 ca. 10 mm lang, die Basis wenig verdickt und mehr zur Mitte stehend, meist nebeneinander, 1—2 kräftigere und etwas längere Stacheln, bis 13 mm lang, horngelb, mit breit-dicker Basis, diese hellbräunlich. Es kommen auch weniger Stacheln vor (die Angaben beziehen sich auf Kulturpflanzen; am Standort werden die Stacheln wohl etwas länger sein). Die Areolen zeigen meist spärliche Haare, bis ca. 7 mm lang, ± kräuselig und herabhängend bis anliegend. Über die Blüten sagt RITTER nur, daß sie einzeln auftreten. Die Art wurde von RITTER bisher nicht beschrieben (Abb. 3249—3250).

Cactus neglectus DEHNH., Riv. Nap., 1 : 3. 166, soll ein zu *Peireskia* gehörender, undefinierbarer Artname gewesen sein.

Unterfamilie 2: *Opuntioideae* K. SCH.

6. AUSTROCYLINDROPUNTIA BACKBG.

Meine Klassifikation hat nicht nur die Aufgabe, die Gattungen der *Cactaceae* übersichtlich zu ordnen; sie soll dem Benutzer auch geographische Aufschlüsse geben. Außerdem liegt ihr der Gedanke einer vom Tropengürtel her nord- und südwärts gerichteten Verbreitung mit zwei größeren Zentren in den trockeneren Gebieten zugrunde und damit einer weitgehend getrennten Entwicklung auf uns zwar unbekannten, aber offensichtlich ebenso voneinander in vieler Beziehung unabhängigen Gruppen von Vorläuferpopulationen. Auch die Opuntien lassen einen solchen geteilten Entwicklungsverlauf erkennen, und zwar mit ihren drei Grundformen der zylindrischen, kugeligen und flachrunden Artengruppen. Besonders deutlich wird dies an den ersten beiden; sie sind außerdem mit ihren Hauptvorkommen geographisch sehr weit voneinander entfernt, vor allem *Corynopuntia* und *Tephrocactus*, in nicht viel geringerem Maße jedoch auch *Cylindropuntia* und *Austrocylindropuntia*. Die ersteren haben andere Stacheln, Scheiden oder wenigstens deren Rudimente, die letzteren niemals solche Bildungen und weisen auch sonst im Habitus gewisse Unterschiede auf.

Welche Bedeutung dies für eine leichtere Orientierung — gegenüber dem früheren Riesengenus *Opuntia* — hat, wird jedem offenkundig, der einmal den nach den drei Grundformen geordneten geographisch-systematischen Opuntiengarten von F. RIVIERE DE CARALT, in „Pinya de Rosa" bei Blanes (Spanien), gesehen hat.

In einer so sinnvollen und aufschlußreichen Ordnung darf man aber wohl die Hauptaufgabe der systematischen Arbeit auf diesem Gebiet sehen. Man braucht dann auch nur irgendeine Pflanze der zylindrischen Gruppe auf das Vorhandensein von Scheiden oder deren Rudimenten bzw. deren Fehlen zu prüfen, um sich die Orientierung wesentlich zu erleichtern und sofort zu wissen, ob die betreffende Spezies zur nördlichen oder südlichen Gruppe gehört.

Man sollte meinen, daß diese Argumente überzeugend genug sind, um danach zu verfahren, und wer sich mit allen Vertretern der *Opuntioideae* befassen muß, hat sich darauf im allgemeinen auch eingestellt. Konservativere Autoren oder solche, die nur mit kleinen Teilgebieten zu tun haben, lassen diese Einsicht aber noch vermissen. KRAINZ hat neuerdings in „Die Kakteen" wenigstens *Cylindropuntia* (ENG.) KNUTH anerkannt. Angesichts der oben genannten Argumente wäre es zu begrüßen, wenn nicht bei halben Entschlüssen stehengeblieben würde.

Reihe 1: Subulatae BR. & R.

2. Austrocylindropuntia exaltata (BERG.) BACKBG.: RITTER führt die Art noch unter meiner früheren Kombination „*Cylindropuntia exaltata* (BERG.) BACKBG.". Er sowohl wie KRAINZ (s. unter *A. verschaffeltii*) verwenden neuerdings diese Gattungsbezeichnung, während G. D. ROWLEY 1958 noch alle Gattungen und die darunter neu beschriebenen Arten zu *Opuntia* MILL. zurückkombinierte. Allein schon in der Praxis, wie z. B. auch in dem systematischen Opuntiengarten von F. RIVIERE, Blanes (Spanien), hat sich längst erwiesen, daß die Gattungsaufteilung von *Opuntia* eine Notwendigkeit war, ohne die z. B. in „Pinya de Rosa" (Riviere) keine übersichtliche Auspflanzung möglich gewesen wäre. Daß endlich wenigstens schon der Name „*Cylindropuntia*" in der neueren Literatur auch bei einigen anderen Autoren erscheint, ist immerhin ein Beweis für die Einsicht, daß auf die Dauer aus mehreren Gründen eine Berücksichtigung der drei Grundformen von *Opuntia* nicht zu umgehen ist. Dann sollte man aber erst recht *Austrocylindropuntia* verwenden, denn die Arten dieser Gattung haben im Norden in Habitus und Wuchsform kein ähnliches Gegenstück, sind von *Cylindropuntia* geographisch weit getrennt, eine durchaus einheitliche Artengruppe und unterscheiden sich von der letzteren durch das völlige Fehlen von Scheiden; letztere werden bei *Cylindropuntia* zum Teil wenigstens als Rudimente beobachtet (wie zum Teil auch bei der Reduktionsstufe *Corynopuntia* KNUTH).

4. Austrocylindropuntia intermedia RAUH & BACKBG.

Ein Synonym ist *Opuntia bradleyi* ROWL., Nat. C. & S. J., 13 : 1, 4. 1958.

6. Austrocylindropuntia tephrocactoides RAUH & BACKBG.

Ein Synonym ist *Opuntia tephrocactoides* (RAUH & BACKBG.) ROWL., Nat. C. & S. J., 13 : 1, 4. 1958.

In der Sammlung „Pinya de Rosa" (F. RIVIERE) wird eine *Austrocylindropuntia cylindrica* v. *moritii* HORT. (?) kultiviert, die von DELRUE, Menton, stammt; eine Beschreibung konnte nicht ermittelt werden.

Reihe 2: Miquelianae BR. & R.

7. Austrocylindropuntia miquelii (MONV.) BACKBG.

7a. v. **jilesii** BACKBG.: Ein Synonym ist *Opuntia miquelii* v. *jilesii* (BACKBG.) ROWL., in Nat. C. & S. J., 13 : 1, 4. 1958.

Reihe 3: Weingartianae BACKBG.

9. Austrocylindropuntia humahuacana (BACKBG.) BACKBG.

Syn. *Opuntia humahuacana* (BACKBG.) ROWL., Nat. C. & S. J., 13 : 1, 4. 1958.

Nach neueren Beobachtungen, die ich bei KUENTZ, Fréjus, machen konnte, ist der Beschreibung hinzuzufügen: Die Art sproßt später von unten her, ist im Neutrieb, besonders bei trockenem Stand, schütter behaart, anfangs dunkelgrün und fast rundtriebig, später werden die Pflanzen hellgrün und die spiralig stehenden länglichen und flachen Höcker dann deutlicher ausgebildet. Die blaß strohfarbenen Gl. stehen im Areolenoberteil, aufgerichtet; St. werden später bis ca. 15 ausgebildet, einer der unteren längeren, als längster, bis ca. 2,5 cm lang, alle St. blaßgelb. Die B. der Jungtriebe sind fast 1 cm lang, die zuerst rundlichen Areolen weißlich, später werden sie länglich, bis 5,5 mm lang und blaßbräunlich. Der Triebdurchmesser erreicht 3,7 cm. Die Blüte ist violettrot (Abb. 3251).

3251 3252

Abb. 3251. Austrocylindropuntia humahuacana (BACKBG.) BACKBG., blaßgelb bestachelt.

Abb. 3252. Austrocylindropuntia haematacantha (BACKBG.) BACKBG. Eine Pflanze aus der Sammlung HEGENBART, Marktredwitz, die vermutlich diese Art ist.

Die Pflanzen von KUENTZ wurden aus RITTER-Samen angezogen. Nach dem WINTER-Kat., 23. 1959, kommt als einzige „*Cylindropuntia*-Art" nur *C. heteracantha* RITT. (FR 90) in Frage, so daß dieser Name vielleicht hierher gehört.

Reihe 4: Verschaffeltianae BACKBG.

11. **Austrocylindropuntia verschaffeltii** (CELS) BACKBG.

Mit der Aufnahme von F. RIVIERE in KRAINZ, „Die Kakteen". 1. IV. 1960 B. zeigt sich, daß unter entsprechenden klimatischen Bedingungen auch in Europa der typisch kugelig-kurzzylindrische Wuchs ausgebildet wird, wobei die Triebe der Länge nach sprossen.

11a. v. **longispina** BACKBG.: Ein Synonym ist *Opuntia verschaffeltii* v. *longispina* (BACKBG.) ROWL., in Nat. C. & S. J., 13: 1, 4. 1958, sowie *Cylindropuntia verschaffeltii* v. *longispina* (BACKBG.) KRAINZ, „Die Kakteen", 1. IV. 1960 B.

12. **Austrocylindropuntia haematacantha** (BACKBG.) BACKBG.

Ein Synonym ist: *Opuntia haematacantha* (BACKBG.) BORG, Cacti, 89. 1937 (fälschlich „*haematantha*" geschrieben). Die Abbildung in Nat. C. & S. J., 13: 1,

4. 1958, Fig. 3., ist nicht diese Art, sondern der rotstachlige Typus von *Opuntia longispina* Haw. (*O. microdisca*). Dagegen scheint es sich bei Abb. 3252, einer Pflanze aus der Sammlung Hegenbart, um die obige Art zu handeln.

— **Austrocylindropuntia inarmata** Backbg. n. sp.

Differt ab aliis speciebus generis aculeis deficientibus; ramis oblongis, ad 1,5 cm crassis, ad cylindricis, olivaceis, primo atrovirentibus; areolis transversis, albis, ad 2 mm longis; glochidiis minutissimis, hyalinis; foliis parvis, ca. 2 mm longis; flore ignoto.

Kleingliedrige Pflanzen, länglichkugelig bis zylindrisch, meist nicht stärker als 1,5 cm ⌀, in der Kultur gewöhnlich weniger dick, zuerst dunkel-, dann olivgrün; Höcker kaum erhaben, quergezogen und ohne sichtbare Trennung in die seitlichen übergehend; Areolen querrund bis strichförmig, weißfilzig, bis 2 mm lang, ca. 1,5 mm hoch oder weniger; Gl. sehr winzig, hyalinweiß, mit bloßem Auge kaum sichtbar, oft fehlend wie die Stacheln; B. höchstens 2 mm lang; Bl. unbekannt. — Bolivien (ohne genauen Standort) (Abb. 3253).

Abb. 3253. Austrocylindropuntia inarmata Backbg., von Herzog in Bolivien gesammelt eine seltene kleine Art. Links: Sprossende Originalpflanze, unten mit einigen der meist fehlenden Glochiden. — Rechts: Stärker gefüllte Kulturpflanze. (Sammlung: Riviere.)

Abb. 3254. Blühende Austrocylindropuntia teres (Cels) Backbg. Die Blüten sind früher am Tage geöffnet als die der in der Nähe beheimateten A. verschaffeltii (Cels) Backbg. (Sammlung und Foto: Riviere.)

Die abgebildete Pflanze stammt aus der Sammlung des Botanischen Gartens Jena und wurde von Prof. Herzog vor langen Jahren aus Bolivien mitgebracht. Vermehrung der Typpflanze gab ich an den Garten „Pinya de Rosa", F. Riviere, Blanes (Spanien). Riviere-Nr. 9744.

13. **Austrocylindropuntia steiniana** Backbg.

Ein Synonym ist *Opuntia steiniana* (Backbg.) Rowl., Nat. C. & S. J., 13 : 1, 4. 1958.

14. **Austrocylindropuntia teres** (Cels) Backbg.

Britton u. Roses Angabe der Blütenfarbe „deep red" beruht entweder auf der Verwechslung mit *A. vestita*, für die sie *A. teres* hielten, oder *A. verschaffeltii*, nach ihrer Standortsangabe bei *A. vestita* „Hills about La Paz" zu schließen. Die Blüten sind nicht tiefrot (wie die der *A. verschaffeltii*), sondern von einem feurigen hellkarmin (Abb. 3254), die Perigonbl. glänzend, zur Mitte dunkler erscheinend; Staubb. blaßgelb, von dem Gr. mit den blaßgrünlichgelben N. überragt. Merkwürdig ist, daß die Bl. der *A. verschaffeltii* und *A. teres* nicht gleichzeitig geöffnet sind, sondern überwiegend die einen geschlossen sind, wenn sich die anderen öffnen. *A. teres* sproßt nicht so reich bzw. nicht an der ganzen Trieblänge wie *A. verschaffeltii*; die Bl. öffnen am frühen Vormittag, die der *A. verschaffeltii* gegen Mittag.

15. **Austrocylindropuntia vestita** (SD.) Backbg.

Außer der v. *vestita* sind heute insgesamt noch drei weitere Varietäten bekannt. Ich gebe alle auf einer Vierertafel wieder (Abb. 3255). Während v. *vestita* nur sehr kurze B. hat, sind diese bei der v. *chuquisacana* (Card.) Backbg. etwas

Abb. 3255. Oben links: Typus der Austrocylindropuntia vestita (SD.) Backbg. mit den kürzesten Blättern. — Oben rechts: A. vestita v. major (Backbg.) Backbg., mit den längsten Blättern (fast 3 cm lang). — Unten links: A. vestita v. chuquisacana (Card.) Backbg., mit mittellangen Blättern, dicht stehenden Areolen, später kranzförmig strahlenden Stacheln, ohne derbere Hauptstacheln. — Unten rechts: A. vestita v. intermedia Backbg., mit mittellangen Blättern und zum Teil derberen Hauptstacheln, die Triebe später die kräftigsten.

länger (die Behaarung am feinsten und dichtesten), bei der v. *major* (BACKBG.) BACKBG. am längsten. Neuerdings wurde noch eine var. bekannt mit stärkeren Stacheln:

— v. **intermedia** BACKBG. n. v.

Differt a typo ramis crassioribus, a v. *chuquisacana* aculeis crassioribus, longioribus, areolis disiectioribus, aculeis longissimis ca. 1 cm longis, ± prominentibus; foliis ad ca. 12 mm longis.

In der Blattlänge von 1,2 cm steht die neue Varität der v. *chuquisacana* nahe, unterscheidet sich von ihr aber sichtbar an den älteren Triebteilen. Während bei v. *chuquisacana* die Areolen mehr genähert sind, strahlen von diesen aus allseitig und dicht feine St. und Gl. aus, ohne derbere einzelne bzw. längere St. Bei v. *intermedia* sind an älteren Triebteilen die Areolen bis zu 1,8 cm entfernt (bei v. *chuquisacana* 7 mm; hier berühren sich die Stachel- bzw. Glochidenkränze); bei der v. *intermedia* stehen die blaß gelblichweißen Gl. im eigentlichen Areolenteil ab, während die St. selbst am unteren Areolenrand spreizen, meist 4, zuweilen noch dünnere vereinzelte Übergangsstacheln zu den Gl., ca. 5—11 mm lang, meist drei stärker, der längste der stärkste und deutlich pfriemlich wie die seitlichen St., alle grau, anfangs oben leicht bräunlich. Ich erhielt die Pflanze von Frau WILKE. — Bolivien (ohne genaueren Standort). RIVIERE-Nr. 7321. (Abb. 3255, unten rechts).

15b. v. **major** (BACKBG.) BACKBG.: Ein Synonym ist *Opuntia vestita* v. *major* (BACKBG.) ROWL. in Nat. C. & S. J., 13 : 1, 4. 1958.

Abb. 3256. Austrocylindropuntia clavarioides f. minima, Triebe nur zylindrisch, klein und sehr zahlreich. (Sammlung: SAINT-PIE.)

Reihe 6: Clavarioides Br. & R.

18. Austrocylindropuntia clavarioides (Pfeiff.) Backbg.

Bei dem Züchter Saint-Pie, Asson (S-Frankreich), sah ich eine spontan entstandene forma *minima*, die Triebe stets nur zylindrisch, sehr klein, in sehr großer Zahl entwickelt und niemals in der bekannten scheinbar monströsen Form. Mit der f. *minima* zeigt sich besonders deutlich, daß es sich bei dieser Art um eine *Austrocylindropuntia* handelt. (Abb. 3256).

Fričs Gattungsname muß ‚*Clavarioidia*" (statt „*Clavarioidea*") heißen.

8. CYLINDROPUNTIA (Eng.) Knuth

Reihe 2: Leptocaules Br. & R.

2. Cylindropuntia mortolensis (Br. & R.) Knuth

Die Art wurde bei Britton u. Rose nur unzulänglich abgebildet (vgl. Bd. I, Abb. 111 : 1—2). Man hat sie zuweilen auch nicht als eigene Art angesehen. In der Sammlung von F. Riviere konnte ich eine größere Pflanze beobachten, die Tr. später mehr graugrün und mit roten Flecken unter den Areolen; die Abb. 3257 (links) zeigt den Gesamtwuchs, die Abb. 3257 (rechts) das Makrofoto eines Jungtriebes mit den von Berger angegebenen Haaren an der Triebspitze. Außer dem bisher beschriebenen 1 St. an älteren Areolen werden anfangs noch einige mehr gebildet, die den Charakter längerer Gl. haben und abfallen.

Abb. 3257. Links: Cylindropuntia mortolensis (Br. & R.) Knuth mit dem typisch gedrängten Wuchs und der starken Areolenfleckenbildung (s. Triebe in der Mitte). (Sammlung: Riviere.) — Rechts: Übermakro eines Einzeltriebes mit schwacher Haarbildung.

4. Cylindropuntia leptocaulis (DC.) Knuth

Dank den intensiven Bemühungen F. Rivieres, in „Pinya de Rosa", Blanes (Spanien), alle Vertreter der Opuntioideae zu vereinigen, die bekannt wurden oder in anderen Sammlungen vorhanden sind, haben wir heute auch einen besseren Überblick über die Formengruppe der *C. leptocaulis*. Es ergab sich dabei, daß noch weitere Varietäten unterschieden werden können.

4a. v. brevispina (Eng.) Knuth

Zu ergänzen ist: Neutriebe meist zu zweien, auf- und abwärts gerichtet oder überwiegend so; St. weiß, bis über 1 cm lang, andere sehr kurz, gelblich mit dunklerer Spitze; Fr. rot, ziemlich groß, länglich.

Engelmann beschrieb die Varietät als *Op. frutescens brevispina* Eng. in Proc. Amer. Acad., 3 : 309. 1856.

— v. glauca Backbg. n. v.

Differt ramis glaucis; aculeis basi alba, vagina ca. 2 mm lata, supra fusca, infra clariore; fructu satis parvo, rotundo, ca. 15 mm longo, rubro; seminibus ca. 3 mm ⌀.

Triebe fahl bläulichgrün; 1 St. 4,5 cm lang, unten weiß, Mitte braun, oben heller bräunlich, Scheide ca. 2 mm breit, glänzend leuchtendbraun bis auf die etwas hellere Basis; Fr. kugelig, karmin, ca. 12 × 15 mm groß; Pulpa glasig-weißlich; S. flachrund, in der Mitte eingedrückt, ca. 3 mm groß. Typus: Riviere-Nr. 8082. (Abb. 3258. links).

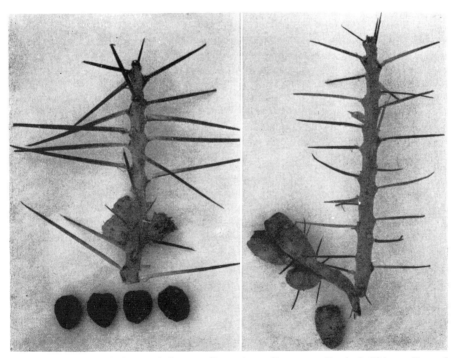

Abb. 3258. Links: Cylindropuntia leptocaulis v. glauca Backbg. mit sehr kräftigen glänzendbraunen Scheiden und kugeligen Früchten. (Sammlung: Riviere.) — Rechts: Cylindropuntia leptocaulis v. tenuispina Backbg. mit kürzeren, dünneren Stacheln, gelblicher Scheide und länglichen, aber nicht keuligen Früchten. (Sammlung: Riviere.)

— v. **tenuispina** BACKBG. n. v.

Differt ramis tenuioribus, viridibus; aculeis ca. 3 cm longis, pallide fulvosis, vagina flavida, ca. 1,2 mm lata; fructu oblongo, non claviformi, ca. 18 mm longo, 10 mm lato, carmineo, basi plerumque viridi, sterili, pulpa vitrea.

Triebe dünner, laubgrün; St. 1, ca. 3 cm lang, hell graubräunlich, streckenweise etwas dunkler, Scheide gelblich, ca. 1,2 mm breit; Fr. steril (soweit bekannt), länglich, unten nicht keulig verengt (wie auf BRITTON u. ROSES Tafel VI: 3—4, Typus der Art), ca. 18 mm lang, 10 mm breit, hellkarmin mit meist grüner Basis, Pulpa farblos glasig. Typus: RIVIERE-Nr. 8079. (Abb. 3258, rechts).

Anscheinend sind mit abweichenden Wuchsformen auch andere Fruchtformen gepaart.

Die ersten Beschreibungen der übrigen älteren Varietäten erfolgten:

v. *longispina* (ENG.) KNUTH: als *Op. frutescens longispina* ENG., in Proc. Amer. Acad., 3: 309. 1856; (Blüten bräunlich);

v. *vaginata* (ENG.) KNUTH: als *Op. vaginata* ENG., in WISLIZENUS, Mem. Tour North. Mex., 100. 1848; (Ov. mit langen St.);

v. *badia* (BERG.) KNUTH: als *Op. leptocaulis* v. *badia* BERG., „Kakteen", 59. 1929;

v. *robustior* (BERG.) KNUTH: als *Op. leptocaulis* v. *robustior* BERG., „Kakteen", 59. 1929; (mit kurzen Seitenästen, hellgrün, St. lang, hellgelb mit hellen Scheiden);

v. *pluriseta* (BERG.) KNUTH: als *Op. leptocaulis* v. *pluriseta* BERG., „Kakteen", 59. 1929; (schlanker, dunkelgrün, mit kurzen St. und undeutlichen Scheiden sowie einigen herabhängenden Haaren wie bei *Cylindrop. mortolensis* (BR. & R.) KNUTH, die kräftige Tr. und lange St. sowie rote Flecken unter den nur anfangs etwas behaarten Areolen hat).

BERGERS Charakterisierung der v. *badia* lautete nur „St. lang, kräftig, mit kastanienbraunen Scheiden"; es fehlen die Angaben über Früchte und Blüten sowie die Stacheln selbst, auch über die Körperstärke und -farbe, so daß wohl kaum noch festzustellen ist, was BERGER unter dieser Varietät verstand.

Lebende Pflanzen der neuen Varietäten befinden sich unter den angegebenen Typusnummern in der Sammlung „Pinya de Rosa", Blanes (Spanien).

Vom Typus der Art gibt es auch eine Form, die breitsperrig-hoch wächst, mit größeren, keuligen Früchten. Da *C. leptocaulis* sowohl mit kugeligen wie keuligen Fr. beschrieben wurde, steht bisher nicht fest, ob die keuligen stets nur bei der sperriger wachsenden Form gefunden werden oder man bisher nicht genauer unterschied.

Reihe 3: Thurberianae BR. & R.

13. Cylindropuntia tetracantha (TOUMEY) KNUTH

Ein Synonym ist noch *Op. kleiniae tetracantha* (TOUMEY) MARSH. (Ariz. Cact., 17. 1953).

14. Cylindropuntia recondita (GRIFF.) KNUTH

Die Blütenfarbe wurde in der Originalbeschreibung als „hellpurpur" angegeben. In der Sammlung F. RIVIERE waren die Blüten schmutzig rosaweiß, 3,5 cm ⌀. Wahrscheinlich variiert die Blütenfarbe, wie z. B. auch bei *C. versicolor*.

Reihe 4: Echinocarpae Br. & R.
25. Cylindropuntia californica (Torr. & Gray) Knuth

Als Synonym muß noch erwähnt werden *Cactus californicus* Nutt. in Ind. Kew.; der Name soll aber nie publiziert worden sein.

— **Cylindropuntia densiaculeata** Backbg.

Tr. graugrün, ebenso die 1 cm langen B.; Bl. tiefpurpurn, 5,5—6 cm ⌀; Ov. mit aufgerichteten rosa St.; Staubf. dunkel lilarot; Gr. 5 mm dick, hellrot; N. gelb; Fr. grün, 4—5 cm breit, tief genabelt.

Ein Synonym ist: *Opuntia densiaculeata* (Backbg.) Rowl., Nat. C. & S. J., 13:1, 4. 1958.

Reihe 5: Bigelowianae Br. & R.
27. Cylindropuntia ciribe (Eng.) Knuth

Ein Synonym ist noch *Op. bigelowii ciribe* (Eng.) Marsh. (Ariz. Caet., 23. 1953).

Reihe 6: Imbricatae Br. & R.
33. Cylindropuntia rosea (DC.) Backbg.

Als Synonym dieser Art wird *Cactus subquadriflorus* Moc. & Sessé genannt, auch irrig *C. subquadrifolius* geschrieben, von Schumann *C. quadriflorus*.

Abb. 3259
Cylindropuntia fulgida v. mamillata (Schott) Backbg. Eine ± monströse Form, oft kammförmig verbreiternd, teils normal, teils auch nur monströs.

Abb. 3260. Cylindropuntia brevispina (H. E. Gates) Backbg. mit kupfrig-purpurnen Blüten. (Sammlung und Foto: Riviere.)

Reihe 7: Fulgidae Br. & R.

35a. Cylindropuntia fulgida (Eng.) Knuth

v. **mamillata** (Schott) Backbg.: Von dieser Varietät gibt es eine interessante anomale Form, zuweilen halb cristatförmig, halb monströs (Abb. 3259); oft werden die Triebe wieder normal, oder aber die beiden anomalen Formen nehmen später zu. Die Pflanzen sind wüchsig.

40. Cylindropuntia brevispina (H. E. Gates.) Backbg.

Die Blütenfarbe ist eher kupfrig-tiefpurpur. Aus der Sammlung F. Riviere zeige ich das Bild der Blüten dieser seltenen und wüchsigen Art von der niederkalifornischen Ballena-Insel (Abb. 3260).

9. GRUSONIA F. Reichb.

— **Grusonia hamiltonii** H. E. Gates

Ich konnte noch immer keine Beschreibung finden, will sie aber von mir aus nicht geben, da die Art viele Jahre in Kultur ist und damit die Möglichkeit besteht, daß sie irgendwo beschrieben wurde. Die Blüten entstehen mehr um das Triebende als in demselben, wie normalerweise bei *Grusonia bradtiana*, die ziemlich breiten, spitz zulaufenden Perigonblätter sind gelb bis weiß; die Rippen laufen auch fort und sind um die Areolen nur mäßig eingesenkt. G. D. Rowley hat in Nat. C. & S. J., 13:1, 4. 1958, die Schwierigkeiten dargelegt, die sich in der Beurteilung der Zugehörigkeit zu diesem Genus ergeben, und sagt: „*Grusonia* könnte vielleicht Sektionsrang bei *Opuntia* erhalten, wie dies Baxter in C. & S. J. (US.), IV: 282-4. 1932, vorschlug." Im Interesse einer klareren Übersicht könnte aber das Genus ebensogut aufrechterhalten werden; es ist aber meines Erachtens nur monotypisch. (Abb. 3261).

10. MARENOPUNTIA BACKBG.

1. Marenopuntia marenae (S. H. PARS.) BACKBG.

Ein Synonym ist *Pterocactus marenae* (PARS.) ROWL., Nat. C. & S. J., 13 : 1, 4. 1958.

ROWLEY sagt l. c., die Art sei „congeneric" mit *Pterocactus* K. SCH., mit dem sie die große Rübe, endständigen Blüten und großen nierenförmigen Samen gemeinsam habe, allerdings ohne die Flügelung wie bei *Pterocactus*. Das aber ist hier von ausschlaggebender Bedeutung. Rübenbildung und Samenform besagen wenig, da sie bei vielen Gattungen unterschiedlich sind. „Endständige", im Triebende versenkte Blüte kann ein Merkmal der Gattungszugehörigkeit sein, muß es aber nicht. Wir wissen heute, daß bei einer Form der *Opuntia macbridei* BR. & R. (*Op. johnsonii* HORT.) auf der Triebscheitelhöhe zuerst eine eingesenkte Blüte entsteht; neuerdings wurde dasselbe auch ausnahmsweise bei *Op. marnierana* BACKBG. (Stenopetalae) beobachtet. Es steht also gar nicht fest, daß es sich bei *Marenopuntia* nicht um eine konstante Bildung solcher Art handelt, d. h. um einen Parallelismus zu *Pterocactus*. Die Flügelbildung der *Pterocactus*-Samen ist aber einzigartig und allen Spezies gemeinsam. Hier liegt in den Samen ein echtes

Abb. 3261. Grusonia (?) hamiltonii H. E. GATES mit auffällig gerade durchlaufenden Rippen. (Sammlung und Foto: RIVIERE.)

Unterscheidungsmerkmal vor. Man kann auch die extreme geographische Entfernung nicht außer acht lassen. Bedenkt man alle Einzelheiten, kommt man eher zu dem Schluß, daß es sich bei den beiden Gattungen um getrennte Entwicklungsstufen von zylindrischen Ahnen her handelt. Die „*Opuntia marenae*" war fast in Vergessenheit geraten, die „*Marenopuntia marenae*" macht sie zu einem interessanten Untersuchungsobjekt. Alle diese Argumente lassen es ratsam erscheinen, die Gattungen getrennt zu halten.

11. TEPHROCACTUS Lem.

Da in der neueren Literatur auch die Gattung *Cylindropuntia* verwandt wird, in fast allen Sammlungen ebenfalls obiger Gattungsname, und sich gezeigt hat, daß im andinen Raum Südamerikas *Tephrocactus* die größte und relativ sehr einheitliche Artengruppe der U.-F. *Opuntioideae* ist, besteht kein hinlänglicher Grund, im Interesse der klaren Gliederung alle drei Grundformen der Opuntioiden obiges Genus wieder in die unübersichtliche Riesengattung *Opuntia* früherer Fassung zurückzuführen.

Reihe 1: Elongati Backbg.

1. **Tephrocactus floccosus** (SD.) Backbg.

   1a. v. **canispinus** Rauh & Backbg.: Ein Synonym ist *Opuntia floccosa* v. *canispina* (Rauh & Backbg.) Rowl., Nat. C. & S. J., 13 : 1, 5. 1958.

   1c. v. **ovoides** Rauh & Backbg.: Ein Synonym ist *Opuntia floccosa* v. *ovoides* (Rauh & Backbg.) Rowl., l. c., 5. 1958. (Abb. 3262, links oben).

   1d. v. **crassior** Backbg.: Ein Synonym ist *Opuntia floccosa* v. *crassior* (Backbg.) Rowl., l. c., 5. 1958.

   1e. — subv. **aurescens** Rauh & Backbg.: Ein Synonym ist *Op. floccosa* v. *crassior* subv. *aurescens* (Rauh & Backbg.) Rowl., l. c., 5. 1958.
   Rauh führt die subv. in „Beitr. z. Kenntn. d. peruan. Kaktveg.", 203. 1958, als eigene Varietät. Da die Triebe stärker waren, sah ich sie als subvar. der von mir bei Oroya gesammelten v. *crassior* an. Nachzufügen ist also der Name *T. floccosus* v. *aurescens* Rauh & Backbg., l. c.

   1f. v. **cardenasii** J. Marn.-L. „Cactus" (Paris), Notes du Jard. Bot. Des Cèdres, 72 : 137, 1961.
   Einzeltriebe bis 5,5 cm lang, bis 3 cm ⌀, dunkelgrün; B. sehr zahlreich, 13 mm lang, 3 mm breit, nicht abfallend oder nur bei höherem Triebalter; zwischen den B. ein feiner und dichter, filzartig anmutender Haarbesatz, aber nicht länger hervortretend, gelblichweiß; St. wenige, fein, aber stechend, weiß, in dem Wollfilz der Bekleidung; Bl. und Fr. bisher unbekannt. — Bolivien. (Dept. La Paz, Achacachi, 3800 m [Cardenas]).
   Die Pflanze wurde von Cardenas gefunden. Wenn auch Blüte und Frucht nicht bekannt sind, muß die Beschreibung doch erfolgen, da einmal das filzartige und kürzere Haarkleid sowie der dichtere Blattansatz von anderen Vertretern dieser Formengruppe abweicht, aber auch die Stacheln, die viel kürzer als sonst sind. (Abb. 3264).

2. **Tephrocactus verticosus** (Wgt.) Backbg.: Einen Kulturtrieb zeigt Abb. 3262, rechts oben.

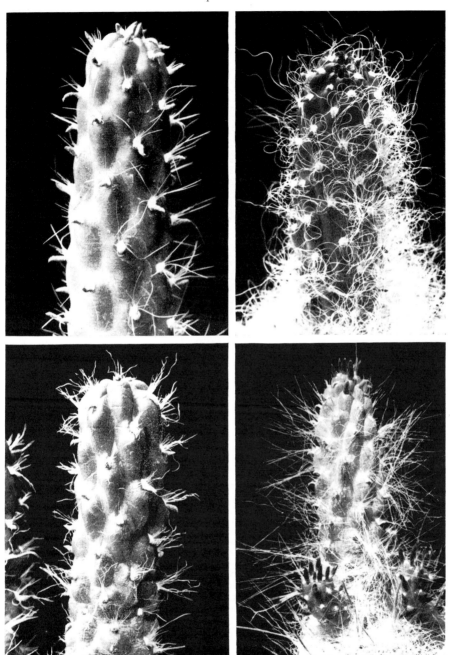

Abb. 3262. Arten und Varietäten der Tephrocactus-Reihe 1: Elongati. Zur besseren Veranschaulichung der unterschiedlichen Höckerform und Verschiedenheit der Behaarung wurden die Triebe lichtfern stärker verlängert gezogen. — (I.) Links oben: Tephrocactus floccosus v. ovoides RAUH & BACKBG. — Rechts oben: Tephrocactus verticosus (WGT.) BACKBG. — Links unten: Tephrocactus lagopus (K. SCH.) BACKBG. — Rechts unten: Tephrocactus lagopus v. pachycladus RAUH & BACKBG.

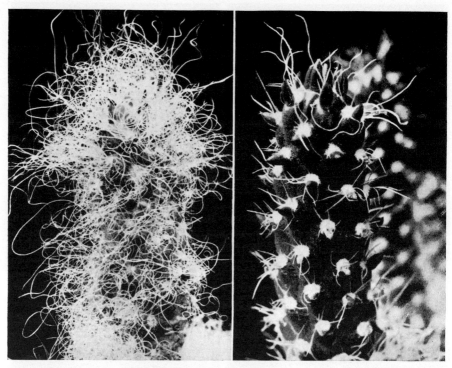

Abb. 3263. (II.) Links: Tephrocactus udonis (WGT.) BACKBG. — Rechts: Tephrocactus crispicrinitus RAUH & BACKBG.

Abb. 3264. Tephrocactus floccosus v. cardenasii J. MARN.-LAP. (Foto: MARNIER-LAPOSTOLLE.)

3. **Tephrocactus lagopus** (K. Sch.) Backbg. (Abb. 3262, links unten).
   - 3a. v. **leucolagopus** Rauh & Backbg.: Ein Synonym ist *Opuntia lagopus* v. *leucolagopus* (Rauh & Backbg.) Rowl., l. c., 6. 1958.
   - 3b. v. **aureus** Rauh & Backbg.: Ein Synonym ist *Opuntia lagopus* v. *aurea* (Rauh & Backbg.) Rowl., l. c., 5. 1958.
   - 3c. — subv. **brachycarpus** Rauh & Backbg.: Ein Synonym ist *Opuntia lagopus* v. *aurea* subv. *brachycarpus* (Rauh & Backbg.) Rowl., l. c., 5. 1958.
   - 3d. v. **aureo-penicillatus** Rauh & Backbg.: Ein Synonym ist *Opuntia lagopus* v. *aureo-penicillatus* (Rauh & Backbg.) Rowl., l. c., 6. 1958.
   - 3e. v. **pachycladus** Rauh & Backbg.: Ein Synonym ist *Opuntia lagopus* v. *pachycladus* (Rauh & Backbg.) Rowl., l. c., 6. 1958. (Abb. 3262, rechts unten).

4. **Tephrocactus cylindrolanatus** Rauh & Backbg.: Ein Synonym ist *Opuntia cylindrolanata* (Rauh & Backbg.) Rowl., l. c., 5. 1958.

5. **Tephrocactus rauhii** Backbg.: Ein Synonym ist *Opuntia rauhii* (Backbg.) Rowl., l. c., 5. 1958.

6. **Tephrocactus udonis** (Wgt.) Backbg.: Einen Kulturtrieb zeigt Abb. 3263, links.

— **Tephrocactus pseudo-udonis** Rauh & Backbg.: Ein Synonym ist *Opuntia pseudo-udonis* (Rauh & Backbg.) Rowl., l. c., 5. 1958.

7. **Tephrocactus crispicrinitus** Rauh & Backbg.: Ein Synonym ist *Opuntia crispicrinita* (Rauh & Backbg.) Rowl., l. c., 5. 1958. (Abb. 3263, rechts).
   - 7a. v. **tortispina** Rauh & Backbg.: Ein Synonym ist *Opuntia crispicrinita* v. *tortispina* (Rauh & Backbg.) Rowl., l. c., 5. 1958.
   - 7b. v. **cylindraceus** Rauh & Backbg.: Ein Synonym ist *Opuntia crispicrinita* v. *cylindracea* (Rauh & Backbg.) Rowl., l. c., 5. 1958.
   - 7c. — subv. **flavicomus** Rauh & Backbg.: Ein Synonym ist *Opuntia crispicrinita* v. *cylindracea* subv. *flavicoma* (Rauh & Backbg.) Rowl., l. c., 5. 1958.

10. **Tephrocactus punta-caillan** Rauh & Backbg.: Ein Synonym ist *Opuntia punta-caillan* (Rauh & Backbg.) Rowl., l. c., 6. 1958.

11. **Tephrocactus yanganucensis** Rauh & Backbg.: Ein Synonym ist *Opuntia yanganucensis* (Rauh & Backbg.) Rowl., l. c., 6. 1958.

12. **Tephrocactus atroviridis** (Werd. & Backbg.) Backbg.: Rauh führt in „Beitr. z. Kenntn. d. peruan. Kaktveg.", 212—214. 1958, noch folgende Varietäten:
    — v. **longicylindricus** Rauh & Backbg. Polster stark aufgewölbt, bis 1 m hoch; Tr. bis 30 cm lang und 5—6 cm $\varnothing$; Ar. mit wenigen Haaren; St. 3—5, derb, selten bis 3 cm lang, meist kürzer, aufwärts gerichtet, blaß bernsteingelb; Bl. gelb; Fr. bis 3 cm $\varnothing$, mit vertieftem Nabel und einzelnen Haaren. — Peru (Mantaro-Terrassen bei Oroya, 3700 m). Rauh-No. K 1c (1956).
    — v. **parviflorus** Rauh & Backbg. Fast flache, kompakte Polster, mit kurzen, reich verzweigten Gliedern; St. sehr kurz; Bl. 2,5 cm lang,

2 cm breit; äußere Perigonbl. gelb mit rötlichem Rand; N. grünlich; Fr. wenig vertieft genabelt. — Peru (Mantaro-Terrassen bei Oroya, 3700 m). Rauh-No. K 1 e (1956).

— v. **paucispinus** Rauh & Backbg. Polsterbildend; Glieder bis 5 cm lang, 2,5 cm ⌀; St. nur 1—2 (selten 3—4), bis 2,5 cm lang; Bl. 3 cm lang, bis 2,5 cm breit, obere Schuppenachseln mit dünnen Borstenstacheln; Perigonbl. 1,5 cm lang, 1 cm breit, gelb; Gr. schlank; N. 6; Fr. mit kaum vertieftem Nabel. — Peru (Mantaro-Terrassen bei Oroya, 3700 m). Rauh-No. K 1 d (1956).

Bei Tafel 25 A muß der Vergleichshinweis lauten: „Tafel 22 B" (statt „Tafel 28").

13. **Tephrocactus blancii** Backbg.: Ein Synonym ist *Opuntia blancii* (Backbg.) Rowl., l. c., 5. 1958.

14. **Tephrocactus hirschii** Backbg.: Ein Synonym ist *Opuntia hirschii* (Backbg.) Rowl., l. c., 5. 1958.

16. **Tephrocactus crassicylindricus** Rauh & Backbg.: Ein Synonym ist *Opuntia crassicylindrica* (Rauh & Backbg.) Rowl., l. c., 5. 1958.

Reihe 2: Globulares Backbg.

17. **Tephrocactus articulatus** (Pfeiff. ex O.) Backbg.

Unter „*Opuntia glomerata* Haw." hat Rowley irrtümlich auch die nachstehenden Umkombinierungen vorgenommen (die zu obiger Art gehören), obwohl ich bei *T. glomeratus* Haworths Originaldiagnose wiedergab, wonach es sich um eine Pflanze mit „ramis caespitose confertis, spinis centralibus solitariis" handelte, eine heute durchaus bekannte polsterförmig wachsende Art, die der Name treffend kennzeichnet. *T. articulatus* ist dagegen kleinstrauchig locker gegliedert, wie Pfeiffers Name richtig besagt. Daher gehören also hierher folgende Synonyme:

17 a. v. **inermis** (Speg.) Backbg.: *Opuntia glomerata* v. *inermis* (Speg.) Rowl., l. c., 5. 1958.

17 b. v. **calvus** (Lem.) Backbg.: *Opuntia glomerata* v. *calva* (Lem.) Rowl., l. c., 5. 1958.

17 e. v. **polyacanthus** (Speg.) Backbg.: *Opuntia glomerata* v. *polyacantha* (Speg.) Rowl., *O. hossei* (Krainz & Gräs.) Rowl., beide l. c., 5. 1958.

17 h. v. **oligacanthus** (Speg.) Backbg.: *Opuntia glomerata* v. *oligacantha* (Speg.) Rowl., l. c., 5. 1958.

21. **Tephrocactus platyacanthus** (SD.) Lem.

21 a. v. **angustispinus** Backbg.: Ein Synonym ist *Opuntia platyacantha* v. *angustispina* (Backbg.) Rowl., l. c., 5. 1958.

21 d. v. **neoplatyacanthus** Backbg.: Ein Synonym ist *Opuntia platyacantha* v. *neoplatyacantha* (Backbg.) Rowl., l. c., 6. 1958.

22. **Tephrocactus glomeratus** (Haw.) Backbg.

Die Blüte war bisher nicht bekannt. Sie ist 2,5 cm lang, 3 cm breit; Perigonbl. über 1 cm breit, gestutzt, schmutzig blaßgelb, ± wellig; Staubf. sensitiv, ziemlich kurz, krem; Gr. fahl rosaweiß; N. 5, kurz, hellgrün (Sammlung F. Riviere, Nr. 6288).

Rowleys synonymische Kombinationen unter *Opuntia glomerata* siehe, mit einer Ausnahme, unter *T. articulatus*; hierher gehört nur die folgende:

22 b. v. **gracilior** (SD.) Backbg.: Syn: *Opuntia glomerata* v. *gracilior* (SD.) Rowl., l. c., 5. 1958.

26. **Tephrocactus alexanderi** (Br. & R.) Backbg.

26 a. v. **bruchii** (Speg.) Backbg.: Ein Synonym ist *Opuntia alexanderi* v. *bruchii* (Speg.) Rowl., l. c., 5. 1958.

26 d. v. **subsphaericus** (Backbg.) Backbg: Ein Synonym ist *Opuntia alexanderi* v. *subsphaerica* (Backbg.) Rowl., l. c., 5. 1958.

29. **Tephrocactus corotilla** (K. Sch.) Backbg.

29 a. v. **aurantiaciflorus** Rauh & Backbg.: Ein Synonym ist *Opuntia corotilla* v. *aurantiaciflora* (Rauh & Backbg.) Rowl., l. c., 5. 1958.

— **Tephrocactus conoideus** Backbg.

Dem hier beigegebenen Makrobild nach gehört die Art besser in die Reihe „Globulares", zumal die Stacheln nur höchstens an der Basis etwas gedrückt

Abb. 3265. Übermakroaufnahme des typisch konisch verlängerten Triebes von Tephrocactus conoideus Backbg., von Lembcke gesammelt. Der Autorenname „Ritter" der Originalbeschreibung mußte geändert werden, da Ritter der Ansicht ist, dies sei sein bisher unbeschriebener T. schaeferi.

Abb. 3266. Tephrocactus camachoi (Esp.) Backbg.

sind; in der Kultur ist der Körper dunkler getönt, die Stacheln anfangs auch bräunlich. (Abb. 3265).

Ritter schrieb mir, daß diese von Lembcke gesammelte Pflanze sein *T. schaeferi* n. nud. sei (FR 549); diesen kenne ich nicht. Die Triebform ist ausgesprochen „konisch", und da die Art danach unter obigem Namen beschrieben wurde, muß mein Autorname hinzugesetzt werden (statt „Ritt."). Ritter berichtete mir die Art „aus dem Gebirge von Transito und La Pampa" (FR 256).

— **Tephrocactus camachoi** (Esp.) Backbg.

Die Epidermis erscheint unter dem Mikroskop ähnlich äußerst feinriefig wie etwa bei *Neogomesia*, die winzigen Wärzchen länglich. Abb. 3266 zeigt eine aus Ritter-Samen gezogene Pflanze, bei der die jungen Areolen mit länger-flockigem weißem Filz versehen sind. Die Stachelzahl ist unregelmäßig, meist bis 3 längere weiße, daneben verschiedene unterschiedlich lange Nebenstacheln, zum Teil wie verlängerte Glochiden (besonders an älteren Trieben).

— **Tephrocactus variiflorus** Backbg. n. sp.

Articulis oblongis, viridibus, ca. 1,5 cm ⌀; tuberculis oblongis, vix elevatis; areolis tomento flaveolo; aculeis satis brevibus, flaveolis, ca. 2—4; glochidiis flavis; flore ca. 2—3 cm longo, 2,5—3,5 cm ⌀, patente; foliis perigonii ca. 20, plerumque ± latilinearibus, superne truncatis, 12—18 mm longis, 6—10 mm latis, carmineis vel colore clariore ad pallide roseo vel aliquid flaveolo-roseo.

Eine kleine, schön blühende Art; Glieder länglich, ca. 1,5 cm ⌀; Höcker sehr flach, ungefähr doppelt so lang wie breit und in der Längsrichtung durch geschlängelte, etwas dunklere Linien umgrenzt; Areolen mit gelblichem Filz und ebensolchen Glochiden; St. ziemlich klein, gelblich, teils angelegt, teils abstehend, ca. 2—4, verschieden lang; Bl. ziemlich groß, mit bis ca. 20 breitlinearen Perigonblättern, diese oben gestutzt, mitunter auch nach unten zu ± verjüngt, 12 bis 18 mm lang, 6—10 mm breit, karmin bis karminrosa, bis sehr blaßrosa oder etwas gelblichrosa; Fr. ? — N-Argentinien (Pampa südlich von Villazon). (Abb. 3267).

Das Farbfoto stammt aus der Sammlung von Dr. HEGENBART, Marktredwitz. Nach ihm handelt es sich um *Tephrocactus* sp. FR 91 von F. RITTER. Dieser machte mir einige zusätzliche Angaben und meinte, es könne sich um „*Op. subterranea* R. E. FRIES" handeln, zumal diese in N-Argentinien und in dem angrenzenden Bolivien gesammelt wurde.

BRITTON u. ROSE geben an, Dr. SHAFER habe letztere Art bei Villazon gefunden, aber ohne Blüte. Hier mag es sich um dieselbe Pflanze wie die RITTERS gehandelt haben. R. E. FRIES hat seine Abbildung und Beschreibung nicht nach ihm eingesandtem, sondern von ihm lebend bei Moreno (Jujuy, N-Ar-

Abb. 3267. *Tephrocactus variiflorus* BACKBG., Blüte von karmin bis rosa variierend. Die Art wurde von RITTER entdeckt (FR 91); er hält sie für T. subterraneus, was nach FRIES' Zeichnung nicht zutreffen kann. (Sammlung: HEGENBART, Foto: PORZELT.)

gentinien) gesammeltem Material wiedergegeben. Nach der Zeichnung des Körpers mit den allseitig gleich langen, scharf voneinander getrennten Höckern und der Blüten- sowie Perigonblattform können *Tephroc. subterraneus* und die von RITTER gefundene Pflanze nicht identisch sein. Man muß sich an FRIES' Abbildung halten; er bezeichnet auch die Blütenfarbe als „bräunlich". In Jujuy wachsen noch weitere Pflanzen, die der FRIESschen verwandt sind, z. B. *Tephroc. mandragora*.

Da es keinen Anhaltspunkt zur Identifizierung mit FRIES' Pflanze gibt, muß RITTERS Fund als neue Art angesehen werden, vielleicht schon von SHAFER gesehen. Bei der rosa blühenden Form sind die Staubfäden rosa; wahrscheinlich sind sie bei dunkler farbigen Blüten dunkler getönt. In dem strahlenden Bau allein schon die schönste mir bekannte *Tephrocactus*-Blüte.

— **Tephrocactus muellerianus** BACKBG.: Ein Synonym ist *Opuntia muelleriana* (BACKBG.) ROWL., l. c., 5. 1958.

— **Tephrocactus mirus** RAUH & BACKBG.: Ein Synonym ist *Opuntia mira* (RAUH & BACKBG.) ROWL., l. c., 5. 1958.

Bei der Abb. 3268 scheint es sich um eine Sämlingspflanze dieser Art zu handeln, noch feiner bestachelt.

33. **Tephrocactus pentlandii** (SD.) Backbg.: Ein Synonym ist noch *Cactus pentlandii* Lem., nur ein Name in Cact., 88. 1868.

33a. v. **fuauxianus** Backbg.: Ein Synonym ist *Opuntia pentlandii* v. *fuauxiana* (Backbg.) Rowl., l. c., 6. 1958.

33b. v. **rossianus** Heinr. & Backbg.: Ein Synonym ist *Opuntia pentlandii* v. *rossiana* (Heinr. & Backbg.) Rowl., l. c., 6. 1958.

— **Tephrocactus leoninus** (Rümpl.) Backbg. n. comb.

Der Name wurde früher mit Fragezeichen als *Op. leonina* Hge. & Schm. unter 30. *T. dimorphus* aufgeführt. Die Pflanzen in „Pinya de Rosa" (F. Riviere), die Rümplers Beschreibung gut entsprechen, ähneln aber mehr den typischen Formen der Globulares-U.-R. Pentlandiani (Br. & R.) Backbg. Nachdem ich bei F. Riviere lebende Pflanzen sah, gebe ich die Beschreibung aus Handb. Cactkde., 974. 1886 (als *Op. leonina* Rümpl.), wieder, wo der Autorenname Haage & Schmidt war, bei ihnen jedoch nur ein Katalogname; die Beschreibung erfolgte durch Rümpler, so daß dessen Name als Autor anzuführen ist: Glieder teils kugelig (im Alter), teils mehr länglich-oval oder noch mehr gestreckt (die jüngsten); ältere Areolen mit zahlreichen kurzen Gl., die jüngeren mit kurzem Filz; St. ungleich nach Zahl und Länge, an ganz alten Gliedern 1—3 in der Mitte, die übrigen am Rande, stielrund, 1,5 cm lang, an weniger alten Gliedern 6—12,

Abb. 3268. Eine Jungpflanze von Tephrocactus mirus Rauh & Backbg. ? (Sammlung: Hegenbart.)

höchstens 1 cm lang; Bl. hellgelb, 4 cm lang und breit; Pet. stumpflich abgerundet, 8 mm breit. — Chile.

Die Angaben wurden wohl nach Kulturpflanzen gemacht. Die Längenangaben der Stacheln sind unklar; unter Standortsverhältnissen werden die obersten Stacheln offensichtlich länger. Die in der Abb. 3269, oben, gezeigten Pflanzen gibt es schon lange in Europa; in der Sammlung RIVIERE weisen sie mehr den arteigenen Habitus auf als RÜMPLERS Zeichnung Fig. 133, die für in der Kultur degenerierte *Tephrocactus* bezeichnend ist. RIVIERE-Nr. 8103.

Abb. 3269. Oben: Tephrocactus leoninus (RÜMPL.) BACKBG. — Unten: Tephrocactus albiscoparius BACKBG., eine neue Art mit milchweißer Bestachlung. (Foto: SCHATTAT.)

Schelle (Kakteen, 59. 1926) stellt die *Op. leonina* zu *Op. grata* Phil. und nennt eine v. *leonina* Hort. Die Identität erscheint mir aber nicht als gesichert.

35. **Tephrocactus dactyliferus** (Vpl.) Backbg.

In der Beschreibung auf S. 320 war die Blütenfarbe nicht angegeben, da die Angabe der Originalbeschreibung „gelb, oft rötlich überlaufen" unklar war, d. h. sich vielleicht nur auf das letzte Stadium der Blüten bezog. Inzwischen sah ich, daß die Blütenfarbe rötlich-orangegelb ist; Staubb., der dicke Gr. und die N. kremweiß.

G. D. Rowley nannte in Nat. C. & S. J., 5. 1958, die folgenden Kombinationen für *T. duvalioides* Backbg. und v. *albispinus* Backbg., (in „Cactus", 38 : 253. 1953): *Opuntia duvalioides* (Backbg.) Rowl. und v. *albispina* (Backbg.) Rowl. Diese neuen Namen waren unnötig, da sich herausstellte, daß *T. duvalioides* mit obiger Art als identisch angesehen werden muß.

36. **Tephrocactus cylindrarticulatus** Card.: Ein Synonym ist *Opuntia cylindrarticulata* (Card.) Rowl., l. c., 5. 1958.

37. **Tephrocactus chichensis** Card.: Ein Synonym ist *Opuntia chichensis* (Card.) Rowl., l. c., 5. 1958.

   37a. v. **colchanus** Card.: Ein Synonym ist *Opuntia chichensis* v. *colchana* (Card.) Rowl., l. c., 5. 1958.

38. **Tephrocactus noodtiae** Backbg. & Jacobs.: Ein Synonym ist *Opuntia noodtiae* (Backbg. & Jacobs.) Rowl., l. c., 6. 1958.

39. **Tephrocactus fulvicomus** Rauh & Backbg.: Ein Synonym ist *Opuntia fulvicoma* (Rauh & Backbg.) Rowl., l. c., 5. 1958.

   39a. v. **bicolor** Rauh & Backbg.: Ein Synonym ist *Opuntia fulvicoma* v. *bicolor* (Rauh & Backbg.) Rowl., l. c., 5. 1958.

   Ich führte diese Pflanze als var. von *T. fulvicomus*, da die Triebfarbe gleich ist, ebenso die Farbe der älteren Stacheln, bei beiden gleich elastisch. Bei beiden sind auf den Rauh-Fotos auch einzelne dunklere Stacheln vorhanden. Später sah ich bei meinen Versuchen, mit halbschattiger Kultur die Triebunterschiede (Länge, Behaarung, Höckerung, Blätter, Areolen und Glochiden) deutlicher zu erkennen, daß bei obiger Varietät in stärkerem Schatten die typischen Glochidenbüschel fast ganz verschwinden, während sie mehr im Licht stärker ausgebildet sind; außerdem verlängern die Triebe im Halbschatten mehr als bei *T. fulvicomus*. Ein Varietätsrang ist für „v. *bicolor*" nach dem oben Gesagten auch zu vertreten. Das unterschiedliche Verhalten der Triebe in der Kultur läßt es jedoch als ebenso berechtigt erscheinen, wenn Rauh, in „Beitr. z. Kenntn. d. peruan. Kaktveg.", 223. 1958, eine eigene Art *Tephrocactus bicolor* Rauh führt.

40. **Tephrocactus zehnderi** Rauh & Backbg.: Ein Synonym ist *Opuntia zehnderi* (Rauh & Backbg.) Rowl., l. c., 6. 1958.

41. **Tephrocactus ferocior** Backbg.: Ein Synonym ist *Opuntia ferocior* (Backbg.) Rowl., l. c., 5. 1958.

42. **Tephrocactus ignescens** (Vpl.) Backbg.

   42a. v. **steinianus** Backbg.: Ein Synonym ist *Opuntia ignescens* v. *steiniana* (Backbg.) Rowl., l. c., 5. 1958.

43. **Tephrocactus asplundii** BACKBG.: Ein Synonym ist *Opuntia asplundii* (BACKBG.) ROWL., l. c., 5. 1958.

44. **Tephrocactus pyrrhacanthus** (K. SCH.) BACKBG.
   44a. v. **leucoluteus** BACKBG.: Ein Synonym ist *Opuntia pyrrhacantha* v. *leucolutea* (BACKBG.) ROWL., l. c., 6. 1958.

45. **Tephrocactus atacamensis** (PHIL.) BACKBG.
   45b. v. **chilensis** BACKBG. BACKBG.: Ein Synonym ist *Opuntia chilensis* (BACKBG.) ROWL., l. c., 5. 1958.

46. **Tephrocactus minor** BACKBG.: Ein Synonym ist *Opuntia backebergii* ROWL., l. c., 5. 1958 (ein neuer Name, da es bereits eine *Op. minor* C. MÜLL. gab).

47. **Tephrocactus rarissimus** BACKBG.: Ein Synonym ist *Opuntia rarissima* (BACKBG.) ROWL., l. c., 6. 1958.

48. **Tephrocactus wilkeanus** BACKBG.: Ein Synonym ist *Opuntia wilkeana* (BACKBG.) ROWL., l. c., 6. 1958.

49. **Tephrocactus mistiensis** BACKBG.: Ein Synonym ist *Opuntia mistiensis* (BACKBG.) ROWL., l. c., 6. 1958.

51. **Tephrocactus flexuosus** BACKBG.: Ein Synonym ist *Opuntia flexuosa* (BACKBG.) ROWL., l. c., 5. 1958.

— **Tephrocactus albiscoparius** BACKBG. n. sp. (Typus: Sammlung RIVIERE-Nr. 11181)

Glomeratus; articulis viridibus, ± conicis; areolis tomento albo; aculeis compluribus in areola, albis, ad ca. 6,5 cm longis, erectis, ± intertextis; flore ignoto.

Die Art steht dem *T. flexuosus* am nächsten, unterscheidet sich aber wesentlich von ihm und allen anderen bisher bekannten Arten durch die besenartig dicht aufgerichteten langen, milchweißen St., (4—)8, bis ca. 5 cm lang, meist 1 kürzer, ca. 8—9 mm lang, sehr dünn, die übrigen steifelastisch; Areolen weißfilzig; die Glieder sind grün, nach oben zu konisch verjüngt; die Bl. ist unbekannt, in der Kultur vielleicht auch — wie bei *Tephrocactus* häufig — gar nicht erscheinend; angesichts der ganz ungewöhnlichen Bestachelung kann die Beschreibung aber trotzdem vorgenommen werden. — Bolivien. (Abb. 3269, unten).

54. **Tephrocactus mandragora** BACKBG.

Ein Synonym ist *Opuntia mandragora* (BACKBG.) ROWL., l. c., 6. 1958.

Das einzige mir bisher bekannte Bild einer blühenden Pflanze erhielt ich von dem Münchener Privatsammler F. POLZ (Abb. 3270).

55. **Tephrocactus minutus** BACKBG.

Ein Synonym ist *Opuntia minuta* (BACKBG.) ROWL., l. c., 6. 1958; eine versehentliche Neukombination unter *Opuntia*, da es bereits den Namen *Opuntia minuta* (BACKBG.) CAST., Lilloa, XXIII : 12. 1950, gab, auch bei BORG (1951) als comb. nud.

— **Tephrocactus microclados** BACKBG. n. sp.

Radix magna, ad ca. 10 cm longa, 6 cm crassa, subterranea; articulis parvis, ± rotundis, ca. 7—12 mm ⌀, viridibus; tuberculis in apice aliquid elevatis,

Abb. 3270. Blühender Tephrocactus mandragora BACKBG.
(Sammlung und Foto: POLZ' München.)

parvissimis, deinde applanatis; areolis 1 mm ⌀, primo tomentosis, postea nudis; foliis parvis, vix 1,5 mm longis; aculeis primo 2—3 deorsum deflexis, postea ad 1 cm longis, 1—3(—4), vel deficientibus; flore flavo vel rubro.

Mit relativ sehr großer Rübe, bis ca. 10 cm lang, 6 cm dick, unterirdisch; Glieder klein, rundlich, ca. 7—12 mm ⌀, kräftiggrün; Höcker anfangs sehr winzig und erhaben, später verbreiternd und abgeflacht, dann mehr rundlich;

Areolen 1 mm groß, mit blaß bräunlichweißem Filz, später verkahlend; B. sehr klein, kaum 1,5 mm lang; St. zuerst sehr fein, abwärts abgebogen, ca. 2—5 mm lang, später kräftiger, bis 1(—1,3) cm lang, zuweilen fehlend, sonst 1—3 (—4); Bl. gelb oder rot. — Südliches Bolivien (Tupiza: Pampa de Mochara). (Abb. 3271).

Während der ähnlich kleingliedrige *T. minusculus* BACKBG. keine größere Rübenwurzel aufweist, sind sie bei *T. minutus* BACKBG. dick fingerförmig, die St. viel feiner und zum

Abb. 3271
Tephrocactus microclados BACKBG.
Nur die kleinen Neutriebe erscheinen an der Erdoberfläche.

Teil länger, die Glieder werden auch größer, bis 2,5 cm lang und sind auch mehr länglich.

Die sehr dicke Rübe sitzt tief in der Erde, die kleinen Köpfe ragen durch die Verzweigung kaum aus dem Boden, und die Pflanzen sind daher schwer zu finden. Ich erhielt das lebende Material von Frau WILKE, die auch den *T. albiscoparius* sammelte.

56. **Tephrocactus minusculus** BACKBG.

Ein Synonym ist *Opuntia minuscula* (BACKBG.) ROWL., l. c., 6. 1958 (bei BORG [1951] als comb. nud.).

RITTER führt in WINTER-Kat., 22. 1958, noch folgende unbeschriebene Namen auf:

Tephrocactus echinaceus RITT. (FR 198): ,,Haufenkaktee; Tr. eiförmig; St. bis 25 cm lang, weiß, häufig rotbraun und weiß gebändert; Areolen sehr weißfilzig. — N-Chile (Trockengebiet)", und *Tephrocactus multiareolatus* RITT. (FR 275): ,,Glieder blaugrün, eiförmig; dicht bestachelt und dicht mit Areolen besetzt. — Peru (in tieferen Lagen)". Es könnte sich hier um *T. bicolor* RAUH handeln.

T. campestris kuehnrichianus (Katalogname RITTER, FR 121a, 1955) gehört zu *T. kuehnrichianus*, *T. campestris* (Katalogname RITTER, FR 242, 1955) zu *T. dimorphus*.

13. CORYNOPUNTIA KNUTH

G. D. ROWLEY ist in Nat. C. & S. J., 13:1, 4. 1958, der Ansicht, daß die von der Serie: *Clavatae* BR. & R. in *Corynopuntia* übernommenen Arten wieder zu *Opuntia* zurückgegliedert werden sollten. Er schlägt dafür Sektionsrang der Gruppe vor. Dem kann ich aus verschiedenen Gründen nicht folgen. Die Tatsache, daß es von den drei Grundformen bei *Opuntia* ,,flachrund, zylindrisch, ± kugelig" mit unterschiedlichen weiteren, jeweils gemeinsamen Merkmalen im Norden und Süden größere Artengruppen gibt, zeigt allein schon, daß hier getrennte Entwicklungswege vorliegen. Sie gilt es klar und übersichtlich darzustellen, was mir wichtiger dünkt als Umkombinationen oder neue Kategorieeinteilungen auf Teilgebieten, ohne daß dies einheitlich und logisch in der ganzen Familie durchgeführt wird, was vorderhand gar nicht möglich ist. BRITTON u. ROSES Kleingattungen sind da eine bessere Lösung, und eine solche Teilung muß vor allem bei *Opuntia* vollzogen werden, denn man kann nicht teils *Cylindropuntia*, teils *Tephrocactus* verwenden, aber *Corynopuntia* zu *Opuntia* zurückgliedern. In der Praxis hat sich das sowieso schon als überholt erwiesen.

2. **Corynopuntia invicta** (BRAND.) KNUTH

Der Blütenangabe ist hinzuzufügen: Perigonblätter gelb.

5. **Corynopuntia stanlyi** (ENG.) KNUTH

Die Blütenfarbe ist gelb; die breitspateligen Perigonblätter sind in eine Spitze ausgezogen; Staubf., Gr. und N. kremfarben.

  5a. v. **kunzei** (ROSE) BACKBG.: Die Blüte gleicht in Größe, Petalenform und deren Farbe der des Typus der Art.

8. **Corynopuntia vilis** (ROSE) KNUTH: Hinzuzufügen ist:

  8a. v. **bernhardinii** (HILDM.) BACKBG. n. comb.

> Differt a typo 1 aculeo centrali, subulato, supra ± fulvescente, infra albido; non numquam vagina brevissima in aculeo centrali: aculeis radialibus plerusque (3—)4, albidis: flore ignoto.

Abb. 3272. Corynopuntia vilis v. bernhardinii (Hildm.) Backbg.

Beim Typus der Art geben Britton u. Rose an, daß 4 Mittelst. von 1 bis 4 cm Länge gebildet werden, später nur an der Unterseite abgeplattet (also keine abgeflachten St.), rötlich, weiß gespitzt, oder an der basalen Oberseite rötlich. Die Kulturform ist weniger stark bestachelt als Fig. 96 Britton u. Roses (The Cact., I : 82. 1919) zeigt (Abb. 3272).

Hiervon weicht bei ganz ähnlicher Wuchsform der Kulturpflanzen „*Opuntia bernhardinii* Hildm." (MfK., VI : 117. 1896: Katalogname Hildmanns) durch nur 1 Mittelst. ab, unten weiß, oben ± bräunlich werdend, mit rudimentärer Scheide, wenigstens zuweilen; Randst. meist (3—)4, weiß. Die St. sind feinnadelig, der längste (der Mittelst.) an älteren Tr. meist bis 1,2 cm lang.

In Bd. I, S. 637, wurde der bisher unbeschriebene Name nach Britton u. Rose noch als undefinierbar bezeichnet, doch werden jetzt an der Riviera des öfteren Pflanzen angetroffen. Die Aufnahme stammt aus den Kulturen von Kuentz, Fréjus. *Op. villus* hort. (Hummel) ist wohl diese Art (unrichtige Schreibweise?).

10. **Corynopuntia bulbispina** (Eng.) Knuth

Die Blüte war bisher nicht bekannt. Sie hat die typische Form der polsterförmigen *Corynopuntia*-Arten, d. h. die mehrserigen Perigonbl. sind leicht gewellt, breitspatelig, bei dieser Art aber nur selten spitz ausgezogen oder mit Spitze, tiefgelb; die Staubf. sind bei dieser Art rötlich (wahrscheinlich sind sie bei den meisten Arten sensitiv).

11. **Corynopuntia agglomerata** (Berg.) Knuth

Bei dieser Art wurden in der Sammlung Riviere zum Teil längere, dünne Scheiden beobachtet.

— **Corynopuntia planibulbispina** BACKBG. n. sp.

Differt ab aliis speciebus aculeis centralibus applanatis, basi incrassata (!). C. grahamii similis, sed differt saetis longioribus deficientibus in flore iuveni.

Im Wuchs *C. grahamii* ähnelnd (und wohl bisher mit ihr verwechselt bzw. daher unbeschrieben); die Glieder des Neutriebes sind aber meist dicker, länglich, anfangs ca. 5 cm lang, 2,5 cm ⌀, später bis ca. 7 cm lang, über 3 cm ⌀, zuerst blattgrün, dann graugrün; Höcker dick, bis 1,5 cm lang; B. rötlich, 5 mm lang; Jungstacheln erst rosa, dann rotbraun, oben dunkler; später bis ca. 12 dünne helle Randst., meist bis ca. 6 mittlere, auf- und abwärts weisend, einer ± vorgestreckt, alle ± zusammengedrückt, der stärkste mehr abgeflacht, Basis zwiebelig verdickt (an alten deutlicher sichtbar), etwas rauh, zuletzt schmutzig graubraun; Gl. später weißlich-strohfarben; Bl. ca. 8 cm ⌀, gelb, zum Schlund grünlichgelb; Staubf. unten smaragdgrün, oben gelblich; Gr. und N. hellgelb; Fr. ± trocken, konisch (wie das Ov.), bis ca. 3,5 cm lang, schmal-länglich ge-

Abb. 3273. Corynopuntia planibulbispina BACKBG. (Sammlung und Foto: RIVIERE.)

höckert, mit entfernt stehenden kurzen weißlichen Glochidenbüscheln, tief genabelt; S. 5 mm ⌀, unregelmäßig plattrund, ± eingedrückt; Knospen ohne die längeren dicht-aufgerichteten Gl. wie bei *O. grahamii*, die eine dichtborstige Fr. mit zum Teil St. hat und nicht so auffällig verdickte Mittelst. (vgl. Abbildung ENGELMANN, Cact. Bound., T. 72). — Heimat nicht genau bekannt, wohl südliches USA. Typus: Sammlung RIVIERE, Nr. 7951, von dem holländischen Züchter JANSEN als *Corynop. moelleri* erhalten. (Abb. 3273).

14. MICROPUNTIA DASTON

G. D. ROWLEY sagt, daß im C. & S. J. (US.), 1956 und 1957 viel die Rede von dem Genus war, daß seine Arten aber den „dwarf Opuntias" (gemeint ist *Corynopuntia*) so nahestehen, daß ein „ehrenvolles Begräbnis" der Gattung angebracht sei. Bis auf die letzte Veröffentlichung von L. BENSON handelte es sich nur um Kontroversen über Umfang und Typusfeststellung des Genus. Der Typus scheint verlegt zu sein. L. BENSON (C. & S. J. (US.), 19—21. 1957) behandelt dagegen den „*Opuntia pulchella*-Complex" und darin auch *Micropuntia*, bringt auch Fotos der „*O. pulchella*", aber keine Wurzelaufnahmen wie DASTON, und im Grunde ist das Problem einmal angesichts des unauffindbaren Typus von *Micropuntia*, zum anderen durch die mangelnde Unterscheidungsmöglichkeit (vom Typus der

O. pulchella stark abweichender Formen) in BENSONS Bericht mehr von phylogenetischer als phytographischer Bedeutung. Im übrigen sagt L. BENSON in seiner vorsichtigen Weise selbst „a full evaluation of Micropuntia can not be made for at least the present for lack of a type specimen". Danach ist die Angelegenheit noch nicht völlig geklärt. Ich habe in meinem Handbuch nur zu registrieren und einzuordnen, was publiziert worden ist, bin zwar auch der Ansicht, daß *Micropuntia* (wenn auch die Scheidenfrage ebenfalls nicht geklärt ist) eher zu *Corynopuntia* gehört, einer Einbeziehung zu *Opuntia* kann ich jedoch nicht folgen. Nachstehend führe ich die Neukombinationen G. D. ROWLEYS auf:

1. **Micropuntia brachyrhopalica** DAST.: *Opuntia brachyrhopalica* (DAST.) ROWL., Nat. C. & S. J., 13:1, 5. 1958.
2. **Micropuntia tuberculosirhopalica** WIEG. & BACKBG.: *Opuntia tuberculosirhopalica* (WIEG. & BACKBG.) ROWL., l. c., 5. 1958.
3. **Micropuntia barkleyana** DAST.: *Opuntia barkleyana* (DAST.) ROWL., l. c., 5. 1958.
4. **Micropuntia pygmaea** WIEG. & BACKBG.: *Opuntia pygmaea* (WIEG. & BACKBG.) ROWL., l. c., 5. 1958.
5. **Micropuntia gracilicylindrica** WIEG. & BACKBG.: *Opuntia gracilicylindrica* (WIEG. & BACKBG.) ROWL., l. c., 5. 1958.
6. **Micropuntia wiegandii** BACKBG.: *Opuntia wiegandii* (BACKBG.) ROWL., l. c., 5. 1958.

Solange der *Corynopuntia pulchella*-Komplex nicht beschreibungsmäßig genau geklärt ist, also nicht feststeht, ob oder welche *Micropuntia*-Arten vielleicht als Varietäten dazuzustellen sind bzw. zu welcher Spezies, halte ich — zumal *Corynopuntia* KNUTH aus mehreren Gründen beibehalten werden muß — Umkombinationen zu *Opuntia* nicht für ratsam. Außerdem fehlen bisher gründliche phytographische Studien. Nach der Beschreibung von „*Op. pulchella*" sind z. B. Pflanzen, wie sie BENSON (l. c., 20. 1957, Abbildung unten) wiedergibt, gar nicht genau zu placieren oder zu benennen, was im Interesse des klaren Überblicks immerhin notwendig ist.

Opuntia spectatissima (DAST.) ROWL., l. c., 5. 1958, war eine Umkombinierung von *Micr. spectatissima*, die WIEGAND für eine Jugendform hält. Ich habe DASTONS Beschreibung daher nur unter *M. brachyrhopalica* erwähnt.

15. BRASILIOPUNTIA (K. SCH.) BERG.

G. D. ROWLEY hält in Nat. C. & S. J., 13:1, 4. 1958, *Brasiliopuntia* für eine gute „Series" oder Subgenus, aber für ein sehr schwaches Genus. Hier wäre zu fragen, wonach eigentlich die Berechtigung eines Genus zu entscheiden ist. Es gibt darüber weder eine Vorschrift noch offenbar eine übereinstimmende Ansicht der Autoren. Die baumartigen Pflanzen mit ihrem durchlaufenden runden Stamm und wirtelig verzweigten Kronen und seltsamen Flachtrieben, die Blüten nach BERGER mit Staminodien zwischen Perigonblättern und Staubfäden, sind aber eine so eigentümliche und den flachtriebigen Opuntien so unähnliche Artengruppe, daß man — wenn man nicht auch *Consolea* einziehen will — *Brasiliopuntia* meines Erachtens sogar als ein sehr gutes Genus bezeichnen kann. Schließlich ist die systematische Gliederung doch dazu da, eine klare Übersicht zu schaffen. Überdies ist die Gattung überwiegend da verbreitet, wo kaum *Opuntia*-Arten angetroffen werden, was wohl auch entwicklungsgeschichtliche Rückschlüsse erlaubt.

4. **Brasiliopuntia neoargentina** BACKBG.

Ein Synonym ist *Opuntia neoargentina* (BACKBG.) ROWL., l. c., 4. 1958.
Der Name *Cactus heterocladus* ST. HIL. (Vog. Rio de Jan., 2 : 103. 1830) gehört wohl zu diesem Genus bzw. wahrscheinlich zu *B. brasiliensis*.

16. CONSOLEA LEM.

Die Gattung hat mit *Brasiliopuntia* ungegliederte Stämme gemeinsam, und daraufhin sah ROSE selbst auch in C. & S. J. (US.), 1 : 228. 1930 die Gattung als berechtigt an. Wenn ROWLEY *Brasiliopuntia* zu *Opuntia* einbezieht, müßte dies viel eher noch mit *Consolea* geschehen, denn *Brasiliopuntia* weist mit der Blüte eine noch unterschiedlichere Sonderstellung auf. SCHATTAT (Farbfoto Abb. 3298) hat mit Blütenlängsschnitten gezeigt, daß eine eigentümlich manschettenartige Verdickung des Griffelfußes auch bei *Nopalea* und z. B. bei *Opuntia quimilo* auftritt. LEMAIRE trennte danach zwar *Consolea* ab, aber ROSE gab das treffendere Unterscheidungsmerkmal. Überdies sind die jungen Stämme zuerst mehr flachrund, im Gegensatz zu *Brasiliopuntia*, und die westindische, geschlossene Verbreitung spricht sehr für eine eigene Entwicklungslinie gegenüber *Brasiliopuntia* wie den in Westindien niemals auch nur ähnliche Stämme bildenden *Opuntia*-Arten, so daß hier nicht rein theoretisch zusammengefaßt, sondern phytographisch klar getrennt werden sollte, denn wir wissen nichts über das Zustandekommen so gleichartig charakterisierter Arten in — bei den sukkulenten Cactaceae immerhin bedeutungsvoller — weiter geographischer Trennung, so daß Zusammenfassungen viel künstlicher als Kleingattungen sind.

Unter *Consolea* wurden auf S. 388 drei stammlose Arten aufgeführt, die daher nicht mit *Consolea* kombiniert werden konnten. Nach SCHATTATS Blütenlängsschnitten ist dies auch heute nicht möglich.

Abb. 3274

Opuntia bahamana BR. & R. ? Unbestachelte Rasse der von BRITTON u. ROSE als zu den „Spinosissimae" (Gattung Consolea) gehörend angesehenen Art. Da sie nur buschig wächst, ihr also das einzige gute Gattungsmerkmal der Stammbildung fehlt, wohl eine Naturhybride. (Foto: SCHATTAT.)

Opuntia bahamana Br. & R. dürfte die Abb. 3274 sein, da es die einzige stachellose Art ist. Es besteht auch die Möglichkeit, daß es sich um eine Naturhybride handelt. Der Griffelfuß ist nicht anders verdickt als z. B. auch bei *Tephrocactus*.

17. OPUNTIA (Tournef.) Mill.
Pars 1: Australes
Reihe 1: Oligacanthae Backbg.

1. **Opuntia quimilo** K. Sch.

Die tiefscharlachrote Blüte hat einen ringartig verdickten Griffelfuß, wie man ihn auch bei *Nopalea* und *Consolea* findet, und er ist auch ähnlich tief in das Ovarium eingesenkt (Abb. 3298, ganz rechts).

4. **Opuntia delaetiana** (Web.) Web.

Hierzu gehört der Name *O. monacantha* var. *fl. aurantiacis* v. Osten (Not. s. Cact., Anal. Hist. Nat. Montevideo, II : V : 1. 1941), eine Pflanze mit 3 Stacheln. Die Blüte der „*O. monacantha*" (richtiger Name: *O. vulgaris*) ist gelb, nicht orangefarben. Zu ihr gehören auch die Namen *Cactus opuntia tuna* DC. (?) und *C. urumbella* in Steudel.

20. **Opuntia anacantha** Speg.

Die Blütenfarbenangabe „gelblich" im Schlüssel muß bei dieser Art genauer lauten: helles Orangegelb. Die Blüten entstehen auch gern auf den Trieben, nicht nur am Rand. Die Frucht wird bis 4,8 cm lang, 3,5 cm ⌀; Pulpa grünlichweiß; Samen behaart.

Abb. 3275. Opuntia bispinosa Backbg. (Sammlung und Foto: Riviere.)

— **Opuntia bispinosa** Backbg. n. sp.

Decumbens; ramis ad 20 cm longis, 7—8 cm latis, rubro-maculatis; areolis 3,5 cm remotis; aculeis 2, albidis, 1 ± porrecto, ad 5,5 cm longo, 1 inferiore ad 1,3 cm longo, deorsum reflexo; flore aurantiaco, ad 6 cm longo, 4 cm lato; fructu ovoideo, ad 5,5 cm longo, 3,5 cm lato, rubro, pulpa albida, seminibus pilosis.

Die Art gehört zwischen Nr. 20: *O. anacantha* (meist stachellos, orangegelbe Blüte, weiße Fruchtpulpa, Glieder schmallang, an den Enden zugespitzt), und 21. *O. utkilio* (bestachelte, breitere Tr., Bl. reingelb, rote Fruchtpulpa). Niederliegend, hellgrün, mit roten Flecken unter den Areolen; Tr. ovoid-linear, bis 20 cm lang, 7,5—8 cm breit, Neutriebe bis 3,5 cm breit; Areolen 3,5 cm entfernt; St. anfangs bräunlich-weiß, dann weißgrau, meist 2, der längste obere ± vorgestreckt, bis 5,5 cm lang, der kürzere meist abwärts gebogen, bis ca. 1,3 cm lang; B. kurz, hellgrün; Bl. auf den Tr. oder am Rand erscheinend, sattorange, ca. 6 cm lang, 4 cm ⌀; Staubf. gelborange; Staubb. weiß; Gr. weiß; N. weiß; Fr. länglichkugelig bzw. ovoid, 5,5 cm lang, 3,5 cm ⌀, rot; Pulpa grauweiß; S. behaart. Die Areolenflecken sind bis 2 cm lang. — NO-Argentinien (bis Bolivien ?). Sammlung Riviere-Nr. 8192-3 (Typus). (Abb. 3275).

Reihe 2: Aurantiacae Br. & R.

24. Opuntia schickendantzii Web.

Wenn auch die Fr. meistens steril ist, wurden in der Sammlung Riviere doch auch Fr. mit S. beobachtet, jeweils nur sehr wenige, 2,5—3 mm groß, etwas flachrundlich und mit kreisförmigem Ring.

25. Opuntia cochabambensis Card.

Die Bl. sind auch orangegelb, die Fr. schwärzlich-violett, 3 cm lang; Pulpa karmoisinrot (Abb. 3276, Kulturpflanze).

Vielleicht gehört in diese Reihe: *Op. conjungens* Ritt. (FR 895, Winter-Katalog, 23, 1959); „Glieder lang, stielrund bis etwas flach". Ein unbeschriebener Name.

Abb. 3276
Opuntia cochabambensis Card. Eine Vermehrungspflanze, deren Wuchsform deutlich die nahe Verwandtschaft mit Op. schickendantzii zeigt, aber die Früchte sind dunkelpurpurn und nie steril, die Haupttriebe oft unten beinahe rundlich. (Sammlung: Riviere.)

Abb. 3277. Opuntia brunnescens Br. & R., mit glänzenderen Trieben als bei Op. sulphurea G. Don. (Sammlung und Foto: Riviere.)

Abb. 3278. Opuntia sulphurea v. hildmannii (Frič) Backbg. Die Triebe sind nach unten zu stark verdickt, die rundliche Frucht ist rein gelb. (Sammlung: Riviere.)

Reihe 3: Sulphureae BR. & R.

28. **Opuntia brunnescens** BR. & R.
Die Tr. sind glänzender als bei *O. sulphurea*, die St. kürzer und geringer an Zahl, meist 3 beobachtet; Bl. gelb; Fr. karmin, rot genabelt (Abb. 3277).

29. **Opuntia sulphurea** G. DON
SPEGAZZINI beschreibt die Art mit gelben, stark nach Ananas duftenden Fr. Solche wurden auch in der Sammlung RIVIERE beobachtet; es steht aber nicht fest, ob dies die Form ist, die der Originalbeschreibung entspricht, denn bei RIVIERE stehen noch weitere Formen mit folgenden Nummern (Nummer der gelbfrüchtigen: „bei 7821"):

- 7821: Fr. rot[1]), oben nicht genabelt, Pulpa grauweiß; Tr. kräftig-, später graugrün, bis ca. 20 cm lang, 10 cm breit; St. grau, bis 6,5 cm lang; Bl. gelblich mit leicht rosa Mitte; Gr. weißrosa.
- 7812: Fr. rot, tief genabelt, ca. 3 cm lang; Pulpa rot; Tr. mehr reingrün, bis 15 cm lang, 10 cm breit; Bl. etwas kleiner, fast weißgelb.

Welche davon mit welchen der auf S. 413 genannten Varietätsnamen bezeichnet werden könnten, ist nicht festzustellen. Die Artengruppe wurde bisher nur unzureichend bearbeitet, Bl. und Fr. waren meist unbekannt. Vielleicht sollten die beiden rotfrüchtigen Formen, die sich immerhin gut unterscheiden lassen, mit Varietätsnamen versehen werden. (Abb. 3279, links, oben und unten).

29 a. v. **hildmannii** (FRIĆ) BACKBG. Graugelbgrüne dicke Tr.; Fr. ziemlich kurzkugelig, gelb (!), flach genabelt. Es wurden zwar einige teilweise fleckige St. beobachtet, es war aber nicht zu klären, ob *O. maculacantha* FÖRST. damit identisch ist (Abb. 3278).

Opuntia sulphurea v. *rufispina* (FR 64) und v. *roseispina* (FR 93), „auf 3000 m" (beide in WINTER-Katalog, 23. 1959): Da es sich nur um Namen handelte, konnte ihre Berechtigung nicht nachgeprüft werden.

30. **Opuntia vulpina** WEB.
Die Tr. sind dünner als bei *O. sulphurea*, auch weit gestreckter bzw. schmaler, bis ca. 15 cm lang, 6 cm breit; Bl. tiefer gelb; Ov. länglich; Gr. länglich-keuliger als beim Typus der *O. sulphurea*, oben orange, unten rosa; N. grünlich (*O. sulphurea* mehr gelblich); Fr. länglich, tief genabelt, 3 cm lang, Pulpa karminrot. Abb. 3280 zeigt den Wuchs, Abb. 3279 (rechts oben und unten) den Blüten- und Frucht-Längsschnitt neben dem der *O. sulphurea*, Sammlung RIVIERE Nr. 7815.

Reihe 5: Airampoae BACKBG.

Ein Schreibfehler war auf S. 422, 424: „*microsphaerica*"; es sollte „*microdisca*" heißen.

33. **Opuntia longispina** HAW.
— v. **agglomerata** BACKBG. n. v.

Differt a typo articulis magis rotundatis; aculeis griseoalbis, primo (1—)2—3, brevioribus, postea compluribus, inaequalibus, nonnullis longioribus, uno longissimo; flore ignoto.

Glieder mehr rundlich, schwach zusammengedrückt; St. grauweiß, zuerst nur (1—)2—3 ziemlich kurze, dann zunehmend mehr, verschieden lang, gewöhnlich 2—3 am längsten und davon einer der allerlängste, die übrigen kürzer; B. sehr kurz; Bl. unbekannt. Typus: Sammlung RIVIERE Nr. 7985.

---
[1]) Die Früchte färben sich, wie auch die von Nr. 7812, erst im zweiten Jahr rot.

3610 Nachträge

Hinter der Schlüsselposition zu 33 d (*O. longispina* v. *brevispina*) ist eine weitere Rubrik einzuschalten:
Triebe scheibenförmig bis schief-oblong, aber stets gleichmäßig abgeflacht.
— **Opuntia picardoi** J. Marn.-L. — „Cactus", 15 : 4, 3—4. 1960

Breite, niedrige und ziemlich flache Gruppen; Glieder kettenförmig ansetzend, die einzelnen flach und schiefoval, ca. $7 \times 3,5$ cm groß, 8 mm stark, schwach

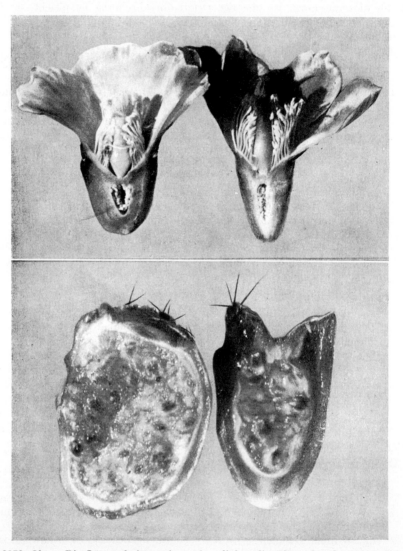

Abb. 3279. Oben: Die Längsschnitte zeigen oben links: die Blüte der Opuntia sulphurea G. Don, rechts: die der Opuntia vulpina Web. — Unten links: Längsschnitt der Frucht von Opuntia sulphurea G. Don, rechts: der von Opuntia vulpina Web. — Bei dem Typus der Art gibt es Rassen mit rötlichen Früchten sowie auch solche mit gelben Früchten und Ananasduft, der den roten Früchten fehlt.

Abb. 3280. Blühende Opuntia vulpina WEB. Die Triebe sind stärker gestreckt. (Sammlung und Foto: RIVIERE.)

Abb. 3281. Opuntia longispina v. agglomerata BACKBG. (Sammlung und Foto: RIVIERE.)

Abb. 3282
Opuntia picardoi J. Marn.-L.

Abb. 3283
Areolenbild der Opuntia picardoi Marn.-Lap. mit hellen Glochidenbüscheln, die Epidermis scharf punktiert.

glänzend grün; B. winzig, rot; Areolen 5 mm entfernt, mit gelblichbraunem Filz; St. 8—10, weiß, gelblich gespitzt, $\pm$ abwärts gerichtet, 3,5 mm lang, im Areolen-Oberteil ein starkes aufgerichtetes gelbliches Areolenbüschel; Bl. ca. 4 cm $\varnothing$, rot; Pet.: äußere gerundet bis herzförmig, innere mit kleiner Spitze; Staubf. rot; Staubb. gelb; Gr. gelblich; N. dunkelgrün; Ov. nicht gehöckert, weißlich bestachelt; Fr. gelblich oder rot, schnell auftrocknend, 10—12 mm lang, $\pm$ tief genabelt, bestachelt; S. 2 mm lang, hellbraun, $\pm$ herzförmig gekrümmt, mit deutlichem Ring. Die Fr. öffnet meist mit deckelartigem Aufreißen im Nabel. — N-Argentinien (Salta) (Abb. 3282). Die Epidermis ist scharf punktiert (Makro-Abb. 3283).

Abb. 3284. Opuntia multiareolata BACKBG. (Sammlung: SAINT-PIE.)

Abb. 3285. Opuntia obliqua BACKBG. Die Jungtriebe sind schwächer bestachelt als bei Opuntia picardoi und länglicher.

— **Opuntia multiareolata** BACKBG. n. sp.

Seriato-articulata; articulis obliquis, ca. 2,5 cm longis, ad 2,3 cm latis vel minus, viridibus; areolis in tuberculis aliquid elevatis, vix 4 mm distantibus, tomento albo; glochidiis albis, fasciculatis, erectis; aculeis tenuissimis, albis, ca. 2 bis 3 mm longis; tomento areolarum griseo-albido.

Niederliegend, kettenförmig verzweigt; Tr. schief, blattgrün, ca. 2,5 cm lang, bis ca. 2,3 cm breit oder weniger; Areolen in der Trockenzeit auf etwas erhöhten Höckern, sehr dicht stehend, kaum 4 mm entfernt, weißfilzig; Gl. im oberen Areolenrand, äußerst fein und kurz, kaum sichtbar, grauweiß, der Areolenfilz selbst anfangs leicht bräunlich, dann weiß werdend; St. anfangs nur ca. 2, dann bis meist 6—7, nach abwärts gerichtet, weißlich, ca. 2—3 mm lang (die längsten); Bl. unbekannt. — N-Argentinien. (Abb. 3284).

Die Pflanzen stammen aus der Sammlung SAINT-PIE, Asson. Die Punktierung ist zwar mikroskopisch fein, aber scharf.

— **Opuntia obliqua** BACKBG. n. sp.

Differt a specie antecedente articulis aliquid crassioribus, ad 4 cm longis, in basi ad 1,2 cm crassis, viridibus; areolis ca. 5—7 mm distantibus, tomento primo fulvoso, postea griseo; glochidiis fasciculatis erectis fulvosis; aculeis 5—7, primum albidis, postea griseis, circum radiantibus; flore rubro.

Glieder etwas derber und stärker höckrig als bei *Op. picardoi*, die Areolen später etwas weniger weit entfernt als bei dieser und kürzer bzw. weniger bestachelt; Areolen mit kürzeren, dichteren bräunlichen und aufgerichteten Glochidenbüscheln; die St. allseitig aufgerichtet, meist 5—7, die jüngsten nur zum Teil leicht braunfleckig, sonst weiß, bald grau werdend; anfangs 2—4 mm, später bis 7 mm lang; Bl. rot. — N-Argentinien. (Abb. 3285—3286).

Typus: Nr. 799 (Sammlung RIVIERE). Die Punktierung der Epidermis ist bei dieser Art nicht so scharf wie bei den vorigen, sondern leicht verschwommen (vgl. die Makrobilder). Nach Stachelstellung, -zahl, Glochidenfarbe und Punktierung deutlich von *Op. picardoi* unterschieden, die im Alter bis über 15 Stacheln bilden kann, vorstehende Art nur bis maximal ca. 12.

Abb. 3286
Areolenbild der Opuntia obliqua BACKBG. mit dunklen, stärkeren Glochidenbüscheln, Epidermis verschwommen punktiert.

37. Opuntia soehrensii Br. & R.

Nach Rose sollen die Tr. rundlich sein, bis 4—6 cm ⌀, sehr dünn, ziemlich stachlig, oft purpurn überlaufen; St. gewöhnlich gelb oder braun, bis 8 und bis 5 cm lang. — Rauh sammelte bei Chuquibamba (3600 m) Pflanzen, die etwas verlängert sind, ± leicht gebogen, bis 10 cm lang und 5 cm breit (gefüllt, in der Kultur); St. ca. 8—10, zuweilen noch 1—2 dünne kürzere abwärts gerichtete. Wahrscheinlich hat Rose die Pflanzen in der Trockenzeit gesehen; dann sind z. B. auch die Tr. der *O. longispina* sehr dünn und manchmal ± rötlich überlaufen. Bei der bekannten Variationsbreite mancher Arten (z. B. *O. longispina*) ist es notwendig, um den richtigen Überblick über alle von S-Peru bis N-Argentinien verbreiteten Formen dieser Gruppe zu haben, sie möglichst genau auseinanderzuhalten. *O. soehrensii*-Abb. 445 ist eine von mir in S-Peru gesammelte Pflanze, Tr. ziemlich stark gehöckert. Abb. 3287 ist die von Rauh bei Chuquibamba gesammelte Pflanze, die nach den gelben St. als Form zweifellos dazugehört, wenn sie auch in der Kultur, stark gefüllt, kräftiger wirkt und — wenigstens das mir vorliegende Stück — leicht gebogene Tr. hat; jedenfalls ist sie auch „very spiny" (Rose). Die Gl. sind hellbräunlich, die Stachellänge und -zahl entspricht zum Teil den Angaben Roses. Hiermit ist sogar die flach-langkeulige Tr. zeigende *Op. tilcarensis* verwechselt worden. Ich bilde daher die südperuanische Pflanze ab, die Rauh unter K 154 sammelte. Die Epidermis ist höchstens schwach glänzend (Jungtriebe) bläulichgrün, später matter. Es sei dahingestellt, wie weit die Art südwärts nach Bolivien hineinreicht, von wo auch ähnliche Formen mit mehr weißgrauen St. bekannt sind.

Typisch ist auch die Stachelstellung vieler Arten, bei obiger z. B. nahe der Triebspitze ± aufwärts abstehend (bei *O. albisaetacens* und v. *robustior* Backbg. deutlich überwiegend abwärts gerichtet!).

Eine hierunter zu beschreibende, deutlich abweichende Pflanze ist:

— Opuntia poecilacantha Backbg. n. sp.

O. soehrensii similis sed articulis basi latiore, aculeis maculatis differt;

Abb. 3287. Opuntia soehrensii Br. & R. Von Rauh in Südperu gesammelte Form mit gelber Bestachelung.

articulis glaucis, valde tuberculatis; areolis albis, aliquid oblongis, ca. 3 mm longis; aculeis fulvosis, ± aureovittatis, ad ca. 10—12 longioribus, saepe ± deflexis, ca. 1,5—4 cm longis, in superiore parte areolae aculeis compluribus glochidiis similibus sed satis rigidis, fuscis; glochidiis fuscis; flore ignoto.

Während *O. soehrensii* basal nicht verbreiterte Tr. hat, sind sie bei obiger Art auffällig breiter im unteren Teil, nach oben zu leicht verjüngend, graugrün, stark gehöckert; St. bräunlich, ± goldbraun gebändert (bzw. gefleckt), die längeren oft abwärts weisend, gerade oder schwach gebogen, elastisch, pfriemlich, ca. 1,5—4 cm lang, im Areolenoberteil noch glochidenähnliche mehrere St., aber steif, bis ca 6 mm

Abb. 3288. Oben: Opuntia poecilacantha BACKBG. mit braun geringelten bzw. gefleckten Stacheln. (Sammlung und Foto: RIVIERE.) — Unten: Opuntia laetevirens BACKBG.

lang, kräftiger braun; Gl. kurz, braun, ± um den Areolenrand; das Gelenk sitzt oft schief seitlich-basal; Bl. unbekannt. — Bolivien (Abb. 3288, oben).

Durch Frau WILKE gesammelt. Da Blüten in der Kultur bei hochandinen Arten nicht oft zu beobachten sind, kann die Art auch ohne sie beschrieben werden, zumal die gefleckte Bestachelung mit den glochidenähnlichen Oberstacheln ein besonderes Kennzeichen ist. Typpflanze: Sammlung F. RIVIERE-Nr. 11188.

— **Opuntia laetevirens** BACKBG. n. sp.

Prostrata; articulis viridibus, ± nitidis (!), ad ca. 6 cm longis, 4 cm latis, irregulariter punctatis; areolis postea ad 12 mm distantibus, tomento fulvoso, glochidiis albidulis, longioribus, primo ad 4 mm longis; aculeis primo pallide flaveolis, deinde flavescentibus, ad ca. 4, acicularibus, ad ca. 1,7 cm longis; flore ignoto.

Niederliegend; Tr. bis ca. 6 cm lang, 4 cm breit, ± glänzend reingrün, unregelmäßig punktiert; Areolen später bis 12 mm entfernt, mit bräunlichem Filz und anfangs bis zu 4 mm langen, also längeren Gl.; St. zuerst fahl gelblichweiß, später gelblich werdend, unregelmäßig gestellt, zum Teil abwärts weisend; Bl. unbekannt. Die Triebform ist oblong-ovoid. Beschrieben nach einem Stück aus der Sammlung HEGENBART, Marktredwitz, unter der Nr. III.

Durch die frischgrünen, ± glänzenden Triebe von anderen Arten unterschieden (Abb. 3288, unten). Die Pflanze soll von RITTER gefunden worden sein.

39. **Opuntia tilcarensis** BACKBG.

39a. v. **rubellispina** BACKBG. n. var.

Differt a typo aculeis ad ca. 4,5 cm longis, flexibilibus, 4 crassioribus, ± erectis, roseoalbis vel roseo-maculatis in parte inferiore, longissimo in parte inferiore saepe compresso, ± tortuoso; areolis fulvosis, glochidiis castaneis.

Die Trieblänge entspricht der des Typus der Art; Triebfarbe mehr bläulich, nicht hellgrün, die St. ebenfalls meist aufgerichtet, zwar auch etwas stechend, aber nicht leicht abbrechend, sondern sehr biegsam, meist 4 etwas kräftigere, im Oberteil zwar rundliche, im Unterteil nicht selten auch zusammengedrückt und ± gedreht, im allgemeinen blaß rosaweiß, nahe der Basis zuweilen rotfleckig, oder die Basis rotbraun; oft sind noch 1—2 borstenartig dünne, seitlich abwärts leicht spreizende weißliche St. vorhanden; Areolenfilz bräunlich, die Gl. kastanienbraun.

Nach einer Pflanze mit der Nr. V aus der Sammlung HEGENBART, Marktredwitz, beschrieben (Abb. 3289, links). Von RITTER gefunden.

Nach Triebgröße und Form sowie Stachelstellung zu *O. tilcarensis* gestellt, doch mag es sich auch um eine eigene Art handeln, zumal die Stacheln sehr biegsam sind.

41. **Opuntia albisaetacens** BACKBG.

41a. v. **robustior** BACKBG. n. var. (Typus: Sammlung RIVIERE-Nr. 9965 [11245]).

Differt a typo articulis ad 7,5 cm longis, ad 3,5 cm latis, ca. 1,5 crassis, vix tuberculatis, primo aliquid nitidis; areolis ad 1,6 cm distantibus, tomento griseo fulvosoque, glochidiis primo paucis, albidulis, saepe paene deficientibus; aculeis griseo-albidis, deorsum deflectentibus, ad 14, longissimo ad 6 cm longo, interdum in parte inferiore compresso, torto; flore ignoto.

Unterscheidet sich vom Typus der Art durch etwas längere und kräftigere Glieder, bis 7,5 cm lang, 3,5 cm breit, anfangs leicht glänzend, erst später mehr gehöckert, ca. 1,5 cm dick; Areolen überwiegend bräunlich, nach außen graufilzig, ca. 1,6 cm entfernt (an älteren Tr.), an jüngeren Tr. so gut wie fehlend, weißlich, sehr kurz, später stehen im Oberrand eine Anzahl Gl., weißlich, bis 4 mm lang; St. überwiegend deutlich abwärts gerichtet, einige kürzere allseitig gerichtet, die längeren oft gebogen, geknickt und zuweilen nach unten zu zusammengedrückt und gedreht, meist rundlich, schmutzig hellweißlich, der längste bis ca. 6 cm lang, Bl. unbekannt. (Abb. 3290).

Bei dieser Varietät beobachtete ich etwas Merkwürdiges: Die Gl. waren normal ausgebildet, daneben erschienen aber (im Foto: linker oberer Neutrieb, links unten) bis zu 5 hellbräunliche, $\pm$ dunkel gespitzte St., 6—10 mm lang, korkig geschrumpft wirkend und sehr weich, aus der Mitte ein solcher zu einer Wurzel umgeformt, die übrigen trotz der frischen Farbe wie abgestorben erscheinend. Etwas Ähnliches habe ich bisher nie gesehen, wie eine Art Übergang von Stacheln zu Wurzeln.

Opuntia sp.: Unter der Nr. X erhielt ich aus der Sammlung HEGENBART, Marktredwitz, eine Pflanze mit länglichen, keuligen Tr., diese ganz schwach gedrückt, bis 3 cm lang, 1,3 cm breit; Areolen 8 mm entfernt, 1 mm groß, hellbraun, später

Abb. 3289. Links: Opuntia tilcarensis v. rubellispina BACKBG. (Sammlung: HEGENBART.) — Rechts: Opuntia sp. (Airampoae?) mit hellgrünen Trieben, Glieder leicht keulig; Areolen ca. 8 mm entfernt, hellbraun; Stacheln sehr kurz, bis ca. 7 mm lang, zu Anfang oben oder ganz bräunlich. Eine anscheinend noch unbeschriebene Pflanze. (Sammlung: HEGENBART.)

vergrauend; St. sehr kurz, bis ca. 7 mm lang, nadelig bis dünn, hornfarben, zu Anfang oben oder ganz bräunlich; Bl. ? Von RITTER gefunden.

Diese Pflanze gehört zu den „Airampoae", ähnelt aber in der Form besonders der jüngeren Triebe einem *Tephrocactus* (Abb. 3289, rechts).

42. **Opuntia armata** BACKBG.: Blüht rot, wie *O. erectoclada* BACKBG.

42a. v. *panellana* BACKBG. Nachdem sich die Pflanzen jetzt in der Sammlung RIVIERE, „Pinya de Rosa", Blanes (Spanien), weiter entwickelt haben, bin ich, wie auch F. RIVIERE und J. PAÑELLA, der Ansicht, daß es sich um eine eigene Art handelt: **Opuntia panellana** (BACKBG.) BACKBG. n. comb. (*Op. armata* v. *panellana* BACKBG., Descr. Cact. Nov., 9. 1956). RIVIERE-Nr. 9401.

Op. calantha GRIFF., von BRITTON u. ROSE (The Cact., I: 136. 1919) nur nach Kulturstücken beschrieben, mag in diese Verwandtschaft gehören: Glieder 11 cm lang, St. 5—10, bis 5 mm lang; Bl. karmin; Fr. kugelig, 1,5 cm ⌀. Die Herkunft dieser niedrigen, kriechenden Art ist unbekannt.

Pars 2: Boreales
Sektion 1: Macranthae BACKBG.
Reihe 1: Chaffeyanae BR. & R.
(*Chaffeyopuntia* FRIČ & SCHELLE)

— **Opuntia chaffeyi** BR. & R.

Von dieser eigenartigen Pflanze kann jetzt eine Abbildung gebracht werden, aus Contr. U. S. Nat. Herb., 16:7, Plate 72. 1913 (Abb. 3291).

Abb. 3290. Links: Opuntia albisaetacens v. robustior BACKBG. Importtrieb. — Rechts: Dieselbe Art mit Jungtrieben.

3291 3292

Abb. 3291. Opuntia chaffeyi BR. & R. (Fotokopie der Originalabbildung.)
Abb. 3292. Opuntia pestifer BR. & R. in Blüte.

Reihe 2: Discoidales BACKBG.
Unterreihe 1: Subcylindricae BACKBG.

49. Opuntia pestifer BR. & R.

Eine von mir um 1931 gesammelte Pflanze bzw. Vermehrung derselben blühte jetzt in der Kultur hellgelb; bisher war die Blüte unbekannt. Die Stacheln blieben relativ kurz (Abb. 3292).

Unterreihe 4: Tunae BR. & R.

69. Opuntia decumbens SD.

In Cact. y Suc. Mex., III: 1, 18. 1958, wird ohne weitere Angabe eine anscheinend unbeschriebene Varietät erwähnt: *O. decumbens silvicola* MATUDA.

73. Opuntia tuna (L.) MILL.

In der Synonymie muß es heißen: *Op. polyantha* HAW., statt „*polyacantha*". (Seite 467).

Es sollen angeblich auch gelbliche Früchte vorkommen bzw. heller oder dunkler getönte, kürzer oder länger. Ferner soll es eine Form der *O. tuna* geben mit gelblicheren Trieben, die Stacheln dichter, feiner und zahlreicher. Vielleicht war dies eine der Formen, die SALM-DYCK als *O. pseudo-tuna* bezeichnete.

Cactus tuna major ROXB. (Hort. Beng., 37. 1814) gehört wohl hierher, ebenso *Cactus opuntia polyanthos* DC.

Unterreihe 7: Tortispinae BR. & R.

88. Opuntia humifusa RAF.

Katalognamen (DARRAH, 1908, bzw. HAAGE & SCHMIDT) waren *Op. rafinesquei* v. *greenei* und v. *parva*.

93. Opuntia macrorhiza ENG.

Ein Synonym ist noch *Op. rafinesquei macrorhiza* (ENG.) COULT.

94. Opuntia eburnispina SMALL

Eine ähnliche Pflanze steht in der Sammlung F. RIVIERE unter Nr. 2186, aber nicht sicher zu bestimmen.

Unterreihe 12: Phaeacanthae BR. & R.

113. Opuntia gosseliniana WEB.

Die auf S. 497 berichtete fast weißstachlige Form hat einen braunen Stachelfuß, typisch für manche Arten dieser Unterreihe.

115. Opuntia macrocentra ENG.

115b. v. **martiniana** BENS. Bl. und Fr. waren bisher unbekannt. In der Sammlung F. RIVIERE wurde festgestellt: Bl. 7 cm lang, 8,5 cm ⌀; Pet. schmutziggelb, zur Basis hin kupferfarben; bis 3,5 cm breit, mit winziger Spitze; Staubf. weiß; N. 5, grün; Fr. 5 cm lang, 3,5 cm ⌀, stachellos, außen und innen dunkelrot.

117. Opuntia angustata ENG.

MARSHALL (Ariz. Cact., 1950, 42. 1953) führt sie als *Op. phaeacantha angustata* (ENG.) MARSH.

118. Opuntia azurea ROSE

Es wurde beobachtet, daß die St. auch heller gefärbt sein können.

121. Opuntia atrispina GRIFF.

Die Bl. bleiben beim Verblühen gelb, d. h. sie werden nicht rötlich wie bei vielen anderen gelb blühenden Arten.

122. Opuntia phaeacantha ENG.

122a. v. **piercei** FOSBERG: MUNZ stellt die Pflanze zu *O. occidentalis*, als *O. occidentalis* v. *piercei* (FOSBERG) MUNZ, Aliso, IV : 1, 94. 1958 (s. auch unter 124. *O. covillei* BR. & R.).

Ob dies berechtigt ist, kann ich nicht nachprüfen. Es scheint sich um verschiedene Auffassungen zu handeln, da FOSBERG und GRIFFITHS wie BRITTON u. ROSE die Arten ja auch kannten (*O. covillei* bzw. *O. megacarpa*).

124. Opuntia covillei BR. & R.

MUNZ hat das bisherige Synonym *O. megacarpa* GRIFF. umbenannt in *O. occidentalis* var. *megacarpa* (GRIFF.) MUNZ, Aliso, IV : 1, 94. 1958. Ob dies angesichts der nicht seltenen Verwechslung von *O. covillei* mit *O. occidentalis* berechtigt ist, kann ich nicht feststellen. FOSBERG soll *O. megacarpa* 1934 zu *O. engelmannii* gestellt haben (Wo ?)!

126. **Opuntia vaseyi** (Coult.) Br. & R.:

Munz benannte sie um in *O. occidentalis* var. *vaseyi* (Coult.) Munz, Aliso, IV : 1, 94. 1958. Es ist unverständlich, wie diese ziemlich niedrige Pflanze (Coulter stellte sie 1896 sogar zu dem *O. humifusa*-Synonym *O. mesacantha*, einer stark niederliegenden Art) zu *O. occidentalis* gestellt werden kann, nachdem Baxter (California Cactus, 43. bzw. 41. 1935) sagte, daß die *O. vaseyi* oft mit *O. occidentalis* verwechselt würde, und beschreibt *O. vaseyi* als eigene Art mit gelben, bronze bis roten Blüten. Coulter gab überhaupt keine Blütenfarbe an; bei ihm war die Stachelzahl 2—3, alle rötlichbraun (manchmal etwas gelblich), Typstandort in Arizona (Yuma). Nach Baxter: St. 1—6, Basis rot, obere Hälfte weiß. Danach kann sich Baxters Artbeschreibung gar nicht auf die echte *O. vaseyi* beziehen, sondern die kalifornische Pflanze ist vermutlich schon eine Vermischung mit anderen dortigen Arten niedrigen Wuchses; das würde die Farbskala von gelb bis rot erklären und die bei Britton u. Rose ebenfalls gegenüber der Originaldiagnose zum Teil abweichende Stachelfarbbezeichnung. Diese Autoren halten den Typstandort für einen Irrtum; doch gibt Coulter an, daß sie bei Yuma 1881 von Vasey, und 1883 von Rusby bei Fort Verde gesammelt worden sei; er hat also mehr Material untersucht. Britton u. Rose hingegen geben nur tieflachsrot als Blütenfarbe an, und so blühend gäbe es „große Gestrüppe, zuweilen vermengt mit anderen Arten". Es ist kaum denkbar, daß unter solchen Umständen nicht seit unvordenklichen Zeiten bereits eine teilweise Vermischung stattgefunden hat. In Europa kennen wir nur die tieflachsrot blühenden Pflanzen, und Baxters Beschreibung mag ebensowenig einwandfrei sein wie Munz' Einbeziehung zu *O. occidentalis*.

Nur ein Name ist *O. goudeniana* Hort. paris.

Unterreihe 17: Robustae Br. & R.

146. **Opuntia robusta** Wendl.

    146a. v. **longiglochidiata** Backbg. Die Varietät hat auch längere Fruchtborsten als der Typus der Art; an Jungtrieben die bräunlichgelben Glochiden oft von der Länge der Stacheln, vorstehend, büschelig.

Unterreihe 19: Leucotrichae Br. & R.

151. **Opuntia leucotricha** DC.

Ursprünglich wurde nur ein roter Blütengriffel angegeben. In der Sammlung F. Riviere wurden auch gelblichweiße Griffel beobachtet.

Unterreihe 21: Macdougalianae Br. & R.

159. **Opuntia macdougaliana** Rose

Im Schlüssel Britton u. Roses wurde die Blütenfarbe als gelb angegeben, und so sah ich sie auch in der Sammlung F. Riviere. H. Bravo (Las Cact. de Mex., 173. 1937) bezeichnet sie dagegen als „dunkel orange" (daher diese Angabe auf S. 547). Da H. Bravo die Art bei Tehuacan sah und fotografierte, muß die Blütenfarbe variabel sein.

Unterreihe 24: Lindheimerianae Backbg.

168. **Opuntia galapageia** Hensl.

    168c. v. **myriacantha** (Web.) Backbg.: In Gesamtbschrbg., Nachtr., 161.

1903, machte Schumann noch folgende Blütenangaben: Länge der Bl. 8 cm; Ov. birnförmig, 5 cm lang, oben 3 cm und unten 1 cm ⌀, mit gelben stechenden Gl. und 2 kleinen St., Nabel 1,5 cm tief und 2 cm ⌀; Sep. zahlreich, grün, stumpf, stachelspitzig, 1 cm lang; Pet. umgekehrteiförmig, genagelt, gelb, oben 2 cm breit, stumpf, ausgerandet und stachelspitzig; Staubf. zahlreich, wie die Staubb. gelblichweiß; Gr. am Grunde kaum verdickt, zylindrisch, 2,5 cm lang, 3 mm ⌀, weiß; N. 9, verlängert, zugespitzt, gelblichweiß.

168f. v. **helleri** (K. Sch.) Backbg.: Schumann sagte l. c., 162. 1903, über die Blüte noch: 5—5,5 cm lang, 3—3,5 cm ⌀ (also weniger als Howells Angabe); Ov. wenig über 3 cm lang, kreiselförmig, gehöckert; Sep. pfriemlich, 3 mm lang, die folgenden breit eiförmig, spitz und stachelspitzig, grünlichgelb; Pet. umgekehrt eiförmig, fast 2 cm lang; Staubf. am Röhrengrund angewachsen; Gr. 2 cm lang; N. 6, aufrecht oder eingekrümmt, fleischig, dick.

168g. v. **saxicola** (How.) Backbg.: Bei der Größenangabe der Samen mußte es heißen „mm" statt „cm".

Unterreihe 27: Chloroticae Backbg.

184. Opuntia aciculata Griff.

184a. v. **orbiculata** Backbg. Die Varietät blüht reich in der seltenen feuerroten Farbe auch auf den Trieben.

Unterreihe 28: Pubescentes SD.

186. Opuntia microdasys (Lehm.) Pfeiff.

Britton u. Rose erwähnen hierunter noch den Namen *Cactus bradypus*, bei Lehmann eine brasilianische Art (was er auch für *O. tunicata* angab), wie nach seiner Angabe auch *O. microdasys*, weswegen Britton u. Rose meinen, daß es sich vielleicht um *O. inamoena* gehandelt haben könnte. Das ist aber nicht mehr zu klären.

186a. v. **rufida** K. Sch.: In der Sammlung Riviere gibt es eine äußerst ähnliche, nur wenig heller grüne Pflanze mit weißen Blüten, sehr schön. Ich führe sie als:

subv. **albiflora** Backbg. n. subvar.
        Differt flore albido; fructu pallide flavido.
Varietät und Untervarietät können auch einen nicht „etwas heller grünen Körper" (K. Schumann, für die var.), sondern mehr fahlgrünen haben. Die subvar. weicht ab durch weißliche Bl. und eine runde, hellgelbe, ca. 2—3 cm lange und breite blaßgelbliche Fr., deren Pulpa etwas grünlich-glasig ist, die S. hellgrau, mit noch hellerem Rand, flachrund, ca. 2,5 mm groß. Riviere-Nr. 8232 (USA).

186b. v. **albispina** Fobe: In Alfred Byrd Graf, „Cyclop. of Indoor Plants", wird die Form mit harmlosen Glochiden *O. microdasys* v. *albata* Hort. genannt (Polka Dot). Eine intensiver gelbliche Glochiden zeigende Form des Typus der Art nennt derselbe Autor *O. microdasys* var. *lutea* Hort. Gültig beschrieben sind die Namen meines Wissens nicht.

Unterreihe 31: Basilares Br. & R.

194. Opuntia whitneyana Baxt.

Munz hat die Art, obwohl es schon eine Kombination *Op. basilaris* var. *whitneyana* (Baxt.) Marsh. gab, in Aliso, IV: 1, 94. 1958, noch einmal in *Opuntia basilaris* subsp. *whitneyana* (Baxt.) Munz umbenannt. Da die Triebe etwas anders geformt sind als bei *Op. basilaris*, auch dicker, nicht samtig und die Blüte bei der var. *albiflora* weiß ist, die Triebe rein grün, halte ich die Umkombinierung für überflüssig, zumal dann auch eine Umbenennung der weißblühenden Varietät erforderlich wäre, die nicht erfolgt ist.

Unterreihe 34: Rhodanthae Backbg.

200. Opuntia juniperina Br. & R.

Die Blütenfarbe kann bis fast weiß abändern.

Unterreihe 35: Polyacanthae Br. & R.

202. Opuntia polyacantha Haw.

Nur ein Name war *Op. missouriensis leucospina* hort. (in Schelle).

203. Opuntia hystricina Eng. & Big.

203a. v. **bensonii** Backbg. Die Stachelfarben sind — nach Beobachtung in der Sammlung F. Riviere — anfangs weiß, gelblich oder rötlich, später alle grauweiß.

Sektion 2: Micranthae Backbg.
Reihe 1: Parviflorae Backbg.
Unterreihe 1: Palmadorae Br. & R.

Unter 204: *Opuntia palmadora* Br. & R. wurde aufgeführt:

— **Opuntia catingicola** Werd.

In der Sammlung F. Riviere steht eine Pflanze, die von Severino Rocha aus Brasilien gesandt wurde, mit folgenden Kennzeichen: Strauchig; Tr. frischgrün, bis matt hellgrün, ca. bis 10 cm lang und 5 cm oder etwas mehr breit, aufgerichtet, oben und unten meist etwas verjüngt; Epidermis dicht, fein, hell punktiert; Areolen hellfilzig, rund, ca. 2 mm groß, am unteren Rand vereinzelte kräuselige Haare, meist 2, abwärts gerichtet; St. blaßgelb, unten noch heller, (4—)5(—6) randständige, ungleich, 0,5—2 cm lang, unregelmäßig gerichtet, abstehend; Mittelst. 1, schräg abwärts weisend, 2,5—3 cm lang; Bl. ca. 3,5 cm lang oder etwas mehr; Pet. etwas aufgerichtet, hell blutrot bzw. innen reinrot, außen mehr gelbrot und mit rotem Mittelfeld; Staubf. rötlich; Gr. rosa; N. weißlich; Blütendurchmesser ca. 1,3 cm oder etwas mehr; B. ca. 1—1,5 mm lang. Alte Pflanzen haben mehr St.; Fr. schlankkeulig, 1,5—2,5 cm lang, meist länglich-keulig, zuerst etwas längsgerieft, stark genabelt, grün, mit hellbräunlichen winzigen Areolen und darin 0— (selten) 1 sehr dünne, kurze Stächelchen. In nördlichen Ländern ist die Bestachelung oft verringert.

Wahrscheinlich wird die Pflanze so groß wie *O. catingicola*, mit der sie die Stachelzahl gemein hat sowie die Farbe derselben. Die Frucht wurde von Werdermann zwar als gelb bezeichnet, doch mag die von mir gesehene bei der Reife auch gelblicher werden. Eine Blüte beschrieb Werdermann nicht, und so ist anzuneh-

Abb. 3293. Opuntia catingicola WERD. Wahrscheinlich diese Art. Die Blüten sind nur mäßig groß, die Perigonblätter leicht aufgerichtet. (Sammlung und Foto: RIVIERE.)

men, daß die oben beschriebene Pflanze mit *O. catingicola* identisch ist, zumal die Blütengröße und -farbe gewissen nordbrasilianischen Arten entspricht (Abb. 3293).

Unterreihe 2: Macbrideanae BACKBG.

205. Opuntia macbridei BR. & R.

In C. & S. J. (US.) XXIX: 1, 22. 1957, wird der Name *Opuntia johnsonii* nom. nud. aufgeführt, ebenso in Rep. Pl. Succ., VIII: 10. 1959. An ihr wurden eingesenkte Blüten beobachtet. HUTCHISON stellte fest, daß dies jeweils nur bei der ersten Blüte jeder Wuchszeit der Fall ist, und in der Sammlung RIVIERE konnte dies bestätigt werden. Hier mag ein ähnlicher Fall von Blüteneinsenkung vorliegen, wie er auch sonst mitunter vorkommt (vgl. das Foto der *Op. marnierana*, Abb. 3297). — Herkunft: Ekuador (Abb. 3294).

HUTCHISON hält die Pflanze für eine Form der *Op. macbridei*.

206. Opuntia quitensis WEB.

Nach P. C. HUTCHISON gehört zu dieser Art auch *O. macbridei*, bzw. wäre der ältere Name der letzteren vorstehender Name WEBERS. HUTCHISON hat von Übergangsformen berichtet; das deckt sich mit ROSES Feststellung, daß *Op. quitensis* auf offenem Gelände niedrig und buschig ist, mit verhältnismäßig kleinen Gliedern, in Buschgelände dagegen höher und die Glieder viel größer, zum Teil auch stachellos. Die Beschreibungen unterscheiden sich — auf typische Exemplare bezogen — :

Op. quitensis WEB.: bis 2 m hoch; Glieder bis 40 cm lang und bis 9 cm breit; St. 0—1—3, bis 3 cm lang, nadelig; S. 3 mm breit;

Abb. 3294. Opuntia johnsonii HORT., nach HUTCHISON zur Formengruppe der Opuntia macbridei gehörend. Die Blüte dieser Art aus dem ekuadorianisch-nordperuanischen Grenzbezirk ähnelt der von Op. catingicola, ist aber kleiner. Hier sind alle Blüten eingesenkt, was nach HUTCHISON nur mit der ersten des Jahres der Fall ist. (Foto: RIVIERE.)

Op. macbridei BR. & R.: Bis 60 cm hoch; Glieder bis 15 cm lang, bis 8 cm breit; St. sehr ungleich, bis 5 cm lang, stark pfriemlich; Fr. stets steril (MACBRIDE gab braune Samen an, ROSE fand nur sterile Früchte).

MACBRIDE mag niedrige *Op. quitensis* gefunden haben, darauf ließe seine Samenangabe schließen; bei ROSES Beobachtung handelt es sich dann um andere Pflanzen. Die Stachelbeschreibung ist unterschiedlich bei beiden Arten. Will man also die beiden Hauptformen unterscheiden, muß man sich schon an die beiden Artbeschreibungen halten.

ROSE erwähnte (The Cact., III : 154. 1919) noch eine südekuadorianische *Opuntia* dieser Verwandtschaft mit stark pfriemlichen Stacheln; dabei handelte es sich wohl schon um die in Bd. IV von BRITTON u. ROSE beschriebene *Op. macbridei.*

Op. macbridei var. *orbicularis* RAUH & BACKBG. weicht dagegen durch „auf dem Boden dahinlaufende Triebe, weit das Substrat bedeckend" (RAUH) ab. Auch was das Wissen um die voneinander abweichenden Wuchsformen anbelangt, erweist sich eine getrennte Beschreibung der Hauptformen als vorteilhaft.

Unterreihe 3: Quipae BACKBG.

207. Opuntia quipa WEB.

Da die jüngsten Triebe in Behaarung und Stachelbildung etwas von dem späteren Aussehen abweichen, bringe ich ein Makrofoto eines Jungtriebes (Abb. 3295).

Abb. 3295. Übermakroaufnahme eines Jungtriebes der Opuntia quipa WEB.

Unterreihe 4: Inamoenae BR. & R.

208. **Opuntia inamoena** K. SCH.

    208a. v. **flaviflora** BACKBG. Die Triebe sind zuerst matt, dann mehr glatt bis etwas glänzend; bei trockenem Stand und reichlicher Sonnenbestrahlung können auch zuweilen 1 (—2) Stacheln erscheinen, bis 2 cm lang; es sind sowohl gelbliche wie rötliche Staubfäden beobachtet worden.

Reihe 2: Stenopetalae BR. & R.[1])

Im Schlüssel muß bei der ersten Art unter der Rubrik „Triebe" noch eine weitere eingeschaltet werden: „Neutriebe und Ovarium nicht purpurn getönt". Hinter 210: *O. grandis* PFEIFF. ist die Unterrubrik „Neutrieb und Ovarium stark purpurn getönt" zu denken. Sie lautet dann wie folgt:

Neutrieb und Ovarium stark purpurn getönt
    Glieder anfangs rundlich, später gestreckt
        Stacheln gerade bis ± gebogen, zum Teil nach
            unten zu abgeflacht bzw. zusam-
            mengepreßt, weißgrau, an Jung-
            trieben oft lange fehlend . . . — **O. riviereana** BACKBG. n. sp.

---

[1]) Bei ENGELMANN Subg. *Stenopuntia* nom. prop.

Die Merkmale der neuen Art sind:

— **Opuntia riviereana** BACKBG. n. sp.

Articulis rotundis ad oblongis, primo purpurascentibus, postea albido-glaucis, ad 22 cm longis, 14 cm latis, ad 3 cm crassis; areolis ca. 2,5 cm remotis, tomento primo albido, postea nigro; glochidiis fulvosis; aculeis albis, ca. 2, ad 3 cm longis, in basi ± compressis; flore dioico, ca. 4 cm longo, 2 cm ⌀, phyllis perigonii erectis, interioribus ca. 5 mm latis, aurantiis; ovario purpurascente; filamentis infra purpureis, supra aurantiacis; stylo 1,2 cm longo, 1,5 mm crasso; fructu ignoto.

Niederliegend; Tr. anfangs rundlich und stark purpurn getönt, später länglich und oben ± gerundet, bis 22 cm lang, 14 cm breit, ± grau- bis reifiggrün, um die Areolen oft rot getönt, Jungtriebe zuerst fast stachellos; Areolen ca. 2,5 cm entfernt, anfangs weißfilzig, Filz sehr kurz, später schwarz werdend; St. (1—) 2(—3), selten 4, gerade oder leicht abwärts gebogen, der dritte oder vierte Zusatzstachel dünn, wenn vorhanden bis 7 mm lang, der längste der anderen St. bis ca. 3 cm lang; Gl. braun, auffälliger nur am Fruchtknoten; Bl. ca. 4 cm lang, ca. 2 cm ⌀, mit 2,3 cm langem und stark purpurn getöntem Ov., daran die Gl. in braunen, aufrechten Büscheln, Schuppenblätter rötlich; Sep. und Pet. ungefähr gleich lang; äußere Perigonbl. schmal, spitz zulaufend, die inneren etwas breiter und oben mit kleiner Spitze, ca. 5 mm breit, orangerot; Staubf. über einer ca. 4 mm großen Nektarhöhle freiwerdend, zusammengeneigt, unten purpurrosa, oben orange; Gr. (männlich: mit verkümmerten N.) ca. 12 mm lang, 1,5 mm dick; Fr. unbekannt. — Mexiko. (Abb. 3296).

Abb. 3296. Opuntia riviereana BACKBG., mit purpurnen Fruchtknoten und ebenso gefärbten Jungtrieben. (Sammlung: RIVIERE.)

Typus: Nr. 7834, Sammlung F. RIVIERE, „Pinya de Rosa", Blanes (Spanien). Die Pflanze kam aus dem Botanischen Garten Berlin-Dahlem unter dem Namen *Opuntia invierna* HORT. (s. auch unter S. 637: Ungeklärte Namen, d. h. dieser Name ist somit geklärt). Die Art wurde nach Herrn F. RIVIERE DE CARALT benannt, der bei Blanes den größten systematischen Opuntiengarten schuf. Wie zwei weitere, wohlunterschiedene Arten, *O. marnierana* und *O. arrastradillo*, zeigten, ist die Artengruppe bisher wenig beachtet noch genauer beschrieben worden. Das auffälligste Merkmal sind die stark purpurn getönten Jungtriebe und die ebenso gefärbten Fruchtknoten, wie sie sich bei keiner anderen Art dieser Reihe finden.

212. **Opuntia marnierana** BACKBG.

SCHATTAT beobachtete in „Pinya de Rosa" (Sammlung RIVIERE) eine stark in die Triebspitze versenkte Blüte, wie sie auch bei der als *O. johnsonii* bezeichneten Form der *O. macbridei* zuweilen erscheint; daher braucht bei *Marenopuntia* dieses Merkmal nicht, wie ROWLEY meint, eine Zugehörigkeit zu *Pterocactus* zu beweisen (Abb. 3297).

Abb. 3297. Trieb einer Opuntia marnierana BACKBG. mit ausnahmsweise eingesenkter Blüte. (Foto: SCHATTAT.)

18. NOPALEA SD.

Unter der ersten Schlüsselrubrik „Unbestachelte Triebe" (1: *N. cochenillifera*) ist für diese Art die Unterrubrik „Baumförmig werdend" einzufügen und dann vor der zweiten Art (2. *N. guatemalensis* ROSE) eine weitere Unterrubrik „Strauchig, unter 1 m hoch". Hierher gehört:

— **Nopalea nuda** BACKBG. n. sp.

Fruticosa, ad ca. 80 cm alta; ramis primariis postea rotundatis; articulis ad 12 cm longis, 5 cm latis, viridibus; areolis ca. 2,6 cm remotis; glochidiis brevissimis, fulvosis; aculeis deficientibus; foliis rubroviridibus; flore ad ca. 3,5 cm longo; ovario ca. 2,3 cm ⌀; phyllis perigonii conniventibus, rubris (carmineis); filamentis colore clariore; stylo roseoalbo; stigmatibus viridibus; fructu ca. 1,8 cm longo, 2 cm ⌀, atroviolaceo.; pulpa carminea.

Strauchig, nur bis ca. 80 cm hoch; primäre Tr. später fast rundlich, zuletzt verkorkend; die eigentlichen Tr. ca. 12 cm lang, 5 cm breit, kräftig blattgrün, oben gerundet, nach unten verjüngt; Areolen ca. 2,6 cm entfernt, anfangs fast weiß-, später hellbräunlich; St. fehlend; Bl. an jüngsten und vorjährigen Triebkanten, ca. 3,5 cm lang; Ov. ca. 2,3 cm ⌀; Perigonblätter hellkarmin, die unteren dreieckig, die oben etwas verlängert, alle dicht zusammengeneigt, von den karminrosa Staubf. überragt; Gr. mit den gelblichgrünen N. weiter hervorragend, ohne eigentliche Nektarkammer, aber der Griffelfuß breit-ringartig etwas oberhalb der Basis verdickt, weiß, leicht karminrosa getönt; Fr. breitrund, ca. 2 cm ⌀, ca. 1,8 cm lang, dunkelviolett; Pulpa purpurkarmin. Die B. sind hell rötlichgrün; die Höckerung der Tr. ist gering. — Herkunft wahrscheinlich Mexiko (Abb. 3298, zweites Bild von links; 3299).

Die bisher einzige strauchige, völlig stachellose Art, mit fast kugeligen Blüten, auch das Ov. ohne Borsten oder Stacheln. Typus: Nr. 7753, Sammlung F. Riviere, Blanes.

Die basale, ringartige Griffelverdickung scheint zumindest mehreren, wenn nicht allen *Nopalea*-Arten gemeinsam zu sein. Auffällig ist, daß diese eigenartige Bil-

Abb. 3298. Von links nach rechts: Blütenschnitte der Opuntia (Consolea × ?) bahamana Br. & R., Nopalea nuda Backbg., Nopalea cochenillifera (L.) SD., Opuntia quimilo K. Sch. Die drei manschettenartigen Griffelverdickungen bei den mittelamerikanischen Nopaleas und der südamerikanischen Opuntia kehren auch bei Consolea wieder, sind hier also kein echtes Gattungsmerkmal, sondern nur die durchlaufende Stammbildung. Daß der Griffel bei Op. bahamana nur unwesentlich verdickt ist, beweist, daß es sich nicht um eine Consolea handelt, wofür auch der stammlose Wuchs spricht. (Foto: Schattat.)

Abb. 3299. Nopalea nuda Backbg., mit relativ kurzen Blüten und kugeligem Fruchtknoten. (Sammlung: Riviere.)

dung genauso bei *Opuntia quimilo* angetroffen wird (vgl. Abb. 3298, rechts). Damit ist dies auch kein Gattungsmerkmal von *Consolea*, sondern hier nur der Wuchs mit baumartig durchlaufenden Stämmen, wie dies schon ROSE zur Trennung als berechtigt ansah.

Ungeklärte Namen

Zu den auf S. 637 (Bd. I) aufgeführten Namen kommen noch die folgenden hinzu, die ebenfalls undefinierbar sind:

Katalog SCHMOLL, 1933: *Opuntia chirinacuera, O. coyote, O meca, O. mota, O. jaralena*, alle unbeschrieben und wahrscheinlich Eingeborenenbezeichnungen;

Opuntia pendens HORT. in der Sammlung GASTAUD, Roquebrune;

Opuntia (Platyopuntia) conjungens RITT. (FR 895): s. unter *Op. cochabambensis* CARD. Außerdem führt RITTER eine „*Platyopuntia* sp. FR 153, FR 153a" (*Op. streptacantha*?), sowie eine „*Platyopuntia* sp. FR 94 von Tarija" (mit langen gelben, gewundenen Stacheln, anscheinend zu den *Airampoae* gehörend.

19. TACINGA BR. & R.

2a. **Tacinga atropurpurea** v. **zehntnerioides** BACKBG.

Nach Beobachtungen von KROENLEIN, im Jardin Exotique de Monaco, scheint es bei dieser grünlichrot blühenden Pflanze zwei Formen zu geben: einmal der ca. 7 cm lange Bl. entwickelnde Typus der Varietät, mit viel kürzeren Staubf. als die zweite Form, deren Bl. nur 3 cm lang beobachtet wurden, jedoch mit viel längeren Staubf.

Unterfamilie 3: *Cereoideae* K. SCH.
 Tribus: 1: *Hylocereeae* BACKBG.
  Subtribus 1: *Rhipsalidinae* BACKBG.
   Sippe 1: *Rhipsalides* BACKBG.

20. RHIPSALIS GAERTN.

Die Gattung hat in jüngster Zeit besondere Aufmerksamkeit erregt, da W. RAUH in Madagaskar Pflanzen fand, die bisher aus der Neuen Welt nicht bekannt wurden. Und da auch *Rh. madagascarensis* WEB. und *Rh. fasciculata* (WILLD.) HAW. nicht identisch sein dürften, ferner an den Züchter SAINT-PIE, Asson, einige madagassische Pflanzen gelangten, die zum Teil mit keiner neuweltlichen genau übereinstimmen, hat das Problem der altweltlichen *Rhipsalis*-Verbreitung neuen Auftrieb erhalten. Über die von einigen Autoren für *Rhipsalis cassutha* gehaltenen Pflanzen (vgl. Bd. II, S. 646) läßt sich noch nichts Genaueres sagen, da keine weiteren Beobachtungen vorliegen. Vergleiche zwischen *Rh. fasciculata* und *Rh. madagascarensis* sowie *Rh. horrida* BAK. lassen jedoch den Schluß zu, daß sie nicht miteinander identisch sind, und die von RAUH neu gefundene *Rh. coralloides* n. sp. läßt sich mit keiner neuweltlichen Art identifizieren. Damit gewinnt die schon von SCHUMANN ausgesprochene Ansicht, daß die altweltlichen *Rhipsalis*-Vorkommen eines natürlichen Ursprungs sind und keine Verschleppung, ein Höchstmaß an Wahrscheinlichkeit, wozu man auch bedenken muß, daß die für *Rh. cassutha* gehaltenen altweltlichen Vorkommen von Kamerun (auf über 1300 m hier eine stark verbreitete Pflanze) und Portugiesisch-Westafrika bis zur Ostküste und zum Zambesi gefunden werden, von Standorten auf Madagaskar, den Komoren, Mauritius und Ceylon abgesehen, und daß ein Vorkommen bei Rio de Janeiro (*Rh. fasciculata*) und am Kilimandscharo (*Rh. erythrocarpa*) nicht ohne weiteres auf die gleiche Art schließen lassen kann. Sieht man von den höchstens 1—2 mm lange schwärzliche Borsten (nur zuweilen) aufweisenden *Rh. cassutha* und *Rh. lindbergiana* (Rio de Janeiro), zu der GOSSELIN *Rh. erythrocarpa* K. SCH. (Kilimandscharo) stellte, ab, ist die interessanteste Gruppe die der stärker und meist weiß beborsteten Arten. Dazu gehören:

25. **Rhipsalis fasciculata** (WILLD.) HAW.

Die Art verzweigt wirtelig an dem Ende des vorjährigen Wuchses; meine Fruchtangabe auf S. 665 „samtig und borstig" lautet besser „filzig und borstig", d. h. bezieht sich auf die Fruchtareolen, die nicht selten mehrere Borsten und schwachen Filz aufweisen. Ich sah die Frucht aber nicht weiß, sondern blaßgrünlich, durchscheinend, wäßriger Saft; Samen schwärzlich, länglich-oval; Triebe mehr stielrund (Abb. 3300, links und rechts).

Rh. madagascarensis WEB. Die Rippen sind deutlicher geformt, in aneinandergereihten Höckerchen, die Verzweigung mehr seitlich am Trieb, die Anordnung der Areolenborsten weicht von der bei *Rh. fasciculata* ab (Abb. 3301; vgl. mit Abb. 3300).

Hiervon unterscheidet sich die folgende Art, die bisher anscheinend gar nicht genauer untersucht wurde, bis RAUH jetzt in Paris dichte, fuchsbraune Haarborstenbekleidung feststellte:

Abb. 3300. Links: Wirtelige Verzweigung der Rhipsalis fasciculata (WILLD.) HAW. — Rechts: Fruchtender Zweig.

Abb. 3301. Rhipsalis madagascarensis WEB., nicht wirtelig verzweigend.

Rh. horrida BAK. — Journ. Linn. Soc., XXI: 347. 1884

Sie wurde beschrieben: Stämmchen holzig, rund (terete), reichlich verzweigt, später verkahlend, d. h. wenn sehr alt, blaßgrün, ca. 4 mm stark ($1/_6$ Inch), anfangs fleischig, mit unregelmäßigen dünnen, vertikalen Rippen und dicht gestellten Areolen mit fast glasigen, 3—4 mm ($1/_8$—$1/_6$ Inch) langen brüchigen, ziemlich borstigen Haaren; Fr. zu 1—3, sitzend (in der lateinischen Diagnose auch für die Bl. geltend), fleischig, kugelig, erbsengroß, glatt oder mit einer gelegentlichen Areole mit Haaren wie an den Tr.; Bl. nicht gesehen. — Madagaskar, Küstenwald bei Fort Dauphin.

Die Wuchsform zeigt RAUHS Foto des Herbarmaterials (Abb. 3302), aber auch die ungewöhnlich dichte, straffe Behaarung („fragile"!), die RAUH fuchsbraun sah! Eine Verfärbung erscheint als unwahrscheinlich; BAKER gab keine Farbe an.

RAUH fügt nach dem Herbarmaterial hinzu: Verzweigung von der Basis her später gegen die Spitze zu (also nicht ausgesprochen wirtelig); Sprosse dünn, 10—50 cm lang, 0,5 cm ⌀, ± 8rippig; Stachelborsten fuchsbraun, 0,5 cm lang, im Scheitel einen dichten Schopf bildend.

Danach kann man *Rh. horrida* nicht, wie es bisher geschah, für dasselbe wie *Rh. madagascarensis* oder gar *Rh. fasciculata* ansehen.

— **Rhipsalis coralloides** RAUH (RAUH-Nr. M 1385)

Provisorische Beschreibung nach RAUH: Pflanze buschig verzweigt, größere Polster bildend, bis 10 cm hoch; Jahrestriebe sehr kurz, 0,5—1,5 cm lang, zwischen den Wachstumsgrenzen eingeschnürt, ± kettenförmig (vgl. Bd. II, Abb. 647); Verzweigung subterminal, 1—4 Seitenäste austreibend; Jahrestriebe 0,5—0,8 cm ⌀, im Neutrieb ± gerötet, im Alter mit graugrüner Epidermis; schwach 5—7- (meist 6-)kantig; Areolen in Orthostichen, Tragblätter winzig klein, kaum 1 mm groß, breit dreieckig, zugespitzt, im Neutrieb lebhaft rot, hinfällig; Areolenborsten ± 8 (6—10), dünn, silbrig weiß, 2—4 mm lang, im Scheitel aufgerichtet, aber keinen auffälligen Schopf bildend, an alten Tr. absterbend; Bl. und Fr. unbekannt (im Gegensatz zu anderen madagassischen Arten hat die obige bisher in der Kultur nicht geblüht). — Madagaskar (Südostküste, zwischen Fort Dauphin und Manantenina, auf Gneisfelsen) (Abb. 3303 und 3304).

— **Rhipsalis** sp. (RAUH-Nr. M 1298)

Vielleicht eine Varietät der vorigen. Provisorische Beschreibung nach RAUH:

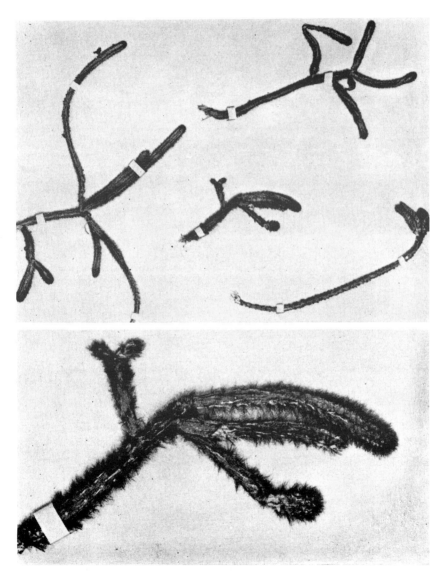

Abb. 3302. Rhipsalis horrida BAKER, eine madagassische Art mit brauner Borstenbekleidung. — Oben: Das Herbarmaterial der Art im Musée d'Histoire Naturelle, Paris. — Unten: Aufnahme eines Einzeltriebes. (Fotos: RAUH.)

Abb. 3303. Rhipsalis coralloides RAUH. (Foto: RAUH.)

Abb. 3304. Einzeltrieb von Rhipsalis coralloides RAUH.

Abb. 3305a. Rhipsalis sp. M 1298 von Madagaskar. Ungewöhnlich ist der terrestrische Wuchs auf Gneis. (Foto: Rauh.)

Abb. 3305b
Rhipsalis sp., M. 1298; die stark zurückschlagende winzige Blüte, nur 4 mm ⌀, Griffelnarben pelzig; die Perigonblätter häutig-dünn. (Übermakrobild.)

Terrestrisch, buschig, bis 10 cm hoch; Einzeltriebe wenig verzweigt, später buschiger; Tr. bis 8—10 cm lang, 0,5—1 cm ⌀, lebhaft grün, im Neutrieb braunrötlich, rundlich bis deutlich längsrippig, d. h. dann bis 8—10 Geradzeilen von Areolen; Tragblätter sehr klein, kaum 1 mm groß, dreieckig, rötlich, in den Achseln mit kurzem Wollfilz und 8—10, ca. 2—4 mm langen, allseitig abstehenden,

Abb. 3306. Rhipsalis sp. M 1298, mit (anscheinend rasch reifenden) Früchten. (Foto: Rauh.)

etwas kräuseligen Wollhaaren (feine Borsten), diese im Scheitel einen kleinen Schopf bildend; Bl. einschließlich Fruchtknoten 8 mm lang, 4 mm ⌀; Fruchtknoten kugelig, 5 mm lang, am oberen Ende mit wenigen Borstenareolen; Röhre 3 mm lang; Fr. kugelig, an der Spitze etwas abgeplattet, matt weiß, durchsichtig; S. länglich, ca. 1.5 cm lang, glänzend schwarz. — Madagaskar (20 km nordwestlich Fort Dauphin, auf Schalengneis) (Abb. 3305a, 3306—3307). Die winzige Blüte schlägt stark zurück (Abb. 3305b).

Das mir vorliegende Stück ist heller grün als *Rh. coralloides*. RAUH beschreibt zwar keine Rippen, bei dem von ihmer haltenen Stück sind sie aber deutlich ausgebildet, jedoch ohne die winzigen Höckerchen, die ich bei *Rh. madagascarensis* beobachtete. Erst wenn *Rh. coralloides* geblüht hat, ist festzustellen, ob es sich um zwei verschiedene Arten handelt oder M 1298 nur eine Varietät ist.

Auffällig ist, daß die beiden Pflanzen terrestrisch auf Gneis vorkommen. Solche relativ kurztriebigen Arten sind in Amerika bisher nirgendwo angetroffen worden, wenn man von gewissen Wildformen der *Hatiora* absieht, die aber endständige Blüten bildet, was bei der *Rhipsalis*-Untergattung *Ophiorhipsalis*, zu der obige Arten gehören, nie der Fall ist. Daraus ergeben sich so schwerwiegende vorgeschichtliche Rückschlüsse, daß diese Funde eine besondere Beachtung verdienen.

Im WINTER-Katalog, 19. 1957, führt RITTER unter „*Ophiorhipsalis*" die Namen: *Rh. bermejensis* RITT. (FR 364), „Jungtriebe zuerst borstig, dann in glattrunde übergehend, Verzweigung nahe dem Jahresendwuchs". Wenn es sich nicht um ein *Lepismium* handelt (Blüten sind noch unbekannt), eine gute Art. Ferner: *Rh. densispina* RITT. (FR 365). Beide wurden bereits auf S. 665 erwähnt.

54. Rhipsalis robusta LEM. non LINDB.

Bei dieser Art wurde beobachtet, daß sie vor der Blüte stets extraflorale Nektarien mit roten Stützblättchen bildet, die Tropfen bis 4 mm groß, später

Abb. 3307. Früchte der Rhipsalis sp., M 1298, von Madagaskar mit Borstenbesatz im Oberteil. (Foto: RAUH.)

glasklar erhärtend (Abb. 3308, links). W. Weingarts Ansicht (MfK., 59. 1920), daß dies nur bei Insektenbefall vorkommt, trifft nicht zu. Die interessante Art zeigt auch bis 5kantige Jungtriebe, häufiger 3kantige, so daß man annehmen darf: die flachtriebigen *Rhipsalis* sind eine Reduktionserscheinung, gelegentliche Bildung mehrkantiger Triebe läßt gut die Zugehörigkeit zu der U.-F. *Cereoideae* erkennen.

An den Triebenden sah ich einmal verzweigte griffelnarbenähnliche Gebilde, papillös, ähnlich dem Griffel der hier abgebildeten Blüten von *Lepismium cruciforme* var. *anceps* (Web.) Backbg. (vgl. Abb. 3308, rechts).

Die Früchte sind kugelig, gestutzt, weiß, 5 mm ⌀, mit Blütenrest; die Samen ca. 0,6 mm groß, braun, ovoid.

Zu *Rh. rhombea* (SD.) Pfeiff. gehört noch der Name *Cactus torquatus* Walp.

21. LEPISMIUM Pfeiff.

1. **Lepismium cruciforme** (Vell.) Miqu. und

    1 d. v. **anceps** (Web.) Backbg. Abgesehen davon, daß der Typus der Art normalerweise 3kantig ist, die Varietät flachtriebig, sind auch die Blüten verschieden: beim Arttypus glockig, mit wenigeren Perigonbl., bei der Varietät dagegen die äußeren Perigonbl. stärker zurückbiegend als die inneren und insgesamt mehr als 5, wie die bisherigen Angaben lauten. Ich sah auch stets gleichzeitig zwei Triebe aus einer Areole bildende Pflanzen.

Man könnte daher auch mit einiger Berechtigung beide Pflanzen als getrennte Arten ansehen.

Zu *Lepismium cruciforme* var. *myosurus* (SD.) Backbg. sagt B. K. Boom in Succulenta, 11 : 141. 1959, daß der Name richtiger lauten müsse: *L. cruciforme* var. *knightii* (Pfeiff.) Boom, da *L. knightii* Pfeiff. bereits in Allg. Gartenztg., 3 : 380.

Abb. 3308. Rhipsalis robusta Lem. non Lindb. — Links: Extraflorale Nektarien mit erhärtetem Nektartropfen. — Rechts: Merkwürdige, papillösen Griffelnarben ähnliche Bildung am Triebende; dieser Trieb ist vierkantig.

Abb. 3309. Lepismium cruciforme (VELL.) MIQU. mit glockig-trichterigen Blüten und einfachem Perigon.
Abb. 3310. Lepismium cruciforme var. anceps (WEB.) BACKBG., mit mehrseriger und auswärts gebogenem Perigon. Diese flachgliederige Art (WEBER), Form (BERGER) oder Varietät (meo sensu) ist in der Blüte stärker unterschieden, als es aus BERGERS Bemerkung in „Kakteen", 96, 1929, hervorgeht.

1835, veröffentlicht wurde. An sich sollten die Regeln den ersten Namen erhalten, und das war *Cereus myosurus* SD. in DE CANDOLLE, 1828. In Bd. II, S. 688, wurde von mir jedoch unterlassen, ein Fragezeichen zu *L. knightii* zu setzen. Es ist nämlich nicht sicher, ob *L. myosurus* (ramis 3-angularibus; petala rosea) und *L. knightii* (articulis 4—5 gonis; sepala albida pellucida) identisch sind. Nach den hier beigegebenen Abbildungen der Blüten von Typus der Art (Abb. 3309) und var. *anceps* (Abb. 3310), die wesentliche Unterschiede zeigen, ist anzunehmen, daß die alten Namen nicht nur Synonyme waren, sondern wirklich abweichende Pflanzen wiedergaben. *Lepismium* ist dazu noch zu wenig genau

Abb. 3311. Lepismium megalanthum (LÖFGR.) BACKBG. Die Entstehung der Blüten mit tief versenktem Fruchtknoten: links oben: die Epidermis schwillt um die Areolen; rechts oben: die Epidermis platzt, und die erste Knospe erscheint in dem Spaltriß; links unten: drei Knospen haben sich gleichzeitig hervorgeschoben; rechts unten: die erste, fast 4 cm breite und mehrere Tage anhaltende Blüte hat sich geöffnet. — Nach dem Abblühen bleiben tiefe Narben zurück.

untersucht. Die Varietät konnte also nur nach der sicher bekannten abgegrenzt bzw. benannt werden.

Es gibt noch den synonymischen Namen *Cereus knightii* PARM. (in PFEIFFER, En. Cact., 139. 1837) sowie bei v. *anceps*: *Rh. ensiformis* WEB.

13. Lepismium megalanthum (LÖFGR.) BACKBG.

LÖFGRENS Zeichnung der Art mit Längsschnitten, in K. SCHUMANN, Gesamtbschrbg., Nachtr., 147. 1903, Fig. 35, ist insofern nicht ganz zutreffend, als sein Teilbild C die Knospenbildung unvollkommen darstellt; sie ist zu weit nach außen verlegt und zeigt nicht genau das Innere. In Wirklichkeit entsteht die Knospe nahe der Achse, am Triebäußeren anfänglich kaum wahrnehmbar, dann zeichnet sich ein Kreis ab, der blasenartig zu schwellen beginnt, schließlich platzt die Epidermis, und die Knospen treten zutage; die Staubblätter sind zuerst stärker ausgebildet als die dann noch glasigen, darüber eingefalteten Perigonblätter. Diese Art der Blütenentstehung macht es auch verständlich, daß nach dem Abblühen ein Loch im Trieb verbleibt (Abb. 3311 und 3312).

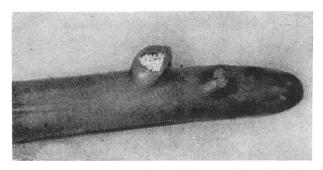

Abb. 3312. Lepismium megalanthum (LÖFGR.) BACKBG. Versenkte Knospenbildung (Längsschnitt).

22. ACANTHORHIPSALIS (K. SCH.) BR. & R.

5. Acanthorhipsalis monacantha var. **samaipatana** (CARD.) BACKBG.

RITTER führt die Varietät in WINTER-Katalog, 23. 1958, als eigene Art *Acanthorhipsalis samaipatana* (CARD.) RITT. (FR 361), wozu aber meines Erachtens die relativ geringen Unterschiede nicht ausreichen.

23. PSEUDORHIPSALIS BR. & R.

1. Pseudorhipsalis himantoclada (ROL.-GOSS.) BR. & R.

Ein Synonym ist *Wittia himantoclada* (ROL.-GOSS.) WOODS. & SHERY.

2. Pseudorhipsalis macrantha ALEX.

Ein Synonym ist *Disocactus macranthus* (ALEX.) KIMN. & HUTCH., erwähnt in C. & S. J. (US.), XXXI: 5, 139. 1959. Die Einbeziehung zu *Disocactus* ist bei einem so weitgefaßten Gattungsbegriff, wie ihn die amerikanischen Autoren haben, zwar verständlich, angesichts der völlig abweichenden Blütenform (s. Abb. 645) kann dem hier aus hinreichend dargelegten Gründen jedoch nicht gefolgt werden.

Sippe 2: Epiphylloides BACKBG.

26. RHIPSALIDOPSIS Br. & R.

Dusén sammelte, nach Vaupels Worten in MfK., 156. 1913, und l. c., 120. 1922, wohl bisher als einziger das Pflanzenmaterial dieser Gattung; das von Vaupel abgebildete (1922) sowie das der Originalbeschreibung von G. Lagerheim in Svensk. Bot. Tidskr., VI : 717. 1912, ist aber sehr unterschiedlicher Art. Während

Abb. 3313

Oben: Rhipsalidopsis rosea (Lag.) Br. & R. Originalabbildung der Lagerheimschen Beschreibung. Unten: Blütenlängsschnitt. Bisher gab es keine Längsschnittdarstellung. Sie zeigt, daß die Staubblätter — ohne irgendwelche Nektarkammer- oder -höhlenbildung — unmittelbar vom Röhrengrund her, dicht um den Griffel geschart, in allmählich nach außen zunehmender Länge inseriert sind, sehr kurz bis relativ lang, oben locker gekrümmt. Die Frucht ist leicht gedrückt, schwach vierkantig, gelblich (wenn vollreif), mit Blütenrest, 9mm lang, 7 mm breit; S. braun, schiffchenförmig, glänzend, Nabel subventral. Die Art ist schnell und gutwüchsig.

Sowohl Vaupel (Fig. 17 B in „Die Kakteen", 2 : 67. 1926) wie Berger (Entwicklungslinien, 28. 1926, Fig. 23 : 1) haben für Epiphyllopsis gaertneri eine wesentlich abweichende Längsschnittdarstellung gegeben: „Staubblätter in einer einzigen Gruppe am Rande der Röhre aufsteigend" (Vaupel), in der Länge nicht wesentlich verschieden, die Staubbeutel fast geschlossen in einer Höhe, an der Griffelbasis eine kleine, aber deutliche Nektarkammer, die Staubblätter geschlossen mit den Fäden herausragend.

Berger hat also mit vollem Recht — und bei diesen schwierigen Pflanzen wichtig — Epiphyllopsis abgetrennt. Die späteren Wiederzusammenfassungen durch Lindinger, Moran u. a. haben nur wieder bewiesen, was die Folge eines solchen Verfahrens ist: daß die wesentlichen Unterschiede übersehen bzw. gar nicht erst erkannt werden.

die eigentliche *R. rosea* sehr wüchsig ist und bald völlig flache Triebe bildet, so wie sie ursprünglich abgebildet wurde, ist die 1922 von VAUPEL wiedergegebene Pflanze sehr schwachwüchsig, die kleinen Neutriebe oft wieder verdorrend, der Wuchs überhaupt sehr viel langsamer, die Triebe meist 4kantig — nur äußerst selten flach —, während die Blüten völlig gleich sind. Ich habe beide längere Zeit kultiviert, kann auch VAUPELS Angaben betreffs der Schwachwüchsigkeit der bisher unbeschriebenen Varietät nur unterstreichen. Diese muß gesondert geführt werden, da sie keinesfalls mit dem Typus der Art identisch sein kann. Blütenlängsschnitte zeigen, daß die Staubfäden auf den Röhrengrund, ohne Nektarkammer, dicht um den Griffelfuß geschart sind. Bei *Epiphyllopsis gaertneri* ist

Abb. 3314. Oben: Rhipsalidopsis rosea var. remanens BACKBG. Im Gegensatz zum Typus der Art sehr langsam wachsend, anfällig, zierlich-gliederig und meist mehrkantig. (Foto: CAMILLO SCHNEIDER.) — Unten: Makroaufnahme der Triebe dieser Varietät.

dies nach BERGERS Zeichnung, Bd. II, Abb. 665, nicht der Fall, die Röhre deutlicher, der Fruchtknoten 5kantig, eine Höhle (Nektarkammer ?) über der inneren Röhrenbasis vorhanden. Ich halte die letztere Gattung daher getrennt, zumal *Rhipsalidopsis* ein offensichtlich dimorpher Typus ist. Die Primärsprosse sind meistens mehrkantig und an den Kanten borstig; bei der Varietät verbleibt diese Form überwiegend, beim Typus der Art geht sie früh und nur mit seltener Ausnahme in die flache Form über.

1. **Rhipsalidopsis rosea** (LAG.) BR. & R.

Ich bringe zum Vergleich das Bild der Originalbeschreibung (Abb. 3313, oben) und des Längsschnittes der Blüte (Abb. 3313, unten). Wächst ziemlich schnell.

Die Frucht ist bei der Reife gelblich, etwas gedrückt und schwach kantig, mit Blütenrest; die Samen sind braun.

1a. v. **remanens** BACKBG. n. var.

> Differt a typo ramis gracilioribus, plurimum quinque- vel quadricostatis; areolis setiferis: saetis ca. ad 8.

Sehr kleintriebiger Strauch, dichtbuschig; Tr. 4—5kantig, nur äußerst selten abgeflacht, dann mehr linear, frischgrün, oft wieder abfallend, anfangs ganz oder an den Kanten gerötet, glänzend (es kommen mitunter auch 3kantige Tr. vor, aber sehr selten); Borsten stets vorhanden, bis ca. 8, weißlich, sehr dünn, bis maximal 2 mm lang; Bl. wie die des Typus der Art. Sehr langsam wachsend. — Brasilien (Paraná, im Urwald bei Caiguava, auf 1100—1300 m, von P. DUSÉN gesammelt, zugleich mit dem Typus der Art) (Abb. 3314).

Die Triebe sind höchstens 2 cm lang, meistens kürzer, während die des Typus der Art ungefähr 2—3mal so lang sind.

Der Typus der Gattung blüht nicht „einzeln" (VAUPEL), sondern ich beobachtete bis drei Knospen gleichzeitig.

27. EPIPHYLLANTHUS BERG.

G. D. ROWLEY verdanke ich den Hinweis, daß der Name *Epiphyllanthus* bereits in Miller's Gardener's and Botanist's Dict., IX (ED. T. MARTYN, London), 1807, erwähnt wurde als Synonym von *Xylophylla* (Euphorbiaceae). Eine gültige Beschreibung wurde jedoch, soweit feststellbar, nirgends gegeben, so daß BERGERS Name bestehen bleiben kann.

29. EPIPHYLLOPSIS BERG.

Bei gut ernährten Pflanzen habe ich an älteren Exemplaren in der Regel 3—4, aber auch 5—6 gleichzeitig offene Blüten aus einer Areole gesehen sowie mitunter noch vereinzelte aus älteren Gelenken.

Es gibt in den Sammlungen und im Handel auch wie *Zygocactus* blühende Pflanzen mit 5kantigem Fruchtknoten. Das läßt darauf schließen, daß es sich um Bastarde zwischen *Epiphyllopsis* und *Zygocactus* handelt, denn der *Zygocactus*-Fruchtknoten ist stielrund-kreiselförmig (s. Bd. II, Abb. 668).

30. SCHLUMBERGERA LEM.

— **Schlumbergera bridgesii** (LEM.) LÖFGR. (Abb. 3315)

BERTRAND und GUILLAUMIN, Cactées, 88. 1950, halten diese Pflanze für eine Hybride. Jedenfalls entspricht die Blüte, deren Farbfoto ich G. D. ROWLEY ver-

Abb. 3315. „Schlumbergera bridgesii (LEM.) LÖFGR.", ein Bastard, dessen Blütenform nicht der ursprünglichen Darstellung entspricht. Die echte Schl. russeliana scheint verloren zu sein. Alle ähnlichen Pflanzen mit kantigen Fruchtknoten und Zygocactusblüten deuten auf Kreuzungen zwischen letzterem und Epiphyllopsis hin, denn das Ovarium von Zygocactus ist nicht gekantet. (Foto: G. D. ROWLEY.)

danke, nicht der typischen Form von *Sch. russeliana* (GARD.) BR. & R., wie sie VAUPEL in „Die Kakteen", 92. 1926, auf Tafel A abbildet und die ziemlich regelmäßig ist, durch die kopfig zusammengeneigten Narben und das kurz-vierflügelige Ovarium von *Epiphyllopsis* unterschieden. Die Blüte der *Sch. bridgesii* ähnelt dagegen sehr einer *Zygocactus*-Blüte, hat aber keinen runden, sondern einen kurz-vierflügeligen Fruchtknoten. Es besteht daher die hohe Wahrscheinlichkeit, daß die französischen Autoren die Pflanze mit Recht als Hybride bezeichneten, vielleicht zwischen *Zygocactus* und *Sch. russeliana*, die meines Wissens nicht mehr in den Sammlungen vorhanden ist, jedenfalls nicht in Europa.

Subtribus 2: *Phyllocactinae* BACKBG.

Sippe 1: *Phyllocacti* BACKBG.

33. MARNIERA BACKBG.

Ein lehrreiches Beispiel für die Bedeutung einer Gliederung nach den Sproßmerkmals-Reduktionsstufen ist K. SCHUMANNS Fußnotentext zu „*Phyllocactus thomasianus* K. SCH.". Er sagt darin, daß WEBER die Blüte schon vor der Beschreibung zeichnete und die Pflanze für identisch mit *Epiphyllum macropterum* hielt. SCHUMANN sah LEMAIRES Beschreibung nach einer sterilen Pflanze für ungenügend an. Weder bei SCHUMANN noch bei WEBER wird etwas über ein behaartes Ovarium gesagt, bei beiden Artnamen auch nicht in SCOTT HASELTONS Epiphyllum-Handbook, obwohl BRITTON u. ROSE dies in ihrer Beschreibung angaben; ihre Abbildung läßt davon jedoch nichts erkennen und ist also im Vergleich mit dem hier beigegebenen Foto unzulänglich. BUXBAUMS Darstellung der Blüte von *Epiphyllum lepidocarpum* (WEB.) BRITTON u. ROSE (in KRAINZ, die Kakteen, 1. 1962, C IIb) ist entweder unrichtig oder ein übertrieben gezeichneter Atavismus; sonst gehörte die Art auch hierher statt zum kahlblütigen *Epiphyllum*.

1. **Marniera macroptera** (LEM.) BACKBG.

Die Blütenaufnahme machte SCHATTAT in der Sammlung des Jardin Botanique „Les Cèdres", St. Jean-Cap Ferrat (J. MARNIER-LAPOSTOLLE, nach dem das Genus benannt wurde) (Abb. 3316).

Abb. 3316. Marniera macroptera (LEM.) BACKBG.) Unten: die Blüte; oben: der auffällig haarborstige Fruchtknoten. Bei Marniera chrysocardium (ALEX.) BACKBG. ist die Bekleidung ebenso, nur noch etwas steifer. (Foto: SCHATTAT.)

35. EPIPHYLLUM (Herm.) Haw.

Von Cactus Pete erschien, mit einer Zeichnung von Muriel Merrill, eine Darstellung der verschiedenen Triebformen in C. & S. J. (US.), XXXII: 1, 15. 1960, die ich hier wiedergebe. Sie sind etwas stilisiert und z. B. bei *E. darrahii* und *Marniera macroptera* nicht ganz genau, lassen aber die Unterschiede immerhin gut erkennen (Abb. 3317).

1. Epiphyllum phyllanthus (L.) Haw.
Ein Name war *Cereus scolopendrii*, in Dillenius, Hort. Elth. pl. 64.

Abb. 3317. Die charakteristischen Triebformen des Genus Epiphyllum (Herm.) Haw. (Zeichnung: Muriel Merrill.)

37. NOPALXOCHIA Br. & R.

1. Nopalxochia phyllanthoides (DC.) Br. & R.

Ich bringe zwei Fotos von einer ausnahmsweise bestachelten Blüte und ebensolcher Frucht. Bei letzterer mag die Bestachelung normal sein, da bei mehreren Gattungen eine Stachelbildung erst an der Frucht auftritt, deren Merkmale also in der Reduktionslinie des Sproßcharakters konservativer als Röhre und Fruchtknoten der betreffenden Blüten sind. Über die Frucht dieses Genus sagen Britton u. Rose nichts.

Die abgebildete Frucht ist 3 cm lang, 2,5 cm ⌀, weinrot, ohne Perianthrest, mit vertrockneten Schuppen an den ca. 1,3 cm entfernten Areolen, diese mit mehreren bis ca. 3 mm langen, sehr dünnen St.; Pulpa weinrot; S. 2 mm lang, leicht gebogen birnförmig, zum Nabel hin stärker verjüngt, Nabel länglich, seitlich an der Samenbasis, Testa schwarz, ziemlich glänzend, mit leicht unebener Oberfläche (Abb. 3318, oben und unten).

Es kann sich hier auch um das Wiederdurchschlagen eines Bastardmerkmals (bzw. *Heliocereus* als einem Elterteil) handeln. Die Pflanze wäre dann eine „unechte *Nopalxochia phyllanthoides*", wie dies auch von der ebenfalls ähnlichen „Deutschen Kaiserin" behauptet wird, die — einst von dem Berliner Händler KOHLMANNSLEHNER in den Handel gebracht, Züchter unbekannt — eine Sämlingsform ohne Borstenstacheln von Kreuzungen zwischen *Epiph. ackermannii* hybr. (ein Elterteil müßte demnach hier *Heliocereus speciosus* sein) und *Nopalxochia phyllanthoides* sein soll.

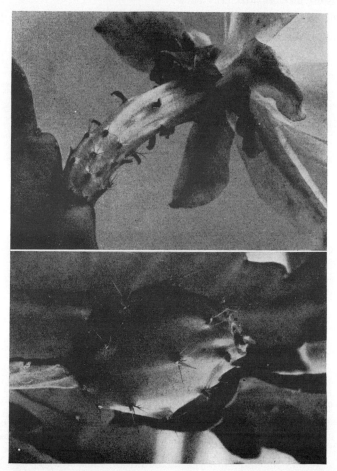

Abb. 3318. Nopalxochia phyllanthoides (DC.) BR. & R. oder eine „synthetische Art" (Bastard). Stachelbildung an Röhre und Frucht einer normalerweise kahle Blüten bildenden Pflanze.

39. DISOCACTUS LINDL.

In C. & S. J. (US.), XXXI: 5, 137—140. 1959, hat KIMNACH nachgewiesen, daß „*Bonifazia quezalteca* STANDL. & STEYERM." ein *Disocactus* ist, nachdem das Pflanzenmaterial in dem Botanischen Garten der University of California, Berkely, blühte. Damit ist der dritte *Disocactus* festgestellt, mit ähnlichen Blüten bei allen Spezies. Auch deshalb folge ich BRITTON u. ROSE, die das Genus auf

Arten mit solchen Blüten begrenzten, während *Chiapasia nelsonii* (BR. & R.) BR. & R. breit und glockig öffnende Blüten hat. Bedenkt man KIMNACHS rigorose Zusammenziehungen bei *Borzicactus*, bzw. z. B. unter *B. acanthurus*, wundert man sich allerdings nicht über seine Vereinigung von *Disocactus* und *Chiapasia*, wohl aber, daß er *D. quezaltecus* bestehen läßt, denn die Unterschiede zwischen diesem und *D. eichlamii*, die außerdem beide aus Guatemala stammen, sind geringer als bei den von KIMNACH zu *Borzicactus acanthurus* usw. eingezogenen Arten. Ich gebe nur die Blütenunterschiede wieder, um die Bestimmung zu erleichtern:

— **Disocactus quezaltecus** (STANDL. & STEYERM.) KIMN. — C. & S. J. (US.), XXXI: 5, 137—140. 1959

Bonifazia quezalteca STANDL. & STEYERM. (s. Bd. II: 766. 1959).

Bei gleichem Habitus und ähnlicher Gestalt der Blüte weicht diese wie folgt ab (von *D. eichlamii*: eingeklammerte Merkmale): Blütenlänge 8,5—9 cm (6 bis 7 cm); Blütenfarbe: Ov. bräunlich-purpurn (grünlich); Röhre und Perigonbl. weißlichpurpurn (scharlachpurpurn); Staubf. 41—47 (13—20); Staubb. purpurrot (kremfarben). Die Fr. ist ovoid, ca. 18 mm groß und wird bei Reife hellrot. Die Bl. öffnen am Nachmittag und dauern 4 Tage (Abb. 3319).

Abb. 3319. Disocactus quezaltecus (STANDL. & STEYERM.) KIMNACH. KIMNACH gliederte diese als „Bonifazia quezalteca" beschriebene Art richtig zu Disocactus ein, bei dem nunmehr drei in der Blütengestalt äußerst ähnliche Arten bekannt sind. Gerade deswegen aber erscheint KIMNACHS Einbeziehung der ausgesprochen glockig blühenden Chiapasia nelsonii als verfehlt. (Zeichnung: M. BLOSS.)

Nach R. S. BYLES, „Dict. of Genera and Sub-Genera of Cact.", 11. 1957, ist *Discocactus* WALP., Rep. 5: 877. 1858, ein Synonym von *Discocactus* LINDL.

Disocactus macranthus (ALEX.) KIMN. & HUTCH. s. unter *Pseudorhipsalis macrantha* ALEX.

Subtribus 3: *Hylocereinae* BACKBG.

Sippe 2: *Nyctohylocerei* BACKBG.

45. SELENICEREUS (BERG.) BR. & R.

1. **Selenicereus grandiflorus** (L.) BR. & R.

Ein Handelsname war *Selenicereus grandiflorus* v. *mexicanus* (HORT.) BORG, Cacti, 206. 1951 und *Cactus mexicanus* HORT.

Auf S. 780, erste Zeile des vorletzten Absatzes, ist „grandiflorus" zu streichen, d. h. der Name lautet nur *C. schmidtii* HORT.

Zu den nachstehenden Varietäten führt SCHELLE (Kakteen, 119—120. 1926) noch folgende Synonyme auf:

1 b. v. **ophites** (LEM.) BORG: *Cereus grandiflorus ophites* HORT.;

1 c. v. **barbadensis** (ENG.) BORG: BERGER schrieb *C. grandiflorus* v. *barbadensis* ENG.; nach SCHELLE war der Autor der Kombination WEINGART;

1 d. v. **irradians** (LEM.) BORG: *C. grandiflorus irradians* LEM.;

1 e. v. **tellii** (HORT.) BORG: *C. grandiflorus tellii* HORT. Wahrscheinlich sind SCHELLES Kombinationen auf ihn zurückzuführen, d. h. bei 1 b. und 1 d., da LEMAIRE die Pflanzen als eigene Arten beschrieb.

v. *macdonaldiae* (HORT.) DIGUET (Les Cact. Utiles de Mex., 214. 1928); s. unter *Selenic. macdonaldiae*.

5. **Selenicereus pringlei** ROSE

Das Synonym muß heißen: *Cereus jalapaensis* VPL. („jalapensis" war ein Druckfehler).

9. **Selenicereus pteranthus** (LK. & O.) BR. & R.

Ein Name ist noch *Cereus nycticalus peanii* BEGUIN, in RICCOBONO, Boll. R. Ort. Bot. Giard. Col. Palermo, 8: 252. 1909. Ein Schreibfehler war: *Cereus pterandrus* HEMSL. PLUMIER nannte die Art (nach SCHUMANN) *Cactus subquinqueareolatus*.

17. **Selenicereus hamatus** (SCHEIDW.) BR. & R.

Ein Druckfehler war: *Cereus kostratus* (statt: *rostratus*), in Rev. Hort. Belg., 40.

22. **Selenicereus inermis** (O.) BR. & R.

Ein Name war noch *Cereus inermis laetevirens* SD. (Cact. Hort. Dyck., 1849. 51. 1850).

46. MEDIOCACTUS BR. & R.

Zur Beurteilung der Berechtigung von *Mediocactus* BR. & R. sei hier zuerst die Reduktionslinie der Sproßnatur an *Selenicereus*-Blüten wiedergegeben:

a: Röhre und Ovarium behaart und bestachelt: *S. grandiflorus, pteranthus, spinulosus, macdonaldiae* (Borsten), *hondurensis* (Haarborsten), *vagans, coniflorus, donkelaarii*;

b: Röhre und Ovarium nur behaart: *S. urbanianus, kunthianus*;

c: nur das Ovarium mit Stacheln: *S. inermis, wercklei, murrillii*;

d: Ovarium und Frucht besonders starkhöckrig und bestachelt: *S. boeckmannii*.

Die Fruchtmerkmale sind bei BRITTON u. ROSE nicht überall vollständig angegeben, doch sollen Haare, Borsten und Stacheln vorhanden sein.

Der Bestachelung von Röhre und Ovarium bzw. der anfangs höckrigen Frucht nach wäre *Mediocactus* also von *Selenicereus* nicht zu trennen. Die geographische Verbreitung von *Selenicereus* endet aber da, wo die von *Mediocactus* beginnt: im nördlichen Südamerika.

Während *Selenicereus* jedoch stets ± rundliche und mehrrippige Triebe bildet (drei sind anomal), zumindest 4kantig, ist *Mediocactus* normalerweise 3kantig wie *Hylocereus*, bei dem aber auch 4kantige Triebe vorkommen (z. B. *H. purpusii*), die Blüten sind jedoch stets kahl.

BRITTON u. ROSE gliederten nach der normalen Gestalt bei *Selenicereus* und *Mediocactus* bzw. trennten letzteren mit dem einzigen wenigstens einigermaßen stichhaltigen Argument ab, daß *Mediocactus*, dem Ovarium und der Frucht nach, *Selenicereus* ähnele, der Triebgestalt nach *Hylocereus*. Es kommen jedoch bei *M. coccineus* zuweilen auch 4—5 Rippen vor, wenngleich 3 Rippen die Norm sind. Dennoch sind beide Gattungen so nahe verwandt, daß eine Zusammenziehung berechtigt wäre, wobei man allerdings *Mediocactus* als Subgenus von *Selenicereus*, mit getrennter geographischer Verbreitung in Südamerika, ansehen könnte. Man mag jedoch einwenden, daß eine Zusammenziehung nicht notwendig ist, da den geographischen Argumenten immerhin eine gewisse entwicklungsgeschichtliche Bedeutung zukommt.

Eine interessante Bereicherung hat dieses Problem erfahren, seit ich:

3. **Mediocactus hahnianus** BACKBG. in Blüte sah.

Diese ist ca. 12—14 cm lang, ca. 9 cm ⌀; Pet. weiß mit schwach grünlichem Hauch, ± lanzettlich geformt; Röhre ca. 7 cm lang, in den Achseln schmutzigweiß und kräuselig behaart und mit bis 5, bis ca. 1 cm langen welligen Borstenstacheln, diese hornfarben bis braun; Fr. eiförmig, ziemlich klein, ca. 2,5 × 2 cm groß, grün, schwach warzig gehöckert, in den Areolen ca. 10 Borstenstacheln, hornfarben, braun gespitzt, im unteren Fruchtteil länger, hier bis 1 cm lang und ziemlich dicht, braun; Pulpa weiß (Fruchtwand ziemlich dünn); S. mützenförmig, schwach glänzend, ca. 1,2 mm groß, vom Nabel her aufwärts in zunehmender Größe grubig punktiert. Die Pflanze soll von BLOSSFELD jr. aus Paraguay an den Berliner Züchter HAHN gesandt worden sein.

Der Zusatz auf S. 69 zur Kennzeichnung der „Sippe 2: Nyctohylocerei": „nicht dünn und hängend" betont nur den Gegensatz zur Gattung 50: *Aporocactus*, mit senkrecht herabhängenden Trieben. Überhängende Triebe haben auch Vertreter der „Nyctohylocerei" und mit ihnen *Mediocactus*.

Obige Art nimmt mehr eine eigene Stellung ein: Die Röhre ist ähnlich bekleidet wie bei *Selenicereus macdonaldiae*, aber schlanker und kürzer; Frucht und Bekleidung derselben ähneln der von *Strophocactus* in der Zierlichkeit; die (der Größe nach nur leicht warzige) Höckerung der Frucht und die Triebgestalt bzw. Wuchsform, vor allem aber die angebliche Herkunft aus Paraguay deuten auf *Mediocactus*, von dem die Art also vorderhand nicht getrennt werden kann. Dies und die eigenartige Jungfruchtform von *M. coccineus* (Abb. 711) lassen es mithin ebensowohl als ratsam erscheinen, *Mediocactus* selbständig zu belassen und obiger Art vielleicht Untergattungsrang zu geben, denn den Maßen und der Form der Blüte nach paßt diese Spezies auch nicht zu *Selenicereus*, sondern ist gewisser-

Abb. 3320. Links: Die Blüte des Mediocactus hahnianus Backbg. — Rechts: Frucht (links) und trockene, haftende Blüte (Blütenbilder: Schneider.)

maßen ein verbindendes Glied zwischen mehreren Gattungen (Abb. 3320; Blütenbild: Schneider).

49. HYLOCEREUS (Berg.) Br. & R.

8. Hylocereus costaricensis (Web.) Br. & R.

Ein Synonym ist *Cereus triangularis costaricensis* Web. in Schelle (Kakteen, 129. 1926).

11. Hylocereus lemairei (Hook.) Br. & R.

Ein Druckfehler war vielleicht *Cereus lemoinei* in Möllers Dtsch. Gärtnerztg., 6 : 92. 1891.

14. Hylocereus extensus (SD.) Br. & R.

Britton u. Rose stellen hierher noch den Namen *Cereus subsquamatus* Pfeiff.

15. Hylocereus napoleonis (Grah.) Br. & R.

Ein Name war *Cereus triangularis napoleonis* hort. in Schelle (Kakteen, 128. 1926).

16. **Hylocereus trigonus** (HAW.) SAFF.

Ein Name ist noch *Cactus trigonus* in LOUDON (Encycl. Pl. f. 6872).

17. **Hylocereus triangularis** (L.) BR. & R.

Hierher gehören noch die Namen *Cactus anizogonus* HORT. und *Cereus triangularis gracilior* HORT. in SCHELLE (Kakteen, 128. 1926).

18. **Hylocereus antiguensis** BR. & R.

In der Sammlung des Jardin Exotique de Monaco sah ich eine als *Mediocactus* bezeichnete 3kantige Pflanze, deren Habitusmerkmale ganz denen von *H. antiguensis* ähneln, doch wächst sie zumindest lange aufrecht und wird auch ziemlich kräftig. Es kommen zuweilen 4 Kanten vor:

Hylocereus sp. ? (× *Selenicereus* ?): Anfangs aufrecht-triebig, tiefgrün, im Neutrieb heller, bis ca. 3 cm ⌀; Rippen normalerweise 3, kaum geschweift; Areolen bräunlichgrau-filzig; St. bräunlich, bis ca. 4 (—5) etwas kräftigere und 2—3 dünnere untere, fast borstendünn, bis 5 mm lang, meist kürzer, die stärkeren basal nur schwach verdickt; Bl. im Hochstand ca. 17 cm lang, 13 cm ⌀; Röhre ca. 8 cm lang, in den oberen Schuppenachseln Filzspuren und wenige Borstenhaare, bis ca. 12 mm lang, untere Achseln kahl; Ov. kahl, mit gekrümmten, unten abbiegenden, nach oben zu anliegenden, spitz zulaufenden und ziemlich dicht gestellten Schuppen, 0,5—1 cm lang; die oberen Schuppen der Röhre oben rötlich; Sep. schm allinear, abwärts umbiegend, grün, Rand schwach rötlich, oben rötlich; Pet. becherig-trichterförmig stehend, äußere etwas abgebogen, mit leicht

Abb. 3321. Trieb und Blüte eines dem Hylocereus antiguensis BR. & R. ähnelnden, aber zumindest anfangs lange aufrecht wachsenden und sehr schlanken Cereus mit Hylocereus-Gestalt. (Sammlung: Jardin Exotique, Monako.)

grünlicher Mitte, innere breitspatelig, bis 2,6 cm breit, oben gerundet und mit scharfer Spitze, diese 5 mm lang. Duft: schwacher, süßlicher Apfelgeruch; N. nicht geteilt, etwas zurückgebogen, ca. 15, hellgrün, papillös; Gr. hellgrün, ca. 3 mm dick; Staubf. unten grünlich, oben weiß, ca. 5 cm lang; Fr. (nicht voll ausgereift gesehen) mit aufgebogenen Schuppen, in den Achseln ganz kahl (Abb. 3321).

Die Pflanze blühte bei mir in Topfkultur; sie ist sehr wüchsig. Sie entspricht Britton u. Roses Schlüsselangaben für *H. antiguensis* vollkommen (die Blütenlänge mag durch vielleicht nicht vollen Hochstand differieren), abweichend ist nur das merkwürdige Erscheinen von Haarborsten in den oberen Röhrenachseln, das sonst von keiner Gattung berichtet ist. Ob dies auch bei der Blüte von *H. antiguensis* auftritt oder ein Rückschlag ist, läßt sich bisher nicht feststellen. Da die Frucht nicht bestachelt ist, handelt es sich nicht um einen *Mediocactus*; die Filzspuren und vereinzelten Borstenhaare in den oberen Röhrenachseln könnten aber auch auf eine Kreuzung mit *Selenicereus* schließen lassen.

Sippe 3: *Heliohylocerei* Backbg.

50. APOROCACTUS Lem.

2. Aporocactus flagelliformis (L.) Lem.

Britton u. Rose beziehen sich in einer Fußnote, The Cact., II: 218. 1920, auf das Synonym *Cereus flagelliformis minor* SD. und erwähnen einen Namen „*Cereus minor*" (in Weingart, MfK., 18: 49. 1908) als mit dem vorerwähnten sicher identisch. Die Varietät soll eine schwachwüchsige Form gewesen sein.

Tribus 2: *Cereeae* Br. & R.

Semitribus 1: *Austrocereeae* Backbg.

Subtribus 1: *Austrocereinae* Backbg.

Sippe 1: *Pfeifferae* Berg.

51. PFEIFFERA SD.

Im Winter-Katalog, 10. 1959, erscheinen nachstehende unbeschriebene neue *Pfeiffera*-Namen:

P. erecta Ritt. (FR 883);
— gibberosperma Ritt. (FR 881);
— gracilis Ritt. (FR 882): Sehr zierlich, vielrippig und dünnstachlig.

P. mataralensis Ritt. (FR 363): Wenigrippig;
— tarijensis Ritt. (FR 880): Zart bestachelt.

Wieweit es sich nur um Formen handelt, sei dahingestellt.

Sippe 2: *Milae* Backbg.

52. MILA Br. & R.

Zum leichteren Erkennen der *Mila*-Arten gebe ich nachstehend das Habituskolorit bei ausgereiftem Jahreswuchs:

Reinweiß (Areolen bald weiß):
  Länglich:
    12: *M. densiseta*
    10a: — *sublanata* v. *pallidior*

9: — *albisaetacens*
8: — *kubeana*
Kugelig:
6: *M. fortalezensis*

Abb. 3322. Habitusbilder der Mila-Arten I: links oben: Mila densiseta RAUH & BACKBG.; rechts oben: Mila sublanata v. pallidior RAUH & BACKBG.; links unten: Mila albisaetacens RAUH & BACKBG.; rechts unten: Mila kubeana WERD. & BACKBG.

Abb. 3323. Habitusbilder der Mila-Arten II: Mila fortalezensis Rauh & Backbg.

Abb. 3324. Habitusbilder der Mila-Arten III: links: Mila lurinensis Rauh & Backbg.; rechts: Mila breviseta Rauh & Backbg.

Abb. 3325. Habitusbilder der Mila-Arten IV: links oben: Mila cereoides RAUH & BACKBG.; rechts oben: Mila nealeana BACKBG.; links unten: Mila nealeana v. tenuior RAUH & BACKBG.; rechts unten: Mila sp. Nr. 1 (RITTER).

Abb. 3326. Habitusbilder der Mila-Arten V: Mila pugionifera RAUH & BACKBG.

Gelblich wirken (durch die Mittelstachelfarbe und auch später hellbräunlichen Areolen):
Gelbliche Mittelstacheln:
7: *M. cereoides*
Dunkle Mittelstacheln, später länger:
2: *M. nealeana* und v. *tenuior* [bzw. *M. caespitosa* (feiner bestachelt)]
Hierzu gehören offenbar die RITTER-Arten:
Mila sp. (Nr. 1), ähnlich *M. nealeana*, aber mit feinhaarigen Randstacheln (Abb. 3325, rechts unten)
— sp. (Nr. 2), mit derberen und ± gefleckt-dunklen Mittelstacheln (Abb. 3327, links)

Weiß, mit dunklem Scheitel (Areolen weiß):
Länglich:
Ohne derbere Mittelstacheln:
11: *M. breviseta*
Mit derberen Mittelstacheln:
4: *M. lurinensis*

Offene Bestachelung, durch Fehlen der feineren und dichten Randbestachelung, von den Mittelstacheln einer früh abwärts geneigt:
1: *M. pugionifera*

Abb. 3322—3326
(Makroaufnahmen)

Abb. 3327. Habitusbilder der Mila-Arten VI: links: Mila sp. Nr. 2 (RITTER); rechts: Mila senilis RITT. (unbeschrieben).

Der von RITTER aufgeführte Katalogname *Mila senilis* RITT. n. sp. (FR 557) ist eine Pflanze mit längeren, dichten, meist aufwärts gebogenen, abstehenden weißen und borstenfeinen Stacheln (Abb. 3327, rechts). Ob die *Mila* sp. 2 (von RITTER, ohne dessen Nr.) mit dunklen Neustacheln wirklich auch zu *Mila* gehört, ist noch nicht mit Sicherheit festzustellen (Abb. 3327, links).

10. **Mila sublanata** RAUH & BACKBG. (Abb. 751, Bd. II)
    v. **pallidior** RAUH & BACKBG. Die viel zarter bestachelte Varietät (vielleicht sogar eine gute Art) wurde oben unter den rein weißbestachelten Arten aufgeführt. Das Makrobild Abb. 3322, rechts oben, zeigt, daß im Scheitel einige Stacheln mit bloßem Auge kaum wahrnehmbare dunkle Spitzen haben; der Typus der Art ist etwas kräftiger bestachelt.

Sippe 3: *Corryocerei* BACKBG.

53. CORRYOCACTUS BR. & R.

11. **Corryocactus tarijensis** CARD.
    RITTER führt die Art als *Erdisia tarijensis* (CARD.) RITT. (FR 77, in WINTER-Katalog, 7. 1959). Nach seiner Meinung handelt es sich um eine *Erdisia*. In dieser Ansicht kommt wohl der gleiche Gedanke zum Ausdruck, der mich 1937 zu der Aufstellung einer Untergattung *Corryoerdisia* für gewisse bolivianische Arten veranlaßte, weil die Blütenform mehr trichterförmig ist. Solche Abweichungen von der zum Teil glockig-trichterigen Form der *Corryocactus*-Blüte reichen aber nach

meiner heutigen Ansicht nicht zu einer gattungsmäßigen Trennung aus. Dazu sind die einzelnen Arten auch noch nicht genügend überprüft worden.

In der Sammlung BUINING (Holland) sah ich einen Cereus mit der Bezeichnung *Corryocactus tristis* JOHNS. nom. prov. Nach den dunkelbraunen bis schwärzlichen und zum Teil wesentlich längeren Mittelstacheln mag es sich um *Trichocereus cephalomacrostibas* handeln.

54. ERDISIA BR. & R.

5. **Erdisia erecta** BACKBG.

In der Sammlung BUINING (Holland) sah ich eine ähnliche, aufrechte Art, mit verhältnismäßig kräftigen Tr., reingrün; Areolen quergezogen, dunkelbrauner, fast schwarzer Filz (*E. erecta*: grauer Filz); St. undeutlich in Rand- und Mittelst. geschieden, randständige zum Teil etwas einwärts gerückt, der stärkste aber deutlich als Mittelst., ± gelblich, wie auch einige der strahlend abstehenden Randst., doch keine basal verdickt, insgesamt ca. 12, alle ± pfriemlich; Bl. ? Diese aus Peru stammende:

Erdisia sp., von VARGAS gesammelt, steht zwischen *E. erecta* und *E. aureispina* BACKBG. & JACOBS., die auch dunkle Areolen hat. Die Art ist unbeschrieben (Abb. 3328, links).

— **Erdisia ruthae** JOHNS. n. nud. (Abb. 3328, rechts)

Dies ist eine nur wenigrippige Art, im Bau von anderen abweichend; Randst. bis ca. 7, außerdem einige undeutlich geschiedene mittlere (1—2) mit breit ver-

Abb. 3328. Links: Erdisia sp., von VARGAS gesammelt; rechts: Erdisia ruthae JOHNS. n. nud. (Sammlung: BUINING.)

dicktem Fuß, Basis dunkel; ca. 1—2 St. können viel dünner als die anderen sein, am stärksten ist ein längster, vorgestreckter mittlerer St. — Peru.

Die Blüte ist mir nicht bekannt. Die Art sollte beschrieben werden. Ein Exemplar steht in der Sammlung BUINING (Holland).

55. NEORAIMONDIA Br. & R.

Die Farbtafeln zeigen die bekanntesten Arten, wobei auffällt, daß bei diesen aus Samen von RITTER gezogenen Pflanzen die von *N. roseiflora* einmal bestachelte und einmal fast stachellose Sämlinge ergeben. Die auffällige Verschiedenheit der Pflanzen läßt erkennen, daß RITTERS anderslautende Namen *N. arequipensis* var. *gigantea* (*N. gigantea*) und *N. arequipensis* var. *roseiflora* (*N. roseiflora*) unnötige Umbenennungen sind — von der verschiedenen Wuchsform und Wuchshöhe ganz abgesehen — wobei, statt einer *N. roseiflora* v. *sayanensis* im WINTER-Katalog 9. 1960, auch eine subvar. erscheint: *N. arequipensis* var. *roseiflora* subvar. *sayanensis* RITT. (FR 130 A). Wichtiger wäre zu erfahren, ob es sich um diese „Subvarietät" bei der sehr kurzstachligen Pflanze handelt, oder ob es die länger bestachelte ist. (Abb. 3329—3330).

56. NEOCARDENASIA BACKBG.

Neuerdings wird wieder der Versuch gemacht, das Genus mit *Neoraimondia* zu vereinigen. Bei den Cactaceae sind geographisch weit getrennte Gattungen auch stets gut unterschieden. So weicht *Neocardenasia* von *Neoraimondia* dadurch ab, daß

a: längere Stämme gebildet werden; *Neoraimondia* verzweigt nur basal;

b: die Blütenareolen bleiben stets nur mäßig erhöht; sie werden nie zu ausgesprochenen Blütenkurztrieben, wie bei *Neoraimondia*;

Abb. 3329. Habitusbilder der Neoraimondia-Arten I: links; Neoraimondia arequipensis (MEYEN) BACKBG.; rechts: Neoraimondia gigantea (WERD. & BACKBG.) BACKBG. (Foto: A. M. WOUTERS.)

Abb. 3330. Habitusbilder der Neoraimondia-Arten II: oben: Neoraimondia roseiflora (WERD. & BACKBG.) BACKBG.; unten: Neoraimondia roseiflora-Form, aus RITTERS Samen FR 130 (subv. sayanensis RITT. ?). — Diese und die vorige Abbildung geben aus Samen gezogene Pflanzen wieder. (Foto: A. M. WOUTERS.)

c: ist die auf ganzer Länge von Borstenstacheln bedeckte Blüte darin (s. Abb. 806, Bd. II) von der *Neoraimondia*-Blüte wesentlich unterschieden;

d: gegenüber der stämmigen *Neoraimondia*-Sämlingsform (s. Farbfotos) sind die *Neocardenasia*-Sämlinge als einzige schlanker.

Die Zusammenziehung ist nur von gewissen Ähnlichkeiten her zu verstehen, die aber keine Veranlassung sein können, die wichtigeren Gattungsunterschiede zu übersehen, sonst müßte man logischerweise zu so rigorosen Zusammenfassungen wie KIMNACH gelangen, die vom phytographischen Standpunkt aus nicht zu verantworten sind.

(56A). CALYMMANTHIUM RITT.

Das in Bd. II, S. 886 und S. 1359 genannte Genus ist bisher nicht beschrieben worden. Ungewöhnlich ist das Aussehen der Sämlinge: Frischgrün, 5rippig, die Rippen stärker geschweift bzw. gekerbt, die ziemlich großen Areolen rund, sehr hellfilzig; Randst. ca. 9, weißlich, einzelne obere zum Teil kürzer; Mittelst. 4, über Kreuz, ganz oder teilweise blaß gelblich getönt, zum Teil streckenweise etwas dunkler (*Calymmanthium substerile*: Abb. 3331).

57. ARMATOCEREUS BACKBG.

Die in „Cactus", Paris, 53:139. 1957, aufgeführten Benennungen der von RAUH und mir bearbeiteten peruanischen Pflanzen, die dort nur meinen Namen als Autor tragen, werden hier nicht genannt, da es sich damals um nur vorläufige, von RAUH gebrachte Bezeichnungen handelte. Ich lasse sie daher auch sonst unerwähnt.

Ein in dem Botanischen Garten Berlin-Dahlem gesehener Sämling von *A. mocupensis* RITT. ähnelt sehr einem *A. cartwrigthianus* (er wird daher besser unter diesem erwähnt, nicht bei *A. laetus*, wie in Bd. II, S. 900).

A. mataranus RITT. (FR 672) ist ein unbeschriebener Name aus WINTER-Katalog, 5. 1959, ohne weitere Angaben.

Sippe 4: *Gymnanthocerei* BACKBG.

60. STETSONIA BR. & R.

Im WINTER-Katalog, 10. 1959, führt RITTER noch die unbeschriebenen Namen *Stetsonia boliviana* RITT.

Abb. 3331
Jungpflanze von Calymmanthium substerile RITT. (Sammlung: SAINT-PIE.)

(FR 872) und *St. procera* RITT. (FR 873) auf. Bei ersterer ist angegeben „ähnlich *St. coryne*", bei der letzteren „riesenhaft, blaugrün"; bekanntlich ist aber auch die *St. coryne* blaugrün. Vielleicht handelt es sich nur um Formen, doch ist bisher aus Bolivien kein Vorkommen berichtet worden, und möglicherweise gibt es andere beachtenswerte Unterschiede von *St. coryne*.

62. GYMNOCEREUS BACKBG.

2. **Gymnocereus amstutziae** RAUH & BACKBG.

In Kakt. u. a. Sukk., 11 : 11, 163. 1960, beschreibt RAUH die Blüte dieser Art: Fast scheitelständig, nächtlich, 4,5 cm lang, 4,5 cm ⌀; Röhre zylindrisch, 2 cm ⌀, olivgrün, Schuppen dachziegelig, spatelig, schwarzbräunlich, 1—1,5 cm lang, 1 cm

Abb. 3332. *Gymnocereus amstutziae* RAUH & BACKBG. mit sich öffnender Blüte.
(Foto: W. RAUH.)

breit; äußere Perigonbl. zungenförmig, zugespitzt, Spitze rosa, Basis weiß; innere Perigonbl. kremfarben bis weiß, flach ausgebreitet, spatelig, ± 2 cm lang, 0,5 cm breit, mit Stachelspitze; Staubbl. sehr zahlreich, nur eine 2 mm große Öffnung zur Nektarkammer freilassend; Staubf. weiß; Staubb. kremfarben; Gr. wenig hervortretend, 3,5 cm lang, 1,5 mm (l. c. wohl Druckfehler: cm) dick, zuerst rosa, dann verblassend; N. 3 mm lang; Nektarkammer 1 cm lang, 8 mm breit. Wenn auch *Azureocereus* dem Genus nahesteht, so bezeugen doch die auffällig ähnlich gebauten Blüten von *Gymnocereus* dessen eigene Artenzusammengehörigkeit (Abb. 3332 und 3333).

— **Gymnocereus altissimus** (RITT.) BACKBG. n. comb.

Gymnanthocereus altissimus RITT., ,,Cactus", Paris, 62, 119. 1959.

Baumförmig, 3—5 m hoch in trockeneren Regionen, in feuchten Tälern bis 10 m hoch, mit kräftigem Stamm, über dessen Länge verzweigt, weiter oben mit breiterer Krone; Rippen 7—8, 1,5—2 cm hoch, im Querschnitt fast dreieckig;

Abb. 3333. Gymnocereus amstutziae RAUH & BACKBG. Blick in die voll geöffnete Blüte. (Foto: W. RAUH.)

Areolen rund, 3—5 mm $\varnothing$, 5—15 mm entfernt, braunfilzig und mit weißen Haaren, später grau und leicht vertieft; St. gerade, dünn, braun, später grau; Randst. 5—6, 5—10 mm lang, halb abstehend; Mittelst. meist 1, auch 2—4, 2—6 cm lang, abstehend oder abwärts gerichtet; die St. sind nur an jüngeren Exemplaren vorhanden, dann fallen zuerst die randständigen und zuletzt die mittleren ab; Bl. am Triebende, 5—6 cm lang, trichterig, am Tage geöffnet (RITTER), dicht- und breitschuppig, sonst völlig kahl; Ov. kurzzylindrisch, anliegend beschuppt; Nektarkammer ca. 1 cm lang, 8 mm breit; Staubf. weiß; Staubb. weiß bis bräunlich; Staubbl. am ganzen Röhreninnern und etwas hervortretend inseriert; Gr. 3,2 cm lang, weiß, grünlich oder gelblich getönt; N. ca. 12, 6 mm lang; Fr. grün, länglich, beschuppt; S. 1,5 mm lang, 1 mm dick, schwarz, fast glatt, glänzend, Nabel oval, braun, basal bis subventral. — Peru (bei Bellavista am Marañon und an dessen dortigen Zuflüssen) (Abb. 3334).

Die Neukombination wurde durch die erforderlich gewesene Umbenennung des Genus notwendig. Der Typus der Gattung ist ein Nachtblüher, aber auch noch am Tage eine Zeitlang geöffnet; darauf ist wohl RITTERS Angabe „Tagblüher" zurückzuführen. Sonst entspricht die Art völlig den übrigen Gattungsmerkmalen; die Stacheln dieser Spezies sind die kürzesten.

Abb. 3334. Gymnocereus altissimus (RITT.) BACKBG. RITTERS Abbildung zur Originalbeschreibung. (Foto: RITTER.)

63. AZUREOCEREUS AKERS & JOHNS.

Trotz gewisser Blütenähnlichkeit mit *Gymnocereus* muß auf zwei Unterschiede hingewiesen werden: Der Blütensaum ist bei *Azureocereus* schmäler als bei *Gymnocereus*, vor allem aber sind die Blüten gekrümmt, wie AKERS und JOHNSON bei der Veröffentlichung der Typart des Genus mit ihrer Abbildung, l. c. Fig. 90 (links) und Fig. 91 (rechts), zeigten, und außerdem geben sie an: Frucht bei der Reife trocken, während ich die Früchte des *G. microspermus* mit saftiger Pulpa sah.

Sippe 5: *Loxanthocerei* BACKBG.

64. CLISTANTHOCEREUS BACKBG.

Borzicactus sensu KIMNACH pro parte, C. & S. J. (US.), XXXII: 2, 57. 1960

2. Clistanthocereus tessellatus (AKERS & BUIN.) BACKBG.

Ein Triebbild der Art, das deren eigentümliche spätere Höckerabplattungen deutlicher zeigt, wird hier beigegeben (Abb. 3335).

Clistanthocereus fieldianus var. *samnensis* RITT. (FR 304) ist ein RITTER-Name in WINTER-Katalog, 6. 1958. Der Name wurde l. c. versehentlich zuerst unter *Cleistocactus* aufgeführt (daher auch in Bd. II, S. 939), sollte aber wie vorstehend lauten; so wird die Art in späteren Katalogen geführt.

65. LOXANTHOCEREUS BACKBG.

Borzicactus sensu KIMNACH pro parte, C. & S. J. (US.), XXXII: 2, 57. 1960

Für 7. **Loxanthocereus piscoensis** RAUH & BACKBG. wird von KIMNACH in C. & S. J. (US.), XXXII: 2, 57. 1960, nur die Bezeichnung *Borzicactus piscoensis* ohne Autor der Umstellung gebracht,

Abb. 3335. Clistanthocereus tessellatus (AKERS & BUIN.) BACKBG. Bild der abgeflachten Rippenhöcker. (Sammlung: BUINING.)

also ungültig, da ohne Basonym. Es besteht kein Grund dazu, ihn zu *Borzicactus* zu stellen. Eine Eigenart gewisser südamerikanischer Pflanzen ist es, daß Sämlinge in der Bestachelung gegenüber der Standortsform zum Teil stärker abweichen, unter den Kugelkakteen z. B. bei *Copiapoa*, *Horridocactus* usw., aber auch die Kulturformen gegenüber dem Originalhabitus bzw. wenn Pflanzen vom Standort in die Kultur gebracht werden. Das gilt in südlicheren Ländern für die Übergangszeit, bei anfangs noch geringerer Neubewurzelung, oder in nördlichen Ländern bei nicht genügender Sonnenbestrahlung. Später gehen viele dann langsam wieder in den Originalhabitus über. Das ist vor allem bei *Haageocereus* und *Loxanthocereus* der Fall, und zu einer richtigen Darstellung gehörte es, auch die Kulturform zu zeigen. Das ist weder hier noch sonst bisher in vollem Umfang möglich. Ich zeige nachstehend jedoch einige auffällige Beispiele, im Vergleich etwa zu RAUHS Darstellungen in „Beitr. z. Kenntn. d. peruan. Kaktveg.".

9. Loxanthocereus aticensis RAUH & BACKBG. (Abb. 3336a, links oben)

Diese Aufnahme zeigt eine viel zierlichere Rippenbildung, oben der Beginn des Überganges in die Standortsform.

12. Loxanthocereus erectispinus RAUH & BACKBG.

Ältere Kulturpflanzen bilden einen kleineren filzigen Scheitel, jedoch keine auf-

3336a

fälligeren Haare. Dem Artnamen entsprechend sind die Stacheln ziemlich straff aufgerichtet (Abb. 3336a, rechts oben, und 3336b).

Siehe zum Vergleich auch das Bild der Neutriebzone von *L. multifloccosus*.

14. Loxanthocereus granditessellatus RAUH & BACKBG.

Die Abb. 3336a, links unten, zeigt unten den Standortshabitus, der in der Kultur in die Sämlingsform übergeht, die sonst scharf profilierten groben Höcker in weit weniger ausgeprägte oder kaum noch angedeutete. An der Spitze ist aber zu sehen, daß die tiefer gehende Querfurchung auch dort wieder beginnt.

15. Loxanthocereus sulcifer RAUH & BACKBG.

Ein Synonym ist *Borzicactus sulcifer* (RAUH & BACKBG.) KIMN., C. & S. J. (US.), XXXII: 3, 95. 1960.

16. Loxanthocereus gracilispinus RAUH & BACKBG.

In Bd. II, Tafel 63, bildete ich ein Foto RAUHS einer Originalpflanze mit stärker behaarten Blüten, dunklerem Mittelstachel und kräftigerem Wollscheitel ab, wie

3336b

Abb. 3336a. Links oben: Loxanthocereus aticensis RAUH & BACKBG.; rechts oben: Loxanthocereus erectispinus RAUH & BACKBG.; links unten: Loxanthocereus granditessellatus RAUH & BACKBG.; rechts unten: Loxanthocereus gracilispinus RAUH & BACKBG. — Die Aufnahmen zeigen die Triebspitzen im ersten Kulturzustand nach dem Import.

Abb. 3336b. Blühender Loxanthocereus erectispinus RAUH & BACKBG. mit wiedererlangtem Standorthabitus.

diesen auch Rauhs Aufnahme in „Beitr. z. Kenntn. d. peruan. Kaktveg.", 308. 1958, Abb. 149, zeigt. Das mir von Rauh übersandte Exemplar brachte eine in der Form ganz ähnliche Blüte hervor, aber mit weniger Haaren; Haarbildung im Scheitel nur schütter; die Areolen später 3,5 mm lang, im Oberteil bräunlich-, im unteren Teil weißlich-filzig (zu Beginn ganz bräunlich, wie von Rauh beschrieben); die Randst. der Kulturpflanze waren weißlich; Mittelst. zahlreicher, am Kulturtrieb durch die gelbbräunliche Farbe unterschieden, jedoch nur ein langer und kräftiger, an meiner Originalpflanze im alten Teil auch nur etwas über 1 cm lang, später feiner und etwas kürzer, die dünneren Mittelst. um den Hauptstachel bis über 10. Die niederliegende und aufsteigende Pflanze sproßt bei mir, wie von Rauh beschrieben, von unten her.

Da meine Originalpflanze nicht so kräftige und längere Hauptstacheln, im Scheitel geringere Haarbildung und auch weniger behaarte Blüten zeigt, besteht die Möglichkeit, daß noch eine Varietät abgetrennt werden muß (Abb. 3336a, rechts unten).

17. **Loxanthocereus peculiaris** Rauh & Backbg.

Dieser verdient seinen Namen auch durch die wesentlich veränderte Kulturform, die in feine und kurze Borsten übergeht. An der Spitze setzt aber auch bereits die Rückkehr zum Originalhabitus ein (Abb. 3337, links).

18. **Loxanthocereus pullatus** Rauh & Backbg.

Da bisher noch keine Abbildung des Typus der Art erschienen ist, bringe ich hier ein Foto des bei mir stehenden Isotypus (Abb. 3340).

Abb. 3337. Vorübergehend unterschiedlicher Kulturhabitus nach dem Import von: links: Loxanthocereus peculiaris Rauh & Backbg.; rechts: Loxanthocereus multifloccosus Rauh & Backbg.

21. Loxanthocereus multifloccosus RAUH & BACKBG.

Bei dieser Art sind im Scheitel nur ± gekrümmte feine Stacheln zu sehen, keine Haare und auch keine Filzbildung. Trotz gewisser Ähnlichkeit mit *L. erectispinus* (der jedoch etwas kräftiger ist) sind beide durch die Stachelstellung im Neutrieb deutlich unterschieden, da die Stacheln bei *L. multifloccosus* nicht so straff aufgerichtet sind (Abb. 3337, rechts).

Die beiden Fotos zeigen auch hier wieder, daß bei manchen peruanischen Cereen eine genaue Bestimmung bzw. Nachbestimmung und Unterscheidung nur unter Beachtung des Standorts- und Kulturhabitus möglich ist, weswegen eigentlich stets beide dargestellt werden sollten. Leider läßt sich das bislang noch nicht bei allen Arten durchführen.

23. Loxanthocereus sextonianus (BACKBG.) BACKBG.

Ein Synonym ist *Borzicactus sextonianus* (BACKBG.) KIMN., l. c., 3: 95. 1960.

25. Loxanthocereus camanaensis RAUH & BACKBG.

Die Blüte ist nicht immer so extrem schief wie in RAUHS Abbildung, l. c. S. 303, Fig. 144. Meine Abb. 3338 zeigt eine ganz normale, sich trichterig und nur schwach zygomorph öffnende *Loxanthocereus*-Blüte.

27. Loxanthocereus nanus (ÅKERS) BACKBG.

Das Blütenbild dieses kleinen *Loxanthocereus* verdanke ich Herrn SCHMIEDCHEN, Berlin, so daß ich es hier als Ergänzung zu den Angaben auf S. 969 wiedergeben kann. Die Behaarung ist nur schwach, die sich locker mit zunehmender Perigonblattlänge öffnende Hülle eigenartig (Abb. 3341).

— Loxanthocereus brevispinus RAUH & BACKBG.

Eine Beschreibung dieser nicht in Descr. Cact. Nov. von mir aufgeführten, sondern von RAUH erst in „Beitr. z. Kenntn. d. peruan. Kaktveg.", 317. 1958,

Abb. 3338. Die Blüte des Loxanthocereus camanaensis RAUH & BACKBG.

Abb. 3339. Links: Loxanthocereus crassiserpens (RAUH & BACKBG.) RAUH & BACKBG. (Foto: W. RAUH.) — Rechts: Loxanthocereus cullmannianus BACKBG. (Foto: CULLMANN.)

beschriebenen Art fügte ich in Bd. II, 949. 1959, ein (mit einer Notiz auch unter 10: *Loxanthocereus ferrugineus* RAUH & BACKBG.). Eine Abbildung brachte RAUH l. c. S. 316, Abb. 153, rechts.

Nach RAUH ist die Zugehörigkeit zu *Loxanthocereus* noch nicht eindeutig geklärt, da die Pflanze noch nicht geblüht hat. Die Mittelstacheln sind relativ kräftig und starrend-abstehend.

— **Loxanthocereus crassiserpens** (RAUH & BACKBG.) RAUH & BACKBG. n. comb.
Cleistocactus crassiserpens RAUH & BACKBG., Descr. Cact. Nov., 17. 1956.

Diese Art wurde — wie *Cl. serpens* und *Cl. tenuiserpens* — in Bd. II, S. 1020, mit Vorbehalt zu *Cleistocactus* gestellt, wie es WEBER tat. Inzwischen hat obige Spezies geblüht. Sie muß zu *Loxanthocereus* gestellt werden, da sie dessen typische Blüte hat (Blütenfoto: Abb. 3339, links).

KIMNACH stellte diese Art zu seinem „*Borzicactus serpens*", ein Irrtum, wie er leicht bei einer so großzügigen Zusammenfassung unterlaufen kann. Die Blüten sind durchaus verschieden geformt.

— **Loxanthocereus cullmannianus** BACKBG. n. sp.

Erectus, ad ca. 60 cm altus, 6,5 cm crassus; costis 20; areolis oblongis, 5 mm longis, 4 mm latis, 7 mm distantibus, tomento sordide flavido-albo; aculeis radialibus ad ca. 32, flavidis, ad ca. 9 mm longis; aculeis centralibus plerumque 2, acicularibus, ad 2 cm longis, uno deorsum, uno sursum; flore ca. 9 cm longo, 4,5 cm lato, aliquid zygomorpho; ovario viridi, albilanato; tubo salmoneo, squamis viridibus, pilis albis; foliis perigonii ad 2 cm longis, 7 mm latis, exterioribus acutatis, interioribus rotundatis mucronatisque, salmoneis; filamentis basi viridialba, in media parte albis, supra pallide purpureo-roseis; stylo 6 cm longo, basi viridialba, supra roseo-albo; stigmatibus 8, 7—8 mm longis, viridibus; fructu haud scio an oblongo, ± viridi, 4 cm longo.

Tr. aufrecht, bis ca. 60 cm lang und 6,5 cm dick gesehen, wahrscheinlich später von unten verzweigend, mattgrün; Rippen 20; Längsfurchen leicht geschlängelt; Areolen 5 mm lang, 4 mm breit, ca. 7 mm entfernt, schmutzig gelbweiß-filzig; Randst. bis ca. 32, gerade, gelblich, fein, bis 9 mm lang, nach allen Seiten strahlend, die obersten am kürzesten; Mittelst. 2, je einer aufwärts und einer abwärts gerichtet, kräftig-nadelig, bald verblassend, zuerst bräunlich, bis 2 cm lang; Bl. 9 cm lang, 4,5 cm breit, lachsfarbig, mäßig zygomorph; Ov. 8 mm lang, 3.5 mm breit, smaragdgrün, mit winzigen Schüppchen und weißen Haaren; Röhre lachsfarben bis lachsorange, stark gerieft, die Riefen bis 2,5 mm breit, in hellsmaragdfarbene Schuppen ausmündend, in den Achseln weiße Haare; Perigonbl. bis 2 cm lang, 7 mm breit, die äußersten spitz, die inneren abgerundet und mit kleinem Spitzchen, außen hellachsorange, mit dunklem Mittelstreifen, innen rein intensivlachsfarben; Staubf. nur auf 2 mm verwachsen und mit der Verwachsungsleiste die Nektarkammer abschließend, Verwachsung aber oft lückenhaft, die Fäden größtenteils am Grunde, teilweise in verschiedener Höhe an der Innenröhre und auch an deren oberem Rand inseriert, am Grunde grünlichweiß, in der Mitte weiß, oberhalb der Röhre blaßpurpurn; Gr. 6 cm lang, unten grünlichweiß, oben rosaweiß; N. 8, hellgrün, 7—8 mm lang; Fr. (soweit Dr. CULLMANN sich erinnert) ca. 4 cm lang, ovoid-oblong, bei Reife wohl etwas gelbgrünlich wie bei allen mir bekannten Arten, d. h. soweit man deren Früchte kennt. — Peru (genauer Standort ist nicht bekannt) (Abb. 3339, rechts).

Die Pflanze wurde von AKERS gesammelt und von Dr. CULLMANN bis heute erhalten; sie kann mehrere Blüten gleichzeitig hervorbringen, bei Tagesanbruch öffnend und gegen 10 Uhr vormittags voll geöffnet.

Ich benannte die Pflanze nach Dr. CULLMANN, da ohne ihn das Wissen um diese Art verlorengegangen wäre; er meint „dem stämmigen Wuchs nach — stärker als bei den meisten *Loxanthocereus*-Arten — sowie nach den durchgehenden Riefen der Nektarkammer und die für einen *Loxanthocereus* nur geringe Staubfädenverwachsung oberhalb der Nektarkammer nimmt die Art eine Übergangsstellung zu *Haageocereus* ein". Das kann meines Erachtens nur als gewisse Ähnlichkeiten gewertet werden; alle diese Kennzeichen sind auch bei manchen anderen Gattungen ± variabel. Wichtig ist noch die Angabe, daß schon die Knospen deutlich zygomorph sind.

Abb. 3340
Loxanthocereus pullatus
RAUH & BACKBG., Kulturpflanze.

Abb. 3341. Blühender Loxanthocereus nanus (AKERS) BACKBG. (Foto: SCHMIEDCHEN.)

In MÖLLERS Dtsch. Gärtnerztg., 1932, erwähnte ich die unbeschriebenen Namen „*Borzicactus laniceps* BACKBG." und „*B. zanderi* BACKBG.", von denen der erstere später als *Loxanthocereus eriotrichus* (WERD. & BACKBG.) BACKBG. (1931 in „Neue Kakteen" zuerst als *Cereus eriotrichus* WERD. & BACKBG.) beschrieben wurde.

Im Kat. Städt. Sukkulentensammlung, Zürich, erscheint ein *Loxanthocereus ferruginispinus* AKERS (Peru). Weiteres ist mir über ihn nicht bekannt, d. h. auch nicht, ob er etwa mit *L. ferrugineus* identisch ist.

66. BOLIVICEREUS CARD.

Borzicactus sensu KIMN. pro parte, C. & S. J. (US.), XXXII: 2, 57. 1960

In Bd. II, S. 972, verwies ich schon auf die nähere Verwandtschaft mit *Borzicactus*, der auch wie *Bolivicereus* einen Haarring in der Blüte hat. KIMNACHS Einbeziehung dieser Gattung zu *Borzicactus* ist daher verständlich. Nachdem ich die Blüten von *Bolivicereus* sah, und da ich der hier gewählten Gliederung folgen muß, halte ich das Genus jedoch aus folgendem Grunde aufrecht: *Bolivicereus* hat sehr schlanke Blüten, der Saum ist extrem schief, die Staubblätter und der Griffel weit herausragend. Da man bei Getrennthaltung der Gattungen eine bessere Vorstellung von ihren Blütenunterschieden hat, erscheint mir die Beibehaltung von *Bolivicereus* als ratsam, von der geographischen Orientierungsmöglichkeit ganz abgesehen. Ferner veranlaßt mich dazu:

— **Bolivicereus serpens** (HBK.) BACKBG. n. comb.

Cactus serpens HBK., Nov. Gen. Sp., 6 : 68. 1823. — *Cereus serpens* (HBK.) DC., Prodr., 3 : 470. 1828. — *Cleistocactus serpens* (HBK.) WEB., in GOSSE-

LIN, Bull. Mens. Soc. Nice, 44 : 39. 1904 (so in Bd. II, S. 1020). — *Borzicactus serpens* (HBK.) KIMN., C. & S. J. (US.), XXXII : 3, 95. 1960.

In KIMNACHS „Revision von *Borzicactus*", l. c., S. 94, ist die Blüte obiger Art abgebildet, sehr schlankröhrig und ganz der von *Bolivicereus* ähnelnd. Es ist zwar nichts über die Länge gesagt, die aber nach HUMBOLDT 5 cm beträgt, und auch nichts über die Frucht, wohl aber, daß ein Haarring vorhanden ist. HUTCHISON sammelte die Art nicht am HUMBOLDT-Fundort, sondern auf der östlichen Seite der Wasserscheide Abra Porculla, während *Loxanthocereus crassiserpens* von der atlantischen Seite stammt. Daher wurde letzterer von HUTCHISON nicht zusammen mit *B. serpens* gefunden; seine Einbeziehung durch KIMNACH war ein Irrtum, da er keineswegs mit „*Cactus serpens*" identisch, sondern ein typischer *Loxanthocereus* ist. Vielleicht erklärt der HUTCHISONsche Standort (der nicht mit dem HUMBOLDTs identisch ist) auch die abweichende, dichtere und längere Bestachelung der von ihm gesammelten Pflanze, und vielleicht handelt es sich um eine Form oder Varietät. Nach alledem ist durchaus verständlich, daß JOHNSON diese (1951 von ihm gefundenen) mit dem generischen nomen nudum „*Borzicactella*" bezeichneten und die ebenfalls an der Abra Porculla gesammelten Pflanzen „*Borzicactella prostrata*" nannte.

Wo RITTER die Art fand, steht nicht fest. Er berichtet im WINTER-Katalog, 10. 1956, „blutrote bis zinnoberrote Blüten", WERDERMANN („Neue Kakteen", 81. 1931) dagegen für den HUMBOLDTschen Typus „fleischfarbene". Danach dürfte es entweder mehrere Arten oder Varietäten geben, besonders was die langstachligen Formen anbetrifft, so daß JOHNSONS Benennungen berechtigt gewesen wären.

Eine Verbreitung von *Bolivicereus* nordwärts bis N-Peru ist im übrigen durchaus möglich, da auch *Cleistocactus* in Peru gefunden wird, *Frailea* und *Malacocarpus* sogar noch in Kolumbien. P. C. HUTCHISON meinte zwar mir gegenüber, es gäbe diese Gattungen in Kolumbien nicht, doch hat WERDERMANN mit seinen Angaben in „Neue Kakteen", 87. 1931, und l. c., 102. 1931, so einwandfreie Wildstandorte genannt, daß HUTCHISONS Ansicht ein Irrtum sein muß.

Für unser Wissen um abweichende Blütenformen und die Verbreitung der jeweiligen Arten ist es jedenfalls dienlicher, die Gattungen getrennt zu halten.

1. **Bolivicereus samaipatanus** CARD.

Ein Synonym ist nach Vorhergesagtem *Borzicactus samaipatanus* (CARD.) KIMN., C. & S. J. (US.), XXXII : 3, 93. 1960. Wenn KIMNACH die v. *divi-miseratus* CARD. als eine ungültige Varietät ansieht, weil vor der Art publiziert, so ist das durch meine Handbuchfassung überholt.

Auch die Varietätsabtrennung ist bei einer Gattungstrennung weit besser zu überblicken. Der Phylogenetiker mag in einer Zusammenfassung keine Schwierigkeiten sehen. Der Phytograph hat aber exakt zu registrieren, welche Abweichungen und Unterschiede in der Natur vorkommen, bei welchen Arten und Artengruppen, also Gattungen. Würde es notwendig sein, dies bei einem Sammelgenus wie es *Borzicactus* sensu KIMN. ist, vorzunehmen, würde sich ein verwirrender Schwarm von Varietätsnamen ergeben, über deren schlüsselmäßige Anordnung bzw. Bestimmungsmöglichkeit sich KIMNACH kaum Gedanken gemacht hat.

— **Bolivicereus tenuiserpens** (RAUH & BACKBG.) BACKBG. n. comb.

Cleistocactus tenuiserpens RAUH & BACKBG., Descr. Cact. Nov., 17. 1956. Auch diese Art mußte zu *Bolivicereus* gestellt werden, da KIMNACH, l. c., 95. 1960, bei *B. serpens* sagt, daß dessen Blüten denen des *B. tenuiserpens* ähneln, bzw.

vergleicht er beide mit denen von *Bolivicereus* und sagt, daß bei *B. tenuiserpens* der Haarring geringer ausgebildet ist.

Ein Synonym ist: *Borzicactus tenuiserpens* (RAUH & BACKBG.) KIMN., l. c., 95. 1960. KIMNACH gibt an, daß JOHNSON diese Art *Borzicactella viperina* nannte, unbeschrieben; letzterer entdeckte sie zuerst, 1951. Er gab zwar eine kurze Blütenbeschreibung im Katalog 1957, aber keine gültige Artbeschreibung.

Im WINTER-Katalog, 5. 1959, erscheinen noch folgende RITTER-Namen: *Bolivicereus chacoanus* RITT. (FR 841), *B. margaritanus* RITT. (FR 842). Soweit ich bei SAINT-PIE Sämlinge sehen konnte, waren sie charakteristisch und von dem mir bekannten Typus des Genus verschieden.

68. SETICEREUS BACKBG.

Borzicactus sensu KIMN. pro parte, C. & S. J. (US.), XXXII: 2, 57. 1960

KIMNACH ist der Ansicht, daß *S. icosagonus* und *S. humboldtii* nur extreme Formen einer Reihe von Formschwankungen sind. Man könnte freilich den einen als Varietät zum anderen stellen, aber da sie seit jeher getrennt gehalten wurden und überall so bekannt sind, ist eine solche Änderung wenig nützlich. Außerdem fand ich *S. humboldtii* auf dem Cerro Colorado ganz rein, während er auf den Bergflanken westlich von Huancabamba vermischt mit *S. icosagonus* vorkommt. Daß dadurch Naturhybriden entstanden, ist selbstverständlich. Andererseits ist *S. icosagonus* weit variabler als *S. humboldtii*; stellenweise sind die Rippen viel dickhöckriger, die Blütenfarbe schwankt viel stärker, und es gibt Pflanzen mit langen und starken Mittelstacheln. Dies wird bei *S. humboldtii* nicht beobachtet; er ist — wenn rein — dunkelgrüner, die Stacheln und der Borstenschopf kastanienbraun, die Blüte mehr purpurrot, wie besonders die Staubfäden. Langstachlige Exemplare sah ich nie. Warum soll man die beiden Arten also nun wieder zusammenfassen? KIMNACHS Vereinigung unter *Borzicactus* ist recht willkürlich; die auffallende Borstenschopfregion von *Seticereus* läßt er ganz unbeachtet, obwohl gerade dadurch die Zusammengehörigkeit gewisser nordperuanischer Arten erst offenbar wurde. Außerdem zieht er die scheitelschopftragende *Morawetzia*, eine Verwandte des *Oreocereus*, ebenso zu *Borzicactus* ein wie *Oreocereus* selbst, *Arequipa*, *Bolivicereus* usw. Das ist eine Rückentwicklung zum Sammelgenus, nicht einmal zu einer Großgattung. Dem zu folgen erscheint mir für einen Phytographen keinesfalls als ratsam, wenn man bedenkt, wieviel Neues und Wichtiges erst gerade durch die getrennten Gattungen erkannt wurde, während schon jetzt die Zusammenfassungen KIMNACHS Fehler aufweisen, wie bei *Loxanthocereus crassiserpens*, die bei einer Gattungstrennung gar nicht möglich wären.

1. **Seticereus icosagonus** (HBK.) BACKBG.

    1 b. v. **aurantiaciflorus** BACKBG.: Ein Synonym ist *Borzicactus icosagonus* f. *aurantiaciflorus* (BACKBG.) KRAINZ in „Die Kakteen", C V b, 1. XI. 1960.

    Zu KRAINZ' Umkombinierung: Obwohl KRAINZ richtig den „Borstenkranz" hervorhebt, aus dem die Blüten entstehen — bei alten Pflanzen kann man aber nicht mehr von einem Kranz sprechen, sondern das ganze Triebende ist in einen dichten Borstenschopf gehüllt! — sowie daß die Blütenröhre „stark zusammengedrückt" ist, vereinigt auch er die Art mit *Borzicactus*, obgleich sämtliche *Seticereus*-Arten die erwähnten Merkmale aufweisen. Solche klaren Feststellungen — auch daß *Seticereus* keinen Borstenring im Blüteninnern hat — erscheinen mir zur genauen Kenntnis der von der Natur geschaffenen Gruppenmerkmale wichtiger als Umtaufungen so unnötiger Art wie „Varietät in forma". Varietät bedeutet in der wissenschaftlichen Praxis: Abart, Spielart, gelegentlich auch als Abänderung bezeichnet. „Forma" ist dagegen ein sehr vager Begriff, dessen Anwendungsmöglichkeit auch nirgends genau festgelegt ist. Ich habe nur äußerst selten davon Gebrauch gemacht, sondern — um den Schlüsseltext nicht unnötig zu komplizieren — die einheitliche Bezeichnung „var." gewählt. Wendet man, wie KRAINZ hier oder bei *Lobivia haageana*, aber plötzlich den bisher nicht auf diesem Gebiet dafür gebräuchlichen Begriff „forma" an, verlangt dies eine allgemeine Verwendung in gleich gelagerten Fällen. Man sieht da eine Fülle neuer Umtaufungsmöglichkeiten auftauchen. Ich meine, daß dies eine sehr überflüssige neue Form von Beschreibungen ist, weniger wichtig, als die genaue Angabe erkennbarer Gruppenmerkmale, wie sie KIMNACHS und mit ihm auch KRAINZ Fassung von *Borzicactus* vermissen läßt.

Ein unbeschriebener Name war, in Kat. 10 Jahre Kakteenforschung, 9. 1937: *Seticereus icosagonus* var. *aureiflorus* BACKBG.

Im übrigen sah ich Blüten, die bis auf die Perigonblattspitzen rein goldgelb waren bzw. orangegelb, „die Hüllblätter nur allein nach oben zu mehr orange gefärbt, Röhre fast reingelb" (Kaktkde., 33. 1943); meine vorherige Bezeichnung „hellorangerot" war nicht eindeutig, da sie sich nur auf die Petalenspitzen bezog. Nun ist mir aber kein nordperuanisches oder bolivianisches Cereengenus der „*Loxanthocerei*" mit gelben Blütenfarbtönen bekannt. Daher erschien es mir wichtig, diese „Spielart" zu beschreiben.

Ein unrichtiges Zitat ist in BORG, „Cacti", 167. 1951, erschienen: „*Lemaireocereus chlorocarpus* (HBK.) BACKBG.", eine von mir nicht vorgenommene Kombination (vgl. Fußnote S. 988).

Seticereus humboldtii wird von RITTER unter dem Namen *Clistanthocereus plagiostoma* (HBK.) RITT. geführt, *Seticereus roezlii* als *Clistanthoc. roezlii* (HGE. jr.) RITT.; eine frühere Benennung als *Cleistocactus plagiostoma* und *C. roezlii* wurde im WINTER-Katalog 1959 geändert. Auch RITTER übersieht dabei die für alle gleichförmig blühenden *Seticereus*-Arten charakteristische Borstenregion, die schließlich ± stark und dicht wird. Warum das von KIMNACH wie von RITTER nicht berücksichtigt wird, ist unverständlich, zumal RITTER *Cephalocleistocactus* nur wegen des Borstenschopfes abtrennt.

3. **Seticereus roezlii** (HGE. jr.) BACKBG.

Zu welchen Fehldeutungen der mangelnde internationale Kontakt unter den Kaktologen führt, beweist, daß KIMNACH in C. & S. J. (US.), XXXII: 4, 110. 1960, diese Art als „undoubtedly a synonym of *Borzicactus sepium*" bezeichnet und ihn zu dieser Art einbezieht, während er die von mir so genannte Pflanze für vielleicht zu dem nur knapp beschriebenen „*Cereus chlorocarpus*" gehörend hält.

Diese Ansicht beruht auf ungenügender Kenntnis der alten Art *Cereus roezlii*. Ihn und *Setic. chlorocarpus* kultivierte ich schon vor 30 Jahren. Ich kenne die HAAGEsche Pflanze und sah bereits vor Jahrzehnten den groß werdenden „*C. roezlii*". Er ist eine ganz andere Spezies als *B. sepium*, und SCHUMANNS Abbildung in Gesamtbschrbg., 64. 1898, Fig. 12, entspricht völlig meinem Bild von *Setic. roezlii* in Bd. II, S. 985 (Abb. 911). Diese Pflanze ist in Europa auch sonst seit Jahrzehnten bekannt.

Bei der Abbildung KIMNACHS (Foto: WILLIAM H. MARSHALL), l. c., S. 111, 1960, handelt es sich offenbar nicht um *Setic. roezlii* (den ich lt. Bildunterschrift „mißverstanden" haben soll), sondern um *Setic. chlorocarpus* (HUTCHISON bestätigte mir inzwischen mündlich, daß auch dies ein *Seticereus* in meinem Sinne sei); dagegen hat RAUH den *Setic. roezlii* zweifellos richtig in ,,Beitr. z. Kenntn. d. peruan. Kaktveg.", 166. 1958, auf Abb. 73, oben, gezeigt sowie auf Abb. 2359 (Bd. IV, S. 2474) im Hintergrund (Foto: RAUH; diese Angabe wurde l. c. versehentlich unterlassen).

Ein Synonym ist: *Borzicactus neoroezlii* RITT., Kakt. u. a. Sukk., 12 : 4, 54. 1961.

Im übrigen sind *Setic. roezlii*, der in der Kultur seitlich sproßt, und *S. chlorocarpus*, der regelmäßig nahe dem Kopf sproßt, leicht zu unterscheiden, auch darin, daß der letztere dunkler grün ist und keine aufwärts gerichteten Randstacheln bildet.

*

In der Sammlung BUINING (Holland), steht eine eigenartige Pflanze von AKERS, dunkelgrün, die Rippen höckrig geteilt, die Höcker flächig ± abgeplattet, besonders auf der Oberseite; die weißlich-filzigen Areolen sind ziemlich groß und länglich; St. ca. 12 randständige, manchmal etwas schief über Kreuz, alle ± goldbraun, zuerst unten mehr gelblich, von den zwei übereinanderstehenden längsten mittleren einer vorgestreckt, einer abwärts gerichtet. Auffallend ist das Auftreten von Haarstacheln sowie eine abwärts angelegte Haarbildung (Abb. 3342).

Die Blüten ähneln sehr den engschlundigen von *Borzicactus*, sie haben auch keinen die Staubblätter weit überragenden Griffel. Ein Wollring ist jedoch nach CULLMANNS Angaben nicht vorhanden, dagegen werden mit zunehmender Blühreife am Trieb Borsten ausgebildet, ganz ähnlich denen von *Seticereus*. Die Blüte ist nach CULLMANN 5,5 cm lang, bis 4 cm breit, zygomorph, kräftig rosarot; Ov. grün, 1 cm ⌀, dicht beschuppt; Röhre lachsfarben, Schuppen hellgrün, in den Achseln feine schmutzigweiße Wollhaare und 4—8 mm lange, schwarze, gerade und anliegende Borsten (!); Nektarkammer ca. 6 mm lang, gelblich, stark gerieft, oben durch Staubfädenverwachsung geschlossen; Gr. unten weiß, oben blaß rötlich; N. 3 mm lang, elfenbeinfarben; Staubf. unten grünlichweiß, oben hell purpurrosa.

HUTCHISON sagte mir, daß von AKERS keine weiteren Informationen zu erlangen seien. Auffallend

Abb. 3342
Seticereus sp. ? Oder ein Loxanthocereus ? Eine von AKERS gesammelte Pflanze, später mit Haarborstenbildung aus dem unteren Areolenteil; Körper dunkelgrün. (Sammlung: BUINING.)

ist das Vorhandensein von Röhrenborsten, die es weder bei *Borzicactus* noch bei *Seticereus* gibt. Die Pflanze blüht prächtig, ist schlank, kaum mehr als 4 cm stark und hell goldgelb bestachelt.

Es ist bedauerlich, daß AKERS zu dieser Pflanze keine Angaben mehr machen kann. Sie verdient eine weitere Verbreitung.

Es besteht die Möglichkeit, daß RITTER die Pflanze in N-Peru wildwachsend sah, denn KIMNACH berichtet l. c., 95. 1960, daß RITTER meint, „*Borzicactus crassiserpens*" sei eine Naturhybride zwischen *B. serpens* und *Seticereus icosagonus*. Er kann *Loxanthocereus crassiserpens* nicht in Blüte gesehen haben; steril hat die gelbstachlige Pflanze eine gewisse Ähnlichkeit. Wie kommt RITTER jedoch zu der Ansicht, es sei eine *Seticereus*-Hybride? Dann müßten ihm doch Borsten aufgefallen sein, d. h. danach könnte er eine Pflanze wie die oben beschriebene beobachtet haben.

Nach Abschluß des Manuskriptes hat BUINING die vorstehend besprochene Pflanze als eigenes Genus beschrieben. Ich füge einige ergänzende Angaben hier nach:

(68 A). AKERSIA BUIN.
Succulenta, 3: 25—27. 1961

Pflanzen einzeln (ob immer?: BACKEBERG), bis über 1 m hoch, frischgrün, schlank, 4—5 cm ⌀; Rippen zierlich; blühbare Zone mit kräftigen Borsten; Blütensaum sehr schräg; Röhre außer mit Haaren auch mit Borsten; Frucht gelbgrün, mit Haaren und Borsten, rundlich; S. glänzend schwarz, klein. — Peru.

1. **Akersia roseiflora** BUIN. — Succulenta, 3: 25—27. 1961

Rippen 16—17, 8—10 mm entfernt, in sechseckige Höcker aufgelöst, diese 5 bis 7 mm breit, 1 cm lang; Areolen ca. 2 mm ⌀, 2,5 mm lang, blühfähige 3 mm breit

Abb. 3343. Akersia roseiflora BUIN. Eine von AKERS stammende Pflanze, schlank, mit gelben Stacheln und ebensolchen Borstenstacheln in der Blütenregion wie bei Seticereus, die Blüten jedoch dem Bau nach stark abweichend, sehr schiefsaumig breit öffnend und beborstet. (Foto: CULLMANN.)

und 5 mm lang, anfangs mit kremfarbenem Filz; St. in Bündeln von ca. 30—40, 0,5—1 cm lang, äußere gelblichweiß, dünn, mittlere gelblich, die stärksten mit dunklerem Fuß; Blütenzone: bei Blühbarwerden sind die St. bis 3,5 cm lang, daneben feine Borsten, ebenfalls bis 3,5 cm lang, diese Blütenzone ringsum erscheinend; Bl. 5 cm lang, 3 cm breit; Ov. mit vielen Schüppchen und einigen schwarzbraunen Borsten; Nektarkammer ca. 1,5 mm breit (unten) bis 3,5 mm breit (oben); Blütenblätter ca. 1,4 cm lang, ca. 6 mm breit, lilarosa; Röhre mit Haaren und einigen schwarzbraunen Borsten; Haarring nicht vorhanden; Gr. 4 cm lang, 1 mm dick; Staubf. zahlreich, am ganzen Röhreninnern, unten dichter, farblos bis auf den rosa Oberteil; Staubb. bräunlichgelb; Fr. ca. 1,5 cm lang und 1,3 cm ⌀, mit Perianthrest, kleinen Schuppen und darin graue Haare sowie einige schwarzbraune, ± kräuselige Borsten; S. 1,5 mm lang, 1 mm dick. — Peru (im Süden, bei Chala). (Abb. 3343—3344).

Abb. 3344. Akersia roseiflora BUIN. Nicht ganz im Hochstand befindliche Blüten. Da die Röhre rundlich sein soll, weichen die Blüten auch darin von Seticereus ab. (Sammlung: BUINING.)

Die Angabe über das Vorkommen stammt zwar meines Wissens von AKERS, erscheint mir aber nicht als gesichert, teils nach HUTCHISONS Mitteilung an mich sowie angesichts der Tatsache, daß bei Chala mehrere gesammelt, die Pflanze dort aber nicht gesehen haben.

Selbst wenn es stimmen sollte — was mir in diesem Fall als unwahrscheinlich erscheint —, daß AKERS auch gekreuzt hat, so wäre doch obige Beschreibung BUININGS selbst als Hybridgenus durchaus zu vertreten, da eine solche interessante Pflanze nicht namenlos weiterbestehen kann und ja auch sonst Hybridgattungen beschrieben worden sind.

69. CLEISTOCACTUS LEM.

Unter *Cleistocactus* wird am besten zu KIMNACHS Aufschlüsselung von *Oroya-Borzicactus-Denmoza-Cleistocactus* in C. & S. J. (US.), XXXII: I, 12. 1960, Stellung genommen. *Denmoza* kann dabei als besonders gut umgrenzt übergangen werden, ebenso *Oroya*, die als mit dieser Teilgruppe der *Loxanthocerei* nicht näher verwandter Kugelkaktus anzusehen ist.

Der Schlüssel lautet alsdann, auf die hier zu besprechenden Gattungen beschränkt:
Blüten röhrig oder trichterig
    Saum fast immer schief, nur die unteren Perigonblätter
            ausgebreitet oder — selten — alle . **Borzicactus** sensu KIMN.

Saum gewöhnlich regelmäßig, die Perigonblätter nicht
 ausgebreitet oder nur schwach an
 der Spitze
Staminodialhaare vorhanden; Frucht aufreißend,
 wenn trocken usw. . . . . **(Denmoza)**
Staminodialhaare fehlend; Frucht aufreißend,
 wenn fleischig; Samen klein, fein
 runzlig; Pflanzen mehrtriebig, die
 Stämme dünn-säulig . . . . . . **Cleistocactus**

 Dazu ist zu sagen: Eine Samenbewertung muß ausscheiden, da sich deren systematische Nichtverwendbarkeit in zahlreichen Fällen erwiesen hat. Der Schlüssel ist aus folgenden Gründen nicht logisch und unzureichend: Es gibt auch *Loxanthocereus*-Arten (bei KIMNACH zu *Borzicactus* gerechnet) mit ± regelmäßigem Saum, während andererseits meine Blütenabbildung in Bd. II, S. 997, von *Cleistocactus baumannii* und *C. bruneispinus* einen ausgesprochen schiefen Saum und s-förmige Krümmung zeigt. *Cleistocactus grossei* (Bd. II, S. 1001, Abb. 928) beweist ferner, daß es auch eine Art mit nicht geringer geöffnetem Saum gibt als zum Teil bei *Loxanthocereus*. Den Staminodialhaaren kommt nur geringe Bedeutung zu, da RAUH bei den verschiedensten Pflanzen Haarbildung feststellte, bis zu deren Nichtvorhandensein. Solche Merkmale sind noch völlig ungeklärt. Das Fruchtöffnen ist auch kein entscheidendes Trennungsmerkmal, da es innerhalb mancher Gattungen verschieden sein kann. Mit anderen Worten: Statt der Massenzusammenziehung KIMNACHS unter *Borzicactus* (und daselbst bei einzelnen Spezies eine Eingliederung der verschiedensten guten Arten), hätte ebensogut oder besser — weil es der ältere Name ist — eine Vereinigung unter *Cleistocactus* erfolgen können oder dann sogar müssen.

 Damit zeigt sich wieder: Sobald man Groß- oder Sammelgattungen errichtet, beginnt sofort die Schwierigkeit einer logischen Aufschlüsselung. Die Kleingattung läßt solche Widersprüche wie die vorerwähnten vermeiden. Es fehlt leider an einem internationalen Gedankenaustausch, der empfehlenswerter ist als ein Umbenennen auf Teilgebieten, wie es heute bei einigen Autoren üblich ist.

 Völlig übergangen sind in dem Schlüssel — wenn man bedenkt, daß KIMNACH zu *Borzicactus* sensu KIMN. auch *Oreocereus*, *Morawetzia* und *Seticereus* zieht — so ungewöhnlich „hohle" Früchte wie bei *Oreocereus* (oder dessen einheitliches Behaarungsmerkmal), ferner die auffälligen besonderen Blütenzonen cephalioider Art wie bei *Morawetzia* bzw. die zuletzt dichte Borstenregion der blühbaren Triebteile von *Seticereus*; ebenso werden „runde" oder „gedrückte" Röhren nicht berücksichtigt, die sich als für einzelne Artgruppen charakteristisch erwiesen und die Bestimmung also erleichtern.

14. **Cleistocactus areolatus** (MÜHLPFRDT.) RICC.

14a. v. **herzogianus** (BACKBG.) BACKBG. In dem WINTER-Katalog 1959—1961 vertritt RITTER die Ansicht, daß „*Cl. herzogianus*" mit *Cl. parviflorus* identisch ist. Letzterer stammt von Pairomani (östlich von Cochabamba) und hat gelbe Früchte, ersterer vom Arque, weiter westlich von Cochabamba, und die Früchte wurden in BfK. 1934-6 als rosa-orange beschrieben! WERDERMANN („Blüh. Kakt.", Tafel 88) war der Ansicht, daß „*Cl. herzogianus*" mit *Cl. areolatus* identisch ist; nach RITTER bedeutete dies, daß *Cl. parviflorus* auch mit *Cl. areolatus* identisch wäre, denn dessen Beschreibung steht vor der von „*Cl. parviflorus*" K. SCH., seine

Früchte sind aber unbekannt. Die var. *herzogianus* ist der Frucht nach von *Cl. parviflorus* unterschieden; vielleicht muß man *Cl. parviflorus* als weitere var. zu *Cl. areolatus* stellen. Das kann nur nach sorgfältigem Vergleich lebenden Materials entschieden werden.

15. **Cleistocactus tarijensis** CARD.

In „Kakt. u. a. Sukk.", 11: 12, 179. 1960, hat W. HOFFMANN die Art abgebildet. Sie gleicht sehr dem von mir beschriebenen *Cl. jujuyensis*: Die Rippenzahl und Stachelfarbe, die Länge und der Durchmesser der Blüten sind gleich, auch die Farbe der Perigonblätter, nur, daß die äußeren gelblich gespitzt sind. Die Stachelzahl ist CARDENAS' Beschreibung nach etwas geringer, die Mittelstacheln kürzer. Aber nach HOFFMANNS Foto sind sie offenbar zum Teil auch länger. Nach alledem erscheint mir *Cl. tarijensis* als eigene Art kaum als berechtigt, zumal auch Wuchshöhe und Triebdurchmesser wenig verschieden sind; selbst ein Varietätsrang ist zweifelhaft. Zur Klärung dieser Fragen sollte lebendes Material beider Arten verglichen werden.

25. **Cleistocactus strausii** (HEESE) BACKBG.

In dem vorerwähnten Bericht sind auch zum ersten Mal von W. HOFFMANN Angaben über den Standort veröffentlicht worden: Bolivien (bei Tarija, auf ca. 1750 m, an sonnigen Nordhängen mit relativ hoher Luftfeuchtigkeit).

Diese Art wird in der Heimat höchstens 1 m hoch, meist sogar nur 50 cm. in der Kultur jedoch — wie auch *Cl. tupizensis* und *Cl. jujuyensis* — weit höher, besonders als gepfropfte Exemplare.

Cephalocereus strausii (HEESE) HOUGHT. war eine Kombination in C. & S. J. (US.), 170. 1930.

CARDENAS beschrieb inzwischen noch:

— **Cleistocactus orthogonus** CARD. — „Cactus", Paris, 14 : 64, 161. 1959 (mit Abbildung)

Säulig, bis 80 cm hoch, blaßgrün; Tr. 4—5 cm ⌀; Rippen 15—17, 2—3 mm hoch, 7—8 mm breit; Areolen 4—5 mm entfernt, rund, 4 mm ⌀, graufilzig; St. nicht in randständige und mittlere zu trennen, ± 10, gelb, 5—30 mm lang, nadelig, strahlend; Bl. aus dem Triebeoberteil, zylindrisch, 4,5—5 cm lang, schwach gebogen; Ov. 8 mm lang, mit winzigen purpurnen Schuppen und lachsfarbenen kurzen Haaren; Röhre 3,5 cm lang, magentarot, mit 2 mm langen spitzen, grünlichen Schuppen und dichten glänzenden, blaßbraunen Haaren; Sep. 6 mm lang, lanzettlich, grünlich-purpurn; Pet. spatelig, 5 mm lang, hellmagenta bis rosenrot; Staubf. in zwei Serien, die untere 1 cm über Grund freiwerdend, weiß, die obere Serie magentarot; Staubb. dunkelmagenta; Gr. 4,5 cm lang, oben weißlich bis blaßmagenta; N. 7, grün, 5 mm lang; Fr. 1,5 cm lang, kugelig, rot beschuppt und mit lachsfarbenen Haaren; S. 1,2 mm lang, glänzend, punktiert. — Bolivien. (Prov. Cornelio Saavedra, Dept. Potosí, am Wege Chaqui—Betanzos, auf 2800 m).

Die Pflanze gehört im Schlüssel von Bd. II (S. 994) hinter *Cl. tarijensis* CARD., hat aber etwas weniger Rippen und nur halb soviele Stacheln; die strohgelben, feinen Stacheln sind überwiegend vorgestreckt und dadurch ziemlich dicht stehend, den Körper aber nicht verdeckend. Die Rippen verlaufen sehr gerade und offener als bei *Cl. tarijensis*, dessen Stacheln auch nicht so gleichmäßig vorgestreckt sind. In der angegebenen Gegend sind bisher noch keine anderen *Cleistocactus*-Arten gefunden worden.

Ich bringe noch ein Farbbild von *C. tupizensis* var. *sucrensis* (CARD.) BACKBG. (Abb. 3345) und eines blühenden *C. brookei* CARD. (Abb. 3350a).

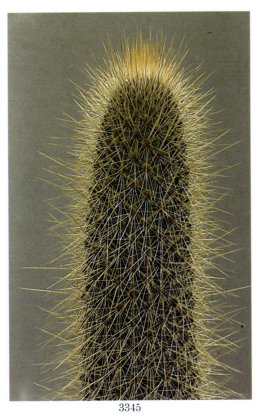

3345   3346

Abb. 3345. Cleistocactus tupizensis var. sucrensis (CARD.) BACKBG. (Sammlung: SAINT-PIE.)
Abb. 3346. Cleistocactus jugatiflorus BACKBG., natürliche Größe. (Sammlung: Botanischer Garten Berlin-Dahlem.)

Im Botanischen Garten Berlin-Dahlem befand sich noch ein bereits von WERDERMANN provisorisch wie nachstehend benannter, bisher unbeschriebener *Cleistocactus*:

— **Cleistocactus jugatiflorus** BACKBG. n. sp.

Tenuis, ad 55 cm longus, ca. 1,6—3 cm ⌀; costis 11, 5 mm latis, 2 mm altis; areolis 6 mm distantibus; aculeis radialibus ca. 12, 4—6 mm longis, hyalinis; aculeis centralibus plerumque 3—4, basi incrassata, ad 4,2 cm longis, fulvosis; flore ad 6 cm longo, tenui, non zygophyllo; ovario rubro; phyllis perigonii rubris, aliquid aurantiacis; stylo albo, ad ca. 4,3 cm longo; filamentis biserialibus, inferioribus primo albis postea roseis, supra rubris, superioribus roseoalbis.

Eine ziemlich schlanktriebige Art, Tr. bis 55 cm lang, 1,6—3 cm ⌀, reingrün, matt; Areolen 6 mm entfernt, länglich, anfangs schwach graufilzig, oberer stachelloser Teil anfangs graubraun-filzig; Randst. ca. 12, allseits strahlend, zum Teil leicht abstehend, 4—6 mm lang, die untersten die längsten, sehr dünn, glasig, leicht knickend; Mittelst. meist 3—4, bis 2,2 cm lang, blaß hornfarben mit rötlicher, verdickter Basis, die längsten verschieden gerichtet, später der längste

Abb. 3347. Zwei unbeschriebene Cleistocactus-Arten, von Ritter gesammelt. Links: Cleistocactus sp. FR 108 (Sammlung: Riviere); rechts: Cleistocactus sp. (FR 830 ?), Stacheln ± gelb. (Sammlung: van der Steeg.)

bis ca. 4,2 cm lang; im Scheitel die Jungstacheln intensiver bräunlich; Bl. sehr schlank und nicht schiefsaumig, kaum abgebogen, ca. 6 cm lang, ca. 7,2 mm ⌀ oder weniger; Ov. rot; Röhre fein, weiß und kräuselig abstehend behaart; Pet. 9 mm lang, 2,5 mm breit, oben gerundet bis schwach zugespitzt, nach der Basis hin mehr gelblichrot, oben intensiver rot; Staubf. zweiserig, die oberen rötlichweiß, die unteren unten weiß, dann rosa, oben rot; Staubb. karminrot; Nektarkammer sehr eng, ca. 1 cm lang, unten 2,5 mm breit, nach oben auf etwas über 1 mm verengt; Samenhöhle nur 4 mm lang, kaum 3 mm breit, das eigentliche Ov. nur 5 mm lang und breit. — Herkunft unbekannt (Abb. 3346).

Cleistocactus ritteri Backbg.: s. jetzt unter *Cephalocleistocactus*.

Im Winter-Katalog, 6. 1959, führt Ritter folgende neuen Namen auf: *Cleistocactus ipotanus* (FR 829), *C. micropetalus* (FR 830), *C. muyurinensis* (FR 821), *C. sotomayorensis* (FR 824). Die ohne provisorischen Namen angeführten Arten bleiben unerwähnt, bis auf die hier im Bild gezeigten *Cleistocactus* sp. FR 108 (Abb. 3347, links; 3348) und *Cleistocactus* sp. (FR 830?) (Abb. 3347, rechts), die Bestachelung des ersteren ist gelblich, zweifellos eine gute neue Art. Der früher unter der Nr. FR 106 gesammelte *Cleistocactus* sp. erwies sich in der Sammlung PALLANCA als neu: aufrecht wachsend, seitlich gebogen sprossend, dicht und borstig goldgelb bestachelt, die nicht große Blüte rot, oben grün; er scheint *C. brookei* nahezustehen (siehe auch Abb. 3350b). Eine weitere neue Art ist *C. pungens* (FR 664), sowie *C. vulpis-cauda* RITT. & CULLM. (FR. 847, 1962).

Im WINTER-Katalog, 5—6. 1960, erscheinen noch die neuen Namen: *Cleistocactus chacoanus* (FR 841, „stark schiefblütig"; *C. grossei* ?), *C. margaritanus* (FR 842), *C. glaucus* (FR 112, von Tirata; Stacheln stärker, gelbbraun), *C. otuyensis* (FR 1002; ähnlich *C. buchtienii*, aber länger und dicht gelb bestachelt), *C. pilcomayoensis* (FR 825, ähnlich *C. sotomayorensis*). *C. glaucus* scheint ziemlich schlankwüchsig zu sein.

RITTER ist der Ansicht, daß es sich bei meinem *C. herzogianus* um *C. parviflorus* (K. SCH.) handelt; dessen Frucht wurde als gelb beschrieben, die des ersteren — der auch anderswo wächst — als rosaorange, so daß (bei zweifellos ähnlicher Gestalt, auch der Blüte, wie dies auch sonst bei *Cleistocactus* nicht selten ist) ohne Vergleich lebenden Materials keine Identifizierung möglich ist. RITTER erwähnt noch einen *C. parviflorus* v. *aiquilensis*, reich blühend, was kein besonderes Charakteristikum ist, ebensowenig wie die „Varietät" *C. jujuyensis* v. *fulvus*

Abb. 3348. Cleistocactus sp. FR 108, eine andere Sämlingsform, ohne einzelne längere Mittelstacheln. Die Bestachelung dieser Art ist nur anfangs gelblich und geht bald in eine grauweiße Farbe über. (Sammlung: Botanischer Garten Berlin-Dahlem.)

Abb. 3349. Cleistocactus sp. (früher von Ritter als Cl. tominensis angesehen): Kopftrieb einer aus Samen gefallenen stachelarmen Form, mit stützblättchenartigen Verlängerungen der Höcker unter den jüngsten Areolen. Diese blattartigen Gebilde fallen bald ab.

3350 a   3350 b

Abb. 3350a. Cleistocactus sp. mit fast ganz orangefarbener Blüte, ähnlich Cl. wendlandiorum, während Cl. brookei Card. und Cl. vulpis-cauda Ritt. & Cullm. rot blühen. (Foto: J. Marnier-Lapostolle.)

Abb. 3350b. Cleistocactus sp. FR 106, wohl dem Cl. brookei Card. nahestehend. Die Blüte ist fast konisch verjüngt, zur Basis hin leuchtend rot, zur Spitze hinauf gelbgrünlich. Auffällig ist der aufrechte Wuchs und die stärkere seitliche Verzweigung. (Sammlung: Pallanca.)

(FR 59B), da diese Art stark in der Farbe bis rotbraun abändert. Alle vorerwähnten neuen Namen stammen von Ritter; Beschreibungen liegen bisher nicht vor.

Bei einer *Cleistocactus*-Art, deren Name nicht genau bestimmbar ist, weil es sich um eine fast stachellose Sämlingsform (anomale Stachelreduzierung) handelt, sah ich anfangs an jungen Rippenhöckern stützschuppenähnliche, blattartige Verlängerungen, die später wieder verschwinden (Farbbild Abb. 3349) und ebenso auch z. B. bei *Arthrocereus microsphaericus* zu beobachten sind.

Inzwischen beschrieb Ritter das folgende interessante neue Genus (in Bd. II, S. 1359, erst kurz erwähnt):

(69A). CEPHALOCLEISTOCACTUS Ritt.
Succulenta, 8 : 107—111. 1959

Cleistocactus ähnelnde Pflanzen mit Trieben bis zu 5 cm ⌀; Rippen zahlreich, mit V-förmiger Furche über den Areolen, diese klein und genähert; Stacheln dünn, die mittleren etwas kräftiger, in der Blütenregion von anfangs ca. 20 bis auf 30 vermehrt, dann dort borstig; Blütenzone mit weicherer und längerer Borstenbildung ungefähr im halben Triebumfang, die Rippen hier flacher, kleiner und dichter als sonst, der Trieb ist dann oben etwas gebogen, die Areolen der blühenden Region doppelt so groß wie sonst; Blüten einseitig aus der Borstenregion erscheinend, cleistocactoid, ca. 5 cm lang, rot, gerade, mit engem Saum; Nektarkammer lang und breit; Staubfäden in zwei Serien; Perigonblätter klein; Frucht rötlich, breiter als lang, nur schwach wollig wie auch die Blüte bzw. Knospe; Samen schwarz, klein, glänzend (nach RITTER).

RITTER hält *Cephalocleistocactus* RITT. und *Vatricania* BACKBG. (s. auch dort) beide — abgesehen davon, daß er ebenfalls das letztere Genus anerkennt — für *Cleistocactus* näher verwandt, und zwar wegen der auffälligen Borstenschöpfe.

Cephalocleistocactus ist aber ein durchaus cleistocactoider Tagblüher ohne starke Wollbildung am Schopf, also mit weniger typischem Cephalium als bei der nachtblütigen *Vatricania* BACKBG., deren Blüten auch sonst abweichen, durch die schwach erweiternde, walzenförmige Röhrengestalt und den umgebogenen, wenn auch kurzen Saum. *Vatricania* BACKBG. ist meines Erachtens ein Vertreter der „*Cephalocerei*" mit ungewöhnlichem Cephalium. bei dem es später zu einer ringsumgreifenden zusätzlichen Borstenhaube kommt. Der tagblütige *Cephalocleistocactus* RITT. gehört dagegen nach Blütenform und Tagblütigkeit offensichtlich zu den „*Loxanthocerei*", wo solche Bildungen auch sonst bekannt sind, z. B. bei *Seticereus* und der von AKERS in Peru gefundenen *Akersia* mit gelben Borstenschöpfen und einseitig gehäuft erscheinenden Blüten ähnlich wie die von *Loxanthocereus*. Neuerdings sind auch andere Blütenfarben als die von RITTER in seiner Gattungsdiagnose angegebenen bekanntgeworden, die Schöpfe nicht nur einseitig und je nach der Art verschieden.

Cephalocleistocactus RITT. ist ein interessantes, bisher fehlendes Glied unter den Borstenschopfträgern, und auch an ihm erweist sich wieder, daß nur die sorgfältige Gattungstrennung eine überzeugende Unterbringung im System gestattet, weil es sonst zu verschwommenen Zusammenfassungen kommen müßte.

Typus: *Cephalocleistocactus chrysocephalus* RITT. — Typstandort: Bolivien, bei Inquisivi.

Vorkommen: Typstandort: Bolivien, bei Inquisivi.

1. Cephalocleistocactus chrysocephalus RITT. — Succulenta, 8 : 110. 1959

Strauchig, bis 5 m hoch, von unten sprossend; Tr. 3—5 cm $\varnothing$, diejenigen mit der borstentragenden Blütenzone ± stark herabgebogen; Rippen 11—14, 4—5 mm hoch, mit V-Furche und gerade herablaufenden Längsfurchen; Areolen 2—3 mm $\varnothing$, gelbbraunfilzig, bald weiß, 0,5—0,75 cm entfernt, in der Blütenregion doppelt so groß; Schopf der Blütenregion ca. halbseitig die Tr. umfassend als längere Borstenstachelbildung, auf eine Länge bis zu 1 m vom Scheitel herab, ca. 4—7 Rippen umfassend, Areolen hier ca. 0,5 cm $\varnothing$, die Stachelborsten auf ca. 30 vermehrt, 3—4 cm lang, goldgelb bis goldbraun, abstehend; in den sterilen Triebteilen betragen die Randst. ca. 15, die mittleren ca. 6, diese etwas kräftiger als die randständigen; Blüten ca. 5 cm lang, wenig geöffnet, schwach bewollt wie die Knospe; Staubf. in zwei Serien; Gr. etwas hervortretend; Pet. 1 cm lang, 2 mm breit; Röhre 3 cm lang, 1 cm $\varnothing$; N. grün, zahlreich; Nektarkammer 1 cm lang, 0,5 bis 0,75 cm breit; Fr. 2 cm lang, ca. 3 cm $\varnothing$, mit 1 mm langen Schuppen und schwacher weißer Wolle; S. 0,75 mm lang, 0,5 mm dick. — Bolivien (bei Inquisivi, in Bergschluchten). (Abb. 3351).

Zu diesem Genus gehört auch die inzwischen von mir zuerst als *Cleistocactus ritteri* beschriebene Spezies:

2. **Cephalocleistocactus ritteri** (BACKBG.) BACKBG. n. comb.

Cleistocactus ritteri BACKBG., Kakt. u. a. Sukk., 10 : 11, 163. 1959 (FR 325).

Als die Art von mir publiziert wurde, wies sie erst einige wenige längere, haardünne Stacheln in der Blütenregion auf (vgl. l. c., 164. 1959), die man als einige verlängerte und dünnere Stacheln ansehen konnte. Dann erfolgte RITTERS *Cephalocleistocactus*-Beschreibung, und inzwischen bildete auch obige Art einen regelrechten Borstenschopf in der blühbaren Zone. Dies ist ein so eigenartiges — fast an *Seticereus* erinnerndes — Merkmal, daß *Cleistocactus ritteri* zu *Cephalocleistocactus* gestellt werden muß. Mit den zitronengelben Blüten ist es einer der schönsten Funde des erfolgreichen Sammlers FRIEDRICH RITTER. Gerade an diesem Genus aber erweist sich wieder einmal, daß Zusammenfassungen wie *Borzicactus* sensu KIMN. ganz unnatürlich sind; wollte man — und ein anderes Verfahren könnte nicht als logisch angesehen werden, wie unter *Cleistocactus* nachgewiesen — alle *Loxanthocerei* unter *Cleistocactus* zusammenfassen, müßte man schon eine gesonderte Rubrik für die Borstenschöpfe bildenden *Seticereus* und *Cephalocleistocactus* einschalten; betrachtet man aber die Blüten dieser Pflanzen, erkennt man, daß beide nichts miteinander zu tun haben; ebenso verschieden sind auch die Früchte.

Der nachstehenden Originalbeschreibung ist das aus den Abbildungen ersichtliche Schopfmerkmal „lang, dicht, weich, haarartig, abstehend" hinzuzufügen:

Abb. 3351. Cephalocleistocactus chrysocephalus RITT. Abbildung der Originalbeschreibung.

Abb. 3352. Cephalocleistocactus ritteri (Backbg.) Backbg. Beginnende Borstenschopfbildung.
(Foto: Kilian.)

Strauchig, von unten verzweigt; Tr. aufgerichtet, über 1 m lang gesehen, ca. 3 cm ⌀; Rippen zuerst (an Sämlingen) 8, dann an Zahl zunehmend, bis 12—14 oder auch mehr, niedrig und sehr schmal, leicht gehöckert; Areolen auf winzigen Höckerchen, 5 mm entfernt, anfangs dunkelbraun-filzig, dann weißlich-filzig; Rand- und Mittelstacheln kaum zu trennen, wenigstens anfangs nicht, beide zuerst borstig fein und im Scheitel dicht aufgerichtet, weiß, dann mehr spreizend, mehr oder weniger verflochten, zuletzt bis 30 randständige, sehr dünn bis glasig, und schließlich ungefähr 5 gelbliche, etwas kräftigere mittlere besser zu unterscheiden, davon einer als längster mehr vorgestreckt, bis ca. 1 cm lang; in der Blütenregion zuerst einzelne und dünne, längere Borsten, allmählich gehäuft, bis 3 cm lang, oft leicht gekrümmt, gewöhnlich mehr an jener Seite entstehend, an der die meisten Blüten erscheinen; Blüten zum Teil in Stufen untereinander entstehend, die obersten ziemlich scheitelnah, ca. 4 cm lang, schlank, so gut wie kahl, zitronengelb; Röhre ebenso gefärbt, um die Nektarkammer aufgeblasen und über derselben herabgebogen, ca. 5 mm ⌀, mit winzigen und spitzen, etwas dunkleren Schüppchen; äußere Perigonblätter leicht grünlich, schmal, ca. 1,5 mm breit, ± abstehend, gelbgrünlich im Oberteil; innere Perigonblätter vorgestreckt, in der Mitte und zur Spitze hin grün, sonst zitronengelb; Staubf. in zwei Serien, weißlich; Gr. ca. 3,5 cm lang, sehr dünn, gelblich; N. aufgerichtet, grün; Nektarkammer ca. 5 mm lang, 3 mm ⌀; Fr. mir nicht bekannt. — Bolivien (Prov. Yungas, auf 1000 m ?) (Abb. 3352—3353).

Abb. 3353. Cephalocleistocactus ritteri (BACKBG.) BACKBG. Zum Scheitel hin voll ausgebildete Borstenschöpfe älterer Blütenregionen. (Sammlung: Dr. KARIUS.)

Ähnlich ist der vielleicht auch hierher gehörende, kürzer bestachelte *Cleistocactus* sp. FR 324.

3. Cephalocleistocactus sp.

(*Cleistocactus parapetiensis* CARD., C. & S. J. (US.), XXIV : 6, 183. 1952 ?)

Im Jardin Botanique „Les Cèdres", St. Jean-Cap-Ferrat, sah ich die hier abgebildete Pflanze, die im Wuchs dem *C. parapetiensis* ähnelt, wie ihn CARDENAS l. c., S. 183, Fig. 123, abbildete, die dichten Stacheln sind jedoch ± hellgelblich. CARDENAS sagte dazu: „Gleicht etwas *Cleistocactus smaragdiflorus* in der Blütenfarbe, weicht aber durch dickere Stämme ab, kürzere und dichtere weiße oder braune Stacheln (dünnadelig bis haarförmig, bis 1 cm lang) sowie durch kürzere und ziemlich gebogene Blüte und kleine Frucht." (Abb. 3354).

Abb. 3354. Cephalocleistocactus sp. (Cleistocactus parapetiensis Card. ?). (Sammlung: Jardin Botanique „Les Cèdres", St. Jean—Cap Ferrat.)

Das Bild, Fig. 124, l. c., zeigt oben feinere verlängerte Stacheln, deren Farbe möglicherweise auch bis gelb variieren mag (wie bei *Cl. smaragdiflorus*); auch die Blütenfarbe scheint die gleiche zu sein bzw. ist die Röhre bei *Cl. parapetiensis* ebenfalls rot, der Saum gelbgrün.

Vielleicht ist CARDENAS nicht aufgefallen, daß ältere Blütenzonen lange, borstenartig feine Stacheln bilden wie z. B. auch bei *Cephalocleistocactus ritteri*? Jedenfalls sagt CARDENAS von seiner Pflanze noch: „zeigt keine Verwandtschaft mit anderen bekannten *Cleistocactus*-Arten."

Bisher erscheint mir die Identität nicht als sicher, wohl aber, daß es sich bei der hier abgebildeten Pflanze um einen *Cephalocleistocactus* handelt, mit ähnlicher borstenfeiner Verlängerung der Bestachelung wie bei *Seticereus*, ein Merkmal, das bisher nur von drei Arten bekannt ist, während alle anderen mir bekannten *Cleistocactus*-Spezies kein solches Blütenzonenmerkmal aufweisen, so daß RITTERS Abtrennung mir als berechtigt erscheint, auch um das Wissen um die von *Cleistocactus* abweichende Blütenregion zu erhalten.

70. OREOCEREUS (BERG.) RICC.

Borzicactus sensu KIMN. pro parte, C. & S. J. (US.), XXXII: 2, 57. 1960

KIMNACHS Einbeziehung von *Oreocereus* zu *Borzicactus* kann, als völlig abwegig, übergangen werden.

Es werden hier nur die sich aus der Umbenennung ergebenden Synonyme genannt:

1. **Oreocereus neocelsianus** BACKBG.

Syn.: *Borzicactus celsianus* (LEM.) KIMN., l. c., 2: 59. 1960.

KIMNACHS Gründen zur Wiederanwendung des Namens „celsianus" kann man nicht folgen, wenn man SALM-DYCKS Beschreibung sorgfältig gelesen hat. Gerade KIMNACHS Satz: „man kann nicht wissen, ob die von ihm erwähnten kleinen Formen junge *O. celsianus* oder ausgewachsene *O. trollii* waren", zeigt, daß jene Beschreibung kritisch nachzuprüfen war. Was KIMNACH anführt, dient offensichtlich nur dem Wunsch, jenen Regelpassus auszuschalten, nach dem ich eine Klärung unternahm. Ob KIMNACH glaubt, daß jemand, der den *O. celsianus* entdeckte (BRIDGES) den *O. trollii* übersehen hat oder haben konnte? Das ist völlig unwahrscheinlich. Man kann zur Zeit SALM-DYCKS nur beide für eine Art gehalten haben, dementsprechend wurde die Beschreibung abgefaßt; sie ist eine Vermischung zweier Arten, und daher war der alte Name nicht mehr anwendbar. Wenn KIMNACH ferner *O. maximus* als „unnecessarily published" bezeichnet bzw. nur als „größere Form", mag ihm das für seine phylogenetischen Ansichten genügen; sicher hat er den großen *Oreocereus* nicht am Standort gesehen. Aber sein Artbegriff ist so weit gefaßt, auch sonst, und Varietäten gibt es bei ihm ebenfalls nicht, daß eine solche Behandlung der Materie eher für ein vereinfachendes Kakteenbuch für geringere Ansprüche geeignet ist. Der Phytograph ist gehalten, die Materie exakt und ernsthaft zu prüfen und so darzustellen, wie sie die Natur geschaffen hat, zumal, wie sich zeigt, diese Aufklärung notwendig ist. Dem ist auch nicht gedient, wenn der relativ riesige *O. maximus*, der auch viel dicker als *O. neocelsianus* ist — wie man selbst an Importstücken sehen kann — nur als eine Form bezeichnet wird. Ein Katalogname war *Oreoc. celsianus maximus* RITT. (1958).

3. **Oreocereus fossulatus** (LAB.) BACKBG.

Syn.: *Borzicactus fossulatus* (LAB.) KIMN., l. c., 2: 59. 1960. Ein Name war noch *Piloc. celsianus foveolatus* LAB.

3a. v. **gracilior** (K. Sch.) Backbg. Hierher gehören vielleicht noch die in Schelle (Kakteen, 1926) aufgeführten Namen *Pilocereus celsianus* v. *gracilior* Reb.., v. *pilosior* hort., v. *aureus* hort. und *Pilocereus spinis aureis* hort. (Rebut?), sowie *P. celsianus spinis aureis* Reb.

4. **Oreocereus hendriksenianus** Backbg.

Syn.: *Borzicactus hendriksenianus* (Backbg.) Kimn., l. c., 3 : 92. 1960.

Ein Katalogname (Winter-Katalog 1955) ist *Oreoc. hendriksenianus* v. *niger* Ritt. (FR 123a); Sämlinge unterscheiden sich nicht vom Arttypus. Nur ein Name war *Piloc. hendriksenianus* hort.

5. **Oreocereus trollii** (Kupp.) Backbg.

Syn.: *Borzicactus trollii* (Kupp.) Kimn., l. c., 3 : 96. 1960. — *Pilocereus trollii* (Kupp.) in Borg, Cacti, 155. 1951.

— **Oreocereus variicolor** Backbg.

(BfK., 1938, gültige Beschrbg. in C. & S. J. (US.), 20. 1951. — Syn: *Arequipa variicolor* (Backbg.) Backbg.

In Bd. II, S. 1056, stellte ich die Art zu *Arequipa*, weil ich keine Blüten mehr genauer untersuchen konnte und mir die fast haarlose Pflanze als Übergangsform zu *Arequipa* erschien. Inzwischen sah ich Jungpflanzen, aus Ritter-Samen gezogen; eine davon war völlig haarlos und glich dem Typus der Art in allem (Abb. 3355). Es sind nur Rudimente einer Behaarung als abwärts angelegte kurze Flöckchen zu beobachten, die ebensogut Filzsträhnen sein könnten. Ein zweiter Sämling zeigte jedoch eine wenn auch schüttere, so doch deutliche Behaarung. Daher bin ich heute der Ansicht, daß man die Art besser bei *Oreocereus* beläßt, zumal Ritter inzwischen noch eine weitere hierhergehörende, haarlose Varietät entdeckte:

— v. **tacnaensis** (Ritt.) Backbg. n. comb.

(*Oreocereus tacnaensis* Ritt., Katalogname [FR 124])

Differt aculeis brevioribus, ad ca. 25, centralibus ca. 10, 1—2 crassioribus, basi incrassata; lana fere deficiente.

Abb. 3355. Oreocereus variicolor Backbg. Aus einer Aussaat Ritterscher Samen gefallene Sämlinge, der rechte, stärker behaarte, vielleicht die Folge einer natürlichen Einkreuzung mit O. hendriksenianus ? (Sammlung: Kuentz.)

Abb. 3356. Oreocereus variicolor var. tacnaensis (Ritt.) Backbg. Die Länge der mittleren Stacheln variiert etwas. Wie beim Typus der Art mitunter auch, sind hier nur noch zuweilen äußerst schwache Haarspuren zu sehen.

Stumpf blaugrün, ohne Haare; Rippen an Sämlingspflanzen ca. 10, weder gehöckert noch quergeteilt; St. schmutzig-dunkelbraun; Randst. und Mittelst. nicht genau trennbar, randständige ca. 15, meist heller und vereinzelt glasig, ca. 3—4 mm lang, mittlere ca. 10, von den zentralen einer aufwärts weisend, kürzer als der abwärts weisende oder vorgestreckte, dieser bis 12 mm lang; Areolen langoval, ca. 5 mm lang. — S-Peru (Tacna-Grenzgebiet, 3500 m).

Die Angaben beziehen sich nur auf jüngere aus Samen gezogene Pflanzen. Der Name erschien zuerst im Winter-Katalog, 3. 1957).

Es sind höchstens Spuren einer Behaarung erkennbar (Abb. 3356).

71. MORAWETZIA Backbg.

Borzicactus sensu Kimn. pro parte, C. & S. J. (US.), XXXII: 2, 57. 1960

Berger schuf in seinen „Entwicklungslinien" 1926 (Gustav Fischer Verlag) den Begriff „Sippe"; ich ersetzte ihn (in Jahrb. DKG., 1942/I,) richtiger durch „Natio", behalte hier aber „Sippe" bei, da sich bei den Cactaceae diese Bezeichnung eingebürgert hat. Berger verband damit die Vorstellung von phylogenetisch verwandten Gattungsgruppen; die Zusammenfassungen sind aber z. T. recht vage.

Die ± schiefblütigen säuligen und kugeligen Gattungen der Andengebiete hatte er dabei nicht näher abgegrenzt, wie es sich später als notwendig erwies, und wofür ich die Sippe *Loxanthocerei* schuf.

Wenn KIMNACH in l. c., 1960, den Versuch unternahm, alle Gattungen dieser Sippe unter einem Genus zusammenzufassen (wobei *Cleistocactus* vergessen wurde), so ist dies nichts anderes als ein Ersetzen der polygenerischen Gruppe durch eine monogenerische. Abgesehen von der Frage, welche Vorteile das haben soll oder ob es sich überhaupt bei kritischer Betrachtung vertreten läßt, muß jedenfalls gesagt werden, daß dies dann unter *Cleistocactus* hätte geschehen müssen und nicht unter dem lediglich an der ersten Stelle stehenden Genus BRITTON u. ROSES, das zudem noch — in seiner damaligen Fassung — das schwächste war, weil darin sogar Synonyme als Arten neben den richtigen Namen aufgeführt wurden, außerdem noch ein *Haageocereus*, und die für das Genus typische Blütenform wurde sogar nach einem abblühenden Stück gewählt („limb s o m e w h a t spreading": *B. ventimigliae* sensu BR. & R., von ihnen als *B. sepium* beschrieben, der durchaus nicht nur „etwas spreizenden Blütensaum" hat). In dieses Genus wird von KIMNACH nun auch *Morawetzia* einbezogen, eine oreocereoide Pflanze, wie sich deutlich an Behaarung und Hohlfrucht zeigt. Außerdem hat sie ein Scheitelcephalium, das Triebende allmählich verdickend (Bd. II, Abb. 984). Mit anderen Worten: Cephalien werden von KIMNACH unbeachtet gelassen. Dann müßte das logischerweise auch sonst geschehen. Sollte das etwa der Auftakt zu einem Genus *Cephalocereus* sensu latiore sein, um dieses alte Sammelgenus von BRITTON u. ROSE — nicht das PFEIFFERsche ist hier gemeint — zu retten? Dann braucht man nur an die große Verwirrung zu erinnern, die dies zur Folge hatte: die falschen Benennungen gewisser *Mitrocereus*-Arten, die Verkennung von *Backebergia* (d. h. „*Piloc. chrysomallus* LEM.") weil man das Cephalium anscheinend nicht mehr kannte. Warum sollte dann *Arrojadoa* erhalten bleiben, oder etwa *Espostoa*? Daß es Tag- und Nachtblüher in einem Genus gibt, hat sich ja inzwischen auch erwiesen. KIMNACHS Revisionsvorschlag, wenn er überall logisch durchgeführt würde, müßte demnach nur zu völliger Verwirrung führen; dafür hat die Vergangenheit genug Argumente geliefert, allerdings auch dafür, daß nur die exakte phytographische Untersuchung und Trennung dies vermeiden läßt, denn sie hat ja erst in zahllosen Fällen die notwendige Klärung herbeigeführt, und bei ihr muß es daher hier bleiben.

1. **Morawetzia doelziana** BACKBG.

Ein Synonym ist *Borzicactus doelzianus* (BACKBG.) KIMN., l. c., 2: 59. 1960.

72. DENMOZA BR. & R.

1. **Denmoza rhodacantha** (SD.) BR. & R.

Ich habe unterschiedliche Formen gesehen. SCHUMANN schrieb (Gesamtbschrbg., 195. 1898): „Wollmassen seitlich, aus den kugelförmigen, zusammenfließenden (!). weißen oder gelblichen Wollpolstern der Areolen ... Blütenhülle trichterförmig." Bei A. M. WOUTERS steht eine Pflanze mit geringerer Zahl straffer abstehender Stacheln, die Areolen weißfilzig und stark länglich. Auf meiner Abb. 991 (Bd. II, S. 1045) sind sie mehr kugelig. Bei anderen Exemplaren ist die Stachelzahl größer, die Bestachelung elastischer, mehr gekrümmt und stärker verflochten, die Areolen nicht so auffällig und auch nicht stärker weißwollig.

Es gibt noch folgende comb. nud.: *D. rhodacantha* var. *coccinea* (HORT.) Y. ITO, Expl. Diagr., 154. 1957, und var. *gracilior* (LAB.) Y. ITO, l. c.

Es fällt auf, daß Schumann bei „Piloc. erythrocephalus" sagt: „Blütenhülle trichterförmig", was die eher zylindrischen Blüten nicht richtig kennzeichnet, ebensowenig, wenn Schumann bei „Echps. rhodacantha" für die Blütenhülle angibt „trichterförmig, ins Präsentiertellerförmige". Dabei ähneln die röhrigen Blüten — bis auf geringe Behaarungsunterschiede — einander stark, was also Schumann nicht aufgefallen sein kann, sonst wäre die getrennte Unterbringung unverständlich.

Nach alledem hat es den Anschein, als wenn zu seiner Zeit bereits Bastarde ähnlich dem meiner Abb. 995 (Bd. II, S. 1047) in den Sammlungen vorhanden waren. Ob die relativ geringfügigen Habitusunterschiede auf die Herkunft von (den auf S. 1045 angegebenen) verschiedenen Standorten zurückzuführen sind, bleibt noch festzustellen. Es besteht auch die Möglichkeit, daß man in vereinzelten Fällen die beiden *Denmoza*-Arten bereits miteinander gekreuzt hat.

73. AREQUIPA Br. & R.
Borzicactus sensu Kimn. pro parte, C. & S. J. (US.), XXXII: 2, 57. 1960

Von Kimnach werden unter *Arequipa leucotricha* sämtliche anderen Namen zusammengezogen. Oehmes Klärung der *A. rettigii* wurde also als überflüssig angesehen; *A. hempeliana* dürfte Kimnach nicht kennen, da sie heute in Europa auch kaum noch anzutreffen ist. Ihr Habitus ist ein anderer. Man braucht nun aber nur die extrem lange und dünne Blüte der *A. rettigii* (Bd. II, Abb. 998, S. 1052) etwa mit der von *A. weingartiana* (l. c., Abb. 999, S. 1054) zu vergleichen, um zu sehen, daß sie völlig verschieden sind. Solche Zusammenziehungsversuche ohne anscheinend hinreichende Artenkenntnis sollten besser unterbleiben.

Da Kimnach keinen Unterschied bei allen *Arequipas* macht, kann die nachfolgende Synonymnennung:

1. **Arequipa rettigii** (Quehl) Oehme
    Syn.: *Borzicactus leucotrichus* (Phil.) Kimn., l. c., 2, 57. 1960
nur mit Vorbehalt gegeben werden, da nicht sicher ist, auf welche Pflanze sie zu beziehen ist. Kimnach nennt als Klammerautor zwar Philippi, dessen Art ist jedoch ungeklärt (s. Bd. II, S. 1052); gemeint ist von Kimnach aber wohl die *A. rettigii*.

3. **Arequipa hempeliana** (Gürke) Oehme
    Nur ein Name war *Echinocactus hempelianus* K. Sch.

— **Arequipa spinosissima** Ritt. (FR 196)
    Dies ist zweifellos eine weitere gute Art mit mittellanger Blüte, wie das beigegebene Farbfoto Abb. 3357 zeigt; eine Beschreibung liegt noch immer nicht vor. Das Farbbild genügt aber zur Identifizierung. (Siehe auch Bd. II., S. 1053, 1059.)

— *Arequipa* sp.?: Eine ungeklärte Art aus der Sammlung Buining zeigt Abb. 3358.

(73A). SUBMATUCANA Backbg.
Borzicactus sensu Kimn. pro parte, C. & S. J. (US.), XXXII: 2, 58. 1960

Unter *Borzicactus* sensu Kimn. unternahm es Kimnach zum ersten Mal in der Geschichte der Kaktologie, in ein cereoides Genus auch cactoide Arten aufzu-

3357   3358

Abb. 3357. Arequipa spinosissima RITT. (FR 196). Eine noch unbeschriebene Art. KIMNACHS Zusammenziehung aller Arequipa-Arten unter „Borzicactus leucotrichus (PHIL.) KIMN." ist in mehrfacher Hinsicht verfehlt: einmal wurde der Kombination nur der älteste Name zugrunde gelegt, der aber noch ungeklärt ist, und dann müssen KIMNACH die Blütenunterschiede nicht bekannt sein, wie sie aus meinen Abb. 998 (S. 1052: A. rettigii), Abb. 999 (S. 1054: A. weingartiana) und der Blüte dieser RITTERSCHEN Art hervorgehen. Als ebenso verfehlt erscheint es, in einem Genus so voneinander abweichende Blüten wie die des Typus von Borzicactus und der A. rettigii zu vereinigen. Solche Sammelgattungen dienen — zumal wenn außerdem so starke Artunterschiede zusammengezogen werden — nicht der genauen Kenntnis der verschiedenen einbezogenen Pflanzen; es zeigt sich ferner hieran, daß auch Habituskennzeichen berücksichtigt werden müssen, und in dieser Beziehung ist Arequipa eine ausgezeichnet geschlossene Artengruppe.

Abb. 3358. Arequipa sp. ? (Sammlung BUINING). Nach BUINING soll die Blüte rosenrot und von der Form der Arequipa-Blüten sein; die Bestachelung ist gelblich. Die Pflanze wurde von AKERS gesammelt.

nehmen. Würde sich das durchsetzen, müßte es unabsehbare Folgen haben. Es besagt nichts, daß *Matucana*-Arten (die von KIMNACH gleichfalls zu *Borzicactus* gestellt werden) zum Teil im Alter $\pm$ cereoiden Wuchs haben; das ist z. B. auch bei einigen *Echinopsis*- und *Melocactus*-Spezies der Fall. Alle Gattungen gehören ja nun einmal zur U.-F. Cereoideae. Immerhin sind die cactoiden Gattungen aber typische „Kugelkakteen". Das zeigt *Submatucana* noch weit mehr als *Matucana*. Daß beide Gattungen enger verwandt sind, steht außer Frage. Sobald man jedoch beide Artengruppen für sich betrachtet, weisen sie so deutliche Unterschiede auf, daß man auch ohne Blüte sagen kann, ob diese völlig kahl oder ob sie behaart ist,

d. h. zu welchem Genus sie gehören: Alle *Matucanas* sind feinstachlig und zierlichrippig, alle *Submatucana*-Arten gleichen sich in breiteren und gehöckerten Rippen sowie offener und derber Bestachelung. Dem Stachelkleid nach gehört der gelbblühende „*Echinocactus weberbaueri*" zu *Matucana*, auch der kahlen Blüte nach, und er wäre — wenn schon zusammengefaßt werden soll — besser zu einer solchen Art gestellt worden, anstatt zu „*Echinocactus aurantiacus* VPL.", wie dies l. c., 59. 1960, der Fall ist. Ob, wie KIMNACH sagt, Blüten unten einen zum Teil gelblichen Ton haben, ist unbeachtlich; viele Blüten sind oben dunkler getönt. Auch was KIMNACH über die Blütenbehaarung sagt, d. h. daß sie bei „*Submatucana*"-Arten stark reduziert sein kann, besagt nicht viel, ebensowenig wie wenn man bei *Matucana* gelegentlich basale Filzspuren sieht. Die der Gestalt nach sehr unterschiedlichen Gattungen können bei *Matucana* gelegentlich Rückschläge oder Spuren unvollständiger Reduzierung aufweisen, wie dies z. B. bei *Rebutia* beobachtet wurde, die dennoch als kahlblütiges Genus gilt. Bei der breit-höckerrippigen *Submatucana* ist die Behaarung aber zum Teil sehr kräftig oder doch auffällig, selbst wenn hier eine Abstufung der Behaarung erkennbar ist. Besonders aufschlußreich ist da *Submatucana paucicostata* (RITT.) (Farbfoto Abb. 3359, links

Abb. 3359. Vier charakteristische Submatucana-Arten, die nicht nur die (gegenüber Matucana) auffällige Habitus-Verschiedenheit zeigen, sondern an den Blütenresten auch die Röhrenbehaarung. Links oben: Submatucana aurantiaca (VPL.) BACKBG.; rechts oben: Submatucana currundayensis (RITT.) BACKBG.; links unten: Submatucana paucicostata (RITT.) BACKBG. rechts unten: Submatucana ritteri (BUIN.) BACKBG. (Die unteren: Sammlung SAINT-PIE, die oberen: Foto: A. M. WOUTERS.)

unten), mit stark behaarter Röhre. Will man also solche wesentlichen Unterschiede mit „weak character" abtun, kann man allerdings sämtliche Arten zusammenziehen. Dem Phylogenetiker mag dies genügen; der exakten Kenntnis der Pflanzen dient es nicht, das mag die hier beigegebene Vierertafel der *Submatucana*-Arten bezeugen und deren Vergleich mit der farbigen *Matucana*-Tafel Abb. 3361. Eine logische Gliederung gestattet auch hier nur die Berücksichtigung der Sproßmerkmals-Reduktionslinie (oder in diesem Fall mehr des partiellen Merkmals: der Behaarung); vorausgesetzt ist natürlich, daß dies sinngemäß nach dem dominierenden Merkmal „kahl oder behaart" geschieht. Es ist heute doch so, daß in zahllosen Sammlungen z. B. viele Pflanzen stehen, die unter getrennten Namen von RITTER gesammelt und für die Samen angeboten wurden und die (falls es sich nicht irgendwie einmal um ein Versehen handelte) mit Ausnahme gewisser chilenischer Arten (z. B. von *Copiapoa*) auch fast alle ziemlich einheitlich auflaufen. Nach KIMNACH würde es genügen, nur einen Bruchteil solcher Spezies zu erwerben; das Gegenteil ist aber der Fall: überall sind RITTERS Namen zu finden, und ganz allgemein legt man Wert auf ihre nach den wirklich vorhandenen Unterschieden auch unterschiedliche und richtige Benennung. Da hat es der Phytograph nicht so leicht wie KIMNACH; in einem pflanzenbeschreibenden Werk sollen alle neuen Arten und Varietäten nachgeprüft und sorgfältig beschrieben und dargestellt werden, wenn ein solches Handbuch überhaupt Wert für die Praxis haben soll. Hier gibt es nur den einen Ausweg gegenüber dem in solcher Hinsicht nicht verpflichteten Verfahren KIMNACHS: stärker und genau zu differenzieren und damit allen Kreisen ein möglichst vollständiges Bild des unerschöpflichen Gestaltungsspiels der Natur zu vermitteln, wogegen das „Kombinationsspiel" von ganz nebensächlicher Bedeutung ist[1]).

RITTERS Zusammenfassung von *Matucana* und *Submatucana* ist unlogisch, da er *Pilocopiapoa* von *Copiapoa* nur wegen der behaarten Blüte trennt.

1. **Submatucana aurantiaca** (VPL.) BACKBG.

   Borgicactus aurantiacus (VPL.) KIMM. & HUTCH., l. c.

   In diese Art bezieht KIMNACH neuerdings die früher selbständige Spezies „*Borzicactus calvescens* KIMN. & HUTCH.", bei mir: 2. *S. calvescens* (KIMN. & HUTCH.) BACKBG., wieder ein. Das Stachelkleid weicht jedoch ab (besser eine Varietät?) (Abb. 3359, links oben).

   Weiter gehören hierher, nach den deutlich behaarten Blüten:

— **Submatucana currundayensis** (RITT.) BACKBG. n. comb. (FR 164)

   Matucana currundayensis RITT., Die Cactaceae, Bd. II: 1085. 1959, als nom. nud.

   Die Art gehört, wie schon 1959 vermutet, zu diesem Genus. Die Bestachelung ist kürzer und derber, die längsten Stacheln gerade (Abb. 3359, rechts oben).

— **Submatucana ritteri** (BUIN.) BACKBG. n. comb.

   Matucana ritteri BUIN., Succulenta, 1: 2—4. 1959 (FR 299).

   Flachkugelig, sprossend, bis 3—5 cm ⌀, selten bis 14 cm ⌀; Rippen 12—22, stark gehöckert; Areolen 5—10 mm lang, 3—6 mm breit; Stacheln schwarzbraun,

---

[1]) Dr. A. SIMO zeigte an Hand morphologischer Begründungen in den Mitteilungsblättern der Ges. Österr. Kaktfrde., IV: I, 11. 1960, die Berechtigung von *Submatucana* auf, indem er nachwies, daß ihre Blüte Eigentümlichkeiten der (darin von ihr wie untereinander abweichenden) *Matucana*- wie auch der *Arequipa*-Blüte aufweist.

ziemlich aufgerichtet; Randst. 7—10, selten 11—14, 1—3 cm lang; Mittelst. 1—2, oft 5, 2—4 cm lang; Bl. aus dem Scheitel, 7—9 cm lang, 4,5—5 cm breit; Röhre zylindrisch, etwas gebogen, 4 mm dick, mit wenigen Schuppen und Wolle in deren Achseln; Saum zygomorph; Pet. zinnoberkarmin; Staubf. violett; Staubb. violettlich gelbweiß; Gr. violett; N. 5—6, gelblich rotgrün; Fr. 1—1,5 cm ⌀, gehöckert; S. schwarz, höckrig, Hilum subventral, weiß. Knospe und Fr. anfangs mit Wollflocken bekleidet. — Peru (Dept. La Libertad, bei Otuzco). Die Stachelbasen sind meist dunkler. (Abb. 3359, rechts unten).

Die Art wurde in „Die Cact.", II: 1068, 1084. 1959 (Abbildung einer Jungpflanze: Abb. 1039) als „*Matucana ritteri* Krainz & Rupf mscr." gemäß Winter-Katalog, 15. 1956, wiedergegeben; die endgültige Beschreibung erfolgte aber durch Buining. Die Kennzeichen der ausgewachsenen Pflanzen differieren wie oben angegeben gegenüber der 1959 beschriebenen Sämlingspflanze, die die nächste Art ist.

Buining gibt l. c. an, daß nach Ritter die Aufstellung einer besonderen Gattung, wegen behaarter Blüten, unnötig sei, da es mehrere „*Matucana*"-Arten mit Wolle und ohne dieselbe gäbe.

Dabei ist übersehen, daß Britton u. Rose in The Cact., III: 102. 1922, die Gattungsmerkmale von Blüte und Frucht ausdrücklich angeben: „Scales on ovary and flower tube scattered, naked in their axils". Danach sind die *Submatucana*-Arten nicht bei *Matucana* unterzubringen.

— **Submatucana paucicostata** (Ritt.) Backbg. n. comb. (ohne FR.-Nr.)

Die Pflanze lief zuerst bei Saint-Pie unter der Ritter-Nr. FR 299 [*Mat. ritteri* ohne Autor] auf (Abb. 1039, Bd. II), und sie wurde von mir bereits 1959

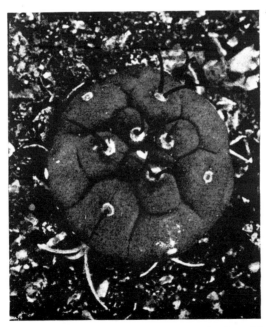

Abb. 3360. Submatucana sp. Eine von P. C. Hutchison gefundene Pflanze aus NO-Peru, die zu diesem Genus gehört. Die behaarten, roten Blüten sind ± geradsaumig, wie dies auch zuweilen bei Loxanthocereus der Fall ist. Die stärkere Rippenhöckerung und derberen Stacheln sind ebenfalls ein Submatucana-Kennzeichen. (Sammlung: Jardin Exotique de Monaco.)

als abweichend bezeichnet. Sie scheint stets ohne Mittelstachel zu sein, die Höcker auffallend vorgezogen, mit scharfer Querkerbe darunter, die roten Blüten stark behaart (Abb. 3359, links unten).

Ritter wurde als Klammerautor genannt, da er später den Artnamen *Matucana paucicostata* wählte.

— **Submatucana** sp.

Die unter der nachstehenden Abbildungsnummer gezeigte Pflanze wurde von Hutchison gefunden. Sie hat inzwischen im Jardin Botanique „Les Cèdres" (J. Marnier-Lapostolle) geblüht, mit typischen, ziemlich schlankröhrigen *Matucana*-Blüten, aber behaart, rot. Derbere — bald abfallende — Bestachelung, breitere Rippen, ± gehöckert, und behaarte Blüten sind allen *Submatucana*-Arten eigentümlich, und hierher gehört ohne Zweifel auch die von Hutchison gefundene Art. Der fast plattrunde Körper zeigt, wie abwegig eine Vereinigung mit *Borzicactus* ist — zu dem Kimnach ja *Submatucana* einbezieht, und wohin die amerikanischen Autoren wohl auch obige Art stellen werden —, während im US-Journal *Ortegocactus* als behaartblütige Stufe zwischen *Coryphantha* und *Mamillaria* als eigenes Genus beschrieben wurde (Abb. 3360).

74. MATUCANA Br. & R.
Borzicactus sensu Kimn. pro parte, C. & S. J. (US.), XXXII : 2, 57. 1960

1. Matucana haynei (O.) Br. & R.

Ein Synonym ist *Borzicactus haynei* (O.) Kimn., l. c., 3 : 92. 1960.

Abb. 3361. Vier charakteristische Matucana-Arten. Sie zeigen gegenüber Submatucana die auffälligen Unterschiede der Rippenbreite und des Stachelkleides, von ihren kahlen Blüten ganz abgesehen. Links oben: Matucana multicolor Rauh & Backbg. (Foto: Rauh); rechts oben: Matucana rarissima Ritt. n. nud. (Foto: A. M. Wouters); links unten: Matucana crinifera Ritt. n. nud. Ganz rechts im Bild: „Espostoa ruficeps Ritt." (Foto: A. M. Wouters); rechts unten: Matucana robusta Ritt. n. nud. (Foto: A. M. Wouters.)

Abb. 3362. Matucana sp., unter dem Namen Matucana winteriana Ritt. n. nud. in der Sammlung Andreae, wohl eine Form oder Varietät der Matucana yanganucensis Rauh & Backbg.

Die hierunter in Bd. II, S. 1071, erwähnte *M. robusta* „ähnlich *haynei*" von Ritter (FR 565) ist dem Bild nach zweifellos eine gute Spezies (Abb. 3361, rechts unten), ebenso *M. rarissima* Ritt. (FR 178, Abb. 3361, rechts oben) und *M. crinifera* Ritt. (FR 595, Abb. 3361, links unten).

Unter obiger Art hat Kimnach, l. c., zusammengezogen: *M. haynei*, *blancii*, *herzogiana*, *yanganucensis*, *multicolor*, (Abb. 3361, links oben), *hystrix*, *cereoides*, *elongata*, *variabilis* sowie die jeweiligen Varietäten, ferner *M. comacephala* (letztere von Ritter, die übrigen — ohne *M. haynei* — von Rauh & Backeberg), soweit Arten beschrieben sind.

Die beträchtlichen Unterschiede des Habitus wie zum Teil der Blüten zeigen sowohl meine Abbildungen in Bd. II, ferner Rauhs Fotos in „Beitr. z. Kenntn. d. peruan. Kaktveg.", aber auch auf der hier beigegebenen Bildzusammenstellung die der *M. multicolor* und der drei weiteren Arten F. Ritters.

Ritters Namen dieser Abbildungen sind bisher unbeschrieben; die Farbbilder sind ein guter Ersatz, zur Orientierung, welche Pflanzen damit gemeint sind.

So völlig verschieden aussehende Pflanzen nur mit den Worten „varies strongly" abzutun (Kimnach, l. c.) läßt an Hand der Bilder erkennen, wohin die Vermengung von phylogenetischen Vorstellungen mit exakter phytographischer Arbeit führen muß: zu mangelnder Kenntnis in der Natur wohlunterschiedener Pflanzen.

Matucana winteriana Ritt. (FR ?) ist wohl identisch mit *M. yanganucensis* bzw. eine ihrer Varietäten oder Formen (Abb. 3362).

Sippe 6: *Trichocerei* (Berg.) emend. Backbg.

75. SAMAIPATICEREUS Card.

P. C. Hutchison sagte mir, daß die in Bd. IV, S. 2373, als *Castellanosia* sp. ? aufgeführte Pflanze wohl eher zu obigem Genus gehört.

Der trichterförmigen Blütenform nach ähnelt sie mehr *Castellanosia*. Die Blüte hat auch keine Borsten, so daß die Art nicht mit dem ebenfalls 4—6rippigen *Samaipaticereus corroanus* CARD. identisch sein kann — vorausgesetzt, daß HERTRICH nicht die Borstenangabe unterlassen hat —, ebensowenig mit *S. inquisivensis* CARD., da dieser mehr Rippen bildet.

Bisher ist die Pflanze also nicht mit einer *Samaipaticereus*- oder *Castellanosia*-Art zu identifizieren, zumal auch nicht bekannt ist, ob sie ein Tag- oder ein Nachtblüher ist.

Ich nehme daher vorläufig von einer Umstellung Abstand. Die Querfurchung der Rippen ist allerdings bei *S. corroanus* und „*Castellanosia* sp. ?" sehr ähnlich, und da letztere angeblich aus Peru stammen soll, kann es sich auch um eine n e u e *Samaipaticereus*-Art handeln; sicher ist das aber nicht.

77. SETIECHINOPSIS (BACKBG.) DE HAAS

Zu dem unbeschriebenen Gattungsnamen Y. ITOS (1950) *Pilopsis* Y. ITO gehört die comb. nud.: *Pilopsis mirabilis* (SPEG.) Y. ITO (1950).

78. TRICHOCEREUS (BERG.) RICC.[1])

11. Trichocereus taquimbalensis CARD.

11a. v. **wilkeae** BACKBG. Im Kat. „Städt. Sukkslg., Zürich", erscheint der Name „*Trichocereus wilkei* CARD.", der richtig wie vorstehend lauten muß.

17. Trichocereus bridgesii (SD.) BR. & R.

In der Synonymie muß es heißen: *C. lasianthus* K. SCH. (statt „*lasiacanthus*").

— **Trichocereus trichosus** CARD.

Ich füge ein CARDENAS-Foto bei (Abb. 3363).

23. Trichocereus schickendantzii (WEB.) BR. & R.

Als Synonym muß noch hinzugefügt werden: *Cereus schickendantzii* WEB.

26. Trichocereus candicans (GILL.) BR. & R.

Als Synonym muß (wohl dem Typus der Art) hinzugefügt werden: *Cereus candicans spinosissimus* REB., nur ein Name.

29. Trichocereus strigosus (SD.) BR. & R.

Der Synonymie ist noch hinzuzufügen: *Cereus strigosus spinosior* SD.

Abb. 3363
Trichocereus trichosus CARD. (Foto: CARDENAS.)

---

[1]) Die Gattungsnummer in Bd. II, S. 1095, muß „78" (statt „79") lauten.

32. **Trichocereus chilensis** (COLLA) BR. & R.

In den USA zieht man der Schreibweise Prof. SKOTTSBERGS die Beibehaltung von „*Trichocereus chiloensis* (COLLA) BR. & R." vor, nach irgendeinem Regelpassus, der also die geographisch irrige Bezeichnung nicht verhindert.

Es gibt noch folgende comb. nud. bzw. nur Namen: *Cereus zizkaanus* bzw. *ziczkaanus* (ohne Autor); in SCHELLE (Kakteen, 84. 1959) ferner: *Cereus chilensis* var. *brevispinus* HORT., var. *cylindraceus* HORT., var. *spinosissimus* HORT.

Auf S. 1138 (Bd. II) ist auf Zeile 3 von unten, hinter dem letzten Wort „Bastard", der Punkt zu streichen und hinzuzufügen: und var. *quisco* (REMY) WEB.

33. **Trichocereus cephalomacrostibas** (WERD. & BACKBG.) BACKBG.

Im WINTER-Katalog, 12. 1961, führt RITTER die Art als *Weberbauerocereus cephalomacrostibas* (BACKBG.) RITT. (FR 188) mit dem synonymischen Namen *Haageocereus cephalomacrostibas* (BACKBG.) RITT.

Wie *Weberbauerocereus*, der eine verbindende Stellung zwischen den „*Trichocerei*" und „*Loxanthocerei*" einnimmt, kommt *Trichoc. cephalomacrostibas* eine ähnliche Rolle zu, meines Erachtens bei *Trichocereus*. AKERS hat in C. & S. J. (US.), XX : 9, 131. 1948 (Fig. 98), die Blüte im Größenverhältnis 0,5 abgebildet. Danach ist die Blüte ca. 14 cm lang und voll geöffnet 12 cm breit, weiß, der Saum relativ weit trichterig geöffnet. Daher kann die Art nur als den zumTeil auch starkareoligen chilenischen Trichocereen der Provinz Coquimbo nahestehend angesehen werden, jedoch mit Merkmalen, die auf die Möglichkeit einer Übergangsform zu *Weberbauerocereus* hindeuten, wie RAUH es vorsichtig in „Beitr. z. Kenntn. d. peruan. Kaktveg.", 359. 1958, formulierte. Hinzu kommt noch, daß obige Art aus dem unmittelbaren Küstenraum stammt, wo es sonst keinen *Weberbauerocereus* gibt, dessen Verbreitungsgebiet östlicher auf dem Hochland bei 1500 bis 2600 m, nur in einem Fall etwas niedriger, liegt.

34. **Trichocereus litoralis** (JOH.) LOOS.

In der Sammlung RUBINGH, Soestdijk (Holland), steht ein aus dem Garten von CARLOS FAUST, Blanes (Spanien), stammender *Trichocereus*, der *T. litoralis* etwas ähnelt, aber dunkelgrüner ist, mit scharfen Querkerben. Es steht nicht fest, ob er überhaupt aus Chile stammt. Andererseits sind mir aus „Mar y Murtra" (Faustgarten) bisher keine Bastarde bekanntgeworden. Die Bestachelung dieser Pflanze ist feiner und kürzer (Abb. 3364).

38. **Trichocereus nigripilis** (PHIL.) BACKBG.

Nur ein Name war: *Cereus chilensis nigripilis* HIRSCHT.

— **Trichocereus tunariensis** CARD. — „Cactus", 14 : 64, 160—161. 1959

Strauchig, aus der Basis verzweigt, 2—3 m hoch werdend; Tr. säulig-aufrecht, blaßgrün, an der Basis bis 12 cm ⌀ (die Tr. selbst wohl von geringerem Durchmesser: BACKEBERG); Rippen 16—21, 1—1,5 cm hoch, 1,5—1,7 cm breit; Areolen 1 cm entfernt, oval, 4—6 mm ⌀, graufilzig; St. nicht in randständige und mittlere trennbar, ca. 17, strahlend, bis 5—6 cm lang, alle dünnadelig, biegsam, die längsten abwärts gerichtet, alle gelblich; Bl. um den Scheitel, zahlreich, trichterig, 15—17 cm lang; Ov. kugelig, 2,5 cm ⌀, mit grünen und oben roten Schuppen sowie (wie die Röhre) mit braunen und schwarzen Haaren; Röhre 2 cm lang (Durchmesser ?), gebogen, mit 6 mm langen rosa Schuppen; Sep. 3 cm lang, purpurn, lanzettlich; Pet. 6,5 cm lang, breitspatelig, oben gerundet, weiß, Staubf. in zwei Serien, 1 cm über dem Grunde frei werdend, blaßgrün; Gr. 10 cm lang, 3 mm

3364   3365

Abb. 3364. Trichocereus sp. (Sammlung: Rubingh, Soestdijk.)
Abb. 3365. Trichocereus fulvilanus Ritt. n. nud. (Sammlung: H. Thiemann, Bremen.)

dick, unten blaßgrün, oben weißlich; N. 18, gelblich; Fr. kugelig, 4 cm lang, 5 cm $\varnothing$, dunkelgrün, mit kurzen dunkelbraunen, schwarzen und weißen Haaren sowie bis 2 cm langen, abrupt gespitzten Schüppchen; Pulpa weiß, eßbar; S. 1,5—2 mm lang, glänzend, fein punktiert. — Bolivien (Dept. Cochabamba, Prov. Cercado, zwischen Yurac Kkasa und San Miguel, auf 3800 m).

Die Art gehört im Schlüssel von Bd. II (S. 1098) zwischen *Tr. chalaensis* und *T. santaensis*, nach Triebdurchmesser und Wuchsform; in der großen Rippenzahl weicht sie von anderen wesentlich ab.

Callé meint in der französischen Veröffentlichung, die Art erinnere an „*Trichocereus herzogianus* v. *totorensis* Card.", wohl wegen der zusätzlichen Angabe von Cardenas „Triebe zylindrisch bis keulig". Hier zeigt sich schon die Bedeutung meiner Abtrennung von *Helianthocereus*. Dem Bild nach ist die Angabe der lateinischen Diagnose „flores ex apice" unrichtig, denn die Blüten entstehen kranzförmig um den Scheitel, die Beschreibung sagt „nocturnes" (!). *Helianthocereus herzogianus totorensis* Card. ist dagegen ein bis 20 cm starker Tagblüher von kontinuierlich-keuligem Wuchs der dicken Triebe, die Blüten zum Teil auch mehr im Scheitel und nur 10 cm lang (!) (vgl. Abb. 1279 in Bd. II). Auch hieran erweist sich wieder, daß nur eine exaktere Trennung die wesentlichen Artgruppenunterschiede besser erkennen läßt.

Die Angabe der Röhrenlänge „2 cm" ist angesichts der Blütenlänge sicher ein Irrtum; es ist wohl der Durchmesser gemeint.

Ein Katalogname RITTERS (WINTER-Katalog, 11. 1959) ist *Trichocereus totorillanus* RITT. (FR 851). Ob zu *Trichocereus* oder *Helianthocereus* gehörend, ist nicht festzustellen.

Trichocereus fulvilanus RITT. (FR 263) (WINTER-Katalog., 9. 1957) ist eine charakteristische neue Art, schon die stumpfgrünen Sämlinge wild bestachelt; 8 Rippen, runde Kante, um die Areolen verdickt; Areolen ca. 1 cm lang, weißbräunlich; Randst. ca. 9, bis 1,5 cm lang, die oberen stärker als die unteren; Mittelst. 2—3, wenn 3 der oberste mehr zum Rande hin, steif und derbpfriemlich, bis über 3,5 cm lang, anfangs alle, später mehr die stärkeren rotbräunlich, stechend. — Chile (Abb. 3365, Züchter: H. THIEMANN, Bremen).

Der noch immer unbeschriebene Name wurde bereits kurz erwähnt in Bd. II, S. 1145.

Trichocereus huancayensis nom. nud. war nur ein Name in einem Reisebericht von JOHNSON im US-Journ., 26. 1948.

79. ROSEOCEREUS BACKBG.

1. **Roseocereus tephracanthus** (LAB.) BACKBG.

Ein Synonym ist *Eriocereus tephracanthus boliviensis* (WEB.) MARSH., Cact., 98. 1941, comb. nud. Die Stacheln sollen „gelb" sein; sicher nur eine Form. Ich sah höchstens hellgelbliche Tönung der Jungstacheln. Die Schreibweise „*boliviensis*" ist nicht richtig, nach SCHUMANN: *bolivianus* WEB. Als Synonym ist am Ende des Gattungstextes daher hinzuzufügen: *Cereus tephracanthus bolivianus* WEB. SCHELLE schreibt den Namen ebenfalls irrig: „*Cereus tephracanthus boliviensis*".

80. EULYCHNIA PHIL.

4. **Eulychnia acida** PHIL.

Ein neuerer Katalogname RITTERS ist *Eulychnia acida* var. *procumbens* RITT. (FR 650). Warum eine niederliegende Form eine Varietät einer baumförmigen Art sein soll, konnte ich bisher nicht erfahren. Der Name erschien in WINTER-Katalog, 7. 1959.

Nur ein Name war *Cereus chilensis acidus* (MfK., 159. 1898)

82. HAAGEOCEREUS BACKBG.

Zur Veranschaulichung des typischen Habitus in der Kultur bringe ich einige Fotos in schwarzweiß und farbig:

1. Schwarzweiß-Fotos:

7c. **Haageocereus olowinskianus** var. **rubriflorior** RAUH & BACKBG. (Abb. 3366, links oben).

11. **Haageocereus versicolor** (WERD. & BACKBG.) BACKBG. in Blüte (Abb. 3366, rechts oben, Foto: CULLMANN).

13. — **laredensis** (BACKBG.) BACKBG. aus meiner Originalsaat (Abb. 3366, links unten, Foto: CULLMANN).

26. — **peniculatus** RAUH & BACKBG. Die Art wurde in RAUH, „Beitr. z. Kenntn. d. peruan. Kaktveg.", 1958, nicht aufgeführt, aber schon in Descr. Cact. Nov., 21. 1956. Die feinen Borstenstacheln sind in der Kultur noch zarter (Abb. 3366, rechts unten).

Abb. 3366. Links oben: Haageocereus olowinskianus var. rubriflorior RAUH & BACKBG.; rechts oben: Haageocereus versicolor (WERD. & BACKBG.) BACKBG.; links unten: Haageocereus laredensis (BACKBG.) BACKBG.; rechts unten: Haageocereus peniculatus RAUH & BACKBG., neben H. piliger die feinborstigste Art.
(Foto rechts oben und links unten: CULLMANN.)

Abb. 3367. Links: Haageocereus pseudomelanostele (WERD. & BACKBG.) BACKBG. (Foto: CULLMANN); rechts: Haageocereus litoralis RAUH & BACKBG.

Abb. 3368. Links: Unveränderter Kulturhabitus des Haageocereus turbidus var. maculatus RAUH & BACKBG. — Rechts: Der typisch seitlich sprossende Haageocereus (Loxanthocereus?) ocona-camanensis RAUH & BACKBG., mit hellgelblicher Bestachelung.

Abb. 3369. Haageocereus sp. „von Huancavelica", von RITTER gesammelt und unbeschrieben; Bestachelung rein weiß. (Sammlung: Botanischer Garten Berlin-Dahlem.)

30a — **turbidus** var. **maculatus** RAUH & BACKBG. (Abb. 3368, links).

34. — **pseudomelanostele** (WERD. & BACKBG.) BACKBG., aus meiner Originalsaat (Abb. 3367, links, Foto: CULLMANN).

44. — **litoralis** RAUH & BACKBG. (Abb. 3367, rechts unten).

48. — **ocona-camanensis** RAUH & BACKBG., in RAUH, „Beitr. z. Kenntn. d. peruan. Kaktveg.", nicht genannt. Sproßt auffällig seitlich (ein *Loxanthocereus*? Diese sprossen mehr von unten her) (Abb. 3368, rechts).

— — sp. RITT., „von Huancavelica", im Botanischen Garten Berlin-Dahlem (Abb. 3369).

2. Farbfotos:

Der Formenkreis des *Haageocereus decumbens*:

42. **Haageocereus decumbens** (VPL.) BACKBG., Typus der Art (Abb. 3370, links oben).; Knospen gering behaart.

42a. — — v. **spinosior** BACKBG. (Abb. 3370, rechts oben).

43. — **australis** BACKBG. (Abb. 3370, links unten); Blüte stärker behaart.

— — **multicolorispinus** BUIN. & CULLM.[1]), erwähnt in Succulenta, 1 : 10. 1960; Sammlung BUINING:

Die Pflanze wurde von AKERS gesammelt und ist ein weißer Nachtblüher, Blüten ähnlich denen von *H. decumbens*; die Pflanze sah ich stärker aufrecht wachsend (Abb. 3370, rechts unten). Dazu gehört auch der Name, l. c. mit Abbildung, *H. superbus* CULLM., eine Pflanze mit kurzen Stacheln.

Die in Succulenta, 1 : 10. 1960, von CULLMANN sonst noch veröffentlichten comb. nud. wurden von mir bereits in Bd. II mit Basonym vorgenommen oder in der Synonymie genannt.

Kulturhabitus verschiedener Arten:

7. **Haageocereus olowinskianus** BACKBG. (Abb. 3371, links oben).

39. — **piliger** RAUH & BACKBG. (Abb. 3371, rechts oben).

41. — **platinospinus** (WERD. & BACKBG.) BACKBG. (Abb. 3371, links unten).

47. — **ambiguus** RAUH & BACKBG. (eventuell ein *Loxanthocereus*?) (Abb. 3371, rechts unten).

— — sp. RITT., „von Ica", FR 146, eine gute Art, dicht violettbräunlich bestachelt. Hierfür sollte der Name *H. icensis* gewählt werden (Abb. 3372). Es ist dies nicht (wie in Bd. II, S. 1247, vermutet) *H. acranthus* var. *metachrous*.

---

[1]) Die unter diesem Namen in Bd. II, S. 970, erwähnte Pflanze gehört nicht zu obiger Art, sondern ist ein vielleicht noch unbeschriebener *Loxanthocereus*.

Abb. 3370. Die Habitusunterschiede der Haageocereus decumbens-Gruppe. Links oben: Typische Kulturform des H. decumbens (VPL.) BACKBG.; Blüte schwach behaart. — Rechts oben: H. decumbens var. spinosior BACKBG. (Kulturpflanze, die zeigt, wie die Bestachelung in der Länge wieder typisch wurde, nachdem die Zeit der Eingewöhnung [kürzere Bestachelung] überwunden ist.) — Links unten: Haageocereus australis BACKBG., dem H. decumbens zwar verwandt, aber im Habitus deutlich unterschieden, die Hauptstacheln am Grunde verdickt; Blüte stärker behaart. — Rechts unten: Haageocereus multicolorispinus BUIN. & CULLM., von AKERS gesammelt, noch unbeschrieben. Ich sah höhere aufrechte (!) Pflanzen.

Abb. 3371. Charakteristischer Kulturhabitus von (links oben) Haageocereus olowinskianus Backbg.; rechts oben: Haageocereus piliger Rauh & Backbg.; links unten: Haageocereus platinospinus (Werd. & Backbg.) Backbg. (die typisch bleigraue Farbe der Stacheln stellt sich am Standort erst später ein); rechts unten: Haageocereus ambiguus Rauh & Backbg.

Synonymnachtragung:

Folgende *Binghamia*-Kombinationen sind noch nachzutragen bei:

4. **Haageocereus acranthus** (VPL.) BACKBG.
Syn: *Binghamia acrantha* (VPL.) BR. & R., The Cact., II: 168. 1920.
Ein nom. prov. von mir war *Binghamia cajamarquilla*.

7. — **olowinskianus** BACKBG.
Syn.: *Binghamia olowinskiana* (BACKBG.) MARSH., Cact., 100. 1941.

11. — **versicolor** (WERD. & BACKBG.) BACKBG. Syn.: *Binghamia versicolor* (WERD. &BACKBG.) WERD., Kaktkde. u. Kaktfrd., 2: 24. 1937.

11a. — — **lasiacanthus** (WERD. & BACKBG.) BACKBG. Syn.: *Binghamia versicolor* var. *lasiacantha* (WERD. & BACKBG.) MARSH., l. c., 1941.

11e. — — **xanthacanthus** (WERD. & BACKBG.) BACKBG. Syn.: *Binghamia versicolor* var. *xanthacantha* (WERD. & BACKBG.) MARSH., l. c., 1941.

11f. — — **humifusus** (WERD. & BACKBG.) BACKBG. Syn.:*Binghamia humifusa* (WERD. & BACKBG.) WERD., l. c., 24. 1937. — *Binghamia versicolor* var. *humifusa* (WERD. & BACKBG.) MARSH., l. c., 1941.

13. **Haageocereus laredensis** (BACKBG.) BACKBG.
Syn.: *Binghamia laredensis* (BACKBG.) WERD., l. c., 1937.

18. — **pacalaensis** BACKBG.
Syn.: *Binghamia pacalaensis* (BACKBG.) WERD., l. c., 1937.

20. — **chosicensis** (WERD. & BACKBG.) BACKBG.
Syn.: *Binghamia chosicensis* (WERD. & BACKBG.) WERD., l. c., 1937.

34. — **pseudomelanostele** (WERD. & BACKBG.) BACKBG.
Syn.: *Binghamia pseudomelanostele* (WERD. & BACKBG.) WERD., l. c., 1937.

41. — **platinospinus** (WERD. & BACKBG.) BACKBG.
Syn.: *Binghamia platinospina* (WERD. & BACKBG.) WERD., l. c., 1937.

42. — **decumbens** (VPL.) BACKBG.
Syn.: *Binghamia decumbens* (VPL.) WERD., l. c., 1937.

43. — **australis** BACKBG.
Syn.: *Binghamia australis* (BACKBG.) WERD., l. c., 23. 1937.

Abb. 3372. Haageocereus icensis nom. prop., eine schöne, von RITTER bei Ica gesammelte Art.
(Sammlung: Dr. KARIUS.)

Die *Binghamia*-Kombinationen WERDERMANNS und MARSHALLS wurden ungültig, da der Genusname sich als ein Homonym erwies.

Zu dem nom. rejic. *Binghamia multangularis* (s. S. 1224, oben) hat BORG in Cacti, 184. 1957, noch folgende Kombinationen gestellt: v. *limensis* (SD.) BORG,

v. *pallidior* (HAW.) BORG und v. *rufispina* (HAW.) BORG. (Vgl. hierzu die Fußnoten auf S. 1177 und 1225).

Binghamia matucanensis nom. nud. war nur ein Name in einem Reisebericht JOHNSONS im US-Journ., 26. 1948.

Folgende Namenskombinationen von RITTER sind zwar als Katalognamen nicht gültig, sie können aber auch als Kombinationen mit „*Haageocereus multangularis*" und „*H. limensis*" nicht anerkannt werden, da die alten Namen, wie auf S. 1225 (Bd. II) dargelegt, zu einer sicheren Identifizierung nicht ausreichen. Die folgenden Katalogbezeichnungen werden hier nur genannt, aber nicht als bestimmte Synonyme, auch, da zum Teil nicht feststeht, ob sie auf die Pflanzen angewandt wurden, die den Varietätsnamen entsprechen sollen:

WINTER-Katalog, 8—9. 1959: *Haageocereus multangularis, H. multangularis* var. *aureus* RITT. (FR 147d, gelb, aus N-Peru), var. *dichromus*, var. *pseudomelanostele*, var. *pseudomelanostele* subvar. *chrysacanthus*, var. *turbidus*; *H. decumbens* var. *subtilispinus* RITT. (FR 126a, „schön dicht zart bestachelt„"); *H. chalaensis* RITT. (FR 187, von Atico); *H. limensis, H. limensis* var. *andicolus* (RITT., FR 145), var. *zonatus*, var. *metachrous*.

„*H. multangularis*": Fig. 255, in BRITTON u. ROSE, „The Cact., IV : 279. 1923, ist offensichtlich eine Kulturpflanze. Damit scheidet dieses Bild zum Vergleich schon aus, weil *Haageocereus* im Kulturzustand bzw. Fotos von solchen Stücken in schwarzweiß keine verläßliche Vergleichsgrundlage sind. Hier fehlen auch die „bis 3 cm langen Mittelstacheln", die BRITTON u. ROSE für „*Binghamia melanostele* sensu BR. & R." [*Haageocereus pseudomelanostele* (WERD. & BACKBG.) BACKBG.] angeben. Zwar sind RITTERS Katalogkombinationen bisher ungültig. Es könnte aber sein, daß er sie publizieren will. Daher muß schon hier dazu Stellung genommen werden. Nach meiner Ansicht sind die Kombinationen mit „*Cereus multangularis*" und „*C. limensis*" ziemlich willkürlich vorgenommen; man fragt sich daher, warum dann nicht auch *H. convergens* RITT. (FR 671) oder z. B. *H. albidus* RITT. (FR 678) ebenfalls mit zu „*H. multangularis*" einbezogen wurden, denn das müßte sein, wenn der letztere Name wirklich eindeutig wäre. Ebenso ist es mit „*C. limensis*". RITTER identifiziert damit *H. olowinskianus*; das ist bei dieser Pflanze mit auffällig stärkeren und viel längeren 1—2 Hauptstacheln (*C. limensis*: centralibus 8—10 divergentibus) gar nicht möglich. Mein Farbfoto von „*Haageocereus* sp. FR 146 (Ica)" zeigt ferner eine Pflanze, die gar nichts mit *H. acranthus* var. *metachrous* RAUH & BACKBG. gemein hat, dennoch nennt RITTER sie jetzt „*H. limensis* var. *metachrous*". Ich bringe daher Farbfotos von Originalpflanzen, die auch den Kulturzustand im Oberteil wiedergeben, denn gerade bei dem vorübergehenden Habituswechsel (oder in nördlicheren Ländern ständigen) bei *Haageocereus* kann eine Benennung nur nach sorgfältiger Sammelarbeit in Übersee und exakter Beschreibung der daselbst gesehenen Pflanzen vorgenommen werden, sonst ist es unmöglich, drüben gesammeltes Material hier nachzubestimmen. AKERS sowohl wie RAUH haben diese recht undankbare Aufgabe übernommen, und RAUH hat in „Beitr. z. Kenntn. d. peruan. Kaktveg". eine so sorgsame Beschreibung mit genauen Standortsangaben vorgenommen, ebenso AKERS, daß diese Arbeiten bisher allein als zuverlässig angesehen werden können und als ausreichende Unterlage für denjenigen, der ein detailliertes Bild der eigentümlichen *Haageocereus*-Flora Perus gewinnen will, d. h. von den Habitusunterschieden an den jeweiligen Standorten, der Verschiedenheit der Blüten, Früchte, Behaarung (oder Fehlen derselben). Da solche exakten Arbeiten vorliegen, erscheint es als überflüssig, neue Kombinationen mit Namen vorzunehmen, die ganz unsicher und nicht mehr zu klären sind. Hier muß genauso vorgegangen werden, wie es WERDERMANN etwa mit den *Cereus*-Arten im Huntington Garden tat. In solchen Fällen können wir uns nur auf unsere heutige Kenntnis verlassen. Bei der Fig. 237 BRITTON u. ROSES (The Cact., II: 167. 1920) handelt es sich auch so eindeutig um *Haageocereus acranthus* (VPL.) BACKBG., daß es unverständlich ist, wie RITTER ihn in Kat. 1959 in *H. limensis* var. *andicolus* umbenennen konnte, d. h. also dem Sinne nach in eine Varietät von *H. olowinskianus*. Seine Benennungsunsicherheit bei diesem Genus geht auch daraus hervor, daß er *H. pseudomelanostele* im Katalog 1959 noch führt, während er ihn im Katalog 1960 zu dem undefinierbaren „*Cereus multangularis*" stellt. Im Interesse der endlichen Beruhigung in den Benennungen wäre es wünschenswert, daß RITTER sich auf die bestehenden sorgfältigen Arbeiten, wie die RAUHS, einstellt, um die sonst unvermeidliche Verwirrung gerade bei diesen schönen Cereen zu vermeiden. Er selbst hat einen wesentlichen Beitrag zur Erweiterung unserer Kenntnis dieser Artengruppe geleistet; sicher würde es allgemein begrüßt, wenn Liebhaber und Züchter auch bei ihm mit sicheren Namen rechnen könnten.

In The Cact. & S. J. Gr. Brit., 22: 1. 1960, bietet die Firma J. W. Churchman einen *Haageocereus clawsonii* an, der mir unbekannt ist.

(82 A). PYGMAEOCEREUS JOHNS. & BACKBG.

Im WINTER-Katalog, 10. 1960, erschien von F. RITTER nur eine Art: *P. bylesianus* (FR 561 A), mit der Bezeichnung „mit feinen Stächelchen; lange weiße Blüten". Danach handelt es sich um den Typus der Gattung. Ein von mir in Bd. II, S. 1254, erwähnter *Pygmaeocereus*, unter der RITTER-Nr. FR 322, findet sich hingegen nicht in den WINTER-Katalogen. Die RITTER-Nr. ist also unzutreffend; vielleicht handelt es sich um ein Exemplar, das von JOHNSON (USA) stammt. Er ist in mehrfacher Hinsicht unterschieden und muß daher hier benannt werden:

Abb. 3373. Pygmaeocereus rowleyanus BACKBG. (links; rechts zum Vergleich: P. bylesianus BACKBG.). Die neue Spezies unterscheidet sich durch kleinere Blütenkrone, kürzere Röhre und dichtere sowie feinere Bestachelung. (Foto und Sammlung: ANDREAE.)

2. **Pygmaeocereus rowleyanus** Backbg. n. sp.

Differt a *P. bylesianus* areolis oblongis; aculeis tenuioribus, numerosioribus, flore minore, tubo magis lanato.

Bei gleicher Gestalt wie *P. bylesianus* weicht diese zweite Art dadurch ab, daß die oblongen Areolen viel mehr und weichere, dicht allseitig strahlende und etwas mehr abstehende Stacheln haben, in mehrseriger Anordnung, die mittleren nicht trennbar, alle weiß, anfangs die mittleren dunkelspitzig; die Blüte ist kürzer und nur ca. zwei Drittel so breit wie bei *P. bylesianus*, sie hat eine mehr rötliche Röhre, und diese ist stärker behaart; nach dem Hochstand färben sich die Blüten an Röhre und Sepalen lebhafter rötlich. — Peru (Abb. 3373, links; Abb. 3374).

Der Typus der Art befindet sich in der Sammlung Andreae, Bensheim.

83. WEBERBAUEROCEREUS Backbg.

In Bd. II, S. 1273, führte ich am Ende von *Weberbauerocereus* den provisorischen Ritterschen Gattungsnamen *Floresia* auf; er wurde neuerdings von Ritter als identisch mit *Weberbauerocereus* bezeichnet; dadurch ergaben sich folgende neue Rittersche Namen, die bisher unbeschrieben sind:

Weberbauerocereus albus Ritt. (FR 571), weißstachlig, identisch mit *W. longicomus* Ritt. (FR 656), „weiße Pflanzen" (Winter-Katalog 1960)?
— *winterianus* Ritt. (FR 165),
— — var. *flavus* Ritt. (FR 165a),
— *johnsonii* Ritt. (FR 570).

Abb. 3374. Pygmaeocereus rowleyanus Backbg., Vermehrungspflanze.

Bis auf den ersten Namen handelt es sich um ± gelb bestachelte Pflanzen, die als Kulturstücke nicht sehr unterschiedlich sind. Wieweit die Arten berechtigt sind, vermag ich daher nicht zu sagen. Sämlingspflanzen erwiesen sich als wüchsig, schlank und schön gelb bestachelt.

Nach RITTER ist (Katalog 1961) *W. fascicularis densispinus* RITT. (S. 1267) identisch mit *W. fascicularis horridispinus* RITT. bzw. *W. horridispinus* RAUH & BACKBG.

84. ECHINOPSIS ZUCC.

4. **Echinopsis pudantii** PFERSD.

Ich sah einen größeren Bestand importierter Pflanzen bei dem Züchter KLUTH, Friedrichstadt; die Rippenzahl des mir vorliegenden Stückes ist 13, die Stacheln sind alle gleich lang, nicht stechend, ihre Zahl wie im Schlüssel angegeben, die bis 6 mittleren mit bloßem Auge nicht viel kräftiger erscheinend, unter der Lupe aber nach unten zu stärker verdickt, jedoch keinesfalls so stark wie bei *E. eyriesii*. BRITTON u. ROSE sahen *E. pudantii* als ein Synonym von *E. eyriesii* an, die im Habitus durchaus unterschieden ist; es fehlt die dickere Areolenwolle der letzteren, und die Stachelbündel stehen völlig frei. Die Pflanzen wurden aus S-Brasilien importiert (bisher war das Verbreitungsgebiet nicht bekannt).

6. **Echinopsis calochlora** K. SCH.

6a. v. **albispina** BACKBG. n. v. Meine Angabe der Körperfarbe „hellgrün" für den Typus der Art wurde nach einem von mir gesehenen, aber anscheinend nicht in guter Kultur befindlichen Exemplar gemacht. BERGER gibt an „tief glänzendgrün", BRITTON u. ROSE „tiefgrün". Die obige Varietät wurde jetzt von dem Züchter KLUTH, Friedrichstadt, importiert:

> Differt aculeis radialibus ad ca. 25, centralibus plerumque 4, primo pallide flaveolis, mox albis; flore roseo.

Der Körper ist bläulichgrün, etwas glänzend; Stacheln meist ziemlich weich, nur die mittleren anfangs etwas stechend, alle bald weiß, die mittleren zuerst blaßgelblich, später nur der Fuß eine Zeitlang so getönt; Randstacheln bis 25, fast borstenartig; Mittelstacheln meist 4; Blüten rosenrot. — S-Brasilien (Abb. 3375).

Vom Typus der Art weicht also die Stachel- wie auch die Blütenfarbe ab; die Rippen sind zwar deutlich, aber fein gekerbt.

20. **Echinopsis bridgesii** SD.

Was *E. bridgesii* v. *quimensis* RITT. (FR 102a), in WINTER-Katalog, 22. 1959, ist, kann ich nicht feststellen.

24. **Echinopsis leucantha** (GILL.) WALP.

Ein Synonym ist *Echinocactus salpingophorus* Lab.

Zu den im vorletzten Absatz aufgeführten Namen (der Bastarde) *E. poselger* R. MEY. & HILDM., v. *brevispina* HILDM. und v. *longispina* HILDM. (bei Y. ITO Varietäten von *E. xiphacantha*) führt G. D. ROWLEY in Rep. Plant. Succ., VIII: 13. 1957, noch folgende Namen in Klammern auf: *E. campylacantha* v. *brevispina* R. MEY. und v. *longispina* R. MEY.

CARDENAS beschrieb inzwischen folgende neue Arten:

— **Echinopsis pojoensis** CARD. — „Cactus", Paris, 14 : 64, 165—166. 1959 (mit Abbildung)

Einzeln, kugelig oder kurzzylindrisch, 8—10 cm hoch, 9—10 cm breit, blaugrün; Scheitel schwach vertieft; Rippen 10, stumpflich, 1,5 cm hoch, unten 2,5 cm breit; Areolen 1,5 cm entfernt, 7 mm ⌀, graufilzig; St. 7—10, strahlend, 5 bis 25 mm lang, nadelig, grau, Spitze rötlich; Bl. wenige, 7 cm breit, 17 cm lang; Ov. kugelig, 1,5 cm lang, dunkelgrün, Schuppen 2 mm lang, blaßgrün bis durchsichtig, dicht weiß und schwarz behaart, wie die Röhre; Röhre über Ov. 1,2 cm dick, grünstreifig, Schuppen spitz, 3—5 mm lang; Sep. linear-lanzettlich, 4 cm lang, Spitze bräunlich; Pet. lanzettlich, oben grün, sonst weiß, 4,5 cm lang, die innersten breitelliptisch, 5 cm lang; Staubf. unten grün, oben weiß (innere Reihe) bzw. weiß (obere Reihe); Gr. 11,5 cm lang, grün, 1,2 mm dick; N. 8, schwefelgelb; Fr. unbekannt. — Bolivien (Dept. Cochabamba, Prov. Carrasco, unterhalb der Puente Pojo, auf 2700 m).

Die Art gehört im Schlüssel Bd. II (S. 1277) hinter *E. herbasii*, ebenfalls nadelig und grau bestachelt, aber der Körper ist bei obiger Art mehr blaugrün, die Stachel- und Rippenzahl geringer.

Abb. 3375. Echinopsis calochlora var. albispina BACKBG. Importpflanze aus Brasilien. (Sammlung: KLUTH, Friedrichstadt.)

— **Echinopsis pseudomamillosa** CARD. — „Cactus", Paris, 14: 64, 164—165. 1959 (mit Abbildung)

Einzeln, kugelig bzw. breitrund, 7—8 cm hoch, 10—12 cm ⌀; Scheitel etwas eingesenkt; Rippen etwas schief gekerbt, ca. 18; Areolen 1,5 cm entfernt, schief angeordnet, 8 mm ⌀, kremfilzig; St. kammförmig gestellt, 4 nach jeder Seite, 2 aufwärts und 1 abwärts weisend, die kürzesten 5 mm lang, die mittleren 12 mm lang, die längsten 3—4 cm lang, nadelig, grau, mit brauner Spitze, am Grunde verdickt, die längsten oben etwas einwärts gebogen; Bl. hochseitlich, nächtlich, 18 cm lang, 8 cm breit; Ov. kugelig, 1,5 cm ⌀, hell braungrün, Schuppen 2 mm lang, mit dichten weißen und einigen braunen Haaren; Röhre 11,5 cm lang, braun und hellgrün gestreift, Schuppen 3—4 mm lang, fleischig, dicht braun und weiß behaart; Sep. lanzettlich, glänzendgrün, fleischig; Pet. der äußeren Reihe weiß, grünspitzig, lanzettlich bis spatelig, die inneren 6 cm lang; Staubf. weiß, Röhreninneres ebenfalls weiß; Gr. 9,5 cm lang, grünlich; N. 9, dünn, 2 cm lang, grünlich; Fr. unbekannt. — Bolivien (Dept. Cochabamba, Prov. Cercado, Cerro de San Pedro, auf 2560 m).

Von F. RITTER gefunden. Da es sich um eine Pflanze mit nächtlichen, 18 cm langen Blüten handelt, scheint die Art zu *Echinopsis* zu gehören, wenn auch CARDENAS sagt „Rippen beilförmig gehöckert", aber sie sind mehr warzig geteilt (daher der Artname); da die Röhrenlänge nur um ca. 2 cm die Saumbreite übertrifft, gehört die Art im Schlüssel von Bd. II (S. 1281) hinter *E. mamillosa*. Der Griffel ist verhältnismäßig kurz.

— **Echinopsis vellegradensis** CARD. — „Cactus", Paris, 14: 64, 163. 1959 (mit Abbildung)

Einzeln, kugelig, 5,7 cm hoch, 8—9 cm ⌀, blaßgrün; Rippen gerade, ca. 12, stumpf, 1 cm hoch, unten 2 cm breit; Areolen 10—12 mm entfernt, 6 mm ⌀, rund bis dreieckig, grau- oder bräunlich-filzig; Randst. 7—11, 8—15 mm lang, strahlend, etwas zusammengedrückt, grauweiß; Mittelst. 1, aufwärts gerichtet, 2—3 cm lang, aschgrau; Bl. wenige, hochseitlich, 20 cm lang; Ov. kugelig, 1 cm ⌀, mit rosa gespitzten Schuppen und (wie die Röhre) dicht weiß- und braunhaarig; Röhre 11—12 cm lang, purpurgrün, Schuppen 5 mm lang, spitz, rosa, Spitze weiß; Sep. linear, 6 cm lang, bräunlichgrün; Pet. spatelig, 6 cm lang, weiß; Staubf. zweiserig, untere grünlich, obere weiß; Gr. 15 cm lang, 1,5 mm dick, grün; N. 11, gelbgrün; Fr. unbekannt. — Bolivien (Prov. Valle Grande, Dept. Santa Cruz, auf 2700 m, am Wege Mataral-Valle Grande).

Die Stacheln der jüngeren Areolen sind dunkelbraun. Die Art gehört im Schlüssel von Bd. II (S. 1277) hinter *E. herbasii* CARD. und *E. pojoensis* CARD. bzw. als eigene Rubrik mit „anfangs dunkelbraunen Stacheln", die Rippenzahl ist geringer als bei *E. herbasii*, aber etwas höher als bei *E. pojoensis*.

Vielleicht handelt es sich bei dem Artnamen um einen Druckfehler; dem Typstandort Valle Grande sowie den Endsilben des Namens nach müßte er eigentlich „*vallegrandensis*" heißen.

— **Echinopsis cerdana** CARD. s. unter *Pseudolobivia*.

32. **Echinopsis mamillosa** GÜRKE. — Syn.: *E. ritteri* BÖD.

RITTER führt in WINTER-Katalog, 22. 1959, das Synonym als *E. mamillosa* var. *ritteri* (BÖD.) RITT., aber ohne weitere Angabe. Die Art schwankt wohl etwas in den Merkmalen, aber ob es sich hier um Formen oder eine Varietät handelt und welche dann von RITTER gemeint ist, läßt sich nicht feststellen.

Weitere Katalognamen RITTERS, l. c., sind: *Echinopsis orozasana* RITT. (FR 379), *E. silvatica* RITT. (FR 782), *E. tamboensis* RITT. (FR 780). Mit *E. mamillosa* verglichen werden von diesen Namen: *E. tamboensis* (zarter), *E. orozasana* (stacheliger). Bei *E. silvatica* steht „bolivianischer Urwald"; es ist aber unwahrscheinlich, daß im Urwald eine *Echinopsis* wachsen soll.

85. LEUCOSTELE BACKBG.

1. **Leucostele rivierei** BACKBG.

Da ich inzwischen die Blüten eingehender untersuchen konnte, gebe ich nachstehende genauere Beschreibung: Länge der Bl. ca. 10 cm; Ov. mit Röhre auf ca. 3 cm Länge gleich dick, ca. 15 mm ⌀, die Bl. dann glockig-trichterig erweiternd; Perigonbl. stark umbiegend im Hochstand, die inneren rein weiß, ca. 1,2 cm breit, spitz zulaufend; Staubf. in zwei Serien, unten stärker vorspringende Verwachsungsleiste; Nektarkammer unten ziemlich eng, auf 8 mm Breite erweiternd, 2 cm lang; Gr. fast 3 mm dick; Staubb. zylindrisch und ziemlich lang, die der unteren Serie nur ca. zwei Drittel der Höhe des ± glockigen Blütenteiles erreichend; außen ist die ganze Bl. mit fest anliegenden, dreieckigen Schuppen besetzt, diese nach unten zu immer kleiner werdend, an ihrem Rande nur ein kleiner Filzsaum, über der Schuppenspitze etwas länger-kräuselig, aber auch relativ kurz; das Ov. ist ebenfalls nur mäßig bzw. ziemlich kurz befilzt, an ihm entstehen bis 1 cm lange Borsten (!), meist aufgerichtet oder ± anliegend, ebenfalls an der Frucht, zum Teil etwas gedreht. In der Reduktionslinie steht daher *Leucostele* vor *Helianthocereus*, der nur behaarte Früchte hat.

86. HELIANTHOCEREUS BACKBG.

1. **Helianthocereus pasacana** (WEB.) BACKBG.

Wie in Bd. II, S. 1302, erwähnt, soll *Echinopsis formosissima* LAB., non sensu CAST. & LELONG, obige Art gewesen sein; dann ist ein weiteres Synonym *Cereus formosissimus* WEB., in Dict. Hort. Bois, 471. 1896.

Ein Synonym ist noch *Trichocereus pasacana* (WEB.) BR. & R., The Cact., II: 133. 1920.

2. **Helianthocereus poco** (BACKBG.) BACKBG.

Ein Name ist *Pilocereus poco* HORT., in BORG, Cacti, 177. 1951.

10. **Helianthocereus huascha** (WEB.) BACKBG.

Ein Name in SCHELLE, Kakteen, 87. 1926, ist *Cereus huascha flavispinus* HORT.

87. CHAMAECEREUS BR. & R.

1. **Chamaecereus silvestrii** (SPEG.) BR. & R.

Hierunter schrieb ich auf S. 1336, daß mir unbekannt ist, was in England als var. *lutea* angesehen wird. Herr Dr. WILH. BOEDICKER, Oberhausen, stellte mir das Farbfoto dieser Pflanze zur Verfügung; danach ist der Name mit *Ch. silvestrii* f. *aurea* identisch, wie z. B. FRIČ sie nannte. Ich bringe hier dieses Farbbild, um auch eine sogenannte „Gelbform" zu zeigen, wie auf Tafel 118 unten (Bd. III) eine „Rotform". Solche des Chlorophylls ermangelnden Formen halten sich nur gepfropft; typisch ist hier die spätere Verbreitung zur *Cristate*, so daß es sich höchstwahrscheinlich um eine Gelbform des *Chamaecereus silvestrii* f. *crassicaulis cristata* handelt (Abb. 3376).

Abb. 3376. Chamaecereus silvestrii-Gelbform, anscheinend der f. crassicaulis cristata, die stets erst mit zylindrischem Wuchs beginnt und später in die Kammform übergeht.
(Foto: Dr. W. Boedicker, Oberhausen.)

88. PSEUDOLOBIVIA Backbg.

12. Pseudolobivia torrecillasensis (Card.) Backbg.[1]).

Diese Pflanze wurde als „einzeln, Körper sehr flach, auf dicker, fleischiger Rübe" beschrieben, nach Cardenas' beigegebener Zeichnung in C. & S. J. (US.), 4 : 110. 1956, der Körper in voller Breite in die fleischige Rübe übergehend. Danach, aber auch nach dem Foto der Originalbeschreibung, ist die heute in mehreren europäischen Sammlungen angeblich aus Samen von Cardenas aufgewachsene, als *Echinopsis* oder *Pseudolobivia torrecillasensis* bezeichnete Pflanze nicht obige Art.

Ich halte letztere Pflanze für eine *Lobivia*; sie paßt gut in die Reihe 7 „*Pseudocachenses*" (s. auch dort). Unerklärlich bleibt, daß der Cardenas-Same so benannt wurde; damit muß auch die Herkunft als ungeklärt betrachtet werden. Keinesfalls kann eine solche Pflanze als „*Echinopsis*" angesehen werden.

1959 beschrieb Cardenas noch eine weitere Art, deren Zugehörigkeit zu *Echinopsis* zweifelhaft ist und die ich daher hier aufführe, ohne sie allerdings umzukombinieren:

— **Echinopsis cerdana** Card. — „Cactus" (Paris), 14 : 65, 177. 1959

Einzeln, kugelig, graugrün, 8—10 cm hoch, 10—20 cm $\varnothing$; Rippen 11—16, scharfkantig, gekerbt (und nach dem undeutlichen Foto auch etwas verschoben, in der französischen Beschreibung als gehöckert bezeichnet), 1,5—2 cm hoch, an der Basis 2 cm breit; Areolen 2,5—3 cm entfernt, $\pm$ dreieckig-elliptisch, 1—1,2 cm lang, graufilzig; Randst. 8—12, 1—3 cm lang; Mittelst. 1, 3—6 cm lang; St. alle

---

[1]) In Bd. II, S. 1352, ist bei Abb. 1309 die Schreibweise „torrecillaensis" ein Druckfehler. Die Sämlingspflanzen europäischer Sammlungen sind offenbar nur eine var. der gelbblühenden *Lobivia arachnacantha*.

sehr stark, gebogen, grau mit bräunlicher Spitze, pfriemlich, gedrückt rund, am Grunde verdickt; Bl. trichterig, 14 cm lang; Ov. kugelig, 1,5 cm lang, mit zahlreichen Schuppen, diese 3—4 mm lang, blaßpurpurn, dicht behaart, Haare weiß und schwarz, gewellt; Röhre 4—5 cm lang, purpurn gestreift, Schuppen 5—7 mm lang, purpurn, zugespitzt, mit weißen und schwarzen Haaren; Sep. linearlanzettlich, 6 cm lang, hell lilapurpurn; Pet. lanzettlich, 4 cm lang, weiß; Staubf. in zwei Serien, die unteren ca. 1 cm über Röhrengrund freiwerdend, 2—2,5 cm lang, die oberen 2 cm lang, gekrümmt, weiß wie auch die Staubb.; Gr. kurz, 4 cm lang, 2,5 mm dick, hellgrün; N. 9, dünn, gelbgrünlich. — Bolivien (Prov. Cornelio Saavedra, Dept. Potosi, bei Cerda, auf 3600 m).

CARDENAS weist darauf hin, daß die Art mit ihren Blüten „gewissen Formen der *Echinopsis ferox* BR. & R. ähnelt und die charakteristischsten Stacheln aller bolivianischen *Echinopsis* habe". Vergleicht man damit den Blütenlängsschnitt — das Größenmaß „ × 0,5" ist ungenau; es handelt sich um eine relativ kurze Blüte —, so kann man die ungewöhnlich und sehr stark bestachelte Art durchaus als eine *Pseudolobivia* aus dem Artenkomplex der *Ps. ferox* ansehen, wie auch die nachstehende neue *Pseudolobivia wilkeae*.

— **Pseudolobivia wilkeae** BACKBG. n. sp.

Semiglobosa ad globosa, ad 10 cm et magis ⌀, viridis; costis 18, acutis, non crenatis, ad 9 mm altis, 15 mm latis; areolis 3 cm distantibus, oblongis, 6 mm latis, tomento albido, mox griseo; aculeis radialibus 6—7, subulatis vel ± complanatis, curvatis, distantibus, interdum uno brevissimo, aliis ca. 2,3—4,5 cm longis; aculeis centralibus 1—2 (2: uno radiali in parte superiore areolae), ad 9,3 cm longis, validis, cornicoloris ad ± nigris; flore ca. 8 cm longo, 6,5 cm lato; tubo viridi, ca. 4,5 cm longo, pilis nigritellis; phyllis perigonii exterioribus linearibus, viridescentibus, interioribus roseoalbis, lanceolatis, acutiusculis, ca. 5 cm longis; fructu ignoto.

Halbkugelig bis kugelig, das mir vorliegende blühfähige Stück ca. 10 cm ⌀, aber größer werdend, rein grün; Rippen 18, später durch Einschaltungen vermehrt, im Scheitel schmal, scharfkantig, der scharfe Rücken verbleibend, Basis aber bald verbreiternd, dann 9 mm hoch, 15 mm breit, kaum gekerbt, die Areolen etwas seitlich gerückt; Areolen später ca. 3 cm entfernt, oblong, 6 mm breit, mit weißlichem Filz, dieser bald vergrauend; Randst. 6—7, ungleich, pfriemlich (besonders im Oberteil) oder (nach unten zu) einseitig etwas abgeflacht bis fast kantig, oder zusammengedrückt, gekrümmt, aber abstehend, manchmal ein sehr kurzer, sonst 2,3—4,5 cm lang, der oberste, oft mehr einem Mittelst. gleichend, der längste; Mittelst. 1—2 (wenn 2: einer ± zum oberen Areolenrand gerückt, stark, hornfarben bis schwärzlich, in der Jugend gehakt oder wenigstens einige, bis 9,3 cm lang (oder mehr?); Stachelbasis schwach verbreitert, dunkler oder anfangs am Grunde rötlich; Bl. (Herbarmaterial) ca. 8 cm lang; Röhre grünlich, mit schmalspitzen Schuppen und schwärzlich (-bräunlich) getönter, kräuseliger, dichter Behaarung; Ov. rund; Sep. linear, zugespitzt, ± grünlich, oben etwas rötlich; Pet. ca. 5 cm lang, weißrosa, lanzettlich, fein zugespitzt; Fr. unbekannt. — Bolivien (Region von Uyuni, sehr trockener Standort).

Soweit ohne Zerstörung des Herbarmaterials feststellbar: Eine Nektarkammer scheint nicht vorhanden zu sein, die Staubf. in zwei Serien, Staubb. länglich, Gr. dick, mit den langen N. wenig über die Staubb. der unteren Serie hinausragend. Die Wurzeln sind länger, kräftig und holzig-rübig.

Die Art gehört zur Gruppe der *Ps. longispina*; die Stacheln stehen später schräg nach außen ab, sind ähnlich wild wie bei *Ps. longispina*, die Stachelzahl

Abb. 3377. Oben: Pseudolobivia wilkeae Backbg. Hellstachlige Form des Typus der Art mit weißlicher Blüte. — Unten: Pseudolobivia wilkeae v. carminata Backbg. Dunkel (bis schwärzlich) bestachelte Form der Varietät mit kürzeren karminroten Blüten.

aber geringer, der Körper bleibt kugelig, die Blüte ist zierlicher und weicht besonders bei der Varietät in der Färbung stärker ab (Abb. 3377, oben, und Abb. 3378).

— v. **carminata** BACKBG. n. v.

Differt a typo flore minore, carminato, ad ca. 5 cm longo.

Weicht vom Typus der Art durch schlankere und kürzere, bis ca. 5 cm lange Bl. und ± karminrote innere Perigonb. ab (Abb. 3377, unten).

— **Pseudolobivia acanthoplegma** BACKBG. n. sp.

Depressa, ad ca. 11 cm ⌀; apice tomento griseo-albo; costis ca. 26, crenulatis, tuberculatis, compressis, acutangulis; aculeis radialibus 9—11, pectinatis, adpressis, intertextis, ad ca. 2 cm longis, subulatis, basi ± incrassata, cornicoloris, basi primo interdum aliquid fulvosa; flore rubro.

Stark niedergedrückt, bis ca. 11 cm ⌀ (vorliegendes Stück), blattgrün, mit graufilzigem Scheitel; Rippen anfangs sehr niedrig und schmal, ca. 26, gekerbt und gehöckert, Höcker stark verschoben, später ca. 2,2 cm lang; Areolen auf der Spitze der Höcker, länglich, bis ca. 1 cm lang (später), graufilzig; Höcker später zwar auf ca. 11 mm verbreiternd, die Kante bleibt aber scharf; Randst. 9—11, kammförmig geteilt nach rechts und links, angedrückt, verflechtend, bis 2 cm

Abb. 3378. Pseudolobivia wilkeae BACKBG. Jüngere Pflanze mit der für stärkere Pseudolobivia-Arten typischen, teilweise hakigen Jugendform der Bestachelung.

lang, pfriemlich, hornfarben, mit etwas verstärkter Basis, diese zuerst etwas bräunlich; Bl. rot. — Bolivien (Abb. 3379).

Über die Blüte habe ich keine weiteren Angaben vorliegen. Auffallend ist, daß die Mittelstacheln fehlen. Wie der Name „Stachelkorb" sagt, ist die kammförmig geteilte, seitlich verflochtene Bestachelung eigentümlich, Körper, Rippen- und Stachelbildung von allen anderen bisher bekannten Arten völlig abweichend, so

Abb. 3379. Pseudolobivia acanthoplegma BACKBG., rot blühend.

Abb. 3380. Pseudolobivia frankii n. nud. (Foto: BOZSING.)

daß die Spezies beschrieben werden muß, selbst ohne nähere Blüten- und Standortsangaben, wenn sie nicht in Vergessenheit geraten soll. Sie wurde, wie die vorige Art — die ich daher nach ihr benenne — von Frau WILKE gefunden, ebenso die eigenartige *Lobivia scopulina* n. sp. Diese drei Funde sind durch die Eigentümlichkeit des Habitus unter den bolivianischen Arten besonders bemerkenswert, und mit *Ps. wilkeae* ist eine weitere Spezies des *Ps. ferox*-Komplexes bekanntgeworden, die — wie auch die teilweise Eingliederung zu *Lobivia* durch BRITTON u. ROSE — erkennen läßt, daß die *Pseudolobivia*-Arten nicht zu *Echinopsis* einbezogen werden können, wenn ihre Sonderstellung deutlich erkennbar bleiben soll.

Zu dieser Artengruppe gehört auch eine in österreichischen Sammlungen als *Pseudolobivia frankii* n. nud. bezeichnete Art, mit ± rötlichen Blüten (vielleicht auch variabel wie bei *Ps. wilkeae*). Sie ist ebenfalls sehr charakteristisch (Abb. 3380).

Pseudolobivia sp. ?

Von Herrn RAUSCH, Wien, erhielt ich das beigegebene Farbfoto einer gedrücktrunden Pflanze, deren Blüte kahl sein soll. Dann ist die Art weder bei *Echinopsis* noch bei *Pseudolobivia* oder *Lobivia* unterzubringen, die sämtlich behaarte Blüten haben. Der Körperform nach steht sie jedoch *Pseudolobivia acanthoplegma* nahe; Rippen ca. 21, dunkelgrün, schmalkantig, in verschobene Höcker zerteilt; Areolen oval, weißlich-filzig; Randst. ca. 11, allseitig strahlend, zuerst besonders die oberen schwärzlich, mit rötlichem Fuß, bald alle hellgrau, zum Teil mit etwas dunkler Spitze und auch ± dunklem Fuß; Mittelst. meist 2, einer auf-, einer abwärts weisend oder vorgestreckt, später schwärzlichgrau, mit ± dunkler Basis, alle nur mäßig lang; Knospe kugelig, mit grünlichen und oben rötlichen zusammengeneigten Schuppenblättern; Bl. reinrot; Pet. oben gestutzt und etwas zerfressen oder mit kleiner Spitze; Röhre und Ov. angeblich kahl. — B o l i v i e n (Farbfoto Abb. 3392).

Die Pflanze soll auch von HOFFMANN gefunden worden sein. Areolen nur schwachfilzig.

Im Nachtrag zu Bd. II, S. 1359, führte ich einige damals noch unbeschriebene Gattungsnamen RITTERs auf. Inzwischen wurde

Abb. 3381
Lasiocereus rupicolus RITT., unbeschrieben. Die Pflanze ist aus Samen gezogen. (Foto: A. M. WOUTERS.)

Cephalocleistocactus beschrieben. Einen *Calymmanthium*-Sämling konnte ich in diesem Nachtragsband zeigen (Abb. 3331). Von *Yungasocereus* ist bisher nichts weiter bekanntgeworden.

Lasiocereus RITT. n. g.

Bei dieser bisher unbeschriebenen Gattung soll es sich um baumförmige Pflanzen handeln, dicht bestachelt, mit „Pseudocephalien" (stärkere Areolenhaarbildung in der Blütenregion?), aus denen die „schwarzweißen, röhrigen, dicht mit Wolle und Borsten bedeckten Blüten" entspringen; Frucht trocken, mit angeblich abweichender Struktur. — Peru (Farbfoto Abb. 3381).

Das Farbbild zeigt einen jüngeren Trieb von *L. rupicolus* RITT. (FR 661), der ganz einem gelbstachligen *Haageocereus* ähnelt.

Subtribus 2: *Austrocactinae* BACKBG.

Sippe 1: *Lobiviae* BACKBG.

91. LOBIVIA BR. & R.
Untergattung 1: Lobivia
(U.-G. *Pelecylobivia*, Y. ITO, Expl. Diagr., 81. 1957)

Reihe 1: Pentlandianae BACKBG.

2. **Lobivia westii** P. C. HUTCH.

Um diese Art scheint es sich bei der hier beigegebenen Abbildung einer „*Lobivia* sp. FR 99" zu handeln (Abb. 3382).

Untergattung 2: Neolobivia BACKBG.
Reihe 3: Bolivienses BACKBG.

23. **Lobivia schneideriana** BACKBG.

23b. v. **carnea** BACKBG. Von dieser Varietät bringe ich ein Farbbild (Abb. 3383), das ich von Herrn H. BAUMANN, Leipzig, mit folgender interessanter Mitteilung erhielt: Blüte von 22 Uhr abends bis 11 Uhr vormittags geöffnet, also vorwiegend in der Nacht. Ein ähnlicher Fall ist in dieser Untergattung auch sonst schon bekannt geworden; ferner ist damit das nächtliche Öffnen von *Acantholobivia* auch nicht mehr so ungewöhnlich. Bei der *Echinocereus*-Reihe „Scheeriani" sind die Blüten ebenfalls nachts offen und schließen sich im Laufe des Tages, um sich später wieder zu öffnen. Wenn es sich auch um ungewöhnlichere Öffnungszeiten handelt, besteht doch angesichts des Fehlens weiterer Unterschiede (wie z. B. bei *Acantholobivia*) kein Grund, sie aus den tagblütigen Gattungen auszuschließen. Es zeigt sich an solchen Erscheinungen jedoch, daß nicht allgemein von einer „Anpassung" an nachts oder tagsüber fliegende Bestäuber gesprochen werden kann. Es kann sich vielmehr nur um Veränderungen in den Erbfaktoren handeln. Bisher hat man sich noch nicht mit solchen vereinzelten abweichenden Öffnungszeiten und ihrer Aufklärung befaßt.

Die Blüte obiger Varietät ist 5 cm lang, 4,5 cm ⌀; Pet. 8 mm breit, 2,5 cm lang, spatelig; Staubf. rötlich; Schlund grünlich, ebenso der untere Staubf.-Teil.

Abb. 3382. Lobivia sp., FR 99, wahrscheinlich Lobivia westii P. C. Hutch. (Foto: Rausch.)

Abb. 3383. Lobivia schneideriana var. carnea Backbg. Die Blüte öffnet bereits am Vorabend gegen 22 Uhr und bleibt bis 11 Uhr des nächsten Vormittags geöffnet. Neuerdings sind — wie bei der Echinocereus-Reihe „Scheeriani" — mehrere Fälle abweichender Öffnungszeiten bekanntgeworden. (Foto: Baumann.)

31. **Lobivia haageana** BACKBG.

31 a. v. **albihepatica** BACKBG.: Ein Synonym ist *L. haageana* f. *albihepatica* (BACKBG.) KRAINZ, in „Kakteen" Č V c, 1. XI. 1960.

31 b. v. **bicolor** BACKBG.: Ein Synonym ist *L. haageana* f. *bicolor* (BACKBG.) KRAINZ, l. c.

31 c. v. **chrysantha** BACKBG.: Ein Synonym ist *L. haageana* f. *chrysantha* (BACKBG.) KRAINZ, l. c.

31 d. v. **cinnabarina** BACKBG.: Ein Synonym ist *L. haageana* f. *cinnabarina* (BACKBG.) KRAINZ, l. c.

31 e. v. **grandiflora-stellata** BACKBG.: Ein Synonym ist *L. haageana* f. *grandiflora-stellata* (BACKBG.) KRAINZ, l. c.

31 f. v. **leucoerythrantha** BACKBG.: Ein Synonym ist *L. hadgeana* f. *leucoerythrantha* (BACKBG.) KRAINZ, l. c.

31 g. v. **croceantha** BACKBG.: Ein Synonym ist *L. haageana* f. *croceantha* KRAINZ, l. c.

31 h. v. **durispina** BACKBG.: Ein Synonym ist *L. haageana* f. *durispina* (BACKBG.) KRAINZ, l. c.

Auf die mir überflüssig erscheinende Umtaufung von Varietätsnamen in „forma" bin ich unter *Seticereus* BACKBG. bzw. dessen v. *aurantiaciflorus* BACKBG. eingegangen. Ebensogut könnte KRAINZ sämtliche Varietäten in forma umtaufen, während ich den Begriff nur äußerst spärlich auf geringwertigere Abweichungen anwandte. Im übrigen ist bei den oben erwähnten Varietäten nicht nur die Blütenfarbe unterschieden, sondern zum Teil auch die Bestachelung, so daß man häufig ohne Blüten sagen kann, wie das betreffende Exemplar blüht; sogar die Perigonblattform weicht zum Teil wesentlich ab.

Hinter 42:

— **Lobivia hoffmanniana** BACKBG.

Die Art nahm in der Kultur eine zylindrische Form an; sie sproßt reich am Grunde (Abb. 3384, links).

51. **Lobivia caineana** CARD.

Von dieser interessanten Art mit intensiv violetten Blüten bringe ich das Foto einer blühenden Sämlingspflanze (Abb. 3384, rechts).

Folgende Arten wurden inzwischen von CARDENAS beschrieben. Sie gehören meines Erachtens zu den angegebenen Reihen:

Untergattung 1: Lobivia

Reihe 1: Pentlandianae BACKBG.

— **Lobivia cariquinensis** CARD. — „Cactus" (Paris), 14 : 65, 181. 1959

Sprossend, kugelig, gedrückt-rund; Scheitel unbestachelt; Pflanzen bis 5 cm hoch, 8 cm ⌀ (Scheiteltriebe); Rippen 15—18, 1 cm breit, ganz in schiefe Höcker zerteilt; Areolen 1—1,5 cm entfernt, elliptisch, 5—7 mm lang, ± versenkt; St. 6—8, strahlend, zurückgebogen, 0,6—3,5 cm lang; Ov. 6 mm lang, grün, mit geringem kräuseligem Haarbesatz; Röhre 2 cm lang, purpurgrün, mit spitzen Schuppen, in den Achseln wenige weiße und braune Haare; Sep. lanzettlich, 1 cm lang, violettrot; Pet. elliptisch, 8 mm lang, oben gelbrot, unten weißlich; Staubf. in zwei Serien, weißlich; Gr. hellgrün, 2 cm lang; N. 4, weißgrün; Fr.

Abb. 3384. Links: Ältere Lobivia hoffmanniana Backbg., reich am Grunde sprossend. — Rechts: Blühende Lobivia caineana Card.

kugelig, dunkelgrün, 1,6 cm lang, 1,8 cm dick, mit 4 mm langen purpurnen Schuppen und wenigen weißen Haaren; S. 1,5 mm lang, schwarz, etwas punktiert. — Bolivien (Prov. Camacho, Dept. La Paz, nahe Cariquina, auf 3900 m).

In der lateinischen Diagnose steht nur „phylla interiora superne rubi aurantiaca, inferne albida"; im französischen Text: „Segments médians lancéolés magenta à la partie supérieure, jaune orange inférieurement, les intérieurs carmin au sommet, jaune dans la partie médiane et blancs à la base." Die Stacheln werden als gelb bezeichnet.

Nach alldem dürfte die Art mit dem Typus der *Lob. pentlandii* identisch oder höchstens eine Form desselben sein, da die Beschreibung gut der auf S. 1379 (Bd. III) entspricht. Auch Cardenas' Angaben: „Die Köpfe bilden eine kompakte Masse; die Blüten sind relativ kurz" (vgl. Abb. 1324, S. 1379, Bd. III). treffen hierfür zu.

Untergattung 2: Neolobivia
Reihe 3: Bolivienses Backbg.

— **Lobivia titicacensis** Card. — l. c., 183. 1959

Sprossend; Einzeltriebe 5—8 cm lang, 4—8 cm ⌀, glänzend dunkelgrün; Rippen 14—18, gekerbt, 6—8 mm hoch, 5—12 mm breit; Areolen 1,5—2 cm entfernt, hervortretend, rund oder elliptisch, krem- oder aschfilzig; St. nur randständig, 9—15, zurückgebogen, 0,5—8 cm lang, weiß oder gelbbräunlich; Bl. trichterig, 5 cm lang, 3,5 cm ⌀; Ov. kugelig, 1,4 cm lang, purpurgrün; Röhre 2 cm lang, purpurgrün, mit spitzen, rötlichen Schuppen und wenigen weißen Haaren; Sep. lanzettlich, 1,8 cm lang.; Pet: äußere Reihe oben hell purpurrötlich, unten weißlich, innere spatelig, 1,5 cm lang, 6 mm breit, oben orangefarben, unten blaßgelb;

Staubf. am Röhrengrund inseriert, 2 cm lang, grüngelb die untere, gelb die obere Serie; Gr. 2,5 cm lang, grün; N. 10, blaßgrün. — Bolivien (Titicacasee, Insel „Isla del Sol", Prov. Manco-Kapac, Dept. La Paz, auf 3814 m).

Wohl höchstens eine Form von *L. higginsiana* BACKBG. aus gleicher Gegend, mit mehr strohfarbenen Stacheln; Y. ITO hat ja auch eine v. *carnea* Y. ITO n. nud. mit fleischfarbenen Petalen (spitzen?) aufgeführt. Die Beschreibungen decken sich — bis auf die bekanntlich oft recht variable Stachelfarbe — auffällig.

Reihe 7: Pseudocachenses BACKBG.

Zu dieser Reihe muß höchstwahrscheinlich die „*Pseudolobivia torrecillasensis*" der europäischen Sammlungen gestellt werden, eine kleine, sprossende (!) Pflanze mit roten Blüten (Abb. 3385).

Nach dem aufschlußreichen fotografischen Vergleichsmaterial, das ich von W. RAUSCH, Wien, erhielt, gehören zweifellos „*Lob. torrecillasensis* Hort. europ." und *Lob. arachnacantha* in einen Formenkreis, der nicht in Arten trennbar ist. Der gültige Artname ist *Lob. arachnacantha*, da im März 1956 publiziert; das gilt auch, selbst wenn der Name *Echinopsis torrecillasensis* CARD. hierhergehörte, denn er wurde im April 1956 veröffentlicht. Da **Lob. arachnacantha** gelb blüht, kann man also eine v. **torrecillasensis** unterscheiden, mit ähnlich schlanker Blüte, karminrot, Staubf. violettrot. Sollte *Echps. torrecillasensis* hierhergehören, gäbe es nach CARDENAS auch Pflanzen mit helleren Blüten, d. h. bis lachsrot.

Zwischen *Lob. arachnacantha* und v. *torrecillasensis* besteht im Habitus keine Trennungsmöglichkeit. Nach den Fotos von RAUSCH gibt es bei der v. *torrecillasensis* sowohl bräunliche Epidermis (Rippen 13; Mittelst. länger) wie hellgrüne

Abb. 3385. Jüngere Pflanze von „Lob. torrecillasensis HORT. europ." mit mäßig langer, intensiv-roter Tagblüte, zuerst von mir unter Pseudolobivia geführt, besser zu Lobivia einzubeziehen. Diese später reich am Grunde sprossende Pflanze zeigt wenig Übereinstimmung mit der Beschreibung von CARDENAS und gehört keinesfalls zu Echinopsis.
(Sammlung: RAUSCH.)

(weniger Rippen, ca. 10, dünnere St.); manche Stücke weisen bis 19 Rippen auf; meistens fehlen die Mittelst., wie bei *Lob. arachnacantha*, die ca. 11—12 Rippen hat.

Reihe 9: Brevislorae BACKBG.

— **Lobivia cintiensis** CARD. — „Cactus" (Paris), l. c., 179. 1959

Kugelig bis zylindrisch, bis 50 cm lang, bis 10 cm ⌀, graugrün, Scheitel wenig vertieft; Rippen ca. 20, nur 8 mm hoch, 1,5 cm breit; Areolen 1 cm entfernt, rund oder elliptisch, hervortretend, blaßgrau- oder dunkler-filzig; Randst. 15—17, strahlend, bis kammförmig gestellt, nadelig, etwas zusammengedrückt, 5—15 mm lang; Mittelst. zuweilen 2—3, 2—2,5 cm lang, aufgerichtet; St. alle weiß; Bl. aus dem Oberteil, trichterig, 5 cm lang; Ov. dunkelgrün, mit kurzen, kräuseligen, weißen Haaren; Röhre nur 1 cm lang (!), mit grünen Schuppen und weißen und braunen Haaren; Sep. lanzettlich, oben grün, unten rot; Pet. 2,2 cm lang, spatelig, oben gerundet, zinnoberrot; Staubf. zweiserig, die unterste vom Röhrengrund, alle dunkelrot; Gr. 2 cm lang, hellgrün; N. 8, grünlich; Fr. kugelig, 1 cm groß, weiß behaart; S. 1,2 mm lang, matt. — Bolivien (Prov. Sud Cinti, Dept. Chuquisaca, bei Impora, 3000 m).

Folgende interessante Art wurde von Frau WILKE gefunden. Eine Reihenangabe ist bisher nicht möglich, da die Blütenmaße unbekannt sind:

Abb. 3386. Lobivia scopulina BACKBG., eine im Habitus stark von anderen Arten des Genus abweichende Pflanze; Blüte gelb.

Abb. 3387. Lobivia larabei JOHNS. n. nud., jüngere Pflanze.

— **Lobivia scopulina** BACKBG. n. sp.

Cylindrica, ad 16 cm alta, 8,5 cm crassa, ± pallide griseoviridis; apice aliquid tomentoso; costis 18, ca. 1 cm altis, ca. 1,3 cm latis, primo angustioribus, valde tuberculatis, postea magis confluentibus; areolis 11 mm distantibus, tomento albido-fulvoso; aculeis radialibus ca. 9—10, ca. 1—2,5 cm longis; aculeis centralibus ca. 2, in parte inferiore areolae, sursum curvatis, basi incrassata, ad ca. 3,3 cm longis, fulvosis, postea griseis; flore flavo.

Einzeln, zylindrisch, bis 16 cm hoch, 8,5 cm ⌀ (die mir vorliegende Pflanze), stumpf blaßgraugrün; Scheitel nicht eingesenkt, etwas filzig; Rippen 18, zuerst in fast zylindrische Höcker zerteilt, diese bald mehr zusammenfließend, dann die Rippen nur durch Quereinsenkungen gehöckert, ca. 1 cm hoch, ca. 1,3 cm breit; Areolen 11 mm entfernt, mit weißbräunlichem Filz; Rand- und Mittelst. alle aufwärts gebogen bzw. gerichtet, die randständigen zuerst seitlich spreizend; Randst. ca. 9—10, ungleich, ca. 1—2,5 cm lang; Mittelst. meist 2, im unteren Areolenteil, Basis verdickt; alle St. anfangs bräunlich, dann grau; Bl. gelb, ohne weitere Angabe. — Bolivien (genauer Standort ist mir nicht bekannt) (Abb. 3386).

Die Art ist im Habitus so ungewöhnlich und von allen anderen bolivianischen Arten abweichend, daß sie auch ohne genauere Kenntnis der Blüteneinzelheiten beschrieben werden muß.

Nur Namen sind bisher, die Pflanzen wahrscheinlich zur Reihe 4: „Hertrichianae BACKBG." gehörend:

Lobivia larabei JOHNS., bereits in Bd. III erwähnt (Abb. 3387 und 3388).

—*minuta* RITT. (ohne FR-Nr.), eine kleine, sprossende, grüne Art mit 12 rundlichen, niedrigen Rippen und bis ca. 12 hellbräunlichen, bald grauen St., darunter ein mittlerer vorgestreckt; Bl. reinrot, ebenso die Staubf.; Röhre grünlich hellrot (Abb. 3389).

Beide Arten ähneln sich etwas, besonders in der Blüte, die die Form der L. hertrichiana-Blüte hat; L. larabei ist jedoch dichter bestachelt, die längsten Stacheln stärker gekrümmt, besonders an der Spitze.

Lobivia sp. RITT. (FR 82a), von Chuquisaca, ist eine weitere noch unbeschriebene Art, dicht starrend grau bestachelt, St. anfangs bräunlich, mit gelbem Fuß, höchstens schwach gekrümmt, mittlere nicht deutlich trennbar, insgesamt bis ca. 14, verflochten abstehend und zum Teil vorgestreckt-aufgerichtet; der Körper ist dunkler grün, Rippen ca. 14; Areolen groß, länglich, weißfilzig; Bl. unbekannt. — Bolivien (Abb. 3390).

Abb. 3388. Lobivia larabei JOHNS. n. nud., ältere blühende Pflanze. Der Blüte nach gehört die Art zur Reihe „Hertrichianae". (Sammlung und Foto: RAUSCH.)

Abb. 3389. Lobivia minuta RITT.

Abb. 3390
Lobivia sp., Ritter-Nr. FR 82 a, unbeschrieben.

Abb. 3391
Lobivia sp., von Hoffmann gesammelt, rein rote, kürzere Blüte; der Lob. cinnabarina nahestehend oder Form derselben? (Sammlung und Foto: Rausch.)

Abb. 3392. Genus? Eine angeblich von Cardenas stammende Pflanze mit kleinerer kahler (!) Blüte, danach nicht zu Lobivia gehörend. (Sammlung und Foto: Rausch.)

Eine Reihenzugehörigkeit ist vorderhand nicht feststellbar.

Lobivia cornuta (Werd.), Kat. Städt. Sukkslg., Zürich, 55. 1957: Eine Beschreibung habe ich bisher nicht finden können.

Wahrscheinlich zum Formenkreis der *Lob. cinnabarina* (Hook.) Br. & R. gehört die von Hoffmann gesammelte Pflanze der Abb. 3391.

Von der als Hybridgenus angesehenen *Chamaelobivia* erwähnt G. D. Rowley in Rep. Plant. Succ., VIII. 1957, noch folgende Varietät: *Chamaelobivia tudae* v. *tanahashii* Y. Ito (s. auch in Bd. II, S. 1337, Fußnote); sie wird hier nur erwähnt, weil sie im Rep. Pl. Succ. aufgeführt ist.

Nur ein Name soll sein: *Lobivia achacana* Wessn.

92. MEDIOLOBIVIA Backbg.

1. **Mediolobivia aureiflora** (Backbg.) Backbg.

   1 d. v. **rubriflora** (Backbg.) Backbg. Ein Synonym ist *M. rubriflora* v. *blossfeldii* (Werd.) Krainz, J. SKG., I: 20. 1947.

93. AYLOSTERA Speg.

1. **Aylostera fiebrigii** (Gürke) Backbg.

   Nur Namen waren in Schelle, Kakteen, 223. 1926: *Echinocactus fiebrigii* v. *flavispinus* Hort., v. *nigrescens* Hort. und v. *virescens* Hort.

— **Aylostera pulvinosa** Ritt. (Winter-Katalog, 37. 1961, mit Blüte).

Eine Beschreibung steht noch aus. Dem Habitus nach ähnelt diese Spezies einer *Rebutia senilis*; die Blüten sind jedoch typisch für *Aylostera*, die Petalen ± weiß, d. h. zum Teil mit schwach rosa Hauch. — Heimat?

94. REBUTIA K. Sch.

2. **Rebutia grandiflora** Backbg. non Frič:

Ein Synonym ist *R. minuscula* v. *grandiflora* (Backbg.) Krainz, "Die Kakteen" C. Vc, 1960.

14. **Rebutia calliantha** Bewg. (Bd. III, S. 1552).

Als Autor wurde in Bd. III irrtümlich Wessner angegeben; die Art wurde

Abb. 3393. Rebutia senilis var. schieliana Bewg. Einer der basalen Sprossen wandelt sich gerade in eine Knospe um. (Sammlung: Rubingh, Soestdijk.)

Abb. 3394. Makrofoto der Rebutia kruegeri (Card.) Backbg. mit ihrer kammförmigen Bestachelung.

jedoch von BEWERUNGE beschrieben. Ein Synonym ist *Reb. wessneriana* v. *calliantha* (BEWG.) KRAINZ, in „Die Kakteen" C Vc, 1960. Diese Pflanze nur als Varietät anzusehen, ist auch berechtigt.

— **Rebutia senilis** var. **schieliana** BEWG. (Bd. III, S. 1547).

Das hier beigegebene Farbfoto zeigt eindrucksvoll die beginnende Umwandlung eines Sprosses in eine Blütenknospe (Farbfoto Abb. 3393).

— **Rebutia kruegeri** (CARD.) BACKBG. (Bd. III, S. 1554).

Die nachstehend genannte Schwarzweißaufnahme zeigt die geringere Stachelzahl eines noch jüngeren Stückes, der Habitus sonst abweichend, die Bestachelung kammförmig gestellt (Abb. 3394).

95. SULCOREBUTIA BACKBG.

1. **Sulcorebutia steinbachii** (WERD.) BACKBG.

Das beigegebene Foto zeigt die auffällige Areolenfurche dieser Art; sie zieht sich teilweise von der Warzenspitze bis zu deren Basis durch und ähnelt damit stark den Areolenfurchen von *Roseocactus* (Abb. 3395).

Abb. 3395. Sulcorebutia steinbachii (WERD.) BACKBG., schwach bestachelte jüngere Pflanze (oder Rasse) mit den an Roseocactus erinnernden Areolenfurchen. (Foto: KILIAN.)

Auch dieses Genus blieb nicht monotypisch, sondern es sind bisher noch zwei weitere Arten bekanntgeworden:

— **Sulcorebutia tiraquensis** (CARD.) BACKBG. n. comb.

Rebutia tiraquensis CARD., „Cactus", 12 : 57, 258. 1957

Wie bereits auf S. 1553 angegeben, äußerte CARDENAS schon in der Originalbeschreibung, daß die Art mit „*Rebutia steinbachii*" näher verwandt zu sein scheine.

Abb. 3396. Oben: Sulcorebutia tiraquensis (CARD.) BACKBG. Eine weitere Art mit der stärkeren Bestachelung wie zum Teil beim Typus des Genus. — Unten: Einzeltrieb.

Ergänzend zu meinen früheren Angaben ist noch zu bemerken: In der Sammlung des Jardin Botanique „Les Cèdres", St. Jean-Cap-Ferrat, sah ich große Gruppenpflanzen, die von CARDENAS stammten. Diese ähnelten mit ihrem relativ großen Durchmesser und der entsprechend stärkeren Bestachelung überhaupt keiner *Rebutia*, sondern konnten eher für eine „*Echinocactus*"-Art gehalten werden. Von J. MARNIER-LAPOSTOLLE erhaltenes Jungpflanzenmaterial ähnelte überraschend gleichaltrigen Pflanzen von *S. steinbachii* und hatte bereits derbere Mittelstacheln, auch die ähnlichen länglichen Areolen (die furchenartige obere Fortsetzung scheint dagegen hier zu fehlen oder nur kurz zu sein). Von P. THIELE erhielt ich die Fotos der Abbildungen 3396—3397, die die ziemlich starke Bestachelung auch dieser Art zeigten sowie die einheitliche Gruppenbildung. Merkwürdig sind hier die trockenrandigen Fruchtschuppen.

Demgemäß war die Art zu *Sulcorebutia* zu stellen. Außerdem hat F. RITTER noch eine:

Abb. 3397. Sulcorebutia tiraquensis (CARD.) BACKBG. Makroaufnahme der auffällig trockenhäutig beschuppten Früchte.

— **Sulcorebutia** sp. gefunden, die schon zum Teil mit dem nom. prov. *S. xanthoantha* bezeichnet worden sein soll. Die Stacheln sind mehr bräunlichgelb, die Blüte soll gelb sein.

Eine Beschreibung liegt bisher nicht vor. Interessant ist aber, daß es damit bereits drei ziemlich einheitlich gekennzeichnete Arten des Genus gibt.

Sippe 2: *Austroechinocacti* BACKBG.

96. AUSTROCACTUS BR. & R.

1. **Austrocactus bertinii** (CELS) BR. & R.

Cactus bertinii (Hort. France, II: 5. 1922) war nur ein Name ohne Autor.

97. PYRRHOCACTUS BERG. emend. BACKBG.

FRIEDRICH RITTER hat neuerdings *Horridocactus* BACKBG. und die meisten *Neochilenia*-BACKBG.-Arten — andere trennte er unter *Chileorebutia* RITT. ab — zu *Pyrrhocactus* BERG. gestellt. Da aber *Chileorebutia* RITT. in keinem Merkmal von *Neochilenia* BACKBG. zu trennen ist, kann letzteres Genus nicht eingezogen werden. Übrigbleibt in Chile somit nur *Horridocactus* BACKBG., was die Frage der Vereinigung mit *Pyrrhocactus* BERG. anbetrifft. Es steht fest, daß die südliche Andenmauer seit unvordenklichen Zeiten (weil die Andenhebung von Süden nach Norden verlief) die ost- und die westandine Entwicklung getrennt hat, so daß sie beidseits des gerade in Chile besonders hohen Gebirgszuges in unterschiedlicher Weise verlief. Anders ist auch nicht das Entstehen von *Islaya* und *Copiapoa* zu erklären sowie der in der Sproßmerkmalsreduktionslinie der Blüte sich nähernden Gattungen *Neochilenia* und *Horridocactus* neben *Reicheocactus* BACKBG., bei dem die Borsten völlig reduziert sind.

Bei allen *Pyrrhocactus*- (oder *Horridocactus*-) Beschreibungen RITTERS in „Succulenta" ist die Angabe der Röhrenbekleidung und der des Ovariums nicht deutlich genug, wohl, weil RITTER selbst hier den schwachen Punkt seiner Zweiteilung „*Pyrrhocactus/Chileorebutia*" empfand. Es hat sich aber immer wieder gezeigt, daß vom phytographischen Standpunkt aus die einzige Trennungsmöglichkeit nur mit der genauen Festlegung der Bekleidungsstufe gegeben ist, auch, was die Bestimmungsmöglichkeit anbetrifft, wobei bei den einzelnen Artengruppen nach verschiedenen Gesichtspunkten zu verfahren ist. Zum Beispiel muß die Borstenreduktionslinie etwa bei *Parodia* anders bewertet werden als in Chile, wo auf relativ begrenztem Raum heute die Borstenbildung an der Blüte bei fast allen chilenischen Arten vorhanden ist, so daß hier Ausnahmen schwerer wiegen und entsprechend getrennt werden müssen. Sonst ist keine sichere Bestimmungsmöglichkeit gegeben. Das erweist sich z. B. an „*Chileorebutia reichei* sensu RITT.", FR 501", von der RITTER sagt: „nach 55jähriger Verschollenheit wiedergefunden." Die Blüte von *Echinocactus reichei* K. SCH. hatte Borsten in der oberen Röhrenregion; „*Chileorebutia reichei* sensu RITT." ist aber borstenlos, d. h. es handelt sich hier **nicht** um SCHUMANNS Art. Würde RITTER das Fehlen der Borsten beachtet haben, wäre eine solche Verwechslung kaum geschehen. Die systematische Gliederung ist nicht zuletzt dazu da, wesentlich erscheinende Unterschiede zu fixieren und durch eine entsprechende Aufschlüsselung Irrtümer möglichst auszuschalten.

Schon lange wissen wir, daß dies bei der schwierigen Gruppe der chilenischen Kugelkakteen nur möglich ist, wenn zwischen „Haare an der Röhre, in verschie-

denen Stufen der Länge; Borsten", "Nur Filzspuren an der Röhre; Borsten" und
„± Haare an der Röhre; Borsten fehlend" unterschieden wird. Was ich demnach unter *Horridocactus* verstehe, zeigt das Farbbild eines blühenden *Horridocactus tuberisulcatus* (Jac.) Y. Ito: nur Filzspuren an der Röhre (an der Frucht noch geringer) und oben einige Borsten (Abb. 3437).

Pyrrhocactus Berg. weicht davon teils durch ± starke Becherform der Blüte ab, teils durch „Blütenschuppen mit reichlicher Wolle, meist auch Borsten" (Werdermann, in „Neue Kakteen", 88. 1931) oder durch starke Borstenbildung an der ganzen Röhre mit zum Teil nur mäßiger Haar- oder Filzflockenbildung (*Pyrrhocactus setosiflorus* Backbg. n. sp.) (Abb. 3399). Das bedeutet, daß die pazifischen Artengruppen von *Neochilenia*, *Horridocactus* und *Reicheocactus* in ihrem begrenzten Raum bereits zu weit einheitlicheren Merkmalen der Reduktionsstufen gelangt sind als der ostandine *Pyrrhocactus*, bei dem eine größere Schwankung und zum Teil noch „älterer" Charakter dieser Merkmale festzustellen ist. Deswegen hielt ich es für notwendig (wie oben betr. *Parodia* gesagt), solche Artengruppen getrennt zu beurteilen, sie aber auch gattungsmäßig getrennt zu halten, zumal dies durch die geologische Geschichte ihrer Heimatsgebiete zusätzlich als begründet erscheint. Man mag es eine „konventionelle Trennung" nennen oder nicht; die Tatsache allein schon der Getrenntthaltung von *Horridocactus* und *Pyrrhocactus* bietet den Vorteil zu wissen, wo die Arten wachsen, abgesehen davon, daß keine andere logische Handhabe innerhalb der hier angewandten Klassifikation gegeben ist und man danach zumindest die meisten *Pyrrhocactus*-Arten sogleich als solche erkennen kann.

Die chilenischen Arten von „*Pyrrhocactus* sensu Ritt." s. unter *Neochilenia* Backbg. und *Horridocactus* Backbg.

Abb. 3398. Pyrrhocactus bulbocalyx (Werd.) Backbg. (Foto: A. M. Wouters).

1. **Pyrrhocactus bulbocalyx** (WERD.) BACKBG.

Die Borstenbildung an der Blüte ist auf WERDERMANNS Farbbild in „Blüh. Kakt. u. a. sukk. Pflanz.", Tafel 136, so gering, daß sie auf der Abbildung nicht sichtbar ist, ebensowenig wie auf der hier vorliegenden Abbildung (Blüte etwas nach dem Hochstand); diese Aufnahme zeigt auch, daß die Griffelnarben nicht „pinselig verklebt" sind (WERD.), sondern im Hochstand geöffnet (mittlere Blüte) (Abb. 3398).

6. **Pyrrhocactus sanjuanensis** (SPEG.) RITT.

Der Autor der comb. nov. mußte in „RITTER" abgeändert werden, da sie ohne Avis an mich, eben vor Erscheinen von Bd. III, in Succulenta, Oct. 1959, publiziert wurde.

— **Pyrrhocactus setosiflorus** BACKBG. n. sp.

Postea ± cylindricus, glaucus; costis ca. 15, valde tuberculatis, tuberculis primo fere cylindricis, postea magis confluentibus; areolis magnis, oblongis, tomento fulvoso-albo; aculeis radialibus ad ca. 8—10, superioribus ± subulatis, inferioribus tenuioribus acicularibus; aculeis centralibus ca. 4, subulatis, ad ca. 2,5 cm vel magis longis, primo nigris vel fulvoso-nigris, postea ± fulvosis, interdum aliquid maculatis, postremo cinereis; flore aurantio, ca. 3 cm longo; ovario viridi, tomento brevi, saetis aciculatis; tubo satis brevi, viridi, saetis acicularibus fulvoso-albis, in inferiore parte perigonii fulvis, longis, erectis.

Zuerst kugelig, später ± zylindrisch, blaugrün; Rippen ca. 15, anfangs stark in fast breitkonische, oben gerundete Höcker aufgelöst, die später mehr zusammenfließen; Areolen groß und breit, oblong, bräunlichweiß-filzig; Rand- und Mittelst. im oberen Areolenteil nicht genau trennbar zu Anfang; Randst. schwärzlich zu Beginn, d. h. die oberen mehr pfriemlichen, die unteren mehr nadeligen dünner, zuweilen ± gebogen; Mittelst. pfriemlich, anfangs von den stärkeren oberen randständigen schwer zu unterscheiden, später ca. 4 deutlicher, bis 2,5 cm oder mehr lang, anfangs schwarz bis braunschwarz, dann mehr bräunlich-aschgrau, mitunter (auch einige randständige) unscheinbar gefleckt; Bl. etwas becherig, ziemlich groß bzw. lang nach dem Abblühen, orangerot, ca. 3 cm lang, mit grüner Röhre und grünem Ov., beide mit weitläufigen Areolen, darin fast stachelartige Borsten, die unteren bräunlichweiß, die oberen, die bis in das untere Perigon hineinreichen, dunkelbräunlich; Fr. und S. mir nicht bekannt. — Grenzgebiet NW-Argentinien—Chile (Abb. 3399).

Dies scheint, der anscheinend etwas stilisierten Blüte nach, jene Art zu sein, von der CASTELLANOS in „Opuntiales vel Cactales", 99. 1943, sagt: „*Austrocactus* sp.: Mendoza, von Tupungato bis zur Kordillere, Media Luna, auf 1400—1500 m; der von Ruiz Leal festgestellte Standort ist der erste einer so hoch wachsenden Art der Gattung *Austrocactus*." Nach CASTELLANOS' unzulänglichem Schlüssel ist keine einwandfreie Gattungszuweisung möglich; der Blütenzeichnung (l. c., XXXII: a—b) nach ist es ein typischer *Pyrrhocactus*.

Wie wichtig die exakte Umgrenzung der Gattungen ist, wenn unlogische Eingliederungen vermieden werden sollen, zeigt, daß CASTELLANOS *Pyrrhocactus* zu *Notocactus* stellt, bei letzterem aber im Schlüssel eindeutig sagt: „Blüten mit Haaren oder auch Borsten, aber unbestachelt." BUXBAUM zieht hingegen *Brasilicactus* noch heute zu *Notocactus* ein, obwohl die Blüte äußerst kurz, relativ sehr klein und stachlig ist.

Abb. 3399. Pyrrhocactus setosiflorus Backbg. (Sammlung: Saint-Pie.)

Es ist möglich, daß obige Art der „*Pyrrhocactus strausianus* FR 9" Friedrich Ritters ist, „4000 m, Chile", also auch aus jenem Grenzgebiet („nicht *P. strausianus*", wie in Winter-Katalog, 1958 berichtigt wurde). Neuerdings werden von diesem keine Samen mehr angeboten. Angesichts alles Vorgesagtem mußte obige Art beschrieben werden.

Zwei weitere *Pyrrhocactus* sp., noch unbeschrieben, befinden sich in der Sammlung van der Steeg, Eindhoven:

Pyrrhocactus sp. Nr. 2: Mit kürzerer und mehr gescheitelter Bestachelung (Abb. 3400, oben).

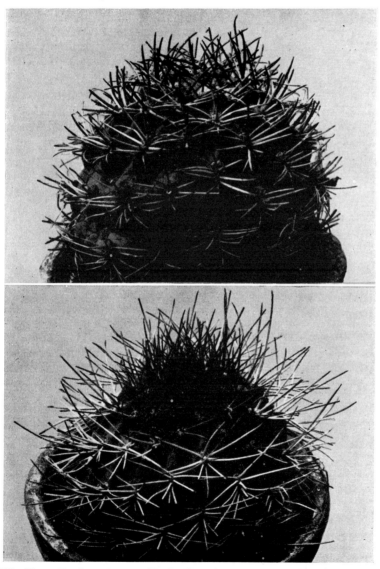

Abb. 3400. Oben: Pyrrhocactus sp. (Nr. 2; Sammlung: van der Steeg); unten: Pyrrhocactus sp. (Nr. 4; Sammlung: van der Steeg).

Pyrrhocactus sp. Nr. 4: Breitrundlich, später etwas reifig-graugrün; Rippen 17, wenig gehöckert, Stacheln anfangs bräunlich, später grauweiß mit bräunlicher Spitze, zuletzt ganz grau; Bestachelung ziemlich lang (Abb. 3400, unten).

Diese beiden Arten sollen auch aus NW-Argentinien stammen.

„*Pyrrhocactus pilispinus* RITT.": s. am Ende von *Neochilenia*.

98. BRASILICACTUS BACKBG.

In „Die Kakteen", 15. 12. 1960, C VIa, führt KRAINZ die beiden Arten unter *Notocactus* (K. SCH.) BERG., obwohl beide Spezies mit ihren fast röhrenlosen, kleinen und bestachelten Blüten z. B. auch nach CASTELLANOS' Schlüssel in „Opuntiales vel Cactales", 82. 1943, nicht bei *Notocactus* untergebracht werden können. Dabei sind die *Brasilicactus*-Blüten mit ihren bestachelten Röhren und Fruchtknoten einzigartig unter allen südamerikanischen Kugelformen. Eine Einbeziehung zu *Notocactus* ist daher verfehlt, um so mehr, als in der „Systematischen Einteilung" BUXBAUMS, in „Die Kakteen", System 4, *Brasilicactus* als eigenes Genus geführt wird. Nach welchen Gesichtspunkten diese Gattung nun wieder zu *Notocactus* gestellt wurde, ist weder gesagt noch zu verstehen, zumal *Brasilicactus* BACKBG. mit Abbildung bereits in den Volks-Brockhaus, unter „Sukkulenten": 4, aufgenommen wurde. Dort steht freilich auch *Mamillaria prolifera* unter dem inzwischen von BUXBAUM wieder eingezogenen Namen *Chilita prolifera*, und *Lob. jajoiana* mit doppeltem Irrtum als *Lob. cerasiflora*, nicht etwa ein Synonym von *Lob. jajoiana*, sondern von KREUZINGER wurde *Lob. cerasiflora* zu den kammförmig bestachelten Lobivien gestellt. Es ist an der Zeit, solche unzulänglichen Bestimmungen und Benennungen zu verhüten, die selbst schon in ein so bedeutendes Lexikon eingezogen sind, was man nur bedauern kann.

99. PARODIA SPEG.

Über die besondere Bewertung der Borstenbildung bzw. ihrer Reduzierung bei diesem Genus s. unter *Pyrrhocactus* BERG.

3. **Parodia schuetziana** JAJÓ

Es gibt auch fast weiß bestachelte Exemplare; die reinrote, etwas glockigtrichterige Blüte hat rote Staubf., Gr. und N., letztere kopfig zusammengeneigt.

5. **Parodia microsperma** (WEB.) SPEG.

Nur ein Name in SCHELLE, Kakteen, 224. 1926, ist *Echinocactus microspermus brunispinus* HORT.

15. **Parodia brevihamata** W. HGE.

An Pfropfungen beobachtete ich, daß die Stacheln anfangs auch ganz gerade sein können, später krümmt sich der untere Mittelstachel hakig; die Körper überlaufen bei hellem Stand gern intensiv dunkelpurpurn; die Blüten sind vor dem Öffnen 3,7 cm lang; Röhre und Ov. fein weißflockig, mit dünnen, kurzen Borsten; Sep. mit rotbräunlicher Mitte; die Samen sind schwarz, 1 mm groß, fein grubig punktiert.

24. **Parodia gutekunstiana** BACKBG.

Blüte 3,5 cm lang; Perigon einzeilig; Röhre und Fruchtknoten dicht mit feiner längerer Wolle besetzt, diese ganz unten weiß, nach oben zu in rotbraun über-

Abb. 3401. Die orangegelbe Blüte der Parodia gutekunstiana BACKBG.
(Foto: LEINER, Stuttgart.)

gehend, ganz oben noch dunkler, mit kaum sichtbaren, aufgerichteten, steiferen Borsten; Pet. orangerot-mittelstreifig, glänzend, zum Schlund mehr ins Gelbliche; Staubf., Gr. und die kopfig stehenden N. krem, die Staubb. weiß (Abb. 3401).

26. **Parodia ritteri** BUIN. (FR 85) — Succulenta, 2: 17—19. 1959

Die Abb. der Originalbeschreibung hole ich hier nach (Abb. 3403).

34. **Parodia rigidispina** KRAINZ

Die erste Veröffentlichung geschah in „Schweizer Garten", 10: 281. 1945.

Folgende Varietäten RITTERS von bereits länger bekannten Arten können hier nur genannt werden, da es mir nicht möglich ist, ihre Berechtigung nachzuprüfen bzw. Genaueres anzugeben:

8. **Parodia sanagasta** (FRIČ) WGT.
   — var. *minima-seminea* RITT. (FR 928): „Niedliches Pflänzchen mit feinen Höckerchen." Ich sah von FECHSER, Buenos Aires, stammende kleine Pflanzen, ca. 3,5 cm ⌀, mit meist weißlichen St., einer der mittleren zuerst gerade, später hakig, blaß fleischfarben; Areolenwolle im Scheitel weiß; die Warzenhöckerchen kaum über 3 mm breit (Abb. 3402);
   — var. *grandiflora* RITT. (FR 930): „Bestachelung variabel, Bl. viel größer als beim Typ."

20. **Parodia aureicentra** var. *albifusca* RITT. (FR 916 D): „Randst. weiß; Mittelst. glänzend rotbraun, nicht vergrauend." Danach von meiner Abb. 1538 (Bd. III, S. 1601) anscheinend nicht wesentlich unterschieden.

Folgende Neubeschreibung wurde seit Erscheinen von Bd. III publiziert:

— **Parodia penicillata** Fechs. & v. d. Steeg — Succulenta, 7 : 77—78. 1960

Bis 12 cm ⌀, später bis 30 cm lang, frischgrün; Rippen 17, spiralig, in Warzen aufgelöst, diese ca. 1 cm lang, 7—10 mm breit; Areolen 12—15 mm entfernt, ca. 5 mm ⌀; St. gelb bis gelbweiß oder fast farblos, rand- und mittelständige nicht trennbar, aber ca. 40 dünne, anliegende randständige, 8—15 mm lang und zwischen ihnen und den eigentlichen mittleren ca. 8 in jungen Areolen um die

Abb. 3402. Parodia sanagasta var. minima-seminea Ritt. n. nud.

Abb. 3403. Parodia ritteri Buin. (Foto: Ritter.)

Abb. 3404. Parodia penicillata FECHSER & V. D. STEEG, Abbildung der Originalbeschreibung. (Sammlung und Foto: VAN DER STEEG.)

Mittelst. geschart (daher der Artname), von den insgesamt 40—60 St. ca. 15—20 zentraler stehende, kaum vom mittelsten unterschieden, gelblich, 4—5 cm lang; Bl. wie die von *P. chrysacanthion*, aber mit roten Pet. — Argentinien (Salta, bei Cafayate, von FECHSER gefunden) (Abb. 3404).

Ähnelt entfernt *P. chrysacanthion*, ist aber offener bestachelt und auffällig durch die pinselig gestellten zentraleren St. in jungen Areolen.

Seit Erscheinen des Bd. III bzw. den darin genannten unbeschriebenen *Parodia*-Namen RITTERS sind noch folgende neue Namen in WINTER-Katalog, 18. 1960, zu finden. Von einigen kann ich hier Farbfotos bringen als Ersatz für die bisher fehlende Beschreibung:

Parodia cardenasii RITT. (FR 914), ,,klein, mit zarten weißen St., von CARDENAS gefunden";
— *comata* RITT. (FR 932), ,,St. schopfartig, zart; Bl. blutrot bis karmin";
— *commutans* RITT. (FR 729), ,,ähnlich *P. maxima*, nur wenig kleiner, mit langen gewundenen, gelben St.";
— *glischrocarpa* RITT. (FR 923), ,,gehört zur *microsperma*-Gruppe, Rippen hoch, klebriges Fruchtfleisch";
— *heteracantha* RITT. (FR 926), ,,Gruppe um *microsperma*, feine, kleine weiße Randst., lange, rotbraune, meist gerade Mittelst.";
— *maxima* RITT. (FR 87), ,,größte *Parodia*, bis 0,75 m Umfang; lange helle St.; gelbe Bl.";
— *riojensis* RITT. (FR 917), ,,ähnlich *microsperma*; St. zart, rosaweiß";
— *rubellihamata* RITT. (FR 919), ,,ähnlich *microsperma*, mit Rippen; rötliche Hakenst.";
— — *chlorocarpa* RITT. (FR 921), ,,länger, mit mehr St.; grüne Früchte";
— — *paucicostata* RITT. (FR 920), ,,flacher, mit weniger Rippen";

3405 3406

Abb. 3405. Parodia comosa RITT., eine sehr reichblühende Art mit stärkerer Wollbildung am Scheitel älterer Pflanzen. Sehr gutwüchsig. (Sammlung: BUINING.)

Abb. 3406. Parodia steinmannii n. nud., die mittleren Stacheln anfangs nur ± gekrümmt, später hakig. (Foto: KILIAN.)

Parodia rubistaminea RITT. (FR 924), „*microsperma*-Gruppe; Rippen in Höcker aufgelöst; ein bis mehrere feine Hakenst.; gelbe Bl. mit roten Staubf.";
— *suprema* RITT. (FR 912), „weiße Randst., schwarze Mittelst.; Bl. groß, blutrot".

Von der bereits in Bd. III genannten:

Parodia comosa RITT. (FR. 111) bringe ich ein Schwarzweißfoto, das den später länglichen Wuchs zeigt, die wirklich schopfartige Wollbekleidung der oberen Areolen und den reichen Ansatz gelber Blüten; eine Art, die auch wurzelecht sehr wüchsig ist (Abb. 3405);

— *procera* RITT. (FR 742): Das Bild einer blühenden Pflanze zeigt RITTER in WINTER-Katalog, 1959, erste Innenseite, links oben.

Folgende Farbfotos bringe ich statt der (zum Teil bisher fehlenden) Beschreibungen:

Parodia camargensis v. camblayana RITT. (FR 724) (Abb. 3407, links oben);
— *culpinensis* RITT. (FR 730) (Abb. 3407, rechts oben);
— *fulvispina* RITT. (FR 727) (Abb. 3407, links unten);
— *echinus* RITT. (FR 747) (Abb. 3407, rechts unten);
— sp. (*P. rubida* RITT., FR 725 ?). (Abb. 3408).

Parodia 3753

Abb. 3407. Arten des Parodia maassii-Formenkreises: links oben: Parodia camargensis v. camblayana RITT.; rechts oben: Parodia culpinensis RITT. n. nud.; links unten: Parodia fulvispina RITT. n. nud. Rechts unten: Parodia echinus RITT. n. nud. Bezgl. P. camargensis und var. siehe hinten unter „Ergänzungen". (Alle Fotos: A. M. WOUTERS.)

Die Bestachelung vorstehender Arten ist sehr schön, wenn sie sich auch — abgesehen von der Färbung — bei den ersten drei Spezies sehr ähnelt. Bei einer Auffassung wie der KIMNACHS würden sie wohl nur als Formen der P. massii angesehen werden, andererseits zeigen alle Aufnahmen, welche interessanten Spezialsammlungen gerade mit den blühwilligen Parodia-Arten angelegt werden können. Die Variabilität mancher derselben zeigen die beiden Farbfotos einer von FECHSER, Buenos Aires, stammenden: Parodia sp., die zur „microsperma-Gruppe" gehört, wie es RITTER nennt, ohne etwa mit

Abb. 3408
Parodia sp. (P. rubida RITT.?).

Abb. 3409. Links: Parodia sp. des Parodia microsperma-Formenkreises. (Sammlung: H. THIEMANN, Bremen.) — Rechts: Eine feinstachligere Form der links abgebildeten, ziemlich variablen Pflanze. (Sammlung: H. THIEMANN, Bremen.)

P. microsperma identisch oder Varietäten derselben zu sein. Was die Zierlichkeit der Rippen oder Dichte der Bestachelung anbetrifft, sind sie untereinander jedoch deutlich unterschieden (Sammlung Züchter H. THIEMANN, Bremen) (Abb. 3409).

Ich belasse diese Pflanze ohne Namen, da RITTER sie vermutlich ebenfalls führt, ohne daß ich feststellen kann, welcher seiner Namen auf sie zutrifft.

Parodia steinmannii n. nud. soll eine weitere neue, unbeschriebene Art sein (Abb. 3406).

100. MALACOCARPUS SD. non FISCH. & MEY.

4. Malacocarpus tephracanthus (LK. & O.) K. SCH.

SCHUMANN änderte bei dem Synonym *Melocactus acutus* LK. & O. die Schreibweise in *Meloc. acutatus*.

5. Malacocarpus macrogonus (AR.) HERT.

Der Name „*Echinocactus macrogonus* AR." in SCHELLE, Kakteen (1926), ist wohl nur ein ungenaues Zitat für *Echus. sellowii macrogonus* AR.

Melocactus poliacanthus LK. & O. ist *Malacoc. langsdorfii* (LEHM.) BR. & R.

102. NOTOCACTUS (K. SCH.) BERG. emend. BACKBG.

1. Notocactus scopa (SPRENG.) BERG.

Nach SCHELLE, Kakteen (1926), gab es auch die Namen *Echinocactus scopa* v. *rubrispinus* HORT. und v. *rubrissimus* HORT.

1a. v. **daenikerianus** KRAINZ: Das erste Publikationsdatum war „Schweizer Garten", 7 : 199. 1945:

Abb. 3410. Oben: Typischer Notocactus ottonis (LEHM.) BERG. — Unten: Die bei Reife seitlich aufreißenden, fleischigeren Früchte der U.-G. Notocactus.

Abb. 3411. Notocactus ottonis v. albispinus BACKBG., Importpflanze aus Brasilien. (Sammlung: KLUTH, Friedrichstadt.)

1b. v. **glauserianus** KRAINZ: Das erste Publikationsdatum war l. c., 7 : 201. 1945.

Aus der *Notocactus-ottonis*-Gruppe sind noch zwei weitere Varietäten bekanntgeworden, die ich in der Sammlung des Züchters KLUTH, Friedrichstadt, sah, Importpflanzen, mit gut unterscheidbaren und typischen Charakteren:

2. **Notocactus ottonis** (LEHM.) BERG.

v. **ottonis:** Zum Vergleich mit den neuen Varietäten bringe ich zwei Aufnahmen des Typus der Art, dessen Knospen nicht stark von längeren Borsten überragt werden, sowie das Bild der reifenden Früchte, die hier seitlich platzen, mit fleischiger Wand, und so aus mehreren Rissen den Samen entlassen (ähnlich wie bei *N. scopa*; beide Arten sind das Subgenus *Notocactus*) (Abb. 3410).

2h. v. **albispinus** BACKBG. n. v.

Differt a typo costis angustioribus, ca. 13; aculeis radialibus ca. 7 (—9), mox albis, plerumque 1 centrali, ± fulvo; flore flavo, 3 cm longo, 3,5 cm lato; stigmatibus claro colore rubido.

Weicht vom Typus der Art und den anderen Varietäten ab durch bald weiße Bestachelung; ca. 13 Rippen; Randst. meist 7 (—9), gewöhnlich nur 1 Mittelst., ± bräunlich, bald auch weißlich; Bl. 3 cm lang, 3,4 cm breit, eigelb; N. hellrot (!). — S-Brasilien. Die Knospen sind länger beborstet als beim Arttypus (Abb. 3411—3412).

Abb. 3412. Oben: Der weiß bestachelte Notocactus ottonis var. albispinus BACKBG.; die Griffelnarben sind hellrot. — Unten: Die Knospen des Notocactus ottonis var. albispinus BACKBG.

2i. v. **stenogonus** BACKBG. n. v.

Differt costis angustatis, ca. 10, aculeis radialibus ad 8, ad 1 cm longis, albidis vel pallide cornicoloribus; aculeis centralibus ca. 3, fulvis, $\pm$ curvatis, ad 2,5 cm longis; calycibus primo lana saetisque deficientibus.

Bis ca. 8 cm hoch (mir vorliegendes Stück); Rippen ca. 10, schmäler als beim Typus der Art und den anderen Varietäten, leicht um die Areolen verdickt; Areolen querrund, hellfilzig; Randst. meist 8, anliegend und $\pm$ gebogen, anfangs bräunlich, bald mehr blaß hornfarben, bis ca. 1 cm lang; Mittelst. meist 3, bis 12 mm lang, anfangs rotbraun, dann verblassend und am Fuß noch $\pm$ bräunlich (zum Teil auch die randständigen so); Knospen auffällig schwachwollig, anfangs fast kahl erscheinend, ohne zuerst sichtbare Borsten, die kugeligen Knospen deutlich von den schmalspitzen Schuppen bedeckt, später etwas mehr Wolle und kürzere Borsten; Bl. 2 cm lang, 2,5 cm breit, gelb; N. hellrot. — S-Brasilien (Abb. 3413).

Die äußeren Perigonbl. sind ausgezähnelt, mit Spitze; die nächstinnere Reihe ohne Spitze; die innerste nur spitz zulaufend. Durch die anfangs kahl wirkenden Knospen wesentlich von dem Typus der Art und seinen anderen Varietäten abweichend.

In „Rep. Pl. Succ.", 8. 1957, wurde zu *N. ottonis* v. *multiflorus* FRIČ ex BUIN. irrtümlich als Synonym *Echinocactus ottonis* v. *multiflorus* FRIČ aufgeführt, weil BUINING in „Succulenta", 9:104—107, obwohl er den Bericht unter *Notocactus* brachte und so auch die ersten Arten benannte, auf S. 104 „*Echinocactus ottonis*" anführt, so daß die nächsten Varietäten auf *Echinocactus* bezogen werden müßten, wenn dies nicht ein Versehen wäre, denn z. B. sind v. *elegans* BACKBG. & VOLL und v. *villa-velhensis* BACKBG. & VOLL von uns gar nicht unter *Echinocactus*, sondern unter *Notocactus* beschrieben worden, so, wie auch KREUZINGER das FRIČsche Basonym für v. *multiflorus* unter *Notocactus* führt („Verzeichnis", 22. 1935). Ich habe daher wohlweislich die *Echinocactus*-Kombinationen z. B. der nur unter *Notocactus* beschriebenen Varietäten in Bd. III nicht aufgeführt, damit sie nicht unnötig durch die Literatur geschleppt werden, da bei BUINING offensichtlich nur ein Versehen vorlag, jedenfalls aber *Notocactus*-Kombinationen gemeint waren.

Ferner werden in „Rep. Pl. Succ.", 18. 1957, einige Kombinationen von *Notocactus ottonis* unter dem nomen novum Y. ITOS „*N. ottoianus*" aufgeführt, andere unter *N. ottonis*. Da hier sicher ein Versehen vorliegt, auch die Bezeichnung „*ottoianus*" überflüssig war, führe ich die entsprechenden Namen hier nicht auf, um die Synonymie nicht unnötig zu belasten.

Nur Abbildungsnamen waren: *Melocactus tenuispinus* und *Echinocactus tenuissimus*.

7. **Notocactus tabularis** (CELS ex K. SCH.) BERG.

Ein Synonym ist noch: *Echinocactus tabularis* CELS in SCHUMANN.

14. **Notocactus floricomus** (AR.) BERG.

14b. v. **rubrispinus** BACKBG.: Hierher gehört wohl der Name *Echinocactus mammulosus rubescens* HORT. in SCHELLE, Kakteen, 219. 1926.

14c. v. **velenovskyi** (FRIČ ex BACKBG.) KRAINZ: KRAINZ' erstes Publikationsdatum war: „Schweizer Garten", 8:225. 1945.

Abb. 3413. Oben: Notocactus ottonis var. stenogonus Backbg., mit schmäleren Rippen und nur schwach behaarten und gering beborsteten Knospen; die Narben sind hellrot. (Sammlung: Kluth, Friedrichstadt.) — Unten: Die in der geringen Bekleidung stark abweichenden Knospen des Notocactus ottonis var. stenogonus Backbg.

103. FRAILEA Br. & R.

P. C. Hutchison äußerte mir gegenüber, die Standortsangaben bei *Frailea colombiana* und *Malacocarpus vorwerkianus* — beide von Werdermann beschrieben — müßten ein Irrtum sein; beide kämen so abgelegen in Kolumbien gar nicht vor, und es handelte sich wohl um von einem Liebhaber an Werdermann geschickte Stücke (die dann also aus südlicheren Regionen stammten).

Ich nehme an, daß diese Ansicht auf die heute in Kalifornien bestehende Auffassung zurückzuführen ist, d. h. weil man dort eine von meiner Deutung abweichende Vorstellung hat. Dennoch wird man sie korrigieren müssen, denn Werdermann hat für obige beide Pflanzen in Backeberg, „Neue Kakteen", 1931, so einwandfreie Wildstandorte angegeben, daß daran nicht zu zweifeln ist:

> *Echinocactus (Frailea) colombianus* Werd.: Bei Dagua, an der Bahnlinie Buenaventura—Cali, ca. 1500—1800 m ü. M., auf Geröllfluren;
>
> — *(Malacocarpus) vorwerkianus* Werd.: Bei Sogamoso (nach Haage die richtige Bezeichnung, nicht Sagomosa), nordöstlich von Bogotá, ca. 1200 m ü. M., auf Viehweiden, zwischen Gras versteckt.

12. Frailea castanea Backbg.

In „Kakteen", C VIc, 1959, und „Kakt. u. a. Sukk.", 113. 1961, wird als gültiger Name *F. asterioides* Werd. (1937) angegeben und mein Name als Synonym genannt. *F. castanea* wurde aber bereits 1935 im Kaktus-ABC mit lateinischer Diagnose beschrieben; Prof. Herter sagte mir. daß beides Material vom gleichen Standort kam. Die Synonymie muß daher richtig wie auf S. 1664 angegeben lauten.

Im übrigen ist die von Krainz l. c. gezeigte Pflanze nicht die von Werdermann in „Kakt. u. a. sukk. Pflanz.", T. 139, 1938, abgebildete, sondern — auch nach Ansicht von G. Kilian, Mainz-Kostheim, der sich speziell mit *Fraileas* befaßt — eine noch unbeschriebene, nahestehende Art (oder Varietät) mit schmäleren Rippen und helleren Areolen. Werdermanns Pflanze entsprach dagegen ganz der von mir beschriebenen. Man vergleiche dazu die beiden Farbfotos.

105. SOEHRENSIA Backbg.

1. Soehrensia bruchii (Br. & R.) Backbg.

Da meines Wissens bisher noch kein Farbbild der schön blühenden Pflanze veröffentlicht wurde, bringe ich hier eine Aufnahme aus der Sammlung F. Riviere, „Pinya de Rosa" bei Blanes (Spanien) (Abb. 3414).

7. Soehrensia formosa (Pfeiff.) Backbg.

Die im Bd. III, S. 1683 (viertletzter Absatz der Artbeschreibung) angeführten Synonyme Y. Itos unter dem Gattungsnamen *Acanthocalycium* sind in Rep. Pl. Succ., VIII: 12. 1957, als „*Acanthocalycium formosanum* var." aufgeführt; es mußte „*formosum*" heißen. Da es sich hier um einen offenkundlichen Schreibfehler handelt, führe ich diese Kombination unter *Acanthocalycium* nicht noch einmal auf.

107. GYMNOCALYCIUM Pfeiff.

5. Gymnocalycium platense (Speg.) Br. & R.

In C. & S. J. (US.), XII: 3, 51. 1940, hat Castellanos diese Art — nach Spegazzinis „*Echinocactus gibbosus platensis* Speg." — in *G. gibbosum platense*

Abb. 3414. Soehrensia bruchii (BR. & R.) BACKBG. in Blüte. Eine sehr gutwüchsige Pflanze, von der in Südeuropa bereits eine größere Zahl stärkerer und blühfähiger Exemplare vorhanden ist. Leider wurde die var. nivalis FRIČ nie wieder eingeführt.
(Sammlung und Foto: RIVIERE.)

(SPEG.) CAST. & LELONG umkombiniert, obwohl bereits BRITTON u. ROSE richtig darin eine eigene Art erkannten, die gar nichts mit *G. gibbosum* zu tun hat.

35. Gymnocalycium gibbosum (HAW.) PFEIFF.

Nur ein Name war *Echinocactus gibbosus reductus* HORT.

48. Gymnocalycium pflanzii (VPL.) WERD.

In WINTER-Katalog, 14. 1960, führt RITTER noch die unbeschriebene Varietät (?) v. *albipulpa* RITT. (FR 397) auf. Mehr ist darüber nicht gesagt, nur, daß RITTER sie vordem als *G. bolivianum* bezeichnet hätte, ein wegen *G. saglione bolivianum* CARD. (nomen in Rev. Agr. Cochabamba, 7. 1952) zu streichender Name. Es ist mir nicht bekannt, ob diese Pflanze noch in anderer Beziehung differiert; abweichende Pulpafarbe bzw. weiße oder rote Pulpa kommt auch sonst vor.

52. Gymnocalycium eytianum CARD.

In „Kakt. u. a. Sukk.", 11 : 3, 46. 1960, wird ergänzend die Frucht beschrieben: Konisch bis spindelförmig, 2,5—3 cm lang, dunkelgrün, mit wenigen nackten Schuppen; Fruchtfleisch weiß, saftig; S. klein, 1—1,2 mm groß, kugelig, braun, punktiert, matt, Nabel kaum bemerkbar.

Im WINTER-Katalog, 15. 1960, finden sich noch folgende inzwischen neu erschienene RITTER-Namen: *G. guanchinense* v. *robustius* RITT. (FR 22 B), ein sehr

Abb. 3415. Brachycalycium tilcarense (Backbg.) Backbg. Die typische röhrenlose Blüte (älteres, großes Exemplar der Sammlung A. M. Wouters).

zweifelhafter Name; *G. lumbarasense* Ritt. (FR 962), „ähnlich *G. guerkeanum*": *G. antherostele* Ritt. (FR 963), „eigenartige Blüten". Weiteres ist bisher über diese Pflanzen nicht bekannt.

108. BRACHYCALYCIUM Backbg.

1. **Brachycalycium tilcarense** (Backbg.) Backbg.

In holländischen Sammlungen sind noch einzelne Stücke dieser relativ sehr groß werdenden Pflanzen vorhanden. Anbei eine Blütenaufnahme meines holländischen Mitarbeiters A. M. Wouters, Lent; sie zeigt die röhrenlose Blüte mit dem sehr kurzen Ovarium. Der Blütensitz liegt im stachellosen Oberteil der ziemlich großen und langen Areole, und dieser Oberteil kann in eine ± sichtbare furchenähnliche Einsenkung hineinreichen (Abb. 3415).

109. WEINGARTIA Werd.

3. **Weingartia neocumingii** Backbg.

Eine aus Samen aufgelaufene interessante kurzstachlige Form, als f. *brevispina* zu bezeichnen, zeigt die Abb. 3416 (Sammlung Andreae, Bensheim). Für *Echus cumingii* v. *flavispina* hort. gibt es in Schelle, Kakteen (1926), noch den Namen: *Echinocactus cumingii* v. *flavescens* Pos.

Abb. 3416. Eine merkwürdige, aus Samen normal bestachelter Pflanzen aufgelaufene Form der Weingartia neocumingii Backbg., mit auffällig kurzer Bestachelung. (Sammlung: Andreae.)

Abb. 3417. Oben links: Rodentiophila atacamensis Ritt. n. nud.; oben rechts: Rodentiophila atacamensis Ritt. n. nud., eine in der Rippenstärke und Länge der Hauptstacheln etwas abweichende Rasse (oder Form); unten: Rodentiophila megacarpa Ritt. n. nud. (Alle Fotos: A. M. Wouters.)

(110 A). RODENTIOPHILA Ritt.

Von diesem in Bd. III, S. 1799, aufgeführten bisher noch unbeschriebenen Genus Ritters kann ich hier mehrere Farbaufnahmen bringen:

1. Rodentiophila atacamensis Ritt.

Die beiden Abb. 3417, oben, zeigen, daß diese Art variiert, d. h. es gibt Formen mit und ohne länger abstehende Mittelstacheln, die aus dem gleichen Samen FR 264 aufliefen.

Hiervon weicht im ganzen Habitusbild auffällig ab:

2. Rodentiophila megacarpa Ritt. (FR 514)

Die Areolen im Scheitel wolliger, die Bestachelung nur mäßig lang, pfriemlich und anfangs dunkelbraun (Abb. 3417, unten).

Die Aufnahmen ersetzen gut die bisher fehlenden Beschreibungen.

111. NEOCHILENIA Backbg.[1])

Chileorebutia Ritt., „Cactus" (Paris), 64 (Supplément), August 1959, ohne Seitenzahl

Mit der Aufstellung von „*Chileorebutia*" hat Ritter genau genommen nur ein weiteres Argument für die Berechtigung meines Genus *Neochilenia* geliefert, abgesehen davon, daß die Autorenbezeichnung „Ritter ex Frič pro parte", soweit vom Typus von *Chileorebutia* sensu Ritter ausgegangen wird, unrichtig ist, denn in dem „Verzeichnis" Kreuzingers, auf das sich Ritter beruft, steht zwar *Chileorebutia reichei* (und dies ist der Typus von Ritters Genus) mit der Autorenangabe „K. Sch., 1903", doch war dies ein Versehen, denn die Abb. 525 und 526 Kreuzingers zeigen eindeutig, daß darunter nur „*Reicheocactus pseudoreicheanus*" verstanden wurde (den man damals noch für den richtigen *Echs. reichei* hielt). Es gibt demnach in Kreuzingers Sukkulentenkatalog gar keine „*Chileorebutia reichei* Frič nom. nud. excl. *reichei* Hort. germ.", sondern allein eine *Chileorebutia reichei* Hort. germ.", und da Ritter diese selbst ausschließt, besagt dies, daß hierfür *Reicheocactus* zu Recht bestehen muß, aber auch, daß seine Beschreibung der Blüte von *Chileorebutia* Ritt. insofern ungenau ist, als er angibt „tubo plerumque et ovario interdum setas ferentibus". Es wird damit also gesagt, daß an der Blüte meistens Borsten vorhanden sind, mit anderen Worten: zum Teil auch nicht. Außerdem nennt er *Echinocactus reichei* K. Sch. als Typus seines Genus; diese Pflanze hatte aber Borsten an der Blüte. Was Ritter jedoch als „*Chileorebutia* reichei sensu Ritt." ansieht, seine Nr. FR 501, hat keine Borsten an der Blüte, wie meine Abb. 3446 zeigt, ist also gar nicht der *Echinocactus reichei* K. Sch.", denn es gibt keine Pflanzen, bei denen zuweilen Borsten an der Blüte erscheinen, zuweilen aber auch nicht, sondern nur Arten mit ± Borsten oder solche ohne Borsten. Ritter hat demnach unter dem Typus seines Genus „*Chileorebutia* Ritt. non sensu Frič ex Krzgr." nicht die richtige Art verstanden, sondern eine Spezies meines Genus „*Reicheocactus*".

Da Ritter selbst aber in der Synonymie von „*Chileorebutia reichei*" den „*Echinocactus reichei* Hort. germ." ausschließt, muß dies bei „*Chileorebutia* Ritt." auch mit jenen Arten geschehen, die den Gattungsmerkmalen von *Reicheocactus* entsprechen.

Was dann nachbleibt, sind Arten mit ± Haarbildung und Borsten an der Blüte. Das aber ist mein Genus *Neochilenia* Backbg. mit dem Typus *Echinocactus*

---

[1]) Siehe in diesem Band auch unter *Pyrrhocactus* Berg.

jussieui MONV., dessen Blüten nicht weniger behaart oder beborstet sind als z. B. „*Chileorebutia napina* (PHIL.) RITT.".

Trotz der relativ langen Gattungsdiagnose für *Chileorebutia* findet sich nicht ein einziges Merkmal, das eine klare Differenzierung von *Neochilenia* gestattet, wohl aber solche, die gar nicht in eine Gattungsdiagnose gehören, weil es nur Merkmale von Arten sind, die keine Gattungsabtrennung gestatten: „Corpore parvo humili" gilt z. B. auch für *Copiapoa humilis* oder *Copiapoa hypogaea* RITT., ist also kein ausschlaggebendes Gattungsmerkmal für „*Chileorebutia*", zumal „*Ch. napina*" gepfropft ebenso groß wie manche *Neochilenia*-Arten wird, dann aber auch deutlich zusammenhängende Rippen hat; d. h. „sine costis, tubercula parva"[1]) trifft nicht zu oder ist ungenau; „radice rapacea" ist erst recht kein für *Chileorebutia* typisches Gattungsmerkmal, da sie ebenfalls bei *Copiapoa humilis*, *Neoporteria*, *Weingartia* oder *Gymnocactus* wenigstens zum Teil angetroffen wird. Auch „sich am Grunde öffnende Früchte, hohl usw." ist kein eindeutig differierendes Merkmal, da die meisten chilenischen Kugelkakteen solche Früchte haben.

Es wäre also zu begrüßen gewesen, wenn RITTER die an sich schon große Namensverwirrung nicht noch durch die Aufstellung von *Chileorebutia* bereichert hätte, wie es auch nicht zu vertreten war, daß der Typus von *Neochilenia* BACKBG. und damit dieses Genus — dessen Berechtigung RITTER gerade durch *Chileorebutia* gleichsam auf Umwegen anerkennt, weil seine Merkmale nicht von denen der *Chileorebutia*-Arten zu trennen sind — von ihm zu *Pyrrhocactus* einbezogen wurde. So bleibt mir nichts anderes übrig, als alle RITTER-Namen unter „*Chileorebutia*" wieder zu *Neochilenia* BACKBG. zu stellen, d. h. die Artnamen umzukombinieren.

Daran zeigt sich auch, daß besser als eine lange, allgemein gehaltene Gattungsdiagnose eine solche ist, die scharf differenziert und nur die Merkmale wiedergibt, die die Gattungstrennung begründen, d. h. eine „Diagnose der unterscheidenden Kennzeichen", wie ich es nenne, oder eine „Differentialdiagnose", wie sie BUXBAUM bezeichnet.

Ich habe mich bemüht, zur Klärung des Namenwirrwarrs die „*Chileorebutia*"-Arten RITTERS soweit wie möglich zu studieren, d. h. soweit ich blühendes oder fruchtendes Material sah, das eine genügende Handhabe für die hier vorzunehmende Eingliederung bot. Leider war das nicht bei allen Arten möglich, und so war ich darüber hinaus auf RITTERS Angaben in „Cactus", 15 : 66, 5–10. 1960, angewiesen; die Abbildungen sind hier aber zum Teil so undeutlich, daß sie wenig besagen. RITTERS Identifizierung ist auch zum Teil zweifelhaft, z. B. was die Namen „*Echinocactus odieri*" und dessen v. *mebbesii* HILDM. anbetrifft, für die RITTER den Namen *Chileorebutia krausei* RITT. aufstellt, ohne Berücksichtigung der von SCHELLE in Kakteen, Bildanhang Nr. 123 und 124 gezeigten Pflanzen, die eine ganz andere Art sind. SCHELLE war ein so hervorragender Kenner der Cactaceae, und jene Pflanzen gab es nicht nur damals, sondern es gibt sie zum Teil heute noch (z. B. in der Sammlung ANDREAE), so daß man jene Abbildungen bzw. jene andere Namensauslegung nicht einfach übergehen kann. Ich glaube nicht, daß RITTER „*Echus. odieri* und v. *mebbesii* l. c. richtig identifiziert hat. Dafür spricht er von Naturhybriden, die zwar auftreten können („z. B. *Pyrrhocactus confinis* RITT." [Abb. 3418]), aber keine systematische Bedeutung haben. Nach SCHELLE muß man SCHUMANNS Auslegung von *Echus. odieri* allerdings als teilweise unrichtig bezeichnen. Wir können uns aber mit einiger Sicherheit an SCHELLE

---

[1]) Neuerdings führt RITTER auch „*Chileorebutia*"-Arten mit Rippen!

halten (vgl. hierzu die nachstehenden Ausführungen unter N. odieri und v. mebbesii). Man wird auch vorhersagen können, daß, wenn KIMNACH diese chilenischen Arten zu beurteilen hätte, er logischerweise — nach dem Vorbild seiner rigorosen Zusammenziehung der verschiedensten peruanischen Cereenarten — alle diese Arten zusammenwürfe. Darauf deutet schon hin, daß die in Abb. 3435 gezeigte, von HUTCHISON gesammelte Pflanze von diesem als „Neoporteria napina v. lanigera HUTCH." bezeichnet wird. Wahrscheinlich handelt es sich hier aber um eine der Neochilenia eriocephala BACKBG. (Abb. 1761, oben, Bd. III, S. 1831) nahestehende Pflanze. Jüngere Sämlingspflanzen sind von ausgewachsenen oft so weit verschieden, daß man beide genau kennen bzw. beide Formen so darstellen muß, wie es z. B. auch bei Haageocereus notwendig wäre. Als sicher erscheint mir, daß HUTCHISONS Pflanze mit Neoch. napina nichts zu tun hat, als unrichtig dagegen RITTERS Identifizierung bei Echus. odieri und v. mebbesii. Gerade das überaus schwierige Gebiet der chilenischen Kugelkakteen erfordert, daß alle Bearbeiter in einem Meinungsaustausch eine befriedigende Lösung zu finden sich bemühen sollten. Hier genügt die Standortskunde allein nicht, wie RITTER auch erkennen würde, wenn er alle seine Pflanzen in jüngeren Sämlingsformen sähe. Ebensowenig befriedigt es, wenn man sich (wie KIMNACH) die Sache zu leicht macht und alle Arten zusammenzieht, was wohl das einfachste, aber nicht das richtige ist, vor allem nicht, wenn — wie in den USA — diese Spezies mit Beharrlichkeit immer noch als Neoporteria-Arten bezeichnet werden (obwohl Neoporteria eines der am einheitlichsten charakterisierten Genera ist), da man logischerweise bei einem so weit gefaßten Gattungsbegriff auch

Abb. 3418. „Horridocactus confinis RITT.", nach RITTER eine Naturhybride zwischen „Chileorebutia odieri sensu RITTER" und einem Horridocactus (bei RITTER: Pyrrhocactus, spec. chilen.), d. h.: ein Naturbastard zwischen Neochilenia und Horridocactus. Die Pflanze wuchs aus Samen heran; wenn sie ein Bastard ist, kann der Habitus nicht für alle Exemplare bezeichnend sein. Die Hybrideigenschaft könnte gut nach den Sämlingen überprüft werden, weshalb ich hier einen solchen abbilde. Wieweit eine Ähnlichkeit mit Originalpflanzen besteht, ist auch bisher nicht bekannt. Ehe über Naturhybriden bzw. Übergangsformen bei gewissen chilenischen Arten gesprochen wird oder Zusammenziehungen, ähnlich wie bei KIMNACH, erfolgen, sind Reihenanzuchtbeobachtungen erforderlich. (Foto: A. M. WOUTERS.)

Horridocactus und *Pyrrhocactus* damit vereinigen müßte, weil dann z. B. auch gattungsmäßig nicht mehr zwischen *Neoporteria* und ,,*Malacocarpus tuberisulcatus* (Jac.) Br. & R." unterschieden werden könnte. Dabei zeigte bereits die Einbeziehung des letzteren zu *Malacocarpus* durch Britton u. Rose, daß hier eine exakte Revision dringend notwendig war. Anscheinend ist es aber in der modernen Kaktologie ein unvermeidbarer Zustand, daß sich jeder Autor berufen fühlt, einen von anderen abweichenden Standpunkt ohne gegenseitige Klärung einzunehmen. Ich habe mich zwar bemüht, in 30 Jahren einen möglichst klaren Ausweg aus dieser verworrenen Situation zu finden, aber dies genügt anscheinend nicht, um den Individualismus einiger Autoren zu überwinden. Ich kann daher nur jenen Weg verfolgen, der mir als der allein klare und logische erschien, und muß es im übrigen dem Leser überlassen, sich zu allem sein Urteil selbst zu bilden.

Da ich nicht sämtliche ,,*Chileorebutia*"-Arten in Blüte sah, Ritter auch nicht alle abbildete bzw. er l. c. noch weitere nomina nuda aufführte, können diese Namen nur unter Vorbehalt zu *Neochilenia* gestellt werden. Was Ritter in ,,Cactus", 10. 1960, über die *Chileorebutia*-Gruppe von N-Chile sagt, die ,,wahrscheinlich ein Subgenus von *Chileorebutia* sein müßte", da keine Warzen, sondern Rippen gebildet werden, ist nur ein weiterer Beweis für die Zusammengehörigkeit aller Spezies unter *Neochilenia*, besonders, wenn man meine Abb. 1745 (Bd. III, S. 1819) von ,,*Chileorebutia napina* (Phil.) Ritt." betrachtet, die Warzen und nur schwach quergeteilte Rippen an ein und derselben Pflanze zeigt sowie mäßige Fruchtbehaarung. Auch dieses Bild beweist, daß *Chileorebutia* nicht aufrechterhalten werden kann.

Wie schwierig die kleineren chilenischen Arten ohne Blüte zu beurteilen sind, zeigt am besten ,,*Neochilenia hypogaea* (Ritt.)" (Abb. 1760, Bd. III, S. 1830), die ich zu *Neochilenia* stellte, weil ich damals die Blüte nicht kannte und übersah, daß Ritter diese zwergige Art richtig als *Copiapoa hypogaea* geführt hat (Winter-Katalog, 11. 1957). Sie ist gleichsam eine *Copiapoa* mit ,,*Chileorebutia*"-Habitus. Eine Umkombinierung erwies sich auch für ,,*Neochilenia neoreichei* Backbg." als notwendig.

Abb. 3419
Neochilenia recondita (Ritt.) Backbg. n. comb. Neuerdings beschrieb Ritter die Pflanze als Pyrrhocactus reconditus Ritt. (Succ., 3:27. 1962), nachdem er sie in ,,Cactus", 15:66, 10. 1960, noch als Chileorebutia recondita Ritt. (FR. 204) bezeichnete. Dieser Wechsel zeigt die Unsicherheit in der Bewertung der Gattungsmerkmale.

nachdem sich zeigte, daß die Blüten borstenlos sind, die Art mithin zu *Reicheocactus* gehört. Zwergige Spezies mit ± warzenartigen Rippen gibt es also bei *Copiapoa*, *Neochilenia* und *Reicheocactus*, und ohne Blüten sind sie infolgedessen zum Teil gar nicht richtig einzuordnen. Andererseits gibt es wieder Pflanzen, die ihnen in den Blüten ähneln, sonst aber nicht, z. B. *Reicheocactus floribundus* BACKBG. n. sp. Im WINTER-Katalog, 14. 1955, führte RITTER eine „*Neoporteria* sp., FR 204", auf, die neuerdings nicht mehr verzeichnet ist, eine Pflanze mit deutlichen Rippen und Kinnhöckern, die Blüten bzw. Früchte unten lockerer flockig-haarig, nach oben zu stärker und mit vielen langen und schwarzen Borsten, wie sie bei „*Chileorebutia*"-Arten angetroffen werden, eine Pflanze, die den Übergang von solchen Blüten zu anderen *Neochilenia*-Blüten zeigt, im Körper typischen *Neochilenias* aber sonst sehr ähnlich; auch sie beweist, daß hier keine Trennungsmöglichkeit besteht (Abb. 3419, *Neochilenia recondita*).

Da RITTER in ·den holländischen Beschreibungen keine ganz eindeutigen, Angaben über die Blütenbekleidung macht, bzw. man nicht ohne Blütenmakros weiß, was der Unterschied zwischen „vlokjes witte wol" und „vlokjes wolharen" ist — genauer wäre die Bezeichnung „Haare" oder „Filz" —, sind zu *Neochilenia* nur die Arten umkombiniert, bei denen eine Haarbekleidung deutlich genug gekennzeichnet ist. Doch mögen unter *Horridocactus* noch Namen von „*Pyrrhocactus* sensu RITT." vorhanden sein, die besser zu *Neochilenia* gehören, die aber vorläufig bei *Horridocactus* belassen werden mußten, weil die Angaben über die Art der Bekleidung nicht eindeutig genug sind.

1. **Neochilenia chilensis** (HILDM.) BACKBG.

Ein Synonym ist *Pyrrhocactus chilensis* (HILDM.) RITT., Succulenta, 10 : 131. 1959.

2. **Neochilenia andreaeana** BACKBG.

Ein Synonym ist *Pyrrhocactus andreaeanus* (BACKBG.) RITT., l. c., 1959.

3. **Neochilenia kunzei** (FÖRST.) BACKBG.

RITTER hat in Succulenta, 10 : 130. 1959, die Art noch einmal zu *Pyrrhocactus* umkombiniert, obwohl eine solche Kombination mit Basonym bereits 1957 von Y. ITO vorgenommen wurde. Die Blüten sind nach SCHUMANN starkwollig!

4. **Neochilenia fusca** (MÜHLPFRDT.) BACKBG.

Hiermit identifiziert RITTER in Succulenta, 90. 1960, *Neochilenia jussieui* (MONV.) BACKBG. und *N. fobeana* (MIECKL.) BACKBG. Einmal kann RITTER danach die in europäischen Sammlungen vorhandenen älteren Arten nicht kennen — denn alle drei sind verschieden und gute Arten — und außerdem versteht er danach unter *N. fusca* eine andere Pflanze als die bei uns früher wohlbekannte, aber jetzt ziemlich selten gewordene Spezies, die der *N. hankeana* nahesteht. Die älteren Arten erscheinen bei RITTER großenteils nicht, müssen ja aber irgendwo in Chile vorhanden sein.

Was RITTER als „*Pyrrhocactus fuscus* sensu RITTER" ansieht, ist eine ganz andere Art (als die obige): tiefschwarzer Körper, derbpfriemliche, im Oberteil meist aufwärts gekrümmte St., 5—7 randständige, 1 mittlerer, alle ± basal verdickt, anfangs die Rippen stärker in Höcker unterteilt; die ziemlich große, gelblichfahle Bl. (die Knospen sind bereits stark haarig) ist deutlich behaart, so daß es sich hier um eine *Neochilenia* handelt, die schon als sehr kleine Pflanze blüht.

Ich schlug hierfür den Namen *Neochilenia neofusca* n. sp. vor (S. 1810), überlasse aber RITTER die Beschreibung (Abb. 3420, Sammlung SAINT-PIE, Asson).

5. Neochilenia hankeana (FÖRST.) DÖLZ

5a. v. **taltalensis** BACKBG. — Diese gelbblühende var. ist „*Horridoc. taltalensis flaviflorus* (RITT.)", FR 212a (WINTER-Katalog, 15. 1959); für den RITTERschen Typus der Art „*Pyrrhocactus taltalensis*" (FR 212) wird l. c., 18. 1961, zum ersten Mal die Blütenfarbe „rot" angegeben, so daß RITTERS „*Pyrrhocactus taltalensis* (HUTCH.) RITT." (Succ., 131. 1959) ein Synonym von *Neochilenia taltalensis* (HUTCH.) BACKBG. ist.

Abb. 3420. Neochilenia neofusca nom. prop., von RITTER als Pyrrhocactus fuscus bezeichnet, aber nicht die früher in europäischen Sammlungen des öfteren vertretene Neochilenia fusca (MUEHLPFRDT.) BACKBG. Es blühen schon recht kleine Stücke.

Abb. 3421. Neochilenia hankeana var. taltalensis mit ± gelblichen Blüten, die Stacheln nicht schwarz wie beim Typus der Art, der daher früher irrtümlich „Echinocactus ebenacanthus HORT." genannt wurde. (Sammlung: SAINT-PIE.)

6. **Neochilenia jussieui** (Monv.) Backbg.

Über Ritters unrichtige Identifizierung mit *N. fusca* s. dort (Nr. 4).

7. **Neochilenia fobeana** (Mieckl.) Backbg.

Über Ritters unrichtige Identifizierung mit *N. fusca* s. dort (Nr. 4).

Hierzu scheint als Synonym zu gehören: *Pyrrhocactus occultus* (K. Sch. non Phil.) Ritt., in Succulenta, 10: 131. 1959.

9. **Neochilenia aspillagai** (Söhr.) Backbg.

Ein Synonym ist *Pyrrhocactus aspillagai* (Söhr.) Ritt., Succulenta, 10: 131. 1960.

10. **Neochilenia odieri** (Lem.) Backbg.

Ritter sagt in ,,Cactus" (Paris), 15: 66, 5. 1960: ,,Ist seit seiner Einführung völlig verschwunden." Er bezieht sich dabei auf Rümpler und zum Teil auf Salm-Dyck, in dessen Cact. Hort. Dyck., 174. 1850, Lemaire angibt ,,Pflanzen 5 cm hoch" (biuncialis, d. h. zwei Zoll) und ,,Blüte 5 cm breit" (bipollicari; 1 pollex = 2,5 cm), daher auch von Rümpler als so breit angegeben. Schon allein die Körperlänge von 5 cm läßt darauf schließen, daß es sich nicht um eine Pflanze wie die von Ritter l. c. abgebildete handelte; auch spricht Lemaire nicht von einer Rübenwurzel, wohl aber sagt Ritter, daß er zwei Pflanzen gesehen habe, deren Blüten 3—3,8 cm lang waren, 3 cm ⌀. Die Behaarung der Blüte ist auf seinem Foto für diese Art von Pflanzen typisch: nämlich ziemlich kräftig. Davon sagen aber wiederum weder Salm-Dyck (Lemaire) noch Rümpler etwas, und Ritters Blütengröße ist weit geringer als die der Originalbeschreibung und als Schelles Angabe (Kakteen, 230. 1926): ,,Ziemlich groß, 5 cm lang." Nach alledem muß Ritter eine andere Pflanze seiner ,,*Chileorebutia*"-Gruppe unter

Abb. 3422. Neochilenia taltalensis (Hutch.) Backbg. ? Der Körper dieser Pflanze ist schwärzlich, die Stacheln sind tiefbraun. (Sammlung: Buining.)

„*Echinocactus odieri*" verstanden haben. Im übrigen ist es nicht so, daß die Art völlig verschwunden war; wir haben SCHELLES Abbildung, l. c., Nr. 123—124, und außerdem gibt es immer noch Pflanzen unter diesem Namen in europäischen Sammlungen, die sowohl zu LEMAIRES Beschreibung wie zu SCHELLES Abbildungen passen, wie ich sie in Bd. III unter *Neochilenia odieri* zeigte. Ohne Kenntnis der in älteren Sammlungen vorhandenen Pflanzen ist eine richtige Identifizierung mancher Chile-Arten nicht möglich.

    10a. v. **mebbesii** (HILDM.) Y. ITO. RITTER ist l. c. der Ansicht, daß die von RÜMPLER und SCHUMANN beschriebene Varietät zwei ganz verschiedene Pflanzen sind, und stellt daher die „v. *mebbesii* sensu K. SCH." zu „*Chileorebutia krausii* RITT.", die er also als nomen novum für die SCHUMANNsche Pflanze ansieht. In Bd. III., S. 1814—1815, habe ich beide Pflanzen nach SCHELLE und den Exemplaren der Sammlung ANDREAE wiedergegeben; die „v. *mebbesii*" paßt durchaus zu allen Beschreibungen, was man allerdings nur versteht, wenn man diese Pflanzen kennt. Leichtes Variieren der Petalenfarbe von blaß bis rosa ist auch nicht ungewöhnlich, zumal dann nicht, wenn der Typus der Art — wie von SCHUMANN — mit „außen blaß rosenroten, innen weißen Pet." beschrieben wurde. Immerhin variiert aber die v. *mebbesii* in sich wieder so weit, daß ich dafür auf S. 1815 (Bd. III) eigenen Artrang und die Benennung *Neochilenia mebbesii* (HILDM.) BACKBG. vorschlug, mit einer v. *centrispina*.

    Was nun aber „*Chileorebutia odieri* sensu RITT." ist, läßt sich schwer entscheiden; nach dem undeutlichen Foto in „Cactus", 15 : 66, 7. 1960, handelt es sich mit großer Wahrscheinlichkeit um *Neochilenia imitans* BACKBG. (vgl. Abb. 1751 der Bestachelung), zumal ich die Blütenfarbe als „gelblich" angab und RITTER von ihr bei „*Chileorebutia odieri* sensu RITT." sagt: „blancs à jaunâtres (!)".

11. **Neochilenia occulta** (PHIL.) BACKBG.

    In Succulenta, 10 : 131. 1959, bringt RITTER die Neukombination „*Pyrrhocactus occultus* (K. SCH. non PHIL.) RITT."; sie gehört gemäß meinen Ausführungen in Bd. III, S. 1817, wahrscheinlich zu *Neochilenia fobeana*. Die Pflanze dagegen, die ich mit der Abb. 1741, Bd. III, S. 1816, wiedergab, muß als *N. occulta* angesehen werden, d. h. also als die von PHILIPPI beschriebene Art, wogegen RITTER — wohl mangels Kenntnis der *N. fobeana* (Foto DÖLZ: Abb. 1736, Bd. III, S. 1811) — anscheinend eine andere Art unter letzterem Namen verstand, weil er diesen für ein Synonym von *N. fusca* hielt (Succ., 90. 1960). Die in der Sammlung ANDREAE vorhandene *N. occulta* trägt keine RITTER-Nr., und es ist im WINTER-Katalog auch keine zu finden (Farbbild: Tafel 131).

12. **Neochilenia mitis** (PHIL.) BACKBG.

    Nach sorgfältiger Prüfung aller Veröffentlichungen und hierzu in Frage kommenden Abbildungen bin ich zu der Überzeugung gelangt, daß hiermit RITTERS „*Chileorebutia glabrescens* RITT. (FR 710)" identisch ist. Meine Abb. 1762 (Bd. III, S. 1833) einer unter diesem Namen von RITTER stammenden Pflanze zeigte als Pfropfung in der Sammlung ANDREAE (Abb. 3423a) eine zunehmende Ähnlichkeit mit *N. napina*, selbst die warzigen Sprossen ähneln sich (vgl. mit Abb. 1745, Bd. III, S. 1819, von *N. napina*). Aber die Früchte zeigen einen deutlichen Unterschied: bei *N. napina* länglich und mäßig haarig-beflockt, bei „*Chileorebutia glabrescens* RITT." sind sie kugelig und weit stärker behaart. Beide Pflanzen ähneln einander sehr, und so wird verständlich, daß SCHUMANN in **Gesamtbschrbg.**,

Abb. 3423a. Neochilenia mitis (Phil.) Backbg. Aus Ritters Samen von „Chileorebutia glabrescens Ritt." (FR 710) aufgezogene Pflanze, die Blütenfarbe variabel von weiß bis fast karmin oder bräunlich. die Frucht rundlicher und behaarter als bei der Neochilenia napina, die der obigen Art stark ähnelt, und weswegen Schumann später beide für identisch hielt.
(Sammlung: Andreae.)

Nachtrag, 110. 1903, „Echus. mitis Phil." für die gleiche Pflanze wie „Echus. napinus Phil." hielt. Aber Philippi hat genauer beobachtet. Dabei hatte Schumann selbst, l. c., 399. 1898, Abb. 69: B, zuerst die Unterschiede richtig dargestellt. Vergleicht man damit Ritters Text und Foto in „Cactus", 15: 66, 9—10. 1960, so sieht man, daß folgende Einzelheiten mit der Beschreibung von N. mitis Bd. III, S. 1818) übereinstimmen: Rübenwurzel, Körper sehr klein (wenigstens am Standort, wie auch der von N. napina), Höcker oben eingedrückt, nur die älteren unten etwas mehr hervortretend, Körperfarbe bräunlich (Ritter: „passant au rouge brun"), Stacheln randständig, 6—8 (Ritter: 5—8), 1—1,3 mm lang (Ritter: 1,5—3 mm lang).

Die Unterschiede der Stachellänge sind minimal, Schumann gab auch zuerst (nach Philippi) an, daß die Pflanze variabel ist und in seltenen Fällen auch einmal ein Mittelstachel gefunden wird. Angesichts der Hinweise Schumanns auf die Ähnlichkeit von Echus. napinus und E. mitis und der gleichen Ähnlichkeit von „Chileorebutia glabrescens Ritt." mit der N.napina der deutschen Sammlungen, kann kein Zweifel daran bestehen, daß F. Ritter den „Echinocactus mitis Phil." wiederentdeckt hat. Er beschreibt die Blüte: 3,5—4,5 cm lang, 3,5—4 cm breit; Ov. grün, stark weißwollig; Röhre ebenso, mit dünnen Bst.; Staubf. weiß bis grünlich, 8—14 mm lang, mehr im unteren inneren Röhrenteil inseriert; Gr. karmin, 2,2—2,4 cm lang; N. 10—12, weiß oder rosa; Perigonbl. lanzettlich, bis 2,5 cm lang, ± abgestumpft bis gezähnelt, Farbe variabel: weiß bis rosa, fast karmin oder bräunlich; Nektarkammer karmin, 3 mm lang; Fr. bis 2 cm lang, 1,5 mm dick, rot, mit reichlicher Wolle; S. dunkel, 1 mm lang, 6 mm dick, erhaben gehöckert, Hilum subbasal. — Chile (im Küstenbereich des Dept. Copiapo).

Meine Abbildung mit Fragezeichen, in Bd. III, Tafel 133, ist nach alledem nicht N. mitis, sondern scheint eher eine Form der Neochilenia eriocephala zu sein.

Ich bin überzeugt, daß diese Art bereits länger in den Sammlungen vorhanden ist und dabei wohl auch mit N. napina verwechselt wurde; bedenkt man dazu die schon von Philippi vermerkte Variabilität des Habitus wie der von Ritter angegebenen Blütenfarbe, würde dann auch verständlich, daß Y. Ito eine Thelocephala roseiflora Y. Ito (Bd. III, S. 1820) führt. Genauere Untersuchungen des Pflanzenmaterials sind dazu aber noch erforderlich.

Gewisse amerikanische Autoren werden wohl N. napina (1872) für den gültigen Namen halten und N. mitis (1894) entweder dazu einziehen oder als Varietät der ersteren ansehen. Dagegen ließe sich nicht einmal etwas sagen. Dennoch erscheint es mir als ratsam, die Arten getrennt zu halten, um logischerweise auch sonst so verfahren zu können. Ohnedies aber wird man kaum hinreichende Klarheit in das äußerst schwierige Gebiet der chilenischen Kugel- und Zwergkakteen bringen können. Die von RITTER geleistete sorgfältige Sammeltätigkeit sollte also dazu besser in solcher Form genutzt werden, als die damit gewonnene Einzelkenntnis durch grobe Zusammenziehungen wieder zu verwischen.

13. **Neochilenia napina** (PHIL.) BACKBG.

13 a. v. **spinosior** (BACKBG.) BACKBG.

Differt aculeis aliquid crassioribus, longioribus, nigris; radialibus ad ca. 9 (—11); (0—)1 (—4) centralibus; flore albido ad roseo.

Weicht vom Typus der Art ab durch etwas kräftigere, stechende, schwarze St., bis ca. 9 (—11) randständige sowie (0—) 1 (—4) mittlere, alle ± strahlig abstehend, die randständigen später mehr anliegend; Bl. kremweiß bis rosa.

In diese Fassung läßt sich ebensowohl die von WERDERMANN in Blüh. Kakt. u. a. sukk. Pflanz., T. 167. 1939, wiedergegebene Pflanze einbeziehen, wie wohl auch „*Thelocephala roseiflora* (Y. ITO) Y. ITO". Nach

Abb. 3423 b. Neochilenia napina v. spinosior (BACKBG.) BACKBG. mit hellrosa Blüte. Hier sind die Rippen überwiegend deutlich ausgebildet. (Sammlung: MATTHES, Streitfeld.)

RITTERS Beschreibung variabler Blüten bei „*Chileorebutia glabrescens*" (hier also: *Neochilenia mitis*) ist die Farbschwankung der Blüten nicht ungewöhnlich.

Ich zeige eine blühende Pflanze aus der Sammlung R. MATTHES, Streitfeld (Abb. 3423b).

14. Neochilenia imitans BACKBG.

Hierzu scheint mir, wie bereits gesagt, als Synonym zu gehören: „*Chileorebutia odieri* sensu RITT." (FR 499). Siehe dazu auch unter *N. odieri*.

16. Neochilenia reichei (K. SCH.) BACKBG.

Höchstwahrscheinlich handelt es sich um diese Art bei meiner Abb. 1755 (Bd. III, S. 1825). Es besteht noch die Möglichkeit, daß RITTERS „*Chileorebutia odieri* sensu RITT." („Cactus" [Paris], 15 : 66, 5. 1960) nicht *Neoch. imitans*, sondern die obige Spezies ist; aus dem wenig deutlichen Foto läßt sich das jedoch nicht mit Sicherheit entnehmen. Dagegen handelt es sich bei „*Chileorebutia reichei* sensu RITT.(FR 501)" nicht um die richtige Art. Seine mehr der *Neoch. aerocarpa* v. *fulva* (FR 500) ähnelnde Pflanze (vgl. mit dem Bild der letzteren, in Bd. III, S. 1827, Abb. 1758), die er in „Cactus" (Paris), 15 : 66, 5. 1960, als „*Chileorebutia reichei* RITT. ex FRIČ" (FR 501) bezeichnet, hat rauhhaarige Stacheln und borstenlose Blüten und gehört daher zu *Reicheocactus*.

Ganz sicher ist es bisher noch in keinem Falle, daß die von SCHUMANN beschriebene Pflanze wirklich wiederentdeckt wurde, obwohl die von Dr. KRAUS gefundene meiner Abb. 1755 ihr weitgehend ähnelt.

— *Neochilenia neoreichii* BACKBG.

Siehe unter *Reicheocactus*, wohin diese Art nach der inzwischen beobachteten Blüte umgestellt werden mußte (RITTER-Nr. FR 501).

Abb. 3424

Neochilenia aerocarpa (RITT.) BACKBG., eine der Arten mit stärker behaarten Blüten — die Borsten sind hier bräunlich —, aber deswegen nicht als „Chileorebutia" abtrennbar, weil es alle Übergänge der Haarreduzierung gibt, bis nahe an die Grenze der „Nur-Filz-Bildung"; ebenso ist es mit der Reduzierung der Borsten in Zahl, Stärke und Länge. Lediglich bei den nur Filzspuren aufweisenden Horridocactus-Arten kann die Borstenreduzierung stärker sein. Reicheocactus hat stets borstenlose, aber stärker behaarte Blüten. (Sammlung: ANDREAE.)

— **Neochilenia aerocarpa** (Ritt.) Backbg.

Ein Synonym ist *Chileorebutia aerocarpa* Ritt., „Cactus", 15 : 66. 1960. Ritter beschreibt die Blüte[1]): 3—3,7 cm lang, 3 cm breit; Röhre und Ov. grün, starkwollig und mit vielen braunen Bst., diese dünn; Nektarkammer unten grün, oben karmin, 4 mm lg.; Stbf. weißlich bis grünlich und oben rötlich, 8—10 mm lang; Gr. karmin; N. 10—14, rötlich, bis 6 mm lang; Pet. bis 2 cm lang, stumpflich oder ± klein gespitzt, karmin; Fr. grünlichrot bis rot, bis 2 cm lang, bis 1,5 cm ⌀; S. schwarz, fast glatt, ca. 1 mm lang, Hilum subbasal. — Chile (Dept. Fretrina). (Ritter-Nr. FR 498) (Abb. 3424).

— **Neochilenia esmeraldana** (Ritt.) Backbg.

Ein Synonym ist *Chileorebutia esmeraldana* Ritt. (FR 518), „Cactus" (Paris), 15 : 66, 10. 1960, als nom. nud. Inzwischen konnte die schöne große Blüte der in Bd. III, S. 1829, Abb. 1759 B, oben, wiedergegebenen Form beobachtet werden: Sie ist zart- bis weißgelb, die äußeren Perigonblätter ins Grünlichgelbe, oben mit zum Teil dunklen Mittelstreifen, die Knospen dunkel; Röhre und Ov. flockig behaart und mit zahlreicheren längeren bräunlichen Borsten; Staubb. und N. weißlich; Gr. fast orangegelb (Abb. 3425).

Abb. 3425. Neochilenia esmeraldana (Ritt.) Backbg. in Blüte.
(Sammlung und Foto: Andreae.)

---

[1]) Die Blüte ist anscheinend variabel. Herr van Marle, Wilp (Holland) beschreibt die seiner unter gleichem Namen aus Ritterschem Samen gezogenen Pflanze: ± 5 cm lang, voll geöffnet ca. 5 cm ⌀; Ov. braun, mit feinen weißen Wollhaaren und im Oberteil mit 0,75 cm langen braunen Borsten; Perigonbl.: äußere braun, lanzettlich, innere braunrosa mit dunklem Mittelstreifen, Staubf. unten gelb, oben braun, ebenso der Gr. — Die Blüten sind 3 Tage geöffnet, nur nachts etwas weniger. Ähnlich variiert *N. mitis* (*glabrescens* Ritt.).

v. *fulva* (Ritt.) Backbg.: Die Blüte ist genauso, nur etwas kleiner; die Stacheln der von Herrn Marle aufgezogenen Pflanzen waren weißlich, variieren also anscheinend auch.

— *Neochilenia hypogaea* (Ritt.)

Sie mußte nach Beobachtung der Blüte zu *Copiapoa* gestellt werden, wie dies bereits Ritter richtig getan hatte, was von mir übersehen wurde.

— **Neochilenia krausii** (Ritt.) Backbg. (Abb. 3426)

Ein Synonym ist *Chileorebutia krausii* Ritt., „Cactus" (Paris), 15 : 66, 6. 1960. Ritters Synonym „*Echinocactus odieri* v. *mebbesii* Hildm. sensu K. Sch." gehört nach älterem deutschem Pflanzenmaterial und Schelles Abbildung (s. unter *Neoch. odieri*) nicht dazu. Ritter gibt an „Randst. 3—6"; es werden auch bis 10 beobachtet sowie anfangs zuweilen auch ein mittlerer (wie Schumann dies z. B. auch für *Echus. mitis* angab); Bl. zart duftend, bis 3,5 cm lang und breit; Ov. graugrün, mit wenigen kleinen rötlichen Schuppen, wie die Röhre starkflockig behaart und mit dünnen, gewundenen, braunroten B., diese an der Röhre deutlicher; Staubf. blaßgelb; Gr. ca. 2,2 cm lang, blaßgelb; N. 10—11, hellgelb, bis 3 mm lang, fein behaart; Pet. hell- bis grünlichgelb, 1,7 cm lang, zugespitzt, am Rande fein gezähnelt; Fr. blaßrot, starkwollig und feinborstig; S. schwarz, 1,2 cm ⌀, sehr fein gehöckert, Hilum ventral. — Chile (Dept. Copiapo (Ritter-Nr. FR 502) (Tafel 133 ?, nicht *N. mitis*!).

Abb. 3426. Neochilenia krausii (Ritt.) Backbg. Den Übergang zwischen solchen stärker behaarten Arten mit Warzen zu den rippenbildenden mit weniger behaarten Blüten bilden Pflanzen wie Neoch. recondita und ähnliche.
(Sammlung und Foto: Andreae.)

Nach Ritter herrscht im Heimatgebiet der Art eine große Trockenheit, so daß sie nur selten in Blüte zu sehen ist. Die langrübigen Pflanzen erreichen im allgemeinen bis 4 cm ⌀; im Schatten oder im Sand eingeweht sind sie graugrün, in voller Sonne graugelb.

Um eine dieser Art ähnliche, bzw. auch der *Neochilenia eriocephala* nahestehende, muß es sich bei „*Neoporteria napina* v. *lanigera* Hutch." (s. unter *Neoch. napina*, Bd. III, S. 1820, unten) handeln (Abb. 3435), die braune Körper hat. Welche Ritter-Pflanze damit identisch sein könnte, ist vorläufig nicht festzustellen, wohl aber, daß es keine *Neoporteria* ist.

An Zwergarten, die am Standort, oder überhaupt, in Warzen aufgelöste Rippen zeigen, führt Ritter in „Cactus" (Paris), 15 : 66, 10. 1960 noch an:

— *Chileorebutia* (*Neochilenia* meo sensu) *malleolata* Ritt. nom. nud. (FR 517, 1956);
— *Chileorebutia* sp. (*Neochilenia* meo sensu) (FR 713, 1957).

Nach seiner Auffassung für möglicherweise ein Subgenus von *Chileorebutia*, mit gleichen Früchten, aber mit Rippen, hielt Ritter l. c. die nachfolgenden kleinen Arten, die gerade durch ihre Rippenbildung beweisen, daß es keine hinreichend zu begründende Möglichkeit für eine Abtrennung von *Chileorebutia* gibt:
— *Neochilenia* (*Chileorebutia* Ritt.) *iquiquensis* (Ritt.), FR 201 (1954);
— — *residua* (Ritt.), FR 203 (1954);
— — *recondita* (Ritt.), FR 204 (1954); (Abb. 3419);   alle Jahresangaben
— — *aricensis* (Ritt.), FR 268 (1954);   nach „Cactus" l. c.
— — *saxifraga* (Ritt.), FR 712 (1957).

Alle diese Pflanzen sind unbeschrieben, bis auf „*Pyrrhocactus reconditus* Ritt."
Die erste Art („*Chileorebutia iquiquensis*") hielt Ritter „zuerst für einen *Horridocactus*, später auf Grund der Früchte jedoch für eine *Chileorebutia*". Da nun aber *Horridocactus* und „*Chileorebutia*" die gleichen Hohlfrüchte bilden, kann sich der letzte Satz Ritters nur auf deren Bekleidung beziehen, d. h. daß sie bei *Neoch.* (*Chileorebutia*) *iquiquensis* (Ritt.) stärkere Haarbildung zeigt. Auch damit liefert Ritter indirekt den Beweis für die einzig gegebene Trennungsmöglichkeit: *Horridocactus* (nur Filzflöckchen an der Blüte) und *Neochilenia* (± Haarbildung an der Blüte, die Haare selbst bei geringerer Zahl dennoch deutlich als solche erkennbar).

— **Neochilenia chorosensis** (Ritt.) Backbg. n. comb.

Pyrrhocactus chorosensis Ritt., Succulenta, 11 : 121. 1960.

Einzeln, flachrund, bis 6 cm ⌀, graugrün, mit ziemlich langer und harter Rübenwurzel; Rippen 13—16, ca. 0,75 cm hoch, stumpflich, durch Verschmälerung zwischen den Areolen, weniger durch Quereinsenkung, höckerig geteilt; Areolen ca. 1—1,5 cm entfernt, bis 0,75 cm lang; St. grauschwarz, randständige 5—7, 2—10 mm lang, mittlere fehlend oder vereinzelt 1, 1—2 cm lang vorgestreckt; Bl. bis 4,75 cm lang, 4 cm breit; Ov. braungrün, mit „dikke vlokjes witte wol", an der Röhre, außerdem zahlreiche weiße Borstenhaare; Nektarkammer 4 mm lang; Staubf. bis 1 cm lang, weiß; Gr. 2,8 cm lang, 1 mm dick, rot; N. ca. 12, hellgelb; Pet. ca. 2,2 cm lang, 5—8 mm breit, kurz zugespitzt, die inneren Perigonbl. hellgelb mit hellrotem Mittelstreifen, die äußeren rötlich mit dunklerem Mittelstreifen; Fr. dunkel rotbraun, ca. 1,75 cm lang, mit vielen Wollhaaren in den Schuppenachseln; S. 0,75 cm lang, schwarzbraun, gehöckert und einseitig gekielt, Hilum ventral. — Chile (im Gebiet von Choros).

Selten, stark im Boden eingesenkt (FR 489).

Näher verwandt sollen die noch unveröffentlichten „*Pyrrhocactus trapichensis* Ritt." (FR 252 C ?, als *Pyrrhoc.* oder *Horridoc. fuscus trapichensis* wie auch als eigene Art in dem Winter-Katalog 1959—60 genannt, 1959 als eigene Art, 1960 als var. von *Neochil. fusca*, aber sicher besser eine eigene Spezies, da Ritter unter *N. fusca* eine andere Pflanze verstand als die altbekannte der europäischen Sammlungen) und „*Pyrrhocactus huascensis* Ritt." (FR 260) sein. Danach dürfte es sich bei diesen auch um *Neochilenia*-Arten handeln.

— **Neochilenia eriosyzoides** (Ritt.) Backbg. n. comb.

Als *Horridocactus eriosyzoides* Ritt. in Winter-Katalog, 15. 1959 n. nud. (Bd. III, S. 1846) und so beschrieben in Succulenta, 5 : 49. 1959. — *Pyrrhocactus eriosyzoides* (Ritt.) Ritt., l. c., 10 : 131. 1959.

Abb. 3427. Neochilenia eriosyzoides (Ritt.) Backbg. Wohl die am interessantesten bestachelte chilenische Kakteenart.

Zuerst halbkugelig, dann verlängert, bläulich graugrün, bis 14 cm ⌀, mit holziger längerer rübenartiger Hauptwurzel; Rippen 13—17, ca. 1,25 cm hoch, mit Kinnvorsprung unter den Areolen; Areolen bis 1 cm lang, 0,5—1 cm entfernt; St. hell gelblich strohfarben bis hell bräunlichgelb, die mittleren dunkler bis fast schwärzlich, kaum vergrauend, randständige ca. 10—15, 1,5—4 cm lang, mittlere ca. 4—7, 2—5 cm lang; Bl. 3,25 cm lang, 3 cm ⌀, trichterig; Ov. 0,75 cm lang, grasgrün, mit „witte flokjes h a a r e n", an der Röhre außerdem weißliche stechende Borstenst.; Nektarkammer 3 mm lang, von unten honiggelb über rosa bis oben hellgrün; Staubf. hell grünlichgelb; Gr. 2 cm lang, unten gelblich, oben mehr rötlich (lackfarben); N. ca. 11, zitronengelb; Pet. bis 1,5 cm lang, spatelig, oben gerundet, seidig glänzend, hell bräunlichgelb mit karminrotem Mittelstreifen; Fr. 2 cm lang, 1,5 cm ⌀, rötlichgrün bis rot, „met vele witte vlokjes wol"; S. schwarz, 1,25 mm lang, Hilum tief-ventral. — C h i l e (Huanta), nach NW im Grenzgebiet der Prov. Atacama) (FR 484).

Einer der schönsten chilenischen Kugelkakteen. Das hier beigegebene Farbfoto einer Importpflanze (Abb. 3427) und das farbige Sämlingsbild in Bd. III, Tafel 136, oben links, zeigen, wie wenig anfänglich Sämlingspflanzen älteren Stücken ähneln. Vielleicht steht *Horridoc. transitensis* Ritt. n. nud. (FR 485; Abb. 3428) obiger Art nahe; die Blüte ist mir unbekannt.

— **Neochilenia odoriflora** (Ritt.) Backbg. n. comb.

Pyrrhocactus odoriflorus Ritt., Succulenta, 10 : 116. 1960.

Einzeln, flachrund oder halbkugelig, dunkel graugrün; Rippen 10—16, dick und stumpf, bis 1,25 cm hoch, kaum höckrig; Areolen ca. 1 cm lang, 1,5—2 cm entfernt; St. graubraun, vergrauend, 7—10 randständige, die meisten über 2 cm lang, 4—7 mittlere, stark spreizend, meist abgeflacht, gebogen, 2—3 cm lang; Bl. 4,5 cm lang, 5—6 cm breit; Ov. 7 mm lang, grünlich, mit „veel witte vlokjes wol"; Röhre bräunlichgrün, wie das Ov. bekleidet und außerdem mit vielen weißen, langen Borsten, 1,3 cm lang, fein; Nektarkammer ca. 3 mm lang, weißlich; Staubf.: untere bis 1 cm lang, obere bis 1,5 cm lang, weiß; Staubb. hell- bis zitronengelb; Gr. 2,75 cm lang, weiß, oben mitunter rosa; N. 12, zusammengeneigt, gelblich; Fr. rot, wie das Ov. bekleidet; S. 0,75 mm lang, schwarz, matt. — Mittel-Chile (auf ziemlicher Höhe über Pichidangui) (FR 470).

Nach RITTER mit „*Horridocactus horridus*" verwandt, was sich nur auf gewisse Habitusähnlichkeit beziehen kann, denn dieser hat haarlose, nur oben mit einigen Borsten versehene Röhre und Ov. sowie nur Filzspuren in den Achseln. Was HUTCHISON hier wie auch sonst allgemein als Übergangsformen bezeichnet und damit andeutete (in einer Besprechung mit mir), daß eine schärfere Trennung zwischen vielen, wenn nicht den meisten chilenischen Kugelarten nicht möglich ist, nennt RITTER „Naturhybriden". Wahrscheinlich hat dies jedoch bisher noch niemand genauer untersucht.

Das ist hier aber auch nicht entscheidend; wichtig ist, daß die Hauptformen der chilenischen Kugelkakteenflora genau festgehalten werden, und das geschieht nun einmal am besten in der von RITTER praktizierten Weise. Zwischenformen müssen vorderhand ebenso unbeachtet bleiben wie in manchen anderen Fällen (z. B. bei *Echinocereus*).

Der gleichen Sachlage und Schwierigkeit sah sich auch schon SPEGAZZINI gegenüber, wie er im Vorwort zu „Cactacearum Platensium Tentamen" sagte, indem er

3428   3429

Abb. 3428. Von RITTER als Horridocactus oder Pyrrhocactus transitensis bezeichnete Pflanze, mit anfangs längerer schwärzlicher, zuletzt bräunlicher, wilder Bestachelung, vielleicht der Neoch. eriosyzoides näher verwandt? (s. auch Abb. 3443).

Abb. 3429. Neochilenia paucicostata (RITT.) BACKBG., einer der schönsten chilenischen Kugelkakteen. Die Knospen weisen bereits seidige, aufgerichtete längere Haare auf.

auf den Polymorphismus der Cactaceae Argentiniens, intermediäre Formen und Naturhybriden verwies. Dennoch beschrieb er die Hauptformen — aus den gleichen Gründen wie oben erwähnt — mit dem weisen Satz: „Melius abundare quam deficere", um das verwirrende Material hinreichend zu erfassen (Einleitung zu SPEGAZZINIS *Gymnocalycium*-Schlüssel). Es war das Motto eines sorgfältigen Bearbeiters des von der Natur unterschiedlich Geschaffenen, das jene beherzigen sollten, die gern vorschnell zusammenfassen.

Weitere Arten beschrieb RITTER:

— **Neochilenia paucicostata** (RITT.) BACKBG. n. comb., in Bd. III, S. 1834

Horridocactus paucicostatus RITT., Succulenta, 9 : 113. 1959. — *Pyrrhocactus paucicostatus* (RITT.) RITT., l. c., 10 : 131. 1959.

Einzeln, halbkugelig, später mehr säulig, dickere Rübe; Rippen 8—12, aschgrauweiß erscheinend, nach oben verschmälert, ± höckerig, Höcker kinnförmig vorgezogen im Unterteil; Areolen mittelgroß, länglich, weißfilzig; Randst. ziemlich gleich lang, 5—8, anfangs grauschwarz, später mehr grauweiß, zum Teil rillig und leicht kantig, ± zurückgebogen, als oberste zuweilen 1—2 kürzere und dünnere; Mittelst. anfangs meist nur 1, im oberen Areolenteil, später bis 4, bis 4 cm lang, etwas länger als die Randst.; Bl. trichterig, rötlichweiß, behaart und mit Borsten, 3,5 cm lang und ebenso breit; Fr. rötlich, weiß behaart; S. klein, braunschwarz, nur 0,75 mm lang, fein gehöckert, Hilum subventral. —Chile (ca. 20 km nördlich von Paposo, im Norden des Landes) (FR 521). Die Knospen sind bereits deutlich behaart.

RITTERS Standortsaufnahme in Succulenta zeigt eine viel stärker bestachelt erscheinende Pflanze im Vergleich zu meiner Farbaufnahme in Bd. III, Tafel 137, und der hier beigegebenen einer etwas älteren Pflanze mit behaarten Blüten. Nach dem Augenschein wäre keine Identifizierung möglich; dies zeigt, wie wichtig es ist, von den Chilenen nach Möglichkeit auch den Kultur- oder Sämlingshabitus zu zeigen.

Eine der schönsten Entdeckungen RITTERS (Abb. 3429).

—a. v. **viridis** (RITT.) BACKBG. n. comb., in Bd. III, S. 1834.

Horridocactus paucicostatus v. *viridis* RITT., l. c., 113. 1959. — *Pyrrhocactus paucicostatus viridis* (RITT.) RITT., l. c., 10 : 131. 1959.

Rein dunkler grün; Rippen bis 13; Randst. fast stets 8, kaum weniger, sonst in allem wie der Typus der Art (FR 521a) (Abb. 3430).

Die Pflanze soll mit anderen Arten zuweilen Bastarde bilden; jedenfalls scheint die Varietät in *Neoch. hankeana* überzugehen.

Leider ist die Charakterisierung der Blütenbekleidung in RITTERS Beschreibungen nicht immer eindeutig, weil er von einer anderen Einordnung ausgeht. So lautet sie bei dieser Art nur „met witte vlokjes wol in de oksels", was man leicht als „Filzflocken" deuten könnte; in Wirklichkeit ist die aufrechte Behaarung schon an den Knospen auffällig, fast mehr noch bei der Varietät.

Infolgedessen ist eine einwandfreie Eingliederung neuer RITTER-Arten, die er zu *Horridocactus* oder *Pyrrhocactus* stellte, nur bei den folgenden Spezies möglich unter Angabe der entsprechenden Bekleidungsangabe in den holländischen Veröffentlichungen:

Abb. 3430. Neochilenia paucicostata var. viridis (Ritt.) Backbg., die Blüten ebenfalls mit längerer, etwas kräuseliger Haarbildung, die Pflanzen aber grün.
(Abb. 3429—3430: Sammlung Saint-Pie.)

— **Neochilenia pulchella** (Ritt.) Backbg. n. comb.

Horridocactus pulchellus Ritt. (FR 520, „lang gewunden bestachelt").

Die Art erscheint neuerdings nicht mehr in den Winter-Katalogen, vielleicht weil Ritter für damit identisch hält:

Neochilenia pygmaea (Ritt.), FR 519 (als *Pyrrhocactus/Horridocactus* in den Winter-Katalogen), beide mit feinen über dem Scheitel einwärts gebogenen Stacheln, oder diese (*N. pygmaea*) dünner und zum Teil gewunden. Letztere Art hat größere wollige Areolen an den Sämlingspflanzen (Abb. 3432).

N. pulchella dagegen kleine und meist mehr längliche Areolen, schon die Knospen stark weißwollig, ebenso ist die Frucht mit dichten lockeren Haaren bedeckt (die Blüte anscheinend gelb), die Borsten sind nicht zahlreich, länger und hell (Abb. 3431).

Besonders auch diese Art zeigt, daß zwischen *Neochilenia* und „*Chileorebutia*" keine Trennung möglich ist, wohl aber von *Horridocactus*. Später ist die Art deutlich gehöckert, eine Form mit bräunlichen Stacheln., eine andere mit hell goldbraunen Stacheln. *N. pygmaea* mag nur eine feiner bestachelte Varietät sein.

— **Neochilenia robusta** (Ritt.) Backbg. n. comb.

Horridocactus robustus Ritt., Katalogname. — *Pyrrhocactus robustus* Ritt. Succulenta, 6 : 65. 1960.

Meist einzeln, halbkugelig, bis 20 cm $\varnothing$, Scheitel eingesenkt, ohne Rübenwurzel; Rippen 16—22, bis 2 cm hoch, über den Areolen tief eingesenkt und somit gehöckert, Erhebungen kinnförmig vorspringend; Areolen 5—8 mm breit, 1—2 cm entfernt, graufilzig; St. sehr kräftig, gerade oder gebogen, schmutziggrau, randständige 10—12, ca. 1—1,5 cm lang, mittlere 4—7, noch stärker, 2—3,5 cm lang;

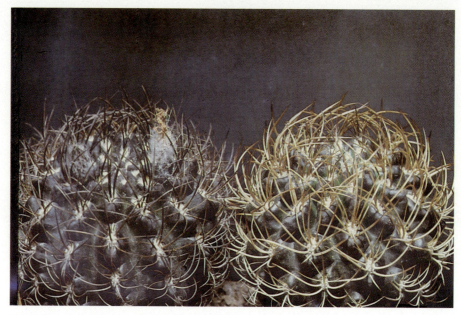

Abb. 3431. Neochilenia pulchella (Ritt.) Backbg. mit stärker flaumig behaarten Blüten. (Foto: A. M. Wouters.)

Abb. 3432. Neochilenia pygmaea (Ritt.), von Ritter als Pyrrhocactus bzw. zuerst als Horridocactus pygmaeus bezeichnet (FR 519); die Art erscheint neuerdings nicht mehr in den Winter-Kat., wohl weil sie Ritter für Formen der Neoch. (Pyrrhocactus sensu Ritt.) pulchella ansieht. Genaueres ist darüber bisher nicht bekannt. (Sammlung: Buining.)

Bl. 4,5—5,5 cm lang, 2—3,5 cm breit; Ov. grün bis braungrün, mit ,,deutlich sichtbaren weißen Flocken von Woll-Haaren" (!); Röhre bräunlichgrün, mit feinen weißen Borsten im Oberteil; Nektarkammer 2—4 mm lang, unten karmin, nach oben zu gelblich; Staubf. 7—13 mm lang, unten blaßgelblich, oben hellkarminrot; Pet. 2,5—2,75 cm lang, 7—11 mm breit, kurz zugespitzt, gelbbräunlichrot, mit zum Teil grünlichem Schein, Mittelstreifen dunkler rötlich, Rand heller und mehr bräunlich; Fr. bis 2 cm lang, schwärzlich-rötlichgrün, ,,zeer duidelijke witte vlokjes wol in de oksels", innen karmin, Pulpa bis rosa; S. dunkelbraun bis schwarz, 1,25 mm lang. — Mittel-Chile (Ocoa, auf größeren Höhen, Dept. Quillota—La Ligna) (FR 239 a).

— v. **vegasana** (RITT.) BACKBG. n. comb.

Pyrrhocactus robustus v. *vegasanus* RITT., l. c.

Weicht durch kleineren Körper, näher stehende Areolen und kürzere Bl. ab, die Perigonbl. schmäler und mit stärker bräunlich karminfarbenem Mittelstreifen. — Chile (Dept. Quillota, bei Las Vegas) (FR 239).

Diese Art muß auf Grund der Angabe ,,deutlich sichtbare Flocken von Wollhaaren" ebenfalls zu *Neochilenia* gestellt werden, zumal dies auch für die Frucht gilt, die bei *Horridocactus* nahezu kahl ist, d. h. nur sehr schwache Filzspuren hat.

RITTER sagt noch ,,am nächsten mit *Pyrrhocactus froehlichianus* verwandt". Er hat in Succulenta, 6 : 67. 1960, abgebildet, was er für diese Art hält. Das muß aber eine Verwechslung mit irgendeiner anderen Spezies sein, denn auf seinem Foto sind deutlich nur wenige gleich starke Randstacheln sichtbar, was in SCHUMANNS Fig. 31 (Gesamtbschrbg., Nachtr., 126. 1903) nicht der Fall ist, sondern hier sind noch eine Anzahl feinerer Randstacheln neben den kräftigeren vorhanden, so wie ich es auch mit der von mir gesammelten Pflanze meiner Abb. 1764, Bd. III, S. 1839, zeigte. Dies ist der richtige *Horridocactus froehlichianus* (K. SCH.) BACKBG., und SCHUMANNS Abbildung zeigt auch, daß es sich hier um einen *Horridocactus* handelt, weil nur schwache Filzflocken an der Blüte vorhanden sind, so daß obige Art nicht mit *H. froehlichianus* näher verwandt sein kann. Auch hieran erkennt man, wie wichtig bei den chilenischen Arten eine genaue Definition der Bekleidungsstufe ist.

— **Neochilenia wagenknechtii** (RITT.) BACKBG. n. comb.

(in Bd. III, S. 1847, unten, mangels Blütenkenntnis zuerst unter *Horridocactus* aufgeführt, wie ursprünglich als Katalogname auch von RITTER). *Pyrrhocactus wagenknechtii* RITT., Succulenta, 7 : 82. 1960.

Einzeln, mit dickerer gelblicher Wurzel (Rübenwurzel); Rippen 18—22, graugrün, stumpflich, durch Einsenkungen gehöckert; Areolen groß, kaum vertieft; St. schwärzlich getönt, 6—8 Randst., 1—2 cm lang, mittlere 1—4, 2—3 cm lang, ± rundlich; Bl. trichterig, 3—4 cm lang und bis ca. 3,5 cm breit; Bekleidung mit ,,veel witte wol" angegeben, das Ov. fast bedeckend; Nektarkammer bis 3 mm lang; Staubf. weiß; Gr. bis 2,5 cm lang, unten mehr karmin, oben mehr braunoder lackrot; N. braunrot, kopfig zusammengeneigt; Pet. bis 2,5 cm lang, bis 8 mm breit, sehr variabel in der Farbe, von grünlich- bis bräunlichgelb über gelbrot bis braunrot oder fast rötlichweiß, die äußeren Perigonbl. ± karminfarbig. — Chile (nahe der Stadt La Serena) (FR 487) (Abb. 3433a—3433b).

Abb. 3433a. Neochilenia wagenknechtii (Ritt.) Backbg. Die Bestachelung ist variabel, die Blüten sind leicht behaart. (Foto: A. M. Wouters.)

Sämlingspflanzen sind völlig von Ritters Standortsaufnahme l. c., S. 83. 1960, verschieden und wären der Abbildung nach nicht zu identifizieren. Es variieren auch die Pflanzen bzw. der Habitus; ich sah heller bis dunkler grüne Körper und ebenso helle bis dunklere Stacheln. Das ist anscheinend nur bei Sämlingspflanzen genauer zu beobachten, denn es wird von Ritter nicht angegeben, ist aber wichtig zu wissen, da sonst eine Bestimmung nach der Originalbeschreibung nicht möglich ist. Wieweit dieses Variieren des Habitus etwa mit bestimmten der abändernden Blütenfarben einhergeht, ist bisher nicht untersucht worden.

Eine interessante Pflanze fand Lembcke:

— **Neochilenia nigriscoparia** Backbg. n. sp.

Simplex, atroviridis ad griseoviridis, ad ca. 4 cm alta, 6 cm crassa; radice interdum ± incrassata; costis 15—19, satis angustis, primo vix tuberculatis, postea mentosis, ad 15 mm longis, 1 cm altis, 7 mm latis; aculeis rigide setosis, nigris vel brunneonigris, ca. 10—14, interdum basi clariore ad 3,8 cm longis, erectis, super apicem conniventibus; flore pallide roseocampanulato-infundibiliformi, ad 3 cm longo, 2,5 cm ⌀; tubo ca. 1 cm longo, 0,8 cm crasso, in parte superiore nonnullis saetis albidis, tubo ovarioque pilis tenuissimis satis densis; seminibus nigris, ca. 1,2 mm longis, tuberculatis, hilo basali.

Einzeln, tiefgrün bis graugrün, bis 4 cm hoch, 6 cm ⌀, mit teilweise verdickter Wurzel; Rippen 15—19, anfangs ziemlich schmal und kaum gehöckert, später über den Areolen etwas quer eingeschnitten und in kinnförmig vorspringende Höcker ausgezogen, bis 15 mm lang, 1 cm hoch, 7 mm breit; Areolen bei ausgewachsenen Pflanzen ca. 1,5 cm entfernt, bei jungen weniger; St. steifborstig, schwarz bis braunschwarz, aufgerichtet, über dem Scheitel zusammengeneigt, zuweilen mit heller Basis, bis 3,8 cm lang; Bl. glockig-trichterig, bis 3 cm lang, 2,5 cm ⌀, blaßrosa; Röhre 1 cm lang, 0,8 cm dick, wie das Ov. mit feinen Haaren (die trockene Bl. dichter von ihnen übersponnen), am Oberteil der Röhre einzelne gewundene weißliche Borsten; Fr. wenn aufgetrocknet klein, behaart; S. schwarz, mützenförmig, ziemlich stark gehöckert, 1,2 mm lang, mit basalem Hilum. — Chile (genauer Standort unbekannt, wahrscheinlich aber im nördlichen Teil des Landes) (Abb. 3434).

Abb. 3433 b. Oben und unten: Dunkler und heller bestachelte Formen der Neochilenia wagenknechtii (Ritt.) Backbg. (Sammlung: Lindner, Schobüll.)

Dem mageren Aussehen der Importe nach, muß die Art in sehr trockenem Gebiet wachsen; neben zuweilen rübenartigen Wurzeln bildet sie auch kräftige einzelne Wurzelstränge und daraus erst Faserwurzeln. Die Art blüht schon früh, läßt sich gut pfropfen, und die Knospen sind bereits dichthaarig. Zuweilen sind ältere Pflanzen vollkommen unter miteinander verflochtenen dichten schwarzen und steifen Borstenstacheln verborgen.

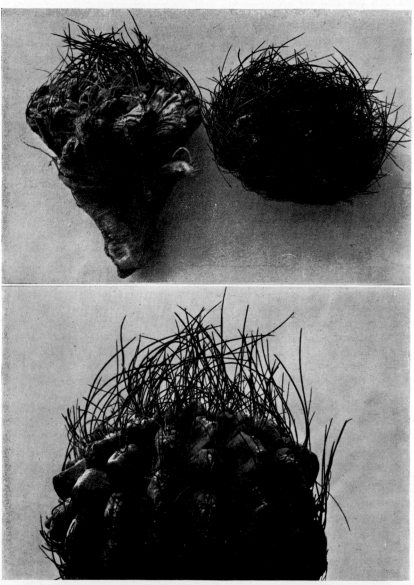

Abb. 3434. Neochilenia nigriscoparia Backbg. Eine düstere Pflanze mit verflochtenen, steifborstigen schwarzen Stacheln; die Blüten sind rosa und flaumig behaart. Die oberen Pflanzen sind unbewurzelte Importen, die untere eine Kulturpflanze.
(Aus der Sammlung Uebelmann, Zürich.)

Wie schon vorher gesagt, werden Autoren wie KIMNACH wahrscheinlich alle *Neochilenia*-Spezies als *Neoporteria*-Arten ansehen, worauf die bereits erwähnte Kombination *Neoporteria napina* v. *lanigera* HUTCH. (Abb. 3435), „Clonotyp 52 520-1", Kat. Städt. Sukkslg., Zürich, schließen läßt. Es ist mir nicht bekannt, was HUTCHISON hier mit der Bezeichnung „Clonotyp" meint, denn „clone" sind ungeschlechtliche Vermehrungen oder solche durch Apomixis, ein nur schwierig anwendbarer Begriff, von dem LEDYARD G. STEBBINS sagt: „numerous methods of apomixis exist in the plant kingdom and their genetic nature and evolutionary origin are both multiform and complex" („Variation and Evolution in Plants", 380. 1950). Ich bin also nicht darüber informiert, mit welcher Begründung HUTCHISON hier von „clone" spricht und ob das hinreichend untersucht worden ist, was mir bei dem komplizierten Phänomen der Apomixis auch als unwahrscheinlich erscheint, und um asexuelle vegetative Clone handelt es sich ja nicht. Das gehört mehr in das Gebiet des „genetic system", wie es STEBBINS nennt, hat aber kaum noch etwas mit der phytographischen Bearbeitung eines Florengebietes zu tun, von dessen Reichhaltigkeit und Verschiedenheit wir uns ein genaues Bild machen wollen und müssen, bevor wir etwa phylogenetische Begriffe übernehmen, zumal gerade die chilenische Kakteenflora für den Phytographen ein bisher so wenig erforschtes Gebiet gewesen ist, daß zwangsläufig auch der Phylogenetiker darüber kein ausreichendes Wissen erlangt haben kann.

Viel bedenklicher als eine zu detaillierte Darstellung — man könnte auch sagen: als eine zu gründliche — ist eine zu grob zusammenfassende wie die KIMNACHS bei *Borzicactus*. Sie läßt vor allem auch den Verdacht aufkommen, daß man nicht die Zeit hatte oder sich nicht der Mühe unterziehen wollte, zuerst einmal alle Erscheinungsformen wohlgeordnet zu erfassen. Vermutlich werden sich ähnliche Zusammenziehungen bei der chilenischen Kakteenflora wiederholen: darauf läßt auch die Kombination „*Neoporteria taltalensis* P. C. HUTCH." (S. 1812) schließen. *Neoporteria* BR. & R. ist für denjenigen, der Großgattungen ablehnt, eine der einheitlichsten Gattungen: Bl. stets rosa, die inneren Perigonbl. bis zum Abblühen auffällig zusammengeneigt, Ovarium und Röhre nur mit Filzspuren.

Abb. 3435

Neochilenia sp., wahrscheinlich der N. eriocephala verwandt, von P. C. HUTCHISON gefunden und von ihm als „Neoporteria napina v. lanigera HUTCH." bezeichnet, jedoch keine Neoporteria. Wenn amerikanische Autoren schon diese Pflanzen zu Neoporteria einbeziehen, um wieviel weniger Berechtigung hat dann eine Abtrennung von „Chileorebutia"! Dennoch beweist ein genaueres Studium der chilenischen Kugelkakteenflora, daß wir hier Klarheit nur über eine sinnvolle Trennung der Artengruppen nach der Blütenform und der Bekleidungsreduzierung gewinnen.

Wenn in dieses Genus mit so einheitlich auffälligen Bl., wie es z. B. meine Abb. 1789 (Bd. III) von *Neoporteria gerocephala* Y. ITO zeigt, auch Arten der trichterig blühenden *Neochilenia* einbezogen werden, müßte dies auch mit jenen chilenischen Arten geschehen, die BRITTON u. ROSE unter *Malacocarpus* einbezogen, und dann müßte auch *Pyrrhocactus* verschwinden. Wir hätten damit eine Großgattung, die von Chile nach N-Argentinien hinüberreicht; wir wüßten damit aber noch nicht mehr über die einzelnen Erscheinungsformen, sondern hätten statt dessen eine weitere grobe Artenzusammenfassung, die den klaren Überblick sowie die Aufschlüsselung und Bestimmung nur erheblich erschwert.

Demgegenüber zeigen meine diesem Band beigegebenen Abbildungen der Blüten von *Pyrrhocactus*, *Horridocactus*, *Neochilenia* (einschließlich „*Chileorebutia*") und *Reicheocactus*, daß eine genauer differenzierende Artentrennung nach Gattungen sehr wohl möglich ist. Man sollte also nicht auch hier mit Zusammenziehungen aufwarten, bevor die chilenische Kakteenflora gründlich erkundet und beschreibend dargestellt ist. Wir dürfen es dabei als einen glücklichen Umstand bezeichnen, daß FRIEDRICH RITTER sich seit langem dieser Arbeit unterzogen hat; ohne ihn wüßten wir noch nicht annähernd so viel über die schwierig zu bearbeitende Gruppe der chilenischen Kugelkakteen, wie es heute der Fall ist.

Daß seine neuerliche *Pyrrhocactus*-Fassung aber nicht aufrechtzuerhalten ist, bzw. das Einziehen von *Neochilenia* oder die Abgrenzung von „*Chileorebutia*", zeigt auch RITTERS neuerer Fund:

„*Pyrrhocactus pilispinus* RITT." (FR 217): Die Pflanzen sind schwärzlichgrün getönt, mit fast warzenartig vorspringenden Kinnhöckern und ca. 10—12 meist aufwärts gebogenen und verkrümmten, relativ dünnen Stacheln schwärzlichbrauner Farbe, 12—25 mm lang. Die Blüten sind kremweiß, die Röhre mehr gelblichgrün, mit langspitzen dunklen Schuppen, lockerer Behaarung und einigen Borsten.

Es gibt noch eine Form oder Varietät, heller grün bzw. mehr bläulichgrün und mit heller braunen Stacheln. Die kugelige Frucht ist rot, entfernt-wollflockig, am Oberteil Borsten wie an der Blüte.

RITTER hätte diese Art ebensogut zu den zum Teil auch Rippen bildenden „*Chileorebutia*"-Arten stellen können, d. h. es handelt sich um eine *Neochilenia* in meinem Sinne, so daß die Art hier richtiger als **Neochilenia pilispina** (RITT.) BACKBG. n. comb. aufgeführt werden muß. Leider kann ich noch kein Basonym zitieren. Ich sah aber Farbfotos aus der Sammlung HORST W. O. MÜLLER, Neu-Isenburg, dem ich als Spezialzüchter solcher chilenischen Arten verschiedene wichtige Angaben verdanke.

(111 A). DELAETIA BACKBG. n. g.

Globularis; costis gibbosis; flore specie dioico, brevissimo, sparse lanato; tubo deficiente, saetis nonnullis erectis inter phyllis perigonii exterioribus; phyllis perigonii angustissimis, satis brevibus, valde reclinatis, in typo generis ± fulvoso-flavis. — Typus: *Delaetia woutersiana* BACKBG. n. sp. Patria: Chile (Descriptio generico-specifica).

1. Delaetia woutersiana BACKBG. n. sp.

Kugelige, hell graugrüne Pflanzen mit fein hell punktierter Epidermis und stark rundlich gehöckerten ca. 13 Rippen; Areolen ziemlich groß, rundlich, weißfilzig; St. pfriemlich rund, meist 4, ± leicht gebogen, der unterste 1—1,5 cm lang, die übrigen 2—2,5 cm lang, grauschwarz, dunkler quergeringelt; Bl. ca. 2 cm lang; Röhre fehlend bzw. oben nur leicht hochgewölbtes Perikarp; Ov. gestreckt-

Abb. 3436. Delaetia woutersiana BACKBG., ein bisher monotypisches neues Genus aus Chile mit eigenartigen Blüten. (Foto: A. M. WOUTERS.)

kugelig, im Oberteil leicht länglich gehöckert; Schuppen sehr klein, weißlichgrün, anliegend, gestreckt-spitzig, in den Achseln nur mäßig starke aufgerichtete Haarflocken; Perigonbl. sehr schmal, ca. 1,5—1,8 mm breit, stark zurückgebogen, die untersten mehr grünlich und am kürzesten, die nächsten etwas länger, die innersten mit ca. 8 mm am längsten, hell bräunlich-orangegelb, in unausgewachsenem Zustand unten alle hellgrünlich, nach oben zu ± rötlich und zuweilen etwas verkrümmt; Staubf.: nur sterile, haarartig dünne, zahlreiche und dicht gedrängte beobachtet, d. h. die Bl. ist (wie z. B. bei *Gymnocalycium leeanum*) wohl diözisch; Gr. ca. 1 cm lang, mit dünnen längeren N.; zwischen den äußeren Perigonbl. einige wenige hellbräunliche, aufgerichtete Borsten; Nektarkammer grünlich, sehr niedrig, im Oberteil vereinzelte Staubfädenbasen inseriert, die übrigen ringförmig angesetzt und darüber im Röhreninnern angeheftet; Samenhöhle der sterilen Fr. ca. 6 mm hoch, 8 mm breit, im ca. 4 mm hohen Unterteil leer, die Samenanlagen im Oberteil, in einem Karpellsäckchen, dieses hell- und dünnhäutig; Fr. offenbar basal öffnend. — Chile (Abb. 3436). Die Bl. kann bis zu 14 Tagen geöffnet sein! Stecklinge haben in jeder Areole 6—10 Stacheln, die aber später bis auf 4 verschwinden.

Die Gattungsdiagnose enthält nur die wichtigsten unterscheidenden Kennzeichen; Angaben über das Karpellsäckchen wurden darin nicht aufgenommen, da nicht feststeht, ob dieses etwa (ähnlich wie bei *Islaya*) anderen Arten, falls solche gefunden werden, fehlt. Die Pflanze stammt aus einem früheren Import von DE LAET aus Chile, doch ist ein genauer Standort nicht mehr zu ermitteln; die interessanten Merkmale der lang andauernden, äußerst schmalblättrigen und zurückgekrümmten, anscheinend diözischen Blüten, die weiblichen mit dicht gedrängten haarförmigen Staubfäden, erfordern aber eine eigene Gattungsposition, da die Pflanzen in keinem anderen Genus unterzubringen sind. Ein Scheitelschopf fehlt. Erst künftige Untersuchungen können feststellen lassen, welchen anderen chilenischen Gattungen die Art näher verwandt ist.

Die Beschreibung erfolgte nach dem Originalmaterial von A. M. WOUTERS (Holland) und dessen Angaben. Die Art wurde nach ihm benannt, da ich ihm für seine sorgfältigen Beobachtungen und Aufnahmen neueren Materials von Chilearten sehr verpflichtet bin. Die Gattung selbst wurde nach F. DE LAET benannt, dem belgischen Züchter, dessen großzügigen Importen die Kakteenkunde und -liebhaberei zu seiner Zeit viel verdankte.

112. HORRIDOCACTUS BACKBG.
(Siehe hierzu auch unter *Pyrrhocactus* und *Neochilenia*)

1. **Horridocactus curvispinus** (BERT.) BACKBG.

Cereus curvispinus BERT. in SCHUMANN ist wohl nur eine unrichtig wiedergegebene Kombination von *Cactus curvispinus* BERT.; BRITTON u. ROSE erwähnten die erstere nicht; RÜMPLERS Synonymangabe unter *Cereus peruvianus* ist sicher ein Irrtum, wie bereits SCHUMANN vermutete.

3. **Horridocactus tuberisulcatus** (JAC.) Y. ITO

Lt. SCHELLE (1926) gibt es bei *Echinocactus soehrensii* K. SCH. noch die Namen: v. *crassispinus* HORT., v. *longispinus* HORT., v. *nigrispinus* HORT. Abb. 3437 zeigt eine für das Genus typische Blüte.

4. **Horridocactus kesselringianus** DÖLZ

Ein Synonym ist *Pyrrhocactus kesselringianus* (DÖLZ) RITT., Succulenta, 10 : 131. 1959.

Abb. 3437. Horridocactus tuberisulcatus (JAC.) Y. ITO. In der Blütenbekleidung ein typischer Horridocactus.

5. **Horridocactus nigricans** (DIETR.) BACKBG. & DÖLZ

Ein Synonym ist *Pyrrhocactus nigricans* (DIETR.) RITT., l. c., 131. 1959.

6. **Horridocactus heinrichianus** BACKBG.

Ein Synonym ist *Pyrrhocactus heinrichianus* (BACKBG.) RITT., l. c., 131. 1959.

— **Horridocactus garaventai** RITT.

Ein Synonym ist *Pyrrhocactus garaventai* (RITT.) RITT., l. c., 131. 1959.

Inzwischen wurden von RITTER folgende vordem als Katalognamen erwähnte neue Arten beschrieben, teilweise zuerst als *Horridocactus*, dann von RITTER zu *Pyrrhocactus* umgestellt, dem aus den hier verschiedentlich dargelegten Gründen in diesem Handbuch nicht gefolgt werden kann:

— **Horridocactus aconcaguensis** (RITT.) BACKBG. n. comb.

Pyrrhocactus aconcaguensis RITT., Succulenta, 9 : 108. 1960.

Dunkelgrün, einzeln, halbkugelig, später verlängert, bis 12 cm ⌀, ohne Rübenwurzel; Rippen bis ca. 21, stumpf, mit Auswulstungen, ca. 1,5 cm hoch; Areolen groß, bis 1,5 cm lang und 1,5 cm entfernt, graufilzig; St. anfangs braun bis schwarz, später grau mit dunklen Spitzen, randständige ca. 9—11, 1—2 cm lang, sowie oft im Oberrand der Areolen noch einige feine zusätzliche St., mittlere meist 4—6 (—9), etwas gebogen, nicht abgeflacht, bis 2,5 cm lang; Bl. bis 5 cm lang und breit, geruchlos; Ov. grün, „mit sehr kleinen Flöckchen" (also Filz) in den Achseln; Röhre: über Borsten ist nichts gesagt; Nektarkammer bis 3 mm lang; Staubf. weiß, bis 1 cm lang; Staubb. zitronengelb; Gr. bis 3 cm lang, unten 3 mm breit, weiß, im Oberteil hohl; N. ca. 14, weiß, 3—5 mm lang; Fr. rot, mit winzigen Flöckchen; S. 1,75 mm groß, dunkel bis matt schwarz. — Mittel-Chile (Chacres) (RITTER-Nr. FR 542).

— v. **orientalis** (RITT.) BACKBG. n. comb.

Pyrrhocactus aconcaguensis v. *orientalis* RITT., l. c.

Durch weniger Rippen, etwas längere Stacheln und kleinere, nur 1,25 mm große schwarze Samen unterschieden (FR 542a).

RITTER spricht bei dieser Art von einer Verwandtschaft mit „*Pyrrhocactus robustus*" (eine *Neochilenia* mit deutlicher Haarbildung und Borsten an der Blüte) sowie mit „*Pyrrhocactus armatus*" und „*Pyrrhocactus horridus*". Er gibt jedoch nicht an, worin er diese nähere Verwandtschaft sieht. Nach meiner Ansicht bzw. der Bekleidungsstufe von Ovarium und Röhre kann sie nur so verstanden werden, daß sie den richtigen *Horridocactus*-Typus darstellen.

Fehlende Borstenangabe: Zweifellos ist obige Art näher mit dem richtigen *Horridocactus froehlichianus* verwandt, wie der Beschreibungsvergleich zeigt, d. h. nicht der Pflanze, die RITTER zweifellos irrig darunter versteht. Von „*Echinocactus froehlichianus* K. SCH." sagt SCHUMANN: „Blüte ... oben auch einige Börstchen." Sie sind also gering an Zahl und sehr klein. Darin nähern sich auch *H. froehlichianus* und *H. aconcaguensis*, bei dem von RITTER keine Borsten angegeben wurden, ebensowenig wie bei *H. grandiflorus*; entweder sind sie ebenso gering an Zahl und unauffällig, wie an SCHUMANNS Abbildung von „*Echus. froehlichianus*" (Gesamtbschrbg., 126. 1903, Fig. 31), wo sie gar nicht zu sehen sind, obwohl SCHUMANN sie angibt, oder sie sind in der Feinheit zu Härchen reduziert. Da es sich hier um Pflanzen mit Blüten handelt, die nur Filzflöckchen haben, kann also eine stärkere Borstenreduzierung nicht eine Genusabtrennung rechtfertigen; bei den borstenlosen *Reicheocactus*-Arten sind jedoch Ovarium und Röhre behaart, und keine so graduellen Reduzierungen festzustellen.

— **Horridocactus andicolus** RITT. — Succulenta, 7 : 97—100. 1959.

Pyrrhocactus andicolus (RITT.) RITT., Succulenta, 10 : 131. 1959.

Halbkugelig, einzeln, später verlängert, bis 20 cm hoch, 12—16 cm ⌀; Rippen 16—24, ca. 1,5 cm hoch, durch Querteilung leicht gehöckert, unter den Areolen ± vorgezogen; Areolen ca. 1 cm entfernt, bis 1,25 cm lang, bis 2,3 cm breit, weiß- bis graufilzig; St. unten weißlich, oben schwärzlich bis rötlich; Randst. 10—14, 2—3 cm lang; Mittelst. kräftiger, 4—7, ca. 3—4 cm lang; Bl. geruchlos, ca. 5,5 cm lang, 5 cm ⌀, trichterig; Ov. nach dem Foto mit Filzflöckchen; Pet. rötlichgelb, 3 cm lang, 7—10 mm breit, bleich olivgelb mit rötlichem Mittelstreifen; Staubf. weiß; Gr. weiß; N. 10, weiß; Nektarium ca. 2 mm hoch, 6 mm breit; Fr. 1,5 cm lang, 1 cm ⌀, bleich grünlichrot bis karmin, mit Filzspuren; S. 1,5 mm lang, schwarz, matt, fein gekörnt, Hilum subventral, weiß. — Chile (zwischen Santiago und Los Andes, auf ca. 2000 m) (FR 468).

— v. **descendens** RITT. — Succulenta, 7 : 97, 99. 1959

Pyrrhocactus andicolus v. *descendens* (RITT.) RITT., l. c., 131. 1959.

Kleiner; Rippen 18—21; Randst. ca. 10—20; Mittelst. 2—6; Bl. ca. 1 cm kleiner; S. kleiner, nur 1 mm lang. — Chile (33. Breitengrad, bis auf 1000 m hinab) (FR 468a).

— v. **mollensis** RITT. — Succulenta, 7 : 97, 99. 1959

Pyrrhocactus andicolus v. *mollensis* (RITT.) RITT., l. c., 131. 1959.

Sehr viel größer, bis 20 cm ⌀; St. meist länger; Mittelstreifen der Bl. mehr gelb als rot. — Chile (Dept. Ovalle, Molles) (FR 468e).

— v. **robustus** RITT. — Succulenta, 7 : 97, 99. 1959

Pyrrhocactus andicolus v. *robustus* (RITT.) RITT., l. c., 131. 1959.

Ähnelt sehr der vorigen Varietät, wird auch ziemlich groß; St. gelblicher; Mittelstreifen der Bl. mehr blutrot; Staubf. karmin; S. dunkelbraun, rundlicher, deutlich gehöckert und gekantet. — Chile (Dept. Illapel und Combarbala, Typstandort: über Tilama) (FR 468d).

— **Horridocactus armatus** (RITT.) BACKBG. n. comb.

Pyrrhocactus armatus RITT., Succulenta, 5 : 49. 1960.

Dunkelgrün, halbkugelig, zuweilen sprossend, bis 25 cm hoch, 12—18 cm ⌀, Scheitel kahl und eingesenkt; Rippen 15—21, über den Areolen fast bis zur Hälfte hinab eingeschnitten und dadurch auffällig gehöckert, Höcker zusammengedrückt und unter den Areolen verstärkt; Areolen bis 1,5 cm lang, 0,75 cm breit, 1—1,5 cm entfernt, graubraun-filzig; St. auffallend kräftig, braun bis schwarz, dann vergrauend, randständige 8—12, 1,5—4 cm lang, mittlere 2—8, 1,5—4 cm lang, ziemlich dick; Bl. 4—4,5 cm lang, 3,5—4 cm breit, geruchlos, breittrichterig; Ov. rotgrün, mit grünen kleinen Schuppen und „witte vlokjes wol" in deren Achseln; Röhre rotgrün, oben mit einigen weißen Borsten, diese ca. 1 cm lang; Nektarkammer wenig ausgebildet, höchstens eine 1 mm große Höhlung, aber reichlich Nektar hervorbringend; Staubf.: unterste weiß, ca. 0,7 cm lang, die oberen ca. 1 cm lang, unten weiß, nach oben zu violettfarben; Gr. 2,5 cm lang, 4 mm dick;

Pet. unten bis 4 mm breit, sich nach oben bis auf ca. 1,3 cm Breite erweiternd, kurz zugespitzt, gelblich mit braunem Ton und breitem karminrotem Mittelstreifen; Fr. rot, mit winzigen Filzflöckchen; S. ca. 1 mm lang, mattschwarz, die winzigen Höcker rippig geordnet. — Chile (Mittel-Chile, in den Bergen südwestlich von Santiago) (FR 449).

„*Pyrrhocactus aconcaguensis* RITT." (*Horridocactus* meo sensu) soll mit der Art näher verwandt sein, das Areal überschneidet sich stellenweise mit dem von „*Pyrrhocactus curvispinus* RITT." (*Horridocactus* meo sensu) und dadurch entstehen Naturhybriden (RITTER).

— **Horridocactus atroviridis** (RITT.) BACKBG. n. comb.
Pyrrhocactus atroviridis RITT., Succulenta, 8 : 89. 1960.

Einzeln, halbkugelig, später verlängert, bis 10 cm ⌀, tief dunkel graugrün, Scheitel unbestachelt; Rippen 13—16, gering gehöckert, bis 1 cm hoch, am Grunde 1 cm breit; Areolen bis 1 cm lang, 1,5—2 cm entfernt; St. grauschwarz, vergrauend, randständige ca. 10, ca. 2—4 cm lang, 4—5 mittlere ca. 3—5 cm lang, in jüngeren Areolen nur ein mittlerer; Bl. ca. 4—5 cm lang und breit, geruchlos; Ov. „met witte vlokjes wol" in den Achseln der sehr kleinen Schuppen; Röhre bis 2 cm lang, oben mit feinen weißen Borsten; Nektarkammer 5 mm lang, unten weiß bis rot; Staubf. weiß, 1—1,5 cm lang; Gr. 3 cm lang, karmin; N. 9—12, gelblich; Pet. bis 2,5 cm lang, 8 mm breit, karmin mit hellem Rand; Fr. wie das Ov. bekleidet; S. 1 mm lang, bräunlichschwarz. — Chile (Vallenar) (FR 475).

Nach RITTER sind hiermit näher verwandt „*Pyrrhocactus carrizalensis* RITT.", „*P. huascensis* RITT." und „*P. vallenarensis* RITT.". Ferner nennt er als weitere nahestehende Art „*Pyrrhocactus fuscus* sensu RITT." (mit dem er *Neochilenia jussieui* und *N. fobeana* identifiziert); daraus muß man schließen, daß RITTER unter „*Pyrrhocactus fuscus*" eine andere Art versteht als die in älteren Sammlungen unter dem Namen *Neochilenia fusca* (s. dort) bekannte; sie wurde meines Wissens bis heute auch noch nicht wiedergefunden. Der Bekleidungsstufe nach bestehen jedenfalls keine näheren Beziehungen z. B. zu *Neochilenia jussieui*.

— **Horridocactus choapensis** (RITT.) BACKBG. n. comb.
Pyrrhocactus choapensis RITT., Succulenta, 12 : 133—134. 1960.

Einzeln, flachkugelig bis rund, 5—10 cm ⌀, dunkelgrün, zuweilen bräunlich überlaufen; Scheitel kaum eingesenkt, mit schwachem Filz; Rippen 14—22, bis 1,5 cm hoch, stumpf, später zwischen den Areolen mehr und schärfer eingesenkt bzw. quer eingeschnitten; Areolen 1 cm lang, 0,5 cm breit, 1 cm entfernt, anfangs bräunlich-, später weißfilzig (Sämlingspflanzen: weißfilzig); St. meist graubraun (Sämlinge: bis fast schwarzbraun); Randst. 8—10, 1—2 cm lang; Mittelst. 4—7 (—9), gerade oder schwach gebogen (ebenso die Randst.); Bl. 3,5—4,5 cm lang, 3—5 cm ⌀; Ov. zuerst kurz, dann bis 1,4 cm lang, mit sehr kleinen Schuppen und weißen Filzspuren (hier ist die holländische Bezeichnung „witte vlokjes haren" irreführend; es handelt sich nur um Filzspuren); Röhre oben mit einigen weißen Börstchen; Nektarkammer 2—3 mm lang, halb geschlossen (oben); Staubf.: untere 0,75 cm lang, die oberen bis 1,8 cm lang, weißlich; Gr. weiß; N. 8—12, gelblich (bis kremweiß); Perigonbl. 2—3 cm lang, 6—8 mm breit, kurz zugespitzt, nach unten verschmälert, hellgelb, bis olivgelb, zuweilen mit rötlichem Mittelstreifen (an der Rückseite der äußeren); Fr. bis 1,5 cm lang, rötlich (-dunkel zu Anfang), mit kleinen Filzflocken (nicht „wolharen", wie die Beschreibung lautet); S. ca. 0,75 mm lang, Hilum subbasal, weiß. — Mittel-Chile (Illapel) (FR 238) (Abb. 3438).

Abb. 3438. Horridocactus choapensis (Ritt.) Backbg., eine reichblühende neue Art. (Sammlung: Kuentz.)

Ich bringe ein Bild der blühenden und fruchtenden Pflanze, das auch die ungenaue Bekleidungsangabe zeigt, d. h. daß nur Filzflöckchen vorhanden sind. Die Aufnahme beweist auch, daß Standortsfotos wie das RITTERS, l. c., ziemlich nichtssagend sind, da sich seine *Horridocactus* (*Pyrrhocactus* sensu RITTER)-Fotos zum Teil sehr ähneln, wogegen aus Samen gezogene Pflanzen durchaus unterschieden sind. Nur die farbige Fotografie (und ebensolche Makrofotos) können hier hinreichenden Aufschluß geben.

— **Horridocactus crispus** (RITT.) BACKBG. n. comb.
Pyrrhocactus crispus RITT., Succulenta, 11 : 137. 1959.

Einzeln, 5—7 cm ⌀, halbkugelig, schwärzlich-graugrün, Wurzel rübig; Rippen 13—16, stumpf, ca. 1 cm hoch, unter den Areolen höckrig vorgezogen (kinnförmig); Areolen weißfilzig, bis 0,75 cm lang, ca. 1 cm entfernt; St. schwarz, vergrauend, sehr dünn, nicht stechend, randständige 6—10, 2—5 cm lang, mittlere 2—4, 4—8 cm lang; Bl. 3,5 cm lang und breit, geruchlos; Ov. mit winzigen bräunlichen Schuppen und „witte vlokjes wol" in deren Achseln; Nektarkammer 2,5 mm lang; Staubf. 0,75—1,25 cm lang, weiß; Gr. bis 2,5 cm lang, karmin; N. ca. 10, gelbkarmin; Pet. 1,5 cm lang, 4—5 mm breit, kurz zugespitzt, die äußeren mehr rot, die inneren mehr weißlich, mit rötlichem Mittelstreifen; Fr. wie das Ov. bekleidet; S. ca. 1 mm lang, 2—3 mm breit, matt, schwarz. — Chile (im Norden, bei Freirina, nur von dort bekannt) (FR 491) (Abb. 3439).

— **Horridocactus engleri** RITT. — Succulenta, 6 : 76—77. 1959
Pyrrhocactus engleri (RITT.) RITT., l. c., 10 : 131. 1959.

Einzeln, halbkugelig, später länglich, 14—18 cm ⌀, bis 30 cm hoch, dicht bestachelt; Rippen 16—20, über und auch unter den Areolen höckrig; Areolen 1 bis 1,5 cm entfernt, ziemlich groß; Randst. 12—20, ungefähr so lang wie die mittleren; Mittelst. 5—8, 4—7 cm lang, die unteren weiß oder gelblich, die oberen braun und meist schwarz gespitzt; Bl. trichterig, gelbrot, 5—6 cm lang, 4—4,5 cm ⌀; Staubf. hell grünlichgelb; Gr. 3—3,5 cm lang, hell grünlichweiß; Pet. bis 3 cm lang und 3 mm breit, gerundet, hell zitronengelb mit einer rosa oder roten Mittellinie, die äußeren Perigonbl. außen mehr olivfarben; Fr. rötlich, Perigonrest verbleibend; S. ca. 1,75 mm lang, schwarz, Hilum klein, weißlich. — Chile (Küstenkordillere zwi-

Abb. 3439
Sämlingspflanze des Horridocactus engleri RITT. (Sammlung: ANDREAE.)

schen Santiago und Valparaiso, auf 1900 m, im Winter unter Schnee, nur in einem kleinen Gebiet) (FR 235) (Abb. 3439).

Es handelt sich hier um die Pflanzen meiner Abbildung in Bd. III, S. 1844, 1845 und 1847, Abb. 1771, 1772 und 1775 (mit Früchten). Typus der Art ist Abb. 1772, oben. Davon weicht Abb. 1772, unten, und 1775 durch etwas anders geformte grüngelbe Blüten und grüne Frucht sowie mehr blaugrünen Körper ab. Ich bezeichne diese Pflanze gemäß den Mitteilungen von Dr. KRAUS als:

— v. **krausii** BACKBG. (var. KRAUS B).

Differt corpore glauco, flore viridescente; fructu viridi.

Da RITTER über das Ovarium sagt: „mit witte vlokjes haren", könnte man auf die Vermutung kommen, es handele sich um eine *Neochilenia*. Es ist dies aber nur eine ungenaue Angabe, denn das Foto von Dr. KRAUS zeigt so gut wie kahle Früchte, so daß unter der Bekleidung Filzflocken zu verstehen sind. Naturhybriden zwischen obiger Art und *H. andicolus* sowie *H. curvispinus* sollen vorkommen. Die Art ist durch ihr helles und dichtes Stachelkleid ausgezeichnet. Die Röhre hat oben einzelne feine weiße Haarborsten (RITTER).

— **Horridocactus grandiflorus** (RITT.) BACKBG. n. comb.

Pyrrhocactus grandiflorus RITT., Succulenta, 4 : 41. 1960.

Einzeln, halbrund, grün bis graugrün, bis 15 cm ⌀; Rippen 21—23, schmäler als bei *H. andicolus*, bis 1,5 cm hoch, bis auf ca. ein Viertel der Höhe über den Areolen eingeschnitten, unter denselben mit kinnartigem Vorsprung; Areolen bis 1 cm lang, 5 mm breit, weißfilzig, 0,5—1 cm entfernt; St. mittelkräftig, schwarz bis braun, vergrauend, randständige ca. 9—12, 1,5—3 cm lang, etwas nach oben gebogen, mittlere anfangs 1, dann 4—7, kräftiger, höchstens schwach abgeflacht, aufwärts gebogen, 2—4 cm lang; Bl. im Kranz, 6—7 cm lang und breit, geruchlos; Ov. grünlich braun, mit kleinen bräunlichen Schuppen und kleinen „vlokjes witte wol" in den Achseln (Filzflocken); Röhre oben ohne Borsten, 1,5 cm lang, auf 2,25 cm verbreiternd; Nektarkammer nur ca. 2 mm hoch, aber reichlich Nektar hervorbringend, gelblich; Staubf. weiß; Gr. 2,75 cm lang; Pet. 3,5—4,5 cm lang, 0,7—1 cm breit, linear, nach unten verschmälert, nach oben kurz zugespitzt, weiß bis hell gelblich mit karminrotem Mittelstreifen, dieser von fast halber Petalenbreite; Fr. wie das Ov. bekleidet; S. 1 mm lang, schwarzbraun bis schwarz, matt, winzig gehöckert. — Chile (Cerro Ramón, östlich von Santiago, auf 2000 m) (FR 469).

Wo die Art mit *Horridocactus curvispinus* zusammen wächst, kommen Naturhybriden vor.

Bezüglich der reduzierten Borstenbildung gilt das unter *H. aconcaguensis* Gesagte.

— **Horridocactus lissocarpus** (RITT.) BACKBG. n. comb.

Pyrrhocactus lissocarpus RITT., Succulenta, 2 : 17. 1960.

Einzeln, halbkugelig, später verlängert, graugrün, bis 20 cm ⌀; Rippen 17—21, stumpf, wenig höckrig; Areolen bis 1,5 cm lang, graufilzig; St. graugelblich oder -bräunlich bis fast schwarz, mittelstark, randständige 8—12, mittlere 1—6, pfriemlich, ± nach oben gebogen, 1,5—5 cm lang; Bl. 3,5—4 cm lang und breit, duftend; Ov. mit kleinen Schüppchen und „witte vlokjes wol" in deren Achseln; Nektarkammer ca. 2,5 mm lang, gelblich; Staubf. unten alle grün, mit Ausnahme der kürzesten oben hell karminrot; Gr. 2,75 cm lang, unten weißlich, oben hellkarmin;

N. 10, gelblich; Pet. ca. 2 cm lang, 8—10 mm breit, zitronen- bis olivgelb, mit hell karminrosa Mittelstreifen; Fr. sehr groß, bis 2,5 cm lang und bis 2,25 cm breit, rot, mit Spuren von Schüppchen und nur minimalen Filzresten; S. 1,5 mm lang, matt, dunkelbraun bis schwarz, Hilum subventral. — Chile (34° 15', bei Caugenes, an Felswänden) (FR 466).

— v. **gracilis** (RITT.) BACKBG. n. comb.

Pyrrhocactus lissocarpus v. *gracilis* RITT., Succulenta, 2 : 17. 1960.

Weicht durch feinere St., hellbräunlich bis rotbraun, und näher stehende Areolen ab; die S. sind größer, feiner genetzt. — Chile (34°, an Felswänden westlich von San Francisco de Mostazal, in größerer Höhe) (FR 466a).

Angaben über Borstenbildung an der oberen Röhre fehlen; vgl. hiermit die Angaben zu *H. aconcaguensis* und *H. froehlichianus*. Die gegenüber *Reicheocactus* minimale Bekleidung und bei *Horridocactus* auch sonst zu beobachtende stärkere Borstenreduzierung weisen diese Arten als typische *Horridocactus* aus, vor allem aber die fast kahle Frucht.

— **Horridocactus marksianus** (RITT.) BACKBG. n. comb.

Pyrrhocactus marksianus RITT., Succulenta, 1 : 2. 1960.

Flachrund bis halbkugelig, graugrün, bis 24 cm ⌀, mit eingesenktem Scheitel; Rippen 16—28, gehöckert, bis 1,5 cm hoch; Areolen oval, bis 1 cm lang, weißfilzig, bis 1,5 cm entfernt; St. kräftig, graubraun mit dunklerer Spitze, randständige 8—12, seitlich spreizend bis halb aufgerichtet, nicht genau von den mittleren trennbar, ca. 1,5—2,5 cm lang, mittlere 1—6, stärker und länger, stark aufwärts gebogen, pfriemlich; Bl. zahlreicher erscheinend, 3—4 cm lang und breit, geruchlos; Ov. hellgrün, mit kleinen spitzen Schuppen und „witte vlokjes wol" in deren Achseln; Röhre bis 1,3 cm lang, oben mit einzelnen feinen, dünnen, bräunlichen Haarborsten; Nektarkammer bis 4 mm lang, unten honiggelb, nach oben zu heller; Staubf. hellgelb, oben rötlich, bis 0,75 cm lang; Gr. bis 2,5 cm lang,

Abb. 3440. Horridocactus marksianus (RITT.) BACKBG. (Foto: A. M. WOUTERS.)

hellgelb; N. 7—10, hellgelb, zusammengeneigt, bis 2 mm lang; Pet. bis 2,75 cm lang, bis 5 mm breit, ± lang zugespitzt, zitronengelb oder rötlichgelb, besonders die äußeren; Fr. ca. 1,5 cm lang, 1 cm breit, hell rötlich-bräunlich, nur mit Filzspuren; S. braunschwarz, 1,5 mm lang, matt. — Chile (Mittel-Chile, bei Villa Prat, südwestlich von Curicó) (FR 234) (Abb. 3440).

— v. **tunensis** (RITT.) BACKBG. n. comb.

Pyrrhocactus marksianus v. *tunensis* RITT., l. c.

Kleiner, weniger Rippen; Randst. 6—10; Mittelst. 1—4; Bl. größer: Fr. rot; S. stärker. — Anscheinend vom gleichen Standort (FR 234a).

— **Horridocactus vallenarensis** (RITT.) BACKBG. n. comb.

Pyrrhocactus vallenarensis RITT., Succulenta, 12:157. 1959.

Einzeln, graugrün, halbkugelig, später verlängert, bis 10 cm ⌀, zuweilen mit etwas rübiger Wurzel; Rippen 13—25, stumpflich, ± kinnartig gehöckert; Areolen weißfilzig, bis 8 mm lang, 0,75—1 cm entfernt; St. zuerst hellbraun bis grauschwarz, später vergrauend, randständige 10—14, bis 2,5 cm lang, vorwiegend seitlich weisend, mittlere 2—6, 2—5 cm lang, stark aufgebogen; Bl. 5 cm lang und breit, geruchlos; Ov. kugelig, 0,75 cm ⌀, grün, mit kleinen grünlichen Schüppchen, in deren Achseln sehr kleine Wollflöckchen; Röhre ca. 1,4 cm lang, oben mit ± deutlichen langen weißen Borsten (die zum Teil auch ganz reduziert sein sollen); Nektarkammer 1 mm lang, hellgelb; Staubf. 7—13 mm lang, gelbrötlich; Gr. ca. 2,3 cm lang, hellrot; N. 9, rötlichgelb; Pet. breitlinear, oben gerundet oder kurz zugespitzt, bis 2,5 cm lang, bis 11 mm breit, glänzend bräunlichgelb mit hell karminrotem Mittelstreif; Fr. ca. 2 cm lang, grünlich bis rötlich; S. ca. 1 mm lang, braunschwarz bis schwarz. — Chile (N-Chile, südlich von Vicuña) (FR 486).

Soll mit „*Pyrrhocactus curvispinus* v. *combarbalensis* RITT." (noch nicht veröffentlicht) näher verwandt sein: nach meiner Klassifikation ein typischer *Horridocactus*.

Zu den in Bd. III, S. 1845—1847, aufgeführten unbeschriebenen RITTER-Namen kommt noch hinzu: *Pyrrhocactus* (*Neochilenia* ?) *huascensis* RITT. (FR 260).

Wie schwer manche Arten ohne Blüten zu bestimmen sind, zeigen die Abbildungen von *Horridocactus copiapensis* RITT. (FR 220) (Abb. 3441) und *Horridocactus simulans* RITT. (FR 488) (Abb. 3442).

Inzwischen hatte ich noch Gelegenheit, zwei aus RITTERschem Samen gezogene Pflanzen zu sehen, für die RITTER ältere Namen verwendet:

Horridocactus centeterius sensu RITT., in WINTER-Katalog 1955—56 als *Horridocactus* sp. von Illapel (FR 128).

Die RITTERsche Pflanze bzw. die aus Samen gezogenen ähneln bis zu einem gewissen Grade einem *Gymnocalycium gibbosum* mit stärkerer Bestachelung, und so mag es zu der zeitweiligen Verwechslung mit einem *Gymnocalycium* gekommen sein. Bisher habe ich nicht feststellen können, ob es sich bei der RITTER-Nr. FR 238 wirklich um einen *Horridocactus* handelt. Auf S. 1862 (Bd. III) sprach ich die Vermutung aus, daß *Echinocactus centeterius* vielleicht der älteste Name für *Echinocactus kunzei* FÖRST. war, was voraussetzt, daß an Ovarium und Röhre deutliche Haarbildung vorhanden ist (Abb. 3443).

Horridocactus nigricans (DIETR.) BACKBG. & DÖLZ

Die von mir in Abb. 1768 (Bd. III, S. 1843) gezeigte Pflanze scheint von RITTER bisher nicht wiedergefunden zu sein. *Horridocactus (Pyrrhocactus* RITT.*) nigricans* sensu RITT. (FR 222) ist eine andere Pflanze, wie die Abb. 3444 zeigt. Da die Blüten noch nicht beobachtet wurden, ist vorderhand nicht mehr darüber zu sagen, nur, daß in WINTER-Katalog, 13. 1957, vermerkt ist „Körper grasgrün", was auf die aus RITTERschem Samen gezogenen Sämlinge wenig zutrifft.

3441

3442

Abb. 3441. Horridocactus copiapensis RITT. (FR 220), eine noch unbeschriebene Pflanze mit bald bräunlichrot getönten, starkhöckrigen Rippen und anfangs dunklen, dann braunen und zuletzt vergrauenden Stacheln. (Foto: A. M. WOUTERS.)

Abb. 3442. Horridocactus simulans RITT. (FR 488). (Foto: A. M. WOUTERS.)

Abb. 3443. Horridocactus centeterius sensu RITT. in WINTER-Kat. 1955/56. Bisher ist über die Art nichts weiteres bekannt, d. h. auch nicht, ob es sich hier wirklich um den alten „Echinocactus centeterius" handelt.

Abb. 3444. „Horridocactus (Pyrrhocactus sensu RITT.) nigricans RITT. non (DIETR.) BACKBG. & DÖLZ", nicht mit der früher in europäischen Sammlungen vertreten gewesenen Art identisch. (Foto: A. M. WOUTERS.)

Abb. 3445. Horridocactus transitensis (Ritt). Siehe auch die Importenabbildung 3428 unter Neochilenia eriosyzoides. Ich brachte eine Abbildung unter beiden Gattungen, weil bisher nicht feststeht, wohin diese Art gehört, da Blüten meines Wissens noch nicht in Europa gesehen wurden. Eine sehr schöne Spezies.

Ich habe bei den Neukombinationen mit *Horridocactus* meinen Namen als Autor der Umstellung beifügen müssen, wo es sich um von Ritter gültig beschriebene „*Pyrrhocactus*"-Arten handelt, auch wenn dafür vordem *Horridocactus*-Namen im Winter-Katalog vorlagen; diese sind aber nur provisorische und als Katalognamen ungültige Bezeichnungen. Sobald eine gültige Beschreibung erfolgt, muß von dieser ausgegangen werden.

Horridocactus transitensis Ritt. (Abb. 3445): Ob diese Art hierher gehört, muß sich erst noch erweisen (s. auch Abb. 3428 unter *Neochilenia*).

113. REICHEOCACTUS Backbg.

Inzwischen sind mir zwei weitere chilenische Arten mit stärker behaarten Röhren, jedoch ohne jede Borstenbildung, bekanntgeworden, die ich daher zu obigem Genus, stellen muß. Von *Reicheocactus floribundus* füge ich eine Blüten- und Frucht-Makroaufnahme bei; diese zeigen die Merkmale besser, besonders in Zweifelsfällen. Es gibt auch einige *Horridocactus*-Arten mit ± fehlenden Borsten; bei ihnen ist jedoch die gesamte Blütenbekleidung extrem reduziert, und es sind alle Übergänge der Borstenreduzierung zu beobachten, was z. B. bei den von Ritter als „*Chileorebutia*" bezeichneten Arten niemals der Fall ist, so daß ich — besonders auch angesichts der sonst schwierigen Bestimmung und der Verwechslungsmöglichkeit — für Pflanzen mit stärker wolligen Blüten, aber ohne Borstenbildung, das obige Genus einschaltete.

— **Reicheocactus neoreichei** (Backbg.) Backbg. n. comb.

Neochilenia neoreichei Backbg., Die Cact., III: 1825. 1959.

Die Art mußte umgestellt werden, da sich herausstellte, daß sie völlig borstenlos blüht. Ritter, der sie unter der Katalogbezeichnung „*Chileorebutia reichei* FR 501"

Abb. 3446. Reicheocactus neoreichei (BACKBG.) BACKBG., eine borstenlos blühende Art mit rauhhaarigen Stacheln („Chileorebutia reichei sensu RITT.", FR 501). Ohne Blüten könnte die Pflanze sehr leicht mit der stark borstenblütigen Neochilenia aerocarpa verwechselt werden; durch die Gattungstrennung wird dies vermieden. (Sammlung: BUINING.)

führt, sah sie als den SCHUMANN-schen *Echinocactus reichei* an, der aber Borsten an der Blüte hat, und außerdem sind die Stacheln obiger Art rauh (vgl. Bd. III, Abb. 1757). Allein schon die Tatsache, daß selbst RITTER sich hier irrte, beweist, wie wichtig die genaue Abgrenzung der Bekleidungsstufen ist, zumal auch der Habitus mancher Arten sich ähnelt, denn obige Art und *Neochilenia aerocarpa* v. *fulva* gleichen sich sehr, sofern man nicht auf die Stachelunterschiede achtet. Daß die folgende Art in Körpergröße und Bestachelung stärker unterschieden ist, hat keine Bedeutung, denn zwischen *Copiapoa cinerea* und *C. hypogaea* bestehen noch auffälligere Habitusunterschiede und auch in der Körpergröße. Wie schon aus Abb. 1756 hervorgeht, bildet *R. neoreichei* später im Scheitel etwas Wolle (die Abb. 3446 ist vergrößert).

— **Reicheocactus floribundus** BACKBG. n. sp.

Simplex, glaucinus, interdum aliquid rubescens, ad ca. 6 cm crassus; costis ca. 13, tuberculatis, tuberculis ad ca. 13 mm longis; areolis ad 7 mm longis, ca. ad 1 cm distantibus; aculeis pallide fulvosis, pungentibus, ± atrocuspidibus, ad ca. 10—18, radialibus ad ca. 6 mm longis, centralibus 2—3, porrectis, ad 11 mm longis; flore 2,5 cm longo, ad 1,8 cm lato, flavo, ovario tuboque piloso, saetis deficientibus; fructu rubro, ± oblongo vel globoso, pilophoro; seminibus nigris, ca. 1 mm longis, hilo basali.

Einzeln (soweit bekannt), bläulichgrün, das mir vorliegende Stück ca. 5 — 6 cm groß, mit schwach eingesenktem, kahlem Scheitel; Rippen 13, etwas spiralig, ca. 8 mm breit, um die Areolen verdickt, über denselben tief quergeteilt, unter ihnen mit scharfem Kinn vorspringend, die Höcker ca. 13 mm lang, 8 mm hoch, besonders um das Kinn zuweilen rötlich überlaufen; St. fahl gelbbraun mit dunkleren Spitzen, insgesamt ca. 10—18, ungleich lang und die mittleren nicht immer deutlich trennbar, im Areolenoberteil zuweilen 1—3 (—4) kurze, die randständigen seitlich abstehend, mittlere 2—3 etwas kräftiger, bis 11 mm lang, ± vorgestreckt, nur zuweilen schwach gebogen; Bl. 2,5 cm lang, ca. 1,8 cm breit, also nicht weit öffnend; Ov. und Röhre ineinander übergehend, ca. 1,3 cm lang, grünlich, die

Abb. 3447. Links: Reicheocactus floribundus BACKBG.; — rechts: Importpflanze von Reicheocactus floribundus BACKBG. ? (Sammlung „Les Cèdres", Foto: SCHATTAT.)

oberen Schuppen schmalspitz, ca. 2 mm lang, aus den Achseln weiche kräuselige Behaarung, die aber die Röhre und das Ov. nicht völlig verhüllt; äußere Perigonbl. ziemlich schmallinear, innen gelblich, außen mit dunklerer Mitte; innere Perigonbl. rein gelb, schmallanzettlich, spitz zulaufend; Staubf. weißlich; Staubb. blaßgelb; Gr. und N. kremweiß; Nektarkammer breitrund, oben durch die Verwachsungsleiste halb geöffnet; Fr. (Hohlfrucht) rot bei Reife, kugelig bis länglich, bis fast 2 cm groß, mit Haarbüscheln besetzt, borstenlos wie auch die Röhre; S. ca. 1 mm groß, mattschwarz, fein flach gehöckert, mützenförmig, Hilum basal. — Chile (genauer Standort ist mir nicht bekannt) (Abb. 3447—3448).

Die Pflanzen befinden sich in größerer Zahl in der bekannten Züchterei Dr. KARIUS, Muggensturm. Die Blüten sind selbstfertil und erscheinen nacheinander zahlreich über eine längere Zeit des Jahres; wenn nicht bestäubt, setzen sie selbst Früchte an, die aber samenlos sind. Eine interessante und eigenartige Pflanze, bei der u. a. auch die fast halbmondförmig breitgezogene Samenhöhle auffällt.

114. NEOPORTERIA BR. & R.

Während einige nordamerikanische Autoren unter diesem Gattungsnamen auch *Neochilenia*-Arten einbeziehen — eine Folge der erst geringen Kenntnis chilenischer Kugelkakteen zur Zeit BRITTON u. ROSES, die daher nur alte Illustrationen brachten, aus denen die wesentlichen Unterschiede der trichterig blühenden *Neochilenia* nicht eindeutig genug hervorgingen — werden hier unter *Neoporteria* BR. & R. nur solche Arten verstanden, deren Blüten die Form des Typus *Echinocactus subgibbosus* HAW. aufweisen: Fruchtknoten und Röhre stielig ineinander übergehend, mit nur winzigen Filzspuren in den Achseln, oben mit Borsten; die äußeren Perigonbl. abstehend, die inneren bis zur Hochblüte ± zusammengeneigt, erst im Abblühen zum Teil etwas mehr öffnend. Blütenbl. stets rosa; Fr. mit nur winzigen Filzspuren.

Abb. 3448. Oben: die behaarte, aber borstenlose Blüte und Frucht des Reicheocactus floribundus BACKBG. — Unten: Längsschnitt durch die Blüte. Eigentümlich ist die halbmondförmig gekrümmte Samenhöhle.

Da es eine ganze Reihe Arten mit solchen einheitlichen Blütenmerkmalen gibt, liegt kein Grund vor, die zu BRITTON u. ROSES Zeit durchaus verständliche irrige Einbeziehung trichterig und behaart blühender Pflanzen fortzusetzen; es würde nur die Tatsache verschleiern, daß *Neoporteria* BR. & R. eine sehr charakteristische Artengruppe umfaßt, in der sogar die Blütenfarben gleich sind.

1. **Neoporteria nigrihorrida** (BACKBG.) BACKBG.

Nach den in europäischen Kulturen aus RITTERschem Samen gezogenen Pflanzen zu urteilen, ist *Neoporteria nigrihorrida* v. *crassispina* RITT. (FR 481) ein Synonym von meiner v. *major* (BACKBG.) BACKBG.

Eine nicht recht verständliche Namenswandlung hat RITTERS *Neoporteria* FR 218 durchgemacht: Im WINTER-Katalog, 15. 1957, hieß sie *Neoporteria castaneoides* (CELS). Die darunter bei SAINT-PIE aufgelaufenen Pflanzen waren dünn und hellstachlig (Abb. 3449, mit anormal reicher Areolensprossung und zur Kammform übergehend); im WINTER-Katalog, 18. 1958, war der Name der gleichen Nummer: „*N. coquimbana* (nicht *castaneoides*) RITT. n. sp."; 1960 wurde daraus (WINTER-Katalog., 16. 1960): „*Neoporteria nigrihorrida* v. *coquimbana* RITT. n. v.". Die 1957 aus FR 218 aufgelaufenen Pflanzen haben überhaupt nichts mit *N. nigrihorrida* gemein und könnten vielleicht als eine Form der *N. castaneoides* (CELS) WERD. angesehen werden. Bei dem Züchter KUENTZ, Fréjus, sah ich jedoch eine *Neoporteria* sp. FR 213 (WINTER-Katalog, 14. 1955), „St. schwarz

Abb. 3449. Neoporteria sp., RITTER-Nr. FR 218 (1957). Aus der Saat von 1957 aufgelaufene Pflanze mit feiner Bestachelung, damals als „Neop. castaneoides" bezeichnet. 1958 wurde der Name geändert in „N. coquimbana RITT.", 1959 hinzugefügt: „wie eine schwarzstachlige subgibbosa", 1960 wurde mit der Nr. FR 218 endgültig der Name „Neoporteria nigrihorrida v. coquimbana RITT." gewählt, eine Pflanze, die völlig anders aussieht als die aus dem Samen von 1957 aufgelaufene und wahrscheinlich identisch mit N. nigrihorrida BACKBG. Die hier abgebildete Pflanze von 1957 gehört dagegen wohl zum N. castaneoides-Formenkreis; anomal ist die beginnende Kammbildung und das reiche Areolensprossen.

und gerade". Diese Pflanzen ähneln durchaus dem Typus der *N. nigrihorrida*, so daß ein Nummernversehen vorliegen muß: die *N. nigrihorrida* v. *coquimbana*, wohl höchstens eine Form dieser Art, müßte demnach die Nr. FR 213 tragen, die *Neoporteria* sp. FR 218 scheint dagegen zu *N. castaneoides* zu gehören.

3. **Neoporteria litoralis** RITT.

Ich füge RITTERS Aufnahme der Originalbeschreibung bei (Abb. 3450).

5. **Neoporteria subgibbosa** (HAW.) BR. & R.

Bei der Abb. 1786 (Bd. III, S. 1859) handelt es sich um eine Übergangsform, möglicherweise RITTERS v. *intermedia* (FR 224a). Es liegen mir aber noch keine Vergleichsstücke vor. Zu dem Synonym *Mamillaria gibbosa* SD. gehört noch der Name *Cactus gibbosus* KUNTZE non HAW. (1891).

7. **Neoporteria gerocephala** Y. ITO.

Nachdem ich Blüten von RITTERS *Neoporteria multicolor* (FR 243) sah, halte ich diesen bisher unbeschriebenen Namen für ein Synonym von *N. gerocephala*, denn die Blüte ist nicht so klein wie die von *N. nidus*, sondern gleicht in der Größe der der ersteren (vgl. den diesbezüglichen Hinweis in Bd. III, S. 1866). Die verschiedenen Stachelfarben sind nicht ungewöhnlich, da sie auch bei der nahe verwandten *N. nidus* gefunden werden.

Ein Synonym ist *Chilenia gerocephala* Y. ITO, „Cacti", 432. 1954.

12. **Neoporteria heteracantha** (BACKBG.) BACKBG.

Dieser Art ist *Neoporteria coimasensis* RITT. (FR 473; Abb. 3451) zumindest nahe verwandt, wenn nicht eine Varietät derselben, mit etwas zahlreicheren, aber auch zum Teil borstig feinen Randst. sowie bis ca. 10 aufgebogenen

Abb. 3450. Neoporteria litoralis RITT. Abbildung der Originalbeschreibung mit der typischen Blüte der Gattung Neoporteria: stielige Röhre, nur Filzspuren und oben Borsten, innere Perigonblätter bis zum Beginn des Abblühens kaum geöffnet bis zusammengeneigt. (Foto: RITTER.)

Abb. 3451. Neoporteria coimasensis RITT., eine unbeschriebene Art. (Sammlung: SAINT-PIE.)

pfriemlichen Mittelst., horngelb, anfangs mit dunklerem Oberteil, die dunkle Tönung bald verblassend.

13. Neoporteria cephalophora (BACKBG.) BACKBG.

Diese Pflanze hält RITTER (WINTER-Katalog, 16. 1960) für eine Altersform von *N. villosa*; in Wirklichkeit ist es eine Zwergform. Ich hielt sie anfangs für eine Jugendform von *N. villosa*; aber Abb. 1802 (Bd. III, S. 1872) zeigt so starke Wurzeln, daß der Pflanzenkörper viel größer sein müßte, wenn es sich nicht um eine Zwergart handelte.

Die Blüte ist nach SIMO kleiner als bei allen anderen *Neoporteria*-Arten!

— **Neoporteria rapifera** RITT. (FR 714).

Dies ist eine interessante Pflanze. Die durch Querkerben stark in rundliche, oben abgestumpfte Höcker geteilten Rippen stehen etwas spiralig, die Epidermis ist entweder saftig grün und zu den Höckern hinauf dunkelrötlich überlaufen, oder sie ist überhaupt rötlichschwarz getönt, mit einer fast körnig wirkenden Punktierung; die St. sind fast alle ± gebogen, anfangs derbpfriemlich, bald auf eine geringere Stärke zurückgehend, zuerst am Fuß gelb, dann fast orange, der längste Oberteil schwarz, später dunkelbraun mit noch dunklerem Fuß oder ganz schwarz, in der Stärke unterschieden, dünner bei den zu den Längsfurchen hin grünlich getönten Körpern, alle anfangs büschelig aufgerichtet, später 10—20 (bei größerer Zahl viel dünner) randständige und mehrere mittlere; meist sind die der grünlichen Körper kürzer als die der ganz schwärzlichen; Bl. mir unbekannt. Dem Artnamen nach bildet die Pflanze am Standort auffälligere Rübenwurzeln. Die Bestachelung wirkt aber weniger „besenartig" (RITTER) als starr (Abb. 3452).

115. ERIOSYCE PHIL.

Zum Vergleich mit den in meinem Schlüssel, Bd. III, S. 1875, aufgeführten Varietäten und zur besseren Kennzeichnung der von RITTER unter verschiedenen bisher noch unveröffentlichten Namen gesammelten Pflanzen bringe ich eine

Vierertafel mit Aufnahmen von Jungpflanzen. Es handelt sich bisher um Katalognamen, zuletzt im Winter-Katalog, 14. 1959, erschienen (im Katalog 1960 sind sie nicht mehr aufgeführt); die Kenntnis der Pflanzen ist jedoch wichtig, um eine Vorstellung von den Habitusunterschieden zu haben:

Abb. 3453

Oben links: *Eriosyce ceratistes*, von Ritter als Typus der Art angesehen, aber ohne die für diesen beschriebenen anfangs s c h w a r z e n Stacheln, wie sie meine Abb. 1803

Abb. 3452. Zwei Formen von Neoporteria rapifera Ritt., einer interessanten, noch unbeschriebenen Art. Oben: Schwärzlichere Form mit weniger und stärkeren Stacheln. — Unten: An der Rippenbasis mehr grüne Pflanze mit zahlreicheren feineren Stacheln. — Ehe eine Beschreibung erschienen ist, kann man nicht feststellen, welche Pflanze typisch für die Art ist und welche als Varietät angesehen werden muß. (Fotos: A. M. Wouters.)

Eriosyce 3809

(Bd. III, S. 1874) zeigt. Hier mag ein Versehen vorliegen, denn aus den gleichen Samen FR 240 [240a?] lief auf:

Oben rechts: *Eriosyce ceratistes* v. *tranquillaensis* RITT., mit dunkler braunen Stacheln als bei der vorstehenden Pflanze, der RITTER hinzufügte: Syn. *E. aurea*[1]), also mit goldbraunen oder -gelben Stacheln, was auf die v. *tranquillaensis* nicht zutrifft. Die Stacheln sind mehr aufwärts gebogen, bei der vorigen mehr gerade (FR 240). Da der Typus der Art stark gekrümmte Stacheln zu Anfang hat, sind möglicherweise die beiden vorstehenden Varietäten umgekehrt zu verstehen.

Unten links: *Eriosyce ihotzkyanae* RITT. mit derber gekrümmten, d. h. weniger abstehenden dunkelbraunen Stacheln und etwas dunklerem Körper (FR 253).

Unten rechts: *Eriosyce ausseliana* RITT. Etwas heller in der Bestachelung, Scheitel freier (FR 254).

Diese vier Pflanzen haben alle ca. 7—8 Randstacheln (der obere achte fehlt bei Jungpflanzen zuweilen), genauso wie der schwarzstachlige Typus meiner Abb. 1803; Mittelstacheln sind anfangs immer nur einer vorhanden, stets $\pm$ aufwärts gebogen. Für *E. ausseliana* werden „schwarze Stacheln" angegeben; das Bild zeigt braunrötliche, d. h. die Stachelfarbe scheint hier zu variieren. Im WINTER-Katalog, 14. 1959, lautet die einzige Angabe einer Blütenfarbe „rot", und zwar nur bei *E. ihotzkyanae*, wie bei *E. ceratistes* v. *zorillaensis* BACKBG.

Die Unterschiede sind also nicht wesentlich, der eigene Artrang der beiden letzten oben angeführten meines Erachtens nicht berechtigt. Welchen Varietäten

Abb. 3453. Links oben: Eine Form des Typus der Eriosyce ceratistes (O.) BR. & R. ? oder die als E. aurata bezeichnete. Rechts oben: Eriosyce ceratistes v. tranquillaensis RITT. (aus dem gleichen Samen aufgelaufen wie die links abgebildete Pflanze). — Links unten: Eriosyce ihotzkyanae RITT. — Rechts unten: Eriosyce ausseliana RITT. — Die RITTER-Namen sind noch unbeschrieben. Ein Vergleich der Pflanzen miteinander zeigt, warum ich solche Abweichungen des Habitus nur als Varietätsnamen unterscheidbar hielt.
(Alle Fotos: A. M. WOUTERS.)

[1]) Schreibfehler, gemeint ist *E. aurata*.

Abb. 3454. Eriosyce lapampaensis Ritt., eine stärker abweichende Pflanze und wohl eine gute Art. (Foto: A. M. Wouters.)

Abb. 3455. Eriosyce sp., von Schäfer, Antofagasta, gesammelt. (Sammlung: Botanischer Garten Kiel.)

meines Schlüssels sie etwa entsprechen, ist mangels weiterer Angaben nicht festzustellen.

Stärker weicht ab:

Eriosyce lapampaensis RITT., mit über 10 Randst. und bis ca. 5 Mittelst., die hellbraune Bestachelung daher viel dichter. Hier kann es sich um eine gute Art handeln, deren Stachelfarbe jedoch offensichtlich auch variiert, denn die Kataloganbage „dunkle Stacheln" trifft nicht zu oder zumindest nicht immer (FR 255) (Abb. 3454).

Vielleicht steht der vorstehenden Art nahe:

Eriosyce sp. Stumpf dunkelgraugrün, zuerst breitrund, über 20 Rippen; Randst. bis 14, mittlere ca. 2, diese aufwärts gekrümmt, alle in trockenem Zustand aschgrau, im Scheitel dunkler, wenn feucht dunkelbräunlich und oben dunkler; alle St. dicht verflochten, pfriemlich bis auf ca. 3 dünnere obere und zuweilen 1—2 untere Randst.

Ein stärker abweichender Typus, der von SCHÄFER, Antofagasta, gesammelt wurde; vielleicht *E. ceratistes* v. *vallenarensis* BACKBG. (Abb. 3455).

Bei dieser Pflanze ist der Scheitel unbestachelt und unter zusammengebogenen Stacheln verborgen. Weitere Einzelheiten konnte ich nicht erfahren.

116. ISLAYA BACKBG.

Eine sehr schöne *Islaya* nannte RITTER *Islaya krainziana* RITT. (FR 200). Ich füge die Aufnahme einer blühenden Pflanze bei (Abb. 3456). Die oberen Areolen entwickeln bei Sämlingspflanzen reiche Wolle, so daß der Kopfteil ganz weißwollig wird, von den zart rötlichen bis kalkig weißen und dann dunkler gespitzten Stacheln durchstoßen. Die Blüte ähnelt der von *I. bicolor* AKERS & BUIN., die gelb und oben rötlich-bräunlich ist; außerdem gab AKERS an „Scheitel weißwollig". Es besteht daher die Möglichkeit, daß *I. krainziana* eine Form der *I. bicolor* ist.

Islaya sp. FR 588 wird neu in WINTER-Katalog, 16. 1959, geführt (Abb. 3457, oben). Die Stacheln sind mehr nadelig-pfriemlich, bräunlich, nach unten zu heller. Aus dem Sämlingshabitus läßt sich nicht feststellen, ob die Pflanze etwa mit einer anderen bereits beschriebenen identisch ist.

(116A). PILOCOPIAPOA RITT.
Kakt. u. a. Sukk., 12 : 2, 20. 1961, descr. gen. sp.

Dieser Gattung RITTERS kommt eine besondere Bedeutung zu. Bei gleicher hochpolstriger Altersform, wie man sie zum Teil bei der *Copiapoa cinerea*-Formengruppe oder einigen anderen *Copiapoas* findet, und der Ähnlichkeit der Einzelkörper z. B. mit *Copiapoa lembckei* BACKBG., sowie ebenso kurzen Blüten wie bei *Copiapoa* BR. & R., unterscheidet sich von dieser das neue Genus durch dichte weiße Wolle an Fruchtknoten und Röhre; die Fruchtwand ist doppelt so dick wie bei *Copiapoa*, die aufgetrockneten Schuppen werden stechend spitz, die Frucht ist jedoch ähnlich kurz wie bei *Copiapoa* und öffnet oben mit einem Deckel, wie es auch bei *Copiapoa* vorkommt. Die schwarzen glänzenden Samen unterscheiden sich nur wenig durch einen etwas mehr seitlich gestellten, vertieferen Nabel.

Das wesentliche Unterscheidungsmerkmal des Genus ist also die Behaarung der Blüte. Damit folgt RITTER der gleichen systematischen Trennungsmethode

Abb. 3456. Islaya krainziana RITT., eine unbeschriebene Art, die der I. bicolor AKERS & BUIN. zumindest nahesteht. (Sammlung: KUENTZ.)

wie BRITTON u. ROSE bzw. der meinigen nach Reduktionsstufen der Blütenbekleidung; er sagt dazu: „Diese Gattung ist ursprünglicher geblieben als *Copiapoa* und bildet jedenfalls einen Vorläufer dieser Gattung". Da wir über den Entwicklungsverlauf nichts Sicheres wissen, trenne ich nur nach „Reduktionsstufen", ohne deren theoretische Bewertung. Genau die gleiche Beziehung wie bei *Pilocopiapoa* und *Copiapoa* besteht nun aber auch bei *Submatucana* und *Matucana*, und daher ist deren Zusammenziehung durch RITTER unlogisch gegenüber seiner Merkmalsbewertung bei *Pilocopiapoa*, zumal die Habitusunterschiede bei den beiden letzteren Gattungen noch weit stärker sind als bei den beiden ersteren.

Abb. 3457. Oben: Islaya sp., RITTER-Nr. FR 588; unten: Pilocopiapoa solaris RITT. (Fotos: A. M. WOUTERS.)

Typus: *Pilocopiapoa solaris* Ritt. — Typstandort: El Cobre, östlich der Nebelzone.

Verbreitung: Um den 24. Breitengrad, landeinwärts über der Zone der Küstennebel in äußerst trockenem Gebiet.

1. **Pilocopiapoa solaris** Ritt. — Kakt. u. a. Sukk., 12 : 2, 20. 1961 (FR 541)

Halbkugelige Polster mit vielen Köpfen, über 1 m hoch werdende Gruppen, bis 2 m ⌀, Einzelköpfe bis 12 cm dick, graugrün, unbereift; flacher Wollscheitel; Rippen meist 9—10 (8—11), gerade, stumpf, nicht gehöckert, 2—3,5 cm hoch; Areolen fast rund, 1—1,75 cm ⌀, etwas erhaben, mit dichtem, langem Filz, dieser anfangs gelbbräunlich, 0,5 cm entfernt, an alten Köpfen stark genähert; St. anfangs hell gelbbräunlich, Spitzen wenig dunkler, ± derb, starr, gerade bis gebogen, zum Teil auch krallig, Oberfläche schülferig; Randst. 7—10, 1,5—5 cm lang; Mittelst. 2—5, unregelmäßig gestellt, 2—6 cm lang; Bl. aus dem Scheitel, 2,5—3 cm lang, tags geöffnet, 2,5—3 cm lang, mit dem gleichen Duft wie bei einigen *Copiapoas*; Röhre trichterig, 4—7 mm lang, mit über 1 cm (?) langen und 1—2 mm breiten, lang zugespitzten Schuppen, darin weiße Wolle; Ov. 0,75—1 cm lang und ⌀, grünlichweiß, weiß oder rosa, mit ca. 10 Schuppen, lang und schmal, bis 1 cm lang, die unteren grün, die oberen rot mit grüner Basis, später auftrocknend und stechend spitz, in den Achseln ca. 1,5 cm lange, weiße Wolle; Nektarkammer 2—3 mm lang, 2—3 mm breit, halboffen; Staubf. am ganzen Röhreninnern, 5—8 mm lang, weiß bis blaßgrünlich; Gr. weiß oder gelblich, nur 1—1,3 cm lang; N. 4—8, hellgelb bis orange, zusammengeneigt; Perigonbl. karminrosa bis rosagelb, hellgelb oder gelblichweiß, ca. 1,25—1,5 cm lang, 3—5 mm breit, oben gerundet, die äußeren rötlichen mehr gespitzt; Fr. grün bis rot, 1,5 cm lang und oben dick, mit trockenen, spitzlichen Schuppen und weißer Wolle, mit Deckel öffnend, Wand 2—3 mm stark, Nabelstränge weißlich und ± fleischig (wie auch bei *Copiapoa*); S. 2 mm lang, schwarz, glänzend, fein flach gehöckert, Hilum subventral, etwas vertieft. — N-Chile (östlich von Cobre auf ca. 24° s. Br.) (Abb. 3457, unten).

Mit der Beschreibung von Ritters Genus *Pilocopiapoa* bzw. *P. solaris* erhält Rümplers vordem unverständliche Angabe (Handb. Cactkde., 470. 1886) bei *Echus. bridgesii*: „Röhre kurz, schuppig und wollig" (!) eine ganz neue Bedeutung, d. h. erscheint nicht mehr als Irrtum. Es ist durchaus möglich, daß mit *Echus. bridgesii* bereits die *Pilocopiapoa solaris* gefunden wurde — was eine neue Beurteilung der bisher unter ersterem Namen verstandenen Art bedeuten würde —, zumal Salm-Dycks Diagnose in Cact. Hort. Dyck., 144. 1850, keine eindeutigen Unterschiede erkennen läßt.

Eine weitere Nachprüfung — auch der Frage, ob bei Ritters stark variabler Art nicht etwa auch nur ein Mittelstachel auftritt — ist mangels ausreichenden lebenden Materials bisher nicht möglich, doch sollte dies im Auge behalten werden.

117. COPIAPOA Br. & R.

In allen Andenländern hat der fortschreitende Straßenbau die Erforschung der bisher noch unbekannten Kakteenflora in starkem Maße gefördert. Dabei zeigte sich in Chile, daß hier das am stärksten vertretene Genus die Gattung *Copiapoa* ist, und mit ihrer eingehenden Erkundung hat sich Friedrich Ritter ein besonderes Verdienst erworben; aber auch Lembcke fand einige interessante neue Arten. Freilich wird die Gültigkeit mancher Spezies umstritten sein; so faßt Hutchison den ganzen *C. cinerea*-Komplex zusammen. Das erscheint mir als zu weitgehend; man sollte wenigstens untersuchen, welche RITTER-Arten zumindest Varietätsrang verlangen. Bei dieser Pflanzengruppe zeigen sich besonders kraß die Nachteile der mangelnden Zusammenarbeit unter den Autoren. SÖHRENS, RITTER, HUTCHISON und ich haben in dem Taltal-Gebiet gesammelt. Die dabei gewonnenen Anschauungen weichen aber zum Teil stark voneinander ab. Meine *Copiapoa gigantea* BACKBG. wurde von RITTER mißverstanden, *C. haseltoniana* BACKBG. von HUTCHISON als eine Form der *C. cinerea* (PHIL.) BR. & R. angesehen, zu der er auch die Pflanzen einbezieht, die RITTER als *C. dealbata* RITT., *C. columna*-alba RITT. und *C. carrizalensis* RITT. (soweit ich HUTCHISON bezüglich der letzteren in unserer Aussprache verstanden habe) bezeichnete, während er mir sagte, bei der von RITTER *C. intermedia* RITT. (FR 216) genannten Pflanze — die RITTER früher irrtümlich als *C. malletiana* (LEM.) BACKBG. ansah — handele es sich um *C. echinoides* (LEM.) BR. & R.; die beiden mir von dieser RITTERschen Art in Farbfotos vorliegenden, aus Samen gezogenen Pflanzen haben aber mit anderen Spezies nichts gemein. Hinzukommt, daß während der Herausgabe bzw. des Erscheinens von Bd. III meines Handbuches — in dem ich die Namensvorschläge „*C. albispina*, bräunliche Pflanzen mit weißen Stacheln" (für *C. cinerea albispina* RITT., FR 207a) und „*C. cinerea* v. *flavescens*, weiße Pflanzen mit gelben Stacheln" (für *C. columna-alba* RITT., FR 530) machte, weil diese Pflanzen damals noch unbeschrieben waren — RITTER in „Cactus" (Paris) zur gleichen Zeit diese Arten beschrieb, ohne daß mir von ihm oder der französischen Zeitschrift eine Benachrichtigung zuging. Dabei kennzeichnet RITTER („Cactus", 139. 1959) *C. cinerea* (PHIL.) BR. & R. als „einzeln, kaum sprossend", später („Cactus", 200. 1959) aber als „sprossend, ziemlich kurz", *C. columna-alba* RITT. dagegen als „einzeln, viel länger", und zwar bis 75 cm hoch. Das steht im Widerspruch zu älteren Literaturangaben. PHILIPPIS Originalbeschreibung wurde anscheinend nach einem nur kleineren Exemplar vorgenommen, „Stacheln 5—6, 1 mittlerer [wobei also von HUTCHISON in C. & S. J. (US.) 63—72. 1953, gezeigte Formen einbezogen sind] schwarz", was weder auf *C. columna-alba* RITT. noch auf *C. cinerea albispina* RITT. zutrifft, sondern nur für *C. dealbata* RITT. (die ich daher untenstehend als var. zu *C. cinerea* einbeziehen muß), so daß meine oben genannten Namensvorschläge berechtigter waren als RITTERS eigene Art „*Copiapoa columna-alba* RITT.". Außerdem beziehen sich BRITTON u. ROSE mit ihrer Fig. 98 (The Cact., III : 86. 1922) auf SCHUMANNS Fig. 15 (Gesamtbschrbg., Nachtrag, 98. 1903) und sagen, diese Pflanze stimmt mit dem gesehenen Herbarmaterial PHILIPPIS von „*Echinocactus cinereus* PHIL." überein; SCHUMANN fügte hinzu: „Erreicht in der Heimat 1,10 m Höhe." RITTER dagegen bezeichnet („Cactus", 200. 1959) *C. cinerea* (PHIL.) BR. & R. als „assez courte", *C. columna-alba* RITT. als „plus longue", jedoch nur „bis 75 cm hoch". Ich sah dagegen Pflanzen der *C. cinerea*, die höher waren und auch sproßten.

Ich führe alle diese Einzelheiten an, um die verworrene Situation bei dieser Artengruppe eindringlich zu schildern. Inzwischen hat RITTER wenigstens *C. haseltoniana* BACKBG. anerkannt. Bei *C. cinerea* (PHIL.) BR. & R. und den ihr verwandten Formen ist die Verwirrung aber immer noch so groß, daß sie hoffentlich in Zukunft zu einer besseren Zusammenarbeit beiträgt. Die beste Lösung schien mir die in der nachfolgenden Aufstellung RITTERscher Namen gegebene zu sein.

Ich habe bei den Züchtern SAINT-PIE, Asson, und KUENTZ, Fréjus, eine Reihe neuer RITTER-Arten aufnehmen können, verdanke aber vor allem A. M. WOUTERS, Lent (Holland), eine größere Anzahl farbiger Fotos von RITTER-Arten, die er für mich aufnahm und die mir deren Studium wesentlich erleichtert haben, zumal die Kenntnis des Kulturhabitus bzw. des Aussehens aus Samen gezogener Pflanzen ebenso wichtig ist wie die der Standortspflanzen. Die ersteren zeigen oft Ähnlichkeiten mit anderen, was wiederum eine sorgfältige Nachprüfung der Berechtigung eines eigenen Artranges erfordert, sich aber nicht bei allen einwandfrei feststellen läßt, so daß ich im Bild nur anscheinend wirklich gute Arten wiedergeben kann. Bei den seit längerem bekannten Spezies gehen überdies die Meinungen der Autoren auseinander; hier können wir uns nur an das ältere Sammlungsmaterial halten, das allein für die relativ wenigen früher bekannten Arten maßgeblich sein kann. Neben mehreren von RITTER inzwischen beschriebenen gebe ich im Farbbild auch einige wohlunterschiedene, unbeschriebene wieder, denn Züchter und Privatsammler werden sich meistens nur nach dem Habitus aus Samen gezogener Pflanzen orientieren können. Einige Arten bleiben unsicher. So muß z. B. die Zukunft lehren, ob *C. megarhiza* BR. & R. und *C. calderana* RITT. einen Artkomplex bilden. Die beste Übersicht gewinnen wir jedoch meines Erachtens, wenn im großen ganzen die RITTERsche Artenfassung hier beibehalten wird, zumal die Arttrennung Auffassungssache ist. Keinesfalls wäre aber der Kenntnis der *Copiapoa*-Flora mit so scharfen Zusammenziehungen gedient, wie sie KIMNACH z. B. unter *Borzicactus* vornahm. In einigen Fällen ist die Identifizierung älterer Sammlungsarten mit den Sämlingsformen neuerer Funde schwierig, z. B. bei *C. pepiniana* (K. SCH. non LEM.) BACKBG. und deren v. *fiedleriana* (K. SCH.) BACKBG., da vorderhand keine Abbildungen überseeischer Pflanzen im ausgewachsenen Zustand vorliegen. Ferner fällt auf, daß RITTER neuerdings keine *C. malletiana* (LEM.) BACKBG. mehr führt; gewisse Sämlingsformen der *C. carrizalensis* ähneln aber so sehr der *C. malletiana* europäischer Sammlungen, daß man sich fragt, ob beide nicht ein und dieselbe Art sind. Die Beschreibung und Abbildung weiterer, bisher noch ungeklärter bzw. unsicherer *Copiapoas* muß späteren Ergänzungen überlassen bleiben, zumal ich in verschiedenen Sammlungen unter der gleichen RITTER-Nummer andere Pflanzen sah, auch einander ähnelnde unter verschiedenen Nummern. Für ihre Bestimmung

Abb. 3458. Junge Copiapoa marginata (SD.) BR. & R. mit braunen Stacheln, zusammenfließenden dicken und bald schwärzlichen Areolen sowie schmutzig graugrüner Körperfarbe, alle diese Kennzeichen SALM-DYCKS Beschreibung entsprechend.

werden RITTERS Veröffentlichungen mit Standortsaufnahmen wenig nützlich sein, da, wie schon gesagt, die Pflanzen in der Heimat oft ganz anders aussehen als die hier unter günstigeren Bedingungen aus Samen gezogenen. Bei *Copiapoa marginata* (S. D.) BR. & R. bzw. *C. streptocaulon* (Hook. emend. RITT.) RITT., muß RITTER ein Irrtum unterlaufen sein, ein Beweis, wie schwierig die richtige Identifizierung mancher Arten ist. Wir kennen heute Pflanzen, die der Originalbeschreibung von *Copiapoa marginata* (S.D.) BR. & R. genau entsprechen (Abb. 3458).

Die Gattung *Copiapoa* ist ein besonders gutes Beispiel dafür, daß bei Sukkulenten der bisherigen Form der Typdeponierung oft nur ein begrenzter Wert zukommt, denn nach getrocknetem Standortmaterial sind viele aus Samen gezogene Pflanzen so gut wie gar nicht zu bestimmen, in manchen Fällen nicht einmal lebendes Material vom Standort. Hier erweist sich die farbige Fotografie als weit nützlicher und würde es auch bei den Abbildungen der Originalbeschreibungen sein; ideal wäre eine doppelte farbige Darstellung: die Pflanzen am Standort und in der Kultur.

Die inzwischen neu beschriebenen oder schon als größere Sämlingspflanzen bekanntgewordenen RITTER-Arten führe ich nachstehend in alphabetischer Reihenfolge auf:

— **Copiapoa calderana** RITT. — „Cactus" (Paris), 14 : 65, 197. 1959

Einzeln, halbkugelig, später verlängert, 5—10 cm dick werdend, graugrün, nicht bereift, mit langer Rübenwurzel und dünnem Hals; Rippen 10—17, stumpf, ca. 1 cm hoch, nicht gehöckert, nicht geschweift; Areolen grau, später schwarz, rund, bis 5 mm $\varnothing$; St. ziemlich kräftig oder dünn, gerade oder leicht gebogen, braun bis schwarz, zuletzt grau; Randst. 5—7, 10—15 mm lang, die untersten die längsten; Mittelst. 1 (—2), 1,5—3 cm lang; Bl. duftend, 3—3,5 cm lang, 3 cm $\varnothing$; Röhre blaßgelb, trichterig; Ov. bis 12 mm lang, mit wenigen, großen, rotbraunen Schuppen; Nektarkammer 2—3 mm lang, halb geschlossen; Staubf. blaßgelb, die untersten 2—3 mm über der Nektarkammer angeheftet, dem Gr. angelegt, die oberen 7 mm lang, an der Röhre inseriert; Gr. blaßgelb, 15 mm lang, 1 mm dick; N. ca. 12, blaßgelb, 4—5 mm lang; Pet. 15 mm lang, 6—7 mm breit, fast eiförmig, oben gerundet und leicht gespitzt, blaßgelb, die Sep. außen leicht rötlich getönt; Fr. kaum fleischig, 10—15 mm lang, 7—12 mm breit, blaßgrün, oben etwas rötlich getönt, mit einigen rotbraunen, 5 mm langen Schuppen; S. schwarz, glänzend, fein gehöckert; Hilum subventral. — Chile (Küstenzone nördlich von Caldera) (FR 507) (Abb. 3459, oben).

RITTER sagt, die Art stände *C. megarhiza* nahe. Unter seinen Samen liefen bei A. M. WOUTERS zwei stark unterschiedliche Pflanzen auf, darunter eine ganz braune, mit ca. 12 Rippen; St. zuerst braunschwarz, bald heller, meist 7 Rand- und 1 Mittelst., mit hellem Fuß; die Rippen deutlich gehöckert, und zwar über den Areolen, aber nicht unter ihnen quergeteilt oder warzig-höckrig. (Abb. 3459, unten). Was diese Pflanze ist, läßt sich nicht feststellen. Andere Sämlingspflanzen sind anscheinend die richtige Art, aber variabel: die einen mehr olivgraugrün mit oben braunen, am Fuß gelben St., andere fast hellgraugrün, mit durchlaufend schwärzlichen St. Die Rippen aller Sämlinge sind fast warzig-rund oder etwas kantig, gehöckert. Eine Ähnlichkeit mit RITTERS Standortsbild bzw. den Wildpflanzen besteht kaum noch. Dies beweist, wie begrenzt der Wert einer Beschreibung nur nach Standortmaterial ist; ihr entsprechen die aus Sämlingen gezogenen Pflanzen nicht mehr, wenigstens in vielen Fällen. Nur die Darstellung von Wild- und Kulturpflanzen ergibt dann eine einwandfreie Bearbeitung. Bei Sämlingspflanzen ist die Areolenwolle obiger Art weiß!

Abb. 3459. Oben: Copiapoa calderana Ritt., zwei verschiedene Formen; unten: unter Samen von Copiapoa calderana Ritt. (FR 507) aufgelaufene, ganz braune Pflanze. (Foto: A. M. Wouters.)

— **Copiapoa carrizalensis** Ritt. — „Cactus" (Paris), 14 : 63, 139. 1959

Pflanzen in Polstern bis 1 m hoch, nur seitlich sprossend, graugrün, ohne Rübenwurzeln; Einzelköpfe bis 8—12 cm ⌀, oben flach, fast kahl, mit brauner bis orangefarbener Wolle; Rippen 15—24, 7—10 mm hoch, über den Areolen geschwollen, unter ihnen kaum eingeschnitten, Längsfurchen geschweift; Areolen tiefliegend, nach unten gerichtet, 5 mm ⌀, 1 cm entfernt, mit braunorange Wolle, vergrauend; Randst. 4—7, rings um die Areolenfläche angeordnet, 1—3 cm lang, leicht spreizend, gerade oder kaum gebogen, die inneren etwas länger; 1 eigentlicher Mittelst. oft fehlend, wenn vorhanden 2—4 cm lang, gerade oder leicht abwärts gebogen; alle St. mittelstark, schwarz oder braun, vergrauend; Bl. trichterig, geruchlos, 2,7 cm lang, 3 cm breit, blaßgelb, mit einigen großen braunroten Schuppen; Nektarkammer 4—7 mm lang, halb geschlossen; Staubf. blaßgelb, die unteren 13—15 mm lang, die oberen nur 7—10 mm lang; Gr. 1,75 cm lang, 1,5 mm dick; N. ca. 10, bis 3 mm lang; Pet. 13—15 mm lang, 5—7 mm breit, oben gerundet oder leicht gespitzt, blaßgelb bis goldgelb; Fr. 1—1,5 cm lang, 0,7—1,2 cm ⌀, grün bis braunrot, mit 3—5 Schuppen, 3—7 mm lang; S. 1,5 mm lang, 1 mm dick, rückseits stark konvex, unten sackförmig verdickt, schwarz, ziemlich glänzend, mit sehr feiner rundlicher Höckerung; Hilum ventral (oder ?) basal, groß, weiß, oval. — Chile (Carrizal-Bajo, Küstenzone), FR 508 (Abb. 3460).

Die von mir gesehenen Sämlinge waren heller bis schmutziggrün, die Höcker ± bräunlich überlaufen, die Areolenwolle weiß! Die Rippenzahl ist anfangs geringer.

Vergleicht man damit die Beschreibung der *C. malletiana* und bedenkt die Variabilität (wie z. B. bei der vorigen Art, aber auch der Sämlinge dieser Art), hält es schwer, nicht zu glauben, daß obiger Name nur Formvarianten der *C. malletiana* umfaßt; die letztere sproßt auch gern (in Bd. III sagte ich „basal", aber wie das Bild zeigt, bedeutet dies nicht „am Grunde", sondern mehr von unten), die Areolenwollfarbe ist nicht maßgebend, da Sämlinge weißfilzige Areolen haben, die Stachelzahl kann annähernd die gleiche sein, die Farbe ist völlig gleich, ebenso sind bei beiden die Längsfurchen geschweift; außerdem sah ich Pflanzen aus RITTER-Samen, bei denen die Stacheln mehr büschelig vorgestreckt waren, bei anderen mehr spreizend, beide haben einen gelegentlichen Mittelstachel, wenn

Abb. 3460. Copiapoa carrizalensis RITT. (Sammlung: KUENTZ.)

vorhanden ± abwärts geneigt (s. auch die ergänzenden Bemerkungen in Bd. III, S. 1908).

Eine ähnliche, stärker bräunlich überlaufene Pflanze lief bei A. M. WOUTERS unter der RITTER-Nr. FR 508 auf, mit schmalen Kinnhöckern, darunter leichte scharfe Quereinsenkung; Samenpflanzen beim Züchter KUENTZ, Fréjus, waren dunkler getönt, Stacheln mehr spreizend. Nach allem hat es den Anschein, daß die Art mit *C. malletiana* identisch ist, jedoch mehr variiert, als es aus der RITTERschen Beschreibung hervorgeht.

— **Copiapoa castanea** RITT. (FR 711, WINTER-Katalog, 14. 1959)

Dies ist eine breitrunde Pflanze mit zahlreichen Rippen, um die Areolen rundlich stärker gehöckert; Areolen im Scheitel bei Sämlingspflanzen weißwollig, größer und rund; Randst. ca. 8, abstehend spreizend; Mittelst. 1, ziemlich gerade, vorgestreckt; alle St. anfangs oben ± fuchsbraun, nach unten zu etwas heller, bald verblassend und zuletzt weißlich; die Körperfarbe aus Samen gezogener Pflanzen ist nicht kastanienbraun, sondern mehr schmutzigbraun, die Längsfurchen stärker wellig. Die Art ist noch unbeschrieben (Abb. 3461, oben).

— **Copiapoa chanaralensis** RITT. (FR 527, WINTER-Katalog, 14. 1958)

Eine zahlreich-rippige, olivgrünliche Pflanze, die Rippen oben in fast warzenartige, etwas nach unten gerichtete Höcker auslaufend, mit kurzer Querkerbe darunter; Scheitelwolle weiß, ebenso die größeren, runden Areolen; St. anfangs bräunlich, bald ausbleichend und zum Teil noch bräunlich gespitzt, zuletzt weiß, einige anfangs ± gekrümmt, ca. 8 randständige und 1 mittlerer; die Wuchsform scheint mehr breitrund zu sein. Eine Beschreibung steht noch aus.

Die Angaben verstehen sich nur für aus Samen gezogene Pflanzen. Wohl der vorhergehenden näher verwandt. — Chile, bei Chañaral (Abb. 3461, unten).

1. **Copiapoa cinerea** (PHIL.) BR. & R.
   1a. v. **columna-alba** (RITT.) BACKBG. n. comb.

   Copiapoa columna-alba RITT., „Cactus" (Paris), 14 : 65, 199. 1959.

   Von RITTER als eigene Art beschrieben: Nur einzeln wachsend, säulig, bis 75 cm hoch, bis 20 cm ⌀, kreidigweiß; Scheitel flach, stark grauorange- bis orange-filzig, stachellos, ohne Rübenwurzel; Rippen 27—47, sehr stumpf, 1 cm breit, 5—7 mm hoch, unter den Areolen verdickt, Längsfurchen geschlängelt; Areolen vertieft, 2—5 mm dick, 4—8 mm entfernt, verlängert, mit orangefarbener Wolle, diese grau werdend; St. gelbbraun bis schwarz, nie vergrauend; randständige 4—5, ziemlich dünn, 5—8 mm lang, gebogen; mittlere 1—3, stärker, 1—2 cm lang, gerade (junge Pflanzen oft stachellos); Bl. trichterig, 2—3 cm lang, geruchlos; Röhre 7—15 mm lang, blaßgelb, mit einigen rot gespitzten Schuppen; Staubf.: die unteren 15—18 mm lang, über der Nektarkammer inseriert, die oberen an der Röhre angeheftet, 1 cm lang, alle blaßgelb; Staubb. goldgelb; Gr. 2 cm lang, blaßgelb; N 10, tiefgelb; Pet. bis 12 mm lang, 3—5 mm breit, gerundet, blaßgelb; Fr. rund bis oval, 7—10 mm ⌀, blaßgrün, in der Scheitelwolle verborgen bis auf den zart rosa getönten Oberteil, mit wenigen Schuppen, fast trocken; S. 1,2 mm lang, 0,6 mm dick, glänzend schwarz, sehr fein und flach gehöckert. — Chile (Küstenzone um 26° südl. Br.).

RITTERS Standortsbild eines größeren Bestandes der „*C. columna-alba* RITT."
ähnelt auffällig HUTCHISONS Fig. 48 [C. & S. J. (US.), XXV : 3, 63. 1953) von
C. cinerea aus der Gegend zwischen Taltal und Breas; letzteres Bild zeigt ebensowohl einzelne wie sprossende Pflanzen, RITTERS Angaben über Sprossen oder
Nichtsprossen sind, wie in der Einleitung zur Gattung dargelegt, widerspruchsvoll, HUTCHISONS Abbildungen zeigen auch zum Teil vertiefte Areolen (s. bei
„*C. dealbata* RITT."), die Bestachelung gleicht weniger der einer *C. cinerea* meiner
Abb. 1825 (Bd. III, S. 1901) als RITTERS „*C. columna-alba*", und die Gesamtdarstellung HUTCHISONS dieses Formenkomplexes — mit Fig. 54, l. c., gibt er auch
eine stärkere Polsterbildung gleichgroßer Köpfe der stachligeren Formen wieder —
läßt ebensowohl erkennen, mit welcher Sorgfalt diese schwierige Gruppe studiert

Abb. 3461. Oben: Copiapoa castanea RITT., unten: Copiapoa chañaralensis RITT., beide noch unbeschrieben. (Fotos: A. M. WOUTERS.)

wurde, wie auch, daß die Rittersche Trennung nach Arten nicht aufrechtzuerhalten ist. Daran ändern auch dessen Vergleichsaufstellungen in „Cactus" nichts.

Kurz bevor Ritters Publikationen veröffentlicht wurden, erschien mein Band III; in ihm mußte ich zu den mir bekannten Pflanzen Stellung nehmen. Da ich von den bevorstehenden Beschreibungen in dem französischen Journal nichts erfahren hatte, hielt ich eine Abtrennung von „*C. dealbata* Ritt." angesichts Hutchisons obenerwähnter Fig. 54 nicht für möglich, sah jedoch kalkigweiße Pflanzen mit gelben Stacheln (erst in der Beschreibung sagte Ritter, daß auch schwarze Stacheln vorkommen), und da solche nicht der Originalbeschreibung entsprachen[1]), schlug ich in Bd. III, S. 1901, als abweichende Varietätsform den Namen *C. cinerea* v. *flavescens* nom. prop. vor, damit wenigstens die Hauptvariationstypen unterschieden werden können, jedoch nur der kreidig-weißen Pflanzen. Ich sah Sämlinge, die bereits früh weißlich waren und schwarze Stacheln haben (Bd. III, Tafel 144, oben links [farbig]); davon wichen die Sämlingspflanzen meiner Abb. 1829, Mitte und unten (Bd. III, S. 1904), insofern ab, als sie braun waren, mit weißen Stacheln. Wenn überhaupt eine wenigstens nach den Hauptmerkmalen mögliche Gliederung vorgenommen werden sollte oder konnte, war dies meines Erachtens nur erstens nach der Körperfarbe und zweitens nach von der Originalbeschreibung wesentlich abweichenden Stachelfarbe möglich. Daher schlug ich für die braunen, weiß bestachelten Pflanzen den Namen *C. albispina* nom. prop. (l. c., S. 1901) vor. Ritter nennt diese Pflanzen *C. cinerea* v. *albispina* Ritt., womit er das nach meinem Dafürhalten wichtigste Unterscheidungsmerkmal verläßt. (Ich belasse es nachstehend bei Ritters Bezeichnung,

---

[1]) Die lateinische Diagnose der *C. cinerea* lautet bei Philippi: „E. omnino cinereus diametro 4-pollicaris; costis numerosis; verrucis vix 2 lin. inter se distantibus, diametri 2½ lin., vetustioribus immersis, planis; aculeis 5—6, nigris, teretibus(!), supremis duobus parvis, ca. 6—8 lin. longis, centrali 9—10 lin. longo; apice lana alba densissima, 9 lin. longa tecto; flores plures vix e lana emergentes, 9 lin. longos, flavos emittente. In litorali a valle Taltal a 25° 24′ lat. m. usque ad Cobre 24° 15′ lat. m. frequens, inter majores recensendus, valde ramosis, massas interdum diametri 1½ ped. formans." Ein Typus wurde im Herbarmaterial nicht bezeichnet; Rose wählte die Form, die Schumann abbildete (nach von Söhrens gesammeltem Material) und die auch ich bei Taltal bzw. nördlich in Richtung Paposo sah und in Bd. III, S. 1901, Abb. 1825, wiedergab. Hutchison sagt nun, daß der von Rose aus dem damals ungeordneten Herbarmaterial ausgesonderte Lectotypus ein „für *C. cinerea* an der Typlokalität nicht typisches Material" war. Hutchison hat richtig erkannt, daß die in höheren Lagen wachsenden Pflanzen stachliger und da, wo größere Trockenheit herrscht, auch niedriger sind. Ich kann ihm jedoch nicht beipflichten, wenn er meint, „die Populationen der Küstenvorkommen haben im allgemeinen mehr bräunliche und gelbliche als schwarze oder graue Stacheln". Scheidet man die stumpf-olivgrünliche, bräunlich bescheitelte, gelblichbraun bestachelte und seitlich sprossende *C. haseltoniana* aus (sowie etwaige Naturhybriden), bleibt an der Küste noch eine massenhafte Verbreitung auch schwarzstachliger Pflanzen übrig, und zwar auch solche mit der geringen und feineren Bestachelung, wie sie das dort von Söhrens und mir gesammelte Material zeigt. Das heißt: Selbst wenn bestimmte Formen ausgesondert sind — wie bei Ritter die *C. columna-alba* — hat Philippi mit seiner Beschreibung nicht die gesamte Variationsbreite erfaßt, und es ist daher müßig, darüber zu diskutieren, ob mehr einer bestimmten von Philippi gesammelten Form oder der von Rose ausgesuchten als Lectotypus der Vorzug zu geben ist. Rose hat jedenfalls Philippis Beschreibung vervollständigt, und es besteht mithin keine Veranlassung, es nicht dabei zu belassen, wohl aber — nachdem nun einmal der Rosesche Lectotypus ausgewählt worden war — stärker abweichende Formen z. B. rein gelblicher Bestachelung (davon spricht auch Philippi nicht) wie den bei diesen Pflanzen auffälligeren Polsterwuchs als Varietäten hervorzuheben.

Während bei „*C. dealbata* Ritt." die Schopfwolle so grau wie bei *C. cinerea* ist, ebenso bei den wenigstachligen Küstenformen (bei der nie schwarzstachligen *C. haseltoniana* jedoch bräunlich), ist sie bei „*C. columna-alba* Ritt." nach Ritter orangefarben. Dies allein ist jedoch kein maßgebliches Merkmal, da die Sämlingspflanzen weiße Wolle haben.

da mir zu einer abschließenden Beurteilung nicht das erforderliche lebende Material größerer Pflanzen zur Verfügung steht.)

Ich beziehe „*C. dealbata* RITT." nachstehend als Varietät zur *C. cinerea* ein, weil die Pflanzen auch kreidig weiß sind, aber stark polsterbildend. Dabei können freilich HUTCHISONS Fig. 51 und Fig. 54 nicht ausgeschlossen werden (d. h. hierfür kann man also RITTERS Beschreibung der „*C. dealbata* RITT." in „Cactus", 137. 1959, allein nicht als ausreichend ansehen); vergleicht man hiermit jedoch HUTCHISONS Bestandsbild l. c., Fig. 48 und Fig. 49, mit überwiegend einzeln wachsenden Pflanzen, erscheint es wenigstens als ratsam, die polsterbildende Form als Varietät einzugliedern, wie mir denn auch eine Artabtrennung (z. B. *C. haseltoniana* BACKBG.) nur nach ganz abweichender Körper- und Stachelfarbe sowie nach Art des Sprossens (z. B. seitlich: bei *C. haseltoniana*) als allein möglich erscheint, aber andererseits auch als notwendig, wenn man einen einigermaßen klaren Überblick über den ganzen Artenkomplex erlangen will. Die Schopffarbe ist weniger maßgebend.

Es fällt noch auf, daß HUTCHISON wie auch RITTER nicht Pflanzen mit vereinzelten und dünneren schwarzen Stacheln abbildeten. Das läßt nur den Schluß zu, daß sie nicht weiter nördlich von Taltal sammelten wie SÖHRENS und ich. Die Verbreitungsangabe muß daher lauten: von Paposo über Taltal bis Breas, zum Teil auch landeinwärts. In Anbetracht alles Vorgesagten ist also festzustellen: ROSE hat mit seiner zwar knappen, aber bis auf die Angabe des teilweise $\pm$ starken Sprossens die schwarzstachlige Art gut wiedergebenden Beschreibung eine zutreffende Diagnose der Art geliefert. Auch daher ist meines Erachtens nichts gegen den von ihm ausgewählten Lectotypus einzuwenden, weil — auf die Gesamtmerkmale der Stachelbekleidung gesehen — dieser ein ebenso unvollständiges Bild ergibt wie ein anderer, aber schließlich nur einer ausgewählt werden kann. Anders wäre es, wenn die Art weiter aufgeteilt werden sollte.

Ich glaube, mit alldem auch hinreichend begründet zu haben, warum ich mit der obigen und der folgenden Varietät die entsprechenden eigenen Arten RITTERS hier einbezogen habe.

1b. v. **dealbata** (RITT.) BACKBG. n. comb.

Copiapoa dealbata RITT., „Cactus" (Paris), 14 : 63, 137—139. 1959.

RITTERS Beschreibung lautet: Halbkugelige Polster bildend; Einzelköpfe 6—12 cm $\varnothing$, Scheitel grauweiß-filzig; Rippen 21—33, nur schwach gehöckert; Areolen 5—7 mm lang, 3—5 mm $\varnothing$, 10—15 mm entfernt, vertieft, graufilzig; St. meist 1, gerade, steif, 2—5 cm lang, zuweilen noch 1—3 kleinere; Bl. geruchlos, trichterig, 3,5 cm lang, ebenso breit; Nektarkammer 4—5 mm lang, 4 mm breit[1]); Staubf. teils an der Röhre, teils dem Gr. angelegt, bis 17 mm lang; Staubb. und Staubf. blaß- bis zitronengelb; Gr. blaßgelb, bis 3 cm lang; Pet. 14—17 mm lang, 6—8 mm breit, blaßgelb, schwach gespitzt, die Sep. außen mit braunrötlicher Mitte; Fr. rund, 15 mm $\varnothing$, grünlichweiß, leicht rötlich getönt; S. 1,5 mm lang, schwarz, nahezu matt, feine Höckerung, rückseits stark konvex, zur Basis verjüngt; Hilum ventral oder basal, weiß, groß. — Chile (28° südl. Br., Küstenzone) (FR 509).

---

[1]) Angaben über die Form der Nektarkammer haben nur einen begrenzten Wert, da sie variabel sein kann; z. B. zeigen meine Längsschnitte von *Stenocereus stellatus* Abb. 2118 und 2119 (Bd. IV, S. 2221 und 2222) eine breite und eine längliche Form.

Abb. 3462. Naturhybride zwischen Copiapoa cinerea (Phil.) Br. & R. und Copiapoa haseltoniana Backbg.

RITTER gibt an, daß er die Pflanzen allein so relativ weit südlich fand; dabei fällt auf, daß diese Polsterform mit meist nur einem Stachel darin der nördlichen, ebenfalls aus dem Küstengebiet stammenden Form meiner Abb. 1825 ähnelt, nur, daß erstere polsterbildend ist. Solche Polsterbildung hat HUTCHISON jedoch auch bei den stärker und zahlreicher bestachelten Pflanzen festgestellt sowie eine größere Variationsbreite, einschließlich vielköpfiger Pflanzen. Obige Varietät erfaßt also nur einen Teil der stärker polsterbildenden Pflanzen, ist nicht weißer als die von mir nördlich von Taltal gesammelten und somit gleichsam nur eine Teilbeschreibung wie die PHILIPPIS für die Art.

Bei A. M. WOUTERS sah ich aus Samen von FR 509 aufgelaufene Pflanzen mit sehr blaß bräunlichweißer Scheitelwolle, sehr langen Stacheln und fast ganz grünem Körper. Entweder handelt es sich um eine Samenverwechslung oder Sämlingsformen weichen auch hier stärker ab; die vorerwähnten Pflanzen glichen jedenfalls durchaus nicht meiner farbigen Abbildung in Tafel 144, unten rechts.

Copiapoa cinerea v. *albispina* RITT. nom. nud. (FR 207a) ist eine bräunliche Pflanze mit weißen Stacheln (meine Abb. 1829, Mitte und unten, Bd. III, S. 1904). Meines Erachtens ist dies eine stärker abweichende Pflanze, für die ich daher 1959 den Namen *C. albispina* vorschlug. Da diese Pflanzen noch unbeschrieben sind, belasse ich es bisher bei RITTERS Katalogbezeichnung.

Vermutlich eine Naturhybride zwischen *Cop. cinerea* und *Cop. haseltoniana* BACKBG. ist die Pflanze der Abb. 3462.

— **Copiapoa cuprea** RITT. — „Cactus" (Paris), 14: 63, 136—137. 1959

RITTER beschrieb die Pflanzen: Meist einzeln, zuweilen etwas sprossend, grün, in der Sonne kupferbraun, 10—18 cm ⌀, bis ca. 10 cm, ausnahmsweise bis 20 cm hoch; Scheitel graufilzig; Rippen 11—17, 1,5—2 cm hoch, unten 2—3 cm breit, leicht über den Areolen geschwollen, unter denselben quereingesenkt, dies bei alten Pflanzen aber kaum noch erkennbar; Areolen rund, 5—10 mm ⌀, 1 cm entfernt, braunfilzig, später grau; St. steif, schwarz, vergrauend, an jungen Pflanzen stark gekrümmt, später fast gerade, rauh, randständige 6—10, 1,5—2,5 cm lang, alle gleich lang, mittlerer an jungen Pflanzen fehlend, später nur 1, zuerst stark abwärts gebogen, später gerade, an alten Pflanzen etwas aufwärts gebogen, sehr kräftig, 2—5 cm lang, bis 2 mm stark; Bl. duftend, 3,5—4 cm lang, bis 3 cm ⌀, meist durch die im Scheitel dichteren St. behindert oder deformiert; Röhre mit großen Schuppen, gelb; Nektarkammer blaßgelb, 5 mm lang; Staubf. teils um den Gr. geschart, teils an der inneren Röhrenwand, blaßgelb; Gr. 2—2,3 cm lang, gelbweiß; N. 12—15, zitronengelb; Pet. 1,5 cm lang, 0,8—1 cm breit, nach unten verjüngt, oben gerundet, blaßgelb, Sep. außen mit karminrotem Mittelfeld; Fr. 1,5 cm lang, 1,25 cm ⌀, karmin, unten mit 5—6 roten Schuppen; S. 1,75 mm lang, fast matt schwarz, äußerst fein gehöckerte Testa, rückseits stark konvex, Hilum sehr groß, weiß, oval, ventral (oder ?) basal. — Chile (nördliche Küstenkordillere, auf 28° 25' südl. Br.) (FR 510).

Die Bestachelung ähnelt bei Standortspflanzen fast der von *C. lembckei* (Tafel 160, links, Bd. III), nur daß die Epidermis nicht weißlich ist; aus Sämlingen gezogene Pflanzen gleichen der Tafel 145, Bd. III, sind aber bereits braun, während RITTER angibt, daß sie drüben nur in der Sonne braun, sonst grün sind. Bedenkt man dann noch das oft festzustellende Abändern gerade der aus Samen gezogenen Pflanzen, die man als im Habitus nicht selten völlig abweichende „Jugendformen" ansehen muß, haben RITTERS Beschreibungen und Abbildungen nur eine Bedeutung für die Bestimmung drüben nachgesammelter Pflanzen, wobei RITTER wahrscheinlich auch noch einen bestimmten Typus auswählte. So ist die Nachbestimmung bei *Copiapoa* noch weit schwerer als etwa bei *Haageocereus*, der immerhin z. B. in Südeuropa bald den typischen Habitus zeigt. Bei *Copiapoa* hingegen ist es unerläßlich, in (möglichst farbigen) Abbildungen eine Art Monographie der Kulturpflanzen zu schaffen, da diese von niemandem nach den RITTERschen Beschreibungen nachbestimmt werden können, wenn etwa die FR-Nummer verlorengegangen sein sollte, oder um überhaupt aus Samen gezogene nachzuprüfen.

Ich halte diese Art für die *Copiapoa cupreata* BACKBG., eine Pflanze POSELGERS, die hier auch nur den Kulturhabitus zeigte oder eine jüngere Pflanze war.

— **Copiapoa desertorum** RITT. (FR 529, WINTER-Katalog, 11. 1957)

Eine noch unbeschriebene Art. RITTER charakterisierte sie l. c.: „Harte Wüstenart, düster bestachelt." Sie ist auch „düster" gefärbt; die Areolen sind flockig

Abb. 3463. Oben: Copiapoa desertorum RITT., unbeschrieben (Sammlung: SAINT-PIE); unten: Copiapoa dura RITT., unbeschrieben. (Foto: A. M. WOUTERS.)

weißfilzig; St. zumindest anfangs nur ca. 4—5, am Grunde verdickt, relativ kurz, zuerst schwärzlich, dann bräunlichgrau aufhellend. Die Körper sind anscheinend stark im Boden versenkt. Eine eigentümliche und anscheinend gute Art. In den neueren Katalogen führt RITTER die interessante Pflanze leider nicht mehr (Abb. 3463, oben).

— **Copiapoa dura** RITT. (FR 546, WINTER-Katalog, 14. 1959)

Eine stark, anfangs fast warzig gehöckerte Art, Rippenhöckerung zur Basis hin grünlich, nach oben zu bräunlich, Epidermis stark hell punktiert; St. schwarz, mit gelbem Fuß, darüber ein kurzes orange getöntes Stück, pfriemlich, ± gebogen, 7—8 randständige und 1 mittlerer St.; Areolen groß, breitoval, mit weißlichem Filz. Die Pflanze ist noch unbeschrieben (Abb. 3463, unten).

— **Copiapoa echinata** RITT. — „Cactus" (Paris), 14 : 63, 133—134. 1959

v. *echinata*: Nur wenig sprossend, abgeflacht halbrund, 5—10 cm ⌀, unter der dichten Bestachelung verborgen, mit schwachem Wollscheitel, graugrün, mit Rübenwurzel, diese hart und mit Halsverengung; Rippen 13—21, breit, stumpflich, 7,5 mm hoch, über den Areolen verdickt, darunter kaum quergesenkt; St. gerade, anfangs schwarz, dann vergrauend, randständige 7—12, 5—15 mm lang, spreizend, mittlere steifer, 4—10, 1,5—4 cm lang, in verschiedenen Richtungen abstehend; Bl. 2,5—2,75 cm lang, 3 cm ⌀; Röhre blaßgelb, mit einigen gelben Schuppen, diese rot gespitzt; Nektarkammer 4 mm lang und breit; Staubf. schwefelgelb, die unteren 11—20 mm lang, die oberen 8 mm lang; Gr. schwefelgelb; N. ca. 12, spreizend, 3—4 mm lang, schwefelgelb; Fr. blaßgrün, rund, ca. 1 cm ⌀, mit ca. 4—6 braungrünlichen Schuppen; S. 1,5 mm lang, glänzend schwarz, sehr fein gehöckert, rückseitig stark konvex, Hilum ventral (oder?) basal, oval, groß, weiß. — N-Chile (Carrizal-Bajo, zwischen den Küstenfelsen) (Abb. 3464).

Eine charakteristische Art, die an einen Seeigel erinnert.

Abb. 3464. Sämlingspflanze von Copiapoa echinata RITT. Der Vergleich mit dem Habitus der am Standort gesammelten Pflanzen (s. Bd. III, Tafel 159, unten) zeigt die beträchtlichen Unterschiede und die Notwendigkeit, beide darzustellen. (Foto: A. M. WOUTERS.)

— v. **borealis** Ritt., l. c.

Wächst nördlicher als der Typus der Art und dringt weiter landeinwärts vor; St. weniger zahlreich, aber stärker, 6—9 randständige, 1—2 cm lang, 3—6 mittlere; die Höcker der Samen sind weniger abgeflacht als beim Arttypus. — Chile (südlich von Monte Amergo).

Östlich von Copiapo soll diese Varietät zusammen mit *C. megarhiza* auftreten (und auch Naturhybriden bilden), letztere zieht aber mehr felsigen Stand vor, *C. echinata* mehr flachen (Ritter).

— **Copiapoa eremophila** Ritt. (FR 476 und 208a, Winter-Katalog, 14. 1958)

Bei diesem Namen gibt Ritter im Winter-Katalog an: „*C. gigantea* Backbg. ist eine andere Pflanze und nur Varietät von *C. haseltoniana.*"

Hier muß es sich um einen Irrtum Ritters handeln. Wenn man die Abb. 1832 (Bd. III, S. 1907) von *C. gigantea* Backbg. (reifig-ölgrün, mit kleinem, vollkommen von Stacheln verdecktem Scheitel) mit der Abb. 1833 (Bd. III, S. 1908) von *C. haseltoniana* (völlig unbereift, gelbgraugrün, der filzige braune Scheitel unbestachelt) vergleicht, sieht man, daß beide Arten nichts miteinander zu tun haben. Im übrigen verzweigt *C. gigantea* von unten, *C. haseltoniana* gern von der Seite. Wo ich die *C. gigantea* fand, wuchsen keine anderen *Copiapoas*, und der Standort liegt viel höher als bei der *C. haseltoniana*. Nun gibt es auch Pflanzen mit etwas weißlicher Epidermis, wenn feucht ganz grün, Scheitel orangebraun und unbestachelt, basal sprossend, die Stacheln von einem schmutzigen, fahlen Dunkelgraubraun (Abb. 3462). Hier handelt es sich mit größter Wahrscheinlichkeit um Bastarde mit der *C. cinerea* der Küstenregion nördlich von Taltal. Diese Pflanzen muß Ritter für *C. gigantea* angesehen haben, und nur damit wird sein obiger Satz verständlich.

Es ist auch möglich, daß er meine *C. gigantea* — die wirklich einsam in der Wüste wächst — verkannte und die gleiche Pflanze *C. eremophila* (die Einsamkeit liebende) nannte. Leider habe ich noch in keiner Sammlung Exemplare dieser Art angetroffen. Keinesfalls handelt es sich jedoch bei *C. gigantea* um eine Varietät der *C. haseltoniana*.

— **Copiapoa grandiflora** Ritt. (FR 523, Winter-Katalog, 11. 1957)

Ritter charakterisiert die bisher unbeschriebene Art: „Flache, weiche Körper; hat die größten Blüten." Ob sie wirklich noch größer als bei *C. montana* sind, steht meines Wissens nicht fest. Ich habe ganz verschiedene Pflanzen aus Ritter-Samen FR 523 gesehen: bei A. M. Wouters gibt es Sämlinge, die fast der *C. chañaralensis* ähneln, wenn auch mit weniger Rippen, rein grün, mit dickwarzigen Höckern, diese oben etwas dunkler, St. anfangs oben braun, Fuß hell, 8 randständige, 1 mittlerer; Areolenfilz weiß. Hier muß es sich um eine Form der *C. chañaralensis* handeln. Eine weitere Form ist mehr olivgrünlich, die obere Höckertönung etwas stärker bräunlich, die einzelnen mittleren, vergrauenden St. länger; die Rippen noch weniger zahlreich, die Höcker noch derber, die St. mehr schwärzlich. Es ist wenig wahrscheinlich, daß es sich bei diesen beiden Pflanzen um die echte oder typische Art handelt; diese scheint mir vielmehr meine Abbildung auf Tafel 146, Mitte links, zu sein, eine Pflanze, die ich bei Saint-Pie aufnahm, und die aus den ersten zum Verkauf gelangten Samen stammt.

Ich führe dies so eingehend auf, weil die Möglichkeit besteht, daß solche Unterschiede auch anderswo festgestellt wurden. Welches die richtige Art ist (wenn auch hohe Wahrscheinlichkeit dafür spricht, daß die erste Aussaat sie geliefert hat), weiß wohl auch RITTER nicht, d. h. solche Habitus-Verschiedenheiten bei der Aufzucht aus seinen Samen sind ihm vielleicht nicht bekannt.

Gerade bei *Copiapoa* muß die Samenechtheit unbedingt gewährleistet sein und die Aussaat besonders sorgfältig numeriert werden, wenn nachher eine richtige Bestimmung möglich sein soll, da jüngere *Copiapoas* in ihrem Kulturzustand nicht so leicht zu erkennen sind wie etwa nördliche Kugelkakteen.

14. Copiapoa humilis (PHIL.) HUTCH.

Seit 1958 werden von RITTER keine Samen von *C. taltalensis* (FR 526) und *C. humilis* (FR 464) mehr angeboten. Importierte Pflanzen der letzteren haben keine Ähnlichkeit mit aus Samen angezogenen Pflanzen der beiden ersteren.

a: *C. humilis*, Importpflanzen: Diese sind grauolivgrün, die als Wurzelsprosse erscheinenden jungen Tr. zumindest anfangs dunkler grün, bei stärkerem Wachstum heller grün; die Areolen sind eingesenkt; ca. 8 Randst. und 1 Mittelst., alle anfänglich grau mit dunkler bis schwärzlicher Spitze, sehr bald vergrauend; Areolen- und Scheitelwolle hell grauweißlich mit höchstens zu Anfang ganz schwachem hellbräunlichem Ton; die Perigonbl. sind nach HUTCHISONS Zeichnung (Bd. III, S. 1916, Abb. 1846) oben gerundet (Abb. 3465—3466).

An Import- wie an Sämlingspflanzen ist eine deutliche Längstrennung der Höcker festzustellen, markiert durch abwärts geschlängelte Längsfurchen.

Diese Art steht, mit weit dunkleren Sämlingspflanzen, bei dem Züchter SAINT-PIE, Asson (Frankreich), unter der RITTER-Nr. FR 526, „*C. taltalensis*". Dies muß ein Irrtum sein (wie auch bei RITTERS *C. humilis*). Das heißt also: die RITTER-Nummer für *C. humilis* muß richtig lauten — wenigstens nach dem Bestand bei SAINT-PIE —: FR 526.

b: *C. taltalensis* WERD.: Diese ähnliche Pflanze, in der Kultur noch dunkler, hat nicht — wie *C. humilis*-Kulturstücke — zwar anfangs schwärzliche, aber bald weißgrau gefärbte St., die randständigen regelmäßig seitlich strahlend, sondern zuerst unregelmäßig gestellte, länger schwärzlich bleibende St., die von WERDERMANN beschriebene wenigstens zum Teil bräunlich getönte Areolen- und Scheitelwolle, gespinstartig aufgelockert, deutlich auf Zwischenraum stehende breitkonische dickere Warzenhöcker in offener Anordnung, zum Teil 2—3 mittlere St., auch

Abb. 3465
Copiapoa humilis (PHIL.) HUTCH., Importpflanze.

Abb. 3466. Copiapoa humilis (Phil.) Hutch., aus Ritterschem Samen angezogene Kulturpflanze dieser anscheinend variablen Art. (Foto: A. M. Wouters.)

Abb. 3467. Copiapoa taltalensis Werd., der Copiapoa humilis ähnelnde, aber in der Perigonblattform, der Wollbildung der oberen Areolen sowie in der Bestachelung abweichende Art. Beide werden häufig verwechselt. (Sammlung: Saint-Pie.)

dunkelbräunlich, oder auch nur 1, die randständigen erst später regelmäßiger strahlend, im allgemeinen auch nur 8; zuerst sind der eine oder andere aber auch etwas zur Mitte gerückt. Die Bl. sind gelb und haben lanzettlich zugespitzte Perigonblätter.

Diese Pflanzen stehen bei SAINT-PIE unter der RITTER-Nr. FR 464 (als *C. humilis*), so daß sich diese Nummer (vorausgesetzt, daß die Etiketten nicht vertauscht wurden) für *C. taltalensis* versteht.

Um jeden Irrtum auszuschließen, nahm ich beide Arten, *C. humilis* und *C. taltalensis*, bei SAINT-PIE in Blüte auf und gebe sie so hier wieder. WERDERMANNS Beschreibung der *C. taltalensis* in BACKEBERG, ,,Neue Kakteen", 90. 1931, ist unvollständig, was die Bestachelung und Petalenform anbetrifft (Abb. 3467).

Meines Erachtens muß ein Beschluß darüber gefaßt werden, wie die WERDERMANNsche Doppelfassung in BACKEBERG, ,,Neue Kakteen", zu verstehen ist, wo sowohl die Genera BRITTON u. ROSES wie Sammelgattungsnamen verwandt wurden. WERDERMANN selbst sagte, er sei hierin BERGERS Vorbild gefolgt. ,,*Echinocactus taltalensis*" wurde 1929 in Notizbl. Bot. Gart. u. Mus., Berlin-Dahlem, beschrieben. In ,,Neue Kakteen", 1931, wird der Name von WERDERMANN unter der Rubrik ,,*Copiapoa* BR. & R." aufgeführt. Damals brachte er aber auch eine Emendierung z. B. von *Espostoa* BR. & R. heraus, was nur die eine Deutung zuläßt, daß er — wie dies hier auch sonst angenommen wird — beide Klassifikationen als gleichberechtigt ansah, genau wie dies BERGER tat. Dessen Namen wurden aber inzwischen als Doppelkombinationen anerkannt; folglich müßte dies auch bei den Namen WERDERMANNS der Fall sein, denn welchen Zweck hätte eine Emendierung wie die von *Espostoa* BR. & R., wenn der Name nicht auch als eigenes Genus gewertet sein sollte?! Ich werfe dieses Problem bei obiger Art auf — es ist mir nicht möglich, jetzt noch überall so zu verfahren — , weil es, wie bei BERGERS Namen, dringend einer Klärung bedarf. Die damaligen Doppelklassifikationen waren leider eine sehr unglückselige Lösung.

— **Copiapoa hypogaea** RITT. — ,,Cactus" (Paris), 15 : 66, 19. 1960

Wie leicht, angesichts der Konvergenz des Habitus bei manchen chilenischen Spezies, eine Verwechslung nicht nur von Arten, sondern sogar Gattungen möglich ist, zeigt obige Pflanze, die RITTER richtig zu *Copiapoa* gestellt hatte (schon als Katalogname), die ich jedoch in Bd. III, S. 1830, Abb. 1760, als ,,*Neochilenia hypogaea* (RITT.)" bezeichnete, ein Irrtum, der mir um so eher unterlief, als ich die Pflanze nicht in Blüte sah. Sie gleicht fast einer *Neochilenia mitis* (*glabrescens*). RITTER beschreibt sie: Einzeln oder dichotomisch, nur 3—4 cm ⌀ erreichend, flach im Boden sitzend, bräunlichgrau, mit ziemlich dicker Rübenwurzel, diese mit Halsverengung; Rippen 10—14, ganz in querstehende Höcker zerteilt, bei Pfropfungen aber noch eine schwache Verbindung sichtbar, die Höcker 4 × 7 mm groß[1]); Areolen 1—2 mm lang, oval, 4—8 mm entfernt, etwas vertieft, anfangs weißwollig und einen ebensolchen Scheitel bildend; St. sehr dünn und kurz, später abfallend, zuerst 1—6, 2—4 mm lang, schwärzlich bis aschgrau; Bl. bis 2,2 cm lang, 3—4 cm ⌀, duftend; Röhre 6 mm lang, mit olivgrünen Schuppen; Nektarkammer 1 mm lang, 4 mm breit, durch die Verwachsungsleiste der unteren Staubf. geschlossen; Staubf. blaßgelb; Gr. blaßgelb; N. 7, zurückgebogen, blaßgelb, 2 mm

---

[1]) RITTER spricht von einer zur Höckerbasis verlaufenden Linierung, die ich bei aus Samen gezogenen Pflanzen nicht sah.

Abb. 3468. Copiapoa hypogaea RITT. in Blüte. In Bd. III (S. 1830, Abb. 1760) bezog ich diese zwergigen Arten von Neochilenia ähnelnde Pflanze irrtümlich in dieses Genus ein; bei solchen Konvergenzen ist nur die Blütenbeobachtung entscheidend. (Sammlung: ANDREAE.)

lang; Pet. blaßgelb, 12—14 mm lang, 6—8 mm breit, umgekehrt eiförmig, oben gerundet (die äußeren breitlanzettlich, außen mit bräunlichroter Mitte oder Spitze) oder gestutzt und hier und da etwas ausgerandet (BACKEBERG); Fr. klein, rund, weißlich, mit wenigen Schüppchen in Oberrandnähe, diese rötlich, häufig auch ganz fehlend; S. 1 mm lang, rückseits stark konvex, glatt und glänzend schwarz, Hilum tiefseitlich, fast so groß wie die halbe Samenlänge. — Chile (Prov. Antofagasta, Küstenzone, ohne nähere Angabe) (FR 261) (Abb. 3468).

Dieser Art soll die noch unbeschriebene *C. barquitensis* RITT. sehr nahestehen, die nach RITTER südlicher vorkommt, und deren Areolen weniger vertieft und weißwolliger sind.

Es besteht die Möglichkeit, daß RITTER anfänglich die Verschiedenheit dieser beiden Pflanzen nicht erkannte, die vielleicht gar nicht einmal als Arten trennbar sind, und daß es sich bei meiner Abb. 1760 (Bd. III, S. 1830; der Samen wurde als der der *C. hypogaea* bezeichnet) um die *C. barquitensis* handelt, denn bei dieser Pflanze sind die Areolen tiefer herab wollig, die Stacheln bleiben länger erhalten, und es ist auch meist ein schwärzlicher Mittelstachel vorhanden, während das Farbbild Abb. 3468 ganz der RITTERschen Aufnahme in der Originalbeschreibung ähnelt.

— **Copiapoa intermedia** RITT. (FR 216, WINTER-Katalog, 14. 1958)

Eine bisher unbeschriebene Art, die RITTER anfangs für *C. malletiana* hielt. Die Pflanzen sind mehr breitrund, blatt- bis bläulichgrün, die Rippen mehr oder weniger deutlich in fast zylindrische oder stumpfkonische Höcker zerteilt, diese spiralig stehend. Ich sah zwei Formen bei A. M. WOUTERS:

- a: Stacheln dunkler braun, unten rötlich, länger die Farbe behaltend, besonders die mittleren und tiefer hinab so gefärbt bleibend, später vergrauend. Diese Pflanzen sind mehr bläulichgrün. Areolen rundlich; Mittelstacheln deutlicher hervorragend (Abb. 3469, oben).
- b: Stacheln nur im Scheitel gelbbraun, bald weißlich und nur zum Teil an den Spitzen noch bräunlich, bis ca. 10, 1—2 wenig längere mittlere, meist ± übereinanderstehend. Diese Pflanzen sind mehr blattgrün. Areolen länglich (Abb. 3469, unten).

Abb. 3469. Oben: Copiapoa intermedia Ritt., unbeschrieben (Samen: FR 216). — Unten: Eine aus dem gleichen Samen aufgelaufene Form derselben Art. Erst nach erfolgter Beschreibung läßt sich sagen, was als der eigentliche Typus der Art anzusehen ist.
(Fotos: A. M. Wouters.)

10. **Copiapoa krainziana** Ritt. (FR 210, Winter-Katalog, 11. 1957)

Diese bisher immer noch nicht beschriebene Art ist ein gutes Beispiel für die außerordentliche Schwierigkeit der Bearbeitung chilenischer Kugelkakteen, angesichts der zum Teil verwirrenden Formstreuung, die gerade an Sämlingen oft besonders auffällig ist. Im allgemeinen ist obige Art graugrünlich, im Schatten mehr grünlich, in der Sonne mehr graufarben bis schwach rötlich getönt. *C. scopulina* Ritt. (FR 209) (Abb. 3471) kann nur als eine dieser Formen angesehen werden, der Körper grauolivgrün, die dünnen Stacheln sehr elastisch, weißlich, spreizend, nur im Scheitel sehr schwach hellbräunlich getönt; die Rippen sind nicht sehr tief, aber scharf quergeteilt. Ich beziehe diesen Namen hier ein, weil bei *C. krainziana* eine sehr verschiedenartige Bestachelung an den aus Samen gezogenen Pflanzen zu beobachten ist: haarförmig, dicht, weiß und verflochten (meine Abb. 1842, Bd. III, S. 1912) oder etwas steifer, aber auch dünn, durcheinanderragend, weniger haarartig als borstig und offener, oder etwas kräftiger und noch offener, Rippen zierlicher, oft ganz spitzkegelig zerteilt, aber auch ± erhalten bleibend. Eine ganz ungewöhnliche Abänderung erschien aus den Samen dieser Art mit einem einzigen Exemplar (keine Verwechslung, da es sonst keine ähnliche Art, Varietät oder Form gibt): Körper reingrün; Rippen derbkegelig zerteilt; Stacheln elastisch feinnadelig, lang, abstehend strahlend und vorgestreckt, besonders im Scheitel tiefbraun und nach unten zu langsam heller werdend, die Epidermis sehr fein punktiert, auffälliger als sonst, wenn auch nur unter der Lupe sichtbar (Abb. 3470). Kämen solche größeren Pflanzen zu einem europäischen Bearbeiter, würden sie wohl mit dem Typus der Art und der „*C. scopulina*" als drei verschiedene Spezies angesehen. Diese Variabilität liefert Autoren wie Kimnach und

Abb. 3470. Copiapoa krainziana Ritt., bisher unbeschrieben. Eine von der normalen Bestachelung stark abweichende Sämlingsform. (Foto: A. M. Wouters.)

Hutchison sicher ein willkommenes Argument für Zusammenziehungen (wohingegen die peruanischen Cereen viel „artreiner" sind). Es wird schwer festzustellen sein, warum einige Arten so stark den gesamten Habitus abändern, gegenüber anderen, bei denen dies weniger der Fall ist. Hieran zeigt sich auch, daß eine Beschreibung, die nicht alle solche größeren Formabwandlungen erfaßt, nur eine begrenzte Bedeutung hat; andererseits wird es z. B. Ritter ohne Kenntnis der

Abb. 3471. „Copiapoa scopulina Ritt.", offensichtlich nur eine Form der variablen Copiapoa krainziana Ritt. (Sammlung: Kuentz.)

gerade aus Samenpflanzen besonders deutlich hervorgehenden Variationsbreite gar nicht möglich sein, eine vollgültige Beschreibung zu geben. Es wird sich noch erst erweisen müssen, ob man Varietäten einschalten soll, um ein plastisches Bild ungewöhnlicher Formschwankungen zu gewinnen und zu erhalten, oder ob dies wegen Zwischenformen nicht möglich ist. Dazu habe auch ich nicht genug Pflanzen obiger Art gesehen, die besonders interessant ist. Ich kann nur die stärksten Abänderungen im Bild zeigen.

— **Copiapoa montana** Ritt. — „Cactus" (Paris), 15 : 66, 21—22. 1960

Stärker sprossend, Einzeltriebe bis 20 cm hoch, 5—10 cm ⌀, graugrün, Scheitel graufilzig; mit harter Rübenwurzel, am Hals eingeengt; Rippen 10—17, 7—8 mm hoch, in um die Areolen stärker verdickte Höcker zerteilt, Längsfurchen geschlängelt; Areolen auf den Höckern, rundlich, 8—10 mm ⌀, mit längerer brauner Wolle, 5—10 mm entfernt; St. alle gleich lang, ziemlich kräftig, gerade oder leicht gebogen, braunrot bis schwarz, randständige 4—7, mittlere 1—3, Länge nicht angegeben; Bl. 4 cm lang, 4—5,5 cm breit, duftend; Röhre 1,5 cm lang, blaßgelb, oben mit gleich gefärbten wenigen Schuppen; Ov. blaßgelb; Nektarkammer 4 mm lang, 5 mm breit; Staubf. blaßgelb, die unteren 2 cm, die oberen 1,5 cm lang; Gr. hellgelb, bis 3 cm lang; N. ca. 10, tiefgelb, 4 mm lang, spreizend; Pet. 2—3 cm lang, 0,7—1 cm breit, leicht gespitzt, blaßgelb; Fr. rund, 1—1,2 cm ⌀, blaßgrün bis rot oder braunrot, mit 3—8 grünlichen oder braunroten Schuppen, 3—10 mm lang, oben zahlreicher; S. 1,5 mm lang, glänzend schwarz, sehr fein

Abb. 3472. Copiapoa montana Ritt. (Sammlung: Saint-Pie.)

und flach gehöckert; Hilum tiefventral, oval, fast in halber Kornlänge. — N-Chile (Taltal) (FR 522).

Die Art soll der mehr südlich wachsenden *C. grandiflora* näher verwandt sein (Abb. 3472).

Blüht schon als sehr kleine Pflanze; Jungpflanzen den älteren unähnlich, dunkel, stärker gehöckert, St. meist ± gebogen, der Scheitel zu Blütebeginn noch kaum auffälliger bewollt.

Eine dankbare, weil früh und groß blühende Art.

— **Copiapoa pendulina** Ritt. — ,,Cactus", 14 : 63, 134—135. 1959

Sprossend, lockere Gruppen bildend, später stärker verlängert und dann ± liegend, bis 2 m lang, Einzelköpfe bis 14 cm ⌀, dunkelgrün; Hauptwurzel rübig, am Hals nicht verengt; Scheitel bräunlichgrau-filzig und von St. bedeckt; Rippen 12—19, gerade, stumpflich, um die Areolen verstärkt, unter ihnen kaum eingeschnitten, über ihnen leicht ausgebaucht; Areolen 1—1,5 cm entfernt, bis 7,5 mm ⌀, mit hell graubraunen Wollhaaren; St. braunschwarz bis schwarz, später grau; Randst. 6—8, gerade oder gebogen, 1,5—2,5 cm lang; Mittelst. 1 (—2), gerade oder leicht gebogen, ziemlich kräftig, 2—4 cm lang; Bl. 3,5 cm lang, 3,5—4 cm ⌀, schwach duftend; Ov. kahl, selten einige wenige obere Schuppen; Röhre 1 cm lang, mit einigen großen roten Schuppen; Nektarkammer 2 mm lang, 3 mm breit, halb geschlossen; Staubf. 1,2—1,5 cm lang, blaßgelb; Staubb. blaß- bis goldgelb; Staubbl. besonders zahlreich über der Nektarkammer inseriert; Gr. 2 cm lang, weißlich; N. 10, weiß, spreizend, 4—5 mm lang; Pet. 2—2,5 cm lang, 5—10 mm breit, oben gerundet oder schwach zugespitzt, blaßgelb, die Sep. außen rötlich (daher auch die Knospen); Fr. rund, ca. 1 cm ⌀, hellgrün, oben bräunlich, wenig fleischig; S. 1,75 mm lang, glänzendschwarz, Rückseite stark konvex, Hilum ventral, weiß, sehr groß. — Chile (Frai Jorge, unfern der Küste auf Felsen) (FR 504) (Abb. 3473, links).

Der Stachelfuß soll anfangs ± rötlich sein. Aus Samen gezogene Pflanzen zeigen, daß Mittelstacheln zuerst auch fehlen können.

Nach RITTER ist dies die südlichste bisher bekannte *Copiapoa*-Art und die einzige auch niederliegende.

Im WINTER-Katalog, 1960, wird die Art nicht mehr geführt. Die Abbildung der Originalbeschreibung ist leider unscharf und die Pflanze nicht typisch, was die Altersform anbetrifft.

Die Art gehört zu der nur schwierig zu entwirrenden Namensgruppe „*Echinocactus marginatus* SD.", „*Echinocactus streptocaulon* HOOK." und „*Echinocactus columnaris* PFEIFF.".

K. SCHUMANN und BRITTON u. ROSE hielten „*Echinocactus streptocaulon* HOOK." und „*E. columnaris* PFEIFF." für Synonyme von „*Echinocactus marginatus* SD.". Die Verwirrung wurde noch dadurch gesteigert, daß RITTER in „Kakt. u. a. Sukk.", 12 : 1, 5. 1961, eine Emendierung von „*E. streptocaulon* HOOK." herausbrachte (s. unten), die sich aber nur auf „*E. marginatus* SD." beziehen kann. RITTER hat wohl nicht SALM-DYCKS Originalbeschreibung eingesehen, da er sie nicht wiedergibt, sondern nur RÜMPLERS unzulängliche Beschreibung von *Echinocactus streptocaulon*. Dagegen liegt mir eine jüngere Pflanze vor, die durchaus SALM-DYCKS wichtigsten Angaben für „*E. marginatus* SD." entspricht: zusammenfließende Areolen, schwärzlich, Stacheln braun, Körperfarbe „cinerascente luridoviridi".

Diese Angaben SALM-DYCKS sind meiner Beschreibung in Bd. III, S. 1906, hinzuzudenken. Nach SALM-DYCKS Beschreibung kann man auch nicht — wie

Abb. 3473. *Copiapoa pendulina* RITT. Links: Sämlingspflanze aus der Sammlung KUENTZ, Fréjus: rechts: Sämlingspflanze aus der Sammlung A. M. WOUTERS, Lent (desgl. das Foto).

es RITTER l. c., S. 5, tut — „*E. marginatus* SD." wie folgt charakterisieren: „Bei *E. marginatus* sind die Areolen getrennter (das widerspricht der Originalbeschreibung) und nur zuweilen bandartig."

Copiapoa marginata (SD.) BR. & R. ist also eine schmutzig-aschgraugrüne Pflanze mit großen, oft schwärzlichen, später zusammenfließenden Areolenpolstern (Abb. 3458).

RITTERS Bild der „*Copiapoa streptocaulon* (HOOK. emend. RITT.) RITT.", l. c., 4. 1961, ähnelt nun auffallend HOOKERS Pflanze in CURTIS' Bot. Mag., 77 : pl. 4562 (von BRITTON u. ROSE in The Cact., III : 86. 1922, mit Fig. 99 wiedergegeben). Letztere Zeichnung ist aber phantasievoll und, was die Areolendichte anbetrifft, ungenau, bzw. ist dieselbe daraus nicht ersichtlich. Während RITTERS Abbildung, l. c., 6. 1961, von „*Copiapoa marginata* sensu RITT.", allein schon auf Grund der entfernteren Areolen, nicht diese Art sein kann (sondern auch dem Vorkommen nach eher *Cop. lembckei* BACKBG.), entspricht seine Beschreibung von „*Echinocactus streptocaulon* HOOK. emend. RITT.", l. c., 5. 1961, in den Angaben „10 Rippen, 5—7 Randst., 1 (—3: RITTER) Mittelst., diese „pollicari" (also 2,5 cm lang) (nach RITTER 2,5—4 cm lang, die Minimallänge also auch übereinstimmend), St. kastanienbraun (RITTER: dunkelbraun), sowie in der Areolenangabe SALM-DYCKS „pulvillis omnino confluentibus, lati, tomento nigro instructi" (RITTER: Areolen genähert oder sich berührend, bis 1 cm ⌀, später schwarz werdend), vollkommen der von SALM-DYCKS „*Echinocactus marginatus* SD."; auch in der Blütenbeschreibung bestehen keine sichtbaren Unterschiede.

Abweichend wäre nur RITTERS Körperfarbenangabe „grasgrün", gegenüber SALM-DYCKS Angabe „costae luride virides".

Aber was besagt die Angabe der Körperfarbe schon bei *Copiapoa*! Darüber geben Vergleiche zwischen RITTERS Originalbeschreibungen und aus seinen Samen gezogenen Pflanzen genügend Aufschluß: nämlich, daß Angaben der Epidermisfarbe keine sichere Grundlage sind.

RÜMPLERS Beschreibung von „*Echinocactus streptocaulon* HOOK." in Handb. Cactkde.; 601. 1886, gibt auch wenig Aufschluß; bei ihm ist die Pflanze, 45 cm hoch werdend, einem Cereus ähnlich (bei *E. marginatus* sagt RÜMPLER aber auch: „Säulenförmig ... an Cereen erinnernd ..."), Stachelpolster sehr dicht gestellt, nackt (!), Randst. 7, Mittelst. 1 (Farbangabe fehlt: BACKEBERG).

RÜMPLERS Beschreibung besagt also wenig und scheint eine Formulierung nach irgendeiner für diese Spezies gehaltenen Kulturpflanze gewesen zu sein.

Nach alldem kommt man zu dem Schluß, daß RITTERS „*Echinocactus streptocaulon* HOOK. emend. Ritt." bzw. „*Copiapoa streptocaulon* (HOOK. emend. RITT.) RITT." mit *Copiapoa marginata* (SD.) BR. & R. identisch ist, wie es schon die amerikanischen Autoren annahmen und K. SCHUMANN, der in Gesamtbeschrbg., 311. 1898, schrieb: „Meiner Meinung nach kann auch nicht im geringsten daran gezweifelt werden, daß *Echinocactus marginatus* SD. mit *Echinocactus streptocaulon* HOOK. pat. übereinstimmt."

Zusammenfassend ist hier also zu sagen:

Copiapoa marginata (SD.) BR. & R.: „Ein Synonym muß *C. streptocaulon* sensu RITT." sein; die von ihm abgebildete „*Copiapoa marginata* sensu RITT." ist wahrscheinlich *Copiapoa lembckei* BACKBG.

Was aber ist „*Echinocactus columnaris*", Abbildung NEUMANN in Kaktkde., 67. 1943, grün und mit entfernteren Areolen? Vergleicht man damit die hier beigegebenen farbigen Abbildungen aus Samen gezogener *Copiapoa pendulina* RITT., mit geraden oder stärker gekrümmten Stacheln, den entfernteren Areolen und der schwankenden Epidermis- und Stachelfarbe, sowie die bei beiden säulige Gestalt, wie sie auch mein Bild von „*C. marginata*" in Bd. III, S. 1909, Abb. 1835, zeigt, kommt man zu folgenden Fragen:

1: Ist meine Abb. 1835 wirklich die unter dem Namen *C. marginata* in den Sammlungen vorhandene Pflanze, sind hier die Areolen nur noch etwas entfernt (RITTER: genähert), oder

2: handelt es sich hier um Formen von „*Echinocactus columnaris* PFEIFF.", die Pflanzen grün?

Bisher steht also nicht fest, ob *Cop. pendulina* nicht zum Teil der „*Echinocactus columnaris* PFEIFF." ist bzw. jene Pflanzen aus der Antofagasta-Region, von denen BRITTON u. ROSE in ihrer Beschreibung, l. c., 87. 1922, sagen: „Oft 60 cm lang, spreizend, mit wieder aufsteigenden (!) Spitzen." Hier liegt eine Verwechslung vor. Eine solche Wuchsform ist aus SALM-DYCKS Beschreibung nicht zu entnehmen und (wenn man RITTERS Beschreibung von „*Cop. streptocaulon* sensu RITT." als die der *Cop. marginata* ansieht) diese Größenangabe deckt sich auch nicht mit RITTERS Angaben.

Da die spreizende und wiederaufsteigende Pflanze von Antofagasta aber dort von Dr. ROSE zahlreich auf trockenen Hügeln über der Stadt gesehen wurde, ist es völlig ausgeschlossen, daß sie nicht schon früher bekanntwurde, und es ist möglich, daß hiermit also die „einzige auch niederliegende Art" (RITTER), *Cop. pendulina* RITT., identisch ist.

Berücksichtigt man — was unumgänglich ist — die in älteren europäischen Sammlungen vorhandenen Pflanzen und deren Namen, erscheint es mir jedenfalls als das Gegebene: „*Echinocactus streptocaulon* HOOK." als Synonym von *Copiapoa marginata* anzusehen (und auch *Cop. streptocaulon* sensu RITT.); die von RITTER in Kakt. u. a. Sukk., 6. 1961, als „*Copiapoa marginata*" bezeichnete Art scheint *Copiapoa lembckei* BACKBG. zu sein, und was RITTER als *Copiapoa pendulina* RITT. bezeichnet, sollte zuerst einmal daraufhin untersucht werden, welche der in Abb. 3473 gezeigten Pflanzen (beide aus Samen von *Copiapoa pendulina* RITT. aufgelaufen), nun diese Art sein soll, bzw. ob die rechte oder linke etwa „*Echinocactus columnaris* PFEIFF." sein könnte.

— **Copiapoa serpentisulcata** RITT. — „Cactus" (Paris), 22—23. 1960

Stärker sprossend, bis 60 cm hohe kompakte Polster bildend, bis 1 m ⌀; Einzelköpfe zylindrisch, 8—15 cm ⌀, graugrün, in der Sonne rötlich anlaufend (Samenpflanzen grau- bis dunkelgraugrün); Scheitelwolle gelbbraun (Samenpflanzen: weiß); kurze Rübenwurzel ohne Halseinengung; Rippen 20—38, 5—8 mm hoch, in fast warzige Höcker geteilt, leicht spiralig stehend; Areolen (später) nach unten geneigt (bei Samenpflanzen zuerst nicht), 3—5 mm ⌀, am Standort mit bräunlicher, in der Kultur mit weißlicher Wolle, 5—15 mm entfernt; St. gelbbraun bis schwarz, später grau, gerade, randständige 6—10, 1—2 cm lang, gerade oder etwas gebogen, mittlere 1—4, 1—3 cm lang, stärker (bei Samenpflanzen gewöhnlich gleich stark), gerade; Bl. 2,5—3 cm lang, 3 cm ⌀, duftend; Röhre trichterig, 1—1,5 cm lang, blaßgelb, mitunter mit einigen braunen oder karminroten Schuppen; Nektarkammer 4—7 mm lang; Staubf. blaßgelb, die unteren 17—20 mm lang, die oberen 12—15 mm lang; Gr. blaßgelb, 18—28 mm lang; N. ca. 10, zitronengelb, 2—3 mm lang; Pet. 1,2—1,5 cm lang, 0,5—0,6 cm breit, oben gerundet, blaßgelb, oft außen mit rötlicher Mittellinie; Fr. rund, 1,2—1,5 cm ⌀, grün mit rötlichem Ton, manchmal auch orange oder rot, mit 8—10 dreieckigen Schüppchen, blaßgrün bis rot; S. 1 mm lang, glänzend schwarz, mit sehr feinen abgeflachten

3474 3475

Abb. 3474. Copiapoa serpentisulcata RITT., im Oberteil kastanienbraun bestachelt. (Sammlung: KUENTZ.)

Abb. 3475. Copiapoa tenuissima RITT. (Foto: CULLMANN.)

Höckerchen, Rückseite stark konvex, Hilum ventral (oder ?) basal, weiß, oval. — N-Chile (Chañaral).

Eine schöne Art, durch ihre gleichmäßige und dichte, manchmal längere und fast goldbraune Bestachelung sowie später längliche Gestalt ausgezeichnet (Abb. 3474).

— **Copiapoa tenuissima** RITT. n. nud. (FR 539 und 540, nicht im WINTER-Katalog)

Eine zwergige Art, schwärzlichgrün; Höcker zierlich-warzig, kurz; Bestachelung anfangs ± weißlich bis hellgelblich, ca. 9—10 feine und kurze Randst., selten ein sehr kurzer mittlerer St.; Bl. ziemlich groß, blaßgelb, ebenso die Staubf.; N. spreizend und gelb; Pet. oben gerundet und in der Mitte etwas ausgezähnelt. — Chile (Standort mir bisher nicht bekannt).

RITTER teilte mir mit, daß seine Nummern FR 539 und 540 die gleiche Art sind. Ich sah bei ANDREAE eine Pflanze mit etwas weißer Scheitelwolle (Abb. 3475).

— **Copiapoa totoralensis** RITT. — „Cactus" (Paris), 15 : 66, 23—24. 1960

Wenig sprossend, flachrund bis halbkugelig, 6—10 cm ⌀; Scheitel schwach graufilzig, von St. gefüllt; große Rübenwurzel, am Hals nicht verengt; Rippen 10—15, 8—10 mm hoch, um die Areolen dicker und zwischen ihnen tief eingesenkt, Längsfurchen nach RITTER geradlinig, bei aus Samen gezogenen jüngeren Pflanzen geschlängelt; Areolen ± vertieft, rundlich, 5—8 mm ⌀, graufilzig (Kulturpflanzen weißfilzig), ca. 1 cm entfernt; St. schwarz (nach RITTER; bei Kulturpflanzen auch dunkelbraun bis tiefbraun), gerade (anfangs auch schwach gebogen), randständige

6—10, 1,5—3 cm lang, mittlere 1—4, 2,5—4 cm lang, stark, gerade, wenig von den Randst. unterschieden; Bl. geruchlos, 3,5—4 cm lang, geringer ausgebreitet als bei anderen Arten; Nektarkammer 6—7 mm lang; Staubf. blaßgelb, die unteren 17 mm lang, die oberen 12 mm lang; Gr. 1,8—2,5 mm lang; N. 10, 3 mm lang, goldgelb; Pet. 1,8—2 cm lang, 4—7 mm breit, blaßgelb, kurz zugespitzt; Fr. 1,5 cm lang, 1,2 cm ⌀; blaßgrün bis rotbraun, zum Teil mit 3—5 rotbraunen Schuppen; S. 1,2 mm lang, glänzend schwarz, sehr fein rundlich gehöckert, Hilum ventral (oder ?) basal, oval, weiß, mehr als die Kornhälfte lang. — N-Chile (Totoral) (Abb. 3476).

Steht nach RITTER der *C. coquimbana* sehr nahe, den Merkmalen nach an Kulturpflanzen kaum zu unterscheiden, RITTERS Angaben gemäß nur weniger sprossend und keine so großen Polster bildend wie *C. coquimbana*. Andere Autoren mögen sie nur als eine Varietät ansehen, z. B. des *C. megarhiza*-Formenkreises.

Abb. 3476. Copiapoa totoralensis RITT. Zwei in der Körperfarbe etwas unterschiedliche Sämlingsformen: links eine rötlichgrüne, rechts eine reingrüne Pflanze. (Foto: A. M. WOUTERS.)

— **Copiapoa wagenknechtii** RITT. n. nud. (FR 718, WINTER-Katalog, 14. 1959)

Bisher ist die einzige Angabe zu dieser Art nur „große Blüten", also nichtssagend. Ob es sich um diese Spezies etwa bei der unter der Bezeichnung „*Neoporteria* Nr. 27, von WAGENKNECHT" bei BUINING (Holland) stehende Pflanze handelt (Abb. 3477), vermag ich nicht zu sagen.

Eine weitere Anzahl von *Copiapoa*-Pflanzen sah ich bei verschiedenen Züchtern, mit teilweise recht unterschiedlichem Habitus, aber entweder ohne FR-Nummer oder nach RITTERS Beschreibungen nicht zu identifizieren. Vielleicht ist es später möglich, sie zu klären.

Semitribus 2: *Boreocereeae* BACKBG.

Subtribus 1: *Boreocereinae* BACKBG.

Sippe 1: *Leptocerei* BERG.

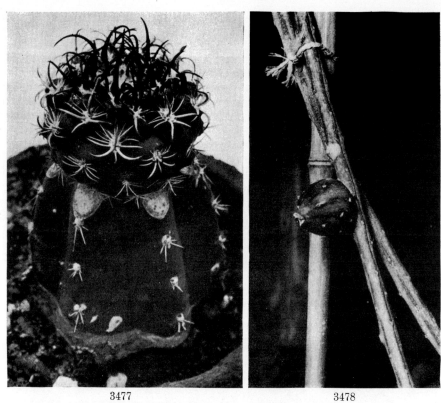

Abb. 3477. Copiapoa sp. ? (Sammlung: Buining.)
Abb. 3478. Peniocereus rosei G. Ortega mit Frucht. (Foto: Schattat.)

Abb. 3479. Peniocereus greggii (Eng.) Br. & R. mit den für die Gattung Peniocereus typischen Blüten. (Fotokopie: Cullmann.)

119. PENIOCEREUS (Berg.) Br. & R.

2. Peniocereus rosei G. Ortega

Die Fruchtgröße ist mit 3 cm Länge und 2,5 cm Stärke angegeben. Schattat sah Früchte, die 5 cm lang und 4 cm breit waren (Abb. 3478).

4. Peniocereus greggii (Eng.) Br. & R.

Von Cullmann erhielt ich das hier beigegebene Foto der typischen Blüten im Hochstand, die Hülle mit den vorgestreckten Staubblättern und den schmalen Perigonblättern auffällig den *Acanthocereus*-Blüten ähnelnd (Abb. 3479).

7. Peniocereus macdougallii Cut.

7a. v. **centrispinus** Backbg. n. v.

Differt a typo ramis fertilibus plerumque quadrangularibus, costis angustis; aculeis albis, aculeo centrali 1, ad 2,5 cm longo.

Stachliger als der Typus der Art und die fertilen Tr. nicht drei-, sondern zumindest oft vierkantig, mit auffällig dünnen Rippen; Epidermis dunkelgrün, die Tr. verengen sich zuweilen, ohne jedoch stark abgeschnürt zu sein; die Randstachelzahl kann die gleiche wie beim Typus der Art sein, der jedoch mittelstachellos ist; der eine Mittelst. wird bis

Abb. 3480. Peniocereus macdougallii v. centrispinus Backbg. Links: steriler Trieb; rechts: fertiler Trieb. (Fotos: Schattat, Sammlung „Les Cèdres".)

2,5 cm lang, die randständigen 1—1,5 cm lang; Bl. im Hochstand ca. 8 cm lang, 4—4,5 cm breit, die Petalen dann stark herabgebogen; Röhre, Sep. und die Außenseite der Pet. braunrot, die innere Petalenseite ist weiß, die Röhrenstacheln sind rötlich. — Südlicheres Mexiko (?) (Abb. 3480).

Die Pflanze stammt von dem bekannten Sammler MacDougall; sterile Triebe sind dreikantig, (fertile des Typus der Art ebenso) und ohne die Längsfurchenmarkierung wie bei der v. *centrispinus*.

Zu einer eigenen Art reichen die Unterschiede meines Erachtens nicht aus.

Peniocereus marksianus, Katalogname in Liste Schwarz, 1955, ist mir nicht bekannt.

Sippe 2: *Leocerei* Backbg.

123. LEOCEREUS Br. & R.

Vor vielen Jahren erhielt ich von O. Voll ein kleines Triebstück des *Leocereus bahiensis*, das ich pfropfte. Daraus sind in der Sammlung des Jardin Exotique de Monaco inzwischen schon zwei ausgewachsene Exemplare herangezogen worden, von denen eines — nachdem die ersten Knospen in den Vorjahren wieder verdorrten, ohne sich zu öffnen — 1960 mehrere Blüten entfaltete. Somit kann zum ersten Mal überhaupt die Blüte dieses Genus bzw. dieser Art im Farbbild gezeigt werden.

2. **Leocereus bahiensis** Br. & R.

Die Blüte öffnet um 22.30 Uhr und ist um 9.00 Uhr am folgenden Morgen geschlossen; sie ist 5 cm lang, die Röhre 3,5 cm lang (Beobachtung nach Kroenlein, Monako).

Das Ov. ist dicht braun bewollt; an der Röhre stehen die Schuppen mit ihrer braunen Woll- und Borstenbekleidung entfernter; das Perigon ist im vollen Hochstand wahrscheinlich noch weiter geöffnet als auf der am frühen Morgen gemachten Aufnahme; Sep. schmalspitz, außen grünlich, die inneren nur außen mit grünlichem Mittelfeld; Pet. weiß und oben ± gerundet; der Blütendurchmesser ist kaum mehr als die halbe Blütenlänge, also ca. 2 cm. Unter allen brasilianischen Gattungen gibt es keine

Abb. 3481
Leocereus bahiensis Br. & R. Erste Aufnahme einer blühenden Pflanze. (Foto: Kroenlein, Monako.)

ähnliche Blütenform. Eine ausgesprochene Nektar-„kammer" wird nicht gebildet, sondern die Staubf. entspringen von tief herab an der Innenwand bis unter die Blütenöffnung, jedoch ist ein Teil des untersten Röhreninneren ± glatt; das Äußere der Röhre ist grün, das Ov. bräunlich (Abb. 3481).

Sippe 3: *Echinocerei* BACKBG.

125. ECHINOCEREUS ENG.

1. Echinocereus scheeri (SD.) RÜMPL.

In Holland sah ich diese in Deutschland selten gewordene Art noch des öfteren, so z. B. in schönen Stücken bei dem Sammler RUBINGH, Soestdijk (Abb. 3482).

9. Echinocereus weinbergii WGT.

Die hier abgebildete ziemlich hellgrüne Pflanze geht in den Sammlungen als *E. weinbergii*; es ist jedoch ein Bastard. *E. weinbergii* hat nur Randst. und mehr derselben, als es das Foto zeigt (Abb. 3483).

19. Echinocereus longisetus (ENG.) RÜMPL.

Die hier beigefügte Aufnahme ZEHNDERS ist das bisher einzige Standortsbild der seltenen Art und wurde in der Sierra de la Paila aufgenommen (Abb. 3484).

Abb. 3482. Echinocereus scheeri (SD.) RÜMPL., rosa blühend. Eine selten gewordene Art der Reihe „Scheeriani", deren Blüten nachts geöffnet, bei hellem Licht bzw. um Mittag geschlossen sind. (Sammlung: RUBINGH, Soestdijk.)

Abb. 3483. Ein oft fälschlich als Echinocereus weinbergii WGT. bezeichneter Bastard, vielleicht zwischen Echinocereus pulchellus (MART.) K. SCH. und Echinocereus knippelianus LIEBN. (Sammlung: RUBINGH, Soestdijk.)

Abb. 3484. Das bisher einzige Standortsfoto von Echinocereus longisetus (ENG.) RÜMPL. in der Sierra de la Paila, Nordmexiko. (Foto: ZEHNDER.)

— **Echinocereus albatus** BACKBG.

Zu der in Bd. IV, S. 2007—2008, gegebenen Beschreibung sandte mir Herr Dr. W. CULLMANN, Marktheidenfeld, ein Foto der regelmäßig einzeln blühenden Pflanze mit dem Vermerk, daß sie von DE LAET stammte. Die hellrote Blüte hat Pet. mit dunklerem Mittelstreifen, kremweiße Staubbl. und hellgrüne N. (Abb. 3485).

Abb. 3485. Blühender Echinocereus albatus BACKBG. (Foto: CULLMANN.)

22. **Echinocereus viridiflorus** ENG.: Die Literaturangabe zu der Varietät muß lauten:
— v. **cylindricus** (ENG.) RÜMPL. — In FÖRSTER, Handb. Cactkde., II : 812. 1886
   Cereus viridiflorus cylindricus ENG., Proc. Amer. Acad. 3 : 278. 1856.
   Es soll auch noch den Namen *E. viridiflorus elongatus* HORT. geben; mehr konnte ich darüber nicht feststellen. Um welche Form es sich gehandelt haben mag, ist ebenfalls unsicher, denn inzwischen sah ich bei VAN DER STEEG, Eindhoven, einen Import von:
22 a. v. **chloranthus** (ENG.) BACKBG., Pflanzen, bei denen es sich nicht um v. *cylindricus* handelt, für den ENGELMANN „seitlich-scheitelnahe Blüten" angibt, denn die vorerwähnten Importen haben tief sitzende, ± bräunlichgrüne Bl.; die Pflanzen sind auch sehr variabel: von ganz weiß bis rot, ohne hervortretenden Mittelst. sowie andere dieser Farbstreuung mit auffällig langen und zum Teil ± gebogenen Mittelst., diese gewöhnlich abwärts weisend (Abb. 3486).

Abb. 3486. Verschiedene Formen des Echinocereus viridiflorus var. chloranthus (ENG.) BACKBG. (Sammlung: VAN DER STEEG, Eindhoven.)

BRITTON u. ROSES Angabe beim Typus des *E. chloranthus* „one central much more elongated than the others, 2—3 cm long" bezieht sich also nur auf so lang bestachelte Formen; solche ohne längeren Mittelst. zeigt mein Farbfoto Abb. 1918a (Bd. IV, S. 2016), während ENGELMANNS Darstellung des „*Cereus chloranthus*" in Cact. of the Bound., T. 37, eine Pflanze mit gleichmäßig strahlend und locker abstehenden St. wiedergibt, wie sie wenig charakteristisch für diesen Formenkreis sind (ENGELMANNS Stich des *C. viridiflorus* stellt dagegen offensichtlich seine v. *cylindricus* dar, mit sehr hoch sitzenden Bl., aber mit stark verlängertem Körper, und also nicht seiner Originalbeschreibung entsprechend (vgl. S. 2014 meines Handbuches).

31. **Echinocereus caespitosus** ENG.

Syn.: *Echinocereus reichenbachii* v. *albiflorus* SEELA und v. *aureiflorus* SEELA, C. & S. J. (US.), XII: 6, 92. 1940, nomina nuda (s. auch Bd. IV, S. 2028).

Mrs. S. P. SEELA berichtete l. c. von der großen Variationsbreite des „*Echinocereus reichenbachii*" in den Arbuckle Mountains von Oklahoma.

Die Bezeichnung dieser Art als „*E. reichenbachii*" geht auf die verwirrende ständige Verbindung der drei Namen *E. caespitosus, reichenbachii* und *pectinatus* zurück (s. hierzu auch in Bd. IV unter *E. reichenbachii*).

Die geschilderte Abänderung der Stachelfarben entspricht den bei *E. caespitosus* wiedergegebenen Namen, SEELAS Bild (Abb. 3488) ENGELMANNS Darstellung von *E. caespitosus*, mit weiter getrennten Stachelreihen, wie auch BOISSEVAINS Foto (Abb. 3487) von *E. caespitosus*.

Interessant ist jedoch, daß Mrs. SEELA von einer gelb- und einer weißblühenden Form berichtet, die beide anscheinend bisher nie gefunden wurden. Ausnahmsweise weiße Blütenbildung ist auch sonst beobachtet worden, so z. B. von THIEMANN, Bremen, bei *Krainzia longiflora* und *Thelocactus bicolor*, und findet damit seine natürliche Erklärung als anomal farblose Blüte. Anders die gelbblühende

Abb. 3487. Echinocereus caespitosus Eng. Fotokopie aus Boissevain, „Colorado Cacti", 46. 1940, Fig. 32.

Abb. 3488. Nach Boissevains Abb. 32 besser zu Echinocereus caespitosus Eng. gehörende Formen mit zum Teil weißer und gelber Blüte, von S. P. Seela als „Echinocereus reichenbachii v. albiflorus und v. aureiflorus" bezeichnet, aber nicht diese Art. (Foto: T. Kelk.)

Form. Die einmalige Beobachtung läßt darauf schließen, daß entweder ein Rückschlag einer füheren Vermischung mit *E. viridiflorus* vorlag oder ein ähnlicher Fall wie bei *E. dasyacanthus* und *E. steereae*, bei denen der erstere gelb, der letztere rot blüht, die Körper sonst ziemlich ähnlich. Während aber der *E. steereae* des öfteren gefunden wird, ist der gelbblühende *E. caespitosus* als vorderhand noch ungeklärter Einzelfall zu bezeichnen; eine gültige Benennung sollte daher vorläufig nicht erfolgen.

33. **Echinocereus radians** ENG.: Hierunter wurde als fragliches Synonym aufgeführt:

Echinocereus armatus (POS.) KNUTH

Echinocereus pectinatus armatus (POS.) K. SCH.

Inzwischen habe ich die Sammlung des Botanischen Gartens Berlin-Dahlem durchgesehen, wo ich einen *Echinocereus* unter vorstehendem Namen fand, fahlolivbräunliche Bestachelung (bei SCHUMANN keine Farbangabe), anfangs 1 Mittelst., später 2, schwärzlich, abstehend, etwas länger als die Randst., wenigstens der untere, zuerst vorgestreckt; die Areolen sind oval.

KNUTH scheint im Recht gewesen zu sein, wenn er diese charakteristische Pflanze als eigene Art ansah (Abb. 3489).

36. **Echinocereus adustus** ENG.: Hierunter wurde der folgende Name erwähnt:

Echinocereus rufispinus ENG.

Bedenkt man, daß bei solchen Pflanzen zunehmend Rippen eingeschaltet werden, kann die hier wiedergegebene aus dem Berliner Botanischen Garten, Dahlem, diese Art sein, für die die Angaben unter anderen lauten: Randst.

3489   3490

Abb. 3489. Echinocereus armatus (POS.) KNUTH. (Sammlung: Botanischer Garten Berlin-Dahlem.)

Abb. 3490. Echinocereus rufispinus ENG. (Sammlung: Botanischer Garten Berlin-Dahlem.)

dunkelbraun, Mittelst. rotbraun, viel länger, gegen 2,5 cm lang, vorgestreckt (Abb. 3490).

41. **Echinocereus reichenbachii** (Tersch.) Hge. jr.

Wie auf S. 2037 dieses Handbuches erwähnt, haben Britton u. Rose zwei ganz verschiedene Pflanzen darunter dargestellt, d. h. irrtümlich auch den *E. caespitosus* mit einbezogen. Richtig ist dagegen anscheinend ihre Fig. 25 (The Cact., III: 25. 1922), eine Pflanze mit ± verflochten-abstehenden Stacheln.

Die Art war bisher wenig geklärt. Die von Zehnder importierten bzw. gesammelten Pflanzen sind aber so charakteristisch, daß es sich hier um obige Art handeln muß, die damit als hinreichend geklärt angesehen werden kann (Abb. 3491).

Die Stachelfarben variieren zwischen weiß (grau) und rot.

42. **Echinocereus pectinatus** (Scheidw.) Eng.

42b. v. **castaneus** (Eng.) Maths.

Nach Rümplers Angabe (vgl. Bd. IV, S. 2041, unten) gibt es sowohl Pflanzen mit roten wie mit kastanienbraunen Stacheln (und, nach der bei Andreae gesehenen Pflanze zu urteilen, der Körper auch etwas stärker und etwas schwächer). Die Abb. 3492, links, zeigt eine im Botanischen Garten Berlin-Dahlem unter der Bezeichnung *Echinocereus pectinatus rubescens* hort. stehende Pflanze, die nach Rümplers Angabe, daß die Varietät auch rot bestachelt sein kann, vielleicht hierhergehört; die Stachelfarbe ist ein leuchtendes Braunrot.

Echinocereus sp. ? Im Dahlemer Botanischen Garten steht unter der Bezeichnung „*Echinocereus castaneus*" eine Pflanze, die ich nirgends wiedersah: schlanksäulig; Rippen ca. 11, ziemlich weit voneinander entfernt; St. ca. 16, nur randständig, anfangs dunkel- bzw. schwarzbraun, bald verblassend; Areolen schmallang; Bl. ? (Abb. 3492, rechts).

Abb. 3491. Echinocereus reichenbachii (Tersch.) Hge. jr., Bestachelung von weiß bis rötlich variierend und leicht abstehend. Eine oft verkannte Art.
(Sammlung: Kaktimex, Zehnder.)

Abb. 3492. Links: Braunrot bestachelter Echinocereus, vielleicht Echinocereus pectinatus v. castaneus (ENG.) MATHS. — Rechts: „Echinocereus castaneus HORT.", in der Sammlung des Botanischen Gartens Berlin-Dahlem.

Diese Pflanze ist zu keiner bekannten Art zu stellen. Leider kann sie nicht benannt werden, da nicht feststeht, ob es sich nicht etwa um einen Bastard handelt.

— **Echinocereus primolanatus** SCHWARZ

Die Art bildet mitunter an Jungtrieben zuerst auffallend feine und lange braune, etwas steife Haarborsten (Abb. 3493).

48. **Echinocereus dubius** (ENG.) RÜMPL.

Bei ENGELMANN gibt es nur die Abbildung eines Rippenstückes, und dieses Bild bringen auch BRITTON u. ROSE. In Dahlem sah ich ziemlich weichfleischige, niedrige grüne Gruppen unter diesem Namen. Die Artbezeichnung scheint zutreffend zu sein, wenn auch nur ein Mittelst. vorhanden ist, die St. weißlich-hyalin, anfangs blaßgelblich. Eine zweifellos mit obiger Art identische Pflanze befindet sich im Botanischen Garten Berlin-Dahlem unter dem Namen *Echinocereus depressus* HILDM., der von BRITTON u. ROSE nicht erwähnt wurde. Es ist nur ein Katalogname (Abb. 3494).

66. **Echinocereus leeanus** (HOOK.) LEM.

Unter dieser Art wird meist als Synonym geführt:

Echinocereus pleiogonus (LAB.) CROUCH. — Garden, 13 : 290. 1878

Cereus pleiogonus LAB., Monogr. Cact., 317. 1853.

Bereits RÜMPLER (Handb. Cactkde., II : 829. 1886) bezweifelte die Richtigkeit

Abb. 3493. Jungtrieb eines Echinocereus primolanatus SCHWARZ mit den für die Art typischen langen Areolenborsten, die bei solchen Jungtrieben oft zahlreicher und länger ausgebildet werden als im Scheitel älterer Pflanzen. (Makrofoto.)

Abb. 3494. Links: Echinocereus dubius (ENG.) RÜMPL.; rechts: Echinocereus depresus HILDM., beide zweifellos identisch. (Foto: A. BRANDT.)

Abb. 3495. Echinocereus pleiogonus (LAB.) CROUCHER. (Sammlung: Botanischer Garten Berlin-Dahlem.)

dieser Identifizierung, vor allem wegen der in kleine (warzige) Höcker aufgelösten Rippen, wie dies so prägnant bei *E. leeanus* nicht der Fall ist. RÜMPLER sagt weiter: hell olivgrün (!), aufrecht, zylindrisch; Rippen 13; Areolen rund, weißfilzig, später kahl, 5 mm entfernt; Randst. 9, abstehend, regelmäßig strahlend, die oberen kürzer, 4—5 mm lang, feiner und mehr aufgerichtet als die übrigen, die unteren länger, 11 mm lang; Mittelst. 4, aufrecht, die oberen kurz, der vierte untere der längste, alle in der Jugend rotbraun, später schmutziggrau; Bl. ? (anscheinend nirgends beschrieben).

E. leeanus hat weniger höckrig geteilte Rippen und längere Mittelst., bis 2,5 cm lang, die Epidermis ist lebhaft grün gefärbt (SCHUMANN); die Originalabbildung in CURTIS' Bot. Mag. 75 : pl. 4417 zeigt eine Pflanze mit ziemlich dicht gestellten Mittelst., diese verhältnismäßig lang.

Unter dem Namen „*E. leeanus*" stehen im Botanischen Garten Berlin-Dahlem hell-olivgrüne Pflanzen, die stark von typischen *E. leeanus* unterschieden sind, leicht warzig gehöckert, allerdings mit meist nur 2 Mittelst., anfangs rötlichbraun, auffällig kurz, der untere aber der längere. Die Mittelstachelzahl ist ja nicht immer konstant; bei Kulturformen mag und kann sie noch mehr schwanken. Im allgemeinen entsprechen die Berliner Pflanzen nicht dem *E. leeanus*, sondern der Beschreibung des *E. pleiogonus*, und ich kann RÜMPLERS Worte nur unterschreiben, der die Identität bezweifelt, weswegen ich diesen Namen hier besser als eigene Art führe (Abb. 3495).

69. **Echinocereus acifer** (O.) LEM.

Von dieser Art gibt es keine Abbildung, bzw. der Pflanze, die OTTO in SALM-DYCK, Cact. Hort. Dyck., 1849. 189. 1850, beschrieb. Die auffälligsten Merkmale sind:

a: ausgeschweift-gehöckerte Rippen. SALM-DYCK bezeichnete sie als „repando-tuberculatis" und „inter pulvillos valde repando-excavatae;

b: Mittelst. 4, kräftiger als die Randst., purpurbraun.

Dementsprechend lautete auch die Beschreibung bei RÜMPLER und BRITTON u. ROSE, die für die Rippen „strongly tuberculated" angaben.

Abb. 3496. Echinocereus sp., in der Sammlung des Botanischen Gartens Berlin-Dahlem unter der Bezeichnung „Echinocereus hidalgensis Hort." (der echte E. acifer?).

Abb. 3497. Pfropfung des „Echinocereus hidalgensis Hort. berol."; wohl der richtige Echinocereus acifer (O.) Lem.?

Nach Überprüfung des Materials im Botanischen Garten Berlin-Dahlem bin ich der Ansicht, daß es sich um obige Art bei der Pflanze handelt, die in Dahlem unter der Bezeichnung „*Echinocereus hidalgensis*" steht, ein unbeschriebener Name ungeklärter Herkunft. Pfropfungen dieser Spezies entsprechen genau SALM-DYCKS und RÜMPLERS Beschreibung: Die Höcker sind fast warzig, die jungen Stacheln gegen das Licht gesehen ± purpurbraun. RÜMPLER sagt, nach LEMAIRE sei die Blüte sehr groß, leuchtend zinnoberrot. Nach BRITTON u. ROSE hat LEMAIRE in Les Cactées, 57. 1868, die Art nur erwähnt, dort aber nicht publiziert. RÜMPLER gibt also keine sichere Angabe wieder. Die hier abgebildete Berliner Pflanze soll einen etwas mehr hellpurpurnen Blütenton haben; das besagt nicht viel, da z. B. *Echinocereus leeanus* mit der Blütenfarbe „± ziegelrot bis karmin" beschrieben wurde bzw. „dunkel-ziegelrot mit einem Stich ins Blutrote" (RÜMPLER) bzw. „dunkelkarminrot, zuweilen mit violettem Schimmer" (K. SCHUMANN, und danach auch BERGER).

Alle späteren Beschreibungen des *E. acifer* entsprechen nicht mehr der Originalbeschreibung, weder bei SCHUMANN, der „Rippen nicht sehr tief gebuchtet ... Mittelst. einzeln, braun, im Neutrieb rubinfarbig" sagt, BERGER „Rippen wenig gebuchtet ... Mittelst. 1—4, braun", SCHELLE „Rippen leicht gebuchtet, Mittelst. 2—3, leuchtendrot." Auch die Stachelangaben sind also uneinheitlich.

Es kann kaum einem Zweifel unterliegen, daß seit langem bereits *E. acifer* und *E. leeanus* sowie *E. durangensis* verwechselt worden sind bzw. sich die späteren Beschreibungen von *E. acifer* auf *E. durangensis* Pos. beziehen (übrigens wurde in Bd. IV, S. 2066, in der Synonymie von *E. acifer* v. *durangensis* das Synonym *E. durangensis* mit RÜMPLER als Autor angegeben, nach BRITTON u. ROSE, bei diesen aber zweifellos irrtümlich, denn RÜMPLER selbst nennt nur POSELGER).

Den richtigen *Echinocereus acifer* geben nach dem oben Gesagten meine Abb. 3496—3497 wieder.

69a. v. **durangensis** (Pos.) K. SCH. Diese Pflanze muß meinem Dafürhalten nach wieder — wie bei RÜMPLER — als eigene Art gelten:

Echinocereus durangensis Pos. — In RÜMPLER, Handb. Cactkde., 799. 1886

WERDERMANN hat die Spezies als *E. acifer* v. *durangensis* in „Blüh. Kakt.", Tafel 145 (1938), abgebildet. Sie hat nichts mit *E. acifer* zu tun, wenn man SALM-DYCKS Originalbeschreibung berücksichtigt. Wohl aber kann *E. leeanus* nur eine Varietät sein; d. h. wenn beide Namen zusammengehörten, hätte *E. durangensis* den Vorrang, da er in RÜMPLER vor *E. leeanus* beschrieben wurde. Die Bl. beider sind ± scharlachrot bzw. ± blutrot. Wahrscheinlich kann *E. leeanus* nur als eine Varietät mit etwas mehr Rippen und nur 1 Mittelst. angesehen werden, *E. durangensis* als Typus der Art, mit 3—4 Mittelst.

Da das Berlin-Dahlemer Material von „*E. acifer*" offenbar den *E. durangensis* nach Rippen- und Stachelzahl darstellt, die Rippenkante schärfer als bei meiner Abb. 1955 von *E. leeanus*, könnte aber auch eine Artentrennung vertreten werden.

126. WILCOXIA BR. & R.

Eine interessante Farbaufnahme erhielt ich von W. CULLMANN; sie zeigt eine ziegel- bis karminrot abgetönte Blüte, die nachts geöffnet sein soll. Wenn auch *Wilcoxia* als Tagblüher gilt, so besteht doch bei diesem Genus ebensogut die Möglichkeit, daß eine Art nachts geöffnete Blüten hat, wie dies bei *Echinocereus* in der Reihe der „Scheeriani" der Fall ist (daher auch der Name *E. noctiflorus* HORT.) (Abb. 3498).

Was DISTEFANO für *W. viperina* hielt, „blüht ganz entlang den jungen Zweigen, nicht nur in der Nähe des Triebendes". Die Pflanze von CULLMANNS Foto blüht dagegen nahe dem Triebende, was DISTEFANO als Merkmal von *Wilcoxia* ansieht. Da außerdem die Areolen nicht völlig kahl, die Perigonblätter zur Blütenmitte hin verkürzt sind und die Röhre sehr lang ist, die Triebe jedoch nicht „sehr dünn" (wie bei *W. striata*), die Blüte auch nicht „morgens öffnend, nachmittags schließend" (wie die ähnlich lang blühende *W. tomentosa* H. BRAVO), die inneren Perigonblätter nicht „leicht gewimpert" (wie bei *W. viperina*), die Röhre länger als bei *W. poselgeri* (hier nur 4,5 cm lang), kommt die Pflanze von CULLMANNS Foto der Zwischenform am nächsten, die ich mit Abb. 1962 (Bd. IV, S. 2077) wiedergab, die Perigonblätter bei dieser jedoch nicht so locker spreizend, sondern mehr becherig dicht und nach außen zurückgebogen, außerdem so in voller Sonne blühend. Es handelt

Abb. 3498. Wilcoxia sp., anscheinend noch unbeschrieben. Die Blüte soll nachts geöffnet sein, ein ähnlicher Fall wie bei der Echinocereus-Reihe „Scheeriani". (Foto und Sammlung: CULLMANN.)

sich bei CULLMANNS Pflanze also um eine anscheinend noch unbeschriebene Spezies, zumal die Blüte meiner Abb. 1962 auch keine sich nach innen zu so stark verkürzenden Hüllblätter aufweist.

Sippe 4: *Nyctocerei* BERG. emend. BACKBG.

128. ERIOCEREUS (BERG.) RICC.

RITTER erwähnt in WINTER-Katalog, 7. 1959, noch folgende Namen, die er für neue Arten ansieht: *Eriocereus crucicentrus* RITT. (FR 848) und *Eriocereus tarijensis* RITT. (FR 619).

Weiteres ist über diese Pflanzen nicht gesagt, vor allem nicht, worin sie sich von den bisher bekannten Arten unterscheiden.

129. HARRISIA BRITT.

7. Harrisia gracilis (MILL.) BRITT.

Die Frucht einer als *H. gracilis* etikettierten Pflanze nahm SCHATTAT auf (Abb. 3499), doch ist diese Frucht länglich, wie für „*Cereus tinei* TOD." von VAUPEL beschrieben, während die Fruchtform der *H. gracilis* bisher in der Lite-

Abb. 3499
Die Frucht der Harrisia gracilis (Mill.) Britt. oder des „Cereus tinei Tod.", dessen Frucht als „länglich" beschrieben wurde, die Frucht der Harrisia gracilis dagegen als gedrückt-kugelig. Ob dies konstante Merkmale sind, steht noch nicht fest. (Foto: Schattat.)

Abb. 3500
Die Blüte des Pachycereus pecten-aboriginum (Eng.) Br. & R. (Foto: Schattat.)

ratur als „gedrückt-kugelig" bezeichnet wurde. Da ich über die Perigonblattfarben bzw. die der Sepalen und der Blütenhaare keine Angaben vorliegen habe, läßt sich bisher nicht mit Sicherheit sagen, ob die hier abgebildete Frucht beweist, daß es auch bei *H. gracilis* längliche Früchte gibt, oder ob es sich um die des „*Cereus tinei* TOD." handelt; Haarbüschel bzw. Filz und einzelne Haare weist die abgebildete Frucht auf, wie dies für „*Cereus tinei* TOD." angegeben wurde, aber nach SCHUMANN auch für *H. gracilis* (bei ihm: *Cereus repandus* HAW.).

Sippe 6: *Pachycerei* BERG. emend. BACKBG.

137. PACHYCEREUS (BERG.) BR. & R.

3. Pachycereus pecten-aboriginum (ENG.) BR. & R.

Ich bringe eine Aufnahme von SCHATTAT, die die eigenartige Beschuppung der Blüte zeigt, die Schuppenspitzen lang und dünn, bereits schwarz auftrocknend, wenn sich die Blüte entfaltet; besonders auffällig und dicht treten diese langen Schuppen aus dem gelblich-wolligen Ovarium hervor, beim Auftrocknen wellig verformt (Abb. 3500).

140. ROOKSBYA BACKBG.

1. Rooksbya euphorbioides (HAW.) BACKBG.

Die hier beigegebene Farbaufnahme des blühenden und fruchtenden Typus der Art zeigt die geringe und schwärzliche Bestachelung desselben, ferner, daß die Röhre um die Nektarkammer etwas weniger aufgeblasen ist als bei der zahlreicher und elastischer bestachelten v. *olfersii* (SD.) BACKBG., und daß die Blütenstacheln auch extrem reduziert sein können (Abb. 3501).

Abb. 3501. Blühende Rooksbya euphorbioides (HAW.) BACKBG., mit wenigen schwärzlichen Stacheln, eine Form mit selbst am Fruchtknoten noch fehlenden Stacheln bzw. ein Genus, bei dem die Stachelreduzierung an Blüte und Frucht zu beobachten ist. (Foto: RIVIERE.)

Abb. 3502. Die verschiedenen Farben der Fruchtpulpa von Ritterocereus pruinosus (O.) Backbg. (Foto: Zehnder.)

141. RITTEROCEREUS Backbg.

7. Ritterocereus pruinosus (O.) Backbg.

Zehnder gibt an, daß die Fruchtpulpa dieser Art verschieden gefärbt ist: weiß, blaßrosa, hellkarmin und himbeerrot (Abb. 3502).

Die Zwischentöne zwischen weiß und rot sind wohl darauf zurückzuführen, daß sich entsprechende Rassen miteinander kreuzten.

Bisher sind bei *Ritterocereus* Früchte mit weißer und roter Pulpa nur bei *R. deficiens* bekanntgeworden, der jedoch in Mexiko nicht vorkommt. Dagegen geben Britton u. Rose sowie Helia Bravo an, daß *R. griseus* in Mexiko wächst, aber nur „kultiviert", besonders im Staate Veracruz sowie in Oaxaca z. B. bei Mitla und der Stadt Oaxaca.

Bei *R. griseus* bzw. den in Mexiko wachsenden Pflanzen gibt H. Bravo in Las Cact. de Mex., 255. 1937, an, daß die Pulpa meistens rot ist (wie auch die Beschreibung Britton u. Roses lautet), daß sie jedoch gelegentlich auch gelblich ist.

Dies ist von *R. griseus* sonst nicht bekannt, bisher in Mexiko auch nicht untersucht worden.

145. MARGINATOCEREUS (Backbg.) Backbg.

Außer der von mir beschriebenen und abgebildeten Art *M. marginatus* und v. *gemmatus* (Zucc.) Backbg. führte F. Schwarz noch eine weitere Varietät mit dem Katalognamen v. *oaxacensis* Schwarz nom. nud.

Diese Varietät ist zweifellos berechtigt, denn sie ist deutlich unterschieden:

Marginatocereus marginatus (DC.) Backbg. hat als Jungpflanze bandartig verbundene Areolen und meist mehr und schmälere Rippen, bis 7 (Abb. 3503, rechts);

v. *oaxacensis* Schwarz: Rippen kräftiger; Areolen schmallang, deutlich voneinander getrennt; Rippenzahl 5. — Mexiko (Oaxaca) (Abb. 3503, links).

Abb. 3503. Oben rechts: Marginatocereus marginatus (DC.) BACKBG.; Typus der Art. — Oben links: Marginatocereus marginatus var. oaxacensis SCHWARZ (unbeschrieben). — Unten: die unterschiedliche Areolenbildung des Typus von Marginatocereus marginatus und seiner var. oaxacensis.

Sippe 8: *Gymnocerei* BERG. emend. BACKBG.

160. CEREUS MILL.

9. Cereus huilunchu CARD.

RITTER nennt die Art in WINTER-Katalog, 10. 1959: *Piptanthocereus huilunchu* (CARD.) RITT., comb. nud.

Es ist nicht angegeben, warum RITTER bei dieser Art wie auch bei *P. forbesii* und v. *bolivianus* sowie *P. coerulescens* wieder den Gattungsnamen von RICCOBONO anwendet. Seit BRITTON u. ROSE gilt der Gattungsname *Cereus* MILL., mit dem Typus *Cactus hexagonus*, und *Piptanthocereus* (BERG.) RICC. ist daher eine überflüssige Wiedereinführung.

Sippe 9: *Cephalocerei* BACKBG.

Untersippe 1: *Acephalocerei* BACKBG.

163. PILOSOCEREUS BYL. & ROWL.

18. **Pilosocereus salvadorensis** (WERD.) BYL. & ROWL.

Blüte und Frucht beschreibt KRAINZ in „Die Kakteen", C IV ?, 1961: bis 7 cm lang; Sep. breitspatelig, 17 mm lang, 7—8 mm breit; Pet. fast rein weiß, im Hochstand etwas zurückgebogen; Staubf. weiß; Gr. 5 cm lang; N. 10—12, lineal, zusammengeneigt, etwas papillös, gelblichweiß, fast 6 mm lang; Fr. etwas abgeplattet, kugelig, 5 cm dick, mit Blütenrest, glatt bis etwas runzlig, dünnwandig, in 2—3 Längsrisse spaltend, reifig dunkelblau; Pulpa nicht angegeben; S. 2,5 mm lang, glänzend schwarz, fein netzig-grubig punktiert; Hilum schräg am Grunde.

22. **Pilosocereus glaucescens** (LAB.) BYL. & ROWL.

BRITTON u. ROSE erwähnen, daß hierher auch der Name *Cereus glaucescens* zu stellen ist, geben jedoch dafür nur den Hinweis auf den Ind. Kewensis, nennen aber keinen Autor. Gemeint ist wohl *Cereus glaucescens* TWEED, in SWEET, Hort. Brit., III: 284. 1839.

Abb. 3504. Pilosocereus purpusii (BR. & R.) BYL. & ROWL., löwengelb bestachelte jüngere Pflanze. (Sammlung: H. THIEMANN, Bremen.)

34. **Pilosocereus purpusii** (BR. & R.) BYL. & ROWL.
Ich bringe noch das Foto einer jüngeren Kulturpflanze mit typisch löwengelben Stacheln der jüngeren Triebregion (Abb. 3504).

49. **Pilosocereus royenii** (L.) BYL. & ROWL.
In der Synonymie muß es heißen: *Cactus fulvispinosus* SPRENG. (statt *fulvispinus*.)

Untersippe 3: *Eucephalocerei* BACKBG.

166. THRIXANTHOCEREUS BACKBG.

1. **Thrixanthocereus blossfeldiorum** (WERD.) BACKBG.
Die Originalbeschreibung gibt an: ca. 20—25 dünnadelige, 6—8 mm lange Randst.; 1 Mittelst., bis 3 cm lang, schwarzbraun, mitunter noch 2—3 beträchtlich schwächere.
In den Kulturen des Züchters KUENTZ, Fréjus (Südfrankreich), konnte ich unter größeren Anzuchten von Jungpflanzen zum Teil stärker unterschiedene Formen feststellen: die Rippenzahl (bei Importen 18—25) kann schon an Sämlingspflanzen sehr verschieden sein. Die Randstachelzahl ist noch geringer.

forma *typica*: ca. 15 Rippen; Mittelst. bis 6, dunkelbraun, davon 1—2 länger, meist der untere oder auch der zum Teil stark aufgerichtete obere; Rippenabstand 1 cm (Rückenkante);

forma *paucicostata*: Differt costis paucioribus, aculeis brevioribus; saetis basalibus paucioribus, brevioribus.
Weiter entfernte Rippen, anfangs ca. 11; Mittelst. bis auf den längsten heller, kürzer; basale Borsten geringer an Zahl und kürzer; Rippenabstand ca. 1,3 cm;

forma *albidior*: Differt aculeis radialibus longioribus, saetiformibus; aculeis centralibus colore clariore; saetis basalibus numerosioribus, longioribus.
Rippen 13; Randst. feiner, länger, mehr verflochten, auch die Mittelst. heller; Bestachelung oft ganz fein, dicht und weiß, höchstens hier und da mit rötlicher Spitze; basale Borsten dicht, lang und sehr feinborstig; Rippenabstand 1 cm.

Alle Angaben beziehen sich auf Sämlings-Pflanzen im vierten Jahr. Die basalen Borsten der forma *typica* sind steifer, die obersten etwas rötlich gespitzt. Nebeneinandergestellt sind die drei Formen deutlich unterschieden.

Kürzlich hat RITTER noch eine weitere Art des Genus veröffentlicht:

Thrixanthocereus cullmannianus (FR 1065) — Kakt. u. a. Sukk., 12 : 8, 118—121. 1961
Der Abbildung und Beschreibung nach ist es eine Pflanze, die zwischen *Thrixanthocereus blossfeldiorum* und *T. senilis* steht, im Habitus mehr dem letzteren ähnelnd, „in Wuchsform, Blüte, Frucht und Samen näher mit *T. blossfeldiorum* verwandt" (RITTER), mit gleicher Samenform.

Der *T. blossfeldiorum* f. *albidior* ähnelt RITTERS Abbildung bereits als Sämling stark; ferner sah ich andere, die nur kräftigere und zum Teil längere dunkle Stacheln hatten und damit den obigen Formen ziemlich unähnlich.

Es steht nach den Beobachtungen der gesamten Aussaat, die ich bei KUENTZ sah, fest, daß *T. blossfeldiorum* stark variieren kann, ohne daß bisher diese Abänderungen genauer bekanntwurden. Hinzukommt, daß die Samen des *T. cull-*

mannianus nur unwesentlich unterschieden sind. Der eigene Artrang des letzteren muß daher als unsicher erscheinen. Wenn RITTER für das Cephalium angibt: „häufig unterbrochen und wieder einsetzend", sei er auf meine Abb. 2380—2382 von *Austrocephalocereus dybowskii* verwiesen, die zeigen, daß bei diesem auch Unterbrechungen vorkommen. Dies ist bei einem versenkten Cephalium wie bei *Espostoa* freilich erschwert, so daß RITTERS Angabe ein weiteres Argument gegen BUXBAUMS Versuch einer Vereinigung von *Thrixanthocereus* mit *Espostoa* ist.

167. PSEUDOESPOSTOA BACKBG.

1. **Pseudoespostoa melanostele** (VPL.) BACKBG.

Am Ende der Beschreibung des Typus der Art erwähnte ich den RITTER-Namen (FR 144a) „*Espostoa melanostele* v. *rubrispina* RITT.". Inzwischen sah ich Pflanzen dieses Namens; die dicht um das Triebende gelegten wattigweißen Haare werden von kürzeren, nadeldünnen und oben rötlichen Stacheln durchstoßen. Das ist bisher nicht von *Pseudoespostoa* berichtet; RITTER hat noch keine Angaben darüber gemacht, wo er diese Pflanzen fand und ob sie nur lokal begrenzt vorkommen. Jedenfalls handelt es sich um eine *Pseudoespostoa*, und wenn man die Pflanzen mit einer so abweichenden Bestachelung benennen will, müßte der Name lauten: *Pseudoespostoa melanostele* v. *rubrispina* (RITT.) (Abb. 3505).

170. NEOBINGHAMIA BACKBG. emend. BACKBG.

Bei einem Besuch des Züchters DELRUE, Menton, fand ich im obersten Teil seiner Gartenanlage ein vereinzelt stehendes Exemplar von:

2. **Neobinghamia multiareolata** RAUH & BACKBG. (oder der v. *superba* RAUH & BACKBG.; die Pflanzen haben nur 1—2 Mittelst.; an der Kulturpflanze

Abb. 3505. Pseudoespostoa melanostele var. rubrispina (RITT.) mit rötlichen, feinen Mittelstacheln. (Foto: A. M. WOUTERS.)

kann man aber nicht feststellen, wie hoch und wie dick sie wird, noch, ob sie nicht etwa später noch mehr Mittelst. macht).

Es handelt sich um eine Importpflanze, die DELRUE vor Jahren von dem Züchter STERN, San Remo, erwarb; sie stammt wahrscheinlich von AKERS, da damals auch *Haageocereus*-Arten importiert wurden, die bei DELRUE stehen und nur von AKERS gefunden sein können bzw. von diesem beschrieben wurden.

Die Pflanze zeigt deutlich, daß sie nicht etwa — wie RITTER vom Typus der Gattung meint — ein Bastard ist.

Blütenbeschreibung: Blütenlänge 6,8 cm, ca. 4 cm breit, in vollem Hochstand (die Aufnahme wurde am frühen Vormittag gemacht) wahrscheinlich noch etwas breiter und kürzer; Röhre ca. 3,5 cm lang, nach unten zu 1,7 cm ⌀; Ov. ca. 1,2 × 1 cm groß, wie die Röhre dicht behaart; Schuppenblätter rötlich, zur Basis hin hellgrün, wie die äußeren Perigonbl. stark nach außen und abwärts umgebogen, die untersten anliegend, die obersten bis 1,3 cm lang; äußere Perigonbl. rückseitig ± olivgrün, die äußersten oben in der Mitte braunrötlich; innere Perigonbl. rein weiß, breitlinear, flach gestutzt und zum Teil mehr oder weniger ausgefressen; Staubf. weiß, an der ganzen inneren Röhre inseriert; Gr. weiß; N. ca. 12, spreizend, hellgrünlichweiß; Nektarkammer 1,5 cm lang, nach oben schwach verjüngt, ohne Haarbildung am Fuß der inneren Staubf., im Oberteil glatt; Samenhöhle querrund (Abb. 3506).

Abb. 3506. Blühende Neobinghamia multiareolata RAUH & BACKBG. (Sammlung: DELRUE, Menton-Garavan.)

Abb. 3507. Die Blüte der Neobinghamia multiareolata Rauh & Backbg. beginnt sich zu schließen.

Abb. 3508. Seitenansicht der Blüte der Neobinghamia multiareolata Rauh & Backbg.
Abb. 3509. Längsschnitt durch die Blüte der Neobinghamia multiareolata Rauh & Backbg., mit der ziemlich glatten, längeren und sich nach oben zu verjüngenden Nektarkammer.

Die Blüte ist von der Nektarkammerhöhe ab aufwärts mehr glockig-trichterig (Abb. 3507—3509).

Die Pflanzen sind viel stämmiger als alle bei Delrue vorhandenen *Haageocereus*-Arten.

Aus Ritterschem Samen gezogene angebliche Bastarde von *Pseudoespostoa* × *Haageocereus*, vielleicht wirklich Naturhybriden, aber keine *Neobinghamia*-Arten, zeigen zum Vergleich die Pflanzen von Abb. 3510.

171. ESPOSTOA Br. & R. emend. Werd.

1. Espostoa lanata (HBK.) Br. & R.

Bei dem Züchter Saint-Pie, Asson (Südfrankreich), machte ich an einem Sämling eine interessante Beobachtung. In Bd. IV, Tafel 200, zeigte ich blühfähige Pflanzen ohne Cephalium, sondern mit waagerechten Wollzonen, wie man sie sonst nur bei *Neobinghamia* sieht. Eine ähnliche Bildung wies bereits ein noch sehr kleiner Sämling auf, und zwar rings um die Triebmitte in ungefähr gleicher Höhe. Es bleibt abzuwarten, ob es hier zu einer sonst völlig ungewöhnlichen Verzweigung kommt oder sich die Haargebilde weiterentwickeln. Das Entstehen in einer Höhe mag der vorerwähnten Wollzonenbildung verwandt bzw. auf ähnliche Ursachen zurückzuführen sein und möglicherweise auf engere Zusammenhänge zwischen *Espostoa* und *Neobinghamia* deuten (Abb. 3511).

Abb. 3510. Zwei aus RITTERschem Samen gezogene Jungpflanzen, deren Habitus für RITTERS Ansicht spricht, daß es sich hier um Naturhybriden von Pseudoespostoa × Haageocereus handelt. Dementsprechend ist auch die feine Bestachelung und Haarbildung völlig verschieden. Danach handelt es sich aber auch um keine Neobinghamia-Arten, denn die von RAUH gesammelten Exemplare weichen im Habitus völlig ab. (Aus der Sammlung Dr. KARIUS, Muggensturm.)

Inzwischen sah ich jüngere Pflanzen von *Espostoa ruficeps* RITT. nom. nud. (FR 573). Sie sind sehr langhaarig und haben im Scheitel kurze rötliche Stacheln, die Haare selbst dicht und weit abstehend, eine schöne Pflanze, aber höchstens eine Varietät, wenn nicht nur Form; die „rötliche Cephaliumwolle" (RITTER) besagt nicht viel, da sich an *Copiapoa* erwies, daß drüben farbige Wolle bei aus Samen gezogenen Pflanzen ganz weiß sein kann, d. h. also, daß die Tönung der Cephaliumwolle nicht unbedingt das Merkmal einer eigenen Art zu sein braucht (Abb. 3512 und [farbig] in Abb. 3361, unten links, Pflanze ganz rechts).

Subtribus 2: *Boreocactinae* BACKBG.

Sippe 1: *Boreoechinocacti* BACKBG.

179. ASTROPHYTUM LEM.

Untergattung 1: Astrophytum

1. **Astrophytum myriostigma** LEM.

Bei dem Züchter Ross, Bad Krozingen, sah ich eine sehr schöne panaschierte Form des scharfrippigen, großblütigen Typus der Art und der Gattung, teils breit-

Abb. 3511. Sämling von Espostoa lanata (HBK.) Br. & R. mit anomaler seitlicher, starker Haarbildung, ähnlich wie bei Neobinghamia. Bisher steht nicht fest, welcher Natur diese ungewöhnliche Erscheinung ist, bzw. wie sie sich weiterentwickelt. (Sammlung: Saint-Pie.)

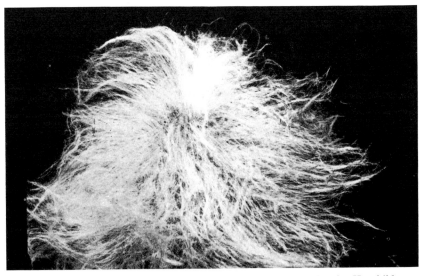

Abb. 3512. Espostoa ruficeps Ritt., unbeschrieben, mit langer, abstehender Haarbildung und feinen rötlichen Mittelstacheln. (s. auch Farbbild in Abb. 3361, unten links, Pflanze ganz rechts.) (Foto: A. M. Wouters.)

flächig chlorophyllarm, teils dunkel geädert. Während BERGER („Kakteen", 231. 1929) als Körperfarbe nur angibt „± weißgrau", beschrieb K. SCHUMANN sie (Gesamtbschrbg., 321. 1898): „meergrün oder graubräunlich". Die verschiedene Tönung hängt von der unterschiedlichen Dichte der Flöckchenbildung ab. Das bei Ross gesehene Exemplar war teils nur locker beflockt, teils ± flöckchenlos und war daher im nicht panaschierten Teil von einem saftigen Dunkelgrün. Eigentümlich ist der teilweise grüne Anflug mit dem Jahreszuwachs, während die dunkle Äderung fast quer dazu verläuft. Genauere Untersuchungen dieser merkwürdigen Erscheinung wären zu wünschen (Abb. 3513).

1g. v. **columnare** (K. SCH.)) TSUDA(?): Ebenfalls bei dem Züchter Ross, Bad Krozingen, sah ich eine typische, sehr schöne Altersform, die Rippen — wie häufig — etwas wellig, mit gelegentlicher Teilung, stark genäherten Areolen und dem reichen Knospenbesatz solcher älteren Stücke (Abb. 3514).

2b. **Astrophytum ornatum** v. **mirbelii** (LEM.) Okum.:

Ein Synonym ist *Echinofossulocactus mirbelii* LAWR.

183. FEROCACTUS BR. & R.

7a. **Ferocactus acanthodes** v. **lecontei** (ENG.) Linds.

Hierzu gehören noch die Namen *Echinocactus wislizeni* v. *albus* HORT. und v. *phoeniceus* KUNZE: *Echinocactus lecontei albispinus* HORT. und v. *haagei* HORT.

Abb. 3513. Astrophytum myriostigma LEM., mit verschiedenartiger Panaschierung. (Sammlung: Ross, Bad Krozingen.)

Abb. 3514. Altes Astrophytum myriostigma var. columnare (K. SCH.) TSUDA (oder subv. tulense?) mit sehr reicher Blütenbildung. (Sammlung: Ross, Bad Krozingen.)

184. HAMATOCACTUS Br. & R.

1. **Hamatocactus hamatacanthus** (Mühlpfrdt.) Knuth

   1a. v. **davisii** (Hought.) Marsh.: Zum besseren Verständnis von Marshalls Beschreibung der Rippen und Höcker, die ich in Bd. V, S. 2748, wiedergab, bringe ich das Foto einer blühenden Pflanze. Es zeigt einmal, daß

Abb. 3515. Hamatocactus hamatacanthus v. davisii (Hought.) Marsh. mit reingelben Blüten. (Foto: A. M. Wouters.)

die Rippen durch näher gerückte Areolen eine gleichmäßigere, dichtere und fast warzige Auftreibung aufweisen, ferner eine seitlich durcheinanderragende feinere und zahlreichere Bestachelung sowie Blüten, die rein gelb sind (stets ?) (Abb. 3515).

185. ECHINOFOSSULOCACTUS Lawr.

A. M. Wouters, Lent (Holland), sandte mir ein interessantes Foto eines *Echinofossulocactus* nicht genau bestimmbarer Zugehörigkeit. Bei dieser Pflanze waren die Rippen um die Areolen ± vorgezogen, zum Teil fast warzig, die Areolen zu einem querlaufenden Filzband zusammengedrückt, darunter die Rippenkuppe zu einer breiten, rund aufgekrümmten Spitze schuppenartig verlängert. Vermutlich machte sich hier die anfängliche Warzenbildung bei *Echinofossulocactus* noch in Form einer Stützschuppe bemerkbar (Abb. 3516).

25. Echinofossulocactus confusus Br. & R.:

Ein Synonym ist *Stenocactus confusus* (Br. & R.) Knuth, Kaktus-ABC, 354. 1935.

187. THELOCACTUS (K. Sch.) Br. & R.

11. Thelocactus bicolor (Gal.) Br. & R.

  v. **texensis** Backbg. n. v. (nomen nudum 1957).

Differt aculeis radialibus 12—13, rubro-maculatis, rotundatis; aculeis centralibus fere 4, 3 subulatis, uno porrecto aliquid sulcato, uno superiore erecto, stramineo, applanato, ad 7,3 cm longo, sub eo interdum 1 radiali, applanato, albido, flexibili, ad ca. 2,5 cm longo, 1 centrali primo ± rubro-maculato.

Während der Typus der Art nur 1 abgeflachten oberen Randst. hat, weist die Varietät außer dem oberen abgeflachten und etwas längeren

Abb. 3516. Anomale Schuppenbildung unter den Areolen eines Echinofossulocactus. (Foto: A. M. Wouters.)

(oft auch fehlenden) Randst. noch 4 Mittelst. auf. drei davon rundlich bzw. der untere vorgestreckt, je einer seitlich abstehend, der oberste 7,3 cm lang werdend, strohfarben, sehr elastisch, ganz abgeflacht, der abstehende Mittelst. dagegen leicht gerillt; die St. sind — bis auf die oberen Flachstacheln — meist ± rot gefleckt oder streckenweise ganz rot getönt. — USA (Texas) (Abb. 3517).

Abb. 3517. Thelocactus bicolor var. texensis BACKBG.

Ich erhielt die Pflanze von VAN DER STEEG, Eindhoven; der genaue Standort ist mir nicht bekannt. Dies ist der mir bereits vor langen Jahren von DAVIS aus Texas gesandte *Thelocactus*, den KRAINZ und ich als *Thelocactus bicolor* v. *texensis* BACKBG. n. nud. führten (KRAINZ in „Die Kakteen", C VIIIb, 1957, ich in Bd. V, S. 2809). Bisher wurde nur 1 Mittelstachel erwähnt. Bei genauerer Untersuchung zeigt sich aber, daß man deren 4 unterscheiden kann, die über die Randstacheln gerückt sind, weswegen der nicht selten vorhandene obere flache Randstachel unter den längsten mittleren Flachstachel tritt (übrigens ist auch der unterste Randstachel gewöhnlich etwas unter die anderen unteren gedrückt); alle Stacheln sind basal verdickt.

Die Varietät wurde nicht zu *Th. schwarzii*, sondern zum Typus der Art gestellt, weil sie, wie dieser, 8 Rippen hat, *Th. schwarzii* deren jedoch 13. Auch der rötlichfleckigen Färbung der jüngeren Stacheln nach gehört die Varietät hierher.

Nur ein Name war *Echus. tricolor* WEB.

205. ESCOBARIA BR. & R.

2. **Escobaria zilziana** (BÖD.) BACKBG.

BÖDEKER beschrieb die Art als *Coryphantha*. Es handelt sich aber um eine typische *Escobaria*, die Bl. nur 1,5 cm breit, gelblich olivgrün; Fr. 2 cm lang, zinnoberrot (!); S. mattglänzend schwarz. Die Originalabbildung BÖDEKERS gab keinen richtigen Eindruck von ausgewachsenen Pflanzen; er beschrieb auch die Art als nur „kurz-zylindrisch ... vom Grunde aus wenig sprossend". In der Sammlung des Züchters Ross, Krozingen, sah ich ein altes Stück, das die typische Gestalt älterer Pflanzen zeigt: zylindrisch, Scheitel und jüngere Axillen stärker weißwollig (BÖDEKER sagte von der jüngeren Pflanze: Axillen, auch im Scheitel, ohne Wolle und Borsten), später reichlich sprossend, nicht nur basal, sondern auch seitlich den halben Körper hinauf. Eine Einbeziehung zu *Neobesseya* ist wegen der Körpergestalt und winzigen Blüte nicht möglich (Abb. 3518).

Abb. 3518. Escobaria zilziana (Böd.) Backbg. (Sammlung: Ross, Bad Krozingen.)

207. CORYPHANTHA (Eng.) Lem.

1. **Coryphantha clavata** (Scheidw.) Backbg.

    — v. **radicantissima** (Quehl) Heinr. Heinrich schlug (s. Bd. V, S. 2995) für diese Pflanze einen eigenen Varietätsrang vor. Die Herkunft war vordem unbekannt; Zehnder fand sie im mexikanischen Staat Querétaro wieder. Ich bringe ein Foto dieser Pflanze mit roten Drüsen. Mir erscheint es auch als angebracht, sie als Varietät abzutrennen (Abb. 3519).

10. **Coryphantha retusa** (Pfeiff.) Br. & R.

    10a. v. **pallidispina** Backbg. n. v.

    Differt a typo tuberculis confertioribus, aculeis plerumque 15 (12 crassioribus, basi aliquid incrassata, flaveola, 3 tenuioribus, ± confertim erectis), cornicoloris, pallide griseis.

    Gedrückt-rund; Höcker nach Bz. 13 : 21, gedrängter als beim Typus der Art; St. nur randständig, meist 15, davon ca. 12 pfriemlich, beidseitig und nach unten gerichtet, sowie ca. 3 dünnere, aufgerichtet, alle blaßgrau, feucht hornfarben (hell) mit dunklen Spitzen, Basis leicht verdickt, gelblich. — Mexiko (Oaxaca).

    Von Zehnder gefunden (Abb. 3520).

Abb. 3519. Coryphantha clavata var. radicantissima (QUEHL) HEINR.

Abb. 3520. Coryphantha retusa var. pallidispina BACKBG.

Sippe 2: *Mamillariae* BERG. emend. BACKBG.

Untersippe 2: *Mediomamillariae* BACKBG.

Kürzlich erfolgte die Veröffentlichung eines interessanten neuen, bisher monotypischen Genus aus Mexiko. Die Pflanze wurde schon vor Jahren von MACDOUGALL gefunden bzw. von ihm im Winter 1951/1952 und nochmals 1955/1956 gesammelt; sie steht in ihren Merkmalen zwischen den furchentragenden „*Coryphanthae*" und den furchenlos-axillenblütigen „*Eumamillariae*", ähnelt einer kleinen *Coryphantha*, hat jedoch keine Furchen; sie blüht zwar aus der Axille, gehört aber dennoch nicht zu den „*Eumamillariae*", da sie ein behaartes Ovarium hat.

Für dieses Genus ist also eine neue Untersippe einzufügen (vgl. Bd. I, S. 97, Systematische Übersicht).

Untersippe 2: (die bisherige Untersippe 2 wird Untersippe 3)
Mediomamillariae BACKBG.: Blüten aus der Axille, aber behaart
(*Eumamillariae* BACKBG.: Blüten aus der Axille, kahl).

Auch an dieser Art erweist sich wieder, daß die Natur jede mögliche Form schuf, und *Ortegocactus* in der Reduktionslinie vor den „*Eumamillariae*" steht, ähnlich wie etwa *Submatucana* vor *Matucana*. Damit ist auch hier eine Lücke geschlossen.

(210 A). ORTEGOCACTUS ALEX.

C. & S. J. (US.), 39—40. 1961

Kleine, kugelige Pflanzen, zum Teil auch kurz verlängert, selten einzeln, meist ± sprossend, mit stark abgeflachten, rundlichen Höckerwarzen ohne Furche; Bl. anscheinend nicht genau zentral, sondern aus den Axillen der oberen voll entwickelten Höcker; Ovarium mit längerer und weicher, weißer Behaarung; Frucht mit Perianthrest, trocken (!), leicht behaart, nicht ab- oder aufreißend, lange verbleibend; Samen schwarz, fein punktiert, mit verlängertem basalem Hilum.

Nur eine Art bisher bekannt:

1. **Ortegocactus macdougallii** ALEX.

Körper ziemlich klein, nur 3—4 cm ⌀, hell graugrün; Höckerwarzen ähnlich wie bei *Coryphantha*, d. h. verhältnismäßig groß, rhomboidisch-gedrücktrund, 10—12 mm breit, fein punktiert, spiralig gestellt; Areolen 2 mm groß, mit kurzer Wolle; Randst. 7—8, 5—10 mm lang; Mittelst. 1, 4—5 mm lang; alle St. schwarz bis weißlich mit schwarzen Spitzen; Bl. am Tage geöffnet, 2—3 cm lang, 1,8 bis 2,5 cm breit, weit offen; Röhre kurz, blaßgrün; Ov. schuppenlos, mit weichen Haaren, diese ziemlich lang; Sep. an der spatelig gerundeten Spitze leicht ausgefressen, innen gelb, außen purpurn getönt; Pet. reingelb; Staubf. zahlreich, orange, kürzer als der Gr.; Gr. fast so lang wie die Pet., grünlichgelb; N. 4, tiefgrün, linear, aufgerichtet; Fr. trocken, kugelig-ellipsoidisch, dunkelrot, dünn behaart; S. 0,9 mm groß, schwarz und punktiert. — Mexiko (Oaxaca, bei dem Dorf San José Lacheguiri, auf Kalkstein (Abb. 3521).

ALEXANDER stellt das Genus in die Nähe von *Dolichothele*. Das erscheint mir als verfehlt. Der trockenen Frucht sowie dem *coryphantha*-ähnlichen Aussehen nach hat es gar nichts damit zu tun, sondern es handelt sich um ein höchst eigen-

Abb. 3521. Ortegocactus macdougallii ALEX. (Foto: H. BRAVO.)

tümliches „missing link" zwischen den *Coryphanthae* und *Eumamillariae*, was allerdings voraussetzt, daß man systematisch die Gruppenmerkmale durch eine dementsprechende Gliederung kenntlich macht. Das ist aufschlußreicher, als wenn z. B. ALEXANDER nur von einem Angehörigen der „*Coryphanthanae*" spricht.

Die Angabe „Ov. ohne Schuppen, aber behaart" ist wohl so zu verstehen, daß die Haare nur aus punktartigen Areolen erscheinen, ohne Bildung ausgesprochener Schuppen. Auch diesen Fruchtmerkmalen nach unterscheidet sich *Ortegocactus* völlig von *Dolichothele*, so daß dem Genus systematisch der Platz einer eigenen Kategorie zuerkannt werden muß.

Untersippe 3: *Eumamillariae* BACKBG.

213. MAMILLARIA HAW.

51. Mamillaria esseriana BÖD.

Nach einem großen, nicht basal (CRAIG: „may cluster from base"), sondern seitlich sprossenden Exemplar in der Sammlung Ross, Bad Krozingen, kann die Mittelstachelzahl anfangs auch etwas weniger als 6 sein, ebenso die Randstachelzahl. Die Areolen bilden später, d. h. am oberen Körperteil, auch bei noch nicht blühbaren Sprossen ± Wolle aus, während die Borsten kurz und gering an Zahl (sogar fehlend?) sein können, erst später mehr erscheinend und nicht immer „bis 15 mm lang" (CRAIG).

Die Art ist ziemlich selten geworden, besonders alte Pflanzen, die zeigen, daß der typische Wuchs später zylindrisch ist; die Mittelstacheln sind nicht nur „hell- und durchsichtig ambergelb", sondern zum Teil auch sehr blaßgelblich bis weißlich (Abb. 3524a).

72. Mamillaria simplex HAW.

Die früheren Beschreibungen stimmen zum Teil nicht überein. So sagt K. SCHUMANN von den Axillen „nackt", während es — wie bei CRAIG — richtig heißen muß „mit etwas Wolle". Die Stachelfarbe wird meist für die mittleren angegeben: „rötlichbraun mit dunklerer Spitze" (CRAIG), K. SCHUMANN gab sogar an „rot, kastanienbraun bis schwarz". Ich sammelte rotbraun bestachelte Exemplare. Von dem Sammler Krähenbühl, Basel, erhielt ich ein Farbfoto mit fast weißlichen, nur anfangs blaßbräunlichen Stacheln. Die Variationsbreite der Stachelfarbe ist also noch größer, als dies bisher angegeben wurde. Die rötlichbraun bestachelten Pflanzen ähneln in der Stachelzahl der kolumbianischen, breitrunden *M. pseudosimplex* von Sogamoso (1200 m), die aber wäßrigen Saft hat, dichter gestellte Warzen und die Mittelstacheln nicht deutlich sichtbar verlängert herausragend.

Bisher scheint es übrigens niemandem aufgefallen zu sein, daß HAWORTH sowohl *M. simplex* wie eine *M. parvimamma* HAW. (Suppl. Pl. Succ., 72. 1819) beschrieb: er muß also zwei verschiedene Pflanzen vor Augen gehabt haben, wie es sie z. B. auch in der Sammlung KRÄHENBÜHL gibt, und die man dem Aussehen nach sehr wohl auch mit einem Varietätsnamen unterscheiden könnte.

76. **Mamillaria hahniana** WERD.

— v. **giseliana** NEALE: Das hier beigefügte SCHMOLL-Foto von „*M. tarajaensis* SCHMOLL n. nud.", auch als *M. hahniana tarajaensis* SCHMOLL n. nud. bezeichnet, ist die gleiche Aufnahme wie CRAIGS Fig. 92 von *M. hahniana* v. *giseliana* NEALE, eine kurzhaarige Abart (Abb. 3522).

94. **Mamillaria guerreronis** (H. BRAVO) BACKBG.

Die Blüte ist tiefrot (WESSNER).

118. **Mamillaria verhaertiana** BÖD.

Neuerdings findet man in europäischen Sammlungen zuweilen eine unter dem Synonym *M. phitauiana* BAXT. verbreitete Pflanze, was zu der irrigen Ansicht führte, daß diese Art und *M. verhaertiana* nicht identisch sind. BAXTERS Foto der Originalbeschreibung, mein von ihm erhaltenes und jetzt in Monako befindliches Material und das Foto BÖDEKERS von dessen Originalbeschreibung der *M. verhaertiana* zeigen jedoch die Identität, CRAIGS Foto dagegen eine nicht am Originalstandort gesammelte andere Pflanze.

Die „falsche *M. phitauiana*" blüht auch weiß und hat etwas derbere Stacheln, zum Scheitel hin alle braun, später mehr im Oberteil und anfangs auch die oberen Randst., auch ist meist ein unterer Mittelst. hakig; die Warzen sind konisch und nicht gekielt, in den Axillen einige längere weiße Borsten (Abb. 3523).

Vielleicht handelt es sich um eine Varietät der *M. verhaertiana* oder um eine dieser nahestehende neue Art. Leider ist mir der Standort nicht bekannt.

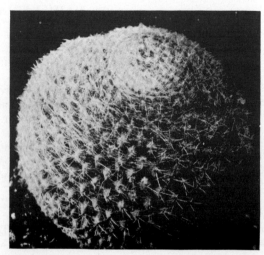

Abb. 3522
Mamillaria tarajaensis SCHMOLL n. nud., identisch mit M. hahniana v. giseliana NEALE.

3523 links   3523 rechts

Abb. 3523. Links: Stachelbild der Mamillaria sp. oder var. ähnlich Mamillaria verhaertiana Böd. — Rechts: die gleiche Pflanze, blühend. (Sammlung Jardin Botanique „Les Cèdres", St. Jean—Cap-Ferrat.)

Die Abbildungen zeigen ein gepfropftes Stück aus der Sammlung von J. Marnier-Lapostolle (Jardin Botanique „Les Cèdres", St. Jean-Cap-Ferrat).

143. **Mamillaria rettigiana** Böd.

Die durch Bödeker und Craig bisher von dieser Art veröffentlichten Aufnahmen geben nur ein sehr unzulängliches Bild von dem Aussehen älterer und besonders auch gepfropfter Pflanzen. Ich füge das Foto einer großen Pflanze bei, die mir Herr Krähenbühl, Basel, zur Verfügung stellte (Abb. 3524b).

156. **Mamillaria mercadensis** Pat.

Von dieser Art schrieb Craig (Mamm.-Handb., 205. 1945): „Wir hatten diese Pflanze, sie starb jedoch, bevor sie blühte; so muß die Beschreibung unvollständig bleiben, bis weiteres Material gesammelt wird. Man hat aber berichtet, daß die Kakteen dieser Region (Durango, Cerro de Mercado) durch Minenunternehmungen sehr selten geworden sind." Die meines Wissens beiden einzigen Abbildungen, die es von dieser Art gibt, Fig. 185 von Craig, l. c., und die Britton u. Roses (The Cact., IV: 146. 1923, Fig. 160) geben ein auch nicht annähernd gutes Bild von der Schönheit dieser seltenen Art, die jedoch in neuerer Zeit von Schwarz in einer Anzahl von Exemplaren z. B. an den Züchter H. Thiemann, Bremen, geliefert wurde, ohne daß eine lebhaftere Nachfrage danach bestand, weil man sie zu wenig kennt (Farbfotos Abb. 3525 und Abb. 3526).

Craig gab als Blütendurchmesser 3 cm an. Dies entspricht nicht der ersten Angabe „Blüte klein"; ich sah sie 8 mm lang, 7 mm ⌀. Die Pflanzen mit einem Blütendurchmesser von 3 cm sieht H. Bravo (Las Cactac. de Mex., 621. 1937) als *M. ocamponis* an bzw. „als eine Varietät, die *ocamponis* genannt wird, Pet.

Abb. 3524 a
Mamillaria esseriana Böd., eine selten gewordene Art (Sammlung: Ross, Bad Krozingen.)

Abb. 3524 b
Alte Mamillaria rettigiana Böd.
(Sammlung: Krähenbühl, Basel).

intensiver rosa". Danach wird also noch eine *M. mercadensis* v. *ocamponis* (OCHOT.) H. BRAVO unterschieden. Hier scheint ein ähnlicher Fall unterschiedlicher Blütengröße vorzuliegen wie bei *M. blossfeldiana* BÖD. (Besser eine eigene Art?).

Während BRITTON u. ROSE nichts von „behaarten Stacheln" sagen, erwähnt CRAIG, daß die Randstacheln in der Jugend behaart sind; das scheint aber nicht stets der Fall zu sein (wie auch bei einigen anderen Arten); ferner gibt der letztere Autor als Mittelstachelfarbe nur an „kastanienbraun bis rot in der oberen Hälfte" (bei BRITTON u. ROSE keine Farbangabe). Die Stachelfärbung ist noch variabler: bei jungen Pflanzen sind die Randstacheln weiß, die mittleren auch hell goldbraun, und zwar können sie so bis zur Basis getönt sein; später nehmen auch die jüngeren Randstacheln einen den mittleren ähnlichen, wenn auch helleren Farbton an, der hakige dunkler als die anderen Mittelstacheln, außerdem nimmt die Dichte des Stachelkleides stark zu, und alte Pflanzen sind völlig von dem ± farbigen Stachelkleid bedeckt; sie gehören dann zu den schönsten Mamillarien.

173. **Mamillaria magallanii** SCHMOLL

Unter dem in neuerer Zeit von ZEHNDER gesammelten Material befand sich eine Pflanze, die sich bei genauerer Untersuchung als abweichend erwies. Nach CRAIGS Originalbeschreibung ist die Randstachelzahl 70—75, Mittelstacheln 0—1, 1—3 mm lang, gerade bis gebogen bis hakig; Randstacheln bald horizontal verflochten (Abb. 3527).

Abb. 3525. Mamillaria mercadensis PAT., eine der schönsten Mamillarien. (Sammlung: H. THIEMANN, Bremen.)

Abb. 3526. Mamillaria mercadensis PAT., junge Sämlingspflanze mit noch lockerer, hier goldgelber Bestachelung. (Sammlung: H. THIEMANN, Bremen.)

Es besteht die Möglichkeit, daß CRAIG schon zweierlei Material gesehen, dies aber nicht schärfer unterschieden hat. Die hier beigegebenen Makrobilder zeigen, daß die Stacheln obiger Art fast struppig-wirr verflochten sind. Eine sehr ähnliche Pflanze aus der gleichen Gegend ist aber in zweierlei Hinsicht unterschieden und muß hier entsprechend gekennzeichnet werden, um diese Unterschiede nicht in Vergessenheit geraten zu lassen:

— v. **hamatispina** BACKBG. n. v.

Differt a typo aculeis radialibus paucioribus, ca. 40—45, aequaliter radiantibus; 1 aculeo centrali hamato, ad 8 mm longo.

Unterscheidet sich vom Typus der Art durch geringere Randstachelzahl, ca. 40—45, regelmäßig strahlend; Mittelst. 1, hakig, bis 8 mm lang (ZEHNDER-Nr. Z 6). — Mexiko (Coahuila) (Abb. 3528 und 3529).

Die hier beigefügten Abbildungen zeigen — verglichen mit denen des Typus der Art — deutlich die Unterschiede. Die Pflanzen sollen auch in Durango gefunden werden.

177. **Mamillaria kelleriana** SCHMOLL

Hierher gehört, wie CRAIG wohl richtig sagt, die von SCHMOLL unter dem Katalognamen *M. schmuckeri* vertriebene Pflanze, doch zeigt die hier beigegebene Abbildung, daß es auch etwas länger und dichter bestachelte Exemplare gibt und die Blütenzone später stärker wollig ist, wovon CRAIG nichts erwähnt (Abb. 3530, oben).

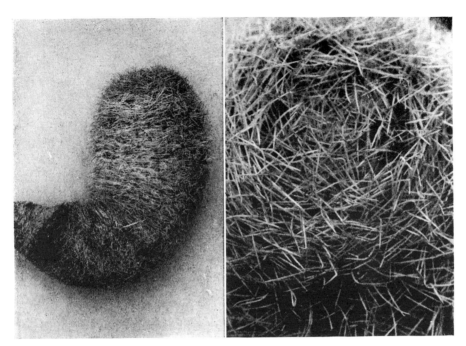

Abb. 3527
Mamillaria magallanii SCHMOLL (links) und Makroaufnahme der Bestachelung (rechts).

Abb. 3528
Mamillaria magallanii var. hamatispina BACKBG.

Abb. 3529. Mamillaria magallanii var. hamatispina BACKBG., Makroaufnahme der an Zahl geringeren Bestachelung mit einzelnen Hakenstacheln.

190. **Mamillaria collina** J. A. PURP.

Bei dem Züchter Ross, Bad Krozingen, sah ich eine alte, sehr ansehnliche Pflanze, die noch keinen Seitensproß gebildet hatte (Abb. 3531). CRAIG schreibt: „Selten verzweigend ... Wir stellen hierher die verschiedenen Varianten dieser Art, die wir entlang der Highway zwischen Tehuacan und Los Combres sammelten und bei Puebla; man findet sie meist an den Hügelhängen zwischen Felsen." Bei *M. donatii* BERGE, die von SCHUMANN als „spärlich sprossend" und von CRAIG als nur 8—9 cm dick beschrieben wurde — während bei *M. collina* die entsprechende Angabe „13 cm breit" ist —, meint CRAIG, sie sei der *M. collina* sehr nahe verwandt und möglicherweise mit ihr identisch.

J. A. PURPUS, der *M. collina* mit seinem Bruder sammelte, sagt jedoch in MfK., 162. 1912, er habe niemals andere als einköpfige Pflanzen gesehen, und da auch die ungewöhnlich große, alte Pflanze in der Sammlung Ross nicht sproßte (J. A. PURPUS schrieb noch, sprossende Pflanzen seien nur auf Verletzung zurückzuführen), ist sicher als für die Art typisch „Einzelwuchs" anzugeben. Im übrigen ähnelt BRITTON u. ROSES und danach CRAIGS Abbildung der *M. collina* nur wenig der „*M. donatii*", und da diese Art etwas sprossen soll und das Foto von BRITTON u. ROSE bzw. CRAIG die Abbildung eines von HAAGE & SCHMIDT erhaltenen Sämlings ist, beide offenbar auch die Pflanze nicht am Standort sahen, SCHUMANN überdies von einer „sehr zierlichen Art" spricht, ein bestimmter Standort in der Originalbeschreibung nicht angegeben wurde und CRAIGS Notiz „Puebla: aus der Gegend von Boca del Monte, nahe Esperanza berichtet" nicht näher nachgeprüft werden kann, dürfte CRAIGS obiger Satz bezüglich einer eventuellen Identität beider Arten kaum zutreffend sein. Es steht meines Erachtens noch nicht einmal fest, ob CRAIGS Fundortsangabe zutrifft, bzw. die richtige Art gemeint war, denn PURPUS' und CRAIGS Angaben über Nichtsprossen und Sprossen der *M. collina* widersprechen sich.

192. **Mamillaria albilanata** BACKBG.

Erst ältere Pflanzen zeigen die besondere Eigentümlichkeit dieser Art: unverzweigte, stärker wollige, säulige Altersformen zu bilden, wie auf dem hier beigegebenen Bild einer Pflanze aus der Sammlung Ross, Bad Krozingen. Daran erweist sich auch, daß CRAIGS Ansicht, die in europäischen Sammlungen des öfteren vorhandene *M. martinezii* sei vielleicht die gleiche Art, nicht zutrifft; sie bringt auch niemals soviel Wolle hervor wie obige Art (Abb. 3532).

198. **Mamillaria discolor** HAW.

Diese in vergangenen Zeiten in europäischen Sammlungen oft vertreten gewesene Art wurde lange nicht wiedergesammelt, kürzlich aber von ZEHNDER in größerer Zahl von neuem eingeführt. CRAIGS Fig. 236 eines Sämlings gibt nur ein unzulängliches Bild der Art. Ich konnte zahlreiche Exemplare sehen, von

Abb. 3530. Oben: Mamillaria schmuckeri SCHMOLL n. nud., wohl eine Form der Mamillaria kelleriana SCHMOLL. (Foto: SHURLY.) — Unten: Mamillaria discolor HAW., von ZEHNDER wieder eingeführt.

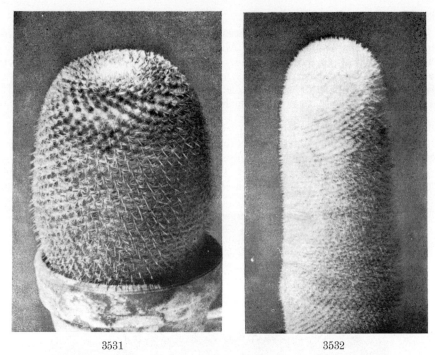

Abb. 3531. Mamillaria collina J. A. Purp., stets einzeln wachsend. (Sammlung: Ross, Bad Krozingen.)

Abb. 3532. Alte Mamillaria albilanata Backbg. (Sammlung: Ross, Bad Krozingen.)

Abb. 3533. Mamillaria columbiana SD. Von H. W. Söhlemann (Bildautor) wiedergesammelte Pflanze des Typus der Art mit meist 4 über Kreuz stehenden Mittel- und nur 20 bis 24 Randstacheln, alle goldbraun. (Foto: Kakteen-Haage.)

fast weiß über ± gelblich bzw. bräunlich bis fast schwarz bestachelt (Mittelst.). Die Art ist in der Farbabstufung extrem variabel; meist bleichen die Mittelst. auch bald aus (Abb. 3530, unten).

214. **Mamillaria columbiana** SD.

In Bd. V, S. 3389, berichtete ich bereits über drei weitere, aus Kolumbien bekanntgewordene Mamillarien, von denen leider eine („Bombillo americano" genannt), mit länglichem Wuchs und nur 10 Randst., wahrscheinlich aus der Gegend von Capitanejo, mangels Kenntnis der Blüte noch nicht beschrieben werden kann (Tafel 246A).

Es stellte sich dabei heraus, daß es auch noch eine ± weißstachlige Varietät der *M. columbiana* gibt:

— v. **albescens** W. HGE. & BACKBG. n. var.

Differt aculeis albescentibus vel albis, radialibus 20—25, centralibus 4, vertice albilanato.

Weicht vom Typus der Art durch weißliche bis weiße St. ab; Scheitel weißwollig; Randst. 20—25; Mittelst. 4; Axillenwolle stärker entwickelt. — Kolumbien (bei Capitanejo, 300 km nordwestlich von Bogotá, auf 1200 m, an schieferartigen Steilhängen) (Abb. 3534, links oben).

Nach Wuchs und Stachelzahl nur als Varietät der *M. columbiana* anzusehen.

Abb. 3534. Links oben: Mamillaria columbiana var. albescens W. HGE. & BACKBG. — Rechts oben: Mamillaria pseudosimplex W. HGE. & BACKBG. — Links unten: Mamillaria columbiana var. bogotensis (WERD.) W. HGE. & BACKBG. — Rechts unten: Hell bestachelte Mamillaria simplex HAW. (Sammlung: KRÄHENBÜHL, Basel.)

— **Mamillaria pseudosimplex** W. HGE. & BACKBG. n. sp.

Hemisphaerica ad globosa; mamillis succo aquoso; axillis exigue lanatis; aculeis radialibus 12, albis, in apice rubellis, 4 mm longis; aculeis centralibus (2—)4, rubido-fuscatis, basi incrassata, 5 mm longis; flore parva, flavida.

Gedrückt-rund bis kugelig; Warzen konisch, oben gestutzt, mit wäßrigem Saft; Axillen schwach weißwollig; Areolen etwas länglich, nur anfangs schwach wollig, dann verkahlend; Randst. 12, 0,4 cm lang, weiß mit rötlicher Spitze; Mittelst. (2—)4, 0,5 cm lang, rötlich-bräunlich; Bl. sehr klein, hellgelb; Fr. unbekannt. — Kolumbien (bei Sogamoso, nordöstlich von Bogotá, auf 1200 m) (Abb. 3534, rechts oben).

Im Aussehen von *M. columbiana* (Abb. 3533) sowohl der Körperform wie der Stachelfarbe nach wesentlich unterschieden. Eine gewisse Ähnlichkeit besteht mit jenen Formen der *M. simplex*, die mehr bräunlichrot bestachelt sind, aber deutlich herausragende Mittelstacheln sowie milchigen Saft haben.

Zum Vergleich füge ich noch die Abbildungen der hellstachligen *M. simplex* (Abb. 3534, rechts unten) bei sowie der *M. columbiana* v. *bogotensis* (WERD.) W. HGE. & BACKBG., die sich der Stachelzahl nach vom Typus der Art unterscheidet, aber nicht als eigene Art, jedoch auch nicht als mit *M. columbiana* identisch angesehen werden kann. Diese wurde anscheinend auch wiedergefunden (Abb. 3533). Die v. *bogotensis* sammelte H. W. SÖHLEMANN, Bogotá, im Gebirge nördlich der Stadt, bei Villa de Leiva, zwischen Felsen, auf wenig Erde. Die goldgelbe Bestachelung verblaßt in der Kultur etwas; der gekrümmte Wuchs weist auf das reichere Sprossen und den Stand an steileren Hängen hin (Abb. 3534, links unten).

218. **Mamillaria vetula** MART.

Die von CRAIG wiedergegebene Abbildung einer Zeichnung in Nov. Act. Cur., 16: pl. 24, ist sehr unzulänglich und die Art daher zweifelhaft gewesen. Es befinden sich aber noch Exemplare in europäischen Sammlungen, z. B. bei HEINRICH und bei KRÄHENBÜHL, Basel. Ich verglich lebendes Material mit der Beschreibung und mit einer Importpflanze von ZEHNDER. Diese war identisch mit dem älteren europäischen Material (Abb. 3535).

Bisher war das genaue Vorkommen nicht bekannt. SCHUMANN schrieb zwar: „Im mexikanischen Staat Hidalgo, bei S. José del Oro, auf über 3000 m, in Gesellschaft von *M. elegans*." Der Ort schien aber unauffindbar zu sein, und zweifelhaft ist, ob es sich um den Typus der *M. elegans* handelt. Die Standortsfrage kann aber jetzt als geklärt gelten, da die Art in Mexiko auch von MEYRAN aufgefunden wurde, d. h. die:

Mamillaria magneticola MEYRAN, Cact. y Suc. Mex., VI: 1. 1961, ist nach Foto, Beschreibung und Blüte mit unserem älteren Sammlungsmaterial identisch, der neue Name also ein Synonym. MEYRAN fand die Pflanze (SCHUMANNS Angabe gemäß) im mexikanischen Staat Hidalgo, bei Encarnación, nördlich von Zimapán, auf 2600 m. Die Blüte ist gelblich wie bei der alten Pflanze der Kollektion KRÄHENBÜHL.

Von einigen in Bd. V unter „Wenig bekannte Arten" angeführten Namen erhielt ich die hier beigegebenen Fotos durch Herrn E. SHURLY, (England):

Mamillaria avila-camachoi SHURLY. Die Beschreibung erfolgte in Bd. V (Abb. 3536).

Abb. 3535. Mamillaria vetula MART. Importpflanze der von ZEHNDER wieder eingeführten seltenen Art, die ganz den Merkmalen älterer europäischer Sammlungspflanzen dieser Art entspricht.

Abb. 3536. Mamillaria avila-camachoi SHURLY. (Foto: SHURLY.)

Abb. 3537. Mamillaria barkeri Shurly. (Foto: Shurly.)

Abb. 3538. Mamillaria ebenacantha Schmoll (Katalogname). (Foto: Shurly.)

Mamillaria barkeri Shurly. Die Beschreibung erfolgte in Bd. V (Abb. 3537).

Mamillaria ebenacantha Schmoll (Katalogname; nähere Angaben nach E. Shurly, Bd. V) (Abb. 3538).

Mamillaria leucocentra Berg. Das Foto zeigt eine von Schmoll unter diesem Namen vertriebene Pflanze (Abb. 3539).

Mamillaria leucocephala Schmoll n. nud. non hort. in Pfeiff. Eine von Schmoll unter diesem Namen vertriebene Pflanze zeigt die Abb. 3540. Einige Angaben dazu s. in Bd. V.

Abb. 3539. Mamillaria leucocentra Berg bzw. eine von Schmoll einst unter diesem Namen vertriebene Pflanze. (Foto: Shurly.)

Abb. 3540. Mamillaria leucocephala Schmoll n. nud. non hort. in Pfeiff. (Foto: Shurly.)

— **Mamillaria atroflorens** BACKBG. n. sp.

Simplex vel ramosa; mamillis ad 13 : 21 seriebus ordinatis, quadrangulatis, atrovirentibus, 9 mm longis, basi 6 mm latis; axillis tomento albido, saetis albis, interdum mamillas superantibus; aculeis radialibus ca. 8—9, aliquid distantibus, ad 5 mm longis, albidis; aculeis centralibus 4, cruciatis, fuscis, ad 6 mm longis; flore atrorubro, phyllis perigonii integris; stylo albo; stigmatibus viridulis, fructu rubro, ad 2 cm longo, superne 6 mm lato; pulpa vitrea; seminibus flaveolis, 1 mm longis.

Einzeln oder verzweigend, dann Einzelköpfe bis 10 cm lang, 7,5 cm breit, ziemlich dunkelgrün; Warzen nach Bz. 13 : 21, 4kantig, aufgerichtet, 9 mm lang, unten 6 mm breit, sofort milchend; Areolen nur zum Scheitel hin etwas kräftiger wollig, der vertiefte Scheitel von braunen St. überragt; Axillen etwas weißfilzig und mit mehreren Borsten, diese zuweilen länger als die Warzen; Randst. ca. 8—9, etwas abstehend, bis 5 mm lang, weißlich, schwach rotbraun gespitzt, manchmal auch ganz weißlich; Mittelst. 4, über Kreuz, rotbraun, bis 6 mm lang, etwas vorgestreckt, keiner zentral stehend; Bl. dunkelkarminrot; Perigonblätter ganzrandig; Blütenbreite ca. 10 mm; Gr. und Staubf. weiß; N. hellgrün; Fr. mit Perigonrest, bis 2 cm lang, oben 6 mm breit; Pulpa glasig-durchsichtig; S. fast gelblich (sehr hellbräunlich), Hilum subbasal. — Mexiko (genauer Standort nicht bekannt) (Abb. 3542, oben):

Die Pflanze befindet sich in meiner Sammlung. Sie stammt von KRÄHENBÜHL, Basel, der sie seit vielen Jahren kultivierte, aber ihre Herkunft nicht kannte. In dem Schlüssel nach CRAIG gehört sie hinter Nr. 27: *M. tenampensis*, hat aber nicht deren kurze Randborsten, und von der dieser angeblich etwas ähnelnden *M. mixtecensis* ist sie dadurch unterschieden, daß kein Mittelstachel zentral steht

In jüngster Zeit wurden von ZEHNDER noch einige neue Arten gefunden, für die zum Teil erst provisorische Namen gegeben werden konnten. Wie bei den RITTER-Arten im WINTER-Katalog ist dies auch hier, mangels Kenntnis der Blüte, nicht anders möglich. Die Beschreibungen werden nachgeholt; die Benennung mit charakteristischen Namen hat den Vorteil, daß Verwechslungen nicht so leicht möglich sind wie bei nur mit Nummern versehenen Arten. Lebende Exemplare stehen in meiner eigenen Sammlung.

— **Mamillaria aurisaeta** BACKBG. n. sp. (ZEHNDER-Nr. Z 8)

Simplex; mamillis ca. 7 mm longis, conicis, ad 8 : 13 seriebus ordinatis, succo aquoso; areolis parce tomentosis; axillis parce lanatis, saetis albis, crispatis, interdum mamillas superantibus, tenuissimis; aculeis radialibus ca. 8 (—10), ad 12 mm longis, tenuibus, superne flavis ad fuscatis, basi flaveola incrassata, praeterea subter radialibus nonnullis aculeis tenuissimis, setiformibus albis; aculeis centralibus fere deficientibus vel 1, postea ad 1 cm longo, flavo ad fuscato; flore ca. 14 mm ⌀, phyllis perigonii integris, albis, rubido-striatis; fructu 2 cm longo, 6—7 mm crasso, corallino.

Einzeln, bis 3 cm breit gesehen; Saft wäßrig; Warzen nach Bz. 8 : 13, stumpfgrün, schlankkegelig, oben schief gestutzt, bis 7 mm lang; Axillen kurz lockerweißfilzig, mit mehreren, bis über warzenlangen, weißen, gewundenen Haaren (sehr feinen Haarborsten); Areolen anfangs kurz gelblichweiß-filzig; Randst. ca. 8 (—10), bis 12 mm lang, basal verdickt; daneben am unteren Areolenrand ± untertretende Haarborsten, bis ca. 5, bis 7 mm lang; Mittelst. meist fehlend, nur ausnahmsweise später 1, ca. 1 cm lang; alle St. gelb oder braun bzw. oben gelbbraun, borstig elastisch, etwas biegsam, sonst brüchig, die Rand- und Mittelst. unten zwiebelig verdickt, die Unterstacheln nicht; Bl. ca. 14 mm ⌀, Perigonbl. ganzrandig, weiß, mit rötlichem Mittelstreif; Fr. korallenrot, 2 cm lang, 6—7 mm dick. — Mexiko (Zacatecas, in Felsritzen auf vegetationslosen Hügeln) (Abb. 3541, oben und unten [Blüten]).

Durch die gewundenen längeren Haarborsten am unteren Areolenrand und die langen, durcheinanderragenden Axillenhaarborsten von anderen Arten unter-

Abb. 3541. Oben: Mamillaria aurisaeta BACKBG., von ZEHNDER gefunden; unten: Pflanze in Blüte.

Abb. 3542. Oben: Mamillaria atroflorens BACKBG. (Sammlung: KRÄHENBÜHL); unten: Mamillaria flavihamata BACKBG.

schieden; die St. sind ein Mittelding zwischen feinen Nadelstacheln und steifen Borsten.

— **Mamillaria flavihamata** BACKBG. n. sp. (ZEHNDER-Nr. Z 2)

Simplex, ad ca. 4,5 cm crassa, ± hemisphaerica; mamillis succo aquoso, ad 8 : 13 seriebus ordinatis, conicis, ca. 7 mm longis; areolis parce flavido-tomentosis; axillis nudis; aculeis radialibus ad ca. 35, radiantibus, tenuissimis, ca. ad 5 mm longis, flavidis, postea albis; aculeis centralibus ca. 6 (—7), basi flavida incrassata, ad 9 mm longis, flavidis, uno hamato; flore ad 15 mm longo, 11 mm lato; phyllis perigonii exterioribus albis, viridulo-striatis, integris; phyllis perigonii interoribus integris, albis; filamentis, stylo et stigmatibus (4—5) albidis.

Kleinkugelige, fast halbkugelige Art, bis ca. 4,5 cm ⌀ oder etwas mehr; Warzen nach Bz. 8 : 13, konisch, ca. 7 mm lang, wäßriger Saft; Axillen kahl; Areolen nur anfangs schwach gelblich-filzig; Randst. bis ca. 35, strahlend, sehr dünn, fast borstig, bis 5 mm lang, zuerst gelblich, dann weiß; Mittelst. ca. 6 (—7), einer hakig, alle hellgelb, Basis verdickt und dunkler gelblich; alle St. glatt; Bl. ca. 15 mm lang, 11 mm breit; Sep. weiß mit grünlicher Mitte, ganzrandig; Pet. weiß, ganzrandig; Staubf., Gr. und N. (4—5) weißlich; Fr. unbekannt. — Mexiko (Aguascalientes) (Abb. 3542, unten).

— **Mamillaria falsicrucigera** BACKBG. nom. prov. (ZEHNDER-Nr. Z 17)

Zum richtigen Verständnis der hier als neue Art angesehenen Pflanze sei die Beschreibung der dem Stich nach ähnlichen *M. crucigera* MART. (in „Beschreibung einiger neuer Nopaleen", 340. 1832, mit Tafel XXVII) vorangeschickt: „Zylindrisch oder umgekehrt eiförmig; Warzen hellgrün, an ihrer Spitze 4 kleine gelbliche St. und ein Kranz von gleich langen, weißen Borsten; flockige weiße Wolle in den Axillen; Bl. purpurn. — Die Pflanze ist dreiköpfig, umgekehrt eiförmig, 15 cm hoch (!), Wurzeln in verschiedenen Strängen; die hellgrünen Warzen sind mit farblosem Saft gefüllt, konisch, 4,2—6,3 mm lang (2—3 Linien); gehäufte Wolle mehr zwischen jüngeren als älteren Warzen, jene beinahe bis zur Spitze verhüllend; die Areolen tragen kaum 2,1 mm lange Randst.; Mittelst. 4 (selten 5) kräftiger, wachsgelb, über Kreuz gestellt, zuletzt bräunlich, am Grunde etwas verdickt; äußere St. 24 und mehr, weiß, glatt, von gleicher Länge, ein Drittel dünner (als die mittleren), steif, horizontal strahlend; Bl. von fast der gleichen Größe wie bei *M. sphacelata*, schön purpurn; Perigonbl. lanzettlich, spitz, fast seitlich spreizend oder zurückgebogen; Staubf. zahlreich, etwas länger als die Röhre; Staubb. gelb; N. 4—5, purpurn. — Mexiko (von KARWINSKI gesammelt)."

Wichtig ist, hieraus festzuhalten: „Pflanzen bis 15 cm hoch; Warzen 4,2 bis 6,3 mm lang, Randst. 24 und mehr; Mittelst. 4 (—5), wachsgelb, später bräunlich (St. anscheinend alle nicht über 2,1 mm lang); Körper frischgrün; Bl. purpurn".

Hiervon weicht die von ZEHNDER gefundene Art ab: Die gesehene Pflanze ist 5,5 cm breit; als solche schon dichotomisch geteilt, jeder Kopf ca. 3 cm breit, Scheitel sehr tief eingesenkt; Warzen anscheinend wäßrig; Rand- und Mittelst. flachspreizend, bis etwas über 2 mm lang, alle glasig-farblos, pfriemlich, die randständigen weit dünner, alle steif, die mittleren 6 (seltener 5) mit deutlich verdickter schmutzigbrauner Basis, darüber etwas rötlich, dadurch erscheinen die dicht gestellten, nur höchstens 2,5 mm breiten und kaum 2 mm langen Warzen alle wie oben von ca. 1 mm breiten, dunklen Punkten gekrönt (Abb. 3543, oben).

Von einer extrem tiefen Einsenkung sagt MARTIUS nichts; auf dem Originalkupfer scheint sie nur gering zu sein, die Areolen sind eher hell als dunkel gezeichnet, die Pflanze muß wesentlich größer sein, die Warzen mindestens doppelt so groß, die Mittelstacheln nur 4, wachsgelb, es wird nichts von dunklerer Basis gesagt und vor allem nicht, daß alle glasig sind, sondern von den Randst. nur „weiß" und im Verhältnis zu den mittleren viel dünner als bei der ZEHNDER-Pflanze.

Wenn auch die Blüten derselben noch unbekannt sind, läßt sich doch sagen, daß im Vergleich mit MARTIUS' Kupfer nur eine entfernte Ähnlichkeit besteht,

Abb. 3543. Oben: Mamillaria falsicrucigera BACKBG. n. prov., im Bilde der M. crucigera MART. ähnlich, aber wesentlich unterschieden. — Unten: Die glasigen Stacheln der Mamillaria falsicrucigera BACKBG. Die Art erhielt ich von ZEHNDER.

die ZEHNDER-Pflanze zierlicher ist, die Stacheln eigenartig glasig und dunkelfüßig (Abb. 3543, unten).

— **Mamillaria fuscohamata** BACKBG. n. sp. (ZEHNDER-Nr. Z 3)

Semiglobosa, basi napiformi, ad 6,5 cm ⌀, 5,5 cm alta; tuberculis succo aquoso, ad 13 : 21 seriebus ordinatis, viridibus, primo ± conicis, demum basi latiore, ca. 6—7 mm longis, basi 11 mm lata; axillis nudis; areolis oblongis, primo tomento albo, ca. 3 mm longis, postremo fere nudis, brevioribus; aculeis radialibus circum radiantibus, ad 23, albis, basi flavida, ad 8 mm longis; aculeis centralibus basi aliquid incrassata, 3 (—4), uno hamato, rubido-fulvo, 11—12 mm longo, 2 (—3) erectis, divaricatis, ad ca. 8 mm longis, albido-fulvosis; flore campanulato, ad ca. 2,2 cm longo, ca. 1,2 cm lato; phyllis perigonii exterioribus claroviridibus ad albidis, superne integris, basi aliquid fimbriatis; phyllis perigonii interioribus integris, albis, albido-carneo-fastigatis, fauce viridula; stigmatibus pallide roseis; fructu viridi, basi fere albida, ca. 1,9 cm longo, reliquis perigonii praedito, clavellino, ca. 6 mm lato (superne), interdum aliquid rubrotincto; seminibus 1 mm longis, nigris, nitidis, minutissime punctatis, umbilico albo, basali. — Mexico (Jalisco).

Halbkugelig, mit rübenartigem Basalteil, bis ca. 6,5 cm ⌀, 5,5 cm hoch; Warzen mit wäßrigem Saft, nach Bz. 13 : 21 geordnet, grün (blattgrün), anfangs ± konisch, später mit etwas verbreiterter Basis, ca. 6—7 mm lang und am Grunde bis 11 mm breit; Axillen kahl; Areolen oblong, zuerst weißfilzig, ca. 3 mm lang, später fast kahl und etwas kürzer; Randst. ringsum strahlend, bis ca. 23, weiß, mit blaßgelblicher Basis, bis 8 mm lang; Mittelst. mit etwas verdickter Basis, 3 (—4), davon einer gehakt, rötlichbraun, 11—12 mm lang, außerdem 2 (—3) aufgerichtete, spreizend abstehend, bis ca. 8 mm lang, bräunlichweiß; Bl. glockig, ca. bis 2,2 cm lang, 1,2 cm ⌀; Sep. hellgrün bis weißlich, oben ganzrandig, an der Basis zuweilen leicht gewimpert; Pet. ganzrandig, die äußeren unten noch etwas grünlich, die inneren weiß, weißlichrosa zugespitzt (hell fleischfarben), Schlund grünlich; N. blaßrosa; Staubb. blaßgelb; Fr. grün, nach unten zu fast weißlich, ca. 1,9 cm lang, mit vertrocknetem Blütenrest, schlankkeulig, ca. 6 mm breit (oben), mitunter etwas rotgetönt; S. 1 mm lang, schwarz, glänzend, winzig punktiert, Nabel basal, weiß, etwas schräg stehend. — Mexiko (Jalisco) (Abb. 3544).

Sehr reich blühend. Am Standort schrumpfen die Pflanzen in der Trockenheit sehr ein, füllen sich jedoch in der Kultur auffallend schnell und stark.

— **Mamillaria monancistracantha** BACKBG. n. sp. (ZEHNDER-Nr. Z 1)

Simplex, parva; mamillis ad 8 : 13 seriebus ordinatis, conicis, ad 7 mm longis, succo aquoso; aculeis omnibus pubescentibus (!); aculeis radialibus ad ca. 23, radiantibus, albis, tenuissimis, ad 4 mm longis; aculeo centrali 1 (—2), ad 8 mm longo, fusco, hamato, ± erecto; flore ca. 1,8 cm longo, ca. 1,5 cm lato, infundibiliformi; phyllis perigonii integris; phyllis perigonii exterioribus flaveolis, rubrolineatis; phyllis perigonii interioribus flaveolis; filamentis flaveolis; stylo stigmatibusque pallide viridulis; fructu, seminibus ignotis.

Kleine Art, ca. 2,5 cm breit gesehen; Warzen nach Bz. 8 : 13, wäßriger Saft, zierlich-konisch; alle St. kurz behaart (!), auch die mittleren; Randst. ca. 23, weiß und stark verflochten; Mittelst. 1 (—2), rötlichbraun, hakig, an der Basis schwach verdickt; Axillen mit etwas Filz und Borsten; Bl. blaßgelblich, 1,8 cm lang, ca. 1,5 cm breit; Perigonbl. ganzrandig; Sep. gelblich mit rötlicher Mittellinie; Pet. rein blaßgelb. schmal, zugespitzt; Staubf. gelblich; Gr. und N. blaßgrünlich; Fr. und S. unbekannt. — Mexiko (San Luis Potosí) (Abb. 3545a—b).

Weicht von *M. unihamata* durch etwas Filz- und Borstenbildung ab und ist dadurch auffällig, daß alle Stacheln kurz behaart sind.

— **Mamillaria pullihamata** BACKBG. nom. prov. (ZEHNDER-Nr. Z 9)

Dunkler grün; Warzen konisch, nach Bz. 8:13, Saft wäßrig; Axillen etwas wollig und mit mehreren Borsten; St. alle glatt; Randst. ca. 22, trübweiß, das obere Drittel dünner als die im unteren Halbkreis, sehr dünn, bis ca. 6 mm lang;

Abb. 3544. Mamillaria fuscohamata BACKBG. Oben: mit Frucht; unten: mit Blüte.

Abb. 3545a. Mamillaria monancistracantha BACKBG. Farbige Makroaufnahme des Habitus.

Abb. 3545b. Mamillaria monancistracantha BACKBG. Pflanze mit Blüte.

Abb. 3546. Mamillaria pullihamata Backbg. n. prov. Schmutzig-bräunlich bestachelt, mit hakigen unteren Mittelstacheln. Von Zehnder gefunden.

Mittelst. 6, schmutzig-rötlichbraun, 3 gerade, ca. 1 cm lang, 1 unterer hakig, ca. 1,5 cm lang; Bl. ?; Fr. schlankkeulig, 1,5 cm lang, stumpfkarmin, mit Blütenrest; S. fast 1 mm groß, gelb, schiefoval, Nabel tiefseitlich. — Mexiko (Oaxaca, auf 2800—3000 m, mit Orchideen auf Felsen wachsend) (Abb. 3546).

— **Mamillaria** sp. ? (Zehnder-Nr. Z 13)

Pflanze gestreckt kugelig, etwas konisch verjüngt, bleigrau (!); Warzen nach Bz. 8 : 13, oben rundlich, etwas schräg gestutzt, unten breitgezogen, ca. 8 mm an der Basis breit, fast weißlichgrau; Axillen kahl; Randst. ca. 14, bis ca. 7 mm lang, glasig-weiß, mit kurzer rötlicher Spitze, allseits strahlend; Mittelst. 3, zwei obere aufgerichtet, rötlich, fast anliegend, 1 abstehender hakiger, bis ca. 9 mm lang, dunkelbraun; Bl. und Fr. unbekannt. — W-Mexiko (Abb. 3547, oben).

Steht vielleicht *M. barkeri* nahe. Eine Beschreibung kann noch nicht erfolgen, da es sich möglicherweise auch um eine *Dolichothele* handelt.

— **Mamillaria** sp. (Zehnder-Nr. Z 10)

Länglich (später ?), mit nadeligen St.; Randst. 19, weiß; Mittelst. 4, mit verdicktem Fuß, 1 cm lang, goldbraun, gerade; alle St. glatt; Bl. und Fr. ? — Mexiko (Grenze Puebla-Veracruz) (Abb. 3547, unten).

Diese Pflanze scheint auch noch unbeschrieben zu sein.

Alle vorgenannten, von Zehnder gesammelten und als bisher unbeschrieben angesehenen Arten wurden von mir mit den Beschreibungen unter „V: Wenig bekannte Arten" verglichen, doch konnte mit keiner derselben eine Übereinstimmung festgestellt werden.

Mamillaria centricirrha flaviflora HORT. wurde teils zu *Dolichothele melaleuca*, teils (von BR. & R.) zu *D. longimamma* gestellt; es ist unsicher, ob es wirklich eine *Dolichothele* war. *Mamillaria centricirrha rosea* war ein Katalog-Name von SCHMOLL.

214. PORFIRIA BÖD.

In Bd. V, S. 3505—3506, verzeichnete ich Art und Varietät unter dem Namen *Porfiria coahuilensis* BÖD. und var. *albiflora* BÖD., wobei ich davon ausging, daß FRIČS Name „*Haagea schwarzii* FRIČ" — nach dem BÖDEKER in ZfS., 39. 1927-1928, seinen ersten Namen in *Porfiria schwartzii* BÖD. änderte — keine gültige

Abb. 3547. Oben: Mamillaria sp., weißgrau, mit dunklen Hakenstacheln; unten: Mamillaria sp., mit goldbraunen, geraden Stacheln. Beide Arten wurden von ZEHNDER gefunden.

Veröffentlichung gewesen sein kann, da laut BÖDEKER (l. c.) eine Blütenbeschreibung fehlte; die Gattung *Haagea* FRIČ non KLOTZSCH konnte also — abgesehen davon, daß ihr Name ein Homonym war — ohne die dafür ausschlaggebenden Blütenangaben keinesfalls gültig sein. Wie es demgemäß um den Artnamen selbst steht, konnte nicht mehr nachgeprüft werden, weil die tschechische Zeitschrift nicht mehr zu beschaffen ist.

In KRAINZ, Die Kakteen, C VIIIc (23), [15. 2. 1961], wird die Art als „*Mammillaria schwarzii* (BÖD.) MORAN" geführt und daher für die *Mamillaria schwarzii* SHURLY non MORAN das nomen novum „*Mammillaria shurlyi* F. BUXB." vorgeschlagen. Bei FRIČS erster Namensbezeichnung handelte es sich aber um einen orthographischen Irrtum, denn BÖDEKER gab l. c. an, Dr. ROSE habe ihm mitgeteilt, die Pflanze wäre nach ihrem Entdecker Dr. SCHWARTZ benannt und so laute die Schreibweise in ROSES Manuskript. Danach würde sich ein nomen novum für *Mamillaria schwarzii* SHURLY non MORAN erübrigen, was auch deshalb zu begrüßen wäre, weil SHURLY mit der Benennung FRITZ SCHWARZ, den Entdecker dieser zu den schönsten Mamillarienarten gehörenden Spezies, ehren wollte und ein Fallenlassen dieses Namens zugunsten eines orthographischen Fehlers vermieden werden sollte. Leider ist mir MÖLLERS Deutsche Gärtnerztg., Nr. 18, 1926, nicht zugänglich. Nach KRAINZ' Angaben (l. c.) lautet dort die Bildunterschrift auch „*schwartzii*", so daß es sich hier also offenbar um eine Richtigstellung seitens FRIČ handelte. Auch danach wäre das nomen novum unnötig.

Eine endgültige Entscheidung über diese Fragen kann ich nicht fällen. Ich verzeichne daher nachstehend auch die Kombinationen und die Synonymie, wie sie nach KRAINZ (l. c.), aber unter Belassung von *Porfiria* als Genus, lauten. Es muß dem Leser überlassen bleiben, welche Namen er benutzen will.

1. *Porfiria schwartzii* BÖD. — ZfS., 39. 1927-28

    Haagea schwartzii FRIČ, Zivot v. Přirodě, 29. 1925, und MÖLLERS Dtsch. Gärtnerztg., 219. 1926. — *Porfiria coahuilensis* BÖD., ZfS., II : 13, 210. 1926. — *Mamillaria schwarzii* (BÖD.) MORAN non SHURLY (auch als Subg.), Gent. Herb., VIII : 4, 324. 1953.

1a. v. *albiflora* (BÖD.) BORG — Cacti, 368. 1951

    Porfiria coahuilensis v. *albiflora* BÖD., ZfS., II : 13, 213. 1925-26.
    Der Name war nur ein nom. prov. BÖDEKERS.

FRIČS Schreibweise wurde ROSES Angaben gemäß richtiggestellt, die MORANS so belassen, weil F. BUXBAUM auf Grund dieser Schreibung das nomen novum für die *Mamillaria schwarzii* SHURLY aufstellte.

In Bd. V, S. 3500, wurde nach CRAIG das nom. prov. Dr. MÖLLERS „*Mamillaria kotsch(o)ubeyoides* HORT." mit dem Zusatz „*Roseocactus kotschoubeyanus* ?" zitiert. Dieser Name gehört nicht zu *Roseocactus*, sondern zu obiger Art. CRAIG hatte (s. Synonymie auf S. 3505) in Mamm. Handb., 350. 1945, *Neomammillaria schwartzii* ROSE ex FRIČ mit dem Zusatz „*Haagea schwarzii*" aufgeführt, unter Bezug auf FRIČS tschechische Veröffentlichung. ROSES Name der Art war aber nur im Manuskript verzeichnet, und außerdem schrieb er lt. BÖDEKER „*schwartzii*".

Ich füge hinzu: Ich halte die obige Art für eine *Mamillaria*, die *Mamillaria schwartzii* (FRIČ) genannt werden sollte, und die Varietät — die nur ein Namensvorschlag BÖDEKERS war — wurde später gültig als *Mamillaria albiarmata* beschrieben, d. h. unter *Porfiria* oder *M. schwartzii* sollte BORGS Name eingezogen werden.

Unzulässige Gattungsumbenennungen von FRIČ und KREUZINGER, in „Verzeichnis", 1935, waren:

Borzicereus FRIČ & KRZGR. für *Borzicactus* BR. & R.
Chaffeyopuntia FRIČ & KRZGR., ein nomen nudum für *Op. chaffeyi* BR. & R.
Corryocereus FRIČ & KRZGR. für *Corryocactus* BR. & R.
Disocereus FRIČ & KRZGR. für *Disocactus* LINDL.
Eccremocereus FRIČ & KRZGR. für *Eccremocactus* BR. & R.
Mediocereus FRIČ & KRZGR. für *Mediocactus* BR. & R.
Strophocereus FRIČ & KRZGR. für *Strophocactus* BR. & R.
Zygocereus FRIČ & KRZGR. für *Zygocactus* K. SCH.

Zu nachfolgenden Namen ist noch zu sagen:

Cereus estrellensis WEB. (mscr.), in MfK., 167. 1905: Dies war vielleicht ein *Weberocereus*, braun- und dünntriebig, meist 6kantig, sehr stachlig; Blüten klein, ± rosafarbig, nächtlich. — Costarica (nach WERCKLÉ).

Corryoerdisia BACKBG. (BfK., 1937-6: *Erdisia* BR. & R.). Die Bezeichnungen *Euerdisia* BACKBG. und *Corryoerdisia* BACKBG. waren Namensvorschläge für Untergattungen von *Erdisia, Corryoerdisia* für aufrechte Sträucher, die ich damals wegen ihrer mehr trichterigen Blüte (z. B. *Corryocactus melanotrichus*) als Übergang zu *Corryocactus* ansah. Vorher (MÖLLERS Deutsche Gärtnerztg., 46 : 18, 207. 1931) hatte ich dafür das nomen nudum *Eulychnocactus* BACKBG. verwandt, und dieser Name wurde als *Elychnocactus* LIP., in „Le più belle Cactee i Cereus" in „La Costa Azzurra Agricola Floreale", April/Mai, 9. 1933, bzw. in einer alphabetischen Aufzählung von Kakteengattungen, mit der einzigen Art *Elychnocactus bolivianus* LIP. erwähnt; ich verstand unter *Eulychnocactus Corryocactus melanotrichus* v. *caulescens* CARD., den ich bereits früher gefunden hatte, aber vor CARDENAS nicht beschrieb (s. Bd. II, S. 854, oben).

Echinocactus barcelona war nur ein Name von WALTON (Cact. Journ., 2 : 79, 175, 191).

Elychnocactus LIP.: s. unter *Corryoerdisia* BACKBG.

Engelmannia KNUTH (s. BfK. 1936-2) war ein Untergattungs-Namensvorschlag von F. M. KNUTH, mit dem er sein späteres Genus *Corynopuntia* KNUTH gemeint hatte, das er 1935 einführte; die Untergattung war vorher bei *Opuntia* gedacht.

Euerdisia BACKBG.: s. unter *Corryoerdisia* BACKBG.

Eulychnocactus BACKBG.: s. unter *Corryoerdisia* BACKBG.

Neotrichocereus BACKBG. (Cactac., Jahrb. DKG., II. 30, 75. 1942) war ein Namensvorschlag für das spätere Genus *Helianthocereus* BACKBG.

Phyllarthus NECK. BRITTON u. ROSE schrieben „NICKER, Elam., 2 : 85. 1790".

Der Hinweis lautet richtig: „NECKER, Elem. Bot., 2 : 85. 1791".

Eine Aufzählung der Untergattungsnamen von Y. ITO in „Cacti", 1954, sowie in „Explanatory Diagram of Austroechinocactinae" erfolgt hier nicht, da es sich einerseits um nomina nuda handelt, andererseits der japanische Text keine Nachprüfung der Begründungen gestattete. Die Namen dürften außerhalb Japans auch nicht verwendet werden.

Undefinierbare Namen sind noch:

Cereus eriocarpus PHIL. (Anal. Nac. Chile, 1891² : 27. 1891). Stamm einzeln, schlanke Obertriebe, diese zur Spitze hin behaart; Rippen 27—29; Areolen 14 mm ⌀, graufilzig; Stacheln bis 11 cm lang, in 4 cm lange steife Borsten übergehend; Ovarium dicht weißwollig. — Chile (Tarapaca, Calcalhuay, 3700 m). Die Angabe BRITTON u. ROSEs des Trieb-Durchmessers von 5—6 „cm" soll vielleicht „dm" heißen; es wäre dann eine *Helianthocereus*-Art. Es mag sich aber auch um eine *Eulychnia* handeln.

Cereus ferox HAW. (Phil. Mag., 7 : 109. 1830). Von Brasilien eingeführt, von BRITTON u. ROSE als möglicherweise dem *Cephalocereus* (*Coleocephalocereus*) *fluminensis* nahestehend angesehen. FÖRSTER und SCHUMANN kannten die Art nicht. Es wurde aber auch angegeben, sie stände *Cereus multangularis* nahe. Eine Klärung des Namens ist danach nicht möglich(s. auch S. 2408).

Cereus tenuissimus G. DON, in SWEET, Hort. Brit., III, S. 286. 1839.

Erythrocereus HOUGHT. war ein undefinierbarer Name in C. & S. J. (US.), III : 169. 1932.

Vielleicht Druckfehler oder verbalhornte Namen in Katalog Städt. Sukkulentensammlung, Zürich, waren:

Irechocereus akersii n. nud. (Peru).

Jaenocereus nigripilis n. nud.

Mehr ist über die sonst nirgends erscheinenden Namen nicht festzustellen.

Berichtigungen und Ergänzungen

Band I

Seite

107: 1. *Peireskia aculeata* (PLUM.) MILL. Nur ein Name war *P. lanceolata* (in FÖRSTER, 1846); Namen waren ferner noch *P. longispina rotundifolia* SD. und v. *rubescens* PFEIFF. (in WALPERS, 1843) als Synonyme von *P. aculeata*.

115: 7. *Rhodocactus bleo* (HBK.) KNUTH. Nur ein Name war *Peireskia cruenta* HORT. in PFEIFFER (1837).

116: 9. *Rhodocactus zinniaeflorus* (DC.) KNUTH. Ein Synonym ist noch *Cactus zinniaeflora* MOC. & SESSÉ.

218: Die angeführten Bezeichnungen *Euplatyopuntiae* usw. beziehen sich nicht auf die in diesem Handbuch gewählte Gliederung, sondern teils auf meine auf S. 218 unten erwähnte von 1942, oder (*Platyopuntia*) auf die sonst zum Teil üblich gewesene Bezeichnung für flachtriebige Opuntien.

247: In die Gattung *Tephrocactus* bzw. hinter „9: *T. nigrispinus*" gehört noch folgende neue Art, mit den Schlüsselunterschieden: „Triebe dunkelgrün, kurzzylindrisch, Stacheln **grau**":

Tephrocactus atroglobosus BACKBG. n. sp.

Decumbens, parviglobosus, atroviridis; articulis ± ovoideis ad brevicylindricis, ± tuberculatis; areolis flavido-albidis; foliis brevibus, atrovirentibus, rubidulis; aculeis paucis, primum atrorubidis, mox griseis, (0—) 2—3 (—7), ad ca. 2 cm longis; flore satis parvo, rubro; fructu pyrito, glabro, umbilico mediocriter depresso.

Kleine, großenteils niederliegende, bis schwach aufgerichtete Gruppen bildend; Tr. mäßig groß, schwach eirundlich bis kurzzylindrisch, dunkelgrün, ± kräftig gehöckert; Areolen gelblichweiß; Blätter kurz, rötlich dunkelgrün; St. wenige, zum Teil fehlend, meist 2—3 oder mehr (bis 7 gesehen), bis durchschnittlich ca. 2 cm lang oder oft weniger; Bl. ziemlich klein, reich erscheinend, rot; Fr. kugelig, feuerrot, ziemlich klein, glatt, mit mäßig eingesenktem Nabel. — Herkunft unbekannt.

Die Art soll unter der RITTER-Nr. FR 95 vertrieben worden sein, doch ist diese Nummer nicht im WINTER-Katalog; die Pflanze stammt höchstwahrscheinlich aus dem bolivianisch-nordargentinischen Grenzgebiet oder doch wenigstens aus jenem weiteren Gebiet. Typus: Sammlung RIVIERE-Nr. P 6217.

Eine auch in der Kultur sehr blühwillige Art.

432: *Opuntia haenkiana* ist ein Druckfehler; es soll heißen *Op. haenquiana* HERRERA.

501: *Opuntia engelmannii* SD.: Ein Synonym ist noch *Op. magnarenensis* GRIFF.

581: K. SCHUMANN schrieb „*Opuntia pycnacantha*" für *Opuntia pycnantha* Eng., was zwar richtiger, aber nicht zulässig ist.

Band II

765: Die Abb. 693 von *Disocactus eichlamii* (WEINGT.) BR. & R. steht kopf.

Seite

781: Die Abb. 701 von *Selenicereus hallensis* (WEINGT.) WEINGT. ist um 90 Grad nach rechts gedreht zu betrachten.

917: Zu *Browningia candelaris* (MEYEN) BR. & R.: Der Name *Cactus candelaris* erscheint nur in MEYEN, Reise 2:40. 1835.

1095: Die laufende Gattungsnummer des Genus *Trichocereus* ist 78 (statt 79).

1191: 11e. *Haageocereus versicolor xanthacanthus* (WERD. & BACKBG.) BACKBG.: Hierunter wurden die RITTER-Katalognamen v. *collareformans* (FR 294a) und v. *elegans* (FR 169) genannt. Ersterer hieß im WINTER-Katalog 1955 *Haageocereus laredensis collareformans*, im Katalog 1958: *Haageocereus laredensis montanus* (s. Bd. II, S. 1195), im Katalog 1960: *Haageocereus pacalaensis montanus*. Die v. *elegans* hieß zuerst (WINTER-Katalog 1955) *Haageocereus versicolor zonalis*, im Katalog 1957: *Haageocereus versicolor elegans* und im Katalog 1958: *Haageocereus elegans*.

1194: 12. *Haageocereus pseudoversicolor* RAUH & BACKBG. Im WINTER-Katalog 1956 nannte ihn RITTER *Haageocereus laredensis pseudoversicolor*, im Katalog 1960: *Haageocereus pacalaensis pseudoversicolor*.

Die einzelnen Namen werden hier aufgeführt, da sich in den Sammlungen sicher Sämlingspflanzen mit solchen Bezeichnungen befinden. Der Wechsel der voreiligen Benennungen ist sehr verwirrend und läßt darauf schließen, daß RITTER die von RAUH und mir beschriebenen Pflanzen mißdeutet hat.

1282: 1. *Echinopsis turbinata* (PFEIFF.) ZUCC. Die im Text erwähnten *Echinopsis schelhasei* PFEIFF. & O., *Cereus schelhasei* PFEIFF. und *Echinonyctanthus schelhasei* LEM. wurden so nach SCHUMANN in der richtigeren Schreibweise vereinheitlicht. PFEIFFER und LEMAIRE schrieben: „*schelhasii*".

—: In Kakt. u. a. Sukk., 13 : 1, 4—8. 1962, beschrieb RITTER noch ein neues Genus:
WINTERIA RITT., mit der einen Art *Winteria aureispina* RITT. (FR 846). Hängender Wuchs, schlanke Triebe, dicht goldgelb bestachelt; Rippen 16—17; Stacheln ca. 30, 4—10 mm lg.; Blüte 4—6 cm lg., ca. 5 cm ⌀, ± gebogen; Perigonbl. schmal, locker spreizend, verschieden lg., rot bis außen orangerot, eine kürzere innere Serie den Stbf. und Gr. angelegt; Frucht grün, 1 cm ⌀; Samen schwarz, höckerig. — Bolivien (Prov. Florida, Fauces Yapacani).

Band III

1479: Die *Lobivia*-Untergattungen Y. ITOS *Anomalolobivia* Y. ITO und *Herpolobivia* Y. ITO wurden nicht näher gekennzeichnet, da keine Beschreibung vom Autor gegeben wurde.

Lobivia katagirii Y. ITO und die Varietäten v. *aureorubriflora*, v. *chrysantha* Y. ITO, v. *croceantha* Y. ITO und v. *salmonea* Y. ITO wurden als mutmaßliche Bastarde nur kurz erwähnt. Es sind ± zylindrische Pflanzen ähnlich *Lobivia chrysantha* (WERD.) BACKBG.

1576: Zu *Pyrrhocactus* BERG. Neuerdings sammelte FECHSER, Buenos Aires, noch eine Pflanze:
Pyrrhocactus (?) **griseus** n. sp.
Körper bis 10—15 cm ⌀, später stärker länglich werdend; Rippen ca. 11, ziemlich scharfgratig, um die Areolen verdickt, an der Basis später bis 1,5 cm breit; Epidermis ± aschgrau, ziemlich hellfarben, matt, nur im

Seite

Oberteil mit leicht grünem Schein; St. zuerst meist 3, später 5, stärker pfriemlich, unten nur gering verdickt oder gar nicht, je zwei seitlich etwas nach oben und abwärts spreizend, wenig abstehend, bis 1,5 cm lang, einer nach unten weisend, kürzer, bis ca. 1 cm lang; alle St. zuerst schwarz, dann (feucht) nach unten zu rötlich, im basalen Teil hornhell, sonst (trocken) sind die Farben blaß, der untere Teil der St. heller erscheinend. Die Blütenangaben lagen noch nicht vor, werden aber mit der gültigen Diagnose nachgeholt (Abb. 3548).

Die schöne Pflanze ist dem Habitus nach ein *Pyrrhocactus*, weswegen sie hierunter aufgezählt wurde.

Abb. 3548. Pyrrhocactus (?) griseus n. sp., hell bleigrau, mit oben schwarzen, nach unten zu helleren Stacheln. Wuchs später ± zylindrisch, ein interessanter neuerer Fund von Fechser, Buenos Aires.

1612: „*Parodia camarguensis* Ritt.; Blüte hellgelb bis orangerot" lautet die erste Schreibweise und Blütenfarben-Angabe im Winter-Katalog, 1957. In „Succulenta", 2:18—21. 1962, wird die Art als **Parodia camargensis** Buin. & Ritt., Blüte karmin, beschrieben, ferner *P. camblayana* (S. 1616) als var. derselben Blüte, ockergelb, und dazu noch eine v. *prolifera* und v. *castanea*, ohne Blütenfarben (s. auch S. 3753).

Ritter selbst sagt, daß sie *P. maassii* verwandt seien, bei der es auch gerade Stacheln und rote Blüten gibt, so daß es sich bei dieser Art um einen größeren Formenkreis als bisher bekannt handelt (vergl. Abb. 3407).

Künftig sollte Ritter auch Katalog-Namen nur nach genauer Überprüfung der Arten veröffentlichen, damit alle Angaben der Winter-Listen als verläßlich angesehen werden können.

Abb. 3549. Blossfeldia fechseri BACKBG. Oben: Die rein grüne Pflanze mit den wolligen Scheitelareolen und den ohne Gelenk aus dem Körper hervorgeschobenen Seitentrieben. Unten: Blossfeldia fechseri BACKBG. in Blüte. An der linken Pflanze erkennt man zwischen den beiden Jungtrieben noch eine abgeflachte Höckerbildung, in spiraliger, rippenartiger Folge, gewissermaßen die Urform des Rippenbildes, während sonst Rippen und Höcker völlig flach verschmolzen sind.

Seite

1668: Zu *Blossfeldia*: FECHSER, Buenos Aires, sammelte neuerdings noch eine weitere interessante neue Art:
Blossfeldia fechseri BACKBG. n. sp.
Differt ab aliis speciebus corpore foliaceoviridi, nitidulo; lineis arcuatis areolarum ca. 23; areolis minutissimis, saepe aliquid submersis, primum tomento albo; flore ca. 8 mm longo, 9 mm ⌀; ovario et tubo brevi, aliquid elongato, rubello, nudo; phyllis perigonii exterioribus fastigatis, in axillis aliquid lanatis, albis, cum linea rubella; phyllis perigonii interioribus albis, 3 mm latis, ± spathulatis, interdum ± mucronatis, fere pellucidis; filamentis, stylo et stigmatibus albis.

Unterscheidet sich von den übrigen Arten auffällig durch die kräftige blattgrüne, glatte und fast glänzende Epidermis sowie zahlreichere, ca. 23 spiralige und deutlich erkennbare Areolenspiralen; Areolen sehr winzig, aber deutlich, wenn auch fast stichpunktfein, ± leicht versenkt, anfangs weißfilzig; Bl. ca. 8 mm lang, 9 mm breit; Ovarium und kurze Röhre etwas verlängert, ohne Stielchen an der Basis, rötlich, nackt und glatt; Sep. spitzig, in den Achseln etwas kräuselig-wollig, weiß, mit rötlicher Rückenlinie; Pet. ± spatelig, oben breiter gerundet, zum Teil mit einer Art sehr feiner Spitze, alle eigentümlich streifig-durchsichtig erscheinend; Staubf., Gr. und die ca. 8 pelzigen N. weiß. — Argentinien (Catamarca, nach FECHSER ca. 800 km südlicher vorkommend als der Typus der Gattung (Abb. 3549).

Die Pflanzen sprossen sowohl von der Wurzel her, mit anfangs zylindrischem Basalteil, wie auch seitlich, indem sich der Körper zu einem Sproß vorwölbt, ohne gelenkartige Verengung des Sproßansatzes. Die Art bildet Gruppen; ich sah Köpfe bis ca. 3 cm ⌀. Die neue Spezies soll wuchswilliger als die übrigen sein.

Band IV

2163: 1a. *Marshallocereus thurberi littoralis* (K. BRAND.) BACKBG. Ein Synonym ist noch *Lemaireocereus thurberi litteralis* (K. BRAND.) MARSH., der Varietätsname unrichtig geschrieben.

2258: „*Backebergia chrysomallus* (LEM.) H. BRAVO": In „Cactaceas", VI: 4, 90—93. 1962, beschreibt H. BRAVO die bisher unbekannten Blüten (auf der Rückseite mit einem Farbfoto) als „grünlich, bis 7 cm lang, bis zu 4 cm ⌀; Röhre mit ziemlich dichtstehenden Schuppen bzw. Areolen, diese behaart, mit 2—3 bis 8 mm lg. Borsten".

Zugleich wird obiger Name durch den ältesten, mit der Kombination **Backebergia militaris** (AUDOT) H. BRAVO, ersetzt, da AUDOT (REV. HORT., II: 4, 307. 1845) bereits vor LEMAIRE die Art als „*Cereus militaris* Audot" gültig beschrieb. SALM-DYCK und K. SCHUMANN hatten den Namen als unbeschrieben angesehen, BRITTON und ROSE als unsicher in der Zugehörigkeit, zumal sie LEMAIREs Namen mißdeuteten.

H. BRAVO hält — im Gegensatz zu BUXBAUM — dieses Genus aufrecht, und das mit Recht, denn es steht nach Cephalium und Blüte einzig da.

2463: *Pilocereus tehuacanus* (WGT.) BYL. Abb. 2353 zeigt eine von Y. DAWSON in Oaxaca gesammelte Pflanze, vermutlich identisch mit der von WEINGART beschriebenen. Ob es sich bei SCHWARZ' Katalognamen (1955: Nr. 83)

Seite

"*Pilocereus oaxacensis*" um die gleiche Spezies handelt, konnte ich nicht feststellen.

Band V

2831: 4. *Echinomastus intertextus* (ENG.) BR. & R. Das Synonym muß heißen: *Cereus pectinatus centralis* COULT. (statt *Cactus pectinatus centralis*).

3033: Zur Fußnote [1]): SHURLY schreibt in seiner Mamm.-Liste, 22. 1952: *Mamillaria discocactus*. Gemeint ist wohl *Discocactus mammillariaeformis* Katalog HAAGE.

3086: Bei *Arioc. furfuraceus rostratus* BERG. muß die Stachellänge 1—1,5 mm lauten statt „cm".

3137: Die von SCHUMANN in Gesamtbeschreibung als Arten aufgeführten, nur als HORT.-Namen bekannt gewesenen *Mamillaria boucheana, M. de tampico, M. jorderi, M. montsii, M. moritziana, M. nordmannii, M. posteriana, M. spinosior* und *M. zooderi* führe ich — wie SCHELLE mit zwei Ausnahmen — nur als Varietätsnamen von *M. centricirrha*, zumal sie heute undefinierbar sind.

3139: Von *Mamillaria crocidata* erwähnt FÖRSTER (Handb. Cact., 220. 1846) eine v. *quadrispina* PFEIFF. & O., von LABOURET 1853 kurz beschrieben. SALM-DYCK erwähnt 1850 nur eine „blasser blühende Varietät".

3170: *Mamillaria ekmanii* WERD. ist die richtige Schreibweise der Art (Druckfehler: *eckmanii*).

3226: (*Mamillaria elegans* DC.) CRAIG schrieb das Synonym *M. acanthoplegma decandollei* SD., SALM-DYCK: „*decandollii*".

3252: *Mamillaria elongata tenuis* (DC.) K. SCH. LABOURET nennt noch eine *M. stella-aurata minima* SD., die (unbeschrieben) wohl als Synonym hierher gehört.

3298: 133. *Mamillaria hutchisoniana* (GAT.) BÖD. Es muß heißen: „BUXBAUM schrieb irrtümlich *Chilita* (nicht: *Mamillaria*) *hutchinsoniana*."

3352: *Mamillaria rhodantha* v. *rubens* PFEIFF.: Im vorletzten Absatz gehört zu *M. pyrrhocentra* Hort. berol. noch v. *gracilior* SD., nur ein Name.

3353: 182. *Mamillaria phaeacantha* LEM. Nur ein Name war *M. phaeacantha rigidior* SD. (1845).

3377: Zu *Mamillaria spinosissima* LEM. gehört als Synonym noch *Cactus isabellinus* KUNTZE.

3416: 250. *Mamillaria hastifera* KRAINZ & KELLER. Der „*Mamillar hastiferaia*" lautende Name war ein Druckfehler, die Buchstaben „ia" waren herausgefallen und versehentlich an falscher Stelle wieder eingesetzt.

3472: *Mamillaria glabrata* SD. Eine Varietät ist v. *leucacantha* REG. & KLEIN (Ind. Sem. Petrop.), mit 2—4 Mittelstacheln, 10 mm lang.

3473: *Mamillaria grisea* SD.: Der letzte Absatz soll lauten: Wahrscheinlich von der unbeschriebenen *M. grisea* v. *galeotti* FÖRST. verschieden.

3521: Zu *Dolichothele melaleuca* (KARW.) CRAIG gehört noch das Synonym *Cactus melaleucus* KUNTZE.

*

Erst nachdem der Bd. VI vollständig gesetzt worden war, erfuhr ich von der Herausgabe eines neuen tschechischen Werkes:

„KAKTUSY",

von R. PAŽOUT, J. VALNIČEK und R. ŠUBIK, Prag 1960,

Seite

in dem einige Neubeschreibungen erfolgten. Die Autoren sind gute Kakteenkenner, und ihre Beschreibungen müssen daher noch berücksichtigt werden. Leider kann ich mir mangels lebenden Materials kein ausreichendes Urteil über die Pflanzen bilden, sondern hier nur folgenden Text wiedergeben (Weiteres muß einer späteren Veröffentlichung überlassen bleiben):

2863: **Pelecyphora (Gymnocactus?) valdeziana** v. **albiflora** PAŽOUT, l. c., S. 129: Eine weißblühende Varietät. Die Pflanze soll kräftiger sein, die Höcker lockerer, die Areolen mehr gelblich.

Ferner wurden noch folgende neue Arten und Varietäten beschrieben:

Lobivia klusacekii v. *roseiflora* ŠUBIK — l. c., S. 130

Die Blüten sind blaßrosa und lila gestreift. Die Beschreibung der Art in Kaktusař, 99. 1931, sollte als Übersetzung erscheinen, um sich ein besseres Bild über die langsam-wüchsige Art machen zu können; der Blütenfarbton ist ungewöhnlich. Wie es zum späten Auftauchen dieser Varietät kam, scheint nicht geklärt zu sein.

Lobivia napina PAŽOUT — l. c., S. 130

Kugelig, bis 5 cm ⌀, Rippen 14—17, niedrig; Areolen gelbfilzig; Randst. 12, je 6 nach beiden Seiten; mittlere St. 3, ca. 3 mm lang, braun bis schwarz, basal verdickt; Bl. wie die der *Lob. famatimensis*, 3 cm ⌀, fleischfarben, Schlund grün.

Parodia jujuyana FRIČ ex ŠUBIK — l. c., S. 131

Der Name lautete in KREUZINGER Verz., 22. 1935: *Microspermia gigantea* v. *jujuyana* FRIČ (1934). Der Name *Parodia jujuyana* FRIČ erschien so bereits in BORG, Cacti, 328. 1951, als in dieser Fassung irrtümliche Kombination. ŠUBIK hat sie jetzt gültig publiziert. Die Pflanze wird beschrieben: Länglich, bis 5 cm ⌀, bis 12 cm hoch; Rippen 18, schräg stehend, in Warzen gehöckert; Randst. 16, grau, blaßbraun gespitzt; Mittelst. 4, alle hakig, anfangs braun, dann vergrauend; Bl. 2 cm ⌀, rot; Staubf. purpurn; N. gelb.

Gymnocalycium stellatum v. *minimum* PAŽOUT — l. c., S. 131

Da der Name *Echus. stellatus* SPEG. ein ungültiges Homonym des *Echus. stellatus* SCHEIDW. war, benannte Y. ITO die *Gymnocalycium*-Kombination SPEGAZZINIS um in *G. asterium* Y. ITO. Dementsprechend müßte PAŽOUTS Name umkombiniert werden.

Die var. wird nur bis 5 cm breit. Ein Gegenstück zu *G. parvulum* oder *G. platense parvulum* (SPEG.) Y. ITO.

Gymnocalycium andreae v. *svecianum* PAŽOUT — l. c., S. 132

Kurzstachelig; Bl. kleiner als beim Typus der Art, außen bräunlich, innen glänzend weiß; Röhre sehr kurz.

G. andreae ist häufig zum Hybridisieren benutzt worden; wie es zu der bei *Gymnocalycium*-Arten so stark abweichenden Blütenfarbe kam, ist wohl mangels Standortsnachweis kaum festzustellen.

Gymnocalycium riojense FRIČ ex PAŽOUT — l. c., S. 132

Einzeln, erst dunkel-, dann bräunlichgrün bis bräunlich, 8—10 cm ⌀, 6—8 cm hoch; Rippen ca. 15, 10 mm breit werdend; Areolen 12 mm entfernt, oval; St. meist 5, angelegt, blaßbräunlich, oben braun, 2 cm lang; Bl. 3,5 cm ⌀; Röhre ca. 1 cm lang; Sep. stumpflich, rötlich mit bräunlicher Mittellinie; Pet. blasser, mit rötlicher Mittellinie; Schlund karmin; Staubf. unten karmin, oben gelb; N. 12.

Gehört zweifellos zum sehr variablen Formenkreis von *G. bodenbenderianum* u. a., zumal dieses auch aus La Rioja stammt. Die Art bzw. der Artrang erscheint mir als zweifelhaft, doch fehlt mir lebendes Material und die Möglichkeit zu weiteren Nachprüfungen.

Die Fotokopie der lateinischen Diagnosen verdanke ich Herrn RAUSCH, Wien.

Konvergenz oder Verwandtschaft zwischen Didiereaceae und Cactaceae?

Über dieses interessante Thema berichteten eingehend — außer über Ergebnisse von Untersuchungen der Farbstoffe und der Vegetationsorgane bei den ersteren — W. RAUH und H. REZNIK in „Botanische Jahrbücher" (A. Oelschlägersche Druckerei, Calw): „Zur Frage der systematischen Stellung der Didiereaceen" mit einer vorläufigen Mitteilung.

Einmal ergab sich daraus, daß die Didiereaceae endgültig bei den Centrospermen einzuordnen sind, sowie die Tatsache (von RAUH bereits 1956 nachgewiesen), daß die Didiereaceae und Cactaceae, insbesondere die beblätterten Vertreter aus den Unterfamilien Peireskioideae und Opuntioideae, einen in ihren Grundzügen übereinstimmenden Bauplan aufweisen; so bestehen z. B. weitgehende Übereinstimmungen zwischen *Peireskia* und *Decarya* hinsichtlich der Sproßanatomie. Die Autoren glauben damit, eine Verwandtschaft zwischen beiden

Abb. 3550. Pfropfung von Didierea trollii CAPURON & RAUH auf Peireskiopsis. (Foto: W. RAUH.)

Familien annehmen zu können, wie schon ERDTMANN (1952) auf Grund der „resemblance between the pollen grains in Didiereaceae and some pollen types in Cactaceae", während die Pollenkörner der Polygonaceae und Sapindaceae, zu denen man früher die Didiereaceae eingliederte, ± unterschieden sind.

Besonders interessant waren auch die Pfropfversuche von *Didierea trollii* CAPURON & RAUH auf *Peireskiopsis* (Abb. 3550): Eine 1 cm lange Spitze einer älteren Sämlingspflanze wuchs dabei in etwas über 2 Monaten zu einem 8 cm langen Reis heran. Daraus wurde gefolgert, daß die Didiereaceae eine größere Pfropfaffinität zu primitiven (als zu „höher entwickelten") Kakteen besitzen. (Angesichts der Tatsache, daß Pfropfergebnisse auch bei den „höher entwickelten" Cactaceae" sehr unterschiedlich sein können, ist vielleicht auch der Schluß zulässig, daß die Pfropfaffinität eben bei den blattbildenden Pflanzen eine höhere ist. — BACKEBERG).

Offen blieb bisher noch die Frage, ob die Didiereaceae in die direkte Verwandtschaft der Kakteen zu stellen sind oder einen primitiven Parallelast zu diesen bilden, worüber weitere Untersuchungen angestellt werden.

Die Möglichkeit einer näheren Verwandtschaft erscheint auch geographisch gesehen als nicht unwahrscheinlich, da z. B. die von RAUH in Madagaskar gesammelten *Rhipsalis coralloides* RAUH (M 1385) sowie *Rhipsalis* sp. (M 1298) in der Neuen Welt nicht vertreten sind (BACKEBERG).

Nachwort

Mit dem nunmehr abgeschlossenen Handbuch war eine in mehrfacher Hinsicht ungewöhnliche Aufgabe zu bewältigen. Außer der Notwendigkeit, eine einheitliche systematische Grundlage, die auch geographisch aufschlußreich ist, für die ganze Familie der Cactaceae zu finden und sie bis zur Varietät hinunter aufzuschlüsseln, um einen klaren Überblick über alle Erscheinungsformen zu geben und allen Anforderungen an die Bestimmungsmöglichkeit zu genügen, war dabei noch eine große Zahl von Neufunden zu berücksichtigen, die überwiegend erst während der Niederschrift bekannt wurden. Sie sind einerseits ein erfreuliches Anzeichen für den ständig steigenden Aufschwung der Kakteenkunde und -liebhaberei, andererseits bot es mancherlei Schwierigkeiten, die neueren Ergebnisse der Standortsforschung möglichst vollständig zu erfassen, um den Leser über alle heute bekannten Arten zu informieren und sie dem Grad der Bedeutung nach bildlich darzustellen, und zwar vorwiegend als Kulturpflanzen, die sich häufig den Abbildungen der Wildpflanzen gegenüber als aufschlußreicher erwiesen, was vor allem für die chilenischen Neufunde gilt. Zum Teil konnten nur knappe Hinweise gegeben werden; bei mehreren der betreffenden Arten wird in absehbarer Zeit auch kein vollständiges und gültiges Beschreibungsmaterial vorliegen. So mußte dafür oft die farbige und schwarzweiße Illustration einspringen. Es ist dem Verlag zu danken, daß der Nachtragsband diesen Erfordernissen entsprechend mit reicherem Bildmaterial ausgestattet werden konnte.

Ohne die fortgeschrittene Praxis der beruflichen und privaten Züchter, denen es heute gelingt, aus Samen in manchmal überraschend kurzer Zeit blühfähige Pflanzen anzuziehen, die häufig noch schöner als die Importen sind, wäre dies aber gar nicht möglich gewesen. Es erforderte außerdem eine ständige Überwachung der Neuanzuchten in verschiedenen Ländern sowie eine laufende Vervollständigung der — und sei es nur knappen — Beschreibungsangaben und deren Einordnung. Ohne die hilfreiche Unterstützung durch die Deutsche Forschungsgemeinschaft und viele berufliche und private Züchter des In- und Auslandes hätte dies nicht durchgeführt werden können, und so danke ich an dieser Stelle auch allen denen, die mein Vorhaben in tatkräftiger und uneigennütziger Weise förderten.

Bei einem Handbuch wie dem vorliegenden ergeben sich einige besondere Gesichtspunkte und Notwendigkeiten, die hier kurz gestreift werden müssen. Es war z. B. zu überlegen, ob — gemäß Empfehlung 54 D (deutsche Ausgabe 1954) der Nomenklaturregeln — eine Verwendung bisheriger nomina nuda vermieden werden sollte. Das mag für eine Monographie in engerem Sinne gelten. Hier mußten sämtliche bisher verwandten Namen wiedergegeben werden, d. h.: auch alle früheren und heutigen Katalognamen, die letzteren, soweit sie über Neufunde Aufschluß geben. So verfuhren im Interesse der historischen Vollständigkeit bereits Britton u. Rose in ihrer monographischen Ausgabe. Allein schon die große Zahl der jüngsten Neuentdeckungen und die Tatsache, daß sie in fast allen Züchtereien wie botanischen und privaten Sammlungen angetroffen werden, erforderte auch die Berücksichtigung solcher neueren (zum Teil wenigstens mit kurzen Angaben bekannten) Katalognamen, wenn das Handbuch den Bedürfnissen der Praxis nachkommen wollte, zumal gültige Beschreibungen erst nach und nach zu erbringen sind. Ferner läßt sich manches gegen die jüngste Regelfassung einwenden, wonach Beschreibungen nur gültig sind, wenn in einem öffentlichen Institut Typmaterial deponiert wird. Bei der Sukkulentenkunde müssen die besonderen Umstände berücksichtigt werden. Im Code von 1954 (deutsche Ausgabe) wurde wohlweislich nur zu einer Typmaterialdeponierung geraten, im übrigen die Beigabe von Abbildungen für notwendig erachtet, „um das Wiedererkennen zu erleichtern". Letzteres ist heute eine Selbstverständlichkeit. Herbarmaterial ist dagegen bei den Sukkulenten am Standort oft kaum zu konservieren, oder es gibt nicht genügend Aufschluß. Mitunter werden Einzelstücke auch erst später als neue Art erkannt, wenn die übrigen bereits weit verstreut sind; dem Besitzer ist nicht zuzumuten, dieses einzige lebende Exemplar wegzugeben, zumal seine Erhaltung als solches nicht immer gesichert ist. Irgendwo in der Welt vorhandenes Trockenmaterial — und erst recht eingegossenes — wird kaum oder nur unter großen Schwierigkeiten zu sehen oder auszuleihen sein. Da sollte „fotografisches Typmaterial" auch weiterhin als ausreichend angesehen werden, zumal die moderne Fotografie und besonders die farbige in den meisten Fällen mehr aussagt als trockenes Material, wofür ich in diesem Handbuch eine Fülle von Beweisen geliefert haben dürfte. Ein solcher fotografischer Beschreibungsbeleg hat auch den Vorteil, jedem ohne Schwierigkeiten zugänglich zu sein und das „Wiedererkennen" wesentlich zu erleichtern. Bei den Makrofotos habe ich übrigens fast stets auf den Vermerk des Größenverhältnisses verzichten können, da ein Vergleich mit den Beschreibungsangaben genügt.

In einer Rezension wurde der Wunsch nach einem morphologischen Teil geäußert, in einer anderen darauf verwiesen, daß keine Kulturangaben gemacht wurden. Auf beides mußte hier verzichtet werden und der zur Verfügung stehende Platz der Pflanzenbeschreibung überlassen bleiben, genauso wie z. B. in der Ausgabe BRITTON u. ROSES, in W. RAUHS Peruwerk usw. Nach dem Vorbild des letzteren wurden aber besonders interessante Einzelheiten in Makrofotos wiedergegeben, einfarbig und farbig, auch um die Vorteile einer solchen Darstellung zu zeigen. Ein morphologischer Teil erübrigt sich, weil F. BUXBAUM eine solche Bearbeitung bereits mit guten Zeichnungen herausgegeben hat. Kulturfragen sind im übrigen für den modernen Züchter nicht mehr so wichtig und können heute, wo wir über Hydrokultur, Einheitserde, chemische Dünger mit Spurenelementen usw. hinreichend informiert sind, unterbleiben oder in so knapper Form behandelt werden, wie dies bereits in meinem Gartenschönheit-Kakteenheft „Schöne Kakteen für den Liebhaber" erfolgt ist und auch in meinem ergänzenden Werk „Wunderwelt Kakteen" (VEB Gustav Fischer Verlag, Jena) geschah.

Die vielseitige Entwicklung der neueren Kakteenkunde zwingt auch dazu, zu einigen weiteren Fragen Stellung zu nehmen. Es ist selbstverständlich, daß sich für ein so ungewöhnliches Arbeitsgebiet alle Zweige der modernen Wissenschaft interessieren, besonders der Morphologe und der Phylogenetiker, und es liegt nahe — an Beispielen dafür fehlt es nicht —, daß zuweilen der eine das Gebiet des anderen seinem eigenen unterordnen möchte. Bedenkliche Folgen drohen dabei am ehesten durch eine voreilige Verflechtung von Phytographie und Phylogenie, und es erscheint daher als angebracht, hier die einsichtsvollen Worte des bedeutenden amerikanischen Autors LEDYARD G. STEBBINS jr. aus seinem Werk „Variation and Evolution in Plants", in dem Kapitel „Taxonomic categories and their genetic significance", wiederzugeben: „The integration of systematics and genetics, which is essential for a true understanding of the variation pattern in nature, is possible only, if workers in both fields have a full understanding and a reasonable amount of agreement on the terms used by both themselves and their colleagues to describe the phenomena of variation. This cannot be accomplished by disregarding or redefining the terms now used in either discipline or by inventing new terms. The terminology of both disciplines has grown up in response to the need for describing phenomena in a certain way, and therefore both sets of terms have their own value. They should be retained as parallel series, each fitted for describing certain natural phenomena on the basis of a particular type of evidence." Zusammenfassend gesagt: „Phylogenie und Phytographie folgen in ihrer getrennten Arbeitsweise unabhängig voneinander dem Erfordernis, gewisse Erscheinungsformen zu beschreiben; dies kann nicht durch Unbeachtetlassen der gegenseitigen Tätigkeit oder Erfindung einer neuen Terminologie erfolgen, sondern erfordert das notwendige Verständnis für das andere Arbeitsgebiet, indem beide Disziplinen als parallele Forschungszweige mit eigenen Aufgaben angesehen werden." Derjenigen des Phylogenetikers steht die andersgeartete des Phytographen gegenüber. Er muß, auf moderner systematischer Gesamtgrundlage, vor allem das ganze uns heute bekannte Pflanzenmaterial der jeweiligen Familie in logischer Ordnung registrieren, klar nach seiner Zugehörigkeit erkennbar und leicht bestimmbar. Ich habe dabei eine Form angestrebt, die bei einigem Vertrautsein mit dem Handbuch dem Benutzer die schnellste und umfassendste Orientierung ermöglicht und ihm ein vollständiges Bild aller unterscheidbaren Vertreter der Cactaceae vermittelt. Eine solche sich auf zahlreiche Einzelheiten erstreckende Arbeit wird auch dem Phylogenetiker wichtiges Material für sein eigenes Forschungsgebiet liefern. Wenn demgegenüber ein neuerer amerikanischer Autor Gattungen wie *Arequipa*, *Bolivicereus*, *Matucana*, *Submatucana*, *Morawetzia*, *Seticereus*, *Clistanthocereus*, *Loxanthocereus* und *Oreocereus* unter dem einzigen Genus *Borzicactus* zusammenzog, so mag dies von gewissen phylogenetischen Anschauungen her zu vertreten sein. Ich habe ja mit der Sippe *Loxanthocerei* eine ähnliche Zusammenfassung wiedergegeben, ohne aber die einzelnen deutlich erkennbaren Gruppenunterschiede zu verwischen, indem ich die Gattungen beließ. Soll jenes amerikanische Vorgehen aber auch für die phytographische Arbeit und die Benennung in öffentlichen und privaten Sammlungen sowie bei denen des Handels und für die züchterische Praxis gelten, würde dies nur eine chaotische Verwirrung zur Folge haben und das Schwinden eines ernsteren Interesses gerade bei denjenigen, die die europäische Tradition vertreten, denn diese ist vor allem eine phytographische Tradition, um die sich zahlreiche Sammler, Züchter und Vereinigungen mit ihren Zeitschriften verdient machten, wodurch auch ein großer Teil der Standortsforschung ermöglicht wurde. Die Geschichte der Kaktologie — darauf muß besonders hingewiesen werden, weil es sich hier um eine besondere Situation handelt — ist ein einzigartiges Beispiel für die Bedeutung der Liebhaberei auf diesem Gebiet, der die botanische Arbeit sehr viel verdankt. Gerade in jüngster Zeit ist dadurch auch der Wert der Zeitschriften gewachsen und in Europa eine umfangreiche und vielseitige Fachliteratur entstanden. Diese ungewöhnliche Sachlage muß eine Gesamtbeschreibung ebenfalls berücksichtigen. Es liegt im übrigen durchaus kein Bedürfnis für rigorose Zusammenfassungen vor, deren Folge ja zwangsläufig sein müßte, daß die Kenntnis der unterscheidenden Merkmale verkümmern würde. Zudem liegen die Verhältnisse bei der amerikanischen Liebhaberei wesentlich anders. Das mag die vorerwähnte Zusammenfassung verständlicher werden lassen, ohne daß sie aber als nützlicher angesehen werden kann. Für den europäischen Fachmann, sei er nicht spezialisierter Botaniker, Züchter, Liebhaber oder Samenhändler, würde sie bedeuten, daß niemand mehr wüßte, wie die zahllosen Pflanzen nun richtig benannt werden sollen. Außerdem erstreckt sich die besagte „Revision" nur auf ein kleines Teilgebiet der Cactaceae. Wie sollte man sich also bei einem die ganze Familie umfassenden

Handbuch danach oder nach anderen ähnlichen Gliederungsversuchen richten können?

Gegenüber den auf dem Gebiet der Cactaceae bisher mehr theoretischen Gedankengängen des Phylogenetikers muß der Phytograph auf die Anforderungen Rücksicht nehmen, die von einem weiteren Interessentenkreis an seine Arbeit gestellt werden. Was nützte es z. B. demjenigen, der nach bestimmten Gruppenmerkmalen sucht, wenn, wie in dem oben genannten Fall, Pflanzen mit cephalioiden Bildungen in Arten ohne solche einbezogen werden oder man sagen würde, daß Borsten im Cephalium nur eine steifere Form von Haaren sind, obwohl die Natur jeweils mehrere Arten mit genau den gleichen Merkmalen schuf. Ihm wäre ebensowenig mit dem Argument gedient, der äußeren Reduktionslinie der Blüte stände auch eine innere gegenüber. Letztere ist für Bestimmungszwecke wenig geeignet, desgleichen die Testastruktur und Form der Samen, zumal diese gar nicht immer zur Verfügung stehen. Die inneren Merkmale der Blüte sind innerhalb einer Gattung nicht immer gleichartig, z. B. kann die Reduktion und Form der Nektarkammer verschieden sein (*Opuntia, Erdisia* usw.). Fruchtknoten und Röhre zeigen dagegen in ihrem Äußeren merkwürdigerweise einen auffälligeren Konservativismus der erreichten Sproßmerkmalsreduktionsstufe, worüber man sich bisher überhaupt noch keine Gedanken machte. Damit ist ein systematisch viel unkomplizierterer Anhalt gegeben, der die Bestimmung also wesentlich erleichtert. Ich habe mich daher nach der äußeren Reduktionsstufe richten müssen, zumal wir über diese in vollem Umfange unterrichtet sind, was der Phylogenetiker bei seiner Arbeit noch keineswegs sagen kann.

Hätte man sich schon eher an STEBBINS' Worte gehalten, wäre in der Vergangenheit viel unnütze Kontroverse vermieden worden. Gerade aber, weil die Phylogenie in der Kakteenkunde noch am Anfang ihres Weges steht, muß sie nach Kräften gefördert werden. Massenumbenennungen sollten jedoch bei ihrem gegenwärtigen Stand vermieden werden; sie erinnern sonst an den Ballast der zahlreichen KUNTZEschen „*Cactus*"-Kombinationen, die niemals angewandt wurden, aber seit Jahrzehnten durch die Literatur geschleppt werden müssen. Wie ich selbst zur entwicklungsgeschichtlichen Forschung stehe, habe ich bereits 1942 mit meiner in den Jahrbüchern der Deutschen Kakteen-Gesellschaft erschienenen Schrift „Zur Geschichte der Kakteen" bewiesen. Auf sie erfolgte lange Zeit keine Stellungnahme. Um so erfreulicher ist es, daß sie jüngst in den USA einen lebhaften Widerhall fand und meine Annahmen als wahrscheinlich richtig angesehen werden. Dennoch habe ich jene Arbeit aus gutem Grunde nicht fortgesetzt. Mir erschien die Erhaltung aller bisher erworbenen Kenntnis und die exakte Pflanzenbeschreibung als vorderhand wichtiger.

Möge dies auch der allgemeinen Kakteenkunde dienen und erkennen lassen, daß zwischen Phylogenie und Phytographie kein grundsätzlicher Gegensatz besteht, es vielmehr eine beiden Seiten nützliche Form der Zusammenarbeit zu finden gilt, und daß bei einem Handbuch wie dem vorliegenden auch praktische Erwägungen die fachlichen mitbestimmen müssen, wenn das ganze Gefüge der sich gegenseitig fördernden Arbeitsgruppen nicht ins Wanken kommen, sondern zu einem gedeihlichen weiteren Fortschritt beitragen soll. Überblicken wir die jüngste Entwicklung, dürfen wir darin durchaus optimistisch sein und könnten es noch mehr sein, wenn auch die spezialisierte Kakteenkunde, unter wohlerwogener Abgrenzung der Belange, zu einer sinnvollen Zusammenarbeit gelangen würde.

NAMENSVERZEICHNIS

Hierunter sind sämtliche bis heute erschienenen Gattungs- und Artnamen der *CACTACEAE* bis zur Varietät hinab aufgeführt, einschließlich der Synonyme, sowie alle Katalognamen, die bisher erfaßt werden konnten, von den Kategorien oberhalb des Genus nur diejenigen meiner Klassifikation, ähnlich wie bei BRITTON & ROSE, während von einer Wiedergabe fremder Kategorien nach dem Vorbild der amerikanischen Autoren und K. SCHUMANNS, der nicht einmal seine eigene Gliederung in den Index einbezog, Abstand genommen wurde, mit Ausnahme derjenigen, die in diesem Handbuch erwähnt worden sind. Von den Kategorien unterhalb des Genus nahm ich allein die Namen der Sektionen und Untersektionen auf, aber nicht die der Reihen und Unterreihen; sie ergeben sich beim Aufsuchen der jeweiligen Art oder Varietät entweder aus den Reihenschlüsseln oder aus der betreffenden Reihenposition, soweit solche Untergliederungen vorgenommen wurden. Um das Register nicht unnötig zu belasten, sind ferner die Zahlen jener Seiten fortgelassen, auf denen ein Name nur beiläufig erwähnt ist, das heißt: für ihn kein Nachschlagebedürfnis besteht. Ebenso erübrigte sich die Seitenangabe der Namen unter den Abbildungen, da für sie ein Hinweis auf die laufenden Abbildungsnummern am Ende jeder Beschreibung zu finden ist, wenn dieser Illustrationen beigegeben sind.

Durch halbfetten Druck wurden die Seiten gekennzeichnet, auf denen die in diesem Werk als gültig angesehenen Gattungs-, Art- und Varietätsnamen mit ihren Beschreibungen zu finden sind. Kursivzahlen bedeuten, daß es sich um Seiten der Klassifikation und der Systematischen Übersicht handelt.

Zum leichteren Aufsuchen der Arten in den einzelnen Bänden gebe ich nachstehend an, in welchen derselben die Seitennummern jeweils zu finden sind:

Seite   1— 638: Band I   Seite 1927—2629: Band IV
Seite 639—1360: Band II   Seite 2630—3543: Band V
Seite 1361—1926: Band III   Seite 3544—3918: Band VI

INDEX

Acanthocalycium 55, *75*, 937, 1336, *1362*, *1363*, **1366**–**1370**, 1670, 3760
  chionanthum **1367**, **1369**
  formosanum 3760
  formosum 1678
  — albispinum 1683
  — crassispinum 1683
  — gilliesii 1683
  — laevior 1683
  — rubrispinum 1683
  — spinosior 1683
  hyalacanthum 1333
  klimpelianum **1367**, **1369**
  oreopogon 1674
  peitscherianum **1367**, **1368**
  spiniflorum **1367**
  thionanthum **1367**, **1370**
  violaceum **1367**, **1368**

Acanthocephala 1576
  graessneri 1579
Acanthocephalus 1576
  haselbergii*) —
Acanthocereus *57*, *81*, 813, 817, 824, **1930**–**1940**, 1941, 2363, 3843
  acutangulus 792, **1937**
  albicaulis **1931**, **1939**
  baxaniensis **1935**, 1938, 1962
  brasiliensis **1931**, **1939**
  colombianus **1931**, **1932**
  floridanus **1931**, **1938**
  guatemalensis 1932
  hondurensis 1939
  horribarbis 1940
  horribilis 1932, 1940
  horridus **1931**, 1932, 1940
  maculatus 1942

---

*) Diese Kombination wurde von Y. ITO nur irrtümlich aufgeführt (Expl. Diagr., 233, 1957).

Acanthocereus, occidentalis **1931, 1938**
  pentagonus 1931, 1933, 1935, 1937
  puruaensis 1940
  sicariguensis **1932**
  subinermis **1931, 1938**
  tetragonus 813, **1931, 1933,** 1934, 1936, 2325
  thalassinus 1940
Acantholepidoti 1363
Acantholobivia 55, 75, 1338, 1362, **1363–1366,** 1374, 1375, 1494
  euanthema 1511
  haagei 1502
  incuiensis **1364, 1365**
  tegeleriana **1364**
Acanthopetalus 1094, 1338
  mirabilis 1095
Acanthorhipsalis 51, 67, 645, 646, **698–701,** 826, 3643
  crenata **699, 700**
  incahuasina 646, 698, **699, 700**
  micrantha 682, 698, **699**
  monacantha 698, **699, 701**
  — samaipatana **699, 701,** 3643
  paranganiensis 646, 681, 698, **699, 700**
  samaipatana 3643
Acentracantha 3082, 3092
Acephalocerei 59, 87, 2369, 2370, 3862
Ackermannia 740
Ahoplocarpus 113
Airampoa 212, 418
  aurata 212, 213
Airampu 432
Akersia **3681–3682,** 3690
  roseiflora **3681**
Ancistracantha 3092
Ancistrocactus 61, 96, 2632, 2649, 2674, 2688, 2743, 2919, 2920, 2921, **2926–2931**
  brevihamatus 2919, 2920, 2926, **2927, 2930**
  megarhizus **2927**
  scheeri **2927, 2929,** 2931
  tobuschii **2927, 2929**
Andenea 1371
  gregeri 1464
  haematantha 1433
  klusacekii 1421
  kuehnrichii 1436
  schuldtii 1459, 1462
  staffenii 1418
  — lagunilla 1420
Anhalonium 2893, 3064, 3083
  aloides pulvilligerum 3089
  areolosum 3086
  aselliforme 3080
  elongatum 3087
  engelmannii 3066
  fissipedum 3070
  fissuratum 3066
  furfuraceum 3085
  heteromorphum 2973, 3066

Anhalonium, jourdanianum 2895, 2898, 2899
  kotschoubeyanum 3069
  kotschubeyi*) —
  lewinii 2892, 2893, 2895, 2897, 2898, 2904, 2910, 2911, 2912
  prismaticum 3088, 3089
  pulvilligerum 3087
  retusum 3088
  rungei 2897
  subnodusum 2897
  sulcatum 3069
  trigonum 3086
  turbiniforme 2866
  visnagra 2897, 3118
  williamsii 2896
Anisocereus 58, 85, 2130, 2155, 2210, 2212, **2226–2230**
  foetidus 2211
  gaumeri 2155, **2228, 2229,** 2230
  lepidanthus 2155, **2228, 2229**
Annemarnieria 73, 992
Anomalolobivia 1479, 3906
Aporocactus 53, 70, 645, 793, **818–823,** 3653, 3656
  baumannii 997
  colubrinus 997
  conzattii **818, 821**
  flagelliformis 780, 817, **818,** 819, 820, 821, 822, 3656
  flagriformis **818, 820,** 822
  knebelii **822**
  leptophis **818**
  mallisonii 819
  martianus **818,** 819, **821,** 822
  oaxacaensis 821
Aporocereus 818
Aporodisocactus 822
Aporotrichocereus 823
Archiebnerella 3092
Arequipa 23, 54, 73, 823, 933, 1027, **1048–1059,** 1361, 2368, 3678, 3696, 3699, 3702
  aurantiaca 1061
  clavata 1862
  erectocylindrica **1050,** 1053, 1054, **1057**
  hempeliana **1050, 1055,** 3699
  leucotricha 1051, 1053, 1058, 1059, 1862, 1863, 3699
  myriacantha 1049, 1053, **1061, 1063**
  rettigiana 1058
  rettigii 1049, **1050, 1051,** 1053, 1054, 1055, 1058, 1862, 1863, 3699
  soehrensii **1054**
  spinosissima **1053,** 1059, 3699
  variicolor 1040, 1048, 1050, 1056, 1057, 3696
  weingartiana **1050, 1053,** 1054, 1055, 1058, 3699
  — carminanthema **1050, 1053**
Arequipiopsis 1048, 1049
  hempeliana 1055
  rettigii 1051

---

*) Dieser Name war ein Synonym Lemaires von Anhalonium sulcatum SD.

Arequipiopsis, soehrensii 1054
  weingartiana 1053
Ariocarpus *62*, *98*, 2866, 2867, 2868, 2869, 3064, 3065, 3075, 3076, 3081, **3083–3090**, 3504, 3505
  aselliformis 3080
  disciformis 2866
  elongatus 3087
  fissuratus 3065, 3066, 3089
  — lloydii 3065, 3068
  furfuraceus 3084, **3085**, 3088, 3089, 3499, 3501
  — rostratus **3086**, 3910
  kotschoubeyanus 3069
  — albiflorus 3074
  — macdowellii 3075
  kotschubeyanus 3069
  lloydii 3065,3068, 3089
  macdowellii 3075
  prismaticus 3088
  pulvilligerus 3087
  retusus 3084, **3085**, 3087, **3088**, 3089, 3497, 3499, 3501, 3502
  — major 3089
  scapharostrus 3084, **3085**, 3086, **3089**
  strobiliformis 3076
  sulcatus 3069
  trigonus 2881, 3084, **3085**, **3086**, 3087
  — elongatus **3087**, 3089
  wiliamsii 2896
Armatocereus *53*, *72*, 446, 842, **887–908**, 1929, 2131, 3665
  arboreus 888, 892, 901, 905, 908
  armatus 893, 901, 908
  balsasensis 908
  cartwrightianus 888, **890**, 891, 892, 3665
  — longispinus 888, **890**
  churinensis 888, **894**
  confusus 908
  ghiesbreghtii **906**
  godingianus 888, **891**, 892
  griseus 2182
  humilis 887, **890**, **905**
  laetus **890**, 893, **897**, 900, 901, 906, 908, 3665
  marañonensis 900, 908
  mataranus 3665
  matucanensis **890**, 892, 901, **902**, 908
  mocupensis 900, 908, 3665
  oligogonus **890**, **894**
  procerus 888, **893**
  rauhii 888, **892**, 900, 906
  riomajensis **890**, **901**
Arrojadoa *60*, *90*, 2130, 2287, 2549, **2551–2556**
  penicillata 2551, **2552**, **2554**
  — decumbens **2553**, **2556**
  rhodantha **2552**, **2553**
Arthrocereus *57*, *79*, *82*, 718, 824, 1095, 2082, 2083, **2104–2112**
  campos-portoi **2105**, **2109**
  damazioi 2109
  mello-barretoi 2105, **2106**, 2109, **2111**, 2112

Arthrocereus, microsphaericus 718, 2104, **2105**, **2106**
  mirabilis 1095, 2108
  rondonianus 2105, **2106**, **2109**, 2112
Astrophyton myriostigma 2655
  — depressa 2655
Astrophytum *61*, *92*, 1655, 2632, **2651–2674**, 3868–3870
  asterias 1288, 2651, 2653, **2655**, **2666**
  — multipunctatum 2666
  — nudicarpum 2666
  — nudum 2666
  — roseiflorum 2666
  — seminudum 2666
  capricorne 2651, **2655**, **2668**, 2672, 2674
  — aureum 2674
  — crassispinum 2651, **2655**, **2673**
  — — major 2673
  — — minor 2671
  — — nudum 2674
  — majus 2673
  — minor 2672, 2674
  — minus **2655**, **2671**
  — niveum **2655**, **2672**, 2673
  — — flavispina 2673
  — senile 2674
  capricornus 2673
  coahuilense **2655**, **2668**
  crassispinum 2673
  glabrescens 2664
  mirbellii 2666
  myriostigma 2652, **2653**, **2655**, 2657, 2662, 2668, 3868
  — coahuilense 2668
  — columnare **2654**, 2660, **2663**, 3870
  — depressa 2655
  — jaumavense 2662
  — multicostatum 2656
  — myriostigma glabrum **2653**, **2656**
  — — nudum 2662
  — potosinum **2654**, **2657**
  — — columnare 2663
  — — nudum 2662
  — — rotunda 2660
  — — tamaulipense 2657
  — — tulense **2654**, **2660**
  — quadricostatum **2654**, 2655, **2662**
  — strongylogonum **2654**, 2657, **2661**
  — — nudum **2654**, 2656, **2662**
  — tamaulipense 2657, 2660, 2663
  — tetragona 2663
  — tricostata 2663
  — tulense 2660, 2664
  niveum 2672
  nuda 2666
  ornatum *92*, 1655, 2651, 2653, **2654**, 2664, 2665, 2666
  — aureispinum 2665
  — densiareolatum 2666
  — glabrescens 2652, 2664
  — mirbelii **2654**, **2665**, 3870
  — mirbelli 2666
  — ornatum glabrescens **2654**, **2664**

Astrophytum, ornatum spirale 2665, 2666
 prismaticum 2655, 2656
 senile 2652, 2653, **2655**, 2671, **2674**
 — aureum **2655**, **2674**
 stellata 2666
 virens 2666
 — afilatum 2666
 — aurispinum 2666
 — pentacanthum 2666
 — robustispinum 2666
 — spirale 2666
Auastrophytum 2652
Aulacothelae 2984, 3005, 3046
Aulacothele sulcolanatum 3007
Aureilobiva 1338, 1358
 — aureiflora 1356, 1357*)
 — — columnaris 1357, 1423**)
 — — shaferi 1426
Austrocactinae *55*, *71*, *75*, 1360, 1361, 1557, 1563, 2631, 3729
Austrocactus *56*, *76*, *77*, 641, 1089, 1556, **1557**–**1563**, 1567, 1569, 3745
 bertinii **1558**, **1559**, 3743
 coxii 1557, **1558**, 1561, **1562**, 1567
 duseni 1557, 1562
 dusenii 1557, 1558, 1561
 gracilis **1558**, **1562**
 intertextus 1560, 1561
 patagonicus **1558**, **1560**, 1561
Austrocephalocereus *60*, *90*, 1929, 2468, 2469, 2470, 2479, **2495**–**2500**, 2522, 2546
 dybowskii **2496**, **2498**, 3864
 lehmannianus 2496, **2497**, **2499**
 purpureus **2496**, **2497**, 2522, 2545
Austrocereeae *53*, *70*, *71*, 641, 824, 827, 1928, 1929, 3656
Austrocereinae *53*, *71*, 824, 1360, 3656
Austrocylindropuntia *49*, *64*, 123, 125, **137**–**161**, 166, 214, 224, 3575—3582
 albiflora 157
 clavarioides **157**, **158**, 161, 3582
 — minima 3582
 — ruiz-lealii **158**, **161**
 colubrina **152**, **156**
 cylindrica **138**, 139, **140**
 — moritii 3576
 exaltata **138**, **139**, **140**, 146, 3576
 haematacantha **148**, **149**, 3577
 humahuacana **144**, **145**, 3576
 hypsophila 149, 355
 inarmata **3578**
 intermedia **139**, **141**, 214, 3576
 ipatiana **152**, **153**
 miquelii 125, 137, **142**, 3576
 — jilesii **142**, **143**, 3576
 pachypus **139**, **141**
 salmiana **153**, **156**
 — albiflora **153**, **157**
 — spegazzinii **153**, **156**
 schickendantzii 408

Austrocylindropuntia, shaferi **144**, **146**
 spegazzinii 156
 steiniana **148**, **149**, 3579
 subulata **138**, **139**, 146, 3503
 tephrocactoides **139**, **142**, 214, 3576
 teres **148**, **150**, 214, 3579
 verschaffeltii **148**, 149, 214, 222, 3576, 3577, 3579
 — hypsophila **148**, **149**
 — longispina **148**, 3577
 vestita 143, 146, **148**, **150**, 214, 234, 3579
 — chuquisacana 146, **148**, **151**, 3579, 3581
 — intermedia **3581**
 — major 146, **148**, **152**, 3581
 weingartiana **144**, **145**
Austrocylindropuntiae *49*, *64*, 137
Austroebnerella 3091, 3092, 3528, 3530
Austroechinocacti *56*, *75*, *76*, *77*, *78*, 1361, 1371, 1556, 1798, 3743
Austroechinocactinae 1360
Austrosphaeropuntiae *49*, *64*, 211
Aylostera *55*, *76*, 1482, 1483, 1494, 1495, **1523**–**1531**, 1532, 1553, 3514, 3738
 deminuta 1523, **1525**, **1530**
 — pseudominuscula 1529
 fiebrigii 1523, **1524**, **1526**, 3738
 — densiseta 1526
 kruegeri 1553, 1554
 krugeri 1554
 kupperiana **1525**, **1528**
 pseudodeminuta **1524**, **1526**
 — albiseta **1524**, **1527**
 — grandiflora **1524**, **1528**
 — longiseta 1528
 — schneideriana **1524**, **1528**
 — schumanniana 1494, **1524**, **1527**
 pseudominuscula **1525**, **1529**, 1530
 pulvinosa 3738
 spegazziniana 1504, **1525**, **1530**
 — atroviridis **1525**, **1531**
 — waltheriana 1493
 spinosissima **1525**, **1531**
 — brunispina 1531
 steinmannii 1505, **1525**, **1528**
 waltheriana 1531
Aztekium *61*, *95*, 2881, **2890**–**2892**, 2893
 ritteri **2892**
Azureocereus *53*, *72*, 910, **925**–**934**, 1146, 3667, 3668
 ayacuchensis 933
 ciliisquamus 930
 deflexispinus **932**
 hertlingianus 925, **926**, 930, 931, 932, 933
 — nobilis 930
 imperator 933
 nobilis 925, 926
 viridis 925, **926**, **931**

Backebergia *58*, *86*, 2131, 2236, **2257**–**2259**, 2470

---

*) Auf S. 1357 als Aureilobivia **aurea**; A. aureiflora war eine unzulässige Namensänderung.
) Auf S. 1423 als Aureilobivia **aurea columnaris.

Backebergia, chrysomallus 2258, 3909
   militaris **3909**
Bartschella *62, 99*, 3081, 3091, 3093, 3095, 3102, 3514, **3534–3535**
   schumannii 3502 3503, **3535**
Bergerocactus *57, 83*, **2123**–2124
   emoryi **2123**
Bergerocereus 2124
Binghamia 977, 978, 1159, 1160, 2479, 2500, 3715
   acanthura 963
   acrantha 3715
   australis 3715
   cajamarquilla 3715
   chosicensis 3715
   climaxantha 1161, 2500, 2501, 2503, 2504
   decumbens 3715
   eriotricha 963
   humboldtii 985
   humifusa 3715
   icosagona 980
   laredensis 3715
   matucanensis 3716
   melanostele 977, 1160, 1224, 1226, 2479, 2489, 3716
   multangularis 1159, 1224, 3715
   — limensis 3715
   — pallidior 3716
   — rufispina 3716
   olowinskiana 3715
   pacalaensis 3715
   platinospina 3715
   pseudomelanostele 3715
   versicolor 3715
   — humifusa 3715
   — lasiacantha 3715
   — xanthacantha 3715
Bisnaga 2721
Blossfeldia *56, 76, 77*, **1665–1669**, 3909
   atroviridis 1668
   campaniflora **1666**, **1668**
   cyathiformis 1668
   fechseri **3909**
   liliputana **1666**, 1668
   pedicellata 1668
Blossfeldiana asterioides 1665
Bolivicereus *54, 73*, 937, **970–973**, 974, 3676–3678
   chacoanus 3678
   margaritanus 3678
   samaipatanus 972, **973**, 3677
   — divi-miseratus **973**, 3677
   — multiflorus **973**
   serpens **3676**, 3677
   tenuiserpens **3677**, 3678
Bonifazia*) *52, 69*, 766—767
   quezalteca 766, 3650, 3651
   quezaltica 766
Boreocactinae *60, 79, 91*, 2631, 3868
Boreocephalocereus 2251

Boreocereeae *56, 70, 79*, 641, 824, 1147, 1927, 1929, 3841
Boreocereinae *56, 79*, 1927, 2369, 2370, 3841
Boreocylindropuntiae *49, 64*, 165
Boreoechinocacti *60, 91*, 1556, 2631, 2919, 3868
Boreosphaeropuntiae *50, 64, 65*, 354
Borzicactella 1023, 3677
   prostrata 1023, 3677
   viperina 1023, 3678
Borzicactus *54, 73*, 645, 934, 935, 936, 937, 938, 939, 940, 941, 942, 943, 972, **973–977**, 1049, 1059, 1160, 3669, 3676, 3677, 3678, 3679, 3680, 3681, 3682, 3683, 3695, 3697, 3699, 3700, 3704, 3903
   acanthurus 963
   — ferox 963
   aequatorialis **974**, **975**
   aurantiacus 1061
   aurivillus 980
   calvescens 1059, 1061, 3702
   celsianus 3695
   crassiserpens 3681
   decumbens 941, 1235, 1237
   doelzianus 3698
   eriotrichus 963
   faustianus 951
   fieldianus 936, 938
   fossulatus 3695
   haynei 3704
   hendriksenianus 3696
   humboldtii 983
   icosagonus 980
   — aurantiaciflorus 3678
   jajoianus 947
   laniceps 3676
   leucotrichus 3699
   morleyanus 935, **974**, 975, **976**, 977
   neoroezlii 3680
   piscoensis 938, 950, 3669
   plagiostoma 983
   platinospinus 1234
   roezlii 986
   samaipatanus 3677
   sepium **974**, 3679, 3698
   — roezlii 985
   serpens 3674, 3677, 3681
   sextonianus 3673
   strausii 1013
   sulcifer 3671
   tenuiserpens 3678
   tessellatus 936, 938, 939, 955
   tominensis 1002
   trollii 3696
   ventimigliae 935, 941, 974, 975, 976, 3698
   websterianus **974**, **976**
   — rufispinus **974**, **976**
   zanderi 3676
Borzicereus 974, 3903
   roezlii 985

---

*) Dieser Gattungsname wurde inzwischen zu Disocactus einbezogen.

Borzicereus, tominensis 1002
Brachycalycium 56, 76, 78, 1556, 1746, 1772, **910**, 1776, **1786–1787**, 3762
  pflanzii 1772
  tilcarense **1786**, 3762
Brachycereus 53, 72, 446, 842, 887, 906, **909**–911, 912, 1929
  nesioticus **909**
  thouarsii 909, 912
Brachyloxanthocerei 54, 72, 73, 1043, 1048
Brasilicactus 56, 76, 77, **1576–1580**, 1626, 3745, 3748
  elachisanthus **1577, 1578**
  graessneri **1577, 1579**
  — albisetus **1577**, 1579, **1580**
  haselbergii 1556, **1576, 1577**, 1579, 1582
  — stellatus 1578
Brasilicereus 59, 87, 2288, **2290–2292**, 2314
  markgrafii **2290, 2291**, 2292
  phaeacanthus **2290, 2291**
Brasiliopuntia 50, 65, **370–375**, 3604, 3605
  argentina 372
  bahiensis **371**, **373**, 374
  brasiliensis **371**, **372**, 374, 375, 3605
  neoargentina **371**, 373, **374**, 3605
  schulzii **371**, **373**, 374
Brasiliopuntiae 50, 65, 370
Brasilocactus 1576
Bridgesia 1787, 1851, 1852
  cumingii 1926
  polyrhaphis 1868, 1869
  villosa 1868
Brittonia 2743
  davisii 2748
Brittonrosea 2752
  albata 2767
  anfractuosa 2781
  arrigens 2774
  confusa 2783
  coptonogona 2763
  crispata 2779
  dichroacantha 2783
  gladiata 2778
  grandicornis 2774
  hastata 2763
  heteracantha 2765
  lamellosa 2773
  lancifera 2776
  lloydii 2771
  multicostata 2764
  obvallata 2782
  pentacantha 2786
  phyllacantha 2784
  violaciflora 2777
  wippermannii 2765
  zacatecasensis 2772
Browningia 53, 72, 910, **915–920**, 921, 922
  candelaris **917**, 955, 3906
  — chilensis 919
  chlorocarpus 988
  microsperma 923

Cactaceae 13, 21, *49*, **101**, 587, 636, 824, 1255, 1503, ·1927, 1928, 1929, 2471, 2523, 3575, 3912
Cactales **101**
Cactanae 2556
Cactodendron 165
Cactus 165, 212, 354, 389, 740, 2251, 2373, 2387, 2515, 2543, 2557, 2560, 2617, 2619, 3091
  abnormis 2361
  acanthophlegma 3234
  acanthostephes 3033
  acicularis 3462
  aciculatus 3367
  ackermannii 760
  actinopleus 3463
  aculeatissimus 2617
  aeruginosus 3145
  affinis 3146
  alatus 678, 701, 703, 760
  albisetosus 2467
  albisetus 2467
  alpinus 3497
  alteolens 2622
  alternatus 3480, 3482
  amabilis 3463
  ambiguus 1858, 2084
  americanus 2178
  amoenus 2557, 2607
  ancistracanthus 2995
  ancistrius 3463
  ancistroides 3334
  anguineus 3258
  anizogonus 3655
  antonii 2575
  arboreus 372
  areolosus 3086
  argenteus 3463
  atratus 1857
  atroruber 3463
  atrosanguineus 3464
  aulacanthus' 3493
  aulacothele 3042
  aurantiacus 409
  aurantiiformis 2617
  aureiceps 3438
  aureus 871
  auricomus 3377
  auroreus 3377
  ayrampo 432, 433, 434, 437
  bahiensis 2602
  barbatus 3333
  barlowii 3497
  bellatulus 3465
  beneckei 3524
  bergii 3128
  berteri 1857, 1859
  bertini 3743
  bicolor 2750
  biglandulosus 3042
  bihamatus 3143
  bispinus 3400
  bleo 115, 194

Cactus, bocasanus 3327
  bockii 3134
  bolivianus 319
  bonplandii 564
  bradypus 2256, 3623
  brandegeei 3173
  brasiliensis 371, 372
  brevimamma 3057
  brevisetus 3466
  broadwayi 2586
  brownii 3013
  brunneus 2994
  bulbispinus 363
  caesius 2557, 2592
  caespititius 3466
  calcaratus 3027
  californicus 2468, 3584
  campechianus 629, 630
  candelaris 3906
  canescens 3226, 3369
  capillaris 3350, 3352
  caripensis 659*), 1936
  carneus 3144
  cassythoides 660
  caudatus 3498
  celsianus 3225
  centricirrhus 3132
  centrispinus 3125
  cephalophorus 3033
  ceratocentrus 3039
  chiloensis 1136, 1918
  chinensis 399
  chlorocarpus 920, 977, 978, 987. 988
  chrysacanthus 3350, 3387
  cirrhifer 3117
  clavatus 358
  clavus 3040
  coccinellifer 468, 532
  coccineus 1045
  cochenillifer 629
  columnaris 3234
  communis 2572
  compactus 3012
  compressus 474, 3117
  conicus 3467
  conodeus 2936
  conoideus 2936
  conopseus 3133
  coquimbanus 1144
  corniferus 3014
  cornigerus 2721
  corollarius 3467
  coronarius 3300, 3467
  coronatus 2563, 2569, 3300, 3301, 3467, 3474
  corrugatus 425
  crassispinus 3387
  crebrispinus 2937, 3468
  crinitus 3306
  crispatus 2780
  crocidatus 3138

Cactus, cruciformis 687
  cruciger 3223
  curassavicus 457
  curvispinus 1838, 3790
  cylindraceus 3468
  cylindricus 140, 194, 691, 710, 3300, 3301, 3467, 3468, 3474
  dasyacanthus 2957
  dealbatus 3215, 3232
  decipiens 3531
  decumanus 532
  densispinus 3393
  densus 3258
  dentatus 674, 703
  depressus 1923, 3142, 3367
  diadema 3136
  dillenii 558
  disciformis 2866
  discolor 3367
  divaricatus 2100, 2101, 3136, 3468
  divergens 3132
  dolichocentrus 3341
  dyckianus 3231
  eborinus 3469
  eburneus 423, 2182
  echinarius 3257
  echinocactodes 2936
  echinocactoides 2936
  echinocarpus 185
  echinus 3020
  ehrenbergii 3138
  elatior 489
  elegans 758, 3226
  elephantidens 3005
  elongatus 531, 3247
  emoryi 359
  engelmannii 3043, 3044
  ensiformis 754
  epidendrum 660
  erectacanthus 3469
  erectus 3039
  eriacanthus 3392
  erinaceus 1621
  eschanzieri 3394, 3470, 3531
  euchlorus 3471
  euphorbioides 2167
  eximius 3377
  exsudans 3057
  fascicularis 1258
  fasciculatus 664, 3294
  fellneri 3471
  ferox 384, 605
  ficus-indica 528
  fimbriatus 114, 2100, 2177, 2178, 2183
  fischeri 3125
  flagelliformis 818
  flavescens 3170
  flavispinus 1225, 2462
  floribundus 1857
  foersteri 3136
  foliosus 458, 1924

---

*) Auf S. 659 mit der richtigen Schreibweise „garipensis" (Kunth), bei Britton & Rose als „caripensis" wie unter Rhipsalis.

Cactus, formosus 3220
    foveolatus 3119
    fragilis 594
    frutescens 134
    fulvispinus 3352, 3863
    fulvispinosus 2452, 3863
    funalis 691
    funckii*) 3154
    fuscatus 3387
    gabbii 3174
    garipensis 659
    geminatus 3472
    geminispinus 3184
    gibbosus 1752, 3499, 3806
    glabratus 3472
    gladiatus 3136
    glanduliger 3057
    glaucus 3136
    glochidiatus 3284
    glomeratus 3383
    goodridgii 3302
    gracilis 2102, 3246
    grahamii 3322, 3531
    grahlianus 1663
    grandicornis 3136, 3499
    grandiflorus 774, 777, 2937
    grandifolius 116
    granulatus 3473
    griseus 3473
    guilleminianus 3531
    gummifer 3196
    gummiferus 3196
    haageanus 3232
    haematactinus 3474
    halei 3540
    hamatus 3474
    harlowii 2577
    haworthianus 3383
    haworthii 2461
    heinei 3476
    helicteres 3476
    hemisphaericus 3193
    heptagonus 2412, 2617
    heterocladus 3605
    heterogonus 2617
    heteromorphus 2973
    hexacanthus 3477
    hexagonus 2314, 2315, 2316, 2318, 2342, 2412, 3861
    heyderi 3219
    — hemisphaericus 3193
    horridus 110, 467, 1835, 1836, 1840
    humboldtii 983, 985, 3260
    humifusus 473, 479
    humilis 467, 1915
    hybridus 760
    hyptiacanthus 1738
    hystrix 2177, 3133

Cactus, icosagonus 979, 980
    imbricatus 195
    incurvus 3024, 3500
    indicus 399
    intertextus 3254
    intortus 2563, 2573, 2574, 2575
    irregularis 3477
    isabellinus 3910
    jamacaru 2350
    jucundus 3477
    kageneckii 1225
    karwinskianus 3123
    kleinii 3477
    klugii 3226
    kotsch(o)ubeyi**) 3069, 3070
    krameri 3132
    kunthii 3478
    lactescens 3136
    laetus 888, 897
    lamarckii 2569, 2573
    lanatus 2526, 2528
    lanceolatus 531
    langsdorfii 1623
    lanifer 3225, 3369
    lanuginosus 2449
    — aureus 1225
    lasiacanthus 3271
    — denudatus 3272
    latimamma 3031
    latispinus 2721
    lecchii 1225
    lehmannii 3042
    lemairei***) 2576, 3091
    leucocentrus 3479
    leucodasys 2908, 3500
    leucodictyus 3480
    leucotrichus 3154
    linkeanus 3377
    linkii 1640
    lividus 3480
    longimammus 3518
    longisetus 3117
    loricatus 3480
    lucidus 107
    ludwigii 3179
    luteus 2617
    lyratus 706
    macracanthus 2558, 2589, 3480
    macrocanthos 2577, 2589
    macromeris 2973
    macrothele 3042
    maculatus 2994
    magnimamma 3129
    mam(m)illaris 2945, 3204
    — glaber 3204
    — lanuginosus 3170
    — prolifer 3383
    martianus 3042

---

*) „funki" war (S. 3154) ein Druckfehler.
**) KARWINSKY schrieb „kotschoubeyi", KUNTZE „kotschubeyi"; es gab auch die Schreibweise „kotschubei".
***) Die erste Schreibweise war „lemarii".

Cactus, maschalacanthus 3154
  maximus 532
  maxonii 2610
  megacanthus 3136
  meiacanthus 3167
  meissneri 3236
  melaleucus 3910
  melocactoides 2613
  melocactus 2547, 2548, 2563, 2564, 2569, 2573, 2574
  — communis 2563, 2572
  mensarum 2617
  meonacanthus 2570
  mexicanus 3652
  micans 3226
  micracanthus 3495
  micranthus 668
  microceras 3136
  microdasys 575
  micromeris 2908
  — greggii 2911
  microthele 3205, 3400
  minimus 3252
  mirabilis 3377
  missouriensis 2945
  — robustior 2944
  — similis 2944
  mitis 3495
  monacanthos 399
  moniliformis 384
  mucronatus 3482
  muehlenpfordtii 3212
  multangularis 1016, 1160, 1221, 1223, 2072, 2722, 2732
  multiceps 3381
  multisetus 3483
  mutabilis 3154
  mystax 3154
  nanus 456
  napoleonis 813
  neglectus 3575
  neo-mexicanus 2999
  neryi 2613
  neumannianus 3132
  niger 2461, 3483
  nigricans 489, 3353
  niveus 3184
  — aristatus 3184
  nivosus 3168
  nobilis 1754, 2721, 3185
  nopal 630
  notesteinii 2949
  nudus 3483
  oaxacensis 2587
  obconellus 3341
  obliquus 3484
  obtusipetalus 2578
  obvallatus 2782, 3365
  octacanthus 3042
  octogonus 2342, 2618
  odieranus 3387
  olorinus 3484
  oothele 3484

Cactus, opuntia 390, 399, 469, 474, 528
  — inermis 469, 471
  — nana 474
  — polyanthos 3620
  — tuna 3606
  opuntiaeflorus 133
  oreas 2598
  ottonis 1631, 1632, 1637, 1638, 1640, 3053
  ovatus 2367
  ovimamma 3484
  ovoides 303
  oxypetalus 747
  pallescens 3144
  palmeri 3375
  paniculatus 1954, 1957
  paradoxus 372
  parasiticus 659
  — inermis 660
  parkinsonii 3215
  parryi 184
  parvifolius 634
  parvimamma 3204
  parvispinus 2618
  pazzanii 3136
  pectinatus 3008
  — centralis 2831, 3910
  pe(i)reskia 105, 107
  pendulinus 646, 660
  pendulus 659
  pentacanthus 3155
  pentagonus 1931, 1933, 1935
  pentlandii 3596
  persicinus 3485
  peruvianus 2182, 2356, 2603
  — jamaicensis 2360
  pfeiffer(i)anus 3014
  phaeacanthus 3353
  phaeotrichus 3485
  phellospermus 3511
  phillanthoides 760
  phyllanthoides 758
  phyllanthus 728, 739, 742, 745
  phymatothele 3179
  pictus 3348
  pitajaya 1935, 2328
  placentiformis 2625
  plaschnickii 3042
  plecostigma 3485
  pleiocephalus 3486
  polyanthos 467
  polycentrus 3377
  polycephalus 3230
  polyedrus 3120
  polygonus 2459, 3150
  polymorphus 1140, 3042, 3501
  polythele 3146
  polytrichus 3120
  pomaceus 3377
  pondii 3543
  portulacifolius 117
  pottsii 3063, 3399
  praelii 3126
  pretiosus 3377

Cactus, pringlei 3366
  prismaticus 1935, 3088
  procerus 3486
  prolifer 3383
  proliferus 3383
  proteiformis 2618
  pruinosus 2183
  pseudococcinellifer 489
  pseudomamillaris 3367, 3369
  pseudotuna 2618
  pubescens 455
  pugionacanthus 3486
  pulchellus 3367
  pulcher 3350
  pulcherrimus 3377
  pulvilliger 3087
  purpureus 3486
  pusillus 458, 3383
  pycnacanthus 3031
  pyramidalis 2589
  pyrrhocephalus 3117
  pyrrhochroacanthus 3348
  quadrangularis 1936
  quadratus 3501
  quadriflorus 3585
  quadrispinus 3146
  radians 3010
  — pectinoides 3010, 3011
  radiosus 2998
  — alversonii 3000
  — arizonicus 2998
  — chloranthus 3001
  — deserti 3000, 3003
  — neo-mexicanus 2999
  recurvatus 3043
  recurvispinus 3063
  recurvus 2721, 3133
  regalis 2345
  reductus 1752, 1754
  regius 3487
  repandus 2384
  reptans 1935
  reticulatus 384
  retusus 3007
  rhaphidacanthus*) 2994
  rhodanthus 3350
  — sulphureospinus 3388
  rhodeocentrus 3487
  robustior 2944
  robustispinus 3013
  rosa 116
  roseanus 3540
  roseus 3487
  rotundifolia 134
  royenii 2452
  ruestii 2596
  ruficeps 3352, 3387
  rufidulus 3487
  rufocroceus 3254
  ruschianus 3496
  rutilus 3362

Cactus, salicornioides 706, 708
  salm-dyckianus 3033
  salmianus 157
  salvador 2601
  saxatilis 3487
  scepontocentrus 3031
  schaeferi 3225
  scheeri 3051
  scheidweilerianus 3319
  schelhasei 3310
  schiedeanus 3266
  schilinzkianus 1663
  schlechtendalii 3040
  scolymoides 3036
  — sulcatus 3027
  scopa 1637
  seemannii 3157, 3488
  seidelii 3488
  seitzianus 3119
  sempervivi 3158
  senilis 2252, 2256, 3537
  — inermis 2256
  sepium 974, 975
  sericeus 413
  serpens 1018, 1019, 1020, 3676, 3677
  serpentinus 2084
  setispinus 3540
  setosus 3146
  severinii 3488
  similis 2945
  solitarius 3503
  sororius 3488
  speciosissimus 2119
  — lateritius 2119
  speciosus 758, 2118, 2119
  — lateritius 2119
  spectabilis 3243
  sphacelatus 3355
  sphaericus 3521
  sphaerotrichus 3380
  spinaureus 3489
  spinii 3367, 3489
  spinosissimus 381, 3377
  spinosus 3503
  spiraeformis 3489
  splendidus 630
  squarrosus 3117
  stella-auratus 3256
  stellaris**) —
  stellatus 3383
  — texanus 3381
  stenocephalus 3146
  stramineus 3170
  strictus 471, 2461
  strobiliformis 2954
  stueberi 3359
  subangularis 3117
  subcroceus 3252
  subcurvatus 3137
  subechinatus 3258
  subinermis 630

---

*) Ein Druckfehler auf S. 2994 war Cactus raphidacanthus.
**) Falsche Schreibweise von Haworth für C. stellatus.

Cactus, subpolyedrus 3121
  subquadriflorus 197, 3585
  subquadrifolius 3585
  subquinqueareolatus 3652
  subrepandus 2102
  subtetragonus 3145
  subulifer 3489
  sulcatus 3027
  sulcolanatus 3006
  sulphureus 412
  supertextus 3229
  sylvestris 2618
  tectus 3490
  tentaculatus 3387
  tenuis 688, 3252
  teres 661
  tetracanthus 3343
  tetracentrus 3161
  tetragonus 1933, 1934, 2327, 2363
  tetrancistrus 3511
  texanus 3381
  texensis 3198
  tomentosus 540, 3490
  torquatus 3640
  townsendii 2603
  triacanthos 464
  triacanthus 3117
  triangularis 803, 810, 814, 817
  — aphyllus 810
  — foliaceus 813
  trichotomus 2618
  trigonus 3655
  triqueter 678, 813
  truncatus 729
  tuberculatus 637
  tuberculosus 2954
  tuna 467
  — elatior 489
  — major 3620
  — nigricans 489
  tunicatus 196
  turbinatus 2866
  uberiformis 3520
  umbrinus 3311
  uncinatus 3142
  undulosus*) 1937
  urumbeba 399
  urumbella 3606
  vari(a)mamma 3490
  versicolor 3133
  verticillatus 2618
  vetulus 3394
  villifer 3120
  villosus 1866
  virens 3123
  viridis 3127
  viviparus**) 2996, 3503
  vrieseanus 3489
  vulpinus 3377

Cactus, webbianus 3138
  wegeneri 3491
  wildianus 3273
  winkleri 3031
  woburnensis 3148
  wrightii 3307
  xanthotrichus 3154
  zegschwitzii 3491
  zehntneri 2575
  zephyranthoides 3528
  zepnickii 3491
  zinniaeflorus 3905
Calamorhipsalis *51*, *67*, 683, 684, 690
Calymmanthium **886–887**, 986, 1359, 3665, 3729
  substerile **887**, 3665
Carnegiea *58*, *83*, 2134, 2165, **2191–2194**
  euphorbioides 2167
  gigantea 2194
Cassyta 643
Cassytha 643
  baccifera 660
  filiformis 659
  polysperma 659
Castellanosia *59*, *87*, 2370, **2371 2373**, 3705, 3706
  caineana **2371**
Cauliopuntiae *50*, *65*, 370
Cephalocacti *60*, *79*, *80*, 823, 2370, 2556
Cephalocactus 2632, 2688, 2793
Cephalocerei *57*, *59*, *80*, *87*, 823, 1181, 1928, 2129, 2287, 2290, 2369, 2370, 2372, 2470, 2471, 2491, 2495, 2496, 2546, 2556, 2596, 3690, 3862
Cephalocereus *58*, *86*, 887, 2134, 2165, 2195, 2235, 2246, **2251–2257**, 2259, 2287, 2290, 2292, 2318, 2372, 2373, 2374, 2387, 2388, 2389, 2421, 2468, 2469, 2470, 2471, 2472, 2473, 2485, 2491, 2495, 2501, 2515, 2522, 2543, 2549, 2551
  albispinus 2384
  — weberi 2385, 2468
  alensis 2457
  apicicephalium 2247, 2249
  arenicola 2426
  arrabidae 2411, 2413
  atroviridis 2383
  aurisetus 2404, 2468
  backebergii 2432
  bahamensis 2408
  bakeri 2410
  barbadensis 2462
  blossfeldiorum 2474, 2476
  bradei 2400, 2403, 2420
  brasiliensis 2423
  brooksianus 2451
  californicus 2468
  catingicola 2422
  chrysacanthus 2426

---

*) Auf S. 1937, Z. 21 v. o., ist mit C. undulosus sowohl DE CANDOLLES Cereus-Art gemeint wie auch Cactus undulosus KOST.
**) Ein Druckfehler war auf S. 2996 Cactus vivipara.

Cephalocereus, chrysomallus 2258
— californicus 2259
chrysostele 2404
claroviridis 2432
collinsii 2427
colombianus 2432, 2450
columna (2263)*)
columna-trajani 2244, 2254, 2263, 2264
cometes 2435
compressus 815
cuyabensis 2400, 2420, 2422
deeringii 2409
delaetii 2006
dybowskii 2498
euphorbioides 2167
exerens 2411
fluminensis 2408, 2548, 3904
fouachianus 2453
fricii 2377
fulvispinosus 2452, 2468
gaumeri 2462
glaucescens 2416
glaucochrous 2425
gounellii 2407, 2468
guentheri 2492
hapalacanthus 2400, 2415, 2420
hermentianus 2465
hoppenstedtii 2253, 2260, 2262, 2263
keyensis 2410
lanuginosus 2450
lehmannianus 2498
leucocephalus 2441, 2442, 2445, 2446, 2447
leucostele 2549
llanosii 2317, 2468
luetzelburgii 2406
machrisii 2419
macrocephalus 2236, 2241
maxonii 2426
melanostele 1160, 1224, 2479, 2483, 2487
melocactus 2548
mezcalaensis 2202, 2204
— multiareolatus 2203
— robustus 2203
millspaughii 2459
minensis 2400, 2420
monoclonos 2409
moritzianus 2428, 2431
nobilis 2429, 2461
— curtisii 2462
— nigricans 2462
nudus 2202
oligolepis 2422
palmeri 2438, 2442
pasacana 1315
penicillatus 2554
pentaedrophorus 2402
perlucens 2325
phaeacanthus 2291
piauhyensis 2415
poco 1320

Cephalocereus, polyanthus 2468, 2470
polygonus 2459
polylophus 2208
purpureus 2496, 2497
purpusii 2428
quadricentralis 2437
remolinensis 2382
rhodanthus 2553, 2555
robinii 2410
robustus 2437
royenii 2452
rupicola 2416
russelianus 2318, 2373, 2375, 2376, 2377, 2378, 2432
salvadorensis 2414
sartorianus 2439, 2441
schlumbergeri 2459
scoparius 2205
senilis 2253, **2256**, 2260, 2386, 2421, 2495
— longisetus 2257
sergipensis 2421
smithianus 2310
strausii 3684
strictus 2461
sublanatus 2414
swartzii 2414
tehuacanus 2465
tetazo 2200
tetetzo 2200
— nudus 2202
tweedyanus 2453
ulei 2437, 2472
urbanianus 2460
zehntneri 2408
Cephalocleistocactus 1359, 2491, 3679, 3686, **3689–3695**, 3729
chrysocephalus 1359, **3690**
ritteri **3691**, 3695
Cephalomamillaria 3091
Cephalophorus 2251, 2259
columna-trajani 2244, 2263
Ceratistes copiapensis 1872, 1879
Cereae 826
Cereanae 2073
Cereeae 23, *53*, *66*, *70*, 639, 646, 823, 1556, 1927, 2793, 3656
Cereoideae 18, 23, *50*, *63*, *66*, 621, 639, 640, 823, 824, 2631, 3632
Cereus 23, *59*, *87*, 564, 640, 643, 714, 740, 920, 1043, 1928, 1929, 1930, 1937, 1940, 1958, 1970, 2072, 2083, 2090, 2097, 2104, 2112, 2117, 2123, 2124, 2132, 2134, 2138, 2155, 2159, 2165, 2173, 2191, 2195, 2212, 2219, 2223, 2226, 2230, 2232, 2235, 2251, 2257, 2259, 2264, 2274, 2287, 2288, 2289, 2290, 2292, 2293, **2314–2369**, 2370, 2373, 2374, 2387, 2389, 2432, 2468, 2495, 2515, 2543, 2549, 2551, 3717, 3861
abnormis 2361
acanthosphaera 772, 774, 791

---

*) SCHUMANN (ENGLER & PRANTL, Pflanzenfam., 3⁶ᵃ; 182, 1894) publizierte nur diesen Namen; der Autor für Cephc. columna-trajani (LEM.) war SCHELLE (Druckfehler: K. SCHUMANN).

Cereus, acanthurus 942, 963
  acidus 1154
  acifer 2065
  acinaciformis 2005
  aciniformis 2005
  ackermannii 760
  acranthus 977, 1176
  acromelas 2467
  aculeatus 2368
  acutangulus 792, 1937, 2096
  adscendens 2095
  adustus 2031, 2032
  — radians 2031
  aethiops **2319, 2332**
  — landbeckii **2319, 2333**
  — melanacanthus **2319, 2333**
  aethiopsis 2333
  affinis 2327, 2412
  aggregatus 2069, 2997
  alacriportanus 2318, 2320, **2321, 2350**
  alamosensis 2124, 2126
  alatus 678, 703
  — crassior 703
  albertinii 2368
  albiflorus 2120
  albisetosus 792
  albispinus 2384, 2385, 2467
  — major 2467
  alensis 2457
  amalonga 2368
  amazonicus 2311
  ambiguus 2084
  — strictior 2085
  amblyogonus 2367
  amecaensis 2120
  amecamensis 2120
  americanus octangularis 2184
  — triangularis 815
  amoenus 1995
  andalgalensis 1329, 1330, 1333, 1412
  andryanus 2418
  anguiniformis 997, 2300
  anguinus 996
  angulosus 2210, 2444
  anisacanthus 2226
  — ortholophus 2226
  — subspiralis 2226, 2362
  anisitsii 2304, 2305
  anizogonus 814
  anomalus 718, 2107
  antiqua 2369
  antoinii 785
  apiciflorus 864
  aquicaulensis 2267
  aragonii 2160, 2163
  arboreus 1962
  arcuatus 1936
  arendtii 2091
  areolatus 1004
  arequipensis 872, 873, 874
  argentinensis **2321, 2340**
  armatus 2452, 2453
  arrabidae 2411, 2413

Cereus, arrigens 2267
  articulatus 256, 2413
  assurgens 1958, 1961, 1962
  atacamensis 1315
  ater 2162
  atropurpureus 2092
  atrovirens 2368
  atroviridis 2382
  aurantiacus 2122
  auratus 2368
  — genuinus 2368
  — intermedius 2368
  — mollissimus 2368
  — pilosus 2368
  aureus 869, 2461
  — pallidior 2462
  aurivillus 980, 990
  aurora 819
  azureus **2319, 2330**, 2332, 2333
  — seidelii 2332
  bacciferus 660
  backebergii 2432
  bageanus 2367
  bahamensis 2408
  bajanensis 1936
  bakeri 2410
  balansaei 2096
  bankianus 2369
  barbadensis 2465
  barbatus 2368, 2453
  baumannii 993, 996, 2300
  — colubrinus 992, 1001
  — flavispinus 992, 997, 1000
  — smaragdiflorus 999
  bavosus 2135, 2136
  baxaniensis 1935, 1936, 1937, 1938, 1962
  — pellucidus 1936
  — ramosus 1936
  — trigonus 1936
  beckmannii 787, 788
  belieui 2152
  belieuli 2152
  beneckei 2232, 2235
  — farinosus 2235
  bergerianus 2151
  berlandieri 1997
  bertinii 1558, 1559
  beysiegelii 2335
  biformis 764, 787
  bifrons 2119
  bigelovii 2058, 2059
  — zuniensis 2068
  biolleyi 801
  blanckii 1997
  boeckmannii 787
  bolivianus 1038
  bonariensis 2350
  bonplandii 2096
  — brevispinus 2096
  — pomanensis 2095
  brachiatus 2136
  brachypetalus 848
  bradtianus 208, 209

Cereus, bradypus 2257
  brandegeei 1996, 1997
  brandii 2327
  braunii 2366, **2367**
  breviflorus 1152
  brevispinulus 784
  brevispinus 783
  brevistylus 842, 845
  bridgesii 1121
  — brevispinus 1121
  — lageniformis 1121
  — longispinus 1121
  brittonianus 2311
  brookii 2101
  brooksianus 2451
  caesius **2321**, 2348, **2349**, 2350, 2354, 2356, 2357
  — lanuginosus 2349
  caespitosus 2017, 2028, 2037
  — castaneus 2030, 2041
  — major 2028
  — minor 2028
  calcaratus 815
  californicus 186, 2468
  callicanthus 780
  callicoche 2655
  calvescens 2360
  calvus 2138, 2140, 2141, 2149
  candelabrius 1940
  candelabrum 2152
  candelaris 916, 917
  candicans 1129, 2094, 2345
  — courantii 1128, 1129
  — dumesnilianus 1130
  — gladiatus 1130
  — gracilior 1131
  — robustior 1130
  — spinosior 1129, 1130
  — spinosissimus 3706
  — tenuispinus 1131
  caracore 2351
  caripensis 659, 1937
  castaneus 1090, 1092, 1093, 1151
  catamarcensis 1572
  catingae 2422
  catingicola 2422
  cauchinii 2350
  caudatus 2367, 3498
  cavendishii 2295, 2298, 2299, 2300, 2301, 2302, 2303
  celsianus 1029
  cephalomacrostibas 1141
  chachapoyensis 859
  chacoanus **2313**
  chalybaeus **2320**, 2333, **2334**
  chende 2157
  chichipe 2133
  childsii **2323**, 2363, **2364**, 3498
  chilensis 1136, 1138
  — acidus 3709
  — breviflorus 1153
  — brevispinulus 1140
  — brevispinus 3707

Cereus, chilensis cylindraceus 3707
  — eburneus 1139
  — flavescens 1140
  — fulvibarbis 1140
  — funkianus 1138
  — heteromorphus 1136
  — linnaei 1138, 1140
  — nigripilis 3707
  — panhoplites 1136, 1153
  — polygonus 1136, 1140
  — poselgeri 1136
  — pycnacanthus 1136
  — quisco 1140, 3707
  — spinosior 1140
  — spinosissimus 3707
  — ziczkaanus 1138
  — zizkaanus 1136
  chiloensis 1136
  — lamprochlorus 1128
  chiotilla 2231, 2232
  chloranthus 2015, 3848
  chlorocarpus 988, 3679
  chosicensis 1161, 1204, 2504
  chotaensis 987
  chrysacanthus 2426
  chrysomallus 2258
  chrysostele 2404
  cinerascens 2004
  — crassior 2004
  — tenuior 2004
  cinnabarinus 2118
  cirrhiferus 2004
  claroviridis 2432
  clavarioides 161
  clavatus 2181
  claviformis 2071
  coccineus 794, 795, 796, 2068, 2069, 2121
  — cylindricus 2068
  — melanacanthus 2068
  cochal 2269
  coerulescens 2330, 2332, 2333
  — fulvispinus 2333
  — landbeckii 2333
  — longispinus 2333
  — melanacanthus 2333
  coeruleus 2333
  cognatus 1935
  colombianus 2433
  colubrinus 992, 997, 1001
  — flavispinus 997
  — smaragdiflorus 999
  columnaris 2368
  columna-trajani 2155, 2200, 2236, 2260, 2262, 2263
  colvillii 2327
  comarapanus 2332, **2349**
  cometes 2435
  compispinus 2369
  compressus 814, 815
  concinnus 2368
  concolor 2017
  conformis 2190
  conglomeratus 2053

Cereus, conicus 2168
coniflorus 782
conoideus 2061
coquimbanus 1139, 1140, 1152, 1153
coracare 2338, 2352
coryne 913
cossyrensis 2102
crenatus 749
crenulatus 2384, 2449, 2467
— gracilior 2449
— griseus 2182
crimsonii 819
crispatus 679
— crenulatus 672, 755
— latior 672
cruciformis 687
ctenoides 2021
cubensis 2099
cumengei 2115
cupulatus 2216
curtisii 2461
curvispinus 3790
cyaneus 2349
cylindricus 140
damacaro 2368
damazioi 718, 2105, 2106, 2107, 2108, 2109
dasyacanthus 2020, 2021
— minor 2026
— neomexicanus 2020
dautwitzii 2530
davisii 2092
dayamii **2320**, 2336, **2340**, 2364
decagonus 2467
decandollii 2346
decorus 2367
decumbens 1237
deficiens 2181
deflexispinus 932
degratispinus 2136
de laguna 2367
del moralii 2159
denudatus 1701
deppei 2004
deserticolus 1143
dichroacanthus 1857, 1858, 1924
diffusus 2308, 2309
diguetii 1940, 1945, 2073
divaricatus 2101
divergens 2100
donatii 788
donkelaarii 664, 783
donkelarii 783
donkelaeri 783
dubius 2051
duledevantii 1140
dumesnilianus 1005, 1131
dumortieri 2225, 2226
duseni 1561, 1562, 1563
dussii 1935
dybowskii 2498
dyckii 2223

Cereus, eburneus 2071, 2182
— brevispinus 2182
— clavatus 2181
— longispinus 2182
— monstrosus 2182
— polygonus 2182
edulis 2184, 2185
ehrenbergii 2003
ekmanii 1961
elegans 688, 1140
elegantissimus 2121
emoryi 2123
engelmannii 2050
— albispinus 2050
— caespitosus 2050
— chrysocentrus 2050
— fulvispinus 2050
— pfersdorffii 2050
— variegatus 2050
enneacanthus 2005
enriquezii 2182
erectus 2102, 2450
— maximus 2360
erinaceus 2369
eriocarpus 3904
eriocomus 2413
eriophorus 787, 2099
— laeteviridis 2099
eriotrichus 963, 3676
eruca 2114
erythrocephalus 1045
estrellensis 3903
euchlorus 2298, 2301
euphorbioides 2165, 2167
exerens 2412
extensus 812, 2328
— pernambucensis 2328
eyriesii 1283
faischeroa 2473
farinosus 2235
fascicularis 1254, 1255, 1258, 1259
fendleri 2043
— pauperculus 2043
fercheckii 1103
fernambucensis*) —
ferox 2408, 3904
fimbriatus 2100, 2183
flagelliformis 818
— funkii 819
— leptophis 818
— mallisonii 819
— minor 664, 818, 3656
— nothus 819
— scotii 819
— smithii 819
— speciosus 819
flagriformis 820
flavescens 841, 1016, 1225
flavicomus 2435
flaviflorus 1997, 2056
flavispinus 1225, 2367, 2462

---

*) Druckfehler der Erstpublikation für C. pernambucensis.

Cereus, flavispinus hexagonus 2368
  flemingii 780
  flexuosus 2115, 2116, 2125
  floccosus 2419, 2452, 2453
  fluminensis 2547, 2548
  foersteri 2444
  forbesii **2321**, **2340**, 2341, 2348, 2363
  — haematuricus 2341
  — quadrangulus 2341
  formosissimus 3722
  formosus 2327
  fouachianus 2452
  foveolatus 1858
  freiburgensis 823
  fricii 2318, 2377, 2378, 2380
  fulgens*) —
  fulgidus 780
  fulvibarbis 1140
  fulviceps 2241
  fulvispinosus 2452
  fulvispinus 1103
  funkii 819, 1136, 1138
  galapagensis 909, 911, 912, 913
  garambello 2267
  geminisetus 2368
  gemmatus 1281, 1282, 2213, 2216, 2217, 2219
  geometrizans 2265, 2266
  — cochal 2269
  — pugioniferus 2266, 2267
  — quadrangularispinus 2266, 2267
  — quadrangulispinus 2267**)
  ghiesbreghtii 906
  gibbosus 1752
  giganteus 2194
  gilliesii 1679
  gilvus 1136
  glaber 774
  gladiator 2266
  — geometrizans 2267
  gladiatus 1130
  — courantii 1129
  — vernaculatus 1130
  gladiger 2182, 2267
  gladiiger 2182
  gladilger 2182
  glaucescens 3862
  glaucus **2322**, 2349, 2350, 2351, **2353**, 2354
  — speciosus 2327
  glaziovii 1966
  glomeratus 2057
  gloriosus 2453
  glycimorphus 2004
  goebelianus 2497
  gonacanthus 2060
  gonaivensis 784
  gonianthus 2369
  gonzalezii 800, 801
  gracilis 792, 2091, 2097, 2102, 2367
  — scandens 780

Cereus, grandicostatus **2322**, **2356**
  grandicustatus 2357
  grandiflorus 777
  — affinis 778
  — barbadensis 778, 3652
  — callicanthus 780
  — cubensis 780
  — flemingii 780
  — haitiensis 780
  — hybridus 780
  — irradians 3652
  — major 780
  — maximiliani 780
  — maximilianus 780
  — maynardii 780
  — mexicanus 780
  — minor 780
  — ophites 3652
  — ruber 780
  — schmidtii 780
  — speciosissimus 780
  — spectabilis 780
  — tellii 3652
  — uranos 778
  — viridiflorus 780
  grandis 2327
  — gracilior 2327
  — ramosior 2327
  grandispinus 2178, 2183
  greggii 1941, 1944, 2073
  — cismontanus 1944, 1945
  — roseiflorus 1944, 1945
  — transmontanus 1944
  grenadensis 2318, 2373, 2383
  griseus 2182
  grossei 1000, 1001
  grusonianus 788
  guasabara 196
  guatemalensis 2087
  guelichii 2096
  guentheri 2493
  gummatus 2116
  gumminosus 2116
  gummosus 2115
  haageanus 2367
  haematuricus 2341, 2348
  haitiensis 780
  hallensis 781
  hamatus 789
  hankeanus **2322**, 2336, 2341, 2348, 2349, **2350**
  hassleri 795, 797, 798, 2095
  haworthii 2461
  hayni 1068
  hempelianus 1120
  heptagonus 2617
  hermannianus 2384
  hermentianus 2465
  herreraanus 2369
  hertrichianus **2323**, **2357**

---

*) Ein Schreibfehler in MfK., 190. 1896, für C. fulgidus.
**) Z. 12 (von oben) irrtümlich „quadrangularispinus" geschrieben.

Cereus, heteracanthus 2368
  heteromorphus 1136
  hexaedrus 2060
  hexagonus 1120, 2315, 2317, **2321**, **2342**, 2345, 2346, 2347, 2348, 2351, 2353, 2364, 2368, 2380, 2618
  hexangularis 2327
  hildmannianus 2190, **2320**, **2339**
  hildmannii 2190
  hirschtianus 2086
  hoffmannseggii 1858
  hollianus 2134, 2135, 2136
  hondurensis 783
  hoogendorpii 2263
  hookeri 752
  hoppenstedtii 2263
  horizontalis 2367
  horrens 817
  horribarbis 2350, 2351
  horribilis 1931, 1932, 1940
  horridus 1932, **2321**, 2345, **2346**, 2347, 2348, 2351
  — alatosquamatus **2321**, 2345, **2347**
  horrispinus 2384
  houlletii 2444
  huasc(h)a 1307, 1309, 1328, 1329, 1412
  — flaviflorus 1328
  — flaviformis 1329
  — flavispinus 3722
  — rubriflorus 1329, 1330, 1331, 1333, 1412
  huilunchu **2320**, **2335**, 3861
  huitcholensis 1992
  humboldtianus 2519, 2536
  humboldtii 983
  humilis 774, 792, 2131
  — major 792
  — minor 792
  — myriacaulon 792
  — rigidior 792
  huntingtonianus 2318, **2324**, 2364, **2366**
  huottii 1293
  hyalacanthus 1010
  hypogaeus 869
  hystrix 2177
  ianthothele 825
  ianthothelus 825
  icosagonus 980
  ictidurus 2368
  imbricatus 194
  incrassatus 2368
  incrustans 2216
  incrustatus 2216
  incurvispinus 1295
  inermis 791, 2656
  — laetevirens 3652
  ingens 2465
  insularis 641, 648, 1929, 2315, **2319**, **2324**, 2325, 2352
  intricatus 1132
  inversus 813
  iquiquensis 1153
  irradians 778, 787
  isogonus 980

Cereus, jacquinii 2368
  jalapaensis 3652
  jalapensis 774, 775, 782, 783, 3652
  jamacaru **2322**, 2338, 2347, 2348, 2349, **2350**, 2351, 2352, 2353, 2359
  — caesius 2349
  — caracore 2338, 2351
  — cyaneus 2350
  — glaucus 2354
  jasmineus 1282
  joconostle 2223
  josselinaeus 2122
  jubatus 2436
  jugatiflorus **2322**, 2349, **2353**
  jusbertii 2097
  kageneckii 1225
  kalbreyerianus 2085
  karstenii 791, 2345
  karwinskii 2368
  kerberi 2129
  keyensis 2410
  knightii 3643
  knippelianus 1994
  kostratus 3652
  kunthianus 786
  labouretianus 2341, 2348
  laetevirens 2350
  — caesius 2349
  laetus 897
  laevigatus 2174, 2178, 2180
  — guatemalensis 2174, 2179
  lagenaeformis 1121
  lamprochlorus 1127, 1128
  — salinicola 1128
  lamprospermus **2320**, **2339**, 2350
  lanatus 2528
  — sericatus 2529
  lanceanus 813
  landbeckii 2333
  langlassei 2367
  laniceps 1018
  lanuginosus 2449
  — glaucescens 2449
  lasiacanthus 1121, 3706
  lasianthus 3706
  lateribarbatus 2264
  lateritius 2119
  latifrons 746
  lauterbachii 2302, 2303
  lecchii 1225
  leeanus 2063
  lehmannii 3043
  leiocarpus 2452
  lemairei 811
  lemoinii 3654
  leonensis 1997
  leonii 1960
  lepidanthus 85, 2212, 2228, 2229
  lepidotus 2316, **2342**, 2344, 2345, 2346
  leptacanthus 2003
  leptophis 818
  leucanthus 1295
  leucocephalus 2442

Cereus, leucostele 2549
  limensis 1177, 1225, 3716
  lindbergianus 795, **796**, 797
  lindenzweigianus 2305
  lindmanii 795, 797, 798
  linkii 1128, 1130, 1640
  linnaei 1136, 1138
  litoralis 1136, 1142
  lividus 2350, 2353
  — glaucior 2351, 2353
  longicaudatus 789
  longifolius 2367
  longipedunculatus 2368
  longisetus 2006, 2007
  longispinus 1136
  lormata 2368
  luetzelburgii 2406
  lumbricoides 663
  lutescens 2429, 2461, 2462
  macdonaldiae 787, 788
  macracanthus 2071
  macrocephalus 2241
  macrogonus 1097, 1103, 1119, 2411, 2412, 2413, 2414
  macrostibas 874
  — giganteus 878
  — roseiflorus 882
  maculatus 1942
  maelenii 2815
  magnus 2368
  malletianus 2235, 2368
  mallisonii 819, 822
  mamillatus 2053
  mamillosus 2369
  mandacaru (de boi) 2322
  margaritensis 2318, 2373, 2377, 2378, 2381
  — micranthus 2381
  marginatus 752, 2214, 2215, 2217, 2219
  — gemmatus 2217
  — gibbosus 2219
  mariculi 792
  maritimus 2056
  marmoratus 2305
  martianus 821
  martinii 2092
  — perviridis 2092, 2093
  — spinosior 2093
  maximiliani 780
  maxonii 1962, 2426
  maynardae 780
  maynardii 780
  megalanthus 797
  melanacanthus 2333
  melanhalonius 997
  melanostele 977
  melanotrichus 852
  melanurus 1965
  melocactus 2548
  mendory 2333
  merkeri 2051
  micracanthus 2072
  micranthus 645, 699
  microcarpus 2369

Cereus, microspermus 45, 920, 922, 923, 978
  microsphaericus 715, 718, 2105, 2106, 2108
  mieckleyanus 2278, 2285
  milesimus 2323, 2361, **2362**
  militaris 2259, 3909
  — californicus 2136
  millspaughii 2459
  minensis 2400
  minor 3656
  minutiflorus 802
  miravallensis 772
  mirbelii 2216
  mixtecensis 2133
  moennighoffii 819
  mojavensis 2058
  — zuniensis 2068
  mollis 2462
  — nigricans 2462
  monacanthus 811, 2093
  moniliformis 384
  monoclonos 2409, 2410
  monstrosus 2361
  — minor 2361
  monstruosus 2361
  montevidensis 1858
  montezumae 1131
  monvilleanus 990
  moritzianus 2428
  — pfeifferi 2432
  multangularis 1221, 1225, 1238, 1967, 2072, 3716, 3717, 3904
  — albispinus 1223
  — limensis 1223, 1225
  — pallidior 1223
  — prolifer 1223
  — rufispinus 1223
  multicostatus 2063
  multiplex 1286
  myosurus 688, 3642
  — tenuior 688
  myriacaulon 792
  myriophyllus 1134
  nanus 456, 2367
  napoleonis 807, 812, 1933, 2094
  nashii 2100
  nelsonii 791
  neopitahaya 1935
  neotetragonus 1933, **2323**, **2363**, 2368
  nesioticus 909, 911, 2367
  neumannii 2087
  nickelsii 2210
  niger 2462
  — gracilior 2462
  nigricans 2461, 2462
  nigripilis 1145
  nigrispinus 2333
  nitens 1127
  nitidus 1936, 1937
  nobilis 2461
  northumberlandia 2342
  northumberlandianus 2342
  nothus 772, 819
  nudiflorus 1949

Cereus, nyctago 2087
  nycticallus 784
  nycticalus 784, 785
  — armatus 782
  — gracilior 785
  — maximiliani 780, 785
  — peanii 3652
  — viridior 785
  obtusangulus 716, 718, 2107
  obtusus **2319**, 2326, 2327, **2328**, 2329
  ocamponis 806
  ochracanthus 1225
  octacanthus 2067
  octogonus 2467
  olfersii 2167, 2168, 2170
  oligolepis 2422
  olivaceus 2177
  ophites 778, 2369
  orcuttii 2154
  ostenii 2369
  ottonis 1640
  ovatus 261, 263, 2367
  oxygonus 1288
  oxypetalus 740, 746
  pachyrhizus **2322, 2350**
  pacificus 2065
  palmeri 2280, 2439
  paniculatus 1954
  panoplaeatus 1136, 1138, 1153
  papillosus 1999
  paradisiacus 781
  paradoxus 372
  paraguayensis 2318, 2321, 2350
  parasiticus 659
  parviflorus **1005**
  parvisetus 1967, **2292**
  parvulus 718, 2107
  pasacana 1302, 1314, 1315, 1317, 2263, 2264
  patagonicus 1560, 1561
  paucispinus 2061
  paxtonianus 2298, 2299, 2300, 2301
  peanii 785
  pecten-aboriginum 2150
  pectinatus 2039
  — armatus 2030, 2031
  — centralis 3910
  — laevior 2041
  — rigidissimus 2041
  — spinosus 2030, 2031, 2032
  pectiniferus 2039
  pellucidus 1936, 1962, 2103
  penicillatus 2554
  pensilis 2001
  pentaedrophorus 2402
  pentagonus 1933, 1935, 1938, 2328
  — glaucus 2402
  pentalophorus 2402
  pentalophus 2001
  — leptacanthus 2001
  — radicans 2001
  — simplex 2001
  — subarticulatus 2001, 2003
  pentapterus 772

Cereus, pepinianus 1136, 1140, 1918
  perlucens **2319, 2325**, 2389
  pernambucensis 1933, 1935, **2319**, 2326, **2327**, 2328, 2329
  perotetti 2353
  perottetianus 2342
  peruvianus 11, 911, 2314, 2316, 2317, **2323**, 2336, 2344, 2345, 2346, 2348, 2351, 2353, **2357**, 2359, 2360, 2362, 3790
  — alacriportanus 2350
  — brasiliensis 2360
  — longispinus 2360
  — monstrosus **2361**, 2362
  — — minor 2361
  — — nanus 2361
  — monstruosus 2362
  — ovicarpus **2323, 2360**
  — persicinus 2320, **2323**, 2360, **2361**
  — proferrens **2323, 2361**
  — reclinatus **2323**, 2360, **2361**
  — spinosus 2360
  — tortuosus 2362
  — tortus 2362
  perviridis 2092, 2093, 2368
  pfeifferi 2432
  pfersdorffii 2116
  phaeacanthus 2290, 2291
  phatnospermus 2306
  philippii 868
  phoeniceus 2068, 2069
  — inermis 2071
  — pacificus 2065
  phyllanthoides 758
  — albiflorus 760
  — curtisii 760
  — guillardieri 760
  — jenkinsonii 760
  — stricta 760
  — vandesii 760
  phyllanthus 745
  — marginatus 746
  piauhyensis 2415
  pitahaya 1935, 2335
  — beysiegelii 2327, 2335
  — variabilis 2369
  pitajaya 1935, 2328
  plagiostoma 983, 985
  platinospinus 1234
  platycarpus 678
  platygonus 2096, 2321, 2340
  pleiogonus 2063, 3852
  plumieri 813
  polyacanthus 2064
  polychaetus 2335
  polygonatus 2182
  polygonus 2459
  polylophus 2208
  polymorphus 1140
  polyptychus 2462
  polyrhizus 808
  pomanensis 2094, 2095
  — grossei 2095
  pomifer 799

Cereus, portoricensis 2099
  poselgeri 2077, 2079
  poselgerianus 1997
  pottsii 1944
  princeps 1936, 1937, 1938, 1940
  principis 1940
  pringlei 2138, 2140, 2141, 2146, 2147
  prismaticus 799
  prismatiformis 2327
  procumbens 2001
  propinquus 2001, 2003
  — subarticulatus 2001
  proteiformis 2618
  pruinatus 143, 2369
  pruinosus 2183
  pseudocaesius **2322**, 2349, 2350, **2354**
  pseudomelanostele 1160, 1161, 1163, 1226
  — laredensis 1195
  pseudosonorensis 2124, 2127
  pseudothelegonus **1136**
  pterandrus 3652
  pteranthus 784
  pterocaulis 682, 697
  pterogonus 772
  pugionifer 2152, 2266
  pugioniferus 2266, 2267
  — quadrangulispinus 2267
  pulchellus 1995
  purpusii 806
  pycnacanthus 1918
  quadrangularis 1936
  quadrangulispinus 2267
  quadricostatus 1963
  queretaroensis 2184
  quintero 1140
  quisco 1136, 1138
  radicans 787, 817
  ramosus 1935, 1936
  ramulosus 673
  recurvus 2722
  reductus 1752, 1754
  reflexus 2412
  regalis 1130, 2094, 2345
  regelii 2093, 2094, 2298
  reichenbachianus 2036
  — castaneus 2037, 2041
  remolinensis 2382
  repandus 2102, 2318, 2373, 2382, 2383, 2384, 2385, 3859
  — laetevirens 2099
  — spinis aureis 2462
  — weberi 2385
  reptans 787, 792, 1935
  resupinatus 2182, 2429
  retroflexus 2412
  rhodacanthus 1045
  rhodanthus 2552, 2553
  rhodocephalus 2096
  rhodoleucanthus 2298, 2302, 2304, 2307
  rhombeus 672
  ridleii **2322**, **2352**
  rigidispinus 2189, 2190, 2369
  rigidissimus 2041

Cereus, rigidus 792
  robustior 2041
  robustus 2369
  roemeri 2061, 2067, 2068, 2069
  roetteri 2026
  roezlii 985, 3679
  rogalli 2369
  roridus 2184
  rosaceus 785
  roseanus 774, 776, 781, 786
  rosei 1108
  roseiflorus 2317, **2324**, 2339, **2364**
  rostratus 789, 3652
  rothii 786
  royenii 2182, 2452
  — armatus 2410, 2453
  — floccosus 2453
  ruber 780
  rueferi 819
  — major 819
  ruferi 819
  — major 819
  ruficeps 2244
  rufispinus 2032
  russelianus 2369, 2374, 2375, 2376, 2377, 2378, 2384
  russellianus 727
  salm-dyckianus 1991, 2369
  salmianus 1293, 1991
  salpingensis 143, 2369
  sanborgianus 1996, 1997
  santiaguensis 1107
  sargentianus 2275, 2284
  sartorianus 2441
  saxicola 2298, 2308
  — anguiniformis 2300
  scandens 817
  — minor 780
  scheeri 1990
  schelhasei 1282, 3906
  schelhasii 3906
  schenckii 2272
  schickendantzii 3706
  schmidtii 3652
  schmollii 2081
  schoenemannii 2369
  schomburgkii 816, 817
  schottii 2275, 2280
  — australis 2282
  — monstrosus 2285
  schrankii 2121
  schumannianus 2189
  schumannii 2189
  sciurus 2024
  sclerocarpus 911, 913
  scolopendrii 3649
  scopa 1637
  scoparius 2205
  seidelii **2319**, 2330, **2332**
  senilis 2256
  sepium 974, 975
  sericatus 2529
  sericeus 161

Cereus, serpens 1020, 3676
  serpentinus 2083, 2084
  — albispinus 2084, 2085, 2384
  — splendens 2085, 2298
  — stellatus 2084
  — strictior 2085
  serratus 2117, 2121
  serruliflorus 2100, 2183
  setaceus 794, 796
  — viridior 794, 796
  setiger 2119
  setosus 687, 798, 2407
  sigillarioides 917
  silvestrii 1336
  simonii 2127
  sirul 1935
  smaragdiflorus 999, 1254
  smithianus 2310
  smithii **819**
  sonorensis 2124, 2125, 2126, 2127
  spachianus 1123
  spathulatus 2369
  speciosissimus 2119
  — albiflorus 2120
  — aurantiacus 2122
  — coccineus 2121
  — lateritius 759, 2119
  speciosus 780, 2119
  — albiflorus 2120
  — coccineus 2117, 2121
  spegazzinii 2304, 2305
  — hassleri 2306
  spinibarbis 1151, 1152, 2052
  — flavidus 1134
  — minor 1140, 1146
  — purpureus 1140
  spinosissimus 2360
  spinulosus 790
  splendens 2085, 2298, 2299
  squamosus 1969
  squamulosus 687
  squarrosus 860, 861, 862
  steckmannii 2369
  stellatus 2219, 2220, 2223
  stelligerus 2369
  stenogonus 2318, **2320**, **2338**, 2340, 2360
  stenopterus 812
  stolonifer 2363, 2368
  stramineus 2053
  strausii 1013
  striatus 2080
  strictus 2461, 2462
  strigosus 1132
  — intricatus 1132, 1133
  — longispinus 1132
  — rufispinus 1134
  — spinosior 3706
  subflavispinus 2369
  subinermis 1992
  subintortus 2367
  — flavispinus 2367
  sublanatus 2413, 2422
  subrepandus 2099, 2102

Cereus, subsquamatus 3654
  subtortuosus 997
  subuliferus 1136
  superbus 2120
  surinamensis 2346
  swartzii 2414, 2450
  syringacanthus 257, 270
  tacaquirensis 1107
  tapalcalaensis 1202
  tarijensis 1326
  taylori 2103
  tellii 778, 2369
  tenellus 1940
  tenuis 688, 2367
  tenuispinus 687, 2369
  tenuissimus 3904
  tephracanthus 1148, 1618
  — bolivianus 1038, 3709
  — boliviensis 3709
  terscheckii 1103
  testudo 771, 772
  tetazo 2196, 2202
  tetetzo 2200
  tetezo 2202
  tetracanthus 1148
  tetragonus 1933, 1934, 2363
  — major 2363
  — minor 1933, 2327
  — ramosior 2363
  thalassinus 2345, 2351
  — quadrangularis 2345, 2347
  thelegonoides 1107
  thelegonus 1135
  thouarsii 909, 911, 912, 913
  thurberi 2159, 2161, 2185
  — littoralis 2163
  tilophorus 2412
  tinei 2102, 2103, 3857, 3859
  titan 2138, 2141, 2147, 2149
  tominensis 1002
  tonduzii 773
  tonelianus 2223
  torrellianus 2223
  tortuosus 2091
  tortus 1153
  torulosus **2322**, **2356**
  treleasii 2223
  triangularis 810, 814, 1933, 2369
  — costaricensis 3654
  — gracilior 3655
  — guatemalensis 2087
  — major 810, 813
  — napoleonis 3654
  — pernambucensis 2328
  — pictus 814
  — princeps 1937
  — uhdeanus 814
  trichacanthus 2462
  trichocentrus 2369
  tricostatus 810
  triglochidiatus 2059
  trigonodendron 2288, 2317, 2365, **2366**, 2367

Cereus, trigonus 813
— costaricensis 809
— guatemalensis 805
— quadrangularis 1936
trinitatensis 811
tripteris 2368
triqueter 814
trollii 1036
truncatus 729
— altensteinii 730
tuberosus 2079, 2815
tubiflorus 1289
tunicatus 196
tunilla 800
tupizensis 1012
turbinatus 1281, 1282, 1283, 2219
tweediei 996
ulei 2437
undatus 810, 2102
undiflorus.1950
undulatus 1937
undulosus 1937
uranus 778
urbanianus 781, 2460
ureacanthus 2097
usitatus 2369
uspenski 2368
vagans 789
validissimus 1104
validus **2321**, 2336, 2341, **2347**, 2348, 2350
vargasianus **2324**, **2364**, 2365, 2366
variabilis 1935, 1937, **2319**, **2325**, 2328, 2329, 2330, 2429
— glaucescens 2327
— gracilior 2327
— laetevirens 2327
— micracanthus 2327
— obtusus 2327
— ramosior 2327
— salm-dyckianus 2327
vasmeri 1935
vaupelii 774, 786
venditus 813
ventimigliae 974
verschaffeltii 2369
versicolor 1188
— humifusus 1193
— lasiacanthus 1190
— xanthacanthus 1191
victoriensis 2397, 2438, 2439
violaceus 2461
viperinus 2075
virens 2412, 2413
viridiflorus 2014
— cylindricus 2014, 3847, 3848
— minor 2014
— tubulosus 2014
vulcan 819
vulnerator 196
warmingii 2411, 2412, 2414
weberbaueri 1254, 1260
weberi 2152
weingartianus 1960

Cereus, wercklei 791
wittii 770
xanthocarpus 2318, **2320**, **2336**, 2338, 2339, 2352, 2360
xanthochaetus 1968
ziczkaanus 3707
zizkaanus 3707
Chaetolobiviae 55, 75, 76, 1362, 1482, 1488, 1496, 1534
Chaffeyopuntia 3619, 3903
Chamaecereus 55, 75, 1094, 1273, 1303, 1306, **1336–1338**, 1363, 3722
giganteus 1333
grandiflorus 1306, 1333
silvestrii **1336**, 1337, 1363, 3722
— aurea 3722
— boedeckeri 1338
— calvinii 1338
— crassicaulis cristata 1336, 3722
— elongata 1336
— haagei 1338
— lutea 1336, 3722
Chamaelobivia 1337, 1428, 1480, 3738
matuzakii 1337
tanahashii 1337
tudae 1337
— tanahashii 3738
Chiapasia 52, 69, **761–763**, 764, 3651
nelsonii 755, 761, **762**, 763, 3651
Chichipia 2132
Chilenia 1800, 1851, 1852, 1853
acutissima 1857, 1858
ambigua 1793
atrispinosa 1869
bicolor 1871
castaneoides 1855
cephalophora 1871
chilensis 1805, 1806, 1855
— confinis 1806
— cylindracea 1806
densispina 1865
depressa 1871
ebenacantha 1808
fobeana 1811
fusca 1807
gerocephala 3806
heteracantha 1869
jussieui 1810
kunzei 1807
macrogona 1871
napina 1818
nidus 1865
— flava 1865
nigrihorrida 1854
— major 1855
— minor 1855
occulta 1816
odieri 1814
pseudochilensis 1871
pygmaea 1871
reichei 1823
rostrata 1857
senilis 1864

Chilenia, subcylindrica 1856
  subgibbosa 1857
  thiebautiana 1865
  varians 1871
Chileniopsis 1787, 1851, 1852
  nigra 1868
  polyrhaphis 1868
  villosa 1866
Chileocactus 1801, 1814, 1834, 1836
  froehlichianus 1839
  occultus 1816
  soehrensii 1840
Chileonapina 1800, 1801, 1802, 1818, 1823
Chileorebutia 942, 1373, 1800, 1802, 1802, 1818, 1819, 1834, 1850, 3743, 3764, 3765, 3767, 3768, 3770, 3777, 3781. 3788, 3801
  aerocarpa 1826, 3775
  aricensis 3777
  esmeraldana 1828, 3775
  fulva 1827
  glabrescens 3771, 3772, 3774
  iquiquensis 3777
  krausii 1832, 3765, 3771, 3776
  — mebbesii 3771
  malleolata 3777
  napina 1819, 3765, 3767
  odieri 3771, 3774
  recondita 3777
  reichei 1493, 1801, 1825, 1851. 3743, 3764, 3774, 3801
  residua 3777
  saxifraga 3777
Chilita 3082, 3091, 3092, 3355, 3512, 3530, 3535
  alamensis 3455
  albicans 3370
  ancistroides 3334
  angelensis 3285
  armillata 3283
  aureilanata 3265
  aurihamata 3274
  barbata 3333
  blossfeldiana 3304
  bocasana 3327
  boedekeriana 3329
  bombycina 3317
  boolii 3456
  candida 3380
  capensis 3276
  carretii 3295
  colonensis 3335
  criniformis 3273
  crinita 3306
  decipiens 3531
  denudata 3272
  dioica 3281
  discolor 3367
  echinaria 3257
  elongata 3247
  erectohamata 3313
  eriacantha 3392
  erythrosperma 3277
  eschausieri 3470

Chilita, eschautzieri 3394, 3470, 3531
  eschauzieri 3266, 3285, 3394, 3470, 3531
  estanzuelensis 3471
  fasciculata 3294
  fertilis 3347
  fordii 3281
  fragilis 3247
  fraileana 3278
  gasseriana 3333
  gilensis 3314
  glochidiata 3284
  goodridgei 3302
  grahamii 3322
  gueldemanniana 3335
  haehneliana 3337
  herrerae 3266
  hirsuta 3315
  humboldtii 3260
  hutchinsoniana 3298, 3910
  hutchisoniana 3297
  icamolensis 3286
  inaiae 3354
  insularis 3321
  jaliscana 3334
  knebeliana 3314
  kunzeana 3316
  lasiacantha 3271
  lengdobleriana 3431
  lenta 3263
  longicoma 3316
  longiflora 3508
  magallanii 3338
  mainae 3293
  mazatlanensis 3356
  mercadensis 3321
  microcarpa 3322
  milleri 3326
  moelleriana 3331
  monancistra 3278
  multiceps 3381
  multiformis 3313
  multihamata 3314
  nelsonii 3525
  occidentalis 3287
  oliviae 3338
  painteri 3329
  palmeri 3375
  phitauiana 3280
  pilispina 3441
  plumosa 3265
  posseltiana 3322
  pottsii 3063, 3399
  prolifera 3383
  pubispina 3286
  pygmaea 3285
  rettigiana 3311
  saffordii 3297
  sanluisensis 3441
  scheidweileriana 3319
  schelhasei 3310
  schiedeana 3266
  schieliana 3442
  seideliana 3318

Chilita, sheldonii 3298
  sinistrohamata 3331
  slevinii 3369
  sphacelata 3355
  swinglei 3291
  tacubayensis 3454
  trichacantha 3292
  thornberi 3294
  umbrina 3311
  unihamata 3454
  verhaertiana 3279
  vetula 3394, 3533
  viereckii 3344
  viridiflora 3309
  weingartiana 3326
  wilcoxii 3308
  wildii 3273
  willdii 3273
  wrightii 3307
  xanthina 3202
  yaquensis 3092, 3461
  zeilmanniana 3310
  zephyranthoides 3529
  zuccariniana 3176
Chinorebutia 1555
Chorineurae 42
Chrysocactus 1625
  grossei 1627
  leninghausii 1629
  schumannianus 1627
Cinnabarinea 1371
  cinnabarina 1439
  graulichii 1347, 1469
Clavarioidea 157, 3582
Clavarioidia 3582
  clavarioides 158
Clavatopuntia 354
  bulbispina 363
  invicta 357
  moelleri 363
Cleistocactus 23, *54*, *73*, 766, 934, 939, 972,
    987, **991**–**1023**, 1043, 1254, 1359, 1967,
    2290, 2491, 2515, 3669, 3674, 3677,
    3682–3689, 3690, 3695
  angosturensis **995**, **1007**
  anguinus **993**, **996**, 997, 1019, 1023
  apurimacensis 1024
  areolatus **994**, **1004**, 1005, 1022, 3683, 3684
  — herzogianus **994**, **1005**, 1022, 3684
  — parviflorus 1005
  aureus 871
  ayopayanus **995**, **1006**
  baumannii 972, 992, **993**, **996**, 1000, 1001,
    1022, 3683
  — colubrinus 993, 994, 997
  — flavispinus **993**, **997**, 1000
  — grossei 1001
  brookei 992, **995**, **1015**, 3684, 3687
  bruneispinus **994**, 997, 1000, **1001**, 3683
  buchtienii **994**, **1004**, 1022, 3687
  — flavispinus **994**, **1004**, 1007
  candelilla **995**, **998**, 1004
  — pojoensis 1003

Cleistocactus, celsianus 1029
  chacoanus 3687
  chotaensis **987**
  colubrinus 997, 1000
  — flavispinus 997
  — grossei 1001
  compactus **994**, **1002**
  crassiserpens 1020, 1021, 3674
  dependens **993**, **998**
  fieldianus samnensis 939
  flavescens 1017
  flavispinus **993**, 997, **1000**, 1001
  fusiflorus **999**
  glaucus 3687
  grossei 992, **993**, **1000**, 1001, 3683, 3687
  herzogianus 1005, 3683, 3687
  — copachuncho 1022
  huantensis 1024
  humboldtii 983, 987
  hyalacanthus **995**, **1010**, 1012, 1017
  ianthinus **995**, **1006**
  icosagonus 980
  ipotanus 3686
  jugatiflorus **3685**
  jujuyensis **995**, **1011**, 1014, 1015, 3684
  — fulvus 3687
  kerberi 1022, 2129
  lanatus 1022, 2528
  laniceps **1018**
  luminosus 1024, 1146
  luribayensis **994**, **1004**
  margaritanus 3687
  micropetalus 3686
  monvilleanus **990**
  morawetzianus 993, **995**, **1008**, 1009, 1019
  — arboreus **1009**
  — pycnacanthus **995**, **1010**
  muyurinensis 3686
  nivosus 1015
  orthogonus **3684**
  otuyensis 3687
  parapetiensis 992, **996**, **1017**, 3693, 3695
  parviflorus 1005, 3683, 3684, 3687
  — aiquilensis 3687
  parvisetus **996**, 1022, 1967, 2292
  pilcomayoensis 3687
  plagiostoma 985, 3679
  pojoensis **994**, **1003**
  pungens 3687
  reae **1007**
  ressinianus **995**, **1007**
  rhodacanthus 1044
  ritteri 3686, 3691
  roezlii 985, 986, 3679
  rojoi **994**, **1006**, 1007
  sepium 974
  serpens 1018, 1019, 1020, 1023, 3674, 3676
  smaragdiflorus **993**, **999**, 3693, 3695
  — flavispinus 999
  sotomayorensis 3686, 3687
  straussii **995**, 1013, 1015, 1043, 1209, 3684
  — brevispinus 1014
  — flavispinus 1017

Cleistocactus, strausii fricii **995**, **1015**
— jujuyensis 1011, 1015
— lanatus 1015
sucrensis 1012
tarijensis **994**, **1006**, 3684
tenuiserpens 1020, 1021, 3674, 3677
tominensis 992, **994**, **1002**, 1004, 1018
tupizensis **995**, **1012**, 1013, 3684
— sucrensis **995**, **1012**, 3684
vulpis-cauda **3687**
wendlandiorum 73, 992, **996**, **1016**, 1023
Cleistocereus 991
areolatus 1005
aureispinus 1000
baumannii 997
colubrinus 997
grossei 1001
hyalacanthus 1012
smaragdiflorus 999
strausii 1014
— luteispina 1011, 1015
— rubricentra 1011, 1015
Clistanthocereus 54, 72, 925, 929, **934–940**, 942, 951, 3669
fieldianus **938**, 940
— samnensis 3669
hertlingianus 925, 926, 929
plagiostoma 3679
roezlii 3679
tessellatus 935, **938**, **939**, 940, 3669
Cochemiea 62, 100, 3094, **3539–3543**
halei 3499, **3539**, **3540**
hallei 3540
maritima **3539**, **3542**
pondii 3501, **3539**, **3543**
poselgeri 3500, 3501, 3502, **3539**, **3540**
rosiana 3540
setispina 3502, **3539**, **3540**, 3543
Coleocephalocereus 60, 90, 1929, 2423, 2424, 2495, 2520, 2521, 2522, **2543–2549**, 2552, 2556
fluminensis 2423, 2485, **2548**, 3904
Coloradoa 61, 93, **2792–2793**
mesae-verdae **2792**
mesaverde 2793
Consolea 50, 65, **375–388**, 612, 3604, 3605, 3606, 3632
acaulis 388
catacantha 386, 387
corallicola **378**, **384**
falcata **378**, **380**, 383
ferox 384
guanicana 378, 386
leucacantha 383
macracantha **378**, **380**, 386
millspaughii **378**, **383**
moniliformis 377, **378**, 381, **384**, 385
nashii 377, **378**, **380**, 388, 560
rubescens 376, **378**, **386**, 388
spinosissima 377, **378**, **381**, 383, 388
urbaniana 388
Consoleae 50, 65, 370, 375

Copiapoa 56, 76, 79, 823, 1556, 1798, 1852, **1896–1923**, 2848, 3702, 3743, 3767, 3768, 3811, 3814–3841, 3868
albispina 1901, 3815, 3822, 3825
alticostata 1922
applanata 1890, **1899**, **1912**
barquitensis 3832
bridgesii **1899**, **1909**
brunnescens **1901**, 1903, 1922
calderana 1921, 3816, **3817**
carrizalensis 1901, 1906, 1921, 3815, 3816, **3818**
castanea 1922, 3820
chañaralensis 1921, 3820, 3828
cinerascens 1794, **1898**, **1907**, 1915
cinerea 1896, 1897, **1898**, **1900**, 1901, 1903, 1905, 1906, 1021, 1922, 3802, 3811, 3814, 3815, 3820, 3821, 3822, 3823, 3825, 3828
— albispina 1901, 3815, 3822, 3825
— columna-alba **3820**
— dealbata **2823**
— flavescens 1901, 3815, 3822
columna-alba 1901, 3815, 3820, 3821, 3822
coquimbana 1847, **1898**, **1907**, 1919, 1922, 3841
— curvispina 1907
— humilis 1907
cuprea 1920, 1921, **3825**
cupreata 1842, **1899**, 1903, **1920**, 1921, 3826
dealbata 1901, 3815, 3821, 3822, 3823
desertorum 1921, 3826
dura 1921, 1922, 3827
echinata 1921, **3827**, 3828
— borealis 1921, **3828**
echinoides 1897, **1898**, **1908**, 1910, 1911, 1913, 3815
— salm-dyckiana 1911
eremophila 1903, 3828
ferox **1922**
fiedleriana 1919
— polygona 1920
gigantea 1896, 1897, **1898**, **1903**, 1905, 3815, 3828
grandiflora 1914, 1921, 3828, 3836
haseltoniana 1896, 1897, **1898**, **1903**, 1905, 1906, 3815, 3822, 3823, 3825, 3828
humilis **1899**, 1913, **1915**, 3765, 3829, 3831
hypogaea 1921, 3765, 3767, 3802, **3831**, 3832
intermedia 1921, 3815, 3832
krainziana **1899**, **1911**, 3834
lembckei **1922**, 3811, 3825, 3838, 3839
longistaminea 1921
malletiana 1897, **1898**, **1906**, 1921, 3815, 3816, 3819, 3820, 3832
marginata **1898**, **1906**, 1907, 1917, 1921, 3817, 3838, 3839
megarhiza **1899**, 1908, **1914**, 1915, 3816, 3817, 3828, 3841
montana 1921, 3828, **3835**
pendulina 1922, **3836**, 3838, 3839
pepiniana **1899**, **1917**, 1919, 3816
— fiedleriana **1899**, 1907, **1919**, 3816

Copiapoa, rubriflora 1922
  rupestris 1922
  scopulina 1912, 3834
  serpentisulcata 1921, **3839**
  streptocaulon 1921, 3817, 3838, 3839
  taltalensis **1899, 1912**, 1917, 3829, 3831
  tenuissima 3840
  totoralensis 1922, **3840**
  wagenknechtii 1922, 3841
Corryocactus 53, 71, 826, **842-859**, 860, 3661-3662, 3903
  ayacuchoensis **857**
  — leucacanthus **857**
  ayopayanus **843, 855**
  brachypetalus **843**, 848, 849, 859
  brevispinus **843, 851**
  brevistylus **843, 845**, 849
  chachapoyensis **859**
  charazanensis **854**
  heteracanthus 522, **859**
  krausii **843, 850**
  melanotrichus **843, 852**, 857, 3903
  — caulescens **843, 853**, 3903
  pachycladus **843**, 849, **850**
  perezianus 844, 845, **855**
  procumbens 859
  pulquinensis **843, 850**
  puquiensis **843**, 849, 850
  tarijensis **844, 856**, 3661
  tristis 3662
Corryocerei 53, 71, **84**, 645, 826, 841, 886, 887, 1089, 1929, 3661
Corryocereus 3903
Corryoerdisia 3661, 3903
Corynopuntia 50, 65, 157, 166, 211, **354-365**, 366, 367, 3575, 3576, 3601-3603, 3604, 3903
  agglomerata **356, 363**, 3602
  bulbispina **356, 363**, 365, 3602
  clavata **355, 358**, 363
  dumetorum **355, 356**
  grahamii **356, 361**, 365, 3603
  invicta **355, 357**, 365, 3601
  moelleri **356, 363**, 3603
  parishii 361
  planibulbispina **3603**
  pulchella **356, 361**, 367, 3604
  reflexispina **365**
  schottii **355, 357**
  stanlyi 354, **355, 358**, 360, 366, 3601
  — kunzei **355, 360**, 3601
  — parishii 185, **356**, 358, **361**
  — wrightiana 210, **356, 360**
  vilis 355, **356, 362**, 3601
  — bernhardinii **3601**
  wrightiana 360
Coryphantha 62, 97, 2822, 2919, 2920, 2929, 2933, 2939, 2942, 2943, 2950, 2951, 2952, 2955, 2959, 2963, 2965, 2966, 2972, 2973, **2979-3064**, 3094, 3398, 3399, 3480, 3874, 3876
  acanthostephes 3033
  aggregata 2971, 2997, 3308, 3532

Coryphantha, altamiranoi 3010, 3012
  alversonii 2981, **2983**, 2998, **3000**, 3001, 3002, 3003, 3497, 3502
  — exaltissima **2983, 3001**, 3004
  ancistracantha 2995
  andreae **2988, 3031**, 3497
  arizonica 2979, 2998, 3062
  asperispina 2948
  asterias **2993, 3059**, 3497
  — caespitosa 3059
  — densispina 3059
  aulacothele 3042, 3043
  bergeriana **2991, 3047**, 3498
  bisbeeana 2971
  borwigii **2987, 3026**, 3039, 3498
  brevimamma 3057
  brunnea 3064
  bumamma **2984, 3006**, 3031, 3063, 3498, 3499
  calcarata 3027
  — sulcata 3029
  calochlora **2985, 3010**, 3498
  ceratites 2935
  chihuahuensis 2959
  chlorantha 2951, 2971, 2981, **2983**, 2998, 3000, **3001**, 3002, 3003, 3004, 3498, 3502, 3503
  — deserti **2983**, 2998, 3000, 3002, **3003**, 3004
  clava **2990, 3040**, 3041, 3498, 3500
  — longimamma 3040
  — schlechtendalii **2990, 3040**, 3502
  clavata **2981, 2993**, 2995, 3015, 3036, 3498, 3502, 3503, 3874
  — albispina 2995
  — ancistracantha **2981, 2995**, 3497, 3502
  — octacantha 2995
  — radicantissima **2995**, 3502, 3874
  columnaris **2983, 3004**
  compacta **2985**, 3009, **3012**, 3498
  conimamma **2988, 3034**
  connivens **2984, 3007**
  conoidea 2936, 2937
  conspicua 3063
  cornifera 2980, **2985**, 2995, 3011, **3014**, 3019, 3029, 3038, 3498, 3501
  — scolymoides 3036
  cornuta **2985, 3015**, 3498
  cubensis 2940
  daemonoceras: s. daimonoceras
  — jaumavei 3039
  daimonoceras **2989**, 3011, **3038**, 3039, 3499, 3501
  dasyacantha 2957
  delaetiana **2985**, 3010, **3017**, 3062, 3499
  densispina **2986, 3020**, 3499
  deserti 2979, 2981, 2998, 3000, 3001, 3002, 3003, 3004, 3062
  — baxteriana 3003
  difficilis **2989, 3036**, 3038, 3039, 3499
  durangensis **2986, 3018**, 3499
  echinoidea **2991**, 2994, **3047**, 3499
  echinus **2986**, 3011, **3020**, 3021, 3499, 3502

Coryphantha, echinus flavispina 3020
 elephantidens **2984**, **3005**, 3006, 3498, 3499
 elyi 3063
 emskoetteriana 2958
 engelmannii 3043, 3044, 3053
 erecta **2990**, **3039**, 3498, 3499
 — albispina 3040
 — centrispina 3040
 — fina 3040
 exsudans **2992**, 2996, **3057**, 3059, 3497, 3498, 3499
 fragrans 2982, 2999
 georgii **2992**, **3058**, 3499
 gladiispina **2987**, **3023**, 3499
 glandulifera*) —
 glanduligera 2992, 3057
 golzeana 3056
 grahamii 3322
 grandiflora 2937
 guerkeana **2992**, **3056**, 3499
 hesteri 2972, 2993, **3062**, 3499
 heteromorpha 2975
 heterophylla 2975
 hookeri 3063
 impexicoma 3011
 jaumavei 3039
 jaumavense 3039
 jaumavensis 3039
 kieferiana 2992, 3050
 lehmanni 3043
 leucostele**) —
 longicornis **2988**, **3030**, 3500
 loricata 3480
 macromeris 2973, 2983, 3068
 macrothele 2990, 3042
 maiz-tablasensis **2984**, **3005**
 marstonii 2987, **3027**
 melleospina **3007**
 missouriensis 2945
 muehlbaueriana 2943, 2964
 muehlenpfordtii 2980, 3013, 3033, 3051, 3052, 3501, 3502
 — robustispina 3013
 mutica 3015
 nellieae 2967
 neo-mexicana 2979, 2998, 2999
 neoscheeri **2992**, **3051**
 nickelsae **2993**, 3029, **3061**, 3501
 nivosa 3168
 notesteinii 2949
 nuttallii 2945
 obscura **2989**, **3034**, 3501
 octacantha **2990**, **3042**, 3497, 3498, 3500, 3501, 3503
 odorata 2939
 oklahomensis 2999
 ottonis **2992**, 2994, **3053**, 3054, 3055, 3056, 3498, 3501
 pallida **2987**, **3024**, 3501
 palmeri **2985**, **3015**, 3039, 3501

Coryphantha, pectinata **2984**, **3008**, 3009, 3011, 3501
 phoenicus 3064
 pirtlei 2987, **3023**
 poselgeriana **2991**, 3036, **3049**, 3050, 3051, 3501
 — valida **2991**, **3050**, 3503
 pottsii 2993, 3063, 3399
 pseudechinus **2991**, 3020, **3046**, 3047, 3501
 pseudoechinoidea 3063
 pseudonickelsae **2993**, **3061**, 3062
 pseudoradians **3012**, 3063
 pycnacantha **2988**, **3031**, 3033, 3034, 3131, 3266, 3488, 3497, 3500, 3501, 3502
 radians **2985**, 3009, **3010**, 3012, 3026, 3038, 3498, 3500, 3501, 3502
 — altamiranoi 3010
 — caespitosa 3012
 — compacta 3012
 — echinus 3020
 — grandimamma 3012
 — impexicoma 3011
 — minor 3010
 — pectinata 3008
 — recurvata 3012
 — sulcata 3027
 radiatus 3064
 radiosa 2996, 2998
 ramillosa **2986**, **3023**
 raphidacantha **2994**
 — ancistracantha 2995
 raphidacea 3064
 recurvata **2991**, **3043**, 3501, 3502
 reduncispina 3024
 reduncuspina **2987**, **3024**, 3502
 reichenbachia 3064
 retusa **2984**, **3007**, 3502, 3874
 — pallidispina **3874**
 ritteri 3005
 roberti 2953, 2963
 robustispina 2980, **2985**, **3013**, 3055, 3498, 3502
 roederiana 2980, **2986**, **3018**, 3019, 3502
 rosea 3002
 roseana 2965
 runyonii 2963, 2975
 salm-dyckiana **2988**, 3017, **3033**, 3502
 scheeri 2992, 3051, 3473
 schlechtendalii 3041
 schwarziana **2991**, **3044**, 3502
 scolymoides **2989**, 3011, 3014, 3017, **3036**, 3038, 3039, 3502
 shurlyana 3063
 similis 2945
 sneedii 2966
 speciosa **2989**, **3035**, 3503
 strobiliformis 2954
 stuetzlei 2937, 2971
 sublanata 3063

*) Hierunter verstand Schmoll (Kat. 4. 1947) anscheinend eine andere Pflanze als Cor. glanduligera, da er beide aufführt; weiteres ist nicht mehr festzustellen.
**) Irrtümlicher Name, nur im Index des Kaktus-ABC.

Coryphantha, sulcata **2988**, 3011, **3027**, 3030, 3498, 3499, 3502, 3503
  sulcolanata **2984**, **3006**, 3031, 3034, 3498, 3503
  tuberculosa 2954
  unicornis **2993**, 3059, **3060**, 3503
  varicolor 2957
  vaupeliana **2991**, 3030, **3048**, 3503
  villarensis **2990**, **3043**
  vivipara 2981, **2982**, **2996**, 2998, 2999, 3247, 3499, 3501, 3503, 3504
  — aggregata **2982**, **2997**, 2999, 3004, 3497
  — arizonica **2982**, **2998**, 2999, 3497, 3502
  — deserti 3003, 3499, 3502
  — neo-mexicana **2982**, 3498, 3501, 3502, 3503
  — radiosa **2982**, 2997, **2998**, 2999, 3502, 3503
  vogtherriana **2993**, 3005, **3059**, 3504
  werdermannii **2986**, **3019**, 3504
  wissmannii 2944
  zilziana 2943, 2957
Coryphanthae *61*, *96*, 2822, 2919, 2933, 3076, 3876, 3877
Coryphanthanae 2793, 2794, 2822, 2842, 2919, 2952, 2979, 3877
Coryphanthineae 3091
Crassocereus *58*, *84*, 2197, 2198, 2199
Cryptocereus *52*, *68*, 732, **733**–**735**, 737, 738, 773
  antonyanus **733**, 735
  imitans **733**, **734**, 735
Cullmannia 41, 2072, 2073, 2074, 2077
  viperina 2075, 2076, 2079
Cumarinia *62*, *97*, 2933, 2934, 2935, 2939, 2964
Cuscuta baccifera 660
Cutakia *57*, *82*, 2104, 2106, 2112
Cylindropuntia 23, *49*, *64*, 137, 157, **165**–**206**, 212, 366, 551, 3575, 3576, 3577, 3582–3586, 3588, 3601
  abyssi **180**, **184**
  acanthocarpa **180**, **181**
  — ramosa **180**, **181**, 184
  — thornberi **180**, **184**
  alamosensis **175**, **177**
  alcahes **202**, **205**
  arbuscula **169**, **174**, 176
  — congesta **169**, **174**
  bigelowii **189**, 190
  brevispina **202**, **205**, 206, 207, 3586
  brittonii **168**, **171**, 636
  burrageana **202**, **205**
  caerulescens 175
  californica **180**, **186**, 2468, 3585
  calmalliana **175**, **176**
  cardenche 195
  caribaea **168**, **173**, 174
  cholla **191**, **192**
  ciribe **189**, **190**, 3585
  clavarioides 158
  clavellina **175**, **178**
  congesta 174

Cylindropuntia, cylindrica 140
  davisii **175**, **179**
  densiaculeata **188**, 3585
  echinocarpa **180**, **185**, 190
  exaltata 140, 3576
  fulgida **202**, 204, 3586
  — mamillata **202**, **204**, 3586
  haematacantha 149
  heteracantha 3577
  hualpaensis **175**, **178**
  humahuacana 145
  hypsophila 149
  imbricata 172, **191**, **194**, 195, 204, 528
  — argentea **191**, **195**
  kleiniae **169**, **175**, 195
  leptocaulis **168**, **171**, 172, 174, 3583, 3584
  — badia **168**, **172**, 3584
  — brevispina **168**, **172**, 3583
  — glauca **3583**
  — longispina **168**, 171, **172**, 3584
  — pluriseta **168**, **172**, 3584
  — robustior **168**, **172**, 3584
  — tenuispina **3584**
  — vaginata **168**, **172**, 3584
lloydii **191**, **194**
metuenda **174**
miquelii 142
molesta **191**, **200**
mortolensis **168**, **169**, 171, 172, 3582, 3584
multigeniculata **186**
neoarbuscula 174
pachypus 141
pallida 191, 197
parryi **180**, **184**, 361
pomifera 195
prolifera 194, **202**, **204**
ramosissima **167**, 172
recondita **175**, **178**, 3584
— perrita **175**, **178**
rosarica **180**, **185**, 207
rosea **191**, 196, **197**, 199, 3585
salmiana 156
schickendantzii 408
shaferi 146
spegazzinii 156
spinosior 180, **202**, **204**
subulata 139
teres 150
tesajo **168**, **173**
— cineracea **168**, **173**
tetracantha **175**, **177**, 3584
thurberi **175**, **176**
tunicata 125, 178, **191**, **195**,196, 218, 522
verschaffeltii 148
— longispina 3577
versicolor 177, **191**, **194**, 551, 3584
vestita 150
— major 152
viridiflora **175**, **179**
vivipara **175**, **176**
weingartiana 145
whipplei **176**, **179**, 180, 204
— enodes **176**, **180**

Cylindropuntiinae *49, 64*, 137
Cylindrorebutia 1482, 1494, 1495, 1497, 1850
  columnaris 1498
  conoidea 1498
  einsteinii 1500
  nicolai 1497
  peterseimii 1519
  rubriviride 1501
  schmiedcheniana 1500
  spiralisepala 1523
  steineckei 1500

Dactylanthocactus 1576
  graessneri 1576, 1579
Deamia *52, 69*, 769, 770, **771–772**, 773
  diabolica **771, 772**
  testudo **771, 772**, 792
Decarya 3912
Delaetia **3788**
  — woutersiana **3788**
Demnosa 1043
  strausii 1014, 1043
Dendrocereus *57, 81*, 1359, **1948–1950**, 1952
  nudiflorus **1949**
  undulosus 1937, 1957
Denmoza *54, 73*, 827, 933, 934, 937, 972, **1043–1048**, 1361, 1670, 3682, 3683, 3698–3699
  ducis pauli 1045
  erythrocephala **1044, 1045**, 1679, 1680, 1683
  rhodacantha 1043, **1044**, 3498, 3698
  — coccinea 3698
  — gracilior 3698
Dichrorebutia 1555
Didierea trollii 3913
Didiereaceae 3912, 3913
Digitorebutia 1482, 1483, 1494, 1495, 1496, 1501
  atrovirens 1506
  brachyantha 1521
  — ritteri 1517
  costata 1513
  — eucaliptana 1517
  digitiformis 1506
  euanthema 1511
  — friciana 1513
  — longispina 1510
  — oculata 1512
  eucaliptana 1514
  haagei 1496, 1502, 1520
  — atrovirens 1506
  — digitiformis 1507
  — orurensis 1506
  — pectinata 1504
  haefneriana 1510
  nigricans 1518
  oculata 1511
  — friciana 1512
  orurensis 1505
  pectinata 1504

Digitorebutia, peterseimii 1519, 1520
  pygmaea 1510
  ritteri 1517
  steinmannii 1504
Diploperianthium*) *53, 72*, 886, 887, 986, 1359
  substerile 887
Discocactus *60, 91*, 823, 2287, 2546, 2556, 2618, **2619–2629**, 2632, 2794, 3033
  alteolens **2620**, 2621, **2622**, 2626,
  bahiensis 2619, **2620, 2624**
  besleri 2625
  hartmannii **2619, 2621**
  heptacanthus **2619**, 2621, **2622**
  insignis 2619, 2625, 2626
  lehmannii 2625
  linkii 2625
  mammillariaeformis 3910
  paranaensis **2620, 2628**
  placentiformis 2619, **2620**, 2621, **2625**, 2626, 2627, 3498
  subnudus **2619, 2620**
  tricornis **2620**, 2622, 2623, **2624**
  zehntneri **2620, 2628**
Discocephalum 1777, 1785
Disisocactus 740, 763
  biformis 764
Disocactus *52, 69*, 645, 740, 761, 762, **763–766**, 2619, 3643, 3650–3652, 3903
  biformis 755, 761, 762, 763, **764**, 765, 766
  eichlamii 762, 763, **764, 765**, 766, 768, 822, 3651, 3905
  macranthus 3643, 3652
  nelsonii 762
  quezaltecus **3651**
Disocereus 3903
Dolichothele *62, 99*, 2932, 3077, 3094, 3102, 3103, 3395, 3507, **3512–3534**, 3535, 3876, 3877
  albescens 3513, **3518, 3532**
  — centrispina 3532
  aylostera 3513, 3524
  balsasoides 3516, **3518, 3527**
  baumii 3513, 3516, **3517, 3522**
  beneckei 3497, **3518, 3524**, 3525
  camptotricha 3470, 3513, **3518, 3531**, 3532
  — albescens 3532
  — longithele 3532
  decipiens 3334, 3513, **3518, 3531**, 3532
  longimamma 3142, 3498, 3499, 3500, 3503, 3504, 3515, 3516, **3517, 3518**, 3530, 3901
  — gigantothele 3499, 3500, 3519
  — globosa 3499, 3500, 3520
  — uberiformis 3521
  melaleuca 3500, 3516, **3517**, 3520, **3521**, 3901, 3910
  nelsonii **3518, 3525**, 3527
  sphaerica 3500, 3503, 3504, 3516, **3517, 3521**, 3532
  surculosa 3513, 3516, **3517, 3522**
  uberiformis 3497, 3500, 3503, 3504, 3516, **3517, 3520**

---

*) Auf den Seiten 53 und 72 muß an Stelle obigen Gattungsnamens der heute von RITTER gebrauchte stehen: Calymmanthium RITT.

Dolichothele, zephyranthoides 3515, **3518**, **3528** 3533
Dracocactus 1834
  tuberisulcatus*) —

Ebnerella 3092, 3504, 3513, 3530
  angelensis 3285
  angolensis 3285
  armillata 3283
  aureilanata 3265
  aurihamata 3274
  barbata 3333
  blossfeldiana 3304
  bocasana 3327
  boedekeriana 3329
  bombycina 3317
  bullardiana 3298
  capensis 3276
  carretii 3295
  crinita 3306
  denudata 3272
  dioica 3281
  dumetorum 3270
  erectohamata 3313
  erythrosperma 3277
  esshaussierii 3394
  fasciculata 3294
  fraileana 3278
  gasseriana 3333
  gilensis 3314
  glochidiata 3284
  goodridgei 3302
  guirocobensis 3336
  haehneliana 3337
  humboldtii 3260
  hutchinsoniana**) 3298
  hutchisoniana**) 3297
  icamolensis 3286
  inaiae 3354
  insularis 3321
  jaliscana 3334
  knebeliana 3313
  kunzeana 3316
  lasiacantha 3271
  longicoma 3316
  magallanii 3338
  mainae 3293
  mazatlanensis 3356
  mercadensis 3321
  microcarpa 3322
  moelleriana 3331
  monancistra 3278
  multiceps 3381
  multiformis 3313
  multihamata 3314
  nunezii 3373
  occidentalis 3287

Ebnerella, oliviae 3338
  painteri 3329
  phitauiana 3279
  plumosa 3265
  posseltiana 3322
  prolifera 3383
  pubispina 3286
  pygmaea 3285
  rekoi 3242
  rettigiana 3311
  scheidweileriana 3319
  schelhasei 3310
  schiedeana 3266
  seideliana 3318
  sheldonii 3298
  shelhasei 3310
  sinistrohamata 3331
  solisii 3374
  sphacelata 3355
  surculosa 3522
  swinglei 3291
  tacubayensis 3454
  trichacantha 3292
  unihamata 3454
  verhaertiana 3280
  viereckii 3344
  weingartiana 3326
  wilcoxii 3308
  wildii 3273
  wrightii 3307
  yaquensis 3461
  zeilmanniana 3310
  zephyranthoides 3528, 3535
Ebneria 59, *87*, 2294, 2296, 2304, 2314
Eccremocactus 52, *69*, 731, **755**—**756**, 3903
  bradei 755, **756**
Eccremocereus 3903
Echinocactanae 1273, 2822, 3534
Echinocacteae 1360
Echinocacteinae 2866
Echinocacti 2794
Echinocactus 23, *60*, *92*, 1043, 1366, 1371,
    1523, 1532, 1670, 2619, **2632**—**2649**, 2651,
    2653, 2674, 2688, 2743, 2744, 2752, 2776,
    2793, 2822, 2837, 2841, 2847, 2866, 2869,
    2893, 2920, 2926, 3498
  acanthion 1858, 2790
  acanthodes 2710
  acanthostephes 3033
  aciculatus 1621
  acifer 2765
  — spinosus 2765
  acroacanthus 2790
  acuatus 1618, 1619, 1620, 1624
  — arechavaletai 1624
  — corynodes 1624
  — depressus 1620

---

*) Dieser Artname erscheint nur im Index von Y. Ito „Expl. Diagr.", 1957, im Text als Horridocactus-Spezies.

**) BUXBAUM publizierte nur Ebnerella hutchinsoniana; so muß es daher statt des auf S. 3298 genannten Basonyms „M. hutchinsoniana" heißen. Ich änderte die Ebnerella-Kombination nach der ersten Schreibweise.

Echinocactus, acuatus erinaceus 1621
— sellowii 1618
— spinosior 1620
— tetracanthus 1621
acutangulus 1624
acutatus 1620
acutispinus 1924
acutissimus 1806, 1857, 1859
— gracilis 1857
adversispinus 2791
agglomeratus 2722, 2725
alamosanus 2740
albatus 2767
allardtianus 2774
alteolens 2622
amambayensis 1600
amazonicus 1925, **2617**
ambiguus 1296, 1788, 1793
ancylacanthus 2924
andreae 1737
anfractuosus 2781, 2790
— ensiferus 2775
— laevior 2787
— orthogonus 2781
— pentacanthus 2786, 2787
— spinosior 2781
anisitsii 1779
apricus 1644
arachnoideus 1923
araneifer 1814, 1815
araneolarius 1639, 1923
arechavaletai 1624, 1625, 1639, 1641, 1642
arizonicus 2703
armatissimus 1923
armatus 2618
arrectus 2776
arrigens 2774, 2775
— atropurpureus 2774
— xiphacanthus 2776
aspillagai 1812
asterias 2666
aulacogonus 2641
— diacopaulax 2641
aurantiacus 1048, 1049, 1060, 1061, 3701
auratus 1130, 1877, 1878, 1879
aureus 871, 2638
baldianus 1731
barcelona 3903
beguinii 2851
berteri 1857
biceras 2786
bicolor 2072, 2738, 2808
— bolansis 2809
— flore luteo 2811
— montemorelanus 2809
— pottsii 2738, 2809
— schottii 2808, 2809
— spiralis 2811
— tricolor 2811
bodenbenderianus 1725
boedekerianus 2766
bolansis 2811
bolivianus 1908

Echinocactus, borchersii 1692
brachiatus 2791
brachyanthus 1770
brachycentrus 2791, 2792
— olygacanthus 2791
brasiliensis 1598
brevihamatus 2930
brevimammus 3057
bridgesii 1811, 1897, 1909, 1911, 1920, 3814
buchheimianus 1629
bueckii 2805
bulbocalyx 1565
cachensis 1474
cachetianus 2751
— mierensis 2751
— orcuttii 2751
caespititius 2851
caespitosus 1654
californicus 2468, 2689, **2707**, 2711
calochlorus 1717
campylacanthus 2742
candicans 1129
capillensis 1716
capricornis 2668
— aureus 2674
— crassispinus 2673
— major 2674
— minor 2671
— niveus 2672
— senilis 2674
castaneoides 1855
castaniensis 1924, 2809
catamarcensis 1568, 1570, 1571
— obscura 1568, 1571
— pallida 1568, 1571
cataphractus 1659
celsianus 1756
centeterius 1760, 1761, 1807, 1834, 1835, 1860, 1861, 1862, 3798
— grandiflorus 1861, 1862
— major 1861
— pachycentrus 1861
cephalophorus 3033
ceratistes 1874, 1876, 1879
— celsii 1879
— melanacanthus 1879
ceratitis 1879
cerebriformis 1924
cereiformis 2791
chereaunianus 1440
chilensis 1805
— confinis 1806
chionanthus 1370
chlorophthalmus 2054
chrysacanthion 1608
chrysacanthus 2715
cinerascens 1794, 1907, 1915
cinereus 1897, 1900, 3815
cinnabarinus 1439
— spinosior 1440
clavatus 1051, 1862
clavus 3040
coccineus 1045

Echinocactus, colombianus 1664, 3760
  columnaris 1906, 1907, 3837, 3838, 3839
  concinnus 1648
  — joadii 1648
  — tabularis 1645
  confertus 1924
  conglomeratus 1907
  conimamma (Mamillaria) 3007
  conoideus 2936
  conothelos 2805, 2847, 2859, 2861
  conquades 1624
  contractus 1770
  copiapensis 1879, 1907, 1908, 1915
  coptonogonus 2752, 2756, 2763
  — major 2763
  — obvallatus 2782
  coquimbanus 1907
  corniferus 2995, 3014
  — impexicomus 3011
  — longisetus 3014
  — muticus 3015
  — nigricans 3014
  — raphidacanthus 2994, 3015
  — scolymoides 3036
  corniger 2721
  — flavispinus 2721
  — rubrispinosus 2721
  cornigerus 2721, 2780
  — flavispinus 2721
  — latispinus 2721
  cor(i)oides 3498
  corrugatus 1924
  corynacanthus 2638
  corynodes 1561, 1614, 1624
  — erinaceus 1621
  coulteri 2730
  courantianus 2651
  courantii 1618
  — spinosior 1618
  covillei 2717
  coxii 1561, 1562
  crassihamatus 2923
  crenatus 1858
  criocerus 1924
  crispatus 2775, 2776, 2779
  — anfractuosus 2781
  — cristatus 2781
  — foersteri 2781
  — horridus 2780
  — pentagonus 2781
  — stenogonus 2781
  ctenoides 2021
  cumingii 1790, 1792, 1832, 1859, 1923
  — flavescens 3762
  — flavispina 1791, 3762
  cummingii 1791,
  cupreatus 1811, 1842, 1920
  cupulatus 1923
  curvicornis 2722

Echinocactus, curvispinus 1757, 1759, 1834, 835, 1838, 1839
  cylindraceus 2707, 2710, 2711, 2713, 2715
  — albispinus 2711
  — chrysacanthus 2711
  — latispinus 2711
  — longispinus 2711
  cylindricus 1924
  dadakii 1660
  damsii 1780
  darrahii 1924
  davisii 2748
  debilispinus 2790
  decaisnei 1282
  deflexispinus 2747
  delaetii 1778
  deminutus 1530
  densus 3258
  denudatus 1696, 1701
  — andersonianus 1702
  — bruennowianus*) 1781
  — delaetii 1702
  — flavispinus 1702
  — golzianus 1702
  — heuschkelianus 1702
  — meiklejohnianus 1702
  — octogonus 1702
  — paraguayensis 1701, 1703
  — — fulvispinus 1703
  — — nigrispinus 1703
  — roseiflorus 1702
  — roseum 1702
  — scheidelianus 1702
  — scheidelii 1702
  — typicus 1701
  — wagnerianus 1702
  — wieditzianus 1702
  deppei 2004
  depressus 1923
  dichroacanthus 1924, 2782, 2783
  — spinosior 2783
  dicracanthus 1924
  dietrichianus 1924
  dietrichii 2776, 2777
  diguetii 2723
  disciformis 2866
  dolichacanthus 2735
  dolichocentrus 2737
  drageanus 2801, 3396
  droegeanus 2800, 2801, 3396
  dumelianus 1130
  durangensis 2827, 2828
  ebenacanthus 1755, 1808, 1809, 1810, 1835
  — affinis 1809
  — intermedius 1809
  — minor 1809
  echidna 2728, 2729
  — pfersdorffii 2737
  echidne 2735, 2737

---

*) SCHELLE schrieb ,,bruennowii", ähnlich auch bei anderen Namen, die aber zuerst wie oben angegeben lauteten. Die undefinierbaren var. Namen von S. 1703, Fußnote 1, nehme ich nicht in den Index auf, da keine Literaturangabe vorliegt. Eine v. multiflorus HORT. mag sich auch auf einen Bastard beziehen (MfK., 178. 1904).

Echinocactus, echidne gilvus 2735, 2737
— pfersdorffii 2737
echinatus 1923
echinoides 1908
— pepinianus 1918
edulis 2639
ehrenbergii 2816, 2819
elachisanthus 1578
electracanthus 2730
— capuliger 2730
— centrispinus 2732
— flavispinus 2732
— haematacanthus 2700
— rufispinus 2732
elegans 1140
elephantidens 3005
ellemeetii 2791
ellipticus 2808
emoryi 2704, 2706, 2707, 2717
— chrysacanthus 2707, 2715
— rectispinus 2707, 2730
ensifer 2775
ensiferus 2775
— pallidus 2776
equitans 2647
erectocentrus 2824, 2826
erectus 3039
erinaceus 1621
— elatior 1621
erubescens 1652
escayachensis 1612
exsculptus 1857, 1858, 1859, 2763
— brunneus 1857
— dichroacanthus 1858
— elatior 1858
— foveolatus 1858
— fulvispinus 1858
— gayanus 1858
— tenuispinus 1858
— thrincogonus 1858
eyriesii 1275, 1283
falconeri 2703
famatimensis 1372, 1448, 1850
farinosus 2235
fascicularis 1258
fennellii 1756
ferox 1755
fidaianus 1788, 1789
fiebrigii 1526
— flavispinus 3738
— nigrescens 3738
— virescens 3738
fiedlerianus 1897, 1907, 1919
fischeri 1923, 2618
flavescens 2727
flavicoma 1924
flavispinus 2745
flavovirens 2727, 2729
flexispinus 2745, 2781
flexuosus 2791
floricomus 1652
floricornus 1652
fluctuosus 2791

Echinocactus, fobeanus 1810, 1811
foersteri 2791
foliosus 1924
forbesii 1295
fordii 2709
formosus 1678
— crassispinus 1679
fossulatus 2800
foveolatus 1858
fricii 1617
froehlichianus 1835, 1838, 1839, 3791
fuscus 1807
galeottii 2638
gasseri 2771
gayanus 1858
— intermedius 1858
geissei 1832, 1844
— albicans 1844
gemmatus 1282
gerardii 2701
ghiesbreghtii 2467, 2664
gibbosus 1752, 1753, 1757, 1808
— celsianus 1756
— cerebriformis 1756
— chubutensis 1758
— fennellii 1756
— ferox 1755
— leonensis 1753, 1756, 1758
— leucacanthus 1756
— leucodictyon 1752, 1755
— leucodictyus 1752, 1755
— nobilis 1754
— platensis 1712, 3760
— pluricostatus 1756
— polygonus 1756
— reductus 3761
— roseiflorus 1758
— schlumbergeri 1755, 1756
— typicus 1752
— ventanicola 1752
gielsdorfianus 2857
gigas 1924
gilliesii 1679
gilvus 2735
glabrescens 1924
gladiatus 2761, 2778, 2779, 2783
— intermedius 2778
— ruficeps 2778
glanduligerus 3057
glaucescens 2732, 2733, 2735
glaucus 2677, **2682**, 2722
gracilis 1658
gracillimus 1658
graessneri 1576, 1579
grahlianus 1663
— adustior 1663
— rubrispinus 1663
grandicornis 2774
— fulvispinus 2774
— nigrispinus 2774
grandis 2632, 2633, **2634**, 2639, **2640**, 2644
griseispinus 2791
grossei 1626, 1628, 1629

Echinocactus, grusonii 1307, 1375, 1670, 1676, **2633, 2635**
— aureus*) 2638
— azureus*) —
guerkeanus 1721
guyannensis**) 1858
haageanus 1302, 2639, 2664
haematacanthus 2698, 2700
haemathanthus 1433
haematochroanthus 2745
hamatacanthus***) 2743, 2745, 2748
— brevispinus 2745, 2747
— crassispinus 2744
— longihamatus 2745, 2747
hamatocanthus 2745, 2747, 2752
hamatus 1923, 2749
hamulosus 2749
hankeanus 1808, 1809
harrisii 2752
hartmannii 2621
haselbergii 1577
hastatus 2763, 2764, 2776
— fulvispinus 2764
hastifer 2811
haynei 1064
haynii 1068
helianthodiscus 2867
helophorus 2641
— laevior 2641
— longifossulatus 2641
hemifossus 1924
— gracilispina 1924
hempelianus 3699
herteri 1650
hertrichii 2742, 2821
heteracanthus 2765, 2771
heterochromus 2738, 2801
heteromorphus 2973
hexacanthus 2790
hexaedrophorus 2795, 2799, 3396
— decipiens 2800
— droegeanus 2800, 2801
— — minor 2800
— fossulatus 2800
— labouretianus 2799, 2800
— major 2799, 2800
— roseus 2799
— subcostatus 2800
hexaedrus 2819
heyderi 2791
histrix 2730, 2731, 2732, 2737
hoffmannseggii 1859
holopterus 2664
hookeri 2791
horizontalis 2647
horizontalonius 2633, **2634, 2647**, 2649, 2744

Echinocactus, horizontalonius centrispinus 2647
— curvispinus 2647
— equitans 2647
— laticostatus 2647
— obscurispinus 2647
horridus 1836, 1840
horripilus 2850
— erectrocentrus 2826
— longispinus 2850
hossei 1734
humilis 1808, 1809, 1915
huotti 1291
hybocentrus 1860, 1861
hybogonus 1772
— saglionis 1772
hybridus 1703
hylainacanthus 1368
hypocrateriformis 1651
— spinosior 1651
hyptiacanthus 1738, 1739, 1740
— eleutheracanthus 1738, 1739
— megalothelus 1738, 1739
— nitidus 1738, 1739
hystrichacanthus 2732
hystrichocentrus 2791
hystrichodes 2791
hystrix 2177, 2639
ignotus-venosus 2752
inflatus 1924
ingens 2386, 2570, 2632, **2633, 2638**, 2639, 2640, 2641, 2644, 2645, 2737, 2744
— aulacogonus 2641
— edulis 2639
— grandis 2640
— helophorus 2641
— irroratus 2639
— laevior 2641
— saltillensis 2643, 3049
— subinermis 2639, 2645
— visnaga 2638
insculptus 2801
insignis 2747
intermedius 1702, 1770
interruptus 1858, 2763
intertextus 42, 1560, 1561, 2823, 2831
— dasyacanthus 2832
intortus 2574
— purpureus 2575
intricatus 1654, 1924
— longispinus 1908
irroratus 2639
islayensis 1887, 1890
jamessianus 1282
jeneschianus 1909
joadii 1648
johnsonii 2823, 2824, 2828, 2829

---

*) Im Nachdruck BRITTON & ROSES irrtümlich als Echinocereus grusonii azureus bezeichnet, der nicht im Index erscheint; der Name soll also zweifellos Echinocactus grusonii aureus lauten, wie ZEISOLD in MfK., 141. 1893 schrieb.
**) Die Schreibweise ,,guayannensis" auf S. 1858 war ein Druckfehler.
***) COULTERS Schreibweise war ,,hamatocanthus".

Echinocactus, johnsonii arizonicus 2830
— lutescens 2830
— octocentrus 2829
johnstonianus 2724
joossensianus 1779
jourdanianus 2898
junori (juori) 1924
jussianus 1810
jussieui 1803, 1810, 3764
karwinskianus 2640
karwinskii 2639, 2644
knippelianus 1658
knuthianus 2858
korethroides 1375
krausei 2824, 2825, **2827**, 2833, 2841, 2842
kunzei 1807, 3798
— brevispinosus 1807
— rigidior 1807, 1862
kunzii 1807
kurtzianus 1761
labouretianus 2801
labouretii*) —
lafaldensis 1698
lamellosus 2773
— fulvescens 2774
lancifer 2776, 2777, 2782
langsdorffii 1623
langsdorfii 1623
laticostatus 2647
latispinosus 1924
latispinus 2721
— flavispinus 2721
lecchii 1225
lecomtei (lecontii)**) —
lecontei 2704, 2706, 2711, 2712, 2713
— albispinus 3870
— haagei 3870
leeanus 1735, 1739, 1740
lemarii 2575
leninghausii 1629
leonensis 1756
leopoldi 2618, 2711
lettensis 2649
leucacanthus 2815
— crassior 2815
— tuberosus 2815
leucanthus 1295
leucocarpus 1624
leucodictyus 1755
leucotrichus 1049, 1050, 1051, **1052**, 1053, 1054
lewinii 2895, 2897, 2911
limitus 2730
lindheimeri 2650
lindleyi 1888, 1891
linkeanus 2791
linkii 1640
— spinosior 1640
lloydii 2771
longehamatus 2743, 2744, 2745, 2749, 2921

Echinocactus, longihamatus 2745, 2746, 2748, 2780
— bicolor 2747
— brevispinus 2745, 2746
— crassispinus 2745, 2747
— deflexispinus 2747
— gracilispinus 2745
— hamatacanthus 2745
— insignis 2747
— papyracanthus 2747
— setispinus 2750
— sinuatus 2745, 2746
longispinus 1924
lophoroides 2886
lophothele 2803
— longispinus 2803
loricatus 1746
maassii 1599
macdowellii 2823, 2835, 2837
mackieanus 1757, 1839
macleanii 2815
macracanthus 1911
— cinerascens 1911
macranthus 2639
macrocephalus 2791
macrochele 2883
macrodiscus 2741
— decolor 2741, 2742
— laevior 2741
— multiflorus 2741, 2742
macrogonus 3754
macromeris 2973
macrothele 3042
— biglandulosus 3042
— lehmannii 3042
maelenii 2815
maldonadensis 1624
malletianus 1897, 1906
mamillosus 1924
mammillarioides 1860, 1861, 1863
mammillifer 2791
mammulosus 1631, 1642, 1651
— hircinus 1651
— minor 1651
— pampeanus 1649
— rubescens 3758
— spinosior 1651
— submammulosus 1649
mandragora 2862
marginatus 1906, 1921, 3837, 3838
marisianus 2751
martinii 1622
mathssonii 2923
mazanensis breviflorus 1767
— rosiflorus 1764, 1767
mcdowellii 2837
megalothelos 1770
megarhizus 2927
melanacanthus 1879
melanocarpus 1719

---

*) Siehe Fußnote S. 3959.
**) Irrtümliche Schreibweise für „lecontei".

Echinocactus, melanochnus 1906
  melmsianus 2785
  melocactiformis 2730, 2731
  melocactoides 2570, 2574
  meonacanthus 2570
  merckeri 1924
  mesae-verdae 2792
  micracanthus 1924
  micromeris 2904
  microspermus 1580, 1582, 1592, 1612
  — brevispinus 1593
  — brunispinus 3748
  — erythranthus 1593
  — macrancistrus 1592
  — thionanthus 1592
  mihanovichii 1781
  minax 2640, 2641, 2644
  — laevior 2641
  minusculus 1534
  mirbelii 2665
  misleyi 1349
  mitis 1818, 3772, 3776
  molendensis 1887
  montevidensis 1649, 1924
  monvillei 1769, 1770
  — lyon 1770
  mostii 1761
  muehlenpfordtii 2749, 3051
  multangularis 2722
  multicostatus 2764
  multiflorus 1739, 1740, 1748, 1749
  — albispinus 1748
  — hybopleurus 1750
  — parisiensis 1748
  multiplex 1286
  muricatus 1640, 1643, 1644, 1645
  — hortatani 1642, 1644
  mutabilis 1888
  myriacanthus 1048, 1049, 1063, 1064
  myriostigma 2655
  — coahuilensis 2668
  — columnaris 2663
  — nuda 2662
  — potosina 2657
  — — columnaris 2663
  — — nudus 2662
  — quadricostatus 2662
  napinus 1818, 3772
  — falkenbergii 1819
  netrelianus 1736
  neumannianus 1790, 1807
  nidulans 2806
  nidus 1573, 1864
  niger 1810
  nigricans 1811, 1841, 1842
  nigrispinus 1626, 1628
  nobilis 1754
  nodosus 1302, 2749
  nummarioides 1860
  obrepandus 1349

Echinocactus, obvallatus 2776, 2780, 2782
  — lancifer 2776
  — pluricostatus 2782
  — spinosior 2782
  occultus 1811, 1816, 1817, 1818, 1820
  ochroleucus 2791
  octacanthus 2791
  octogonus 1288
  odieri 1662, 1814, 3765, 3766, 3771
  — magnificus 1782, 1815
  — mebbesii 1814, 3765, 3766, 3776
  — spinis nigris 1815
  odierianus 1814
  olacogonus 1924
  oligacanthus 2639, 2791, 2792
  olygacanthus*) 2791
  orcuttii 2726
  oreptilis 1924
  ornatus 2664
  — glabrescens 2664
  — kochii 2664
  — mirbelii 2665
  orthacanthus 1625, 2728
  ottonianus 3053
  ottonis 1638, 1643, 1753, 3758
  — brasiliensis 1638
  — linkii 1641, 1642
  — minor 1642
  — multiflorus 3758
  — pallidior 1638
  — paraguayensis 1641
  — pfeifferi 1642
  — spinosior 1638
  — tenuispinus 1639
  — tortuosus 1639
  — uruguayus 1639
  ourselianus 1749, 1750
  oursellianus albispinus 1749
  oxyacanthus 1924
  oxygonus 1288
  oxypterus 2730
  pachycentrus 1861, 1862
  pachycornis 1923
  palmeri 2632, **2634**, 2642, **2643**, 2644, 3049
  pampeanus 1649
  — charruanus 1649
  — rubellianus 1649
  — subplanus 1649
  papyracanthus 42, 2870
  paraguayensis 1701, 1703
  parryi **2635**, **2647**
  parviflorus 2678, 2679, 2680
  — havasupaiensis 2678
  — roseus 2679
  parvispinus 2618
  pauciareolatus 1622
  pectinatus 2039
  pectiniferus 2039
  — laevior 2039
  peeblesianus 2873

*) Nach SCHUMANN (Gesamtbschrbg., 374. 1898) falsche Schreibweise von Echinocactus oligacanthus SD. non MART. (letzterer Autor ist auf S. 2791, Zeile 6 von oben, für ,,Pfeiff." zu setzen).

Echinocactus, pelachicus 1924
　pelargonicus 1845, 1924
　peninsulae 2716
　pentacanthus 2786
　— brevispinus 2787
　pentlandii 1371, 1376, 1378
　pepinianus 1140, 1897, 1917, 1918
　— affinis 1911
　— echinoides 1909
　peruvianus 1683, 1685, 1686
　pfeifferi 2732, 2733, 2735, 2742, 2791
　pfersdorffii 2732
　pflanzii 1772
　philippii 868
　phyllacanthoides 2784
　phyllacanthus 2776, 2784, 2786
　— laevior 2784
　— laevis 2784
　— macracanthus 2784
　— micracanthus 2784
　— pentacanthus 2784
　— tenuiflorus 2784
　— tricuspidatus 2784, 2785
　phymatothele 2803
　phymatothelos 2803
　piliferus 2703
　pilosus 2698, 2702
　— canescens 2700
　— flavispinus 2703
　— pringlei 2701
　— steinesii 2697
　placentiformis 2625
　plaschnickii 3042
　platensis 1712
　— leptanthus 1712
　— parvulus 1724
　— quehlianus 1721
　— typicus 1712
　platyacanthus 2632, 2633, **2634**, **2640**, 2642, 2643, 2644
　— visnaga 2638
　platycarpus 1924
　platycephalus 2650
　platyceras 2639
　— laevior 2641
　— minax 2639, 2641
　plicatilis 1924
　pluricostatus 1924
　poliacanthus 1623
　polyancistrus 42, 2675, 2679
　polycephalus 42, **2632**, **2646**
　— flavispinus 2646
　— xeranthemoides 2645
　polygraphis 1869
　polyocentrus 2728
　polyraphis 1869
　polyrhaphis 1867, 1868
　— niger 1869
　— robustior 1869
　— porrectus 2815, 2816, 2818, 2819
　poselgerianus 3049

Echinocactus, pottsianus 3399
　pottsii 2738, 2795
　praegnacanthus 1924
　pringlei 2698, 2701
　prolifer 1718
　pruinosus 2183
　pseudo-cereus 1858
　pseudo-lewiniithompsonii 2895, 2902
　pseudominusculus 1529
　pubispinus 2675, 2677
　pulchellus 1995
　pulcherrimus 1661
　pulverulentus 1906
　pumilus 1662
　— gracillimus 1658
　punctulatus 1924
　purpureus 1924
　pycnacanthus 3031
　pycnoxyphus 2732
　pygmaeus 1659
　— phaeodiscus 1660
　pyramidalis 1140
　pyramidatus 1888
　quadrinatus 2791
　quehlianus 1721
　radians 3010
　radiatus 3033
　radicans 3010
　radiosus 2998
　rafaelensis 2728, 2729
　raphidacanthus*) 2791, 2995, 3015
　raphidocentrus*) 2791
　rebutii 1924
　rectispinus 2730
　recurvus 2721
　— bicolor 2722
　— latispinus 2722
　— solenacanthus 2722
　— spiralis 2721
　— tricuspidatus 2722
　reductus 1752, 1754
　reichei 1372, 1373, 1374, 1801, 1802, 1819, 1823, 1825, 1850, 1851, 3743, 3764, 3802
　reichenbachii 2036
　rettigii 1051
　retusus 1924
　rhodacanthus 1044
　— coccineus 1045
　rhodantherus 1765, 1767
　rhodanthus 1924
　rhodophthalmus 2808
　— ellipticus 2808
　rinconadensis 2803
　rinconensis 2803
　ritteri 2892
　robustus 2618, 2725
　— flavispinus 2725
　— prolifer 2725
　rosaceus 1624
　roseanus 2965
　rostii 2715

---

*) Druckfehler l. c.: ,,rhaphidacanthus" und ,,rhaphidocentrus".

Echinocactus, rostratus 1833, 1857, 1859
   rotherianus 1629
   rubidus superbissimus 1859
   rubrispinus 2715
   saglionis 1772
   salinensis 3049
   salm-dyckianus 1911, 3033
   salmianus 1293, 2589
   salmii 1924
   salpingophorus 3719
   saltensis 1428
   saltillensis 2643, 3049
   sandillon 1876
   sanguiniflorus 1731, 1733
   sanjuanensis 1568, 1571, 1573
   santa-maria 2715
   santo domingo 2709
   saueri 2848, 2855
   saussieri 2847, 2860
   — longispinus 2859
   scheeri 2929
   — brevihamatus 2930
   schickendantzii 1778
   schilinzkyanus 1663
   — grandiflorus 1663
   schlechtendalii 3040
   schlumbergeri 1755, 1756
   schmiedickeanus 2881, 2886
   schottii 2809
   schumannianus 1626, 1628, 1629
   — brunispinus 1628
   — longispinus 1626
   — nigrispinus 1628
   schwebsianus 1597
   sclerothrix 2707
   scopa 1631, 1637
   — albicans 1637
   — candidus 1637
   — ruberrimus 1637
   — rubra 1637
   — rubrinus 1637
   — rubrispinus 3754
   — rubrissimus 3754
   sellowianus 1618, 1620
   — tetracanthus 1621
   sellowii 1618, 1619, 1620
   — acutatus 1618
   — courantii 1618
   — macracanthus 1618
   — macrocanthus 1618
   — macrogonus 1620, 3754
   — martinii 1622
   — tetracanthus 1621
   — turbinatus 1625
   — typicus 1618
   senilis 1864, 2256
   sessiliflorus 1621, 1622
   — pallidus 1621
   — tetracanthus 1621
   setispinus 42, 2744, 2749, 2921
   — cachetianus 2750

Echinocactus, setispinus hamatus 2749, 2750
   — longihamatus 2745
   — longispinus 2751
   — martelii 2751
   — mierensis 2751
   — muehlenpfordtii 2749
   — orcuttii 2751
   — robustus 2745
   — setaceus 2749
   — sinuatus 2745
   setosus 1302
   sickmannii 1924
   sigelianus 1713
   sileri 2839, 2840
   similis 2944
   simpsonii 42, 2842, 2843
   — minor 2846
   — robustior 2843, 2847
   sinuatus 2744, 2745, 2746, 2748, 2749
   smithii 2855
   soehrensii 1840, 3790
   — albispinus 1840
   — brevispinus 1840
   — crassispinus 3790
   — longispinus 3790
   — niger 1840
   — nigrispinus 3790
   solenacanthus 2721
   sparatacanthus 1924
   spectabilis 2725
   spegazzinii 1639, 1752
   sphacelatus 3355
   sphaerocephalus 2774
   spina-christi 1923, 2618
   spiniflorus 1366, 1367
   spinosior 2677
   spinosissimus 1923
   spinosus 2765
   spiralis 2721, 2722
   — stellaris 2722
   stainesii 2697, 2698, 2699
   staplesiae 2256
   steinmannii 1495, 1528, 1529
   stellaris 2722
   stellatus 1727, 2722, 3911
   stenocarpus 1712
   stenogoni 2785
   stenogonus 2780
   strausianus 1563, 1564, 1565, 1568, 1834
   streptocaulon 1906, 1921, 3837, 3838, 3839
   strobiliformis 2954, 2955
   stuckertii 1733
   stuemeri 1602
   — tilcarensis 1603
   suberinaceus 1620
   subgibbosus 1852, 1853, 1857, 1858, 3803
   subglaucus*) —
   subgrandicornis 1924
   submammulosus 1649
   subniger 1833, 1924
   subporrectus 2816

---

*) Dies soll eine Namensänderung RYDBERGS (Fl. Rocky Mount., 580. 1917) von Echinocactus glaucus K. SCH. sein (BR. & R.).

Echinocactus, subuliferus 2725
  sulcatus 1288
  sulcolanatus 3006
  sulphureus 2790
  supertextus 1839
  sutterianus 1714
  — rubriflorus 1716
  tabularis 3758
  taltalensis 1912, 3831
  tellii 2791
  tenuiflorus 2784
  tenuis 2649
  tenuispinus 1639, 2632
  — minor 1639
  — ottonis 1639
  tenuissimus 3758
  tephracanthus 1618, 1619, 1620
  — spinosior 1618
  teretispinus 2791
  terscheckii 1621
  tetracanthus 1150, 1621, 1622
  tetracentrus*)
  tetraxiphus 2770, 2771
  texensis 2650
  — gourgensii 2650
  — longispinus 2650
  — treculianus 2747
  theiacanthus 2791
  theionacanthus 2791
  thelephorus 1924
  theloideus 2815, 2816
  thionanthus 1370
  thrincogonus 1857, 1858
  — elatior 1857
  tortuosus 1639
  tortus 2664, 2665
  towensis 1757
  treculianus 2745
  tribolacanthus 2790, 2791
  tricolor 3873
  tricornis 2624
  tricuspidatus 2785
  trifurcatus 2791
  trollietii 2834
  tuberculatus 2640
  — spiralis 2640
  tuberisulcatus 1834, 1840
  tuberosus 2816
  — subporrectus 2816
  tubiflorus 1289
  tulensis 2805, 2806
  turbinatus 1282
  turbiniformis 2866
  umadeave 1572
  uncinatus 42, 2920, 2922, 2924
  — wrightii 2925
  undulatus 2781
  unguispinus 2834
  urselianus 1750
  uruguayensis 1639, 1730

Echinocactus, valdezianus 2821, 2848, 2850, 2862, 2863, 3077, 3503
  validus 2649
  valparaiso 1858
  vanderaeyi 2729, 2735, 2737
  vargasii 2819
  vaupelianus 2772
  verutum 1924
  victoriensis 2728, 2729
  viereckii 2851
  villiferus 1924
  villosus 1787, 1866, 1867, 1869
  — crenatior 1866
  — niger 1868
  violaciflorus 2777
  viridescens 2730
  — cylindraceus 2710
  viridiflorus 2014
  visnaga 2632, **2633**, **2638**, 2644
  viviparus**) 2996
  vorwerkianus 1617, 3760
  wagnerianus 2811
  wangertii 1128
  weberbaueri 1063, 1064, 1083, 1085, 3701
  wegeneri 2791
  weingartianus 1566
  whipplei 2676
  — nanus 2677
  — spinosior 2676, 2677
  wilhelmii 1924
  williamsii 2894, 2896
  — anhaloninica 2895
  — lewinii 2912
  — lutea 2895, 2901
  — pellotinica 2895
  — pseudo-lewinii 2895, 2898, 2902
  — — thompsonii 2895
  winkleri 3031
  wippermannii 2765
  wislizeni 42, 2690, 2703, 2704, 2706, 2707
  — albispinus 2703, 2707
  — albus 3870
  — decipiens 2703
  — jonesii 2706
  — latispinus 2707
  — lecontei 2711
  — phoeniceus 3870
  — purpureus 2707
  — tricolor 2707
  wrightii 2925
  xanthacanthus 2574
  xeranthemoides **2634**, **2645**
  xiphacanthus 2775
  zacatecasensis 2772
  — brevispinus 2772
  — longispinus 2772
Echinocereanae 823, 1273, 1970, 2073
Echinocerei 57, 79, 82, 824, 1970, 3845
Echinocereus 57, 82, 823, 826, 827, **1970**-**2072**, 2073, 2082, 2292, 2368, 3845–3856

---

*) Dieser Name LEMAIRES (1839) ist nach BRITTON & ROSE nicht identifizierbar und gehört vielleicht zu Echinofossulocactus.
  **) Druckfehler: vivipara.

Echinocereus, abbea 2047
  abbeae 2047
  acifer 1105, **1988**, 2059, 2060, **2065**, 2066, 2069, 3854, 3856
  — brevispinulus 2065
  — diversispinus 2065, 2066
  — durangensis **1989**, **2066**, 3856
  — longispinus 2066
  — tenuispinus 2065
  — trichacanthus **1989**, **2066**
  adustus **1980**, 2030, **2032**, 2033, 2043, 3850
  aggregatus 2069, 2997
  albatus **1976**, **2007**, 3847
  albiflora 2006
  albiflorus 2047
  albispinus 2007, 2009
  amoenus **1973**, **1995**
  angusticeps 2001
  arizonicus 2043, **2062**, 2065
  armatus 2031, 3850
  australis 2045
  baileyi 1972, **1976**, **2009**, 2036
  — albispinus **1976**, **2009**
  — brunispinus **1976**, **2010**
  — caespiticus **1977**, **2011**
  — flavispinus **1976**, **2011**
  — roseispinus **1977**, **2011**
  barcena 2007
  barthelowanus **1984**, **2054**
  berlandieri 1974, 1997, 1999
  — longispinus 1998
  bertinii 1560
  bicolor 2072
  blanckii **1974**, **1997**, **1998**, 1999, 2003
  — berlandieri **1999**
  — leonensis **1999**
  — poselgerianus **1999**
  bolansis 2054
  boliviensis 2072
  bonkerae 2043, 2048
  boyce-thompsonii 2043, 2048
  — bonkerae 2048
  brandegeei **1974**, **1996**
  bristolii **1979**, 2023, **2024**
  caespitosus 1971, **1979**, 2011, 2017, 2022, **2028**, 2030, 2037, 2038, 2042, 3848, 3850, 3851
  — adustus 2030, 2033
  — armatus 2030
  — candicans 2030
  — castaneus 2028, 2030, 2041
  — chrysacanthus 2030
  — major 2028
  — reichenbachii 2030
  — rubescens 2030
  — rufispinus 2030
  — tamaulipensis 2028
  candicans 1129
  — tenuispinus 1131
  canyonensis 1988, 2062
  carnosus 2005

Echinocereus, castaneus 3851
  centralis 2831
  cereiformis 2003, 2006
  cernosa*) 2041
  chiloensis 1140
  chisoensis **1985**, **2055**
  chloranthus 1971, 2014, 2015, 2017, 3848
  — flavispinus 2017
  chlorophthalmus **1984**, **2054**
  chrysocentrus 2050
  cinerascens **1975**, 1999, **2004**, 2005
  — caesius 2005
  — crassior 2005
  cinnabarinus 1439
  cirrhiferus 2004, 2005
  clavatus 869
  claviformis 2071
  coccineus 1105, **1989**, 2059, 2060, 2061, 2062, 2063, 2064, **2068**, 2070, 2071
  — inermis 2070
  — kunzei **1990**, **2070**
  — octacanthus 2067
  conglomeratus **1983**, **2052**
  — robustior 2052
  conoideus 2062, 2064, 2069
  ctenoides 1972, 2021, 2022
  cucumis **1973**, **1991**
  dahliaeflorus 2071
  dasyacanthus **1978**, 2018, **2020**, 2022, 2026, 2028, 2030, 3850
  — ctenoides **1978**, **2021**
  — neomexicanus 2021, 2022
  — rigidissimus 2022
  — steereae 2020, **2022**
  davisii 2017
  decumbens 1972, **1975**, **2006**
  degandii 2020
  delaetii **1976**, **2006**
  deppei 2004
  depressus 3852
  dubius **1983**, **2051**, 2052, 3852
  durangensis 2060, 2066, **3856**
  — nigrispinus 2066
  — rufispinus 2066
  ehrenbergii 2003
  emoryi 2123
  engelmannii 1972, **1983**, **2050**
  — albispinus 2050
  — chrysocentrus 2050
  — decumbens 2006
  — fulvispinus 2050
  — nicholii **1983**, **2050**
  — pfersdorffii 2050
  — robustior 2050
  — variegatus 2050
  — versicolor 2050
  enneacanthus **1975**, **2005**, 2006, 2026, 2044, 2051
  — carnosus **1975**, 2003, **2005**, 2006
  — major 2006

*) Siehe auch unter Echinocereus pectinatus cernosa.

Echinocereus, fendleri 1972, **1982**, 2026, **2043**, 2044, 2045, 2046, 2047, 2048, 2055, 2059, 2062
— albiflorus **1982**, 2006, 2043, 2044, **2046**
— bonkerae **1982**, 2045, 2046, **2048**, 2049
— boyce-thompsonii **1982**, **2049**
— major 2045
— rectispinus **1982**, 2043, 2044, **2046**
— robustus **1982**, 2043, 2044, **2046**
fereirrae 2056
ferreirianus **1985**, **2056**
fitchii **1979**, **2026**
flavescens 841, 1225, 2072
flaviflorus 1999, 2056
floresii **1978**, **2023**
fobeanus **1984**, **2054**
galtieri 2065, 2071
gentryi 1973, **1991**
gladiatus 1130
glycimorphus 2004, 2005
— undulatus 2005
gonacanthus 2060
grahamii 2072
grandis **1980**, **2033**, 2035
grusonii azureus 2638
hancockii **1986**, **2058**
havermansii 2071
hempelii **1985**, **2055**
hexaedrus 2060
hidalgensis 3856
hildmannii 2045, 2046
huitcholensis **1973**, **1992**
hypogaeus 869
inermis 1994
intricatus 1132
jacobyi 2051
knippelianus **1973**, **1994**
krausei 2068
kunzei 2026, 2032, 2070
labouretianus*) 2067 (Abb. 1957)
lamprochlorus 1126
ledingii **1983**, **2050**
leeanus **1988**, **2063**, 3852, 3854, 3856
— multicostatus **1988**, **2063**
leonensis 1974, 1997, 1998, 1999
leptacanthus 2001, 2003
liebnerianus 1994
limensis 1225, 2072
lloydii 2027
longisetus **1976**, **2006**, 2009, 3845
longispinus 2010
— albispinus 2010
lowryi 2006
lutens 1994
malibranii 2071
mamillatus **1983**, **2053**
mamillosus 2071
maritimus **1986**, 1997, **2056**, 2064, 2071
marksianus 2063

Echinocereus, melanocentrus **1980**, **2030**
merkeri **1983**, **2051**, 2052
densispinus 2051
moelleri 2072
mojavensis 1983, **1986**, **2058**, 2059, 2060, 2064
— albispinus 2059
— zuniensis 2068
monacanthus 2061
multangularis 1221, 2072
— limensis 1225, 2072
— pallidior 2072
multicostatus 2063
neo-mexicanus**) **1989**, 2060, 2064, **2068**
noctiflorus 1991, 3856
nocturniflorus 1991
ochoterenae **1985**, **2056**
octacanthus **1989**, 2060, 2061, **2067**, 2068
oklahomensis 2010
orcuttii 2058, 2071
ortegae **1988**, **2062**
pacificus **1988**, 2059, 2060, **2065**
palmeri **1980**, **2032**
papillosus **1973**, **1999**
— angusticeps **1973**, **2001**
— rubescens 2020
paucispinus 2061, 2064
— flavispinus 2061
— fulvispinus 2061
— gonacanthus 2060
— hexaedrus 2060
— triglochidiatus 2059
paucupina 2071
pectinatus **1981**, 2020, 2021, 2022, 2026, 2028, 2035, 2036, **2039**, 2041, 2042, 2043, 3848, 3851
— adustus 2030, 2032
— — castaneus 2030
— armatus 2031, 2032, 3850
— baileyi purpureus 2036
— bristolii 2023, 2024
— caespitosus 2028
— candicans 2030
— castaneus **1981**, 2028, 2030, **2041**, 3851
— centralis 2041, 2831
— cernosa***) 2041
— chrysacanthus 2030, 2042
— grandicostatus 2043
— laevior 2041
— neomexicanus 2020
— pailanus 2043
— reichenbachii 2038
— rigidissimus **1981**, **2039**, **2041**
— robustior 2041
— robustus 2041
— rubescens 3851
— rufispinus 2030, 2032
— rungei 2041
— scopulorum 2043

---

*) Försters Echinocactus labouretii (in Rümpler, Handb. Cactkde., 811. 1886) wird als Synonym des Namens Echc. labouretianus Lem. (Cactées, 57. 1868) angesehen.
**) Marshall schrieb neo-mexicanus.
***) l. c. irrtümlich als Echinocereus cernosa.

Echinocereus, pectinatus tamaulipensis 2030
— texensis 2041
penicilliformis 2072
pensilis **1973**, **2001**
pentalophus **1975**, 1999, **2001**, **2003**, 2004
— ehrenbergii **1975**, **2003**
— procumbens **1975**, **2003**
pentlandii 1379
perbellus **1981**, 2031, **2036**
persolutus 2072
phoeniceus 2064, 2068, 2069
— albispinus 2068
— brevispinus 2070
— conoideus 2061
— densus 2070
— inermis 2070
— longispinus 2068
— rufispinus 2068
— utahensis 2070
pleiogonus 2063, 3852, 3854
polyacanthus **1988**, 2059, 2062, **2064**, 2071
— albispinus 2065
— bergeanus 2065
— galtieri 2065
— longispinus 2065
— nigrispinus 2065
— rufispinus 2065
polycephalus 2071
poselgeri 2073, 2074, 2079
poselgerianus 1974, 1997, 1998, 1999
primolanatus 1981, **2043**, 2491, 3852
princeps 2072
procumbens 1999, 2001, 2003
— gracilior 2003
— longispinus 2003
propinquus 2003
pulchellus **1973**, **1995**
— amoenus 1995
purpureus **1981**, **2035**, 2036
radians **1980**, 2030, **2031**, 2032, 2033, 3850
raphicephalus 2072
rectispinus 2046
— robustus 2046
reichenbachianus 2037
reichenbachii **1981**, 2022, 2023, 2028, 2030, **2036**, 2037, 2038, 2039, 2043, 3848, 3851
— albiflorus 2028, 3848
— aureiflorus 2028, 3848
rigidispinus 1221, 2041, 2072
rigidissimus 2022, 2041
robustior 2041
robustus 2046
roemeri **1987**, 2043, 2060, **2061**, 2062, 2065, 2067, 2069
roetteri **1979**, **2026**, 2028, 2070
— lloydii **1979**, **2027**
roseanus 2071
rosei **1990**, 2064, **2071**
rotatus 2037
rubescens 2020, 2030 2055
ruengei 1999
rufispinus 2032, 2033, 3850
rungei 1999

Echinocereus, runyonii 1999, 2071
salm-dyckianus **1973**, 1990, **1991**, 1992
— gracilior 1992
— noctiflorus 1991, 1992
salmianus 1991, 1992
saltillensis 2005
sanborgianus 1996, 1997
sandersii 2060, 2071
sangre de christo 2051
sanguineus 2072
sarissophorus **1983**, **2050**
scheeri **1973**, **1990**, 1992, 2056, 3845
— gracilior 1990
— major 1990
— minor 1990
— nigrispinus 1990
— robustior 1990
schlechterdalii 2072
schlini 2072
schwarzii 1980, 2032
sciurus **1978**, 2014, **2024**
scopulorum 1977, **1979**, **2027**
serpentinus 2084
spachianus 1123
spinibarbis 1152, 2051, **2052**
spinosissimus 2020
spinosus 2030
splendens 2085, 2298
standleyi **1980**, **2032**
steereae 1978, 2020, **2022**, 2023, 3850
stoloniferus **1978**, 2014, **2018**
stramineus **1984**, 2051, **2053**
— major 2054
strausianus 2014
strigosus 1132
— rufispinus 1132
— spinosior 1132
subinermis **1973**, **1992**
— luteus **1973**, **1994**
subterraneus **1977**, **2012**, 2014, 2018
tamaulipensis 2028, 2030
tayopensis **1986**, **2058**
texensis 1999, 2037
thurberi 2072
thwaitesii 2072
trichacanthus 2462
triglochidiatus 1971, **1987**, 2044, 2045, **2059**, 2061, 2062, 2063, 2064, 2065, 2067, 2068, 2069
— coccineus 2068, 2069
— gonacanthus **1987**, **2060**
— hexaedrus **1987**, **2060**
— melanacanthus 2059, 2062, 2068, 2069, 2070
— mojavensis 2058
— multicostatus 2063
— neomexicanus 2068
— octacanthus 2067
— pacificus 2065
— paucispinus **1987**, **2061**
— polyacanthus 2062, 2064, 2065, 2071
— rosei 2071
trockyi 2072

Echinocereus, tuberosus 2079
— senilis 2082
uehr(i)i **2005**, 2072
undulatus 2005
uspenskii 2051, **2052**, 2072, 2368
viereckii **1985, 2056**
viridiflorus 1971, 1972, **1977, 2014**, 2017, 2018, 3847, 3850
— chloranthus **1977, 2015**, 3847
— chrysacanthus 2015
— cylindricus **2014**, 3847
— davisii **1977**, 2014, **2017**
— elongatus 3847
— faciliflorus 2015
— gracilispinus 2015
— intermedius **1977, 2015**
— longispinus 2015
— major 2015
— sanguineus 2015
— tubulosus 2014
websterianus **1981, 2033**
weinbergii **1974, 1996**, 3845
— albispinus 1996
Echinofossulocactus *61, 93*, 1168, 2632, 2731, **2752–2792**, 2794, 2866, 3872
albatus **2757, 2767**
anfractuosus **2760**, 2763, **2781**, 2789
arrigens **2759, 2774**, 2775
boedekerianus **2757, 2766**, 2769, 2771
bravoae 2768, 2770
bravoiae 2770
bustamantei **2757, 2771**
cadaroyi 2774
caespitosus **2762, 2788**
carneus 2770, 2789
confusus 2760, **2761**, 2778, 2779, **2783**, 3872
coptonogonus 1858, 2752, **2756, 2763**, 2774
— major 2763
cornigerus 2721
— angustispinus 2721
— elatior 2721
— rubrospinus 2721
crispatus 2752, **2760**, 2775, **2779**, 2780, 2781
densispinus **2769**, 2770
dichroacanthus **2761, 2783**
echidne 2735
ensiformis 2776
esperanzaensis 2790
erectocentrus **2758, 2772**
gasseri 2790
gladiatus **2760**, 2769, **2778, 2779**, 2790
— carneus **2779**, 2790
grandicornis **2759, 2774**
griseacanthus 2790
guerraianus 2752, **2763, 2788**
hastatus 2752, **2756, 2763**
heteracanthus **2756, 2765**, 2770, 2781
karwinskianus 2640
kellerianus **2762**, 2785, **2787**, 2790
lamellosus **2758, 2773**
lancifer **2759, 2776**, 2777, 2782
lexarzai **2757, 2768**

Echinofossulocactus, lloydii 2756, **2758**, 2763, **2771**, 2772
macracanthus 2640
mirbelii 3870
multicostatus 2752, **2756, 2764**, 2765, 2772
— coahuilensis 2765
obvallatus **2761**, 2776, **2782**, 2787
ochoterenaus **2757, 2768**
ochoterenianus 2768
oxypterus 2730
parksianus **2770**
pentacanthus 2752, **2762, 2786**
pfeifferi 2732
phyllacanthus 2752, 2753, **2761**, 2762, **2784**
— macracanthus 2784
— micracanthus 2784
platyceras 2639
rectispinus 2770
rectospinus **2769**
recurvus campylacanthus 2722
robustus 2725
rosasianus **2770**
setispinus 2790
sfacelatus 2770
sphacelatus **2770**
sulphureus 2790
tellii 2791
tetraxiphus*) **2757, 2770**
tricuspidatus **2762, 2785**
turbiniformis 2866
vanderaeyi 2735
— ignotus longispinus 2735
vaupelianus **2758**, 2767, **2772**
violaciflorus **2759, 2777**
wippermannii 2752, **2756, 2765**, 2766, 2767
xiphacanthus 2776
zacatecasensis **2758, 2772**
Echinolobivia 1494
euanthema 1511
haagei 1503
Echinomastus *61, 93*, 2689, 2795, **2822–2837**, 2839, 2847, 2920
acunensis 2826, **2833**
arizonicus (arizonica) 2825, 2830
centralis 2831
dasyacanthus 2832
durangensis 2822, **2825, 2828**, 2835
erectocentrus **2824, 2826**, 2828, 2830
intertextus 2041, 2822, 2824, **2825**, 2828, **2831**, 3910
— dasyacanthus **2825, 2832**
johnsonii 2822, 2823, 2824, **2825, 2829**, 2831, 2841
— lutescens 2824, **2825, 2830**, 2831
johnstonii lutescens 2831
krausei 2827
macdowellii 2823, **2826, 2835**
mapimiensis **2826, 2835**
mariposensis **2825, 2833**, 2971
pallidus 2826
uncinatus 2924
— wrightii 2925

*) Croizat schrieb ,,tetraxyphus".

Echinomastus, unguispinus 2822, **2825**, **2834**, 2835
Echinomelocactus 2557
  mammillaris 3204
Echinonyctanthus 1273, 1282
  decaisneanus 1282
  eyriesii 1283
  leucanthus 1295
  multiplex 1286
  oxygonus 1288
  pictus 1282
  pulchellus 1995
  schelhasei 1282, 3906
  schelhasii 3906
  tubiflorus 1289
  — nigrispinus 1289
  turbinatus 1281
  — pictus 1281
Echinopsis 54, 75, 823, 824, 1043, 1094, 1095, 1145, **1273–1303**, 1309, 1338, **1339**, 1350, 1358, 1359, 1360, 1361, 1366, 1371, 1372, 1374, 1523, 1670, 3719–3722, 3723, 3728
  achatina 1396
  albispina 1301
  albispinosa 1275, **1279**, **1291**, 1301
  — fuauxiana **1279**, **1291**
  amoena 1995
  amoenissima 1290
  ancistrophora 1274, 1339, 1347
  apiculata 1291, 1292
  arebaloi **1281**, **1300**
  aurata 1130, 1879
  aurea 1274, 1275, 1356, 1357
  backebergii 1287, 1459
  baldiana **1280**, **1299**
  beckmannii 1301
  berlingii 1302
  blossfeldiana 1303
  boeckmannii 1301
  boedekeriana 1406
  boutillieri 1302
  brasiliensis 1302
  bridgesii **1279**, **1293**, 3719
  — quimensis 3719
  cachensis 1474
  caespitosa 1390
  calochlora **1277**, **1285**, 3719
  — albispina **3719**
  — claviformis 1285
  calorubra **1358**
  campylacantha 1280, 1295, 1296, 1298
  — brevispina 3719
  — leucantha 1295
  — longispina 3719
  — sprengeri 1298
  — stylodes 1295
  candicans 1129
  catamarcensis 1302, 1568, 1570, 1571
  cavendishii 1383
  cerdana 3721, **3723**
  chacoana **1279**, 1288, 1289, **1291**
  chereauniana 1440
  chionantha 1370

Echinopsis, chrysantha 1417
  chrysochete 1401
  cinnabarina 1439
  — chereauniana 1440
  — cheroniana 1440
  — scheeriana 1388
  — spinosior 1440
  cochabambensis **1279**, 1292, **1294**, 1303
  colmariensis 1381
  colmarii 1379
  columnaris 1379
  comarapana **1303**
  cordobensis **1278**, **1290**
  coronata **1359**
  cristata 1349
  — purpurea 1349
  decaisneana 1282
  — rosea 1282
  dehrenbergii **1277**, **1287**, 1290
  — blossfeldii **1278**, **1288**
  deminuta 1530
  densispina 1453
  droegeana 1288, 1290
  ducis pauli(i) 1045, 1046, 1302, 1344
  dumeliana 1130
  dumesniliana 1130
  duvalii (duvalli) 1283, 1302
  elegans vittata 1381
  eyriesii 24, 1275, **1276**, 1282, **1283**, 1284, 1288, 1292, 3719
  — decaisneana 1282
  — — rosea 1282
  — duvallii 1283
  — glauca 1283
  — glaucescens 1283
  — grandiflora 1275, **1276**, **1284**
  — inermis 1283
  — lagemannii 1283
  — major 1283
  — muelleri 1283
  — phyligera 1283
  — pudantii 1284
  — rosea 1283
  — — striata 1283
  — schelhasei 1282
  — — rosea 1282
  — tettauii 1283
  — tettavii 1283
  — triumphans 1283
  — wilkensii 1283
  falcata 1282
  — picta 1282
  — rosea 1282
  ferox 1345, 3724
  fiebrigii 1339, 1350
  fischeri 1303
  — tephracantha 1303
  fobeana 1302
  forbesii 1105, 1295
  formosa 1274, 1302, 1366, 1375, 1678, 1679, 1680
  — albispina 1302, 1679
  — crassispina 1679

Echinopsis, formosa gielliesii 1679
— laevior 1678
— rubrispina 1302, 1678, 1679, 1680
— spinosior 1678, 1679
formosissima 1302, 1317, 1678, 1680, 3722
gemmata 1281, 1282
— decaisneana 1282
— picta 1282
— rosea 1282
— schelhasei 1282
— — rosea 1282
gibbosa 1752
gigantea 1301, 1316
gladispina 1298
graessneriana 1290
grandiflora 1275, 1284, 1289
haageana 2664
hamatacantha 1348
hamatispina 1348
hammerschmidii **1277**, **1285**
hardeniana 1405
hempeliana 1049, 1051, 1055, 1302
herbasii **1277**, **1285**, 3720, 3721
hossei 1419
huotii **1279**, **1291**, 1292, 1293, 1294, 1303
hyalacantha 1333
ibicuatensis **1277**, **1284**, 1359
imperialis 1283
intricatissima **1281**, **1299**
jamesiana 1282
jamessiana 1282
klimpeliana 1369
korethroides 1670, 1673
kratochviliana 1348
kuottii 1292
lagemannii 1283
lamprochlora 1126
lateritia 1427
leucantha **1280**, 1288, 1290, **1295**, 1297, 1298, 1859, 2742, 3719
— aurea 1296
— brasiliensis **1296**
— salpingophora 1296
— volliana **1297**
leucorhodantha 1350
lobivioides 1352
longispina 1046, 1302, 1343
mamillosa **1281**, **1300**, 3721, 3722
— ritteri 3721
marsoneri 1460
maximiliana 1371, 1378
— longispina 1381
melanacantha 1289
melanopotamica **1280**, 1296, **1297**
meyeri **1278**, **1288**, 1289, 1291, 1491
mia 1303
mieckleyi 1301
minuana **1279**, **1294**
minuscula 1428, 1534
mirabilis 1095, 1274
misleyi 1349
mistiensis 1387
molesta **1280**, **1299**

Echinopsis, muelleri 1302
multiplex **1277**, **1286**
— cossa 1286
— cristata 1286
— — major 1286
— — minor 1286
— floribunda 1286
— picta 1286
— rosea 1286
nigerrima 1283, 1303
nigra 1344
nigricans 1302, 1841, 1842
nigrispina 1289
nodosa 2749
obliqua 1350
obrepanda 1274, 1275, 1339, 1349, 1356
— brevispina 1350
— curvispina 1350
— fiebrigii 1274
— longispina 1350
— purpurea 1350, 1356
— virescens 1350
ochroleuca 1385
octacantha 2067
oreopogon 1674
orozasana 3722
oxygona 24, **1278**, 1286, **1288**, 1289
— inermis 1288
— subinermis 1288
— turbinata 1288
paraguayensis 1277, 1287, 1290
pectinata 2039
— laevior 2041
— reichenbachiana 2036
pectinifera 2039
pelecyrhachis 1352
pentlandii 1371, 1380, 1381
— achatina 1381
— albiflora 1384
— amoena 1381
— carnea 1383
— cavendishii 1383
— cinnabarina 1381
— coccinea 1379
— colmarii 1381
— croceata 1385
— elegans 1379, 1381
— — vittata 1381
— forbesii 1383
— gracilispina 1379, 1381
— integra 1381
— laevior 1379
— longispina 1381
— luteola 1382
— maximiliana 1379
— — longispina 1381
— neubertii 1379
— ochroleuca 1382, 1384
— pfersdorffii 1379
— pyracantha 1379, 1381
— pyrantha 1381
— radians 1379, 1381
— rosea 1383

Echinopsis, pentlandii scheeri 1388
— tricolor 1379
— tuberculata 1382
— vitellina 1379, 1381
pfersdorffii 1381
philippii 868
picta 1282
pojoensis **3720**, 3721
polyacantha 1295
polyancistra 1347
polyphylla 1302
poselgeri 1290, 1296
— brevispina 1290, 1296, 3719
— longispina 1290, 1296, 3719
potosina 1339, 1346
pseudomamillosa **3721**
pseudominuscula 1523, 1524, 1529
pudantii **1276**, **1284**, 3719
pugionacantha 1437
pulchella 1995
— amoena 1995
— rosea 1996
pygmaea 1502, 1510
pyrantha 1302
quehlii 1283
reichenbachiana 2039
rhodacantha 1044, 1053, 1302, 3699
— aurea 1045
— gracilior 1045
rhodantha 1291
rhodotricha 1105, **1280**, 1288, 1291, **1294**, 1295
— argentiniensis 1294, 1295
— robusta 1294, 1295
— roseiflora 1294
rio-grandense 1302
ritteri 1281, 1300, 3721
robinsoniana **1281**, **1300**
robusta 1317
rohlandii*) 1288
rojasii 1339, 1351
— albiflora 1352
roseo-lilacina 1276, **1285**
rossii 1404
rotheriana 1303
rubescens 1461
salm-dyckiana 1302
salmiana 1279, 1293
— bridgesii 1293
salmonea 1283
salpigophora 1298
salpingantha 1295
salpingophora 1280, 1295, 1298
— aurea 1296
saltensis 1427
saluciana 1301
scheeri 1388
scheeriana 1388
schelhasei 1282, 3906
— rosea 1282
schickendantzii 1125
schreiteri 1470

Echinopsis, schwantesii **1277**, **1287**, 1290
scopa 1637
scoparia 1455
shaferi 1273, **1281**, **1299**, 1300
shelhasei 1283
silvatica 3722
silvestrii **1278**, **1290**, 1302
simplex 1295
smrziana 1302, 1306, 1677
spegazziniana **1280**, 1296, 1297, **1298**
spegazzinii 1294
spiniflora 1367
stollenwerkiana 1406
stylosa 1295
subdenudata **1276**, **1283**
sulcata 1288
tacuarembense 1301
tamboensis 3722
torrecillasensis 1339, 1353, 3723, 3733
tougardii 1290
tricolor 1371, 1378
triumphans 1283
— flore pleno 1283
tuberculata 1302, 1381
tubiflora 1275, **1278**, 1287, 1288, **1289**, 1290
— droegeana 1289, 1290
— graessneriana 1290
— grandiflora 1289
— nigrispina 1289
— paraguayensis 1287, 1289, 1290
— quehlii 1289
— rohlandii 1289
— rosea 1289
tucumanensis 1278, 1302
turbinata **1276**, **1281**, 1282, 1283, 2219, 3906
— picta 1282
undulata 1283, 1302
valida 1104, 1105, 1295, 1316
— densa 1105, 2066, 2069
— forbesii 1105, 1295
— gigantea 1105
vellegradensis **3721**
verschaffeltii 1293
violacea 1368
werdermannii 1287, 1290
wilkensii 1283
xiphacantha 1295, 1296
— brevispina 1296, 3719
— leucantha 1295
— longispina 1296, 3719
yacutulana 1296
zuccariniana 1289
— cristata 1289
— monstrosa 1289
— nigrispina 1289
— picta 1289
— rohlandii 1289
— rosea 1289
zuccarinii 1289
— monstruosa 1289
— nigrispina 1289

*) E. roehlandii HORT. (Rev. Hort. 85) war ein Druckfehler.

Echinopsis, zuccarinii picta 1289
— robusta 1290
Echinorebutia 1523, 1524
  deminuta 1530
  fiebrigii 1526
  kupperiana 1528
  pectinata 1504, 1525, 1531
  pseudodeminuta 1525, 1530
  pseudominuscula 1530
  robustiflora 1524, 1528
Efossus 2752
Elychnocactus 3903
  bolivianus 3903
Encephalocarpus 62, 97, 3064, **3075 3077**, 3078
  strobiliformis **3076**
Engelmannia 3903
Eopuntia 21
  douglassii 18, 19
Epallagogonium 51, 67, 645, 683, 687, 696
Epicacti 3545
Epiphyllanthi 51, 67, 68, 714
Epiphyllanthus 23, 51, 68, **714–718**, 721, 722, 755, 3646
  candidus **716**, 717, **718**
  microsphaericus 717, 718, 2104, 2106, 2108
  obovatus 714, 715, **716**
  obtusangulus 715, **716**, 722, 2107
  opuntioides 714, 715, 716
Epiphylli 51, 67, 68, 718, 719
Epiphylloides 51, 66, 67, 642, 646, 703, 715, 726, 728, 768, 3643
Epiphyllopsis 51, 68, 646, 712, 713, 715, 719, **721–726**, 727, 730, 740, 3646, 3647
  gaertneri 712, 714, **722, 723**, 726, 727, 3645
  — macoyana 722, 723
  — serrata **722**, **724**
  — tiburtii **723**, **725**
Epiphyllum 52, 68, 671, 713, 714, 719, 721, 726, 728, 730, 732, 734, 735, 736, 737, 738, **739 755**, 757, 760, 761, 3649
  ackermannii 760
  ackermannii hybr. 3650
  acuminatum 746
  alatum 678
  altensteinii 728, 729, 730
  americanum 739
  anguliger 732, 737, **743**, **748**
  biforme 755, 764
  bridgesii 716, 726, 728
  candidum 718
  cartagense **745**, **752**, 754
  caudatum **743**, **747**
  caulorhizum **744**, **749**
  chrysocardium 737, 738
  ciliare 674, 755
  ciliatum 674
  coccineum 726
  costaricense **745**, **753**, 754
  crenatum 737, 739, 740, **744, 749,** 750, 754, 760

Epiphyllum, crenulatum 672, 755
  crispatum 679
  darrahii 732, 734, 737, **743**, **748**, 3649
  delicatulum 729
  delicatum 729
  elegans 730
  gaertneri 722, 723, 726
  — coccineum 724, 726
  — makoyanum 713, 724, 726, 729
  gaillardae 745
  gibsonii 730
  gigas **755**
  grande 746
  grandilobum 737, 738, **743**, **748**, 749
  guatemalense **744**, **751**
  guedeneyi 730, 754
  hookeri **745**, **752**, 2217
  hybridum 759
  jenkinsonii 759, 760
  latifrons 747
  lepidocarpum **744**, **750**, 3648
  macrocarpum **745**, **754**
  macropterum 734, 736, 737, 738, 739, 751, 754, 3647
  makoyanum 713, 722, 723, 724
  nelsonii 755, 762
  obovatum 716
  obtusangulum 716, 717
  opuntioides 716
  oxypetalum 738, 740, **743**, **746**, 747, 753
  — purpusii **743**, **747**
  phyllanthoides 755, 758
  phyllanthus 678, 681, 740, **743**, **745**, 753, 758, 759, 3649
  — boliviense **743**, **746**
  — columbiense **743**, **746**
  — paraguayense **743**, **746**
  pittieri **745**, **747**, **752**
  platycarpum 678
  polycanthum 716
  pumilum **743**, **747**
  purpurascens 729 730
  ramulosum 674
  rhombeum 672
  ruckeri 730
  ruckerianum 728
  rueckerianum 728
  ruestii **745**, **751**, 752
  russellianum 721, 722, 727, 728
  — gaertneri 722, 723, 728
  — rubrum 727
  — superbum 728
  speciosum 755, 758
  splendens 760
  splendidum 759
  stenopetalum **744**, **750**
  strictum **745**, **752**
  thomasianum **744**, **751**, 752, 754
  truncatum*) 728, 729
  — albiflorum 730

---

*) Außer den obigen Varietätsnamen, die größtenteils Gartenformen darstellen, nennen BRITTON und ROSE noch die folgenden (aus NICHOLSON, Dict. Gard., 1: 517): v. bicolor, v. coccineum, v. magnificum, v. roseum, v. violaceum superbum. Sie blieben im beschrei-

Epiphphylum, truncatum altensteinii 729
— aurantiacum 730
— bicolor 730
— bridgesii 728
— cruentum 730
— elegans 730
— grandidens 730
— minus 730
— multiflorum 730
— purpuraceum 730
— rueckerianum 728
— russellianum 727, 728
— spectabile 729
— tricolor 730
— vanhoutteanum 730
— violaceum 729
violaceum 730
Epithelantha *61, 95*, 2898, **2903-2918**, 3094
densispina 2910
micromeris 2895, 2897, **2905, 2908**, 2917, 2918, 3500
— densispina 2904, **2905, 2910**
— fungifera 2918
— greggii 2892, 2893, 2895, 2904, **2906, 2910**, 3499, 3500
— lutea 2918
— pachyrhiza 2905, 2917
— rufispina **2906, 2910**
— unguispina **2906, 2912**
pachyrhiza **2907, 2917**, 2918
— elongata **2907, 2918**
— flavido-cylindrica 2917 (Abb.)
polycephala **2907, 2918**
rufispina 2910
spinosior 2904, 2912, 2913
taponella 2910
tuberosa 2907, 2917
Epithelanthus*) 728
Erdisia *53, 72*, 826, 827, 841, 842, **860-872**, 941, 3661, 3662-3663, 3903
apiciflora **861, 864**
aureispina **861**, 863, **865**, 3662
brachyclada 862
erecta **861**, 863, **865**, 3662
maxima **861 866**
melanotricha 852
meyenii **862, 869**, 941
philippii **862, 868**
quadrangularis **862, 872**
ruthae 3662
sextoniana 966
spiniflora **862, 869**
squarrosa 860, **861, 862**, 863
tarijensis 3661

Erdisia, tenuicula **861, 863**
tuberosa 864
Eriocactus *56, 76, 77*, 1556, 1576, **1625-1631**
grossei 1627
leninghausii **1626, 1629**
— apelii 1630
schumannianus **1626**
Eriocephala 1576, 1625
leninghausii apelii 1629
schumanniana 1627
Eriocephalus 1576, 1625, 1627
grossei 1627
leninghausii 1629
schumannianus 1627
— longispinus 1629
— nigrispinus 1629
Eriocereus *57, 82*, 1146, 1147, 2083, **2090-2097**, 2104, 2292, 2318, 3857
adscendens **2091, 2095**
bonplandii **2091, 2096**
cavendishii 2298
crucicentrus 3857
guelichii **2091, 2096**
jusbertii 2096, **2097**
martianus 821
martinii 780, 2090, **2091, 2092**, 2093, 2094, 2345
— perviridis 2092
— regelii 2093
perviridis 2092, 2093
platygonus **2091, 2096**
pomanensis **2091, 2094**
— uruguayensis **2095**
regelii **2093**
subrepandus 2097, 2102
tarijensis 3857
tephracanthus 1120, 1148
— boliviensis 3709
tortuosus 2090, **2091**, 2095
Eriolobiviae *55, 75*, 1362, 1363
Eriosyce *56, 76, 78*, 1089, 1130, 1556, 1670, 1798, **1872-1883**, 3807-3811
aurata 1876, 1877, 1878, 3809
aurea 3809
ausseliana 1883, 3809
bruchii 1672
ceratistes 1840, **1875, 1876**, 1906, 3808
— celsii 1879
— combarbalensis **1876, 1882**
— coquimbensis **1875, 1880**
— jorgensis **1876, 1881**
— melanacantha 1879
— mollesensis **1875, 1880**
— tranquillaensis 1883, 3809

---

benden Text unerwähnt, da anzunehmen ist, wie dies auch Britton und Rose für einen Teil der 1893 von Charles Simon aufgeführten 62 Epiphyllum-Namen voraussetzen, daß es sich um Bastarde handelt. So gibt es z. B. eine hellpurpurn blühende Form mit kantigem Fruchtknoten, was auf Kreuzung mit Epiphyllopsis schließen läßt, denn bei Zygocactus ist dieser konisch-rund. Aus obigen Gründen werden auch die 25 lateinischen Namen aus den mehr als 50 Formen von Epiphyllum truncatum nicht aufgenommen, die Schelle in Handb. Kaktkde., 223. 1907, sowie in der Ausgabe 1926 (S. 269) aufführt.
*) Epithelanthus war ein Druckfehler statt Epiphyllanthus.

Escobaria, ceratistes vallenarensis 1873, **1876**, **1881**, 3811
— zorillaensis 1873, **1875**, 1876, **1879**, 3809
ihotzkyanae 1883, 3809
korethroides 1673
lapampaensis 1883, 3811
sandillon 1876
Erythrocereus 3904
Erythrorhipsalis 23, *51*, *67*, 645, **711**–**712**
pilocarpa 645, **711**
Escobaria *62*, *97*, 2932, 2934, 2943, **2950**–**2972**, 2979, 2980, 2994, 3062, 3400, 3487, 3873
aggregata 2997
albicolumnaria 2954, 2955
arizonica 2952, 2971, 2998
bella **2953**, **2968**, 3497
bisbeeana **2954**, **2971**, 3498
boregui 2972
chaffeyi **2953**, **2959**, 3498
chihuahuensis **2953**, **2959**, 3473, 3487, 3498
chlorantha 2971, 3001
dasyacantha 2951, **2952**, **2957**, 2959, 3499
deserti 3003
duncanii 2952, **2953**, **2966**, 2971
durispina 2971
emskoetteriana **2952**, **2958**, 2972, 3499
estanzuelensis 2971
fobei 2953, 2971, 3499
hesteri **3062**, 3499
intermedia 2972
leei **2954**, **2971**, 3500
lloydii **2953**, **2968**, 2971, 2972, 3500
muehlbaueriana 2943, **2953**, 2963, **2964**, 3501
nellieae **2953**, **2967**
neo-mexicana 2999
oclahomensis 2999
oklahomensis 2999
orcuttii 2937, **2954**, **2971**
radiosa 2998
rigida **2954**, **2969**, 3496
roseana 2821, **2953**, **2965**
runyonii **2953**, **2963**, 2965
schmollii 2971
sneedii **2953**, **2966**, 3503
strobiliformis 2954
tuberculosa 2951, **2952**, **2954**, 2965, 2969, 3400, 3503
— caespititia 2955, 3503
— durispina 2955, 3503
— gracilispina 2955
— pubescens 2955, 3064, 3400, 3503
— rufispina 2955, 3503
varicolor **2952**, **2957**, 3503
variicolor 2957
viridiflora 2972
vivipara 2996
zilziana 2943, **2952**, **2957**, 3504, 3873
Escobesseya 42, 2950, 2951, 2952, 2971
dasyacantha 2951, 2957
duncanii 2951, 2966
Escontria *58*, *85*, 2130, **2230**–**2232**

Escontria, chiotilla **2232**
Espostoa *60*, *90*, 1161, 1181, 1929, 2290, 2471, 2472, 2473, 2477, 2479, 2480, 2482, 2483, 2485, 2486, 2487, 2490, 2491, 2495, 2501, **2515**–**2543**, 2544, 2546, [3864, 3867–3868
blossfeldiorum 2476
chiletensis 2490, 2491. 2543
dautwitzii 2490
dybowskii 2498
gigantea 2529
guentheri 2492
haagei 2490
huanucensis **2527**, 2532, **2540**
humboldtiana 2519, 2536
hylaea 2543
lanata 1160, 2479, 2482, 2490, 2501, 2515, 2519, 2525, **2526**, **2528**, 2534, 2535, 2540, 2541, 2543, 3867
— gracilis 2490, 2541
— mocupensis 2532, 2540
— rubrispina 2532, 2540
— sericata 2519, 2522, 2525, **2526**, **2529**
laticornua 2518, 2519, **2526**, 2529, **2534**
— atroviolacea **2526**, **2536**
— rubens 2519, **2526**, **2535**
melanostele 2487, 2490, 2506, 2540
— inermis 2490
— rubrispina 2490, 3864
mirabilis 2523, **2527**, **2540**
mocupensis 2540
nana 2490, 2541
procera 2522, **2526**, 2531, **2532**, 2541
ritteri 2523, **2526**, **2538**, 2540, 2541
ruficeps 2532, 2540, 3868
— australis 2540
sericata 2529
superba 2534, **2541**
ulei 2472
Euancistracantha 3092
Euariocarpus 3064, 3083
Euarthrocereus 2106
Euastrophytum 2655
Euboreoechinocacti *60*, *91*, *92*, 2631, 2794
Eucarnegiea 2191, 2192
Eucephalocerei *59*, *87*, *88*, 2370, 2470, 3863
Eucephalocereus 2251, 2252
Eucereus 774, 2083, 2324
Eucleistocactus *73*, 992
Eucoryphantha 2983
Euebnerella 3092
Euechinocactanae 2653
Euechinocactineae 2794, 2972
Euechinocactus 2632, 2688
Euerdisia 3903
Euescobaria 2932, 2950, 2951, 2955
Euharrisia 2091
Euhelianthocereus 1314
Euhildmannia 1800, 1801
Euhymenorebutia 1371, 1448, 1449
Eulemaireocereus 2134
Eulepismium *51*, *67*, 683
Eulobivia 1378
Euloxanthocerei *54*, *72*, 934

Eulychnia *54, 74*, 1090, 1092, 1097, **1150-1157**, 3709
  acida 1150, 1151, **1152, 1154**, 1155, 1156, 3709
  — procumbens 3709
  aricensis 1157
  breviflora 1139, 1151, 1152, 1153
  castanea 1093
  cephalophora 1157
  clavata 869
  eburnea 1097, 1139
  floresiana 1157
  floresii 1157
  iquiquensis **1151, 1153**, 1155, 1157
  — floresii 1157
  longispina 1156
  — lanuginosior 1157
  — taltalensis 1156
  — tenuis 1157
  ritteri 1151, **1152, 1153**, 1154, 1155, 1157
  saint-pieana 1151, 1154, 1155
  spinibarbis 1092, 1139, 1146, **1151, 1152**, 1153, 1156, 2052
  — lanuginosior 1153
  — setispina 1152
  — taltalensis 1153, 1156
  — tenuis 1153
Eulychnocactus 3903
Eumamillaria*) —
Eumamillariae *62, 96, 98*, 3080, 3081, 3084, 3535, 3539, 3876, 3877
Eumediolobivia 1482, 1484
Eumonvillea**) —
Euneolloydia 2935
Eunotocactus 1631, 1637
Euopuntieae *49, 63, 64*, 136, 636
Eupeireskia 104
Euphellosperma 3081, 3510, 3514
Euphorbiaceae 3646
Euphyllocacti *52, 68*, 731, 732
Euphyllocactus 740
Eupilocereus 2401
Euplatyopuntiae 218, 3905
Euporteria 1851
Eurebutia 1532, 1533
Eurhipsalides *50, 66*, 643
Eurhipsalis *51*, 655
Euthelocactus 2793
Eutrichocereus 1103

Facheiro 2415
Facheiroa *60, 89*, 1929, 1968, **2472-2473**, 2477, 2491, 2515, 2523, 2524
  blossfeldiorum 2476
  publiflora 2472
  ulei **2472**
Faustocereus 942, 943, 1160, 1252
Ferocactus 23, *61, 92*, 823, **2688-2743**, 2744, 2749, 2795, 2823, 2920, 2921, 3033, 3870

Ferocactus, acanthodes 2689, **2692**, 2693, 2704, 2707, 2709, **2710**, 2712, 2713, 2714, 2715, 2716
  — lecontei **2692**, 2707, **2711**, 2712, 2713, 2714, 2744, 3870
  — rostii 2716
  — tortulospinus 2709
  alamosanus 2689, **2697**, 2739, **2740**
  — platygonus **2697, 2740**
  californicus 2707
  chrysacanthus **2693, 2715**
  — rubrispinus 2715
  coloratus **2691, 2707**, 2708, 2717
  cornigerus 2721
  — flavispinus 2721
  — sanluispotosinus 2721
  covillei 2706, 2717, 2740
  crassihamatus 2690, 2921, 2923
  diguetii 2690, **2694, 2723**, 2724
  — carmenensis **2694, 2724**
  echidne 2689, 2690, **2696**, 2728, 2729, **2735**, 2737, 2740
  — victoriensis 2728, 2729
  emoryi **2693**, 2706, **2717**, 2740
  flavovirens **2695, 2727**
  fordii **2691**, 2709
  — grandiflorus **2691, 2709**
  gatesii **2695, 2724**
  glaucescens **2696, 2732**, 2735, 2742
  — pfeifferi 2735
  gracilis **2694**, 2708, **2723**
  — coloratus 2707, 2708
  guirocobensis 2743
  haematacanthus 2700
  hamatacanthus 2689, 2745
  — crassispinus 2745, 2747
  herrerae **2692, 2714**
  hertrichii 2821
  histrix **2696**, 2729, **2730**, 2731, 2737
  horridus **2691, 2708**
  hystrichacanthus 2743
  johnsonii 2689, 2829
  — octocentrus 2830
  johnstonianus **2695, 2724**
  latispinus **2694, 2721**, 2926, 3500
  — flavispinus 2721
  — latispinus 2721
  lecontei 2689, 2711
  macrodiscus **2697, 2741**
  — multiflorus 2742
  melocactiformis 2730, 2731, 2777
  nobilis 2721
  — spiralis 2722
  orcuttii **2695**, 2707, **2726**
  peninsulae **2693, 2716**, 2717
  — viscainensis **2693**, 2708, **2717**
  pfeifferi 2697, 2735, 2742
  pilosus 2699, 2702
  platygonus 2741

---

*) Dies war ein UG.-Name von ENGELMANN, in Cact. Bound., 3. 1858, den BRITTON u. ROSE nicht verzeichneten.
**) Ein erster Name für die spätere UG. Monvillea (Jahrb. SKG., II: 52-53. 1948).

Ferocactus, pottsii **2696**, **2738**, 2809
  pringlei 2701, 2702, 2703
  rafaelensis 2689, 2729
  rectispinus **2696**, 2709, **2730**
  recurvus **2694**, **2721**, 2722, 2723
  rhodanthus 2743
  robustus **2695**, **2725**, 2728
  rostii 2692, **2693**, 2710, 2711, 2714, **2715**
  santa-maria 2714
  schwarzii **2697**, **2739**, 2740
  stainesii 2633, **2690**, **2697**, 2698, 2699, 2700, 2702
  — flavispinus 2700
  — haematacanthus **2690**, **2700**
  — pilosus **2690**, 2698, 2700, **2702**, 2703
  — pringlei **2690**, 2700, **2701**, 2702, 2703
  tiburonensis 2689, **2694**, **2719**
  tortulospinus **2691**, **2709**, 2710
  townsendianus 2692, **2714**
  — santa-maria **2692**, **2714**
  uncinatus 2690, 2822, 2921, 2924
  victoriensis 2689, 2690, **2695**, **2728**, 2729
  viridescens **2696**, 2707, 2727, **2730**
  viscainensis 2717
  wislizenii 2633, 2689, **2691**, **2703**, 2706, 2707, 2711, 2712, 2719, 2744
  — tiburonensis 2707, 2719
Ficindica 389
Floresia*) 54, 73, 1269–1273, 3718
  alba 1273
  johnsonii 1273
  winteriae 1271
  winteriana 1271
  — flava 1273
Fobea 2950
  viridiflora 2953, 2971
Frailea 56, 76, 77, 972, 1181, 1614, 1654, **1655–1665**, 1699, 1929, 2653, 3760
  alacriportana **1657**, **1658**
  asterioides 1657, 1664, 1665, 3760
  aurea 1661
  bruchii 1656, 1698, 1699
  caespitosa 1654
  castanea 1655, **1657**, **1664**, 3760
  cataphracta 1656, **1657**, **1659**, 1665
  chiquitana **1657**, **1659**
  colombiana 1614, **1657**, **1664**, 3760
  dadakii 1660
  gracillima 1653, **1656**, **1658**, 1659
  grahliana 1655, **1657**, **1661**, **1663**
  — rubrispina 1663, 1664
  knippeliana **1656**, **1658**
  odieri 1662, 1814
  phaeodisca 1660
  pseudograhliana 1662, 1663, 1664
  pseudopulcherrima **1661**, 1662, 1663
  pulcherima 1661
  pulcherrima **1657**, **1661**, 1662, 1664
  pumila **1657**, **1662**
  — gracillima 1658
  pygmaea **1657**, **1659**, 1660, 1665

Frailea, pygmaea atrofusca **1657**, **1660**
  — aurea **1657**, 1660, **1661**
  — dadakii **1657**, **1660**
  — phaeodisca **1657**, **1660**
  schilinzkyana **1657**, **1663**
  — grandiflora 1663
Friesia 1573
  umadeave 1573
Furiolobivia 1338, 1358
  ducis-pauli 1343
  ferox 1345
  longispina 1343
  nigra 1344
  potosina 1346

Galactochylus 98, 3098, 3100, 3115, 3117, 3395, 3400
Glandulicactus 61, 96, 2690, 2743, 2744, 2822, 2919, **2920–2926**
  crassihamatus 2821, 2920, 2921, **2922**
  uncinatus 2821, 2920, 2921, **2922**, **2924**
  — wrightii **2922**, **2925**
Glandulifera 2990
  biglandulosa 3043
  clava 3040
  erecta 3040
  raphidacantha 2995
Glanduliferea 2990, 3039
Globicarpi 2374, 2388
Goniocephalum 1777
Goniorhipsalis 51, 67, 651, 671
Grandiflorae 98
Grusonia 49, 64, 123, 165, **206–210**, 3586
  bradtiana **208**, 3586
  cereiformis 209
  hamiltonii 207, **208**, **210**, 3586
  santamaria 206, 207, **208**, **210**
  wrightiana 210, 360
Gymnantha 1338, 1361, 1787
  cumingii 1790
Gymnanthocerei 53, 71, 72, 84, 910, 915, 1929, 2287, 3665
Gymnanthocereus 45, 53, 72, 920, 921, 925, 977, 978, 989, 990
  altissimus 924, 990, 3667
  chlorocarpus 920, 988
  microspermus 923
  pilleifer 924
Gymnocactus 61, 94, 2795, 2821, **2847–2865**, 2920, 2921, 2933, 2934, 3077
  beguinii 2819, 2847, 2848, **2849**, **2851**, 2853, 2855, 2862
  — senilis 2851, **2853**
  — smithii **2849**, **2855**
  conothelos 2812, 2819, 2848, 2849, **2859**, 2860
  gielsdorfianus 2821, 2847, 2848, **2849**, 2856, **2857**
  horripilus 2821, 2847, 2848, **2849**, **2850**, 3500
  knuthianus 2821, **2849**, **2858**, 3500

---

*) Der auf S. 54 und 73 gebrauchte Name RITTERS ist heute ein Synonym von Weberbauerocereus, fällt also jetzt im System fort.

Gymnocactus, mandragora 2821, 2848,**2850**, **2862**
  saueri 2821, 2848, **2849**, **2855**, 2934, 2966
  saussieri 2821, 2848, **2850**, **2860**
  smithii 2821
  subterraneus 2821, 2848, **2850**, **2861**, 2862, 2865, 3077
  valdezianus **2850**, **2863**, 3080
  — albiflorus **3911**
  viereckii 2821, 2847, 2848, **2849**, **2851**, 2856, 2857
  ysabelae 2821, **2849**, **2856**
  — brevispinus 2821, **2849**, **2856**
Gymnocalycium 23, 26, 41, *56*, *76*, *78*, 1361, 1536, 1556, 1656, **1695**–**1786**, 1787, 1788, 1835, 2287, 2632, 2934, 3514, 3760–3762
  albispinum **1698**, 1699, **1700**
  andreae **1711**, **1737**, 1739, 3911
  — grandiflorum **1711**, **1738**, 1739
  — svecianum **3911**
  anisitsii **1777**, **1779**, 1782
  antherostele 3762
  artigas **1708**, **1720**, 1721, 1731
  asterias 1725, 1728
  asterium **1709**, 1722, 1723, 1724, 1725, **1727**, 1728, 3911
  asterum 1725
  baldianum **1710**, **1731**, 1732, 1733
  — venturianum 1732
  bodenbenderianum **1709**, 1724, **1725**, 1727, 1729, 1735, 3912
  bolivianum 1773, 3761
  brachyanthum 1770
  brachypetalum **1742**, 1753, **1758**, 1759
  bruchii 1656, **1698**, 1700
  — hossei **1698**, **1699**
  — spinosissimum 1700
  caespitosum 1785
  calochlorum **1707**, **1717**
  — proliferum **1707**, **1718**
  capillaense **1707**, 1713, **1716**
  cardenasianum **1741**, **1747**
  cardenasii 1747
  castellanosii **1743**, **1762**
  centeterium 1760, 1862
  chloranthum 1785
  chubutense 1560, **1742**, 1753, **1758**
  comarapense 1776, 1779
  curvispinum 1759, 1769
  damsii **1777**, **1779**, **1780**
  deeszianum **1707**, **1716**
  delaetii 1777, 1778, 1779
  denudatum 1696, **1701**, 1702, 1720, 1721, 1733
  — anisitsii 1703, 1706, 1780
  — durispinum 1785
  — paraguayense 1701, 1703
  dominguezianum 1785
  espostoa 1785
  euchlorum 1752
  eytianum **1746**, **1774**, 3761
  fidaianum 1789
  fleischerianum **1701**, 1702, **1703**, 1777, 1780

Gymnocalycium, friederickii 1782
  gibbosum 1560, 1733, **1742**, **1752**, 1753, 1756, 1758, 1764, 1808, 1810, 1839, 3761
  — altheae 1758
  — brachypetalum 1758
  — caespitosum 1755
  — celsianum 1756
  — cerebriforme 1756
  — fennellii 1756
  — ferox 1756
  — gerardi 1754, 1756, 1785
  — hyptiacanthum 1758
  — leonense 1756
  — leucacanthum 1756
  — leucodictyon **1742**, **1755**
  — nigrum **1742**, **1755**
  — nobile **1742**, **1754**, 1756
  — nobile aff. 1755
  — platense 3760
  — pluricostatum 1756
  — polygonum 1756
  — schlumbergeri 1755, 1756
  — ventanicolum 1752, 1756
  grandiflorum **1741**, **1747**
  guanchinense 1764, 1765, 1767
  — robustius 3761
  guerkeanum **1708**, **1721**, 3762
  hamatum 1786
  hennisii 1785
  horizonthalonium 1746
  hossei **1710**, **1734**
  — longispinum **1711**, **1735**
  hybopleurum **1741**, **1750**
  — euchlorum **1741**, **1752**
  hyptiacanthum **1712**, 1735, **1738**, 1739, 1740
  — citriflorum **1712**, 1739
  — eleutheracanthum 1740
  — megalothelum 1740
  — nitidum 1740
  — nitium 1740
  — strictum 1740
  immemoratum 1759, 1862
  immomoratum 1759
  joossensianum **1776**, **1779**
  knebelianum 1785
  knebelii 1776, 1784, **1785**
  kurtzianum 1761
  — pachyacanthum 1762
  lafaldense 1656, 1698, 1699
  — albispinum 1699, 1700
  — deviatum 1699
  — enorme 1699
  — evolvens 1699
  — fraternum 1699
  — hossei 1699
  — roseiflorum 1700
  — spinosissimum 1700
  lagunillasense **1745**, **1773**, 1775
  leeanum 624, **1711**, 1720, **1735**, 1736, 1737, 1739, 1740, 3789
  — brevispinum **1711**, **1736**
  — netrelianum **1711**, 1720, 1735, **1736**, 1737, 1738, 1739, 1740

Gymnocalycium, leeanum roseiflorum 1731, 1736, 1786
  leptanthum **1706, 1712**, 1713
  loricatum 1746
  — cachense 1747
  lumbarasense 3762
  marquezii **1746, 1775**
  marsoneri 1776, 1777, **1784**, 1785
  mazanense **1744**, 1763, 1764, **1765**, 1767
  — breviflorum **1744**, 1765, **1767**
  — ferox **1744, 1767**
  — rhodantherum 1767
  — rosiflorum 1764, 1767
  megalothelos **1745, 1770**
  megatae 1777, **1785**
  melanocarpum **1707, 1719**
  michoga 1776, 1777, **1783**, 1784
  mihanovichii 1770, **1777, 1781**, 1782, 1784
  — fleischerianum 1782
  — friedrichii **1777, 1782**, 1783
  — heesei 1785
  — melocactiforme **1777, 1782**
  — pirarettaense **1777, 1781**
  — roseiflorum 1782
  — rubra*) —
  — stenogonum **1777, 1781**, 1783
  monvillei 1702, **1745**, 1748, **1769**, 1770
  — brachyanthum 1770
  — lyon 1770
  mostii **1743**, 1751, **1761**
  — centrispinum 1761
  — kurtzianum **1743**, 1747, **1761**
  mucidum **1767**
  multiflorum 1702, 1740, **1741, 1748**, 1750, 1770
  — albispinum **1748**
  — hybopleurum 1751
  — hyptiacanthum 1749
  — paraguayense 1749
  — parisiense **1749**
  — roseiflorum 1749
  neocumingii 1790
  netrelianum 1735, 1736, 1737
  — citriflorum 1737
  neumannianum 1790
  nidulans **1745, 1768**, 1769
  nigriareolatum **1742, 1759**, 1769
  — densispinum **1743, 1759**
  occultum 1725
  — nobile 1785
  ochoterenai **1709**, 1727, **1728**
  — cinereum **1709, 1729**
  oenanthemum **1741, 1752**
  onychacanthum 1777, **1785**
  ourselianum 1750
  parvulum **1708, 1724**, 3911
  pflanzii **1745, 1772**, 1775, 3761
  — albipulpa 3761
  plantense 1733
  platense **1706, 1712**, 1713, 1722, 1723, 1724, 1733, 1758, 3760
  — baldianum 1733

Gymnocalycium, platense hyptiacanthum 1738
  — leptanthum 1712
  — longispinum 1785
  — parvulum 1724, 3911
  — quehlianum 1721
  — weemeanum 1785
  polyanthum 1740, 1748
  — albispinum 1748
  — parisiense 1749
  proliferum 1717, 1718
  — calochlorum 1717
  pulquinense 1791
  — corroanum 1792
  quehlianum **1708**, 1715, **1721**, 1722, 1723, 1724, 1727, 1728, 1733
  — albispinum **1708, 1722**
  — caespitosum 1724, 1785
  — flavispinum **1708, 1722**
  — rolfianum **1708, 1723**
  — roseiflorum 1723
  — stellatum 1728
  — zantnerianum **1708, 1723**
  ragonesii **1709**, 1724
  reductum 1752
  — flavispinum 1785
  rhodantherum 1767
  rosantherum 1785
  riograndense **1745, 1774**
  riojense 1725, **3911**
  roseicanthum 1785
  rubriflorum 1785
  saglione **1745, 1772**, 1773, 1774, 1786
  — albispinum 1772
  — bolivianum 1773, 3761
  — flavispinum 1772
  — jujuyense 1787
  — longispinum 1772
  — roseispinum 1772
  — rubrispinum 1772
  — tilcarense 1772, 1786, 1787
  — tucumanense 1772
  sanguiniflorum 1731, 1732
  schickendantzii **1776**, 1777, **1778**, 1785
  — delaetii **1776, 1778**, 1779
  — knebelii 1785
  — marsoneri 1785
  — michoga 1785
  schroederianum **1706, 1713**
  sigelianum **1707, 1713**, 1715, 1716, 1717, 1733
  spegazzinii **1740, 1746**
  — major **1741, 1746**
  stellatum 1722, 1723, 1727, 1728
  — minimum **3911**
  stenocarpum 1785
  stuckertii **1710**, 1715, **1733**, 1776, 1777
  sutterianum 1707, 1713, **1714**, 1715, 1733, 1767
  tobuschianum 1759, 1760, 1761
  tortuga 1776, **1784**
  triacanthum **1710, 1730**

*) Auf Tafel 118 unten.

Gymnocalycium, tudae 1777, **1785**
  uruguayense 1639, 1701, 1707, **1710**, 1720, 1721, **1730**, 1731, 1736, 1786
  — roseiflorum 1731
  valnicekianum 1732, **1743**, **1759**, 1862
  — polycentralis 1760
  vatteri **1709**, **1724**
  velenowskii 1785
  venturianum 1731, 1733
  venturii 1731
  villosum 1785, 1869
  weissianum **1744**, **1763**, 1764, 1765
  — atroroseum **1744**, **1763**, 1767
  — cinerascens **1744**, **1764**
  westii 1789
  zegarrae **1745**, 1774
Gymnocephalus 1631
Gymnocerei *59*, *80*, *84*, *86*, 910, 915, 2287, 2370, 3861
Gymnocereus *45*, *53*, *72*, 910, **920-925**, 978, 990, 3666–3668
  altissimus **3667**
  amstutziae **922**, **924**, 3666
  microspermus **922**, **923**, 3668
Gymnolobiviae *55*, *75*, *76*, 1362, 1376, 1482, 1488, 1496, 1532, 1534

Haagea 3504, 3902
  schwar(t)zii 3504, 3505, 3901, 3902
Haageocactus 1159
Haageocereus 23, *54*, *74*, 841, 935, 938, 941, 942, 943, 949, 951, 955, 966, 970, 973, 977, 1096, **1159-1252**, 2072, 2500, 2501, 2504, 2521, 3675, 3709–3717
  acanthocladus **1168**, 1176, **1200**, 1234
  achaetus **1164**, **1176**
  acranthus 1067, 1163, **1164**, **1176**, 3715, 3717
  — crassispinus **1165**, **1177**
  — fortalezensis **1165**, **1178**
  — metachrous 960, 1163, **1165**, **1177**, 1247, 3712, 3715
  — zonatus 1180
  akersii 1160, **1172**, **1220**, 1246
  albidus 1249, 3716
  albisetatus **1170**, **1208**, 1230
  albispinus **1170**, **1210**
  — floribundus **1170**, **1210**
  — roseospinus **1170**, **1211**
  ambiguus **1175**, **1243**, 3712
  — reductus **1175**, **1244**
  arenosa 1245
  aureispinus **1168**, 1177, **1197**
  — fuscispinus **1168**, **1198**
  — rigidispinus **1168**, **1198**
  australis **1174**, 1235, **1238**, 3712, 3715
  — acinacispinus **1174**, **1240**
  — albiflorus 1246
  — rubiflorus 1246
  bicolor 1247
  cephalomacrostibas 3707
  chalaensis 3716
  chilensis 1250

Haageocereus, chosicensis 951, **1169**, **1204**, 1207, 1249, 2506, 3715
  — albispinus 1210, 2501
  — aureus 1249
  — chrysacanthus 1246
  — dichromus 1212
  — marksianus 1212
  — rubrospinus **1170**, **1207**
  — turbidus 1212
  chrysacanthus **1171**, **1215**, 1216, 1220, 1246, 1250
  chryseus 1216, 1250
  clavatus 1228
  clavispinus **1166**, 1177, **1184**, 1186
  clawsonii 3717
  climaxanthus 2504
  comosus **1173**, **1230**
  convergens 1228, 3716
  crassiareolatus 1163, **1171**, **1214**
  — smaragdisepalus **1171**, **1215**
  decumbens 935, 966, **1174**, **1237**, 1238, 1239, 1242, 1247, 3712, 3715
  — spinosior **1174**, **1238**, 1247, 3712
  — subtilispinus 3716
  deflexispinus **1165**, **1179**, 1181
  dichromus 1163, **1170**, **1212**
  — pallidior **1171**, **1214**
  divaricatispinus 1163, **1173**, **1231**
  elegans 1250, 3906
  — heteracanthus 1250
  faustianus 951, 1248, 1250
  ferox 1248
  ferrugineus 1250
  fulvus 1249
  horrens **1169**, 1198, 1201, **1203**
  — sphaerocarpus **1169**, **1204**
  huancavelicensis 1245
  humifusus 1193
  hystrix 1249, 1250
  icensis 3712
  icosagonoides **1166**, 1181, **1186**
  lachayensis **1164**, **1175**, 1177
  laredensis **1167**, 1194, **1195**, 1203, 1241, 1250, 3709, 3715
  — collareformans 3906
  — longispinus **1167**, **1195**
  — montanus 1195, 3906
  — pseudoversicolor 1194, 3906
  limensis 1177, 3716
  — andicolus 1177, 3716, 3717
  — metachrous 3716
  — zonatus 3716
  litoralis **1174**, **1241**, 3712
  longiareolatus **1170**, **1208**
  mamillatus **1175**, 1242, **1244**
  — brevior **1175**, **1244**
  marksianus 1212, 1248
  metachrous 1178
  montana (montanus) 1249, 1250
  multangularis 1168, 1220, 1246, 3716
  — aureus 3716
  — dichromus 3716
  — pseudomelanostele 3716

Haageocereus, multangularis peudomelanostele
— — chrysacanthus 3716
— turbidus 3716
multicolorispinus 970, 3712
ocona-camanensis **1175**, **1244**, 3712
olowinskianus 954, **1165**, 1176, 1177, **1181**, 1247, 3712, 3715, 3716, 3717
— repandus **1165**, **1182**, 1184
— — erythranthus **1165**, **1183**
— rubriflorior **1165**, **1183**, 3709
— subintertextus 1165, **1166**, **1184**
— — rubriflorior 1183
pacalaensis **1169**, 1195, **1202**, 1241, 3715
— montanus 3906
— pseudoversicolor 3906
pacaranensis **1248**
— tenuispinus 1248
pachystele **1174**, **1233**
paradoxus **1175**, **1242**
peculiaris 961, 1252
peniculatus **1171**, **1214**, 1243, 3709
piliger **1173**, **1233**, 3712
platinospinus **1174**, **1234**, 3712, 3715
pluriflorus 955, **1166**, **1185**
pseudoacranthus **1164**, **1176**
pseudomelanostele **1172**, 1195, 1216, 1221, 1224, **1226**, 1230, 2489, 3712, 3715, 3716, 3717
— carminiflorus **1173**, **1228**
— chrysacanthus 1216
— clavatus **1172**, **1228**
pseudoversicolor **1167**, 1192, **1194**, 3906
pyrrhostele 1245
repens 1162, **1174**, 1203, **1241**, 1245
rigidispinus 1198
rubrospinus 1207
salmonoides 1229
salmonoideus **1173**, **1229**, 1230
seticeps **1171**, **1217**
— robustispinus **1171**, **1217**
setosus **1172**, **1219**
— longicoma **1172**, **1219**, 1220
smaragdiflorus **1170**, 1195, **1209**
superbus 3712
symmetros **1173**, **1231**
talarensis 1167, 1190
tapalcalaensis 1202
tenuispinus **1168**, **1201**
turbidus **1171**, **1217**
— maculatus **1172**, **1218**, 3712
variabilis 1247, 1250
versicolor **1166**, 1181, **1188**, 1194, 3709, 3715
— atroferrugineus 1167, 1190
— aureispinus **1166**, **1190**, 2515
— catacanthus **1167**, **1191**
— collareformans 1192, 3906
— elegans 1192, 3906
— fuscus **1167**, **1190**
— humifusus **1167**, **1193**, 3715
— lasiacanthus **1166**, **1190**, 3715
— paitanus 1191
— spinosior 1190

Haageocereus, versicolor xanthacanthus **1167**, **1191**, 1194, 3715, 3906
— zonalis 1194, 3906
viridiflorus **1168**, **1195**, 1200
zehnderi 1163, **1172**, **1225**
zonatus 1163, **1165**, 1179, **1180**
Hamatocactus *61*, *93*, 2689, **2743**–**2751**, 2920, 2921, 2924, 2926, 3871–3872
crassihamatus 2923
davisii 2748
hamatacanthus 2743, 2744, **2745**, 2748, 2749, 2920, 2921, 3871
— crassispinus 2748
— davisii **2745**, **2748**, 3871
— gracilispinus 2748
— insignis 2748
— sinuatus 2748
setispinus 2743, 2744, **2745**, 2748, **2749**, 3051
— cachetianus **2745**, **2750**, 2751
— orcuttii **2745**, **2751**
sinuatus **2748**
uncinatus 2920, 2924
Hariota 643, 644, 645, 646, 705, 719
alata 703
alternata 696
bambusoides 657, 705, 709
— delicatula 657, 709
boliviana 672
cassytha 659
cereiformis 825
cereuscula 655
cinerea 700
clavata 657
conferta 661
coriacea 674
crenata 700
cribrata 659
crispata 679
— latior 679
cruciformis 687
cylindrica 691, 709, 710
epiphylloides 720
— bradei 721
fasciculata 664
floccosa 691
funalis 691
grandiflora 691
herminiae 710
horrida 664
houlletiana 669
knightii 688
— tenuispinus 688
lindbergiana 662
lumbricalis 663
macrocarpa 681, 745
mesembrianthemoides 655
micrantha 668
monacantha 701
pachyptera 678
paradoxa 696
parasitica 659
penduliflora 659

Hariota, pentaptera 665
  platycarpa 678
  prismatica 656
  ramosissima 682
  ramulosa 673
  rhombea 672
  riedeliana 682
  robusta 677
  rugosa 682, 691
  saglionis 655
  salicornioides 705, 706
  — bambusoides 705, 709
  — gracilior 706, 708
  — gracilis 708
  — ramosior 708
  — schottmuelleri 708
  — setulifera 708
  — stricta 708
  — strictior 706, 708
  — villigera 708
  sarmentacea 663
  spathulata 682
  squamulosa 687
  stricta 708
  swartziana 703
  teres 661
  triquetra 679
  tucumanensis 692
  villigera 706, 708
Harrisia 57, 82, 824, 1146, 1147, 1160, 2083, 2090, 2091, **2097–2104**, 2129, 2318, 3857–3859
  aboriginum **2098**, **2104**
  adscendens 2095
  arendtii 2092
  bonplandii 2096
  — brevispina 2096
  brookii **2098**, **2101**
  deeringii 2103
  divaricata **2098**, 2100, **2101**
  earlei 2090, 2097, **2099**, **2104**, 2129
  eriophora **2097**, **2099**
  fernowii **2098**, 2102, **2103**
  fimbriata 2100, 2101, 2183
  — straminia 2101
  fragrans **2097**, **2099**
  gracilis 2097, **2098**, **2102**, 2103, 3857, 3859
  guelichii 2096
  hurstii **2098**, 2102, **2103**
  jusbertii*) —
  martinii 2092
  nashii 1147, **2098**, **2100**, 2101, 2183
  — straminia **2098**, **2101**
  perviridis 2092, 2093
  platygona 2096
  pomanensis 2094, 2095
  — grossei 2095
  portoricensis 1147, **2098**, **2099**
  regelii 2093
  rostrata 2104
  simpsonii **2098**, **2103**

Harrisia, taylori **2098**, **2103**
  tortuosa 2091
  — uruguayensis 2095
  undata 2102
Haseltonia 58, 86, 2155, 2200, 2251, 2254, **2259–2264**, 2387, 2470, 2471, 2495, 2501
  columna-trajani 2200, **2263**, 2386
  hoppenstedtii 2263
Hatiora 51, 67, 644, 645, 646, 657, **705–710**, 713, 715, 719, 720, 3639
  bambusoides 644, 657, **706**, **709**
  clavata 657
  cylindrica **706**, **709**, 710
  herminiae **706**, **710**
  salicornioides 705, **706**, 709, 713
  — gracilis **706**, **708**
  — stricta **706**, **708**
  — villigera **706**, **708**
Heliabravoa 58, 83, **2155–2159**
  chende **2157**
Helianthocereus 54, 55, 75, 823, 1095, 1096, 1097, 1106, 1145, 1274, 1304, 1305, **1306–1336**, 1338, 1361, 1366, 1412, 1670, 1677, 3708, 3709, 3722, 3903
  andalgalensis 1329
  antezanae **1312**, **1323**
  atacamensis **1315**
  bertramianus 1309, **1312**, 1320, **1323**, 1324
  conaconensis **1312**, **1323**, 1325
  grandiflorus **1314**, 1330, **1332**, 1337
  herzogianus **1312**, **1325**
  — totorensis **1312**, 1325, **1326**, 3708
  huascha 1126, 1127, 1146, 1306, 1308, **1313**, **1328**, 1329, 1332, 1338, 1375, 3722
  — auricolor **1313**, **1330**
  — rubriflorus **1313**, **1329**, 1330, 1331
  — vatteri 1330, 1331
  hyalacanthus **3114**, **1333**
  narvaecensis **1313**, **1327**
  orurensis 1309, 1310, **1311**, **1321**, 1496
  — albiflorus **1312**, **1321**
  pasacana 1304, 1305, 1307, 1309, 1310, **1311**, **1314**, 1315, 1317, 1319, 1320, 3722
  pecheretianus 1306, 1308, **1313**, **1332**
  poco 1310, **1311**, **1318**, 1320, 1321, 1680, 3722
  — albiflorus **1311**, **1321**
  — fricianus 1309, **1311**, **1320**
  tarijensis **1312**, 1320, **1326**
Heliaporus 819, 822
  smithii 819
Heliocephalocacti 60, 90, 91, 2556
Heliocerei 57, 80, 82, 2116
Heliocereus 57, 82, 822, **2117–2122**, 3649
  amecamensis 2120
  bifrons 2119
  cinnabarinus 2117, **2118**
  coccineus 2121
  elegantissimus 794, 2117, 2121
  heterodoxus **2118**, **2122**
  mallisonii 2119

*) Harrisia jusbertii (Parm.) BR. & R. war eine von BORG irrtümlich zitierte Kombination; sie müßte demnach lauten: Harrisia jusbertii (Parm.) BORG.

Heliocereus, schrankii 794, 2117, **2121**
  serratus 2121
  speciosus 740, 759, 760, 788, 819, 2117, **2118, 2119**, 2120, 2121, 2122, 3650
  — albiflorus 2120
  — amecamensis **2118, 2120**
  — elegantissimus **2118, 2121**
  — serratus **2118, 2121**
  — superbus **2118, 2120**
  superbus 2117, 2120
Heliocorryocerei 53, 71, 842
Heliohylocerei 52, 69, 70, 817, 3656
Helioleptocerei 57, 81, 1958
Heliopachycerei 2131
Heliopolyanthocerei 59, 86, 2264
Heliostrophocerei 52, 69, 771
Heliotrichocerei 54, 73, 75, 1303, 1361
Hemicephalocerei 59, 87, 88, 2370, 2468
Herpolobivia 1479, 3906
Hertrichocerei 57, 58, 85, 2129, 2134, **2232–2235**
  beneckei **2235**
Hickenia 1580
  microsperma 1592
Hildmannia 1800, 1801, 1802, 1832, 1834, 1835, 1836
  ambigua 1793, 1833
  aspillagai 1812
  cumingii 1832
  cupreata 1811, 1833, 1842
  curvispina 1833, 1838
  ebenacantha 1808
  fobeana 1811
  froehlichiana 1833
  fusca 1807
  geissei 1832, 1844
  — albicans 1832
  horrida 1833, 1840
  jussieui 1810
  kunzei 1807
  mitis 1818
  napina 1818
  nigricans 1833, 1841
  occulta 1816
  odieri 1814
  reichei 1823
  rostrata 1833, 1859
  subnigra 1833
Homalocephala 60, 92, **2649–2651**
  texensis **2650**
  — gourgensii 2651
Horridocactus 56, 76, 78, 1563, 1798, 1800, 1801, 1802, **1834–1849**, 1852, 1853, 3743, 3744, 3767, 3768, 3777, 3783, 3788, 3790—3801
  aconcaguensis 1845, **3791**, 3793, 3796, 3797
  — orientalis **3791**
  andicolus 1845, **3792**, 3796
  — descendens **3792**
  — mollensis 1845, **3792**
  — robustus 1845, **3792**
  armatus 1846, **3792**
  atroviridis 1846, **3793**

Horridocactus, calderanus 1846
  carrizalensis 1846
  centeterius 3798
  chilensis albidiflorus 1806, 1848
  choapensis 1846, **3793**
  confinis 1806, 1846
  copiapensis 1807, 1848, 3798
  crispus **3795**
  curvispinus 1757, **1836, 1838**, 1839, 1847, 3790, 3793, 3796
  — combarbalensis 1838
  — felipensis 1838
  — nidularis 1838
  — petorcensis 1838
  — santiagensis 1838
  — tilamensis 1838
  dimorphus 1846, 1847
  echinus 1846
  engleri 1846, 1848, **3795**
  — krausii **3796**
  eriosyzoides 1846, 3777
  froehlichianus **1836, 1839**, 1847, 3783, 3791, 3797
  — vegasanus 1847
  fuscus 1810, 1848
  — trapichensis 3777
  garaventai **1843**, 3791
  geissei 1832, 1844
  grandiflorus 3791, **3796**
  heinrichianus **1837, 1842**, 3791
  horridus 1835, 1840, 1846, 3779
  — minor 1840, 1846
  jussieui 1847
  — spinosior 1810
  kesselringianus **1837, 1840**, 1841, 3790
  — subaequalis **1837, 1841**
  kunzei 1807
  lissocarpus **3796**
  — gracilis **3797**
  marksianus 1846, **3797**
  — tunensis 1846, **3798**
  nigricans 1811, 1833, **1837, 1841**, 1842, 1853, 3791, 3799
  — grandiflorus 1842
  paucicostatus 1848, 3780
  — viridis 1848, 3780
  pulchellus 1847, 3781
  pygmaeus 1847, 3781
  robustus 1847, 3781
  — vegasanus 1847
  rupicolus 1847
  — intermedius 1847
  setosiflorus 1847
  — intermedius 1847
  simulans 1847, 3798
  taltalensis 1809, 1812, 1848
  — densispinus 1809
  — flaviflorus 1809, 3769
  transitensis 1847, 3778, 3801
  trapichensis 1807, 1848
  tuberisulcatus 1835, **1837, 1840**, 1846, 3744, 3790
  — minor 1846

Horridocactus, vallenarensis 1847, **3798**
  wagenknechtii 1847
Hummelia *59, 87*, 2294, 2297, 2308, 2314
Hybocactus 1567, 1695, 2632
Hydrochylus *98*, 3099, 3101, 3102 3109, 3115. 3117, 3147, 3242, 3342, 3428
Hylocacteae 641
Hylocereanae 733, 735
Hylocereeae 23, *50, 66*, 639, 641, 642, 643. 646, 698, 823, 3632
Hylocerei *52, 70*, 802
Hylocereinae *52, 66, 69*, 742, 768, 3652
Hylocereus 23, *52, 70*, 734, 735, 774, 795, 796, 802, **803–817**, 824, 3653, 3654–3656
  antiguensis 805, **815**, 3655, 3656
  bronxensis 804, **807**
  calcaratus 805, **815**
  costaricensis 22, **805**, **809**, 3654
  cubensis 805, **810**
  estebanensis 805, **815**, 817
  extensus 805, **812**, 2328, 3654
  guatemalensis 804, **805**
  lemairei 805, **811**, 814, 817, 3654
  microcladus 805, 807, 809, **816**
  minutiflorus 802
  monacanthus 805, **811**
  napoleonis 805, **812**, 817, 1933, 3654
  ocamponis 804, **806**, 807
  peruvianus 804, **807**, 809
  polyrhizus 788, **804**, **808**, 809
  purpusii 804, **806**, 3653
  scandens 817
  schomburgkii **816**
  stenopterus 805, **812**
  triangularis 805, 807, 813, **814**, 3655
  tricostatus 810
  trigonus 805, 809, **813**, 815, 3655
  trinitatensis 811
  undatus 805, **810**, 813
  venezuelensis 804, 807, **809**, 815, 816
Hymenolobivia 1447
Hymenorebulobivia 1371
  albicentra 1447, 1451
  arachnoides 1447
  cabradai 1447
  — aureiflora 1447
  carnea 1447
  carneopurpurea 1447
  cerasiflora 1447
  citriflora 3979
  cordipetala 1447
  crispa 1447
  gigantea 1447
  kavinai 1447, 1451
  kreuzingeri 1447, 1450
  maresii 1447
  melanea 1447
  minima grandiflora 1447, 1456
  multiflora 1447
  nivosa 1447
  paucipetala 1447
  pectinata 1447
  — centrispina 1447

Hymenorebulobivia, pectinata luteoviride 1447
  — purpurea grandiflora 1447, 1451
  — — spathulata 1447, 1451
  purpurea 1451
  robusta sanguinea 1447
  ruberrima 1451
  sanguiniflora 1447, 1452
  spinosissima 1447
Hymenorebutia 1371, 1372, 1373, 1374, 1448, 1449
  albolanata 1372, 1373, 1448
  densispina 1453
  kreuzingeri 1447, 1450
  leucomalla 1454
  nealeana 1430
  pectinifera 1448
  pseudocachensis 1430
  rebutioides 1455
  scoparia 1455
  sublimiflora 1456

Irechocereus akersii 3904
Islaya *56, 76, 79*, 1581, 1798, **1883–1895**, 3743, 3811
  bicolor **1885**, **1888**, 1895, 3811
  brevicylindrica **1885**, **1888**
  chalaensis 1895
  copiapoides 1245, **1885**, **1889**, 1891
  flavida 1895
  grandiflorens 1241, **1886**, 1892, **1893**, 1894
  — spinosior **1886**, **1894**
  — tenuispina 1893, 1894
  grandis **1884**, **1886**
  — brevispina **1884**, **1886**
  — neglecta 1886
  islayensis 1883, **1886**, 1887, 1889, **1890**, 1891
  — copiapoides 1889
  — minor 1889
  krainziana 1888, 1895, 3811
  minor 966, 1883, 1884, **1885**, **1889**, 1890, 1891
  mollendensis 1883, **1884**, 1887, 1888, 1890, 1891
  paucispina 1892, 1893
  — curvispina 1892
  paucispinosa **1886**, **1891**, 1892, 1893
Isolatocereus *58, 85*, 2134, **2223–2226**
  dumortieri 2225, **2226**

Jaenocereus nigripilis 3904
Jasminocereus *53, 72*, 909, **910–913**, 915, 2287
  galapagensis 911, 912
  microspermus 924
  sclerocarpus **912**, **913**, 915
  thouarsii **912**

Krainzia *62, 99*, 3081, 3095, 3102, 3103, 3116, **3507–3510**, 3514
  guelzowiana 3328, **3508**
  longiflora **3508**

Lactomamillaria aselliformoides 3083
Lasiocereus 1359, 3729
  rupicolus 1359, 3729
Lemaireocereus 58, 83, 887, 988, 2130, 2132,
    2134–2137, 2155, 2156, 2159, 2163, 2165,
    2173, 2175, 2189, 2190, 2195, 2197, 2212,
    2213, 2219, 2223, 2224, 2232
  aragonii 2159, 2160, 2163, 2189
  bavosus 2136
  beneckei 2235
  cartwrightianus 890
  chacalapensis (s. Ritterocereus)
  chende 2159
  chichipe 2132, 2133
  chlorocarpus 3679
  cumengei 2115
  deficiens 2181
  demixta 2137
  dumortieri 2226
  — glaucus 2226
  — longispinus 2226
  — rufispinus 2226
  eichlamii 2174, 2179
  eruca 2114
  euphorbioides 2167
  gladiger 2182
  godingianus 891
  griseus 2182, 2189, 2267
  gummosus 2115
  hollianus 887, **2135**, 2136
  humilis 905, 2131
  hystrix 2177
  laetus 897, 903
  laevigatus 2178
  — guatemalensis 2179
  littoralis 2163
  longispinus **2175**, **2189**
  marginatus 2215
  — gemmatus 2216
  — incrustatus 2216
  martinezii **2175**, **2188**
  matucanensis 902
  mieckleyanus 2285
  mixtecensis 2133, 2159
  montanus 2160, **2175**, 2186, **2187**, 2188,
    2193
  pruinosus 2160, 2174, 2179, 2183
  queretaroensis 2184
  quevedonis **2175**, **2186**, 2188
  schumannii **2189**
  setispinus 2190, 2205, 2207
  standleyi 2174, 2176
  stellatus 2219, 2223
  thurberi 2161, 2185, 2188
  — litteralis*) (zu 2163) 3909
  treleasii 2223
  weberi 2142, 2145, 2152, 2154
Leocerei 57, 79, 81, 1964, 3844
Leocereus 57, 81, 996, 1018, **1964–1968**, 2073,
    2292, 3844–3845
  bahiensis 1964, **1965**, **1966**, 3844

Leocereus, glaziovii 1964, **1965**, **1966**
  melanurus **1965**, 1967
  paulensis **1965**, **1967**
  serpens 1020
  squamosus 1969
Lepidocereus 2191
Lepidocoryphantha 62, 97, **2972–2978**, 2979,
    2980, 2983
  macromeris **2973**, 3499, 3500
  runyonii **2973**, **2975**
Lepismium 51, 67, 644, 645, 663, 669, 680,
    681, **682–697**, 698, 3639, 3640–3643
  alternatum 696
  anceps 683, 689
  cavernosum 683, 689
    — ensiforme 689
    — minus 689
  cereoides 669, 697
  chrysanthum **687**, **694**
  chrysocarpum 691
  commune 684, 687
  cruciforme 669, 683, **684**, **687**, 689, 3640
    — anceps **684**, **689**, 3640, 3642, 3643
    — cavernosum **684**, **689**
    — knightii 3640
    — myosurus **684**, **688**, 689, 3640
    — — vollii **684**, **688**
  dissimile **686**, **693**
  duprei 688
  epiphyllanthoides **684**, **690**
  floccosum 682, **685**, **691**
  fluminense 678
  gibberulum **684**, **690**
  grandiflorum 683, **685**, **691**, 694, 710
  knightii 688, 3640, 3642
  laevigatum 697
  megalanthum 644, **686**, **693**, 3643
  mittleri 688
  myosurum 688
  myosurus 683, 688, 3642
    — knightii 688
    — laevigatum 688
  neves-armondii **686**, **692**
  pacheco-leonii **686**, **693**
  paradoxum 682, **687**, **696**
  pittieri **685**, **692**
  pulvinigerum **685**, **692**
  puniceo-discus **685**, **691**
    — chrysocarpum **685**, **691**
  radicans 689
  ramosissimum 682, 697
  rigidum **687**, **695**
  sarmentaceum 663
  sarmentosum 664
  tenue 688
  trigonum, **687**, **697**
  tucumanense **686**, **692**
  vollii 688
Leptocerei 57, 79, 81, 1930, 3841
Leptocereus 23, 57, 81, 735, **1958–1964**
  arboreus **1959**, **1962**

---

*) Diese unrichtig geschriebene Kombination erscheint in Marshall & Bock ,,Cacacteae'',
82. 1941.

Leptocereus, assurgens **1959**, 1960, **1961**, 1962
 ekmanii **1959, 1961**
 grantianus **1960, 1963**, 1964
 leonii **1959, 1960**
 maxonii **1959, 1962**
 prostratus **1959, 1961**
 quadricostatus **1959, 1963**, 1964
 sylvestris **1959, 1963**
 weingartianus **1959, 1960**
 wrightii **1959**, 1961, **1962**
Leptocladia 2932, 3092, 3355, 3393, 3394, 3428, 3513
 densispina 3393
 echinaria 3257
 elongata 3247
 leona 3399
 microhelia 3398
 microheliopsis 3398
 mieheana 3258
 viperina 3262
Leptocladodae 2932
Leptocladodia 2932, 2972, 3092, 3099, 3355, 3428
Leuchtenbergia *61*, *92*, **2683–2684**
 princips **2684**
Leucostele *54*, *75*, 1303, **1304–1305**, 3722
 rivierei **1304**, 3722
Lindsaya 2244
Lobeira *52*, *68*, 734, 737, **738–739**
 macdougallii 734, **739**
Lobirebutia 1371, 1494
 einsteinii 1479, 1500
Lobivia *55*, *75*, 827, 1095, 1273, 1274, 1275, 1303, 1306, 1308, 1328, 1330, 1333, 1338, 1339, 1358, 1360, 1361, 1362, 1363, 1364, **1371–1482**, 1483, 1495, 1534, 1670, 1676, 3723, 3728, 3729–3738, 3906
 achacana 3738
 aculeata **1405**
 albicentra 1447, 1451
 albispina 1478
 albolanata 1448
 allegraiana **1413, 1414**
 andalgalensis 1330, 1333, **1411**, 1412
 arachnacantha **1429, 1431**, 3723, 3733, 3734
 — torrecillasensis **3733**
 arachnoides 1447
 argentea **1393, 1399**, 1401
 atrovirens 1479, 1506
 auranitida 1479, 1522
 — gracilis 1522
 aurantiaca **1393**, 1395, **1400**
 aurea 1356, 1357, 1374, 1375, 1479
 — elegans 1357
 — grandiflora 1357
 — robustior 1357
 — spinosissima 1358
 backebergii 1287, 1427, **1458, 1459**
 binghamiana **1413**, 1478
 — robustiflora 1478

Lobivia, boedekeriana 1406
 boliviensis 1381, **1393, 1395**, 1396, 1400
 — achatina 1396
 — croceantha 1396
 — rubriflora 1396
 — violaciflora 1396
 brachiantha 1479, 1521
 breviflora **1438, 1439**, 1470
 bruchii 1375, 1479, 1670, 1672
 — nivalis 1479, 1673
 brunneo-rosea **1393, 1400**
 cabradai 1447
 — aureiflora 1447
 cachensis 1443, **1468, 1474**, 1475
 caespitosa **1387, 1390**, 1478, 1482
 caineana **1442**, 3731
 cariquinensis **3731** (3731 ?)
 carminantha **1410**
 carnea 1447
 carneopurpurea 1447
 cerasiflora 1447
 charazanensis **1394, 1403**
 chereauniana **1439, 1440**
 chionantha 1370, 1479
 chlorogona 1443, 1447, 1448, 1456
 — cupreoviridis 1456
 — purpureostoma 1456
 — rubroviridis 1455, 1456
 — versicolor 1456
 chrysantha 1370, **1416, 1417**, 1418, 3906
 — hossei **1416, 1419**
 — janseniana **1416, 1419**
 — leucacantha **1416, 1419**
 — staffenii 1419
 chrysochete **1394, 1401**, 1403
 chrysostele 1403
 cinnabarina **1439**, 1440, 3738
 — spinosior **1439, 1440**
 cintiensis **3734**
 citriflora*) —
 claeysiana **1439, 1441**
 columnaris 1479, 1498, 1500
 conoidea 1479, 1497
 corbula 1371, 1372, 1379
 — elegans 1382
 cordipetala 1447
 cornuta 3738
 costata 1479, 1513
 crispa 1447
 cumingii 1479, 1792, 1926
 cylindracea 1357, **1426**
 cylindrica 1275, **1339**, 1357, 1374, 1375, **1417**, 1423, 1424, 1425
 deesziana 1448
 densispina 1453
 — blossfeldii 1453
 — sanguinea 1453
 digitiformis 1479, 1506
 dobeana 1330, 1333, 1411, 1412
 dragai 1421
 drijveriana **1429, 1432**, 1443

---

*) Siehe Fußnote der nächsten Seite!

Lobivia, drijveriana astranthema **1429, 1433**
— aurantiaca **1429, 1433**
— nobilis **1429, 1433**
ducis pauli 1045, 1046, 1339, 1343, 1344, 1479
duursmaiana **1467, 1469**
einsteinii 1479, 1500
elongata **1417, 1425**
emmae **1430, 1436**
— brevispina **1430. 1436**
euanthema 1479, 1511
eucaliptana 1479, 1514
fallax 1357
famatimensis 24, 1275, 1308, 1337, 1371, 1372, 1373, 1374, 1443, **1444**, 1447, **1448**, 1449, 1450, 1451, 1452, 1554, 1851, 3911
— albiflora **1445, 1452**
— — eburnea 1445, 1453
— — sufflava 1445, 1452
— albolanata 1448 (Abb.)
— aurantiaca **1444, 1451**
— cinnabarina 1452
— citriflora*) 1450
— densispina **1445, 1453**
— — blossfeldii 1445, 1453
— — sanguinea 1445, 1453
— eburnea 1453
— famatimensis 1444
— — cinnabarina 1452
— — citriflora 1444, 1450
— — kreuzingeri 1444
— — subcarnea 1452
— haematantha **1444, 1451**, 1452
— — cinnabarina 1444
— — subcarnea 1445
— leucomalla **1446, 1454**, 1455
— — rubispina 1446
— longispina 1445, 1453
— nigricans 1444, 1451, 1455
— oligacantha 1444, 1450
— rosiflora 1445, 1452
— setosa **1445, 1453**, 1455
— — longiseta 1445, 1454
— subcarnea 1452
— sufflava 1452
ferox 1339, 1345, 1393, 1479, 1482
formosa 1479, 1675, 1678, 1680
— rubriflora 1679
gigantea 1447
grandiflora 1306, 1332, 1338, 1479
grandis 1375, 1479, 1676
graulichii 1347, **1469**, 1479
haageana **1416, 1421**, 3731
— albihepatica **1416, 1422**, 3731
— bicolor **1416, 1422**, 3731
— chrysantha **1416, 1422**, 3731
— cinnabarina **1417, 1422**, 1423, 3731
— croceantha **1417, 1423**, 3731
— durispina **1417, 1423**, 3731
— grandiflora-stellata **1417, 1422**, 3731
— leucoerythrantha **1417, 1423**, 3731

Lobivia, haematantha **1429, 1433**
hardeniana 1405
hastifera **1393, 1399**
hermanniana 1375, **1387, 1391**, 1478, 1481
hertrichiana **1412, 1413**, 1478, 3736
higginsiana **1393, 1400**, 3733
— carnea 1400, 3733
hoffmanniana **1429, 1434**, 3731
hossei 1419
huariensis 1405
huascha 1308, 1479
huilcanota **1378, 1385**
hyalacantha 1333, 1366, 1479
ikedae 1507, 1508
— cinnabarina 1507
— erythrantha 1507
imporana 1481
incaica **1413, 1414**
incuiensis 1365
iridescens **1459, 1460**
jajoiana **1462, 1463**, 1464, 1465, 1470, 1474
— carminata 1462, 1464
— fleischeriana **1463, 1464**
— nigrostoma **1463, 1464**
— splendens 1463, 1464
janseniana 1419
— leucacantha 1420
johnsoniana **1395, 1408**, 1409
katagirii 1420, 3906
— aureorubriflora 1420, 3906
— chrysantha 1420, 3906
— croceantha 1420, 3906
— salmonea 1420, 3906
kavinai 1447
klimpeliana 1369
klusacekii **1421**
— roseiflora **3911**
korethroides 1479, 1673, 1674
kreuzingeri 1447
kuehnrichii **1430, 1436**
kupperiana **1439, 1441**
— rubriflora **1439, 1441**
larabei 1478, 3735, 3736
lateritia **1426, 1427**, 1473, 1481
lauramarca 1375, **1387, 1391**
leucomalla 1375, 1453, 1454
— rubispina 1454
leucorhodon 1386, **1395**, 1409, **1410**
leucoviolacea **1393, 1399**
longiflora 1478
longispina 1046, 1339, 1343, 1344, 1393, 1479
maresii 1447
marsoneri **1459, 1460**, 1462
matuzawae 1479, 1480
maximiliana 1379
— castanea 1381
— elegans 1381
— leucantha 1381
megacarpa 1482
megatae 1436

---

*) Von KRAINZ (nach KREUZINGERS *Hymenorebulobivia citriflora*) 1949 als *Lob. citriflora* FRIČ aufgeführt, von mir auf S. 1450 nur als die dort genannten anderen Kombinationen,

Lobivia, melanea 1447
  minima grandiflora 1447
  minuta 3735
  mirabunda **1429, 1431**
  mistiensis 1363, 1375, **1387**, 1388
  — brevispina 1387
  — leucantha 1387, 1388
  multiflora 1447
  napina 3911
  nealeana **1429, 1430**, 1443
  — grandiflora 1431
  — purpureiflora 1431
  neo-haageana 1479, 1493, 1494, 1502
  — flavovirens 1479, 1503
  nicolai 1479, 1497
  nigra 1345
  nigricans 1479, 1498, 1518, 1519
  nigrispina 1363, **1468, 1470**
  — rubriflora **1468, 1472**
  nigrostoma 1464
  nivosa 1447
  oculata 1479, 1511
  oreopepon 1336, 1366, 1375, 1479, 1674
  orurensis 1505
  otukae 1450
  — cinnabarina 1451
  — croceantha 1451
  pampana **1387, 1388**
  paucartambensis 1478
  paucipetala 1447
  peclardiana **1475, 1476,** 1477
  — albiflora **1475, 1477**
  — winteriae **1475, 1477**
  pectinata 1447, 1479, 1504
  — centrispina 1447
  — luteoviride 1447
  — purpurea grandiflora 1447
  — — spathulata 1447
  pectinifera 1374, 1443, 1447, 1448
  — albiflora 1452
  — aurantiaca 1451
  — cinnabarina 1452
  — citriflora 1450
  — — kreuzingeri 1450
  — eburnea 1453
  — haematantha 1451
  — subcarnea 1452
  — sufflava 1452
  pentlandii 1371, 1375, **1378**, 1379, 1380, 1381, 1388, 1396, 3498, 3732
  — achatina 1381, 1396
  — albiflora 1363, **1378, 1384**
  — atrocarnea 1383
  — cavendishii 1379, 1383
  — cinnabarina 1396
  — coccinea 1379
  — colmarii 1381
  — elegans 1381
  — ferox 1381
  — forbesii **1378, 1383**
  — gracilispina 1379
  — longispina 1379, 1381
  — maximiliana 1372, 1379

Lobivia, pentlandii neubertii 1379
  — ochroleuca **1378**, 1382, **1384**
  — pfersdorffii 1381
  — pyracantha 1379
  — radians 1379
  — rosea 1383
  — scheeri 1388
  — tricolor 1379
  — vitellina 1379, 1381
  peterseimii 1479, 1520
  pilifera 1479, 1518
  planiceps **1413, 1414**
  poco 1680
  polaskiana **1416, 1421**
  — dragai 1421
  — klusacekii 1421
  polyantha 1480
  polycephala **1467, 1469**, 1470
  potosina 1339, 1479
  pseudocachensis **1429, 1430**, 1443, 1470
  — cinnabarina **1429, 1430**, 1431
  — robustiflora 1430
  — sanguinea **1429, 1430**
  pugionacantha **1437**
  — flaviflora **1438**
  purpurea 1451
  — spathulata 1447
  pygmaea 1479, 1494, 1510
  — longispina 1510
  raphidacantha **1394**, 1396, **1403**
  rebutioides 1372, 1374, 1443, **1446**, 1447, **1455**
  — baudisyana 1478
  — chlorogona **1446, 1456**
  — — cupreoviridis 1446, 1456
  — — purpureostoma 1446, 1456
  — — versicolor 1446, 1456
  — citriniflora **1446, 1456**
  — kraussiana **1447, 1457**
  — multiflora 1478
  — rebutioides rubroviridis 1446
  — sublimiflora **1447, 1456**
  ritteri 1479, 1517
  robusta 1465
  — sanguinea 1447
  rossii 317, 1392, **1394, 1404**, 1406
  — boedekeriana **1394, 1406**
  — carminata **1394, 1407**
  — hardeniana **1394, 1405**
  — salmonea **1394, 1408**
  — sanguinea **1394, 1408**
  — stollenwerkiana **1394, 1406**
  — walterspielii **1394, 1406**, 1407
  rowleyi 1428
  — longispina 1428
  — rubroaurantiaca 1428
  ruberrima 1451
  rubescens **1459, 1461**, 1462
  — tenuispina **1459, 1462**
  saltensis 1425, **1427**, 1428
  sanguiniflora 1427, 1447, **1468, 1472**, 1473
  — pseudolateritia **1468, 1473**
  scheeri **1388**

Lobivia, schieliana **1475, 1477**
— albescens **1475, 1478**
schmiedcheniana 1479, 1498
schneideriana **1395**, 1409, **1410**, 1411, 3729
— carnea **1395, 1411**, 3729
— cuprea **1395, 1410**
schreiteri **1468, 1470**, 1473, 1474
schuldtii 1462
scoparia 1372, 1443, **1446, 1455**
scopulina 3728, **3735**
shaferi **1426**
spinosissima 1447
spiralisepala 1478
staffenii 1418
— lagunilla 1420
steinmannii 1494, 1495, 1529
stilowiana **1468, 1473**
stollenwerkiana 1406
sublimiflora 1456
tegeleriana 1364, 1365, 1479
— eckardtiana 1365
— medingiana 1365
— plominiana 1365
thionantha 1370, 1479
tiegeliana **1475**, 1477, 1478
titicacensis **3732**
torrecillasensis 3733
uitewaaleana **1463, 1466**, 1494, 1501
varians **1394, 1404**
— crocea 1404
— croceantha **1394, 1404**
— rubro-alba **1394, 1404**
vatteri **1463, 1465**
— robusta **1463, 1465**
walterspielii 1406
watadae 1479, 1480
— salmonea 1480
wegheiana **1393, 1398**, 1409
— brevispina*) —
— leucantha **1398**
wessneriana 1447, 1456
westii 1375, **1378, 1385**, 1386; 3729
wrightiana **1459**
— brevispina **1459, 1460**
Lobiviae 55, 75, 823, 1361, 1362, 1363, 1376, 1534, 3729
Lobiviopsis 1338, 1358
ancistrophora 1347
calochlora 1285
ducis pauli 1344
fiebrigii 1350
graulichii 1347, 1479
hamatacantha 1349
huottii 1293
obrepanda 1350
polyancistra 1348
ritteri 1300
salmiana 1294

Lophocereus 59, 86, 2130, 2265, **2274–2287**, 2387
australis 2278, 2282
gatesii 2277, **2280, 2285**
mieckleyanus **2280, 2285**, 2287, 2361
sargentianus 2279, **2280, 2284**
schottii 2276, 2278, **2280**, 2284
— australis 2282
— gatesii 2285
— monstr. mieckleyanus 2278, 2285
— — obesus 2278, 2285, 2286
— sargentianus 2284
Lophophora 61, 95, 2632, 2885, 2890, 2891, **2893–2903**, 2905, 3066, 3079
albilanata 2903
echinata 2893, **2895, 2897, 2899**, 2901
— diffusa **2895, 2901**
— lutea 2893, 2895, 2901
flavilanata 2903
jourdaniana 2895, 2898
lewinii 2893, 2895, 2897, 2898, 2901, 2902, 2912
— texana**) —
lutea **2895**, 2897, 2898, **2901**, 2912
— texana**) **2895, 2903**
tiegleri 2895, 2902
violaciflora 2899
williamsii 2882, 2883, 2893, **2894**, 2895, **2896**, 2897, 2898, 2899, 2901, 2912, 3504
— caespitosa 2895, 2897, 2898
— decipiens **2894, 2899**
— lewinii 2911
— lutea 2901
— pentagona **2894**, 2895, **2898**
— pluricostata **2894**, 2895, **2898**, 2899
— texana 2895, 2903
ziegleri 2895, 2902
— diagonalis 2903
— mammillaris 2903
ziegleriana 2895, 2902
Loxanthocerei 53, 71, 72, 824, 933, 935, 938, 1048, 1089, 1254, 1361, 2470, 2491, 3669, 3679, 3682, 3690, 3698, 3707
Loxanthocereus 41, 54, 73, 936, 937, 938, 939, **940–970**, 972, 973, 993, 1059, 1160, 1164, 1251, 1252, 2491, 3669–3676, 3677, 3683
acanthurus 935, 941, **945**, 954, **963**
— ferox **945, 963**
aticensis **943, 951**, 3669
brevispinus **949**, 953, 3673
camanaensis **945, 968**, 3673
canetensis **945, 965**
cantaensis **960**
casmaensis 1242
clavispinus **942, 946**
crassiserpens **3674**, 3677, 3678, 3681
cullmannianus **3674**

---

*) Dieser unbeschriebene Name in ,,Kat. 10 Jahre Kaktfrschg." muß wegfallen, da nicht mehr festzustellen ist, ob es sich nicht nur um eine gelegentliche Form handelt.
**) Der Bezug ist in KREUZINGERS ,,Verzeichnis" nicht eindeutig; der Name mag als eigene Art angesehen worden sein oder als var. von L. williamsii oder lewinii sensu FRIČ & KRZGR.; ich bezog ihn dem Aussehen der Pflanzen nach zu L. lutea.

Loxanthocereus, erectispinus **943**, **954**, 3669, 3673
    erigens **942**, **946**
    eriotrichus **945**, 954, **963**, 965, 1252, 3676
    — longispinus 963
    eulalianus **943**, 949, **953**, 954
    eulaliensis 953
    faustianus 942, **943**, **951**, 1160, 1250, 1252
    ferrugineus **943**, 947, **952**, 3674, 3676
    ferruginispinus 3676
    gracilis **945**, **967**, 969
    gracilispinus 941, **944**, **958**, 965, 3671
    granditessellatus 940, **944**, **955**, 3671
    hystrix **942**, **947**
    — brunnescens **947**
    jajoianus **942**, **947**
    keller-badensis **942**, **948**
    multifloccosus **945**, **965**, 3671, 3673
    nanus **946**, **969**, 3673
    otuscensis 957
    pachycladus **943**, 949, **950**
    parvitessellatus 957
    peculiaris **944**, **959**, 1252, 3672
    piscoensis 939, **943**, **950**, 3669
    pullatus **944**, **961**, 3672
    — brevispinus **944**, **962**
    — fulviceps **944**, **963**
    rhodoflorus 941, **944**, 958, 959
    riomajensis **944**, 949, **955**
    sextonianus **945**, **966**, 969, 3673
    splendens **945**, **969**
    sulcifer **944**, **957**, 3671
    — longispinus **944**, **958**
    tessellatus 957
    — spinosior 940

Machaerocereus 57, 82, **2112**–**2116**, 2125
    eruca 2112, **2114**
    flexuosus 2114, 2116, 2129
    gummosus 2112, **2114**, **2115**, 2116, 2125
Maierocactus 2651
    capricornis 2668
Maihuenia *49*, *63*, 102, 104, **119**–**123**, 216, 2862
    albolanata **121**
    — viridulispina **121**
    brachydelphys 119, **120**, **121**, 122, 216
    patagonica 119, **120**, **122**, 123
    philippii 119, **120**, 123
    poeppigii 119, **120**, **121**, 122, 2862
    tehuelches 119, 122, 123
    valentinii 119, **120**, **122**
Maihuenieae *49*, *63*, 119
Maihueniopsis *49*, *64*, 211, 219, **353**–**354**
    molfinoi 219, 287, **354**
Malacocarpus *56*, *76*, *77*, 972, 1181, 1362, 1560, 1561, 1563, 1564, 1576, 1581, **1613**–**1625**, 1626, 1651, 1655, 1834, 1883, 1929, 2619, 2632, 3754, 3767, 3788
    aciculatus 1621
    acuatus 1618, 1619
    apricus 1644, 1654
    arechavaletai **1617**, 1619, **1624**, 1625, 1651, 1655

Malacocarpus, bertinii 1559
    bezrucii 1625
    caespitosus 1654
    callispinus 1624
    catamarcensis 1568, 1570, 1571
    concinnus 1648
    corynodes 1560, **1616**, 1619, 1620, **1624**
    — erinaceus 1621
    courantii 1618
    curvispinus 1834, 1838
    erinaceus **1615**, 1619, 1620, **1621**, 1623
    — elatior 1621
    escayachensis 1612
    fricii **1614**, **1617**
    graessneri 1579
    grossei 1626
    haselbergii 1577
    hennisii 1618
    heptacanthus 2622
    intertextus 1560, 1561
    islayensis 1890
    kovaricii 1620
    langsdorfii **1616**, **1623**, 3754
    leninghausii 1629
    leucocarpus **1617**, **1624**
    linkii 1640
    maassii 1599
    macracanthus 1618
    macrocanthus **1615**, **1618**
    macrogonus **1615**, **1620**, 3754
    mamillarioides 1860
    mammulosus 1651
    martinii 1622
    muricatus 1643
    napinus 1818
    nigrispinus 1626, 1628, 1629
    orthacanthus 1625, 2728
    ottonis 1638
    patagonicus 1560, 1561, 1562
    pauciareolatus 1616, 1622
    polyacanthus 1623
    pulcherrimus 1661
    reichei 1823, 1851
    rubricostatus 1620
    sanjuanensis 1568, 1571, 1573
    schumannianus 1626
    scopa 1637
    sellowianus 1618
    — tetracanthus 1621, 1622
    sellowii 1618
    — acutatus 1618
    — courantii 1618, 1619
    — macracanthus 1618, 1619
    — macrogonus 1619, 1620
    — martinii 1619, 1622
    — tetracanthus 1619, 1621
    — turbinatus 1619, 1625
    sessiliflorus **1616**, 1619, 1620, **1621**
    — martinii **1616**, **1622**
    — pauciareolatus 1622
    stegmannii **1616**, **1623**
    strausianus 1565, 1568, 1570, 1571
    tabularis 1645

Malacocarpus, tephracanthus **1615**, **1618**, 1619, 1620, 1624, 1625, 3754
   tephracanthus courantii 1619
   — depressus **1615**, **1620**
   tetracanthus 1616, 1619, 1621, 1622
   tuberisulcatus 1840, 3767
   turbinatus **1617**, 1620, **1625**
   vorwerkianus 1614, **1615**, **1617**, 3760
Malacolepidoti 1363
Malacospermae 42
Mamillaria 24, 26, *62*, *98*, 487, 640, 1181, 1795, 1929, 2131, 2556, 2794, 2868, 2893, 2903, 2904, 2930, 2931, 2932, 2941, 2942, 2950, 2951, 2972, 2979, 3064, 3081, 3082, 3083, 3084, **3091–3504**, 3505, 3507, 3508, 3510, 3512, 3513, 3514, 3515, 3516, 3530, 3533, 3534, 3539, 3877–3901, 3902, 3903
   abducta 3235, 3495
   abdusta 3235, 3495
   abnormis 2361
   acanthop(h)legma 3108, 3211, 3222, 3223, 3227, 3228, 3232, **3234**, 3236, 3479
   — abducta 3235
   — decandoll(ei)ii 3226, 3236, 3910
   — elegans 3226, 3236
   — leucocephala 3235
   — meissneri 3236
   — monacantha 3235
   acanthostephes 3033, 3497
   — recta 3033, 3497
   acicularis **3462**
   aciculata 3147, 3367, 3369
   actinoplea **3463**
   acutangula 3492
   adunca 3492
   aeruginosa 3144, 3145
   affinis 3146, 3148
   aggregata 2069, 2997, 3497
   agregia 3261, 3262
   ahuacatlanensis 3410
   alamensis 3116, 3324, **3455**, 3460
   alamoensis 3492
   alba 3492
   — minor 3492
   albescens 3103, 3532
   albiarmata **3104**, **3140**, 3141, 3507, 3902
   albicans 3114, 3116, 3369, **3370**
   albicoma **3114**, 3116, 3328, **3379**
   albida 3367, 3369
   albidula **3429**
   albiflora 3265, **3266**, **3455**
   albilanata **3113**, 3115, **3361**, 3432, 3885
   albina 3497
   albiseta **3463**, 3492
   aleodantha 3387
   aljibensis 3492
   aloidaea pulvilligera*) 3089, 3497
   aloides 3089, 3497
   alpina 3497, 3520
   alternata 3482
   alversonii 3000, 3497

Mamillaria, amabilis **3463**
   amarilla 3492
   ambigua 1858, 3497
   amoena **3113**, 3116, **3359**
   anancistria **3463**
   ancistra 3463
   ancistrata 3334
   ancistracantha 2995, 3497
   ancistrina 3334
   ancistrohamata 3493
   ancistroides 3285, **3334**, 3335, 3493
   — inuncinata 3334, 3531
   — major 3334
   andreae 3031, 3352, 3497
   angelensis **3110**, 3281, **3285**
   anguinea 3258
   angularis 3117, 3119, 3148
   — compressa 3117
   — fulvispina 3117
   — longiseta 3117, 3119
   — longispina 3119
   — minor 3118
   — rosea 3118
   — rufispina 3119
   — triacantha 3117
   anguliger 3493
   anisacantha 3120
   applanata **3107**, 3193, 3194, 3195, 3196, **3198**, 3199, 3219, 3358, 3473
   areolosa 3086, 3497
   argentea **3463**
   argyphaea 3493
   arida **3107**, **3201**
   arietina 3033, 3497
   — spinosior 3033, 3497
   arizonica 2998, 3497
   armata 3493
   armatissima **3403**
   armillata **3110**, 3116, **3283**, 3495
   aselliformis 3079, 3497
   asperispina 3497
   asterias 3057, 3059, 3497
   asteriflora 3493
   atarageaensis 3492
   atrata 1857, 3497
   atroflorens **3892**
   atrohamata 3284
   atrorubra **3463**
   atrosanguinea **3464**, 3491
   auermanniana 3186
   aulacantha 3493
   aulacothele 3042, 3043, 3497
   — flavispina 3042, 3497
   — multispina 3042, 3497
   — nigrispina 3043
   — spinosior 3042, 3497
   — sulcimamma 3042, 3497
   aurata 3351, 3493
   aurea 3388, 3493
   aureiceps 3386, 3388, **3438**, 3439
   — pfeifferi 3438, 3439
   — sanguinea 3438

---

*) Die Schreibweisen „aloidea" (S. 3089) und „aloidacea" (S. 3497) waren Druckfehler.

Mamillaria, aureilanata **3109**, 3116, **3265**, 3470
— alba **3266**
aureoviridis 3116, 3315, 3316, **3445**, 3446, 3447
auriareolis 3116, **3413**
auricantha **3413**
auricoma 3377
aurihamata **3109**, 3116, **3274**, 3315, 3344
aurisaeta **3892**
auritricha **3413**
aurorea 3377
autumnalis 3154
avila-camachoi **3464**, 3888
aylostera 3497, 3513, 3514, 3516, 3518, 3524
bachmannii **3106**, **3178**
badispina **3464**
balbanedae 3493
balsasensis 3518, 3524, 3525, 3526, 3527, 3528
balsasoides 3524, 3527, 3528
barbata **3112**, 3319, 3326, **3333**
barkeri **3464**, 3891, 3900
barlowii 3497
basellata 3493
baselluta 3493
baumii 3522
baxteriana **3106**, **3172**, 3201
beguinii 3497
bella 3373, **3443**, 3444, 3497
bellacantha **3413**
bellatula **3465**
bellisiana **3404**
beneckei 3302, 3524, 3525, 3526
bergeana **3465**
bergenii **3465**
bergeriana 3498
bergii **3128**
bertrandii 3492
besleri 2628, 3498
bicolor 3183, 3184, 3186
— longispina 3185
— nivea 3186
— nobilis 3185
bicorem 3186
bicornuta **3465**
bifurca **3465**
biglandulosa 3042, 3498
bihamata 3143
binops 3493
bisbeeana 2971, 3498
biuncinata 3492
blossfeldiana **3111**, 3116, 3284, 3288, 3303, **3304**, 3305, 3306, 3535
— grandiflora 3304, 3305
— shurliana 3304, 3305, 3306
bocasana 3099, **3112**, 3317, **3327**, 3328, 3395
— flavispina 3327, 3328
— glochidiata 3328
— inermis 3328
— kunzeana 3316
— multihamata 3327, 3328

Mamillaria, bocasana sericata 3328
— splendens 3327
bocasiana 3493
bocensis **3105**, **3157**, 3158, 3406
bockii 3134
boedekeriana **3112**, 3311, 3317, **3329**, 3330, 3491
bogotensis 3389
bombycina 3063, **3111**, 3116, **3317**. 3498
— flavispina 3318
bonavitii **3466**
boolii **3456**, 3457
borealis 2999, 3498
boregui 2972
borhei 3493
borwigii 3026, 3498
boucheana 3910
brachydelphys 3498
brandegeei **3106**, **3173**, 3174, 3175
— gabbii **3174**, 3175
— magdalenensis **3175**
brandi 3493
brandtii 3493
brauneana **3107**, **3207**
bravoae **3107**, 3208, **3209**
brevimamma 3057, 3498
— exsudans 3057, 3498
breviseta **3466**
brevispina 3183
brongniartii 3401
brownii 3013, 3498
bruennowiana 3493
bruennowii 3493
brunispina 3492
brunnea 2994
bucarelensis 3164
bucareliensis **3105**, **3163**
— bicornuta **3164**
buchheimeana 3196, 3197
buchholziana 3493
buchiana 3493
bullardiana 3116, **3298**
bumamma 3006, 3498
bussleri 3054, 3055, 3056, 3498
cadereytensis 3403, **3414**
— quadrispina **3414**
caerulea **3414**
caesia 3377, 3378
caespitata **3466**
caespititia 2851, 3383, **3466**
— minima 3466
caespitosa 2028, 3259, 3498
calacantha **3115**, **3384**
— aurispina 3386
— brunispina 3386
— gigantea 3386
— platispina 3386
— rubra 3384
calcarata 3027, 3029, 3030, 3498
californica 3493
calleana 3116, 3275, **3448**
callipyga 3498
calochlora 3498

Mamillaria, camptotricha 3103, 3470, 3515, 3531
— depressa 3532
— senilis 3532
— subinermis 3532
candida 3099, **3114**, 3117, 3261, **3380**, 3471, 3496
— estanzuelensis 3380, 3471
— humboldtii 3260
— rosea 3093, 3116, 3375, **3380**, 3381
— sphaerotricha 3380
canelensis 3188, 3404, **3414**
canescens 2937, 3369, 3493, 3498
cantera 3493
capensis **3110**, **3276**
— pallida 3277
caput-medusae 3158, 3159, 3160, 3161, 3472
— centrispina 3159, 3160
— crassior 3159, 3160
— heteracantha 3160
— hexacantha 3159, 3160
— tetracantha 3159, 3160
caracasana 3168, 3204, 3205
caracassana 3204
carmenae **3439**
carnea **3104**, 3121, **3144**, 3145
— aeruginosa **3145**
— cirrosa 3138, **3145**
— robustispina 3144, 3145, 3146
— rosea 3146
— subtetragona **3145**
carretii **3110**, **3295**, 3297, 3454
carycina 3493
casoi 3123, 3144, 3155, **3415**
— longispina 3415
castanaeformis 3377
castanea 3377
castaneoides 3116, 3377, 3491
cataphracta 3148
caudata 3498
celsiana **3108**, 3116, 3212, 3213, 3215, 3222, 3223, **3225**, 3226, 3352
— guatemalensis 3348
— longispina 3225
centa 3493
centricirrha 3033, **3104**, 3129, **3132**, 3135, 3138, 3139, 3142, 3146, 3155, 3164, 3166, 3177, 3178, 3179, 3466, 3468, 3481, 3499, 3910
— amoena 3137
— arietina 3131
— bockii **3134**
— boucheana 3137
— ceratophora 3137
— cirrhosa 3466
— conopsea 3133
— dealbata 3137
— deflexispina 3137
— destorum 3137
— de tampico 3137
— diacantha 3137
— diadema 3137
— divaricata 3137

Mamillaria, centricirrha divergens 3132
— ehrenbergii 3138
— falcata 3137
— flaviflora 3901
— foersteri 3137
— gebweileriana 3137
— gladiata 3135, 3137, 3155
— glauca 3135, 3137
— globosa 3137
— grandicornis 3137
— grandidens 3137
— guilleminiana 3137
— hexacantha 3137
— hopferiana 3132
— hopfferiana 3132, 3137
— hystrix 3133, 3137
— — grandicornis 3133
— — longispina 3133
— inermis 3137
— jorderi 3137
— krameri 3132
— — longispina 3132
— krauseana 3137
— lactescens 3137
— lehmannii 3137
— longispina 3137
— macracantha 3137, 3480
— macrothele 3132, 3133
— magnimamma 3129
— megacantha 3137
— microceras 3137
— montsii 3137
— moritziana 3137
— neumanniana 3132, 3135
— nordmanniana 3138
— nordmannii 3137
— obconella 3137
— pachythele 3166
— pazzanii 3137
— pentacantha 3137, 3155
— polygona 3137, 3150
— posteriana 3137
— pulchra 3350
— recurva 3133
— rosea 3901
— schiedeana 3137
— schmidtii 3137
— spinosior 3137
— subcurvata 3137
— tetracantha 3137
— triacantha 3137
— uberimamma 3137, 3139
— valida 3137
— versicolor 3133, 3135, 3155
— viridis 3137
— zooderi 3137
— zuccariniana 3132, 3176
centrispina 3125
centrorecta 3493
cephalophora 3033, 3265, 3266, 3498, 3500, 3531
ceratites 2935, 3498
ceratocentra 3039, 3498

Mamillaria, ceratophora 3135
  cerralboa 3373, **3435**, 3436, 3445
  cerroprieto 3493
  chaffeyi 3498
  chapinensis 3148, 3149
  — rubescens 3148
  chihuahuensis 3498
  childsii 3498
  china 3450
  chinocephala 3210
  chionocephala **3107**, 3190, **3210**
  — pailana 3211
  chlorantha 3001, 3498
  chrysacantha 3350, 3386, 3387
  — fuscata 3350, 3387
  chrysantha 3493
  circumtexta 3493
  cirrhifera 2897, 3117, 3118, 3119, 3422
  — angulosior 3117
  — longiseta 3117, 3119
  — rosea 3118
  cirrhosa 3138, 3145, 3466
  cirrosa 3138, 3145, **3466**
  citrina **3467**
  clava 3040, 3498
  clavata 2993, 3498
  clillifera 3493
  closiana 3125
  clunifera 3498
  coahuilensis 3505
  coccinea 1045, 3498
  cochem(i)oides 3277
  collina **3113**, 3116, **3360**, 3361, 3884
  collinsii **3105**, 3117, 3122, 3123, 3142, **3152**, 3417, 3488
  colonensis **3112**, **3335**
  columbiana **3115**, **3389**, 3391, 3887, 3888
  — albescens 3390, **3887**
  — bogotensis 3389, **3390**, 3888
  columnaris 3146, 3148, 3234
  — minor 3148
  columnaroides 3493
  communis 3498
  compacta 3012, 3401, 3498
  compressa 3018, **3103**, **3117**, 3119, 3422
  — brevispina 3118
  — cirrhifera 3119
  — compressa 3117, 3118
  — fulvispina 3118
  — longiseta 3118, 3119
  — rosea 3118
  — rubrispina 3118
  — triacantha 3118
  conata 3246
  concigera 3493
  confinis 3369
  confusa **3104**, 3117, 3121, **3122**, 3123, 3127, 3142, 3152
  — centrispina **3105**, **3122**, 3152, 3417, 3472, 3488
  — conzattii **3122**
  — reclinatispina 3123
  — robustispina **3123**

Mamillaria, congesta·3498
  conica **3467**
  coniflora 3369
  conimamma 3007, 3034, 3498
  — major 3034
  conoidea 2853, 2934, 2936, 2937, 3468, 3498
  conopea 3134, 3493
  conopsea 3132, 3133, 3493
  — longispina 3133
  conothele 3359
  conspicua **3114**, 3115, 3239, **3371**, 3372, 3373
  contacta 3493
  convoluta 3476
  conzattii 3122, 3123
  corbula 3498
  cordigera 3063, 3317, 3318, 3498
  corioides 3498
  cornifera 3014, 3038, 3498
  — impexicoma 3011, 3498
  — mutica 3015
  cornimamma 3034, 3498
  cornuta 3015, 3498
  coroides 3498
  corollaria **3467**
  coronaria 3033, 3300, 3301, 3302, 3362, **3467**, 3468, 3474, 3477, 3525
  — alba 3302
  — beneckei 3302, 3525
  — eugenia 3302
  — minor 3301
  — nigra 3300
  — — euchlora 3300
  — rubra 3302
  coronata 2937, **3467**, 3468
  coryphides 3493
  costarica 3493
  cowperae **3448**
  craigiana 3243
  craigii **3105**, **3165**
  crassihamata 3493
  crassispina 3351, 3386
  — gracilior 3387
  — rufa 3387
  crassispora 3492
  creboispina 2937, 3467, **3468**, 3498
  — nitida 3463, 3466
  criniformis **3109**, **3273**
  — albida 3273, 3306
  — rosea 3273
  crinigera 3493
  crinita **3111**, 3273, **3306**, 3307
  — pauciseta 3274
  — rubra 3273
  crispiseta **3415**
  crocidata **3104**, 3137, **3138**, 3489, 3910
  — quadrispina 3910
  crucigera **3108**, 3201, 3220, 3221, 3222, **3223**, 3224, 3426, 3427, 3895
  cubensis 2941, 3499
  cuneiflora 3493
  cuneiformis 3273
  cunendstiana 3493

Mamillaria, curvata 3057, 3499
   curvispina 3367
   — parviflora 3367
   cylindracea 3393, 3467, **3468**
   cylindrica 3393, 3468, 3493
   — flavispina 3467, 3468
   dactylithele 2973, 3499
   daedalea 3185
   — viridis 3155, 3494
   daemonoceras 3038
   daimonoceras 3036, 3038, 3499
   dasyacantha 2957, 2965, 3499
   dawsonii **3105**, **3170**, 3171, 3197, 3472
   dealbata 3108, 3215, 3223, 3227, 3228, **3232**
   dechlora 3494
   decholara 3494
   decipiens 3103, 3334, 3463, 3515, 3531
   declivis 3198
   decora 3499
   — obscura 3499
   dedicata 3494
   deficiens 3531
   deficum 3531
   deflexispina 3135
   de gandi*) 3494
   degrandii 3494
   delaetiana 3010, 3017, 3034, 3499
   deleuli 3396, 3494
   deliusiana 3443, 3444
   densa 3258, 3259
   densispina **3115**, 3260, **3393**, 3394, 3470, 3499
   — essaussieri 3394
   — major 3394
   denudata 3116, 3261, 3262, 3265, **3272**
   depressa 3142, 3367
   deserti 3003, 3499
   desertorum 3494
   desnoyersii 3494
   destorum 3494
   de tampico 3910
   diacantha 3158
   — nigra 3232, 3234
   diacentra 3135, 3158, **3178**, **3416**
   — nigra 3234
   diadema 3135
   diaphanacantha 2936, 3468, 3499
   dichotoma 3494
   dietrichae 3215, 3217
   difficilis 3036, 3049, 3499
   digitalis 3476, 3491
   diguetii 3499
   dioica 624, **3110**, 3116, **3281**, 3303, 3376
   — incerta 3282
   — insularis 3375, 3376
   disciformis 2866, 3499
   discocactus 3910
   discolor **3114**, 3116, 3147, 3247, **3367**, 3368, 3369, 3489, 3493, 3885
   — aciculata 3367
   — albida 3367

Mamillaria, discolor breviflora 3369
   — coniflora 3367, 3369
   — curvispina 3367
   — droegeana 3395
   — fulvescens 3369
   — nigricans 3487
   — nitens 3367
   — prolifera 3367, 3369
   — pulchella 3367
   — rhodacantha 3367, 3369
   dispinea 3494
   divaricata 3135, **3468**, 3469
   divergens 3132
   docensis 3158
   dolichacantha 3342, 3494
   dolichocentra 3147, 3148, 3341, 3342, 3343, 3494
   — brevispina 3341
   — hoffmanniana 3343, 3364
   — galeottii 3343, 3438
   — longispina 3343
   — nigrispina 3342
   — phaeacantha 3341, 3342, 3343
   — staminae 3342
   — staminea 3342, 3343
   — straminea 3342, 3343
   donatii **3113**, 3116, 3222, **3361**, 3884
   donkelaari 3494
   donkeleari 3494
   droegeana **3115**, 3351, 3359, **3395**
   dubia 3494
   dumetorum **3109**, 3265, 3267, 3269, **3270**, 3271, 3441
   duoformis 3223, 3423, **3427**
   — rectiformis **3428**
   durangensis 3018, 3499
   durispina **3109**, **3243**
   dyckiana 3108, 3222, 3227, 3228, 3229, **3231**, 3232, 3494
   dyckii 3494
   ebenacantha **3469**, 3891
   eborina **3469**
   eburnea 3185
   echinaria 3109, 3114, 3247, 3248, 3257, 3490
   — longispina 3258
   — rufro-crocea 3254
   echinata 3109, 3247, 3248, 3257, 3259
   — densa 3258
   echinocactoides 2936, 3499
   echinoidea 3047, 3499
   echinops **3469**
   echinus 3020, 3499
   eckmanii**) 3170, 3910
   egregia **3261**, 3262, 3429
   ehrenbergii 3138
   ehreteana 3492
   eichlamii **3105**, **3151**
   — albida 3152
   ekmanii 3105, **3170**, 3205, 3910

---

*) So in SHURLY, „Spec. Names & Syn. of Mammillarias", 20. 1952; bei CRAIG „degrandi".
**) Druckfehler, statt „ekmanii".

Mamillaria, ekmannii 3170
  elegans 3098, **3108**, 3116, 3186, 3210, 3212,
    3213, 3215, 3222, 3223, 3224, 3225, **3226**,
    3227, 3228, 3229, 3232, 3234, 3237, 3246,
    3362, 3372, 3386, 3395, 3465, 3478, 3888,
    3910
  — aureispina 3230
  — dealbata 3215, 3228, 3232
  — globosa 3226
  — klugii 3226
  — mayor 3236
  — micracantha 3226
  — minor 3226
  — nigra 3229, 3234
  — nigrispina 3226, 3229
  — potosina 3212
  — schmollii 3223, 3226, 3228, 3236
  — supertexta 3228, 3229, 3246
  — waltonii 3236
  elephantidens 3005, 3499
  — bumamma 3006, 3499
  — spinosissima 3005
  elongata 3087, 3099, **3109**, 3114, 3116,
    3247, 3248, **3249**, **3251**, 3252, 3260, 3263,
    3499
  — anguinea 3109, **3251**, 3258
  — densa 3109, **3251**, **3258**, 3393
  — echinaria 3109, **3249**, **3257**, 3258, 3490
  — echinata 3109, 3114, **3249**, **3257**
  — intertexta 3109, **3249**, **3254**
  — minima 3252
  — rufescens 3251
  — rufocrocea 3109, **3249**, **3254**
  — schmollii 3252
  — stella aurata 3109, **3249**, **3256**, 3257
  — straminea 3109, **3249**, **3253**
  — subcrocea 3109, **3249**, **3252**
  — subechinata 3258
  — tenuis 3109, **3249**, **3252**, 3910
  — viperina 3109, **3249**, **3252**, 3262
  elyii 3494
  emskoetteriana 2958, 3499
  emundtsiana **3469**
  engelmannii 2980, 3013, 3033, 3043, 3052
  enneacantha 3494
  erecta 3039, 3499
  erectacantha **3469**
  erectohamata **3111**, 3116, **3313**, 3317
  eriacantha 3099, **3115**, **3392**, 3467, 3468
  eriantha 3393
  erinacea 3165, 3166, 3351
  erythrocarpa 3494
  erythrosperma **3110**, 3116, **3277**, 3278, 3320,
    3344, 3470, 3531
  — similis **3278**, 3320
  esausseri 3470
  eschanzieri 3285, **3470**, 3531
  eschausieri 3531
  eshaussieri 3394
  esperanzaensis **3114**, 3366, **3370**, 3371
  essaussieri densispina 3394
  esseriana **3106**, **3183**, 3877
  esshaussieri 3531

Mamillaria, estanzuelensis 3380, **3471**
  estanzuellensis 3471
  euacantha 3302
  euchlora **3471**, 3491
  eugenia 3302, 3362
  euthele 3117, 3167
  evanescens 3040, 3499
  evarascens 3040
  evarescens 3040, 3499
  evarescentis 3040, 3499
  evermanniana **3106**, **3186**
  eximia 3377
  exsudans 3057, 3499
  falcata 3136
  falsicrucigera **3895**
  farinosa 3480
  fasciculata **3119**, 3116, **3294**, 3295, 3515
  fellneri **3471**, 3491
  fennelii 3528
  fera rubra **3436**
  fertilis **3113**, **3347**, 3348
  filipendula 3494
  fischeri **3125**
  fissurata 3066, 3068, 3499
  flava 3490
  — tomentosa 3490
  flavescens 841, 3105, 3123, 3124, 3168,
    3169, **3170**, 3205, 3494
  — nivosa 3168, **3169**
  flaviceps 3388
  flavicoma **3472**
  flavihamata **3895**
  flavispina 3494
  flavovirens 3091, **3105**, 3135, 3142, **3155**
  — cristata 3155
  — monstrosa 3155
  floccigera 3351
  — longispina 3351
  floresii 3188, **3404**, 3415
  floribunda 1857, 3499
  fobeana 3391
  fobei 3499
  foersteri 3135
  fordii 3281, 3282
  formosa **3108**, **3220**, 3221, 3223, 3224
  — crucigera 3211
  — dispicula 3220, 3221
  — gracilispina 3220
  — laevior 3220, 3221
  — microthele 3220
  — nigrispina 3221
  fortispina 3180
  foveolata 3119
  fragilis 3246, 3247
  — centrispina 3113, 3247
  fraileana **3110**, **3278**
  franckii 3055, 3494
  fuauxiana **3429**
  fuliginosa **3114**, 3343, **3364**, 3365
  — longispina 3364
  fulvescens 3494
  fulvilanata 3494
  fulvispina 3352

Mamillaria, fulvispina media 3352
— minor 3352
— pyrrhocentra 3352
— rubescens 3352
fulvolanata 3117, 3494
funkii 3154
furfuracea 3085, 3086, 3499
fuscata **3115**, 3148, 3349, 3350, 3351, 3352, **3386**, 3387, 3388, 3439
— russea 3353, **3388**
— sulphurea **3388**, 3439
— tentaculata 3387
fuscata-esperanza 3370
fuscohamata **3897**
gabbii 3174, 3175
galeottii 3343
gasseriana **3112**, 3116, **3333**, 3450
gatesii **3106**, **3171**, 3201
gaumeri **3107**, **3202**
gebweileriana 3136, 3494
geminata **3472**
geminiflora 3494
geminispina **3106**, **3183**, **3184**, 3213, 3226, 3227, 3234
— brevispina **3186**
— nivea 3185, 3186
— nobilis **3185**, 3186
— tetracantha 3231
general cepeda 3211
georgii 3499
gibbosa 1858, 3499, 3806
gielsdorfiana 3218, 3499
gigantea **3107**, **3202**
gigantothele 3499, 3519
gilensis **3111**, 3116, **3314**, 3446
gisel(i)ana*) 3209
glabrata **3472**, 3478, 3489, 3910
— leucacacantha 3910
glabrescens 3494
gladiata 3135
— aculeis minimis 3135
— — rectis 3135
— spinis longissimis 3135
gladiispina 3023, 3499
glandulifera 3057
glanduligera 3057, 3499
glareosa 3105, 3171, **3472**
glauca 3135
globosa 3499, 3520
glochidiata **3110**, 3116, 3259, 3273, **3284**, 3306, 3307, 3317, 3319, 3320, 3334, 3335, 3465, 3493
— alba 3273
— albida 3273
— aurea 3274
— crinita 3306
— inuncinata 3531
— prolifera 3284, 3285
— purpurea 3310, 3311, 3319
— rosea 3273

Mamillaria, glochidiata sericata 3311, 3319, 3328
glomerata 3383
goeringii 3030, 3499
goerngii 3030
golziana 2992, 2994, 3055, 3056, 3499
goodrichii **3111**, 3288, **3302**, 3303, 3304
— rectispina **3303**, 3304
goodridgei 3302, 3303, 3304, 3305
— rectispina 3303
goodridgii 3302
gracilis **3109**, **3246**, 3247, 3248, 3257
— fragilis 3246, **3247**
— laetevirens 3247
— monvillei 3247
— pulchella **3247**
— pusilla 3247
— robustior 3247
— virens 3247
graessneriana **3114**, **3361**, 3362, 3490, 3496
grahamii 3308, 3322, 3324, 3326, 3470, 3532
— arizonica 3322
grandicornis 3135, 3499
grandidens 3138
grandiflora 2937, 3369, 3395, 3499
grandis 3494
granulata **3473**
greggii 2912, 3499
grisea **3473**, 3910
— galeottii 3910
groeschneriana 3494
grusonii 3167, **3473**
— rubescens 3474
— similis 3494
guanajuatensis 3202
guaymensis 3200
guebwilleriana 3494
gueldemanniana 3103, **3112**, 3116, **3335**
— guirocobensis **3112**, 3116, **3336**, 3461
guelzowiana 3103, 3508
— splendens 3508
guerkeana 3056, 3499
guerreronis 3099, 3103, **3108**, 3222, 3223, **3240**, 3241, 3280, 3300, 3373, 3428, 3445, 3878
— recta 3240
— subhamata 3240
— zopilotensis **3108**, 3241
guilleminiana 3531
guillauminiana **3450**
guirocobensis 3103, 3116, 3336
gummifera **3107**, **3196**, 3197
haageana 3108, 3116, 3222, 3223, 3227, 3228, **3232**, 3234
— validior 3232
haehneliana **3112**, 3116, 3315, **3337**
haematactina **3474**
hahniana **3107**, **3207**, 3210, 3878
— gisel(i)ana*) **3208**, 3210, 3878

---

*) Der erste Name Schmolls lautete ,,giseliana''; die Schreibweise ,,giselana'' (S. 3209) findet sich in Borgs ,,Cacti'' und bei Shurly, Mammillarien-Liste, 1952.

Mamillaria, hahniana tarajaensis 3209, 3878
— werdermanniana **3209**
halbingeri **3114**, 3115, **3371**
halei 3499, 3539, 3540
hamata 3301, 3327, 3424, **3474**
— brevispina 3474
— longispina 3474
— principis 3474
hamauligera 3293
hamiltonhoytea*) **3106, 3180**, 3408
— fulvaflora **3181**
hamuligera 3293
handsworthii 3494
haseloffii 3539
haseltonii 3492
hasseloffii 3377, 3499, 3539
hastifera 3135, **3416**, 3910
haynii 3312, **3476**, 3491
— minima 3476
— viridula 3476
heeriana 3424, 3474
heeseana 3206
— brevispina 3206
— longispina 3206
heinii 3476
heldii 3494
helicteres **3476**
hemisphaerica **3106, 3193**, 3194, 3195, 3196, 3198, 3199, 3219
— waltheri **3195**
hennisii **3391**
hepatica 3377
hermantiana 3154
hermantii 3154
hermentiana 3154
herrerae 3093, **3109**, 3116, 3265, **3266**, 3455, 3470, 3494, 3516
— albiflora 3266, 3455
— intertexta 3266, 3470
herrerai 3494
herrmannii 3377
— flavicans 3377
hertrichiana **3106, 3193**, 3487
— robustior **3193**
hesteri 3499
heteracantha 3480
heteracentra 3494
heteromorpha 2973, 3066, 3499
hevernickii 3494
hexacantha 3301, **3477**
hexacentra 3499, 3520
heyderi **3108**, 3193, 3194, 3195, 3196, 3197, 3198, 3199, **3219**, 3358, 3472
— albispina 3219
— applanata 3198
— hemisphaerica 3193
— macdougalii 3196
hidalgensis 3099, **3113**, 3115, 3147, 3148, 3242, **3340**, 3342
— quadrispina 3341
— robustispina 3341

Mamillaria, hildemanniana 3494
hildmanniana 3494
hirschtiana 2997, 3499
hirsuta **3111, 3315**, 3446
hochderf(f)eri 3494
hoffmanniana **3114**, 3115, 3343, **3363**, 3364
hoffmannseggii 1858, 3500
hookeri 3500
hopferiana 3132
horripila 2850, 3500
huajuapensis 3152, **3417**
humboldtıi **3109, 3260**, 3261, 3262, 3429, 3487, 3496
humilior 2995, 3500
humilis 3494
hutchinsoniana 3298, 3910
hutchisoniana **3110**, 3116, **3297**, 3298, 3910
hybrida 3351
hystricina 3494
hystrix 3132, 3133, 3135
icamolensis **3110**, 3116, **3286**
ignota 3494
imbricata 3359
impexicoma 3011, 3500
inaiae **3113**, 3116, **3354**, 3460, 3461
incerta 3281, 3282
inclinis 3126
inconspicua 2936, 3500
incurva 3024, 3500
inermis 3494
infernillensis **3108**, 3115, **3219**, 3386
ingens 3148, **3436**, 3478
insularis **3112**, 3116, **3321**, 3457
intermedia 2972
intertexta 3248, 3254
intricata 3494
inuncinata 3463
inuncta 3350
irregularis 3232, 3245, **3477**
isabellina 3377
iwerseniana 3492
jalapensis 3121
jaliscana **3112**, 3116, **3334**
jalpanensis 3492
jaumavei 3039
jaumavensis 3039
johnstonii **3107, 3199**
— guaymensis **3107, 3200**, 3201
— sancarlensis **3200**
joossensiana **3477**
jorderi 3910
jucunda **3477**, 3491
karstenii 3204, 3205
karwinskiana **3104**, 3121, **3123**, 3125, 3126, 3127, 3170, 3495
— brevispina 3123
— centrispina **3125**
— flavescens 3123
— flavispina 3123
— rectispina 3123
— robustispina 3125

---

*) Unrichtige Schreibweisen sind: „Hamilton Hoytae", „hamiltonhoytae" und „hamilton hoytea".

Mamillaria, karwinskiana senilis 3123
— virens 3123
karwinskii 3495
kelleriana **3113**, 3115, **3346**, 3347, 3882
kewensis **3109**, 3161, **3242**, 3438
— albispina 3242, 3243
— craigiana **3243**, 3346, 3438
kieferiana 3050
kleinii **3477**
kleinschmidtiana 3117
klenneirii 3495
klissingiana **3108**, **3218**
— lanata 3218
klugii 3224, 3226
knebeliana **3111**, 3115, **3313**
knippeliana **3104**, **3126**
knuthiana 3500
kotsch(o)ubeyoides*) 3500, 3902
krameri 3132, 3166
— longispina 3132
— viridis 3132
krauseana 3154
krausei 3136
kunthii 3228, **3478**
kunzeana **3111**, 3116, **3316**, 3317, 3344
— flavispina 3316
— longispina 3316
— rubrispina 3316, 3317
lactescens 3135
laeta 3500, 3520
lamprochaeta **3479**
lamuligera 3293
lanata 3093, **3109**, 3228, 3229, **3245**, 3246, 3516
laneusumma **3417**
lanifera 3225, 3226, 3352, 3369
la pacena 3495
lapacena 3495
lapaixi 3495
lasiacantha **3109**, 3116, 3262, 3265, **3271**, 3340, 3344, 3431
— denudata 3272, 3431
— minor 3271
— plumosa 3265
lasiandra denudata 3272
lasonnieri 3358
lassaunieri 3358
lassomeri 3358
lassommeri 3358
lassonneri 3358
lassonneriei 3358
latimamma 3033, 3500
latispina 2721, 3500
leei 3500
lehmannii 3042, 3043, 3134, 3500
— sulcimamma 3042, 3500
lengdobleriana **3431**
lenta **3109**, 3116, **3263**, 3265
leona 3064, **3115**, **3399**, 3400
— similis 3399
lesaunieri **3113**, 3115, 3117, **3358**

Mamillaria, leucacantha 3042, 3500
leucantha **3110**, 3116, **3275**
leucocarpa 3155
leucocentra 3217, **3479**, 3891
leucocephala 3236, **3479**, 3891
leucodasys 2908, 3500
leucodictia **3480**
leucospina 3495
leucotricha 3154
lewinii 2911, 3500
lewisiana **3405**
liebneriana 3347, 3495
lindbergii 3495
lindheimeri 3199
lindsayi **3106**, **3188**
— robustior **3190**
linkeana 3377
linkei 3500, 3538
litoralis 3356
livida **3480**
lloydii **3104**, **3140**, 3500
longicoma **3111**, **3316**, 3317
longicornis 3500
longiflora 3103, 3508
longihamata 3500, 3540
longimamma 3500, 3516, 3518, 3520
— compacta 3520
— congesta 3500, 3518, 3520
— exacantha 3520
— gigantothele 3500, 3519
— globosa 3500, 3520
— hexacentra 3500, 3518
— laeta 3520
— ludwigii 3520
— luteola 3500, 3518
— maelenii 3500, 3520
— major 3520
— malaena 3520
— melaena 3520
— melaleuca 3520
— melanoleuca 3520
— pseudo-melaleuca 3520
— pseudomelaleuca 3520
— pseudomelanoleuca 3520
— sphaerica 3500, 3521
— spinosior 3520
— uberiformis 3500, 3520
longiseta 3117, 3119
longispina 3343, 3492
lophothele 3495
lorenzii 3495
loricata **3480**
louisae 3306, 3495
louiseae 3495
louisiae 3495
louizae 3495
ludwigii 3179
— clavata 3179
luevedoi 3495
lutescens 3495
macdougalii **3106**, **3196**

---

*) CRAIG schreibt im Text „kotschoubeyoides", im Index „kotschubeyoides"; bei KRAINZ lautet der Name „kotschubeyoides".

Mamillaria, macdowellii 3202
  macracantha **3480**, 3481, 3482
  — retrocurva 3480, 3481, 3482
  macrantha 3481
  macrocarpa 3495
  macromeris 2973, 2979, 3500
  — longispina 2975, 3500
  — nigrispina 2975, 3500
  macrothele 3042, 3043, 3132, 3500
  — biglandulosa 3042, 3500
  — lehmannii 3042, 3500
  — nigrispina 3043, 3500
  maculata 2994
  maelenii 2815, 3500
  magallanii **3112**, 3116, **3338**, 3433, 3881
  — hamatispina 3340, **3882**
  magneticola 3888
  magnimamma 3033, **3104**, **3129**, 3131, 3132,
    3133, 3135, 3155, 3162, 3164, 3166, 3177
    3269, 3466, 3468, 3481, 3496, 3497, 3500
  — arietina 3033, 3131, 3500
  — bockii 3134
  — divergens **3132**, 3493
  — ehrenbergii 3138
  — flavescens 3131
  — flavispina 3129
  — gladiata 3135
  — hopferiana 3132
  — krameri 3132
  — lutescens 3033, 3500
  — macrothele 3132
  — recurva 3133
  — spinosior 3033, 3131, 3500
  mainae **3110**, 3116, **3293**, 3344
  mainiae 3294
  maletiana 3117, 3494
  — pyrrhocephala 3117
  — — fulvolanata 3117
  maltrata 3144
  mamillaris 3091, 3097, 3170, 3204
  mammillariaeformis 3500
  marksiana **3405**
  marnierana 3112, 3116, 3300, 3323, 3324,
    3338, **3457**, 3458, 3459, 3460, 3461
  marshalliana **3173**
  martiana 3042, 3500
  martinezii 3361, **3431**, 3432, 3885
  maschalacantha 3154
  — dolichacantha 3154
  — leucotricha 3154
  — xanthotricha 3154
  mashalacantha 3154
  matudae 3222, **3425**, 3431
  matzatlanensis 3356
  mayensis **3107**, **3212**
  mazatlanensis **3113**, 3116, 3287, 3288, 3289,
    3290, 3291, **3356**, 3357
  — monocentra 3287, 3288, 3289, 3357
  mazatlensis 3357
  megacantha 3135
  — rigidior 3135
  meiacantha 3165, **3167**, 3193, 3219

Mamillaria, meiacantha longispina 3168
  meionacantha 3168
  meissneri 3108, 3223, 3227, 3228, 3234,
    3236
  melaleuca 3492, 3500, 3521
  melanacantha 3165
  melanocantha 3168
  melanocentra **3105**, **3165**, 3167, 3168, 3193,
    3219, 3411
  — meiacantha 3167
  — typica 3165
  melispina **3104**, **3146**
  mendeliana **3104**, **3143**
  meonacantha 3168
  mercadensis **3112**, 3116, **3321**, 3879
  — ocamponis 3879, 3881
  — rufispina 3321
  meschalacantha 3154
  mexicensis **3405**, 3408
  meyranii 3222, **3426**, 3431
  micans 3226, 3228, 3480
  michoacanensis 3492
  micracantha 3495
  micrantha 3205
  microcarpa **3112**, 3116, 3295, 3300, **3322**,
    3323, 3324, 3326, 3338, 3457, 3458, 3459
  — auricarpa **3326**
  — grahamii 3326
  — milleri 3323, 3324, **3326**
  microceras 3135
  microdasys 3495
  microhelia **3115**, **3398**, 3416
  — albiflora 3398
  — microheliopsis **3115**, **3398**
  — rubispina*) —
  microheliopsis 3398
  micromeris 2903, 2905, 2908, 3094, 3500
  — greggii 2910, 3500
  — unguispina 2904, 2912
  microthele 3168, 3205, **3400**
  — brongniartii 3400, 3401
  — superfina 3401
  mieckleyi 3495
  mieheana 3109, 3251, 3258, 3259, 3260,
    3393
  — globosa 3258
  mihavoinandis 3476, 3495
  milleri 3326
  minima 3249, 3252
  miqueliana 3495
  mirabilis 3377
  missouriensis 2943, 2945, 3501
  — caespitosa 2944, 3501
  — nuttallii 2945, 3501
  — robustior 2944, 3501
  — similis 2945, 3501
  — viridescens 3501
  mitis 3495
  mitlensis 3436, **3451**
  mixtecensis 3151, **3417**, 3892
  moelleri 3495

---

*) Nur in CRAIGS Index, im Text als Neomammillaria.

Mamillaria, moelleriana **3112**, **3331**, 3495
  mollendorffiana **3440**
  mollihamata 3116, **3446**
  mollishamata 3447
  monacantha 3226
  monancistra 3278
  monancistracantha **3897**
  monancistria **3278**, 3319, 3320, 3321
  monclova (monoclova) 3011, 3501
  monoacantha 3226
  monocentra **3177**
  monothele 3495
  montana 3501
  montensis **3418**
  — monocentra **3418**
  — quadricentra **3418**
  montsii 3910
  morganiana **3108**, **3221**, 3403, 3480
  morini 3495
  moritziana 3910
  movensis **3418**
  mucronata **3482**
  muehlbaueriana 3501
  muehlenpfordtii **3107**, **3212**, 3226, 3464, 3501
  — brevispina **3213**
  — hexispina 3213, **3214**, 3215
  — longispina **3213**
  — nealeana 3214, 3226
  mulleri 3495
  multicentralis **3452**
  multiceps **3114**, 3116, **3381**, 3383, 3384, 3435, 3466
  — albida 3383
  — elongata 3381
  — grisea 3383
  — humilis 3381, 3382
  — perpusilla **3383**
  — texana 3116
  multicolor 3495
  multidigitata 3116, 3335, 3356, 3373, 3376, **3428**, 3436, 3445
  multiformis **3111**, **3313**
  multihamata **3111**, 3116, **3314**, 3328
  multimamma 3147, 3148, 3342
  multiradiata 3495
  multiseta **3483**
  mundtii **3113**, 3116, **3360**
  mutabilis 3154
  — autumnalis 3155
  — laevior 3155
  — leucocarpa 3154
  — leucotricha 3154
  — longispina 3155
  — rufispina 3155
  — xanthotricha 3154
  mutica 3015
  mystax **3105**, 3119, 3121, **3154**, 3415
  nana 3495
  napina 3100, **3109**, **3244**
  — centrispina 3113. **3245**
  nealeana **3214**

Mamillaria, nealeana brevispina 3213, 3215
  neglecta 3352
  nejapensis 3123, 3126, 3127, 3144, **3418**
  — brevispina **3420**
  — longispina **3421**
  nelsonii 3516, 3525, 3526, 3527
  neobertrandiana 3116, **3433**
  neocoronaria **3111**, **3300**, 3301, 3312, 3467, 3474, 3477
  neocrucigera 3107, 3201, 3217, 3222, **3426**,
  neo-mexicana 2999, 3501
  neomystax **3421**
  neopalmeri **3114**, 3116, **3375**, 3376, 3377, 3485
  neophaeacantha **3437**, 3438
  neopotosina 2996, 3107, 3212, 3213, 3225
  — brevispina 3213
  — hexispina 3214
  — longispina 3213, 3214
  neoschwarzeana **3406**
  nerispina 3347
  nervosa cristata **3483**
  nervosus cristatus 3483
  neumanni glabrescens 3135
  neumanniana 3132, 3135, 3137, 3164
  nicholsonii 3495
  nickelsae 3061, 3501
  nickelsi 3495
  nidulata 3495
  nigerrima 3495
  nigra **3483**
  — euchlora 3483
  nigricans 3353
  nitens 3367
  nitida 3466
  nivea 3184, 3185, 3186
  — brevispina 3186
  — daedalea 3185
  — wendlei 3186
  nivosa **3105**, **3168**, 3169, 3170
  nobilis 3185
  nogalensis 3044, 3501
  nolascana 3186
  nolascensiana 3186
  nordmanniana 3138
  nordmannii 3910
  notesteinii 2949, 3501
  nuda **3483**
  numina 3495
  nunezii 3112, **3114**, 3115, 3335, **3373**, 3378, 3428, 3445
  — solisii 3111, 3112, 3114, **3374**, 3378, 3435
  nuttalis 2945
  nuttallii 2945, 3501
  — borealis 2943, 2945, 3501
  — caespitosa 2943, 2944, 2979, 3501
  — robustior 2944, 3501
  obconella **3113**, 3147, 3148, **3341**, 3342, 3343, 3344, 3365
  — galeottii **3343**, 3438
  obducta 3235, 3495
  obdusta 3235, 3495
  obliqua **3484**

253 Backeberg, Cactaceae. Bd. VI.

Mamillaria, obscura **3105**, **3163**, 3164, 3501
— galeottii 3343
— tetracantha 3163
— wagneriana tortulospina **3163**
obvallata **3365**
ocamponis 3116, 3321, 3879
occidentalis **3110**, 3116, **3287**, 3288, 3289, 3356, 3357
— monocentra **3289**
— patonii 3288, 3290
— sinalensis 3288, 3291
ochoterenae 3108, **3114**, 3115, **3365**, 3371
ochracantha 3043
ocotillensis **3406**
— brevispina **3407**
— longispina **3408**
octacantha 3042, 3501
odierana 3386, 3388
— aurea 3387
— rigidior 3387
— rubra 3388
odorata 3501
oettingenii 3117
olivacea 3388
oliveriana 3388
oliviae **3112**, 3116, 3323, 3324, **3338**, 3457, 3458, 3459, 3460
olorina **3484**, 3491
oothele 3469, **3484**
orcuttii **3104**, **3146**
ortegae **3104**, **3128**
ortiz-rubiona*) **3114**, 3117, **3374**
ottonis 3053, 3055, 3501
— tenuispina 3054, 3501
ovimamma 3484, 3485
— brevispina 3484
— oothele 3484
pachycylindrica **3408**
pachyrhiza **3107**, **3197**, 3505
pachythele 3166
pacifica **3173**
painteri **3112**, 3277, **3329**, 3470, 3531
pallescens 3144
pallida 3501
palmeri 3375, 3377, **3485**, 3495, 3501
papyracantha 2870, 3501
parensis **3440**
parkinsi 3216
parkinsonii 3098, **3108**, **3215**, 3217, 3232, 3237, 3479
— brevispina **3217**
— dietrichae **3217**
— gladiformis 3217
— haseltonii 3217
— minima 3217
— rubra 3216
— walthonii 3217
— waltonii 3216
parmentieri 3170
parvimamma 3204, 3878
parvissima 3382
patonii 3288, 3289, **3290**

Mamillaria, patonii sinalensis 3288, **3291**, 3357
pazzani 3135
peacockii 3222, 3223, 3227, 3229, 3232
pectinata 3008, 3501
pectinifera 3082, 3501
peninsularis **3104**, **3138**
pennispinosa 3116, **3452**, 3510, 3511, 3514
pentacantha 3135, 3142, **3155**, 3156
— flavovirens 3157
— longispina 3157
— nerispina 3157
— variicolor 3157
perbella **3108**, 3115, 3222, **3237**, 3401
— aljibensis 3237
— brunispina 3237
— fina 3237
— grandimamma 3237
— lanata 3237
— longispina 3237
— major 3237
— minor 3237
— virens 3237
perote 3234
perpusilla 3383
perringii 3225
persicina **3485**
petrophila **3105**, **3151**
petterssonii **3107**, **3206**
— longispina 3207
pfeifferi 3386, 3388, 3438, 3439
— altissima 3386
— dichotoma 3386
— flaviceps 3386
— fulvispina 3386
— variabilis 3387
pfeiffer(i)ana 3014, 3501
pfersdorfii 3495
phaeacantha **3113**, 3116, **3353**, 3354, 3910
— rigidior 3910
phaeotricha **3485**
phellosperma 3094, 3103, 3510
phitauiana 3103, 3110, 3112, 3116, 3279, 3280, 3281, 3436, 3878
phymatothele 3098, **3106**, **3179**, 3412
— trohartii **3179**, 3180, 3404, 3411, 3412
picta **3113**, 3116, 3272, 3344, **3348**
picturata 3501
pilensis 3202, **3408**
pilispina 2941, 2942, 3116, **3441**, 3452
pinispina 3495
pitcayensis **3424**, 3425
plaschnickii 3042, 3501
— straminea 3042, 3501
plateada 3495
plecostigma **3485**
— major 3485
— minor 3485
pleiocephala **3486**
plinthimorpha 3117
plumosa 1067, **3109**, 3116, **3265**
polia 3495

---

*) H. BRAVO schrieb „M. ortizrubiona" und „ortiz rubiona".

Mamillaria, polyacantha 3377
  polyactina 3377
  polycantha*) 3495
  polycentra 3377
  polycephala 3230
  polychlora 2937, 3468, 3501
  polyedra **3103**, **3120**, 3121, 3144, 3180, 3343, 3469, 3488
  — anisacantha 3120
  — laevior 3120
  — scleracantha 3120
  polygona **3105**, 3121, 3137, **3150**
  polymorpha 3042, 3501
  polythele **3104**, **3146**, 3147, 3148, 3234, 3341, 3342, 3351, 3369
  — aciculata 3147, 3367, 3369
  — affinis 3146
  — bispina 3147
  — cirrhifera 3147
  — columnaris 3146, **3148**
  — hexacantha 3146
  — latimamma 3146
  — nerispina 3147
  — quadrispina 3146, 3147
  — setosa 3146, **3148**
  polytricha 3120, 3343
  — hexacantha 3120
  — laevior 3120
  — scleracantha 3120
  — tetracantha 3120
  pomacea 3377
  pondii 3501, 3543
  porphyracantha 3367, 3495
  poselgeri 3501, 3540
  poselgeriana 3377, 3501
  posseltiana **3112**, **3322**
  posteriana 3910
  potoniensis 3495
  potosiana 2996, 3058, 3212, 3501
  potosina 2996, 3212, 3213, 3214, 3215
  — aurispina 3214
  — cirrhifera 3214
  — densispina**) —
  — gigantea**) —
  — longispina 3212
  — robustispina 3214
  — senilis 3213
  pottsii 2955, 3063, 3399, 3400
  praelii **3104**, **3126**, 3127, 3144, 3418
  — viridis 3126, **3127**
  preinrichiana 3495
  pretiosa 3377
  principis 3474
  pringlei **3114**, 3116, **3366**
  — columnaris 3366
  prismatica 3088, 3501
  procera **3486**
  prolifera **3114**, 3116, 3273, 3346, **3383**, 3384, 3466
  — haitiensis 3383, **3384**
  — humilis 3384

Mamillaria, prolifera multiceps 3381, 3384
  — perpusilla 3384
  — texana 3381
  pruinosa 3377
  pseudechinus 3501
  pseudoalamensis 3324, 3457, **3460**, 3461
  pseudocrucigera **3107**, **3201**, 3427
  pseudo-crucigera 3201, 3217, 3222, 3426
  pseudodietrichae 3492
  pseudofuscata 3393
  pseudo-mamillaris 3367
  pseudomammillaris 3367
  pseudoperbella 3108, **3115**, 3116, **3386**
  — rufispina 3386
  pseudorekoi 3108, 3223, **3242**
  pseudoschiedeana 3265, 3267, **3270**, 3492
  pseudoscrippsiana 3183, **3410**
  pseudosimplex 3390, 3878, **3888**
  pseudosupertexta 3495
  pubispina **3110**, **3286**, 3317
  pugionacantha **3486**
  pulchella 3247, 3367, 3368
  — flore pallidiore 3367
  — nigricans 3367
  pulcherrima 3377
  pulchra 3350
  pullihamata **3898**
  pulvilligera 3089, 3501
  punctata **3486**
  purpuracea 3086, 3501
  purpurascens **3486**
  purpurea **3486**, 3491
  purpusii 2843, 2844, 3501
  pusilla 3259, 3273, 3346, 3383, 3466
  — albida 3384
  — elongata 3384
  — gemina 3384
  — haitensis 3384
  — haitiensis 3384
  — humilis 3384
  — major 3383
  — mexicana 3382
  — multiceps 3382
  — neomexicana 3383
  — texana 3381, 3383
  pycnacantha 3031, 3033, 3501
  — scepontocentra 3033
  — spinosior 3031
  pygmaea **3110**, 3116, **3285**, 3315, 3443, 3470
  pyramidalis 3352
  pyrrhacantha 3495
  — pallida 3495
  pyrrhocentra 3352, 3910
  — gracilior 3910
  pyrrhocephala **3103**, **3117**, 3122, 3155
  — confusa 3117
  — donkelaeri 3117
  — fulvolanata 3117
  — maletiana 3117
  pyrrhochracantha **3348**

---

*) „M. polyacantha" auf S. 3495 war ein Druckfehler.
**) Weitere ungeklärte Katalognamen SCHMOLLS (1947).

Mamillaria, pyrrhochrantha 3348
  quadrata 3501
  quadricentralis 3188
  quadrispina 3146, 3147
  — major 3148
  quehlii 3495
  queretarica **3411**
  quevedoi 3210
  radiaissima **3115**, 3262, **3396**, 3522
  radians 3008, 3010, 3015, 3038, 3243, 3501
  — daemonoceras 3038, 3501
  — echinus 3020, 3502
  — globosa 3010, 3502
  — impexicoma 3011, 3502
  — minor 3011
  — monclova 3011
  — scolymoides 3038
  — sulcata 3027, 3029, 3502
  radianti 3243
  radiatus 3033
  radicantissima 2981, 2994, 2995, 3502
  radiosa 2998, 2999, 3502
  — alversonii 3000, 3502
  — arizonica 2998, 3502
  — borealis 2999, 3498, 3502
  — chlorantha 3001, 3502
  — deserti 3003, 3502
  — neomexicana*) 2999, 3502
  — texana 2999, 3502
  radliana 3502, 3540
  radula 3351
  ramosissima 3019, 3502
  raphidacantha**) 2993, 3502
  — ancistracantha 2995, 3502
  — humilior 2995, 3502
  raphidacea 2994
  rebsamiana 3176
  rebuti 3495
  recta 3236
  recurva 3132, 3133, 3134, 3481
  recurvata 3043, 3502
  recurvens 3502
  recurvispina 3043, 3044, 3062, 3351, 3502
  reduncuspina 3026, 3502
  regaspina 3165
  regia **3487**, 3491
  reichenbachiana 3033
  rekoi 3098, **3108**, 3222, 3240, **3242**, 3374
  — pseudorekoi 3242
  rekoiana **3108**, 3222, **3239**, 3240
  rettigiana **3111**, 3116, **3311**, 3330, 3879
  retusa 3007, 3089, 3502
  rhaphidacantha: s. raphidacantha
  — humilior 2995
  rhodacantha 3367, 3368
  — pallidior 3367
  rhodantha **3113**, 3115, 3225, 3226, 3348, **3349, 3350**, 3351, 3352, 3359, 3366, 3387, 3388, 3439, 3493

Mamillaria, rhodantha amoena 3352
  — andreae 3352
  — aurea 3388
  — aureiceps 3388, 3438, 3439
  — brunispina 3352
  — callaena 3352
  — celsii 3225, 3352
  — centrispina 3350
  — chrysacantha 3350, 3351, 3387
  — crassispina 3350, **3353**
  — rufa 3353
  — droegeana 3369, 3395
  — esperanza 3351
  — fulvispina 3350, **3352**, 3439
  — fuscata 3387
  — gigantea 3353
  — inuncta 3351
  — isabellina 3351
  — lanifera 3225
  — major 3350
  — neglecta 3352
  — nigra 3352
  — odieriana 3387
  — pfeifferi 3351, 3388, 3439
  — pringlei 3366
  — prolifera 3350
  — pyramidalis 3352
  — quadrispina 3351
  — rubens 3350, **3352**, 3910
  — ruberrima 3350, 3352, 3353, 3464
  — rubescens 3352
  — rubra 3350, **3352**, 3353, 3464
  — ruficeps 3352, 3387
  — schochiana 3351
  — stenocephala 3146, 3351
  — sulphurea 3351, 3388
  — tentaculata 3387
  — teotihuacana 3388
  — wendlandii 3350, 3351
  rhodeocentra 3487
  — gracilispina 3487
  rigida 3496
  rigidispina 3341, 3496
  ritteri 3190
  ritteriana **3106, 3190**, 3211
  — quadricentralis **3190**, 3211
  robusta 3350, 3387
  robustispina 42, 2980, 3013, 3502
  robustissima 3014
  roederiana 3502
  roematactina 3496
  roessingii 3312, 3496
  roii***) 3496
  rosea 3381, **3487**, 3496
  rosealeuca 3140
  roseana 3502, 3540
  rosensis **3411**
  — nerispina 3411
  roseoalba **3104, 3139**

---

*) Schreibweise nach CRAIG; ENGELMANN schrieb „neo mexicana" und „neomexicana"; nicht berechtigt ist danach „neo-mexicana" (BR. & R.).
**) Die Schreibweise lautete auch „rhaphidacantha".
***) „rooi" auf S. 3496 war ein Druckfehler.

Mamillaria, roseocentra **3438**
  rossiana 3098, **3422**, 3423, 3424, 3474
  ruberrima 3492
  rubida **3411**
  rubra 3496
  rubrispina 3496
  ruestii **3113**, 3116, **3348**
  ruficeps 3352, 3387
  rufidula **3487**
  rufispina 3118
  rufo-crocca 3254
  rungei 3272
  runyonii 3167, 3502
  ruschiana 3496
  russea 3350, 3353, 3388
  rutila 3301, 3302, **3362**
  — octospina 3362
  — pallidior 3362
  saetigera **3106**, **3186**
  — quadricentralis **3187**
  saffordii **3110**, 3295, 3296, **3279**, 3523
  saillardi 3496
  salm-dyckiana 3033, 3488, 3502
  — brunnea 3033, 3502
  salmiana 3496
  saltillensis 3049, 3050, 3167
  saluciana 3496
  sanguinea 3377, 3379
  sanluisensis 3116, **3441**
  sartorii **3106**, **3175**
  — brevispina **3175**, 3176
  — longispina **3175**, 3176
  saxatilis **3487**
  scepontocentra 3031, 3488, 3502
  schaeferi 3225
  — longispina 3225
  scheeri 2936, 3033, 3049, 3051, 3052, 3053, 3063, 3502
  — valida 3051, 3502
  scheideana 3269
  scheidweileriana **3112**, 3278, 3311, **3319**, 3320
  schelhasei **3111**, **3310**, 3319
  — lanuginosior 3310, 3328
  — rosea 3311, 3319
  — sericata 3311, 3319
  — triuncinata 3311
  schiedeana **3109**, 3116, 3261, 3262, 3265, **3266**, 3267, 3269, 3270, 3328, 3496
  — denudata 3272
  — plumosa 3265, 3267, 3270
  — sericata 3267, 3270
  schieliana 3344, **3442**, **3443**
  schlechtendalii 3040, 3041, 3502
  — laevior 3040, 3041, 3502
  schmerwitziana **3487**
  schmerwitzii **3487**
  schmidtii 3136
  schmollii **3115**, 3236, **3395**
  schmuckeri 3347, 3882
  schniedeana 3496
  schochiana 3351
  schulzeana 3362, 3496

Mamillaria, schumanniana 3535
  schumannii 3502, 3535
  schwartzii 3902, 3903
  schwarziana 3502
  schwarzii 3116, **3433**, 3444, 3902
  scleracantha 3120
  scolymoides 3036, 3038, 3502
  — longiseta 3036, 3502
  — nigricans 3036, 3502
  — raphidacantha 2994, 3036, 3502
  scrippsiana **3106**, **3181**, 3404, 3410
  — autlanensis **3182**, 3183
  — rooksbyana **3182**
  seegeri 3377
  — gracilispina 3377
  — mirabilis 3377
  — pruinosa 3377
  seemannii 3157, **3488**
  seideliana **3111**, 3116, 3315, 3317, **3318**, 3319, 3344
  seidelii **3488**
  seitziana **3103**, **3119**, 3145
  semigloba 3496
  semilonia 3496
  seminolia 3496
  sempervivi **3105**, **3158**, 3159
  — caput-medusae **3159**, **3160**
  — laetevirens 3159
  — lacteviridis 3159
  — tetracantha **3158**, **3159**
  senckeana 3119
  sen(c)kei 3119, 3154, 3155
  senilis 3502, 3535, 3537, 3538
  — diguetii 3502, 3538
  — haseloffii 3539
  — hasseloffii 3538
  — linkei 3538
  senkii 3154
  sericata 3266, 3267, 3328
  setispina 3502, 3540
  setosa 3148
  severinii **3488**
  sheldonii **3110**, 3116, 3292, **3298**, 3300, 3324, 3457, 3458, 3459
  — alta 3300, 3324
  shurliana 3116, 3304, 3305, **3306**
  shurlyi 3902
  similans 3502
  similis 2943, 2944, 3502
  — caespitosa 2944, 3502
  — robustior 2944, 3502
  simonis 3496
  simplex 2944, 3097, **3107**, 3168, 3170, **3204**, 3205, 3364, 3391, 3400, 3503, 3877, 3878, 3888
  — affinis 3205
  — flavescens 3170, 3205
  — parvimamma 3204
  simpsonii 2843, 3503
  sinaloensis 3497
  sinistrohamata **3112**, 3275, **3331**, 3448
  slevinii **3114**, **3369**, 3370
  sneedii 3503

Mamillaria, solisii 3335, 3373, 3374, 3428
  solisioides 3083, 3117, **3434**
  solitaria 3503
  sombreretensis 3492
  sonorensis **3106**, **3191**, 3487
  — brevispina 3191, **3192**
  — gentryi 3191
  — hiltonii 3192
  — longispina 3191
  — maccartyi 3191, **3193**
  sororia **3488**
  spaethiana 2844, 3503
  speciosa 3063, **3489**, 3503
  speciosissima 3496
  — brunea 3496
  spectabilis 3243
  sphacelata **3113**, 3116, **3355**, 3356, 3428, 3895
  sphaerica 3503, 3521
  sphaeroidea 3261, 3496
  sphaerotricha 3261, 3380, 3496
  — rosea 3380
  spinaurea **3489**
  spinii 3369
  spinisfuscis 3496
  spinosa 3503
  spinosissima 3099, **3114**, 3115, **3377**, 3378, 3491, 3503, 3539, 3910
  — alba 3378
  — auricoma 3377, 3378, 3379
  — auroreca 3377
  — brunnea 3377
  — caesia 3377, 3378
  — castaneoides 3377
  — eximia 3377
  — flavida 3377, 3379
  — hasseloffii*) 3377
  — hepatica 3377
  — herrmanii 3377
  — isabellina 3377
  — linkeana 3377
  — michoacana 3378
  — mirabilis 3377
  — pruinosa 3377
  — pulcherrima 3377
  — purpurea 3378
  — pretiosa 3377
  — rubens 3377, 3379
  — sanguinea 3377
  — seegeri 3377
  — uhdeana 3377
  — vulpina 3377
  spinosior 3910
  spiraeformis **3489**
  spirocentra 3496
  splendens 3226
  squarrosa 3117
  standleyi **3106**, **3188**, 3414
  — robustispina **3188**
  staurotypa 3160
  stella-aurata 3256

Mamillaria, stella-aurata minima 3910
  stella aurata gracilispina 3252
  stella aurea 3257, 3496
  stella de tacubaya **3454**
  stellaris 3383
  stellata 3383
  stenocephala 3146, 3492
  stephani 3496
  stipitata 2993, 3503
  straminea 3170
  strobiliformis 2936, 2954, 2955, 3027, 3503
  — caespititia 2954, 3503
  — durispina 2954, 3503
  — pubescens 2954, 3503
  — rufispina 2954, 3503
  strobiliana 3142
  strobilina **3104**, **3141**, 3142, 3157
  stueberi 3351, **3359**
  suaveolens **3489**
  subangularis 3117, 3119
  subcirrhifera 3118
  subcrocea 3248, 3252, 3254
  — anguinea 3253
  — echinata 3257
  — intertexta 3254
  — rufescens 3252
  — rutila 3253
  subcurvata 3132
  subdurispina **3438**
  subechinata 3258
  suberecta 3496
  subpolyedra **3121**, 3488
  subpolygona 3150
  subtetragona 3144, 3145
  subtilis **3435**
  subulata 3503
  subulifera **3489**
  sulcata 3027, 3070, 3503
  sulcimamma 3042, 3503
  sulcoglandulifera**) 2994, 3503
  sulcolanata 2981, 3006, 3063, 3503
  — macracantha 3007
  sulphurea 3388
  — longispina 3388
  supertexta 3108, 3222, 3227, 3228, **3229**, 3230, 3246, 3395, 3479
  — caespitosa 3236, 3496
  — compacta 3236
  — dichotoma 3229
  — leucostoma 3228, **3230**
  — longioribus 3236
  — rosea 3260
  — rufa 3260
  — tetracantha 3227, 3496
  surculosa 3522
  swinglei 3100, **3110**, 3116, **3291**, 3292, 3457, 3458, 3459
  tacubayensis 3454
  tarajaensis 3209, 3878
  tarajensis 3209
  tecta **3490**

---

*) Die Schreibweise lautete auch ,,hasselofii" und ,,haseloffii".
**) Die Schreibweise lautete später auch ,,sulco-glandulifera".

Mamillaria, tegelbergiana **3490**
  tellii 3496
  tenampensis **3105, 3150**, 3151, 3418, 3892
  tentaculata 3148, 3352, 3386, 3387
  — conothele 3351, 3359
  — fulvispina 3352
  — longispina 3353
  — rubra 3352
  — ruficeps 3352
  tenuis 3248, 3252
  — arrecta 3252
  — coerulescens 3252
  — derubescens 3252
  — media 3248, 3256
  — minima 3252
  tesopacensis **3107**, 3158, **3203**, 3406
  — rubraflora **3204**
  tetracantha **3113**, 3148, 3162, 3341, **3343**, 3344, 3365, 3494
  — galeottii 3343
  tetracentra **3161**, 3344
  tetragona 3496
  tetrancistra 3116, 3511
  texana 3381
  texensis 3198, 3199, 3503
  thelocamptos 3042, 3503
  thornberi 3294
  tiegeliana **3402**, 3414
  toaldoae 3185
  tobuschii 2929
  tolimanensis 3422, 3492
  tolimensis **3421**, 3422, 3492
  — brevispina **3422**, 3492
  — longispina **3422**, 3492
  — subuncinata **3422**
  tomentosa 3225, **3490**, 3491
  — flava 3490
  tortolensis 3168
  tournefortii 3496
  triacantha 3117
  trichacantha **3110**, 3116, **3292**, 3317, 3470, 3531
  trigona 3089, 3503
  trigoniana 3496
  trochartii 3411
  trohartii 3180, 3404, **3411**, 3412
  tuberculata 3503
  tuberculosa 2952, 2954, 2955, 2979, 3503
  turbinata 2866, 3503
  uberiformis 3503, 3520
  — gracilior 3503, 3518
  — hexacentra 3503, 3518
  — major 3503, 3520
  — variegata 3520
  uberimamma 3137, 3139
  uhdeana 3377, 3378
  umbrina **3111**, 3302, **3311**, 3312, 3476, 3496
  — roessingii 3311
  uncinata 3098, **3104, 3142**
  — bihamata **3143**
  — biuncinata 3143
  — longispina 3143

Mamillaria, uncinata major 3143
  — michoacana 3143
  — rhodacantha 3142
  rufispina 3143
  — spinosior 3142, 4143
  unguispina 2915
  unicornis 3497, 3503
  unihamata 3110, 3295, 3296, 3297, **3454**, 3898
  uniseta **3490**
  urbaniana 2940, 3503
  utahensis 3503
  vagaspina **3105, 3164**
  valdeziana 3503
  valida 3050, 3165, 3166, 3167, 3503
  vandermaelen 3496
  vari(a)mamma **3490**
  variicolor 3503
  vari(i)mamma 3491
  vaupeliana 3503
  vaupelii **3108**, 3222, **3238**, 3239, 3372, 3373
  — flavispina 3238, 3239, 3372, 3373
  velthuisiana 3496
  venusta 3503, 3535
  verhaertiana 3103, **3110**, 3112, 3116, **3279**, 3280, 3281, 3335, 3373, 3376, 3429, 3436, 3878
  versicolor 3132, 3133, 3135
  vetula **3115, 3394**, 3533, 3888
  — major 3395
  vicina 3496
  viereckii **3113**, 3116, 3272, **3344**, 3346, 3348, 3443
  — brunea 3346
  — brunispina **3113**, 3344, **3345**, 3346, 3443
  villa laredo 3496
  villa lerdo 3496
  villifera 3120, 3121, 3144
  — aeruginosa 3145
  — carnea 3144
  — cirrosa 3144, 3145
  villosa 3496
  viperina **3109**, 3116, 3249, 3252, **3262**
  virens 3123
  virentis 3496
  viridescens 3496
  viridiflora **3309**
  viridis 3127
  — praelii 3127
  viridula **3491**
  — minima 3491
  vivida 3496
  vivipara 42, 2996, 3503
  — aggregata 2997
  — alversonii 3000
  — arizonica 2998
  — chlorantha 3001
  — deserti 3003
  — radiosa 2998, 3503
  — — borealis 2998, 2999
  — — neomexicana*) 2998, 2999, 3503
  — — texana 2998, 2999

---

*) Auch „v. radiosa neo-mexicana" geschrieben.

Mamillaria, vivipara vera 2996, 3504
  voburnensis 3148
  voghtherriana 3504
  vonwyssiana **3403**
  vulpina 3377
  wagneriana 3163
  — tortulospina 3163
  waltheri 3195
  waltonii 3216, 3236
  webbiana 3138, 3489
  — longispina 3138
  wegeneri **3491**
  weingartiana **3112**, 3163, **3326**, 3327
  werdermanniana 3209
  werdermannii 3497, 3504
  wiesingeri **3113**, 3116, **3357**, 3440
  wilcoxii **3111**, **3308**, 3309, 3318, 3344, 3532
  — viridiflora 3308, 3309, 3532
  wildiana 3273
  — aurea 3274
  — compacta 3273
  — major 3273
  — rosea 3278, 3319
  wildii **3109**, 3116, **3273**, 3318, 3319, 3348, 3465
  — compacta 3273
  — rosiflora 3274
  williamsii 2896, 3504
  winkleri 3031, 3033, 3504
  winteriae **3104**, **3128**
  wissmannii 2944, 3504
  witurna 3497
  woburnensis 3098, **3105**, **3148**
  woodsii **3107**, 3208, **3210**
  wrightii **3111**, 3116, **3307**, 3308
  — viridiflora 3309
  — wilcoxii 3308
  wuthenauiana 3099, 3373, **3444**
  xanthina **3107**, **3202**
  xanthispina 3497
  xanthotricha 3154
  — aculeis acillaribus robustioribus 3154
  — laevior 3155
  yaquensis 3092, **3461**
  yucatanensis **3115**, 3116, **3391**
  zacatecasensis 3327, **3330**, 3491
  zahniana **3104**, **3129**
  zanthotricha 3154
  zapilotensis 3103, 3240, 3241
  zegschwitzii **3491**
  zeilmanniana 2809, **3111**, 3116, **3310**
  zephyranthiflora 3529
  zephyranthoides 3103, 3528, 3530
  zepnickii **3491**
  zeyeriana **3107**, **3205**
  zilziana 3504
  zooderi 3910
  zopilotensis 3103, 3108, 3223, 3428
  zuccariniana **3106**, **3176**, 3481, 3482
  zuccarinii 3176, 3480
Mamillariae *61*, *91*, *96*, 639, 2631, 2919, 2931, 3534, 3876
Mamillarieae 23

Mamillopsis *62*, *100*, 3091, **3535–3538**
  diguetii 3499, 3502, **3537**, **3538**
  senilis 3499, 3500, 3502, **3537**
Mammariella 3383
Mammillaria: s. Mamillaria
Mammilloydia 2972, 3091, 3093, 3375, 3513
  candida 3375, 3380
  ortiz-rubiona 3374
Marenopuntia *49*, *64*, 123, 165, **210–211**, 3587–3588, 3629
  marenae **211**, 3587, 3588
Marginatocereus *58*, *84*, 639, 2130, 2134, **2212–2219**, 2220, 2223, 2224, 2226, 2264, 3860
  marginatus 1119, 2155, **2214**, **2215**, 3860
  — gemmatus **2215**, **2217**, 3860
  — oaxacensis 3860
Maritimocereus 41, 940, 941, 969
  gracilis 941, 967, 969
  nana 941, 969
Marniera *52*, *68*, 732, 734, **735–738**, 749, 751, 754, 755, 3647–3648
  chrysocardium **735**, **737**, 738, 749, 3648 (Abb.)
  macroptera **735**, **736**, 737, 751, 754, 3648, 3649
Marshallocereus *58*, *83*, **2159–2165**, 2173, 2187, 2188, 2189, 2193, 2197
  aragonii **2161**, **2163**, 2165, 2189, 2190
  thurberi 2159, **2160**, **2161**, 2185, 2188
  — littoralis **2160**, **2163**, 3909
Matucana *54*, *73*, 823, 934, 1048, 1049, 1059, **1063–1088**, 1361, 3700, 3701, 3702, 3703, 3704–3705
  aurantiaca 1061
  blancii **1066**, **1079**, 3705
  — nigriarmata **1066**, **1079**
  breviflora **1065**, **1071**, 1078, 1080
  calvescens 1061
  cereoides **1067**, 1070, **1080**, 3705
  coloris splendida 1073, 1087
  — grandiflora 1088
  — setosa 1088
  comacephala **1067**, **1081**, 2477, 3705
  crinifera 1081, 3705
  currundayensis 1068, 1084, 1085, 3702
  currundayii 1085
  elongata **1067**, **1080**, 1081, 3705
  haynei 1063, **1065**, **1068**, 1071, 1080, 1081, 1083, 3705
  — erectipetala **1065**, **1068**
  — gigantea 1071
  herzogiana **1067**, **1083**, 1085, 3705
  — perplexa **1067**, **1083**
  hystrix **1066**, 1071, **1077**, 3705
  — atrispina **1066**, **1078**, 1079
  — umadeavoides **1066**, **1079**
  megalantha 1061, 1088
  multicolor **1066**, 1071, **1077**, 1078, 3705
  paucicostata 3704
  rarissima 1081, 3705
  ritteri 1068, 1084, 3702, 3703
  robusta 1071, 3705

Matucana, variabilis **1067**, **1081**, 3705
— fuscata **1067**, **1083**
weberbaueri 1064, **1068**, 1083, **1085**
— blancii 1074
winteriana 3705
yanganucensis **1065**, **1072**, 1087, 3705
— albispina **1065**, **1074**
— fuscispina **1066**, **1076**
— grandiflora 1076, 1088
— longistyla 1065, **1066**, **1077**
— parviflora **1065**, **1076**
— salmonea **1065**, **1074**
— setosa 1076, 1088
— suberecta **1065**, **1074**
Mediocactus 52, 70, **793–800**, 3652–3654, 3655, 3656, 3903
coccineus 794, **795**, **796**, 797, 798, 799, 2120, 3653
hahnianus **795**, 797, **798**, 3653
hassleri **795**, **798**
lindmanii **798**, 799
megalanthus **795**, **797**
pomifer **799**
setaceus 794, 796
Mediocereus 3903
Mediocoryphanthae *61, 91, 96,* 2822, 2918, 2919
Medioeulychnia *54, 74,* 1097, 1101, 1136, 1153
Mediolobivia *55, 76,* 1338, 1374, 1375, 1376, **1482–1523**, 1532, 1534, 1850, 3514, 3738
atrovirens 1506, 1520
auranitida 1479, 1520, **1521**, **1522**, 1523
— flaviflora **1521**, **1522**, 1523
— gracilis 1520, **1521**, **1522**, 1554
aureiflora **1484**, **1485**, 1493, 3738
— albi-longiseta 1484, 1487
— albiseta **1484**, **1487**
— albispina 1484, 1487
— aureiflora leucolutea 1487
— — lilacinostoma 1487
— boedekeriana **1484**, **1488**
— brevispina 1484
— brunispina*) 1485, 1489
— densispina 1484, 1486
— duursmaiana **1485**, **1492**
— haertlingiana 1492
— leucolutea 1484, **1487**, 1491
— lilacinostoma 1484, **1487**
— longiseta 1484, 1486, 1487
— rubelliflora **1485**, **1490**, 1491
— rubriflora **1485**, **1490**, 1491, 1493, 3738
— sarothroides **1485**, **1491**
blossfeldii 1483, 1485, 1490, 1493
— compactiflora 1485, 1490
— nigrilongiseta 1485, 1490
boedekeriana 1488, 1490

Mediolobivia, brachyantha 1479, 1483, 1494, **1520**, **1521**, 1533
carminata 1485, 1491
columnaris 1498
conoidea 1479, **1497**
— columnaris 1479, **1497**, **1498**, 1500
costata **1509**, 1510, 1516
— brachyantha 1521
— eucaliptana 1514
digitiformis 1506, 1520
duursmaiana 1492
elegans **1485**, 1490, **1492**, 1493
— gracilis 1485, 1492, 1554
erythrantha 1485, 1491
euanthema 1479, 1494, **1508**, 1510, **1511**, 1513
— costata**) —
— fricii **1509**, **1512**
— oculata 1479, **1509**, **1511**
— pygmaea 1510
— ritteri 1517
eucaliptana 1479, **1509**, **1514**, 1516
fricii 1513
fuauxiana **1509**, **1514**
haageana 1493
haagei 1493, 1495, 1502, 1503, 1510
— atrovirens 1506
— chamaeleon 1503
— digitiformis 1506
— flavivirens 1503
— flavovirens 1503
— orurensis 1505
— pectinata 1504
— salmonea 1503
— tricolor 1503
haefneriana **1508**, **1510**
hartlingiana 1493
kesselringiana 1485, 1490, 1491, 1493
longiseta 1486
neopygmaea 1494, 1496, **1508**, **1510**, 1511
nidulans 1487, 1493
nigricans 1479, 1498, **1509**, **1518**, 1519, 1520, 1554
— peterseimii 1519, 1520
orurensis 1494, 1495, 1503, 1505, 1520
pectinata 1479, 1495, **1502**, 1503, **1504**, 1520
— atrovirens **1502**
— digitiformis **1502**
— neosteinmannii 1494, 1495, **1502**, **1504**, 1529
— orurensis **1502**, 1503
pygmaea 1479, 1494, 1495, 1496, **1502**, 1503, 1504, 1506, 1510, 1520, 1553
— atrovirens***) 1479
— digitiformis***) 1479

---

*) Die Schreibweise ,,brunneispina" (auf S. 1484) findet sich so im ,,Kaktus-ABC", 246. 1935; beide sind nomina nuda.

**) Mediolobivia euanthema costata war eine irrtümliche Kombination auf S. 1479; es muß dort heißen: Mediolobivia costata.

***) Mediolob. pygmaea digitiformis und v. atrovirens blieben auf S. 1479 versehentlich als erste Mscr.-Kombinationen stehen (nach DONALDS Mediolob. haagei digitiformis und v. atrovirens) d. h. da Mediolob. haagei identisch mit Mediolob. pygmaea ist. Endgültig wurden die Varietäten zu Mediolob. pectinata gestellt.

Mediolobivia, pygmaea flavovirens **1502**, **1503**
  reichei 1493
  ritteri 1300, 1479, **1509**, **1517**, 1518
  — pilifera 1479, **1509**, **1518**
  robusta 1487
  rubelliflora 1490
  rubriflora 1490, 1491
  — blossfeldii 3738
  — compactiflora 1491
  — nigrilongiseta 1491
  sarothroides 1491
  schmiedcheniana 1479, 1494, 1496, **1497**, **1498**, 1499, 1500
  — einsteinii 1479, **1497**, 1498, **1500**
  — karreri **1497**, **1500**
  — rubriviridis **1497**, **1500**
  — steineckei **1497**, **1500**
  spiralisepala 1523
  steinmannii 1495, 1496, 1504, 1525, 1529
  waltheriana 1493
Mediomamillariae 3876
Mediopilocereus *59*, *88*, 2369, 2388, 2389, 2400
Mediorebutia marsoneri 1549
Mediorhipsalides *51*, *67*, 703
Megalobivia 1670
  bruchii 1673
  korethroides 1674
Melocactus 23, *60*, *91*, 823, 1929, 2262, 2290, 2370, 2556, **2557–2618**, 2619, 2632, 2794, 2847, 3033
  aciculosus 2591
  — adauctus 2591
  acuatus 1618, 1620
  acuñai **2564**, **2570**
  acutatus 3754
  acutus 3754
  albispinus 2590
  ambiguus 1296, 1859
  amoenus 2558, **2569**, 2572, 2589, 2593, 2594, 2595, 2596, **2607**, 2608, 2610
  amstutziae **2566**, **2585**
  angusticostatus 2590
  antonii 2575
  appropinquatus 2591
  approximatus 2590
  arcuatus 2590
  argenteus 2590
  — tenuispinus 2590
  armatus 2591
  atrosanguineus 2574
  atrovirens 2618
  baarsianus 2590
  bahiensis **2568**, **2602**
  bargei 2591
  bellavistensis **2566**, **2579**, 2596
  besleri 2625, 2628
  — affinis 2722
  bradleyi 2574
  bradypus 2257
  broadwayi **2567**, **2586**
  brongnartii 2570

Melocactus, brongniartii 2570, 2598
  buysianus 2591
  caesius 2558, **2567**, 2588, **2592**, 2593, 2596, 2610, 2613
  — griseus 2592
  capillaris 2590
  cephalenoplus 2596
  columna-trajani 2264
  communiformis 2618
  communis 2563, 2564, **2565**, 2569, 2570, **2572**, 2573, 2574, 2575, 2577, 2596, 2618, 3498
  — acicularis 2570, 2573
  — atrosanguineus 2574
  — bradleyi 2574
  — conicus 2575, 2618
  — croceus 2574
  — eustachianus 2574
  — grengeli 2574
  — havannensis 2570, 2574
  — hookeri 2574
  — joerdensii 2610
  — laniferus 2570, 2573
  — macrocephalus 2575
  — magnisulcatus 2570, 2573
  — oblongus 2575
  — ovatus 2574, 2575
  — pyramidalis 2618
  — spinosior 2570, 2573
  — viridis 2574
  compactus 2590
  contortus 2590
  cordatus 2592
  cornutus 2590
  coronatus 2563, **2564**, **2569**, 2573, 2574, 2618
  crassicostatus 2578
  crassispinus 2576
  croceus 2574
  curvispinus 2560, **2568**, 2601, **2602**
  cylindricus 2592
  delessertianus **2568**, **2601**, 2603
  depressus 1923, 2569, 2595, **2612**, 2614
  dichroacanthus 2574
  dilatatus 2590
  eburneus 2590
  elegans 1296
  ellemeetii 2612
  elongatus 2590
  ernestii 2565, **2567**, 2599, 2600, **2601**
  euryacanthus 2590
  eustachianus 2574
  evertszianus*) 2590
  excavatus 2618
  exsertus 2591
  extensus 2590
  ferox 1923, 2590, 2601, 2618
  ferus 2590
  firmus 2591
  flammeus 2591
  flavispinus 2590
  flexilis 2590

---

*) Auf S. 2950 Druckfehler: M. evertzianus.

Melocactus, flexus 2590
  fluminensis 2618
  fortalezensis 2562, **2566**, **2581**
  gardenerianus 2612
  gilliesii 1679
  gilvispinus 2591
  — planispinus 2591
  gladiatus 2778
  goniacanthus 2612
  goniodacanthus 2612, 2614
  gracilis 2592
  grandis 2592
  grandispinus 2592
  grengelii 2574
  griseus 2592
  grollianus 2591
  guaricensis **2567**, **2588**, 2593, 2594
  guatemalensis 2610
  — aureus 2611
  guitarti **2564**, **2570**, 2574, 2575
  harlowii **2565**, 2570, **2577**
  havannensis 2570, 2574, 2577
  hexacanthus 2590
  hispaniolicus 2576
  hookeri 2574, 2575, 2618
  hookerianus 2618
  horridus **2566**, **2584**
  huallancaensis **2566**, **2586**
  huallancensis 2586
  humilis 2596
  hystrix 2618
  incurvus 2590
  inflatus 2590
  ingens 2639
  intermedius 2590
  — laticostatus 2591
  — rotundatus 2592
  — tenuispinus 2591
  intortus 2562, 2563, 2564, **2565**, 2569, 2573, **2574**, 2575, 2596
  — antonii **2565**, **2575**
  intricatus 1654
  inversus 2591
  jansenianus **2567**, **2589**
  koolwijckianus 2590
  — adustus 2590
  laciniatus 2651
  lamarckii 2570, 2573
  langsdorfii 1623
  latispinus 2721
  lehmannii 2589
  lemairei 2562, **2565**, **2575**, 2576, 2577
  leopoldii 2618
  leucacanthus 2591
  leucaster 2618
  limis 2590
  linkii 2574
  — trispinus 2575
  lobelii 2558, 2560, **2565**, **2571**, 2593, 2594
  lutescens 2592
  macracanthoides 2574
  macracanthus 2577, 2589
  macrocanthos 2558, 2560, **2567**, **2589**

Melocactus, macrocanthus 2574
  macrodiscus **2568**, **2606**
  mamillariaeformis 2601, 3033
  mamillariiformis 3033
  mammillaris 3204
  martialis 2590
  matanzanus **2569**, 2570, **2616**
  maxonii **2569**, **2610**
  melocactoides **2569**, 2570, 2612, **2613**
  melocactus 2563, 2570
  meonacanthus 2564, 2569, 2570, 2574
  microcarpus 2591
  microcephalus 2589
  — olivascens 2592
  miquelii 2563, 2574
  monoclonos 2409
  monvilleanus 2618
  nanus 2590
  negryi 2613
  neryi **2569**, 2594, 2595, **2613**
  nigro-tomentosus 2618
  oaxacensis **2567**, **2587**, 2601, 2603
  obliquus 2590
  obovatus 2590
  obtusipetalus **2566**, **2578**, 2610
  — crassicostatus 2578
  octogonus 2618
  oreas 2565, **2567**, **2598**, 2599, 2600
  orthacanthus 2728
  ovatus 2591
  pachycentrus 2618
  parthoni 2611
  parvispinus 2590, 2618
  patens 2590
  pentacanthus 2590
  pentacentrus 2612
  peruvianus 2557, **2568**, 2585, **2603**
  — amstutziae 2585
  — cañetensis **2568**, **2605**
  — jansenianus 2589
  — lurinensis **2568**, **2606**
  pinguis 2591
  — areolosus 2592
  — laticostatus 2592
  — planispinus 2592
  — tenuissimus 2592
  placentiformis 2625
  platyacanthus 2642
  poliacanthus 3754
  portoricensis 2574
  prolifer 2618
  pruinosus **2567**, **2587**
  pulvinosus 2591
  pusillus 2590
  pycnacanthus 2576
  pyramidalis 2589
  — carneus 2589
  — compressus 2511
  — costis-angustioribus 2591
  — pumilus 2591
  — spinis-albis 2570
  radiatus 2590
  — contortus 2590

Melocactus, recurvus 2722
　repens 2618
　reticulatus 2590
　retiusculus 2590
　— angusticostatus 2590
　reversus 2590
　roseus 2590
　rotatus 2591
　rotifer 2591
　— angustior 2592
　rotula 2592
　— angusticostatus 2592
　— validispinus 2592
　rubellus 2590
　— ferox 2590
　— hexacanthus 2590
　rubens 2570, 2573, 2610
　rudis 2590
　ruestii **2567, 2596**
　rufispinus 2570
　salmianus 2589
　— aciculosus 2591
　— adauctus 2591
　— contractus 2591
　— quadrispinus 2592
　— spectabilis 2591
　— trispinus 2592
　salvador 2601
　salvadorensis **2568, 2607**
　salvatoris 2601
　san salvador 2601
　schlumbergerianus 2574
　sellowii 1618
　sordidus 2590
　spatanginus 2590
　spatangus 2589
　spina christi 1923, 2618
　stellatus 2590
　— dilatatus 2590
　— flavispinus 2590
　— inflatus 2590
　— sordidus 2590
　stenogonus 2580
　stramineus 2590
　— trichacanthus 2590
　tenuispinus 3758
　tenuissimus 2592
　tephracanthus 1618
　townsendianus 2605
　trachycephalus 2591
　trichacanthus 2590
　trigonaster 2591
　trigonus 2591
　trujillensis 2581
　— schoenii 2582
　trujilloensis **2566, 2581**, 2584
　— schoenii **2566, 2582**
　tuberculatus 2640
　uncinatus 2590
　unguispinus **2565, 2578**
　violaceus **2569, 2611**, 2612
　viridescens 2730

Melocactus, wendlandii 2574
　xanthacanthus 2574
　zehntneri **2565**, 2567, **2575**, 2601
　zuccarinii 2589
Melocarduus 2557
　mamillaris 3204
Mesechinopsis 1338, 1358
　ancistrophora 1347
　hamatacantha 1348
　leucorhodantha 1350
　lobivioides 1352
　nakajimae 1481
　pelecyrhachis 1352
　polyancistra 1347
Meyenia 1254
Micranthocereus 59, 88, 622, 1929, 2468,
　　2469–2470, 2495, 2503
　polyanthus **2470**
Microcereus 2107
Micropuntia 50, 65, 124, 157, 355, **365–370**,
　　3603–3604
　barkleyana 366, **368, 369**, 3604
　brachyrhopalica 365, 366, **368, 369**, 3604
　gigantea 370
　gracilicylindrica 367, **368, 369**, 3604
　pygmaea **368, 369**, 3604
　spectatissima 368, 369, 3604
　tuberculosirhopalica **368, 369**, 3604
　wiegandii 366, 367, **369, 370**, 3604
Microspermia 1580
　albiflora 1594, 1612
　aureihamata 1590
　cruci-albicentra 1609
　cruci-nigricentra 1610
　chrysacanthion 1608
　gigantea 1603, 1604
　— jujuyana 1603, 3911
　— jujuyensis 1603
　intermedia 1612
　maassii 1599
　macrancistra rigidispina 1593, 1610
　microsperma 1592
　nivosa 1609
　rigidispina 1593, 1610
　rigidissima 1610, 1611
　— rubriflora*) —
　rubrihamata 1611
　sanagasta 1594
　sanguiniflora 1591
　— violacea 1592
Mila 53, 71, **827–841**, 1336, 1482, 3656–3661
　albisaetacens **829, 838**, 3656
　albisetacea 838
　albo-areolata **828, 833**
　breviseta **830, 839**, 3660
　caespitosa 827, **828, 834**, 841, 3660
　— grandiflora 835
　cereoides **829, 837**, 3660
　densiseta **831, 840**, 3656
　fortalezensis **829, 835**, 3656
　kubeana **829, 837**, 841, 3656
　— setispina 838, 841

---

*) Undefinierbarer Name von Frič in Kreuzinger, Verz. 22. 1935.

Mila, lurinensis **828**, **834**, 3660
  melaleuca 841
  nealeana **828**, **832**, 835, 840, 841, 3660
  — tenuior **828**, **832**, 3660
  pugionifera **828**, **831**, 3660
  senilis 838, 3661
  sublanata **829**, 837, **838**, 3661
  — pallidior **830**, **838**, 3656, 3661
Milae 53, 71, 824, 826, 827, 3656
Miqueliopuntia miquelii 142
Mitrocereus 58, 85, 2155, 2165, **2235**–**2244**, 2252, 2257, 2387, 2470
  chrysomallus 2241, 2258
  columna-trajani 2155, 2241
  fulviceps 2155, 2200, 2236, 2238, **2239**, **2241**, 2257, 2259, 2260, 2262, 2263
  ruficeps 2236, 2237, 2238, **2239**, **2244**
Molli-Lobivia 1371, 1374, 1443
Monvillea 59, 87, 622, 797, 1147, 1181, 1929, 2105, 2109, 2287, 2288, 2289, 2290, **2292**–**2314**, 2315
  amazonica 2288, 2294, **2297**, **2311**
  anisitsii 2305
  ballivianii **2310**
  brittoniana 2311
  calliantha **2297**, **2312**
  campinensis **2297**, 2311, **2313**, 2314
  cavendishii 2085, **2296**, **2298**, 2299, 2300, 2304, 2308, 2313, 2314
  damazioi 2109, 2314
  diffusa 816, 2288, 2294, **2297**, **2308**, 2309
  euchlora **2296**, **2301**, 2308
  haageana **2296**, **2306**
  insularis 2289, 2293, 2317, 2324
  jaenensis 2288, **2297**, **2309**
  — paucispina **2309**
  lauterbachii **2296**, 2299, 2301, **2302**, 2303
  lindenzweigiana **2296**, **2305**
  maritima 816, 2288, 2294, **2297**, 2308, 2309, **2311**
  — spinosior **2311**
  marmorata 2305
  paxtoniana **2296**, 2298, 2299, **2300**, 2301, 2314
  phaeacantha 2291
  phatnosperma **2296**, **2306**
  pucarensis 2310
  pucuraensis 2314
  rhodoleucantha **2297**, 2304, **2307**
  saxicola **2297**, **2308**
  smithiana 2288, **2297**, **2310**
  spegazzinii 1942, **2296**, 2301, **2304**, 2305, 2306
  vargasiana 2314
Morawetzia 54, 73, 639, 824, 934, **1040**–**1043**, 2130, 2470, 3678, 3683, 3697–3698
  doelziana **1041**, 2552, 3698
  — calva **1043**
Myrtillocactus 59, 86, 2130, **2264**–**2274**, 2275, 2287
  cochal **2265**, 2266, **2269**, 2271, 2274
  eichlamii **2266**, **2271**

Myrtillocactus, geometrizans **2265**, **2266**, 2267, 2269, 2270, 2271
  — cochal 2269
  — grandiareolatus **2265**, **2267**, 2274
  — longispinus 2267
  — pugioniferus 2267
  — quadrangularispinus 2267
  grandiareolatus 2267, 2269
  pugionifer 2266
  schenckii **2266**, 2268, 2269, **2272**, 2274
Myrtillocereus 2264
  geometrizans 2266
  — pugionifer 2266
  schenckii 2272

Napina 2862
  mandragora 2862
Navajoa 61, 95, 2869, 2871, **2872**–**2875**, 2876
  fickeisenii **2872**, **2873**
  peeblesiana **2872**, **2873**, 2874, 2875
Neoabbottia 57, 81, 1937, **1950**–**1957**
  paniculata **1954**
  — humbertii **1956**, 1957
Neoastrophytum 61, 92, 2653, 2654, 2666
Neobesseya 62, 97, 2934, 2939, **2942**–**2950**, 2951, 2952, 2965, 2979, 2980, 3504, 3873
  arizonica 2950, 2971
  asperispina 2943, **2944**, **2948**, 3497
  cubensis 2940
  filziana 2952
  missouriensis 2943, **2944**, **2945**, 2947, 2949, 3501, 3503
  — nuttallii 2947
  muehlbaueriana 2964
  notesteinii **2944**, 2947, **2949**, 2950, 3501
  nuttallii 2948
  odorata 2939, 2950
  rosiflora 2943, **2944**, **2949**
  similis 2943, **2944**, 2949, 2979, 3501, 3502
  wissmannii **2943**, **2944**, 2947, 3501, 3502, 3504
  zilziana 2957
Neobesseyae 3082, 3504
Neobinghamia 60, 90, 1161, 1162, 1181, 2245, 2471, **2500**–**2515**, 2521, 3864–3867
  climaxantha 1161, 1162, 1181, 2502, **2503**, **2504**, 2506
  — armata **2503**, **2507**
  — lurinensis **2503**, **2509**
  — subfusciflora **2503**, **2509**
  mirabilis 1162, **2504**, **2514**
  multiareolata **2503**, **2510**, 2521, 3864
  — superba **2503**, **2510**, 3864
  villigera **2503**, **2513**, 2521
Neobuxbaumia 58, 84, 2165, 2166, 2173, 2192, 2193, **2195**–**2210**, 2235, 2236, 2237, 2387
  euphorbioides 2167
  macrocephala 2195, 2236, 2244
  mezcalaensis 2171, 2173, **2199**, **2202**, 2206
  — multiareolata **2199**, **2203**
  — robusta **2199**, **2203**
  polylopha 2165, 2166, 2196, 2197, 2198, **2199**, **2208**

Neobuxbaumia, scoparia 2196, **2199**, 2201, **2205**, 2210
    tetetzo 2155, 2165, 2196, 2197, 2198, **2199**, **2200**, 2202, 2206, 2223, 2236, 2262, 2263
    — nuda **2199**, **2202**
Neocardenasia *53*, *72*, 639, 826, 842, 873, 882–886, 3663–3665
    herzogiana 20, 884, **885**
Neocereus *59*, *87*, 2318, 2324, 2366
Neochilenia *56*, *76*, *78*, 1662, 1798, **1800–1834**, 1835, 1836, 1844, 1845, 1848, 1851, 1852, 1853, 1859, 2848, 3743, 3744, 3764–3788, 3790, 3803
    aerocarpa **1826**, 3775
    — fulva **1827**, 3774, 3775, 3802
    ambigua 1793
    andreaeana **1803**, **1806**, 3768
    aricensis 3777
    aspillagai **1803**, **1812**, 3770
    chilensis **1803**, **1805**, 1846, 1869, 3768
    — albidiflora 1806
    chorosensis **3777**
    ebenacantha 1808
    — intermedia 1810
    — nova 1810
    eriocephala **1830**, 3766, 3772, 3776
    eriosyzoides **3777**
    esmeraldana 1818, **1828**, 1829, 3775
    — brevispina **1829**
    fobeana **1803**, **1811**, 1817, 1833, 3768, 3770, 3771, 3793
    fusca **1803**, **1807**, 1809, 1816, 3768, 3770, 3771, 3777, 3793
    glabrescens 1834, 3831
    hankeana 1755, **1803**, 1807, **1808**, 1809, 1812, 1816, 3768, 3769, 3780
    — minor **1803**, **1809**
    — taltalensis **1803**, **1809**, 1848, 3769
    hypogaea 1830, 3767, 3776, 3831
    imitans 1802, **1805**, **1821**, 1822, 1825, 3771, 3774
    iquiquensis 1834, 3777
    jussieui **1803**, **1810**, 1811, 1835, 3768, 3770, 3793
    krausii **1832**, 3776
    kunzei **1803**, **1807**, 1840, 1848, 1862, 3768
    lembckei 1802, **1805**, **1822**
    malleolata 3777
    mebbesii 1804, 1816, 3771
    — centrispina 1804, 1816, 3771
    mitis **1804**, **1818**, 3495, 3771, 3772, 3774, 3775, 3831
    napina 1373, 1802, **1804**, **1818**, 1820, 1821, 1834, 2794, 3766, 3771, 3772, 3773, 3776
    — lanigera 1820
    — mitis 1818
    — spinosior 1817, **1820**, 3773
    neofusca **1810**, 3768
    neoreichei 1825, 3767, 3774, 3801
    nigricans 1841
    nigriscoparia **3784**
    occulta **1804**, 1812, **1816**, 1817, 3771

Neochilenia, odieri **1804**, **1814**, 1817, 1820, 1836, 1844, 3766, 3770, 3771, 3774
    — magnifica 1815
    — mebbesii **1804**, **1814**, 1816, 3766, 3771
    — spininigris 1815
    odoriflora **3778**
    paucicostata 1834, **3780**
    — viridis 1834, **3780**
    pilispina 3788
    pseudoreichei **1827**
    pulchella 3781
    pygmaea 3781
    recondita 3768, 3777
    reichei 1801, 1802, **1805**, 1821, 1822, **1823**, 1825, 3774
    residua 3777
    robusta **3781**, 3791
    — vegasana **3783**
    rostrata 1857
    saxifraga 3777
    taltalensis **1803**, **1812**, 1817, 3769
    trapichensis 1834
    wagenknechtii **3783**
Neocoryphantha *62*, *97*, 2951, 2979, 2981, 2993, 2995
Neodawsonia *58*, *59*, *85*, 1161, **2244–2251**, 2470, 2500
    apicicephalium 2202, 2246, **2248**, **2249**, 2250,·2251
    guiengolensis 2246, 2249
    nana 2246, 2249
    nizandensis **2248**, **2251**
    totolapensis 2247, **2248**, 2250, 2251
Neoevansia 41, 1940, 1941
    diguetii 1945, 2073
Neogomesia *61*, *92*, **2684–2687**, 3086, 3594
    agavioides **2685**
Neohelianthocereus *55*, *75*, 1095, 1306, 1307, 1311, 1313, 1328, 1336, 1338, 1670, 1677
Neohickenia 1580
Neolemaireocereus 2134, 2219
    aragonii 2163
    griseus 2182
    thurberi 2161
Neolloydia *62*, *96*, 2847, 2848, 2851, 2852, 2857, 2858, 2862, 2920, **2933–2942**, 2943, 2959, 2964, 2966, 2996
    beguinii 2851, 2933
    — nerispina 2855
    — senilis 2855
    ceratites **2934**, **2935**, 3498
    cinerazens 2942
    clavata 2933, 2994, 3036
    compacta 2942
    conoidea 2933, **2934**, **2936**, 2937, 2942, 2954, 3053, 3468, 3498, 3499, 3500, 3502, 3503
    crassispina 2942
    cubensis 2131, 2933, 2934, **2935**, **2940**, 3170, 3499, 3503
    emskoetteriana 2959
    gielsdorfiana 2857
    grandiflora 2933, **2935**, 2936, **2937**, 3499

Neolloydia, horripila 2850, 2933
— spiralis 2851
knuthiana 2858
matehualensis 2933, **2935**, **2937**
odorata 2933, **2935**, **2939**, 2950, 3501
orcuttii 2971
pectinata 2942
pilispina 2933, **2935**, **2941**, 2942, 3441
pulleiniana 2933, **2935**, **2937**
roseana 2965
saueri 2855
texensis 2933, 2936, 2937, 3503
viereckii 2851
Neolobivia 55, 75, 1338, 1348, 1358, 1371, 1375, 1376, 1386, 1489, 3729, 3732
kratochviliana 1348
nakaii 1359, 1480, 1481
— albiflora 1480
— albocinnabarina 1480
— atrorosiflora 1480
— atrorubriflora 1480
— rosiflora 1480
ritteri 1300
segawae 1359, 1480
— albiroseiflora 1480
— roseiflora 1480
— rubriviolaciflora 1480
wrgihtiana 1459
xiphacantha 1481
Neomammillaria 3091, 3507, 3534
albicans 3370
amoena 3359
applanata 3198
arida 3201
armillata 3283
aureiceps 3438
auriareolis 3413
barbata 3333
baxteriana 3172
blossfeldiana 3304
bocasana 3327
boedekeriana 3329
bombycina 3317
brandegeei 3173
bullardiana 3298
camptotricha 3531
candida 3380
capensis 3276
carnea 3144
carretii 3295
celsiana 3225
cerralboa 3435
chinocephala 3210
collina 3360
collinsii 3151
compressa 3117
confusa 3122
conspicua 3371
conzattii 3122
crocidata 3138
dawsonii 3170
dealbata 3215, 3232
decipiens 3531

Neomammillaria, densispina 3393
denudata 3272
dioica 3281
discolor 3367
donatii 3361
echinaria 3257
echinops 3469
eichlamii 3151
elegans 3226
elongata 3247
eriacantha 3392
eschausieri 3470, 3531
evermanniana 3186
fasciculata 3294
fertilis 3347
flavovirens 3155
formosa 3220
fragilis 3247
fraileana 3278
galeottii 3343
gaumeri 3202
geminispina 3184
gigantea 3202
glochidiata 3284
goodridgei 3302
graessneriana 3361
guerreronis 3240
gummifera 3196
haageana 3232
hamata 3474
hamiltonhoytea 3180
hemisphaerica 3193
heyderi 3219
hirsuta 3315
hoffmanniana 3363
hutchisoniana 3297
jaliscana 3334
johnstonii 3199
karwinskiana 3123
kewensis 3242
kunzeana 3316
lanata 3245
lapacena 3283, 3284, 3495
lasiacantha 3271
lenta 3263
lloydii 3140
longicoma 3316
longiflora 3507, 3508
longimamma 3504, 3518
macdougalii 3196
macracantha 3480, 3481
magnimamma 3129, 3155
mainae 3293
mammillaris 3204
marshalliana 3173
mazatlanensis 3356
meiacantha 3167
melanocentra 3165
mendeliana 3143
mercadensis 3321
microcarpa 3322
microhelia rubispina 3398
milleri 3326, 3338, 3457

Neomammillaria, minuta 3497
  moelleriana 3331
  morganiana 3221
  multiceps 3381
  multiformis 3313
  multihamata 3314
  mundtii 3360
  mystax 3154
  napina 3244
  nelsonii 3516, 3524, 3525, 3527
  nivosa 3168
  nunezii 3373
  obscura 3163
  occidentalis 3287
  ochoterenae 3365
  oliviae 3338
  ortegae 3128
  ortiz rubiona 3374
  pacifica 3173
  painteri 3329
  palmeri 3375
  parkinsonii 3215
  patonii 3290
  pectinata 3082, 3504
  peninsularis 3138
  perbella 3237
  petrophila 3151
  petterssonii 3206
  phaeacantha 3353
  phitauiana 3279
  phymatothele 3179
  plumosa 3265
  polyedra 3120
  polygona 3150
  polythele 3146
  pottsii 3063, 3399
  praelii 3126
  pringlei 3366
  prolifera 3383
  pseudoperbella 3386
  pygmaea 3285
  pyrrhocephala 3117
  rekoi 3239, 3242
  rhodantha 3350
  ruestii 3348
  runyonii 3165, 3167
  saffordii 3297
  sartorii 3175
  scheidweileriana 3319
  schelhasei 3310
  schiedeana 3266
  schmollii 3395
  schwartzii 3504, 3505, 3902
  scrippsiana 3181
  seideliana 3318
  seitziana 3119
  sempervivi 3158
  sheldonii 3298
  slevinii 3369
  solisii 3374
  sphacelata 3355
  sphaerica 3504, 3521
  spinosissima 3377

Neomammillaria, standleyi 3188
  subpolyedra 3121
  swinglei 3291
  tacubayensis 3454
  tenampensis 3150
  tetracantha 3343
  trichacantha 3292
  uberiformis 3504, 3520
  umbrina 3311
  uncinata 3142
  vaupelii 3238
  vetula 3394
  verhaertiana 3278
  villifera 3120
  viperina 3262
  viridiflora 3309
  wilcoxii 3308
  wildii 3273
  woburnensis 3148
  wrightii 3307
  xanthina 3202
  yucatanensis 3391
  zephyranthoides 3528
  zeyeriana 3205
  zuccariniana 3176
Neonotocactus 56, 77, 1631, 1633, 1642
Neopeireskia 49, 63, 106, 110, 113, 3573
Neoporteria 56, 76, 78, 823, 1556, 1787, 1798,
    1800, 1801, 1834, 1835, **1851-1872**, 2848,
    3765, 3766, 3767, 3776, 3787, 3803-3807
  acutissima 1857, 1871
  ambigua 1793
  aspillagai 1812
  atrispina 1870
  atrispinosa **1854**, 1867, **1869**, 1871
  castanea 1871
  — tunensis 1871
  castaneoides **1853**, **1855**, 3805, 3806
  cephalophora **1854**, **1871**, 3807
  chilensis 1805, 1871
  — confinis 1806
  — cylindrica 1806
  clavata 1854, **1862**, 1863
  — grandiflora 1861, **1864**
  coimasensis 1871, 3806
  coquimbana 1856, 1859, 1871, 3805
  crassispina 1871
  curvispina variicolor 1839
  densispina 1865
  ebenacantha 1808, 1809
  exsculpta 1857, 1858
  fobeana 1811
  fusca 1807, 1809
  gerocephala **1854**, **1864**, 1865, 1866, 3788,
    3806
  heteracantha **1854**, **1870**
  jussieui 1810
  kesselringiana 1840
  kunzei 1807
  litoralis **1853**, **1856**, 3806
  mamillarioides 1807, **1853**, 1854, **1860**,
    1861, 1862, 1863, 1865, 1872
  microsperma 1856, 1872

Neoporteria, multicolor 1866, 1872, 3806
  napina 1817, 1818, 1820
  — lanigera 1820, 3766, 3776, 3787
  — spinosior 1820
  nidus **1854**, **1864**, 1866, 1872, 3806
  — senilis 1864
  nigricans 1834, 1841, 1842
  nigrihorrida 1806, **1853**, **1854**, 1866, 3805, 3806
  — coquimbana 3805, 3806
  — crassispina 3805
  — major **1853**, **1855**, 3805
  — minor **1853**, **1855**
  occulta 1812, 1816
  odieri 1814
  — mebbesii 1814
  pepiniana 1919
  polyrhaphis **1854**, **1868**, 1869
  procera 1872
  — serenana 1872
  pseudochilensis 1871
  rapifera 1872, **3807**
  reichei 1824, 1851
  roseiflora 1820
  senilis 1864, 1866
  stuemeriana 1872
  subcylindrica **1853**, **1856**
  subgibbosa 1833, **1853**, **1857**, 1859, 1871, 3497, 3499, 3500, 3806
  — intermedia 1859, 3806
  taltalensis 1801, 1812, 3787
  thiebautiana 1866
  villosa 1785, **1854**, **1866**, 1868, 1869, 1870, 3807
  — nigra 1868
  — polyrhaphis 1868
  wagenknechtii 1872
Neoraimondia 53, 72, 639, 826, 841, 842, **872–882**, 883, 884, 886, 960, 3663, 3666
  arequipensis 873, **874**, 880, 882
  — aticensis 880
  — gigantea 3663
  — rhodantha **874**, **876**
  — riomajensis **874**, **878**
  — roseiflora 3663
  — — sayanensis 3663
  aticensis **874**, **880**, 882
  gigantea 17, 873, **874**, **878**, 3663
  — saniensis **874**, **880**
  macrostibas 873, 874, 882, 886
  — gigantea 878
  — rosiflora 882
  roseiflora **874**, **882**, 3663
  — sayanensis 3663
Neorebutia 55, 76, 1483, 1532, 1533, 1550, 1551
Neotanahashia 1338, 1849
  reichei 1849, 1851
Neotrichocereus 3903
Neowerdermannia 56, 76, 78, 220, **1794–1798**
  chilensis 76, 1362, 1575, 1787, **1796**, **1797**, 1798
  vorwerkii 1795, **1796**

Neowerdermannia, vorwerkii erectispina **1796**
  — gielsdorfiana **1796**
Nichelia 1800
  fusca 1807
  jussieui 1810
  nidus 1864
  nigricans 1841
  occulta 1816
Nopalea 50, 65, 123, **628–633**, 3605, 3606, 3629–3632
  angustifrons 632
  auberi **629**, **632**
  brittonii variegata 633
  coccifera 629
  cochenillifera 530, 628, **629**, 630, 3629
  dejecta 628, **629**, **632**
  — guarnacciana 633
  escuintlensis **629**, **632**
  gaumeri 628, **629**, **633**
  guatemalensis **629**, **631**, 3629
  inaperta **629**, **633**
  karwinskiana 628, **629**, 630, **632**
  lutea **629**, **631**
  moniliformis 384, 385
  nuda **3629**
Nopaleae 50, 65, 628
Nopalxenia phyllanthoides 758
Nopalxochia 52, 69, 740, 742, 755, **757–760**, 3649–3650
  ackermannii 740, **758**, 761
  conzattianum 69, 757
  phyllanthoides 740, 755, 757, **758**, 759, 760, 761, 3649, 3650
Notocactus 56, 76, 77, 1067, 1556, 1558, 1563, 1576, 1581, 1625, 1626, **1631–1655**, 3745, 3748, 3754–3759
  apricus **1634**, **1644**, 1645, 1648
  nigrispinus 1645
  araneolarius 1639
  arechavaletai 1639
  bertinii 1559
  caespitosus 1634, 1644, 1654, 1656
  concinnus **1635**, **1648**, 1654
  — joadii 1648
  elachisanthus 1578
  floricomus **1636**, 1651, **1652**, 3758
  — flavispinus **1636**, **1652**
  — rubrispinus **1636**, **1652**, 3758
  — rutilans 1643
  — spinosissimus **1653**
  — velenovskyi **1636**, **1652**, 1653, 3758
  graessneri 1579
  grossei 1627, 1628
  haselbergii 1577
  herteri **1636**, **1650**
  hypocrateriformis 1651
  intricatus 1654
  joadii 1648
  leninghausii 1629
  linkii 1640
  maldonadensis 1624
  mammulosus 1629, 1632, **1636**, 1647, 1649, **1651**

Notocactus, mammulosus gracilior 1651
— hircinus 1651
— minor 1651
— pampeanus 1649, 1650
— rubra 1651
— rubris 1651
— spinosior 1651
— submammulosus 1649
megapotamicus **1634**, 1642, **1644**
minimus **1636**, **1653**, 1654
mueller-melchersii 1631, **1635**, 1638, 1643, **1646**, 1647
— gracilispinus **1635**, **1646**, 1647
mueller-moelleri **1635**, **1647**
muricatus **1633**, **1643**, 1644, 1645
napinus 1818
nigrispinus 1629
ottoianus 1638, 3758
— brasiliensis 1638
— linkii 1638
— minor 1638
— pallidior 1638
— paraguayensis 1638
— pfeifferi 1638
— schuldtii 1638
— spinosior 1638
— tenuispinus 1638
— tortuosus 1638
— uruguayensis 1638
ottonis 1631, **1632**, **1638**, 1640, 1641, 1643, 1644, 3756, 3758
— albispinus **3756**
— arechavaletai **1641**
— brasiliensis **1638**
— elegans **1633**, **1640**, 3758
— linkii **1633**, 1638, **1640**, 1642
— megapotamicus 1642, 1644
— multiflorus **1642**, 3758
— paraguayensis **1633**, **1641**, 1642
— schuldtii **1641**
— stenogonus **3758**
— tenuispinus 1625, **1632**, **1639**, 1640
— tortuosus **1633**, **1639**
— uruguayensis 1639
— uruguayus **1632**, **1639**
— villa-velhensis **1633**, **1640**, 3758
pampeanus 1649, 1650
— charruanus 1649
— rubellianus 1649
— subplanus 1649
patagonicus 1560
reichei 1823, 1851
rubriflorus 1650
rutilans **1633**, 1641, **1642**
— grandiflorus 1643
schumannianus 1626, 1628
— nigrispinus 1627, 1628, 1629
scopa 1067, **1632**, **1637**, 3754, 3756
— candidus 1632, 1637
— daenekerianus **1632**, **1637**, 3754
— glauserianus **1632**, **1637**, 1923, 3756
— major 1653
— ramosus (f. ramosa) **1637**

Notocactus, scopa ruberrimus 1632, 1637
submammulosus 24, **1635**, **1649**
— pampeanus **1635**, **1649**
tabularis **1634**, 1644, **1645**, 1648, 3758
tenuispinus 1639
uruguayus 1639
velenovskyi 1653
werdermannianus **1635**, **1650**
Nyctocephalocacti *60, 90, 91,* 2618
Nyctocerei *57, 79, 82,* 2082, 3857
Nyctocereus *57, 82,* 824, **2083–2089**
chontalensis **2084**, **2088**, 2089
columnaris 2085
guatemalensis **2084**, **2087**
hirschtianus **2084**, **2086**, 2087
neumannii **2084**, **2087**
oaxacensis **2084**, **2087**, 2088
oligogonus 2088
serpentinus 1225, **2083**, **2084**, 2085
— ambiguus **2085**
— splendens **2085**
— strictior **2085**
Nyctocorryocerei *53, 71, 72,* 842, 887
Nyctohylocerei *52, 69, 70,* 772, 3652, 3653
Nyctoleptocerei *57, 81,* 1930
Nyctopachycerei 2131
Nyctopolyanthocerei *59, 86,* 2274
Nyctostrophocerei *52, 69,* 769
Nyctotrichocerei *54, 73, 74,* 1089, 1090, 1092

Oblongicarpi 2370, 2373, 2374, 2388
Obregonia *61, 94,* **2867–2869**, 3064
denegrii **2868**
Oehmea 2932, 2972, 3512, 3514, 3515, 3516, 3524
beneckei 3524
nelsonii 3525
Ophiocephalum 1777
Ophiorhipsalis *51, 66,* 651, 663, 712, 3639
bermejensis 665
densispina 665
Opuntia-Pars: Australes *50,* 390, 3606
Opuntia-Pars: Boreales *50,* 390, 445, 3619
Sekt. 1: Macranthae 448, 449, 3619
Sekt. 2: Micranthae 448, 611, 3624
Opuntia 23, 26, 41, *50, 65,* 165, 166, 212, 354, 370, 375, **389–628**, 587, 637, 740, 1929, 3575, 3576, 3588, 3601, 3604, 3605, 3606–3629, 3903
abjecta **459**, **460**
abyssi 184
acanthocarpa 181
— ganderi 181
— ramosa 181
— thornberi 184
acaulis 377, 386, **388**
aciculata 452, 566, **567**, 568, **572**, 3623
— orbiculata **567**, **572**, 3623
acracantha 261
acrampo 471
aequatorialis **464**, **468**
affinis 524, **544**, **546**
agglomerata 363

Opuntia, airampo 471
  alamosensis 177
  albicans 534
  — laevior 534
  albiflora 157
  albisaetacens 221, 419, **421**, **441**, 3615, 3617
  — robustior 3615, **3617**
  albisetosa 413
  albispinosa 353
  alcahes 205
  alexanderi 220, 288, 290, 292
  — bruchii 3593
  — subsphaerica 3593
  alfagayucca 523
  alfayucca 523
  alko-tuna **418**
  allairei **484**
  alpicola 353
  alpina 164, 273
  alta 556
  amarilla 524
  americana 637
  ammophila 485, **486**
  amyclaea **516**, **522**, 526, 528
  — ficus-indica 528
  anacantha **396**, **406**, 3606, 3607
  anahuacensis **567**, **572**
  andeada 637
  andicola 217, 228, 276, 282
  — elongata 273, 282
  — fulvispina 283
  — major 282
  — minor 283
  angusta 455
  angustata **494**, **500**, 584, 3621
  — comonduensis 583
  antillana 461, **463**, **464**, 465
  aoracantha 215, 228, 261, 262, 263, 264
  aquosa 135
  arbor spinosissima 117
  arborea 372
  arborescens 195
  — spinosior 204
  — versicolor 194
  arbuscula 174, 177
  arcei 520, 522, 859
  arechavaletai **393**, **402**
  arenaria **600**
  argentina 371, 372, 373, 375
  arizonica 501, 502
  arkansana 481
  armata 294, **421**, 425, **443**, 3619
  — panellana **421**, **443**, 3619
  arrastradillo **626**, **628**, 3629
  articulata 216, 219, 256
  asplundii 3599
  assumptionis **393**, **402**
  atacamensis 234, 306, 339
  atrispina **495**, **505**, 3621
  atrocapensis **475**
  atropes **544**, **546**
  atro-virens **404**, 405
  atroviridis 247

Opuntia, attulica 637
  auberi 632
  aulacothele 294, 425, **443**
  aurantiaca 401, 407, **408**, **409**, 410
  — extensa 409
  aurea 585
  australis 161, 163, 219
  austrina 473, **486**, 487, 571
  ayrampo: s. airampo
  azurea **495**, 498, **500**, 3621
  backebergii 3599
  bahamana **388**, 3606
  bahiensis 373
  bala 637
  balearica 471
  ballii **491**, **493**
  barbata 637
  — gracillima 637
  barkleyana 3604
  bartramii 532, 558
  basilaris 411, 580, 585, 586, **588**, **589**, 636, 3624
  — albiflora 591, 3624
  — aurea 585
  — brachyclada 591
  — coerulea 591
  — cordata **588**, **589**
  — humistrata **588**, **589**
  — longiareolata **588**, **589**
  — minima 591
  — nana 591
  — nevadensis 589
  — pfersdorffii 589
  — ramosa 588, **589**, **590**
  — sanguinea **590**
  — treleasii 585
  — whitneyana 590, 3624
  beckeriana **512**, **574**
  bella **463**, **466**
  bellaperone 637
  bentonii 471
  bergeriana 487, **488**, 568
  bernardina 184, 361
  bernhardinii 637, 3602
  bernichiana 637
  betancourt 637
  bicolor 637, 869
  bigelowii 189
  — ciribe 3585
  — hoffmannii 190
  bisetosa **469**
  bispinosa **3607**
  blakeana 506, 508, 509
  blancii 3592
  boldinghii 469, **470**, **471**
  boliviana 311, 313, 319
  boliviensis **421**, **432**, 434
  bonaerensis 401, 407
  bonaeriensis 401
  bondata 637
  bonplandii 446, 536, **564**
  borinquensis **455**, **458**
  brachyarthra 594

Opuntia, brachyclada **589**, **591**
— humistrata 589
— rosea 591
brachyrhopalica 3604
brachydelphys 121
bradleyi 3576
bradtiana 209
brandegeei 131, 134
brasiliensis 372, 373
— minor 372
— schomburgkii 372
— spinosior 372
— tenuifolia 372
— tenuior 372
bravoana **544**, **545**
brevispina 205
brittonii 171
bruchii 219, 229, 290
— brachyacantha 294
— macracantha 293
brunnescens **411**, **412**, 487, 3609
bulbispina 363
burbankii 530
Burbanks Perfection 530
burrageana 205
cacanapa 555
caerulescens 175
caesia 509
caespitosa 479
calacantha 637
— rubra 637
calantha*) 3619
calcicola **475**, 476
californica 171, 186
calmalliana 176
calochlora 637
calva 228, 257
camachoi 306
camanchica 482, 497, 506, 508, 509
— luteo-staminea 507
campestris 230, 297, 299, 300, 301
camuessa 534
cañada 470, 471
candelabriformis 514, 517, **525**
— rigidior 525
canina **394**, **402**
cantabrigiensis 452, 566, **567**, 568, **573**
canterai **396**, **406**
caracasana **464**, **468**, 469
cardenche 175, 195
cardiosperma **395**, **405**
cardona 522
caribaea 173
carnosa 637
carolina 637
carrizalensis 142
castillae 523
catacantha 386
catingicola **612**, 3624, 3625
cedergreniana **421**, **434**, 436
cenesa 637

Opuntia, cereiformis 209
cervicornis 594
chaetocarpa 519
chaffeyi **449**, 3619, 3903
chakensis **394**, 401, **402**
chapistle 134
charlestonensis 497, 508
chata 524
chavena 519
chella 192
chichensis 3598
— colchana 3598
chihuahuensis 506, 508, 509
chilensis 3599
chinensis 399
chirinacuera 3632
chlorotica **566**, **567**, 568
— santa-rita 497
cholla 192
chrysacantha **573**
chuquisacana 151
ciliosa 637
cineracea 173
ciribe 190
clavarioides 157, 158, 159, 223
clavata 355, 358, 638, 869
clavellina 178
coccifera 629
coccinea 468, 480
coccinellifera 489, 629
cochabambensis 407, **408**, 3607, 3632
cochinelifera 629
cochinera 534
coerulea 413
coindettii 522
colubrina 156
columbiana 594
comonduensis **581**, **583**
compacta 637
compressa 399, 456, 461, 469, 472, **473**, **474**, 475, 476, 477, 479, 480
— helvetica 474
— macrorhiza 477, 484
— microsperma 477, 479, 481
confusa 501
congesta 174
conjungens 3607, 3632
consoleana 637
consolei 637
convexa 556
corallicola 384
cordobensis 391, **411**, 515, 522
cornigata 425
corotilla 297, 298
— aurantiaciflora 3593
corrugata 294, 419, 421, 423, 424, 425, 428, 445
— monvillei 421, 423, 425, 428
costigera 195
covillei **496**, **510**, 3621
coyote 3632

---

*) Schreibweise im Index von Bd. I, IV BRITTON & ROSES (Nachdruck), im Text (versehentlich?) „catalantha".

Opuntia, crassa 526, **527**, **528**
— major 528
crassicylindrica 3592
cretochaeta 517, 519, **525**
crinifera 550
— lanigera 550
crispicrinita 3591
— cylindracea 3591
— — flavicoma 3591
— tortispina 3591
cristata 195
— tenuior 195
cruciata 384
crystalenia **533**, **535**
cubensis 560
cucumiformis 319
cuija 573
cumingii 140
cumulicola **567**, **571**, 572
curassavica **455**, **457**, 458
— colombiana **455**, **458**
— elongata 457
— longa 457
— major 457
— media 457
— minima 457
— minor 457
— taylori 457
curvospina **567**, 568
cyanea 534
cyanella 556
cyclodes 501
cycloidea 474
cylindrarticulata 3598
cylindrica 140
— robustior 141
cylindrolanata 3591
cymochila 480, 481, 483
— montana 483
dactylifera 314, 320
darrahiana **460**
darwinii 267, 268
davisii 179
deamii **517**, **524**
decipiens 195
— major 195
— minor 195
decumana 399, 401, 523, 532
decumbens 457, **463**, **465**, 466, 579, 3620
— irrorata 466
— longispina 466
— silvicola 3620
deflexa 400
dejecta 632
delaetiana 391, **392**, **400**, 401, 487, 3606
delicata **478**, **484**
deltica 556
demissa 501
demorenia 637
demoriana 637
densiaculeata 3585
depauperata **454**, **455**, 458
deppei 637

Opuntia, depressa **463**, **466**
deserta 185
diademata 215, 216, 219, 228, 264
— calva 257
— chionacantha 258, 265
— inermis 257
— molinensis 267
— oligacantha 265
— polyacantha 216, 258
dichotoma 637
diffusa 632
digitalis 148
diguetii 132
dillei 501
dillenii 388, 446, 453, 468, 469, 530, 532, 551, **554**, **558**, 560, 565, 566
— minor 560
— orbiculata 560
— undulata 560
dimorpha 297, 299
diplacantha 520
dirata 637
discata 471, 503, 505
discolor **396**, **407**, 410
distans **392**, **399**, 487
diversispina 549
dobbieana 446, 451, 515, 551, **554**, **557**, 558
dolabriformis 384
dominguensis 465
dorffii 589
drummondii **460**, **461**
dulcis 555
dumetorum 356
durangensis **544**
duraznillo 538
duvalioides 3598
— albispina 3598
eborina 637
eburnea 419, 420, 423, 425
eburnispina **478**, **485**, 3621
echinocarpa 185
— major 185
— nuda 185
— parkeri 185
— robustior 185
echios 553, 555, 561
— gigantea 553, 555, 562
effulgia 524
eichlamii **517**, **524**
ekmanii **460**, **461**
elata **394**, 401, **403**
— delaetiana 400
— oblongata 404
— obovata 404
elatior 403, 487, **488**, **489**, 564
— deflexa 400
ellemeetiana 139
ellisiana 556
elongata 531, 532
— laevior 532
emoryi 359

Opuntia, engelmannii 448, 470, 471, **495**, 497, 500, **501**, 502, 505, 511, 557, 566, 3621, 3905
— cuija 573
— cyclodes 501
— discata 471, **495**, **503**, 505
— dulcis 555
— flavescens 497, 500
— littoralis 570
— occidentalis 501
— wootonii 502, 503
eocarpa 509
erecta 637
erectoclada 221, 419, **421**, **439**, 3619
erinacea 448, 592, 599, 601, 604, 608, 610, 636, 637
— hystricina 608
— juniperina 603
— rhodantha 599
— typica 609
— ursina 537, 610
— xanthostema 601, 602
erythrocentron 539
exaltata 138, 140
expansa 501
extensa 409, 410
exuviata 195
— angustior 195
— major 195
— spinosior 195
— stellata 195
— viridior 195
falcata 376, 380
feroacantha **488**, **490**
ferocior 3598
ferox 384
ferruginispina 555
festiva 637
ficus-barbarica 528, 530
ficus-indica **527**, **528**, 530, 531
— alba **528**
— albispina 528, 637
— amyclaea 522, 526
— asperma **530**, 564
— — minor **530**
— decumana 532
— — longispina 532
— — sanguinea 532
— frutescens 528
— gymnocarpa 532
— lutea **530**
— pyriformis **530**
— reticulata **531**
— rubra **530**
— serotina **530**
— spinosa 530
— splendida 526, **530**, 628, 630, 631
filipendula 491, 493
fisheri 637
flavescens **494**, 497, **500**, 557, 566
flavicans 533
flavispina 637
flexibilis 468

Opuntia, flexospina 556
flexuosa 3599
floccosa 233, 234
— canispina 3588
— crassior 3588
— — aurescens 3588
— denudata 235
— ovoides 3588
floribunda 157
florida 637
foliosa 458
formidabilis 261, 264
fosbergii **190**
fragilis 366, 419, 591, 592, **593**, **594**, 597, 598
— brachyarthra **593**, **594**
— caespitosa 594
— denudata **593**, **595**, 597, 603, 606
— frutescens 171
— parviconspicua **593**, **595**, 597
— tuberiformis 594
frustulenta 461
frutescens 171
— brevispina 172, 3583
— longispina 172, 3584
fulgens 202
fulgida 202
— gracillima 202
— mamillata 204
— nana 202
— ovata 202
fuliginosa 487, **488**, **489**
fulvicoma 3598
— bicolor 3598
fulvispina 537, 538, 539
— badia 538
— laevior 538
furiosa 197
fuscoatra **478**, **484**
fusicaulis 526, **527**, **528**, 532
fusiformis 484
galapageia 446, 487, 552, **554**, **561**, 3622
— echios **555**, **561**, 562
— gigantea **555**, **562**
— helleri **555**, **562**, 3623
— insularis **554**, **561**
— myriacantha 553, **555**, **561**, 562, 3622
— — orientalis **555**, **562**
— saxicola **555**, **562**, 3623
— zacana 554, **555**, **562**
galeottii 195
geissei 142
geometrica 350
gilliesii 261, 263
gilva 560
gilvescens 470, 471, 505
gilvoalba 556
glaberrima 528
glauca 528
glaucescens **625**, **626**, 628
glaucophylla 637
— laevior 637
glomerata 24, 216, 217, 228, 256, 265, 273, 276, 282, 3592, 3593

Opuntia, glomerata albispina 282
— calva 3592
— flavispina 283
— gracilior 3593
— inermis 257, 3592
— minor 282
— oligacantha 265, 3592
— papyracantha 258
— polyacantha 3592
golziana 131, 132, 133
gomei 556
gorda 533, 534
gosseliniana **493**, **497**, 498, 3621
— santa-rita **493**, **497**, 498
goudeniana 3622
gracilicylindrica 3604
gracilior 400
gracilis 171
— subpatens 173
grahamii 361, 3603
grandiflora **473**, **476**
grandis **626**, 3627
grata 230, 319, 320, 3598
— leonina 3598
greenei 479, 481, 483
gregoriana 501
griffithiana 556
grizzly bear 611
grosseiana 394, 404
guanicana 386, 387, 388
guatemalensis **463**, **465**
guerkei 228, 267
guerrana **533**, **535**
guilanchi **540**, **542**
gymnocarpa 532
haageana 215, 216, 228, 256
haematacantha 3577
haematantha 149, 3577
haematocarpa 552, 554, 556
haenkiana 432, 3905
haenquiana 3905
haitiensis 384
halophila 219, 229, 288, 289, 292
hamiltonii 210
hanburyana 487, **488**, **490**
hattoniana 457
heliae **473**, **475**
helleri 562
hempeliana 234
hernandezii 530, 628, 630
— typica **530**
herrfeldtii 576, 579
heteromorpha 220, 244
hevernickii 637
hickenii 270
hieronymi 372, 373
hildmannii 413
hirschii 3592
hispanica 524
hitchcockii **496**, **510**
hitchenii 637
hochderfferi 609
hoffmannii 190, **454**, **456**

Opuntia, hondurensis **487**, **488**
horizontalis 282, 632
horrida 558
hossei 3592
howeyi **496**, **509**
huajuapensis **544**, **545**
hualpaensis 178
humahuacana 3576
humifusa 448, 472, 473, 474, 475, 476, 477, **478**, **479**, 480, 483, 509, 602, 3621, 3622
— cymochila 483
— greenei 483
— macrorhiza 484, 485
— microsperma 479
— oplocarpa 481
— parva 479
— stenochila 484
— vaseyi 510
humilis 467, 1915
humistrata 589
hypogaea 217, 228, 276, 278
hypsophila 149
hyptiacantha 515, **516**, **519**, 522, 526, 546
hystricina 592, 601, 603, **604**, **608**, 3624
— bensonii 448, 599, **604**, 608, **609**, 610, 3624
— nicholii **605**, **610**
— ursina 599, 604, **605**, 608, **610**
hystrix 196
icterica 540
ignescens 332
— steiniana 3598
ignota 230, 297, 298, 299
imbricata 166, 194, 199
— argentea 195
— crassior 195
— ramosior 195
— tenuior 195
impedata **460**, 462, 485
inaequalis 474
inaequilateralis 513, **514**, 515, 536, 537, 550
inamoena 579, 620, 621, **623**, 624, 3623, 3627
— flaviflora **623**, 3627
incarnadilla 523, 524
inermis 215, 469, 471, 474
insularis 552, 553, 561
intermedia 474, 476
— prostrata 474
intricata 589
invicta 357
invierna 637, 3629
involuta 234
ipatiana 153
ireiss 638
irrorata 466
italica 637
ithypetala 403
jamaicensis **463**, **467**
jaralena 3632
joconostle 637
jocoquilla 637
johnsonii 3587, 3625, 3629

Opuntia, juniperina **601**, **603**, 3624
  jussieuii 637
  karwinskiana 632
  keyensis **470**, 560
  kiska-loro **394**, **402**
  kleiniae 175
  — laetevirens 175
  — tetracantha 3584
  kuehnrichiana 294
  — applanata 296
  kuehnrichii 294
  kunzei 360
  — wrightiana 360
  labouretiana 532
  — macrocarpa 532
  laetevirens **3617**
  laevis **470**, 471, 505
  — cañada **470**
  lagopus 234, 236
  — aurea 3591
  — — brachycarpus 3591
  — aureo-penicillatus 3591
  — leucolagopus 3591
  — pachycladus 3591
  lagunae **533**, 534, **535**
  l'aiglonii 637
  — spinosissima 637
  lanceolata **527**, **531**
  lanigera 550
  larreyi 533, 534
  lasiacantha **516**, **517**, 519, 525
  lata **473**, **477**, 486
  laxiflora 556
  ledienii 488
  lemaireana 400
  leoncito 283, 306
  leonina 230, 297, 299, 3596, 3598
  leptarthra 455
  leptocarpa 556
  leptocaulis 42, **171**
  — badia 172, 3584
  — brevispina 172
  — laetevirens 173
  — longispina 172
  — major 173
  — pluriseta 172, 3584
  — robustior 172, 3584
  — stipata 171, 173
  — vaginata 172
  leucacantha 383, 538
  — laevior 538
  — subferox 538
  leucantha 538
  leucophaea 230, 297, 302
  leucostata 637
  leucosticta 538
  leucotricha 383, **537**, 538, 539, 3622
  — fulvispina 537, 538
  ligustica 474
  lindheimeri 24, 446, 448, 453, 497, 550, 551, **554**, **555**, 556, 557, 565
  — chisosensis 556
  — cyclodes 501

Opuntia, lindheimeri dulcis 555
  — littoralis 570
  — occidentalis 501
  linguiformis **566**, **568**
  littoralis 497, 501, **566**, **570**
  lloydii 194
  longiareolata 589
  longiclada 471
  longiglochia 637
  longispina 253, 294, 303, 419, **420**, **421**, 422, 423, 424, 425, 426, 428, 432, 550, 3578, 3609, 3615
  — agglomerata **3609**
  — brevispina **420**, **426**, 3610
  — corrugata **420**, **423**, 1924
  — flavidispina **420**, **425**
  — intermedia **420**, **426**
  loomisii 484
  lubrica 580, **585**, 586
  — aurea **585**, 586
  lucayana 388, 560
  lucens 511
  lucida 637
  luija 623
  lurida 542
  macateei **478**, **485**,
  macbridei **616**, **617**, 618, 3587, 3625, 3626, 3629
  — orbicularis **616**, **617**, 3626
  macdougaliana **544**, **546**, 3622
  mackensenii **491**
  macracantha 380, 524
  macrarthra **473**, **476**
  macrocalyx **575**, **579**
  macrocentra 445, 451, **494**, **498**, 550, 566, 3621
  — martiniana **494**, 496, 497, **498**, 566, 3621
  — minor **494**, **498**
  macrophylla 637
  macrorhiza 452, 473, 477, **478**, 480, **484**, 556, 3621
  maculacantha 412, 413, 414, 3609
  maelenii 413
  magenta 510
  magna 195
  magnarenensis 3905
  magnifica **566**, **568**, 574
  magnifolia 630
  maideni 468
  maidenii 468
  maihuen 121
  maldonadensis **408**, **410**
  mamillata 204
  mandragora 3599
  marenae 211, 3588
  margaritana 581
  maritima 558
  marnierana **626**, **627**, 3587, 3625, 3629
  maxillare 140
  maxima 523, **527**, **532**, 534, 859
  maxonii **512**
  meca 3632

Opuntia, media 605
- mediterranea 474
- megacantha 515, **516**, 517, **523**, 524, 526, 570
  - lasiacantha 517
  - tenuispina 517
  - trichacantha 524
- megacarpa 510, 3621
- megalantha **566, 568**
- megalarthra 534
- megapotamica **395, 406**
- megarhiza **491, 493**
- megasperma 553, 555, 561, 562
  - orientalis 553
- melanosperma **563**
- mendociensis 195
- mesacantha 473, 474, 476, 479, 480, 481, 483, 509, 3622
  - cymochila 481, 483
  - grandiflora 476
  - greenei 479, 481, 483
  - macrorhiza 484
  - — grandiflora 481
  - microsperma 479, 481
  - oplocarpa 479, 481, 483, 508, 509
  - parva 479, 481
  - sphaerocarpa 481
  - stenochila 481, 483
  - vaseyi 481, 510
- metternichii 550
- metuenda 168, 174
- mexicana 630
- micrarthra 546
- microcalyx 637
- microcarpa 381, 385, 509
- microdasys 465, 466, 574, **575**, 579, 3623
  - albata 3623
  - albida 576
  - albiglochidiata 576
  - — monstrosa 578
  - albispina **575, 576**, 3623
  - aurantiaca 575
  - cristata 578
  - gracilior 578
  - hildmannii 579
  - laevior **575, 578**
  - laxiglochidiata 576
  - lutea 3623
  - minima 578
  - minor 575, 578
  - pallida **575, 578**
  - rufida **575**, 576, 580, 3623
  - — albiflora 3623
  - — minima 576
  - undulata **575, 578**
- microdisca 419, 420, 422, 423, 424, 428, 432, 3578, 3609
- microsphaerica 422, 424, 3609
- microthele 161
- mieckleyi **395, 404**, 405
- militaris **455, 458**, 560
- millspaughii 383

Opuntia, minima americana 457
- flagelliformis 660
- minor 481, 492, 3599
- — caulescens*) —
- minuscula 352, 3601
- minuta 351, 3599
- miquelii 142, 143
- geissei 142
- heteromorpha 244
- jilesii 3576
- mira 3595
- missouriensis 605
- albispina 605
- elongata 637
- erythrostemma 606, 637
- leucospina 3624
- microsperma 605
- platycarpa 605
- rufispina 605
- salmonea 606, 637
- subinermis 605
- trichophora 607
- watsonii 605
- mistiensis 3599
- modesta 200
- moelleri 363
- mojavensis 497, 507, 508, 568
- molesta 200
- molfinoi 354
- molinensis 267
- monacantha 399, 406, 474, 3606
- deflexa 399
- fl. aurantiacis 3606
- gracilior 399, 400
- variegata 400
- moniliformis 384
- montana 637
- montevidensis 401, 407, **408**, 410
- monticola 230, 303
- morada 535
- morenoi 638
- morisii 474
- mortolensis 169
- mota 3632
- muelleriana 3595
- multiareolata **3614**
- multiflora 467, 468
- multigeniculata 186
- munzii **190**
- myriacantha 553, 561, 638
- nana 456, 474
- napolea 638
- nashii 380
- nelsonii 547
- nemoralis **455, 458**
- neoarbuscula 174
- neoargentina 3605
- neuquensis 286
- nicholii 448, 604, 610
- nigra 638
- nigricans 489
- nigrispina 245

*) Nur ein Abbildungsname in Plukenet.

Opuntia, nigrita 519
 nitens **512**
 nivelleri 363
 noodtiae 3598
 nopalilla 633
 obliqua **3614**
 oblongata 540
 obovata 524
 occidentalis **495**, 497, **501**, 510,.3621, 3622
 — megacarpa 3621
 — piercei 3621
 — vaseyi 3622
 ochrocentra **566, 569**
 oligacantha 514
 oplocarpa 481
 opuntia 472, 473, 474, 477, 479
 orbiculata 513, 548, **550**
 — metternichii 550
 orpetii 638
 orurensis **421, 430**
 ottonis 638, 1638
 ovallei 230, 303
 ovata 230, 261, 263, 286, 303
 — leonina 297, 303
 ovoides 303
 pachona 522
 pachyarthra flava 638
 pachyclada rosea 638
 — spaethiana 638
 pachypus 141
 paediophila 216, 228, 258
 pailana **513**
 pallida 197
 palmadora **612**, 3624
 palmeri **568**
 pampeana 414
 panellana **3619**
 papyracantha 228, 258, 282
 paraguayensis **393, 401**, 402, 407
 parishii 361
 parkeri 185
 parmentieri 420, 426, 428
 parote 638
 parryi 184, 361
 — bernardina 184
 parva 471
 parvispina 466
 parvula 528
 pascoensis **454, 455**
 patagonica 122
 peckii **496, 511**
 pelaguensis 272
 pendens 3632
 penicilligera **411, 416**
 pennellii **463, 464**
 pentlandii 311, 313, 314, 319
 — fuauxiana 3596
 — rossiana 3596
 perrita 178
 pes-corvi 460, **461**
 pestifer **454, 456**, 2367, 3620

Opuntia, phaeacantha 448, 482, 483, 493, **495**, 497, **506**,.507, 508, 509, 572, 3621
 — albispina **507**
 — angustata 3621
 — brunnea 506
 — camanchica 482, **496, 506**, 508
 — charlestonensis **496, 508**
 — coccinea 507
 — gigantea **507**
 — longispina **507**
 — lutea carneostaminea 507
 — major 506, 507
 — minor **507**
 — mojavensis **496, 507**, 568
 — nigricans 506
 — orbicularis 507
 — pallida **507**
 — phaeacantha 482, **495, 506**
 — piercei **495**, 497, **506**, 3621
 — rubra **507**
 — salmonea **507**
 philippii 121
 phyllacantha 283, 297
 phyllanthus 638, 745
 picardae 384
 picardoi **3610**, 3614
 piccolomini 638
 piccolominiana 534
 pilifera 513, **514**, 515, 519, 549, 550
 — aurantisaeta **514**
 pintadera 550
 pisciformis **462**
 pititache 135
 pittieri 446, 516, **536**, 537, 564
 platyacantha 270, 271, 272, 273, 275, 276, 282
 — angustispina 3592
 — deflexispina 272
 — gracilior 217, 273, 283
 — monvillei 272
 — neoplatyacantha 3592
 platyclada 638
 platynoda 406
 plinii 530
 plumbea **478, 479**
 plumosa nivea 265, 273
 poecilacantha **3615**
 poeppigii 121
 pollardii 42, **474, 477**
 polyacantha 448, 467*), 592, 595, 601, 602, 603, **604, 605**, 606, 607, 609, 3620, 3624
 — albispina 605, 606
 — borealis 605
 — erythrostemma 606
 — leucospina 606
 — platycarpa 605
 — rufispina 606
 — salmonea 606
 — schweriniana **604, 607**
 — trichophora 599, **604, 607**

---

*) Auf S. 467 muß dieser Name Op. polyantha HAW. lauten.

Opuntia, polyacantha watsonii 605
  polyantha 467, 468, 3620
  polycarpa **567, 571**
  polymorpha 219, 256
  porteri 134
  posnanskyana 220, 244
  pottsii **491**, 493
  praecox 638
  prasina **393, 401**
  prate 534
  procumbens **567**, 568, **572**
  prolifera 194, 204
  prostrata 474
  — spinosior 512, 637
  protracta 638
  — elongata 638
  pruinosa 534
  pseudococcinellifer 638
  pseudorauppiana 301
  pseudotuna*) 522, 638, 2618
  pseudo-tuna 468, 3620
  — elongata 468, 637
  — spinosior 638
  pseudo-udonis 3591
  puberula 465, 466, 579
  pubescens **454, 455**
  puelchana 196, 218, 522
  pulchella 361, 367, 3603, 3604
  pulverata 638
  pulverulenta 142
  — miquelii 142
  pulvinata 575, 579
  pumila **454, 456**
  punta-caillan 3591
  purpurea 245
  pusilla 218, 252, 303, 361, 422, 423, **455, 458**, 459
  pycnacantha 3905
  pacnantha **581**, 3905
  — margaritana **581**, 583
  pygmaea 3604
  pyriformis 446, **565**
  pyrocarpa 556
  pyrrhacantha 314, 336
  — leucolutea 3599
  quimilo **391, 396**, 515, 522, 3605, 3606, 3632
  quipa **620**, 621, 3626
  quiscalora 638
  quitensis 487, 565, **616, 617**, 3625, 3626
  rafinesquei 474, 479, 480, 481, 483, 602
  — arkansana 479, 481
  — cymochila 480, 483
  — — montana 483
  — fusiformis 480, 484
  — grandiflora 476
  — greenei 3621
  — macrorhiza 3621
  — microsperma 479, 481, 605
  — minor 479, 481
  — parva 3621

Opuntia, rafinesquei stenochila 483
  — vaseyi 510
  rafinesquiana 481
  — arkansana 481
  rahmeri 302, 304, 306
  ramosissima 167
  — denudata 168
  ramulifera 171
  rarissima 3599
  rastrera **496, 511**
  rauhii 3591
  rauppiana 217, 298
  recedens 474
  recondita 178
  recurvospina 509
  reflexa 556
  reflexispina 365
  reicheana 284
  repens **454, 457**, 458, 466
  reptans 638
  reticulata 384
  retrorsa **396, 406**
  retrospinosa 218, 419, **421**, 425, **427**, 428, 430, 432
  rhodantha 419, 592, 597, 598, **601**, 602, 606
  — pallida 602
  — pisciformis 602
  — salmonea 602
  — schumanniana 602
  — spinosior **601, 602**
  — xanthostemma 601
  rileyi 542
  riojana 229, 288, 289
  riparia 503
  ritteri **544, 548**
  riviereana **3627, 3628**
  robinsonii **512**
  robusta **532, 533**, 534, 535, 3622
  — longiglochidiata **535**, 3622
  — viridior 534
  rosarica 185
  rosarium 530
  rosea 115, 142, 197, 199, 200
  roseana 484
  rosiflora 142
  rotundifolia 134
  roxburghiana 399
  rubescens 376, 386
  rubiflora **510**
  rubrifolia **483**, 509, 568
  rufescens 538
  rufida **575**, 576, **579**, 580, 590
  — rubra 580
  — rubrifolia 580
  — tortiflora 580
  rugosa 510
  ruiz-lealii 157, 158, 161, 223
  russellii 286
  ruthei 195
  rutila 592, **593**, **597**, 598, 599, 601, 608, 610

---

*) Schreibweise nach BRITTON u. ROSE; SALM-DYCK und SCHUMANN schrieben „pseudo-tuna".

Opuntia, sabinii 594
  sacha rosa 109
  salagria **392, 398**
  salicornioides 638, 708
  salmiana 156, 157
  salmii 638
  salvadorensis **463, 465**
  sanguinocula 481
  santa-rita 497
  saxicola 562
  scheeri 548, **549**
  — albispinosa 549
  schickendantzii 407, **408**, 3607
  schomburgkii 638
  schottii 355, 357
  — greggii 357
  schulzii 372, 373, 375
  schumannii 228, 267, **488, 489**
  schweriniana 607
  securigera **417**
  segethii 139
  seguina 485
  semispinosa 501
  senilis 232, 550
  sericea 413
  — coerulea 413
  — longispina 413
  — maelenii 413
  serpentina 186
  serrana 638
  setigera 252
  setispina 490, **491**
  shaferi 146
  shreveana 497
  sinclairi 556
  skottsbergii 161, 162, 219
  soederstromiana 446, 487, 551, 554, **555, 562**, 563
  soehrensii 420, **421**, 428, **432**, 434, 436, 437, 471, 3615, 3616
  spathulata 135
  — aquosa 135
  speciosa 638, 758
  spectatissima 3604
  spegazzinii 156
  sphaeracantha 638
  sphaerica 296, 297, 302
  sphaerocarpa **601, 603**
  — utahensis 595, 603, 606
  spinalba **487**
  spinaurea 468, 637
  spiniflora 638, 869
  spinosibacca **495, 505**
  spinosior 204
  — neomexicana 204
  spinosissima 376, 377, 381
  spinotecta 195
  spinulifera 513, **514**, 515, 517, 550
  spinuliflora 638
  spinulosa 638
  spirocentra 638

Opuntia, splendens 605
  splendida*) —
  spranguei 542
  squarrosa 556
  staffordae 230, 296, 297
  stanlyi 359, 360
  — kunzei 360
  — parrishii 361
  — wrightiana 360
  stapeliae 196
  steiniana 3579
  stellata 195
  stenarthra **394, 402**
  stenochila **478**, 480, 481, **483**
  stenopetala **626**
  stipata 173, 638
  straminea 638
  streptacantha 515, **516**, 519, **520**, 522, 859, 3632
  — pachona 522
  stricta 452, 469, **470, 471**, 566
  — spinulescens 638
  strigil **490**
  strobiliformis 215, 228, 257
  subarmata 555, 556
  subferox 383, 538
  subinermis 346, 638
  sublanata 139
  subsphaerica 294
  subsphaerocarpa **395, 405**
  subterranea 223, 349, 3595
  subulata 139
  sulphurea **411, 412**, 413, 415, 416, 3609
  — hildmannii **411, 412**, 414, 3609
  — laevior 413
  — maculacantha 414
  — major 413
  — minor 413
  — pallidior 413
  — pampeana **411, 414**, 415, 419
  — roseispina 3609
  — rufispina 3609
  superbospina 509
  syringacantha 257
  tapona **566, 569**, 584
  tarapacana 302, 304, 306
  tardospina **494, 498**
  tayapayensis 453, **454, 456**
  taylori **454, 457**, 461
  tenajo 173
  tenuiflora **569**
  tenuispina **491, 492**
  tephrocactoides 3576
  teres 146, 150
  tesajo 173
  tessellata 167
  — denudata 168
  testudinis-crus 384
  tetracantha 177
  texana 555
  thornberi 184

*) Eine Bezeichnung Diguets für Op. ficus-indica v. splendida Web. (Cact. Util. d. Mex., 498. 1928).

Opuntia, thurberi 176
  tidballii 567
  tilcarensis 221, 222, 413, 419, **421**, **437**, 3615, 3617
  — rubellispina **3617**
  todari 638
  tomentella 140, **540**, **542**
  tomentosa 419, **539**, **540**, 542
  — rileyi **540**, **542**
  — spranguei **539**, **542**
  tortisperma 481
  tortispina **478**, 480, **481**, 482, 483
  — cymochila **478**, **483**
  toumeyi 506, 508
  tracyi **460**
  treleasii **585**, 586
  — kernii 585, 586
  triacantha **462**, **464**, 465
  tribuloides 524
  trichophora 601, 604, 607, 608
  tricolor 555
  tuberculata 485, 637
  tuberculosirhopalica 3604
  tuberiformis 264
  tuberosa 161, 163
  — albispina 163
  — spinosa 164, 270, 273
  tuna 140, **463**, **467**, 468, 469, 637, 638, 2618, 3620
  — humilior 467
  — humilis 468
  — laevior 468
  — orbiculata 468
  tuna-blanca **393**, **401**
  tunicata 178, 196, 200, 3623
  — laevior 197
  tunoidea 468, 558
  tunoides 468
  turbinata **566**, **571**, 572
  turgida **470**, **472**
  turpinii 215, 228, 257, 258
  — polymorpha 257
  tweediei 413
  udonis 239
  umbrella 399
  undosa 527
  undulata 195, 526, **527**, 528, 636
  unguispina 297
  urbaniana 377, **388**
  ursina 599, 604, 608, 610
  ursus horribilis 611
  urumbella 400
  utahensis 602
  utkilio **396**, **406**, 3607
  vaginata 172, 3584
  valida 501
  variacantha 638
  vaseyi 481, **496**, 497, 502, **510**, 511, 570, 3622
  velutina **544**, **547**
  verrucosa 638
  verschaffeltii 148
  — digitalis 148

Opuntia, verschaffeltii longispina 3577
  versicolor 194
  verticosa 236
  vestita 146, 150, 234
  — major 3581
  vexans 195
  vilis 354, 362
  villus 638, 3602
  violacea 509
  virgata 171
  viridiflora 179
  vivipara 176
  vulgaris **392**, **399**, 400, 401, 474, 480, 528, 3606
  — balearica 471
  — lemaireana **392**, **400**
  — major 474
  — media 474
  — minor 474
  — nana 474
  — rafinesquei 479
  vulgo 400
  vulpina **411**, **415**, 416, 3609
  wagneri 157
  weberi 252
  — dispar 252
  weingartiana 145
  wentiana **464**, **468**, 469
  wetmorei 219, 220, 228, 282
  whipplei 179
  — enodis 180
  — laevior 179
  — spinosior 180, 204
  whitneyana **589**, **590**, 3624
  — albiflora **589**, **591**
  wiegandii 3604
  wilcoxii **544**, 545, **547**
  wilkeana 3599
  winteriana 552, 554, 556
  woodsii 497, **511**
  wootonii 501, 502
  wrightiana 360, 361
  wrightii 175
  xanthoglochia 484
  xanthostemma 601
  — brevispina 602
  — elegans 602
  — flavispina 602
  — fulgens 602
  — fulva 602
  — gracilis 602
  — orbicularis 602
  — rosea 602
  — rubra 602
  xerocarpa 609
  yanganucensis 3591
  youngii 486
  zacana 562
  zacuapanensis **519**
  zebrina **486**, **487**
  zehnderi 3598
  zuniensis 506
Opuntiales **101**

Opuntioideae 18, 24, *49*, *63*, 102, 123, 124, 213, 370, 623, 635, 636, 3575, 3912
Opuntiopsis 716
Oreocereus *54*, *73*, 639, 824, 972, **1024–1040**, 1057, 2130, 2235, 2515, 3678, 3683, 3695–3697
  bolivianus 1038
  bruennowii 1029
  celsianus 1025, 1026, 1027, 1029, 3695
  — bruennowii 1029
  — maximus 3695
  — ruficeps 1030
  — villosissimus 1030
  — williamsii 1029
  crassiniveus 1038
  doelzianus 1041
  fossulatus 1026, **1029**, **1031**, 1033, 1034, 1035, 3695
  — flavispinus 1032
  — gracilior **1029**, **1032**, 1033, 3696
  — lanuginosior 1032
  — pilosior 1032
  — robustior 1033
  — rubrispinus 1032
  — spinis-aureis 1033
  hendriksenianus 1025, 1027, **1029**, 1030, **1033**, 1034, 1035, 1056, 3696
  — densilanatus 1027, **1029**, **1033**, 1035
  — niger 3696
  — spinosissimus **1029**, 1033, **1035**
  horridispinus 1027, 1040, 1048, 1057
  irigoyenii 1036
  lanatus 1040, 2528
  maximus 443, 1025, 1026, 1028, **1029**, **1031**, 1034, 3695
  neocelsianus 1026, 1027, **1028**, **1029**, 1031, 1033, 1034, 3695
  — bruennowii 1029
  ritteri 1027, 1033, 1034, 1035
  tacnaensis 1035, 3696
  trollii 1025, 1026, 1028, **1029**, 1033, 1034, **1036**, 3695, 3696
  — crassiniveus **1029**, 1034, **1038**
  — tenuior **1029**, **1038**
  variicolor 1027, 1048, 1056, **3696**
  — tacnaensis **3696**
Oroya *56*, *76*, *78*, **1683–1695**, 3682
  borchersii 1064, **1686**, **1692**, 1695
  — fuscata **1686**, **1695**
  cumingii 1790
  gibbosa **1686**, **1695**
  laxiareolata **1686**, **1692**
  lutea 1695
  neoperuviana **1686**, 1687, **1689**, 1691
  — depressa **1686**, **1691**
  — ferruginea **1686**, **1690**
  — tenuispina **1691**
  peruviana **1685**, **1686**, 1689, 1690, 1691
  — depressa 1690
  subocculta **1685**, **1687**, 1691
  — albispina 1683, **1685**, **1688**

Oroya, subocculta fusca 1685, **1688**
Ortegocactus 3704, **3876**–**3877**
  macdougallii **3876**
Pachycerei *57*, *80*, *83*, 2129, 2130, 2131, 2135, 2162, 2174, 2213, 2232, 2235, 2264, 2287, 2369, 2495, 3859
Pachycereus *58*, *83*, 2134, **2138–2155**, 2165, 2195, 2212, 2226, 2235, 3859
  calvus 40, 2138, 2142, **2146**, **2149**
  chrysomallus 2155, 2241
  columna-trajani 2155, 2195, 2200, 2236, 2241, 2262
  gaumeri *85*, 2155, 2210, 2211, 2228, 2229
  gigas **2147**, 2152, **2154**
  grandis 2142, **2147**, **2151**
  — gigas 2142, 2145, 2154
  lepidanthus 2155, 2229
  marginatus 2155, 2215
  orcuttii 2141, 2142, **2147**, **2154**
  pecten-aboriginum 2138, 2141, 2142, **2146**, **2150**, 2151, 3859
  pringlei 2138, 2141, 2142, **2146**, **2147**, 2150, 2278
  — calvus*) —
  queretaroensis 2184
  ruficeps 2244
  tehuantepecanus 2150, 2151
  tetetzo 2200
  titan 2147
  weberi **2147**, **2152**, 2154
Parodia *56*, *76*, *77*, 1556, **1580–1613**, 2934, 3514, 3743, 3744, 3748–3754
  alacriportana **1583**, **1591**, 1599
  amambayensis 1586, 1600
  aureicentra **1587**, 1600, **1601**
  — albifusca 3749
  — lateritia **1587**, **1602**
  aureispina **1583**, **1590**, 1596
  — elegans **1583**, **1590**
  aurihamata 1590, 1596
  ayopayana 1581, 1582, **1588**, **1607**, 1612
  — elata 1607
  borealis 1613
  brasiliensis 1296, **1585**, **1598**, 1612
  brevihamata **1585**, **1599**, 3748
  camargensis **3907**
  — camblayana 3752, **3907**
  — castanea **3907**
  — prolifera **3907**
  camarguensis 1612, 3907
  camblayana 1613, 3907
  cardenasii 3751
  carminata **1583**, **1593**
  castanea 1613
  catamarcensis **1585**, **1596**
  chrysacanthion **1589**, **1608**, 3751
  — leucocephala 1608
  columnaris **1587**, **1605**, 1607, 1608
  comarapana **1588**, **1608**
  comata 3751
  commutans 3751

---

*) „v. calvus" auf S. 2149 ist ein Druckfehler; es soll heißen „dieser Art oder Pachycereus calvus".

Parodia, comosa 1613, 3752
 cruci-albicentra 1609
 cruci-nigricentra 1589, 1610
 — sibalii 1589, 1610
 culpinensis 1613, 3752
 echinus 1613, 3752
 erythrantha **1584**, 1592, **1593**
 escayachensis **1590**, **1612**
 faustiana **1589**, **1609**, 1610
 — sibalii **1589**, **1610**
 — tenuispina **1589**, **1610**
 fulvispina 1613, 3752
 gibbulosa 1613
 gigantea 1603, 1604
 glischocarpa 3751
 gracilis 1613
 gummifera **1588**, **1607**
 gutekunstiana **1587**, **1604**, 1612, 3748
 haemantha 1591
 heteracantha 3751
 islayensis 1613
 jujuyana 1603, **3911**
 maassii 1581, **1586**, **1599**, 1604, 3753, 3907
 — albescens 1600
 — atroviridis 1599
 — auricolor 1600
 — carminatiflora 1600
 — maassii atroviridis 1586
 — rectispina **1586**, **1600**
 macrancistra 1592, 1593
 — leucantha 1593
 — rigidispina 1593
 mairanana **1586**, **1601**
 maxima 3751
 microsperma **1583**, **1592**, 1594, 1612, 3748, 3754
 — brevispina 1593
 — brunispina 1593
 — elegans 1593
 — gigantea 1593
 — macrancistra **1583**, **1592**
 — — leucantha 1583
 — rigidissima 1593
 — thionantha 1592
 microthele **1590**, **1612**
 minor 1613, 1889
 minuta 1613
 multicostata 1613
 mutabilis **1584**, 1590, **1595**
 — carneospina **1584**, **1595**
 — elegans **1584**, **1596**
 — ferruginea **1584**, **1595**
 — nobilis 1596
 nivosa **1588**, **1609**, 1610
 — cruci-albicentra 1589, 1609
 ocampoi **1588**, **1607**
 — compressa 1608
 paraguayensis 1580, **1586**, **1600**
 penicillata **3750**
 procera 1613, 3752
 prolifera 1613
 rigidispina **1589**, 1593, **1610**, 1611, 3749
 — major 1589, 1611

Parodia, rigidissima 1611
 — rubriflora 1611
 riojensis 3751
 ritteri **1588**, **1605**, 3749
 rubellihamata 3751
 — chlorocarpa 3751
 — paucicostata 3751
 rubida 1613, 3752
 rubistaminea 3752
 rubricentra **1587**, **1602**
 rubriflora 1611
 rubrihamata 1611
 rubrispina 1605, 1612
 — intermedia 1605, 1612
 saint-pieana **1590**, **1611**
 sanagasta **1584**, **1594**, 1610, 3749
 — albiflora 1594
 — grandiflora 3749
 — minimiseminea 3749
 sanguiniflora **1583**, **1591**
 — violacea **1583**, **1592**
 schuetziana **1583**, **1591**, 3748
 schwebsiana **1585**, **1597**
 — applanata **1585**, **1598**
 — salmonea **1585**, **1598**
 scopaoides **1585**, **1597**
 scoparia 1597
 setifera **1584**, **1595**
 — longihamata **1584**, **1595**
 — nigricentra 1584, 1595
 — orthorhachis 1584, 1595
 steinmannii 3754
 stuemeri **1587**, **1602**, 1603, 1604, 1605
 — tilcarensis 1603
 subterranea 1613
 sulphurea 1590
 suprema 3752
 tabularis 1612
 tilcarensis **1587**, **1603**, 1604
 — gigantea **1587**, **1603**, 1604
 — jujuyana 1587
 — jujuyensis 1587
 tuberculata **1586**, **1600**
Parviflorae 98
Parviopuntia 212, 220, 221, 418
 boliviana 222
 chilensis 222
 corotilla 222
 diademata articulata 222
 — calva 222
 — polyacantha 222
 duvalioides 222
 ferocior 222
 ignescens 222
 pentlandii 222
 tilcarensis 222, 437
Pediocactus *61*, *94*, 2833, **2841**–**2847**, 2871, 2876, 2879, 2881
 hermannii 2841, 2842, 2846
 knowltonii 2847
 paradinei 2847, 2876, 2877
 simpsonii 2841, 2842, **2843**, 2844, 3501, 3503

Pediocactus, simpsonii caespiticus **2843, 2846**
— hermannii 2842, **2843, 2846**
— minor 2842, **2843, 2846**
Peireskia 21, 23, *49, 63,* **104–113**, 106, 126, 3091, 3573–3575, 3912
acardia 107
aculeata **106, 107**, 3905
— brasiliensis 107
— godseffiana **106, 107**
— lanceolata 107
— latifolia 107
— longispina 107
— rotunda 107
— rotundifolia 107
— rubescens **107**
affinis 113
amapola 108, 109
— argentina 108
argentina 108
autumnalis 114
bahiensis **106, 109**, 130
bleo 115
brasiliensis 107
calandriniaefolia 135
colombiana 115
conzattii 105, 118
corrugata 118
crassicaulis 135
cruenta 3905
cubensis 117
diaz-romeroana 105, **106, 112**
foetens 107
fragrans 107
galeottiana 113
gigantea 116
glomerata 339
godseffiana 107
grandiflora 116
grandifolia 113, 116
grandispina 113
guamacho 115
guatemalensis 113, 114
haageana 113
horrida 104, 109, 110, 1835
hortensis 107
humboldtii 104, **106, 110**, 112, 3573
lanceolata 3905
longispina 107
— rotundifolia 3905
— rubescens 3905
lychnidiflora 114
moorei **106, 109**
nicoyana 114
ochnocarpa 116
opuntiaeflora 130, 133
panamensis 115
pereskia 107
pflanzii 127
philippii 120
pititache 135
plantaginea 113
poeppigii 121
portulacifolia 117

Peireskia, recurvifolia 113
rosea 115
rotundifolia 134
rubescens 107
rufida 107
saccharosa 109
sacharosa **106, 108**
sacha rosa 109
scandens 133
sparsiflora **3573**
spathulata 135, 682
subulata 139, 3503
tampicana 115
undulata 107
vargasii **106, 111**, 112, 3573
— longispina **106. 111**
— rauhii **106, 111**
verticillata 127, 128
weberiana 104, **106, 112**
zehntneri 126, 127
zinniaeflora 116
Peireskieae *49, 63,* 104, 120
Peireskioideae 18, 24, *49, 63,* 102, **103**, 126, 3091, 3573, 3912
Peireskiopsis *49, 63,* 124, **130–136**, 370, 3913
aquosa 131, **132, 135**, 636
autumnalis 114
blakeana **132, 136**
brandegeei 134
chapistle **132, 134**
diguetii **131, 132**
gatesii **132, 134**, 636
kellermannii **132, 136**
opuntiaeflora 131, **132, 133**
opuntiiflora 133
pititache **132, 135**
porteri 131, **132, 134**
recurvifolia 136
rotundifolia **132, 134**
scandens **132, 133**
spathulata **132, 135**
velutina **131, 132**
Pelecyechinopsis 1350, 1358
Pelecylobivia 3729
Pelecyphora *62, 97,* 2821, 2865, 2903, **3077–3080**, 3081, 3082
aselliformis 3077, **3078**, 3083, 3497
— concolor 3078
— grandiflora 3078
— pectinata 3082
— pectinifera 3082
fimbriata 2865, 3080
micromeris 2908
pectinata 3082, 3434
plumosa 2821, 2863
pseudopectinata 3077, **3078, 3080**, 3082
valdeziana 2687, 3080, 3503
— albiflora 3911
Peniocereus 41, *57, 81,* 639, **1940–1947**, 2072, 2073, 2076, 2081, 3843–3844
diguetii 1941, **1942, 1945**, 1946, 2079, 2080
fosterianus 1940, **1941, 1944**, 2073
greggii 1940, **1941, 1944**, 3843

Peniocereus, greggii transmontanus **1945**
  johnstonii **1942**, **1946**
  macdougallii 1941, **1942**, **1947**, 3843
  — centrispinus **3843**, 3844
  maculatus 1940, **1941**, **1942**, 1944
  marksianus 3844
  rosei **1941**, 1942, **1943**, 3843
  viperinus 2075
Perescia: s. Peireskia
Pereskia: s. Peireskia
Pereskieae: s. Peireskieae
Pereskioideae 3091
Pereskiopsis: s. Peireskiopsis
Pereskiopuntia 130
Peruvocereus 1159, 1160, 1224, 1230, 2500, 2501
  albicephalus 1161, 2501, 2504, 2506, 2508
  — armatus 2508
  albisetatus 1162, 1208
  — robustus 1170, 1209
  albispinosus 1209, 1230
  albispinus 1210
  — floribundus 1210
  — roseospinus 1211
  atrispinus floribundus 1211
  chrysacanthus 1215
  clavatus 1228
  ferruginospinus 1208
  multangularis 1160, 1172, 1220, 1221
  pseudocephalus 1230
  rubrospinus 1162, 1207
  salmonoideus 1160, 1229
  setosus 1162, 1219
  — longicoma 1162, 1219
  viridiflorus 1195
Peyotel zacatensis 2897
Pfeiffera 23, *53*, *71*, 639, 645, 698, 823, 824, **825–826**, 3656
  cereiformis 825
  erecta 3656
  gibberosperma 3656
  gracilis 3656
  ianthothele **825**
  mataralensis 3656
  rhipsaloides 712
  tarijensis 3656
Pfeifferae *53*, *71*, 824, 825, 826, 827, 3656
Phellosperma *62*, *99*, 2934, 3081, 3091, 3094, 3095, 3102, 3103, 3452, 3507, **3510–3511**, 3514
  guelzowiana 3508
  longiflora 3508, 3510
  pennispinosa 3452, 3514
  tetrancistra 3510, **3511**
Philippia 1872, 1873
Philippicereus *54*, *74*. 1091, **1092–1094**, 1151
  castaneus **1093**
Phillanthos 760
Phyllanthus 740

Phyllarthus 740, 3903
Phyllocacteae 731
Phyllocacti *51*, *68*, 731, 734, 3647
Phyllocactinae *51*, *66*, *68*, 731, 768, 2471, 3647
Phyllocactus*) *52*, *68*, 726, 728, 730, 739, 740, 742, 755, 757, 761
  ackermannii 760
  ackermannii hybridus 760
  acuminatus 746
  angularis 748
  anguliger 748
  biformis 764
  bradei 756
  capelleanus 761
  cartagensis 752
  — refractus 752
  — robustus 752
  caudatus 747
  caulorhizus 749
  chiapensis 762, 763
  cooperi 749, 822
  costaricensis 736, 753
  crenatus 749
  darrahii 748
  eichlamii 763, 765
  erebus 760
  gaertneri 723
  — macoyanus 723
  gaillardae 745
  grandilobus 748
  grandis 746
  guatemalensis 751
  guedeneyi 730, 754
  guyanensis 746**)
  haagei 760
  hookeri 752
  latifrons 746
  lepidocarpus 750
  macrocarpus 736, 754
  macropterus 735, 736
  nelsonii 762
  oxypetalus 746
  phyllanthoides 758
  — albiflorus 760
  phyllanthus 678, 745
  — boliviensis 746
  — columbiensis 746
  — paraguayensis 746
  pittieri 752
  pumilus 747
  purpusii 747
  ruestii 751
  russellianus 721, 727
  serratus 748
  stenopetalus 750
  striatus 760
  — multiflorus 760
  strictus 752

---

*) Auf Seite 754 sind noch 9 Namen genannt, die hier nicht aufgeführt werden, weil es sich um Bastarde handelt.
**) Die Schreibweise „guayanensis" auf S. 746 war ein Druckfehler.

Phyllocactus, thomasianus 736, 751, 3647
  tonduzii 755
  truncatus 730
  tuna 755
Phyllocereus 739, 740
  cinnabarinus 740
  speciosus 740
Phyllolepismium 681
Phyllopuntieae *49*, *63*, 123, 126
Phyllorhipsalis *51*, *67*, 652, 669, 671, 672, 681
Pilocanthus *61*, *95*, 2847, **2876–2881**
  paradinei 2872, **2877**
Pilocereus 1043, 1091, 2159, 2165, 2191, 2195,
    2235, 2251, 2252, 2257, 2259, 2274, 2275,
    2290, 2370, 2373, 2374, 2387, 2388, 2389,
    2402, 2515, 2543, 2549
  acranthus 1177
  albisetosus 792, 2467
  albispinus 2384, 2385, 2467, 2468
  — crenatus 2384
  — weberi 2385
  alensis 2437, 2457
  andryanus 2418
  angulosus 2210
  antiqua 2371
  arenicola 2426
  arrabidae 2411, 2413
  atroviridis 2382
  auratus 2368
  aureus pallidior 2462
  aurisetus 2404
  backebergii 2430, 2432
  bahamensis 2408
  barbadensis 2463
  barbatus 2452
  bergeri 2378
  bradei 2403
  brasiliensis 2423
  brooksianus 2451
  bruennowii 1029
  campinensis 1091, 2294, 2313
  catalani 2402
  catingicola 2413, 2414, 2422
  celsianus 1025, 1026, 1028, 1029, 1033
  — aureus 3696
  — bruennowii 1029
  — fossulatus 1032
  — foveolatus 3695
  — gracilior 1026, 1032, 3696
  — gracilis 1032
  — lanuginosior 1029, 1032
  — pilosior 3696
  — spinis aureis 3696
  — williamsii 1029
  chrysacanthus 2426
  chrysomallus 2155, 2200, 2236, 2257, 2258, 2262
  chrysostele 2404
  claroviridis 2430, 2432
  coerulescens 2418, 2444
  collinsii 2427
  colombianus 2433
  columna 2260, 2262, 2263, 2444

Pilocereus, columna-trajani 2260, 2263
  cometes 2435, 2436, 2440
  consolei 2461
  crenulatus 2449
  — griseus 2182
  curtisii 2461
  cuyabensis 2422
  dautwitzii 2490, 2530
  deeringii 2409
  divaricatus 2101
  engelmannii 2194
  erythrocephalus 1045, 3699
  euphorbioides 2167
  exerens 2411, 2412, 2413, 2442
  fimbriatus 2100, 2183
  flavicomus 2435
  flavispinus 1225, 2462
  floccosus 2418, 2419, 2452
  foersteri 2444, 2461
  fossulatus 1025, 1031
  — gracilis 1031, 1032
  — pilosior 1031
  fouachianus 2452
  foveolatus 1032
  fricii 2377, 2378, 2380
  fulviceps 2236, 2238, 2241, 2260
  fulvispinosus 2452
  gaumeri 2462
  ghiesbreghtii 2467
  giganteus 2194
  glaucescens 2416, 2444
  glaucochrous 2425
  gounellei 2407
  — zehntneri 2408
  grandispinus 2178, 2183
  guerreronis 2436
  haageanus 2531
  haagei 2490, 2530
  haenssleri 2456
  hagendorpii 2263
  hapalacanthus 2415
  haworthii 2461
  hendriksenianus 3696
  hermentianus 2465
  hogendorpii 2263
  hoogendorpii 2263
  hoppenstedtii 2200, 2236, 2254, 2260, 2263
  horrispinus 2384
  houlletianus 2442
  — leucocephalus 2447
  — niger 2462
  houlletii 2210, 2387, 2389, 2397, 2439, 2440,
    2441, 2442, **2444**, 2445, 2447, 2521
  — glaucescens 2445
  — leucocephalus 2447
  jubatus 2435
  kanzleri 1031
  klusacekii 2435
  keyensis 2410
  lanatus 2528, 2530
  — haagei 2530, 2531
  lanuginosus 2450, 2451
  — armatus 2453

Pilocereus, lanuginosus virens 2450
  lateralis 2236, 2263
  lateribarbatus 2260, 2262, 2263, 2264
  leninghausii 1629
  leucocephalus 2446, 2447, 2458
  leucostele 2549
  llanosii 2317, 2346, 2468
  luetzelburgii 2406
  lutescens 2461, 2462
  macrocephalus 2241
  macrostibas 873, 874
  marginatus 2217
  marschalleckianus 2449
  maxonii 2426
  melocactus 2548
  mezcalaensis 2202
  militaris 2259
  millspaughii 2459
  minensis 2400
  monacanthus 2093
  monoclonos 2409
  moritzianus 2428, 2430, 2451
  — curvispinus 2431
  — robustus 2431
  mortensenii 2450
  niger 2259, 2461, 2462
  — aureus 2462
  nigricans 2461
  nobilis 2461
  oaxacensis 3910
  oligogonus 2412
  — houlletianus 2412
  — sublanatus 2412
  oligolepis 2388, 2422
  palmeri 2436, 2438
  pasacana 1314
  pentaedrophorus 2402
  perlucens 2325
  pfeifferi 2432
  phaeacanthus 2291
  piauhyensis 2415
  plumieri 2459
  poco 3722
  polyedrophorus 2402
  polygonus 2459
  polylophus 2208
  polyptychus 2462
  pringlei 2147
  purpusii 2428
  remolinensis 2382
  repandus 2384
  rhodacanthus 1044
  robinii 2410
  royenii 2429, 2452
  — armatus 2452
  — cortezii 2453
  ruficeps 2236, 2244
  rupicola 2416
  russelianus 2377
  salvadorensis 2414
  sargentianus 2284
  sartorianus 2436, 2441, 2442
  schlumbergeri 2459

Pilocereus, schottii 2280, 2284
  — australis 2284
  — sargentianus 2285
  scoparius 2205
  senilis 2256, 2257
  — flavispinus 2257
  — longisetus 2257
  — longispinus 2257
  sergipensis 2421
  setosus 2407
  smithianus 2311
  spinis aureis 3696
  sterkmannii 2207
  strausii 1013
  — fricii 1015
  strictus 1225, 2461
  — barbatus 2453
  — consolei 2461, 2462
  — fouachianus 2452, 2461
  sublanatus 2413, 2424
  swartzii 2414
  tehuacanus 2465, 3909
  terscheckii 1103
  tetetzo 2196, 2198, 2200
  thurberi 2161
  trichacanthus 2462
  trollii 3696
  tuberculatus 2401
  tweedyanus 2453
  ulei 2437
  urbanianus 2460
  vellozoi 2548
  verheinei 2467
  violaceus 2461
  virens 2412, 2429
  vollii 2423
  wagenaari 2375, 2377
  williamsii 1030
  weingartianus 2431
Pilocopiapoa 56, 79, 1798, 1895–1896, **1910**
    3702, **3811–3814**
  solaris 1896, **3814**
Pilopsis 1094, 3706
  mirabilis 3706
Pilosocereus 24, *59*, *88*, 622, 823, 1018, 1091,
    1929, 2129, 2134, 2258, 2262, 2290, 2318,
    2369, 2370, 2373, **2387–2468**, 2469, 2470,
    2501, 2556, 3862–3863
  alensis **2398**, 2448, **2457**, 2458, 2465
  arenicola **2394**, **2426**
  arrabidae **2391**, **2411**, 2413, 2414, 2423
  aurisetus **2390**, **2404**, 2424
  backebergii **2395**, 2429, 2431, **2432**
  bahamensis **2391**, **2408**
  barbadensis **2400**, **2463**, 2464
  bradei **2390**, **2403**
  brasiliensis **2394**, 2413, **2423**, 2424
  brooksianus **2398**, **2451**
  catalani **2390**, **2402**
  catingicola **2394**, 2413, 2414, **2422**
  chrysacanthus **2394**, **2426**
  chrysostele **2390**, **2404**, 2460
  claroviridis **2395**, **2432**

Pilosocereus, collinsii **2395, 2427**, 2428
  colombianus **2395, 2433**, 2451
  cometes **2396, 2435**, 2466
  cuyabensis 1929, 2389, **2394, 2422**
  deeringii **2391, 2409**
  densiareolatus 2467
  diamantina 2467
  floccosus **2393, 2418**, 2419
  gaumeri **2399, 2462**
  gironensis **2398, 2456**
  glaucescens **2392, 2416**, 3862
  glaucochrous **2394, 2425**
  gounellei **2390, 2407**
  — zehntneri **2390, 2408**
  guerreronis **2396, 2436**, 2458
  hapalacanthus **2392, 2415**
  hermentianus **2400, 2465**
  keyensis **2391, 2410**
  klusacekii 2435
  lanuginosus **2398, 2449**, 2451
  leucocephalus 2389, **2397, 2447**, 2448
  luetzelburgii **2390, 2406**
  machrisii 2389, **2393, 2419**, 2420
  maxonii **2394**, 2400, **2426**, 2465
  millspaughii **2399, 2459**
  minensis **2389, 2400**, 2467
  monoclonos **2391, 2409**, 2410
  moritzianus 2378, **2395**, 2420, **2428**, 2429, 2432, 2433, 2462
  mortensenii **2398, 2450**, 2451
  nobilis 2259, **2399**, 2429, **2461**, 2463, 2464
  oligolepis 2389, **2394, 2422**
  palmeri 2262, **2397**, 2431, **2438**, 2439, 2440, 2441
  pentaedrophorus **2390, 2402**, 2425
  perlucens 2325
  piauhyensis **2392, 2415**
  polygonus **2399**, 2410, **2459**
  purpusii **2395, 2428**, 3863
  quadricentralis **2396, 2437**
  robinii **2391, 2410**, 2453
  royenii **2398, 2452**, 2453, 2461, 3863
  rupicola **2392, 2416**
  salvadorensis **2392, 2414**, 3862
  sartorianus **2397**, 2431, **2438**, 2439, 2440, **2441**, 2447, 2448
  sergipensis **2393, 2421**
  sublanatus 2391, **2413**, 2414, 2422
  swartzii 2390, **2391**, 2399, **2414**
  tehuacanus **2400**, 2427, 2448, **2465**
  tuberculatus **2389, 2401**
  tuberculosus **2390, 2407**
  tweedyanus **2398, 2453**, 2456, 2457
  ulei **2396, 2437**
  urbanianus 2390, 2391, **2399**, 2414, **2460**
Piptanthocereus 2232, 2293, 2314, 2318, 2367, 3861
  azureus 2330
  beneckei 2235
  chalybaeus 2334
  coerulescens 3861
  forbesii 2340, 3861
  — bolivianus 2341, 3861

Piptanthocereus, hankeanus 2350
  huilunchu 3861
  jamacaru 2350
  — caesius 2349
  — cyaneus 2350
  — glaucus 2354
  labouretianus 2348
  peruvianus 2357
  — monstrosus 2361
  spegazzinii 2304
  validus 2347
Platyopuntia 218, 264, 370, 418, 445, 3905
  conjungens 3632
Platyopuntiae *50, 65*, 389
Platyopuntiinae *50, 64, 65*, 370
Polaskia *58, 83*, **2132–2133**, 2134
  chichipe **2133**
Polyanthocerei *58, 80, 86*, 2213, 2264, 2287
Polyanthocereus 2469
Polygonaceae 3913
Porfiria *62, 99*, 3081, 3091, 3095, 3102, 3141, **3504–3507**, 3901–3903
  coahuilensis 3504, **3505**, 3506, 3901, 3902
  — albiflora 3141, 3504, **3505, 3506**, 3901, 3902
  schwartzii 3505, 3506, 3901, 3902, 3903
  — albiflora 3506, 3902
Prago-Aureolobivia 1357
  aurea 1357
  densa-aurea 1357
Prago-Chamaecereus 1337, 1338
Procochemiea 3092
Pseudepiphyllum 721, 726, 740
Pseudocoryphantha 2951, 2965, 2979
Pseudoechinocereus 941
  splendens 941, 958, 969
Pseudoechinopsis 1338, 1339, 1356, 1374, 1375
  cylindrica 1425
Pseudoespostoa *60, 89*, 1160, 1929, 2290, **2479–2491**, 2497, 2500, 2515, 2520, 2521, 2522, 2523, 2543, 3864
  climaxantha 2504
  haagei 2490
  melanostele 1160, 2479, 2483, **2487**, 2530, 2543, 3864
  — inermis **2490**, 2543
  — rubrispina 3864
Pseudoharrisia 2090
Pseudolobivia *55, 75*, 823, 824, 1017, 1046, 1095, 1273, 1274, 1275, 1302, 1303, 1309, **1338–1358**, 1361, 1363, 1371, 1374, 1375, 1379, 1393, 1477, 1481, 3723–3728
  acanthoplegma **3726**, 3728
  ancistrophora 1275, 1338, 1339, **1341, 1347**
  aurea 1275, 1291, 1302, 1338, 1339, **1343, 1356**, 1357, 1423
  — elegans **1343, 1357**
  — fallax **1343, 1357**
  — grandiflora **1343, 1357**
  carmineoflora **1343, 1355**
  ducis pauli 1046, 1343, 1344
  — rubriflora 1344

Pseudolobivia, ferox **1340**, **1345**, 1482, 3724, 3728
  fiebrigii 1350
  frankii 3728
  grandis 1375, 1676
  hamatacantha **1341**, **1348**
  kermesina 1339, **1342**, **1354**, 1481
  kratochviliana 1338, **1341**, 1347, **1348**, 1353, 1375, 1477, 1479
  leucorhodantha **1341**, **1350**, 1353
  lobivioides 1352
  longispina 1046, 1275, 1339, **1340**, **1343**, 1344, 1346, 3724
  — nigra **1340**, **1344**
  nigra 1344
  obrepanda 1275, **1341**, **1349**, 1350, 1355
  — fiebrigii **1341**, **1350**
  pelecyrhachis **1342**, **1352**, 1353
  — lobivioides **1342**, **1352**, 1353
  polyancistra **1341**, **1347**, 1477
  potosina **1340**, **1346**
  rojasii **1342**, **1351**
  — albiflora **1342**, **1351**
  torrecillasensis **1342**, **1353**, 3723, 3733
  wilkeae **3724**, 3728
  — carminata **3726**
Pseudomammillaria 2134, 2932, 2972, 3512, 3514, 3515, 3516, 3534
  — albescens 3532
  — camptotricha 3531
  — decipiens 3531
Pseudonopalxochia *52*, *69*, **757**
  conzattianum **757**
Pseudopuntieae *50*, *63*, *66*, 633
Pseudorhipsalides *51*, *66*, *67*, 698
Pseudorhipsalis *51*, *67*, 645, 698, **701–703**, 3643
  alata 679, 701, **702**, **703**
  harrisii **703**
  himantoclada 645, **702**, 703, 768, 3643
  macrantha **702**, 3643, 3652
Pseudosalpingolobivia 1328
Pseudotephrocactus 212
  atacamensis 339
  pentlandii longispinus 314
  subterraneus brevispinus 350
  — inermis 350
Pseudotrichocereanae 2653
Pseudotrichocereoidei 1581
Pseudozygocactus *51*, *68*, 642, 646, **719–721**
  epiphylloides **720**
  — bradei **720**, **721**
Pterocactus *49*, *64*, 123, 124, **161–165**, 210, 219, 273, 3587, 3629
  australis 161, **162**, **163**
  — arnoldianus **162**, **163**
  decipiens 163, **164**, 165
  fischeri **162**, **163**
  hickenii **162**
  kuntzei 161, 163
  kurtzei 163
  marenae 3587
  pumilus **162**, **163**

Pterocactus, skottsbergii **162**, 164
  tuberosus 161, **162**, **163**
  valentinii 161, 163
Pterocereus *58*, *84*, *85*, **2210–2212**, 2226, 2228, 2230
  foetidus **2211**
  gaumeri 2212, 2229
Pygmaeocereus *54*, *74*, **1252–1254**, 3717, 3718
  akersii 1252, 1254
  bylesianus 970, 1252, **1253**, 3717, 3718
  nigrispinus 941, 1253
  rowleyanus **3718**
Pygmaeolobivia *55*, *76*, 1375, 1376, 1482, 1483, 1494, 1518, 1523, 1533, 1534, 1551
  odierata 1503, 1553
Pyrrhocactus *56*, *76*, *77*, 1362, 1557, 1558, **1563–1576**, 1798, 1834, 1835, 3743–3748, 3764, 3765, 3767, 3768, 3788, 3790, 3791, 3801, 3906, 3907
  aconcaguensis 3791, 3793
  — orientalis 3791
  andicolus 3792
  — descendens 3792
  — mollensis 3792
  — robustus 3792
  andreaeanus 3768
  armatus 3791, 3792
  aspillagai 3770
  atroviridis 3793
  bulbocalyx 1557, **1564**, **1565**, 1567, 1568, 1848, 3745
  carrizalensis 3793
  catamarcensis **1564**, 1568, **1570**, 1571, 1573
  centeterius 1861
  — pachycentrus 1862
  chilensis 3768
  choapensis 3793
  chorosensis 3777
  confinis 3765
  crispus 3795
  curvispinus 1838, 3793
  — combarbalensis 3798
  dubius **1565**, 1568, 1571, **1573**, 1574
  engleri 3795
  eriosyzoides 3777
  froehlichianus 1839, 3783
  fuscus 3768, 3793
  — trapichensis 3777
  garaventai 3791
  grandiflorus 3796
  griseus **3906**
  heinrichianus 3791
  horridus 1840, 3791
  huascensis 3777, 3793, 3798
  kesselringianus 3790
  kunzei 1807
  lissocarpus 3796
  — gracilis 3797
  mamillarioides 1860
  marksianus 3797
  — tunensis 3798
  nigricans 3791, 3799
  occultus 3770, 3771

odoriflorus 3778
paucicostatus 3780
— viridis 3780
pilispinus 3748, 3788
pygmaeus 3781
reconditus 3767
robustus 3781, 3791
— vegasanus 3783
sanjuanensis 1563, **1565**, **1573**, 1574, 3745
setosiflorus 3744, **3745**
strausianus 1561, **1564**, **1565**, 1567, 1572, 1573, 3747
subaianus **1575**
taltalensis 3769
trapichensis 3777
tuberisulcatus 1840
umadeave 1079, **1564**, **1572**, 1574
vallenarensis 3793, 3798
vollianus **1569**
— breviaristatus **1569**
wagenknechtii 3783

Quiabentia *49*, *63*, 123, 124, **126–130**
chacoensis **127**, **128**
— jujuyensis **127**, **128**
pereziensis 126, **127**, **130**
pflanzii **127**, 128
verticillata **127**, **128**
zehntneri **127**, 130

Rapicactus 2847, 2848, 2862
mandragora 2862
subterraneus 2848, 2861, 2862
Rathbunia *57*, *83*, 1022, 2114, 2116, **2124–2129**
alamosensis 2125, **2126**, 2128
kerberi 2116, 2125, **2126**, **2129**
neosonorensis **2126**, **2127**, 2129
pseudosonorensis 2127
sonorensis **2126**, **2127**, 2129
Rauhocereus *54*, *74*, 940, **1157–1159**
riosaniensis 1146, **1158**, **1159**
— jaenensis 1146, **1159**
Rebulobivia 1494, 1495, 1501, 1508
einsteinii 1500
karreri 1500
nicolai 1497
peterseimii 1498, 1519
pilifera 1518
rubriviridis 1501
steineckei 1500
Rebutia *55*, *76*, 640, 1273, 1274, 1482, 1483, 1494, 1495, 1523, 1524, **1532–1554**, 1556, 3739, 3740, 3742
allegraiana 1414, 1539, 1554
arenacea 1533, **1537**, **1543**, 1544, 1549
aureiflora 1484, 1485, 1493
— albilongiseta 1493
— albiseta 1493
— longiseta 1493
beryllioides 1548, 1551
— densiseta 1551
binghamiana 1414, 1554

Rebutia, blossfeldii 1490
boedekeriana 1493
cabradai 1447, 1554
cabratai 1554
calliantha 1539, 1550, **1551**, **1552**, 3739
carminea 1550
chrysacantha 1522, **1536**, **1538**, 1539, 1540, 1547, 1551
— elegans **1536**, **1539**, 1554
— iseliniana 1546
— kesselringiana 1545
citricarpa 1532, 1540
— salmonea 1542
costata 1513
dasyphrissa 1540
deminuta 1530
duursmaiana 1493
einsteinii 1499, 1500, 1522
elegans 1493
famatimensis 1448, 1554
fiebrigii 1526
— densiseta 1526
glomeriseta **1537**, **1543**
gracilis 1554
grandiflora **1534**, **1535**, 3739
haagei 1494, 1495, 1496, 1502, 1510, 1519
— chamaeleon 1503
hahnii 1555
hertrichiana 1413, 1554
hyalacantha **1551**
karreri 1498
knuthiana 1550
krainziana **1537**, **1543**, 1544
— breviseta 1544, 1545
— longiseta 1544
kressebriana 1546
kressiala 1546
kressiana 1546
kruegeri **1554**, 3740
kuntheana 1550
kupperiana 1528
lasseniana 1554
maresii 1447, 1554
marsoneri 1538, 1546, **1548**, **1549**
— brevispina 1549
— grandiflora 1549
— sieperdaiana 1546
— spathulata **1548**, **1549**
— vatteri **1548**, **1549**
melanea 1447, 1554
minuscula 1428, 1530, 1532, 1533, **1534**, 1535, 1540, 1550
— citricarpa 1540
— coerulescens 1541
— grandiflora 1535, 3739
— intermedia 1535
— multiflora 1534
— salmonea 1542
— senilis 1545
nicolai 1497, 1498
nigra 1554
oculata 1511
odierata 1553

Rebutia, odieri 1553
  odorata 1553
  periferia 1542
  petersainii 1520, 1554
  peterseimii 1519, 1520
  petersonii 1534
  pilifera 1518
  pseudodeminuta 1526
  — longiseta 1528
  — schumanniana 1527
  pseudominuscula 1529, 1530
  pygmaea 1502, 1553
  — longispina 1510
  rubelliflora 1493
  rubispina*) 1493, 1524, 1528
  rubriflora 1493
  salmonea 1542
  sarothroides 1491
  schmiedickeana 1499
  senilis 1533, 1536, **1537**, 1538, 1542, **1545**, 1551
  — aurescens **1538**, 1540, **1546**
  — breviseta 1536, **1538**, 1544, **1545**
  — cana 1545
  — chrysacantha 1538
  — citricarpa 1540
  — dasyphrissa 1540
  — elegans 1536, 1539
  — hyalacantha 1551, 1552
  — iseliniana **1538**, **1539**, **1546**
  — kesselringiana **1538**, 1540, **1545**
  — lilacino-rosea **1537**, 1542, **1545**
  — lutei-rosea 1542
  — pallidior 1540
  — salmonea 1542
  — schieliana **1547**, 3740
  — semperflorens 1538, 1547
  — sieperdaiana **1538**, **1546**
  — stuemeri **1537**, **1545**
  — stuemeriana 1537, 1545
  — violaciflora 1542
  — xanthocarpa 1540
  sieperdaiana 1546
  spegazziniana 1530
  spinosissima 1531
  — brunispina 1531
  spiralisepala 1523, 1554
  steinbachii 1482, 1553, 1555, 3741
  steinmannii 1494, 1495, 1528, 1529
  tiraquensis 1553, 3741
  totorensis **1553**
  turbinata 1537, 1538, 1544, 1545
  violacea 1542
  violaciflora 1542, 1545, **1548**, **1549**, 1555
  — carminea 1550
  — knuthiana **1548**, **1550**
  — — carminea 1548
  — luteispina 1550
  waltheriana 1525, 1531
  wessneriana 1551, 1552
  — calliantha 3740
  xanthocarpa 1533, **1536**, 1539, **1540**, 1542

Rebutia, xanthocarpa citricarpa **1536**, **1540**
  — coerulescens **1536**, **1541**, 1542
  — dasyphrissa **1536**, **1540**, 1542
  — elegans 1539
  — luteirosea **1537**, 1540, **1542**
  — pallidior 1537, 1540
  — salmonea **1537**, **1542**
  — violaciflora **1537**, **1542**
Rebutiineae 1482
Rebutinae 1482
Rectochilita 3092
Reicheocactus 56, 76, 78, 1338, 1374, 1449, 1798, 1801, 1825, **1849–1851**, 3743, 3744, 3764, 3768, 3774, 3788, 3792, 3797, 3801–3803
  floribundus 3768, 3801, **3802**
  neoreichei **3801**, 3802
  pseudoreicheanus 1373, 1493, 1801, 1850, **1851**, 3764
Rhipsalides 50, 66, 642, 643, 3632
Rhipsalidinae 23, 50, 66, 642, 643, 768, 3632
Rhipsalidopsis 51, 68, 705, **712–714**, 715, 721, 722, 726, 727, 3644–3646
  gaertneri 712, 723
  — tiburtii 725
  graeseri 726
  rosea 705, 712, **714**, 721, 726, 3645, 3646
  — remanens **3646**
  serrata **713**, 722, 724
Rhipsalis 23, 51, 66, 641, 642, **643–682**, 649, 683, 688, 698, 701, 705, 712, 713, 715, 719, 726, 761, 768, 791, 825, 826, 3632–3640
  aculeata **651**, **663**
  aethiopica 646, 647, 660
  alata 672, 703
  alternata 696
  anceps 683, 689
  angustissima **653**, **673**, 674
  asperula 645, 682, 698, 699, 700
  bambusoides 710
  bermejensis 665, 3639
  biolleyi 681, 801
  boliviana **653**, 655, **672**, 682
  brachiata 655
  brevibarbis 689
  bucheni 681
  buchtienii 665
  burchellii **649**, **658**
  calamiformis 691
  campos-portoana **649**, **657**
  capilliformis **649**, **658**
  caripensis 660
  carnosa 681
  cassutha 646, 647, 648, **650**, 659, 660, 661, 663, 692, 3632, 3633
  — mauritiana 646
  — pendula 659
  — rhodocarpa 660
  cassuthopsis **650**, **660**, 661
  cassytha 659, 662, 681
  — dichotoma 659

---

*) Im Index von MARSHALL & BOCK auch „rubrispina" geschrieben.

Rhipsalis, cassytha hookeriana 659
— major 691
— mauritiana 660
— mociniana 659, 660
— pilosiuscula 660
— swartziana 659
— tenuior 660
cassythoides 659, 660
cavernosa 682, 683, 688, 689
cereiformis 825
cereoides **652, 669**
cereuscula **649, 655**
— rubrodisca **649, 656**
chloroptera **653, 674**, 675
chrysantha 694
chrysocarpa 691
clavata 644, **649, 657**, 705, 709
— delicatula **649, 657**
comorensis 646, 647, 660
conferta 661
coralloides 3632, **3634**, 3639, 3913
coriacea **653**, 672, 673, **674**
crassa 678
crenata 700
cribrata 644, **650**, 658, **659**, 682
— filiformis 659, 681
crispa 679
— latior 679
— major 679
crispata **654**, 672, **679**
— latior 679
crispimarginata **655, 679**
cruciformis 683, 687
cuneata **654, 676**
cylindrica 691, 710
densiareolata **650, 661**
densispina 665, 3639
dichotoma 659
dissimilis 693, 694, 695, 697
— setulosa 693
dixous 668, 681
echinata 655
elliptica **653, 675**, 677
— helicoidea **653, 675**
ensiformis 3643
epiphyllanthoides 690
epiphylloides 646, 719, 720
— bradei 646*)
erythrocarpa 646, 647, 662, 3633
erythrolepis 681
fasciculata 646, 647, **651, 664**, 665, 3632, 3633, 3634
filiformis 681
floccosa 682, 691
floribunda 661
fosteriana 677
foveolata 691
frondosa 681
funalis 691, 692

Rhipsalis, funalis gracilior 663, 691
— gracilis 691
— minor 692
gaertneri 722, 723
gibberula 690
goebeliana **654, 676**
gonocarpa **652, 671**
gracilis 658
graeseri 712, 726
grandiflora 651, 663, 685, 691
— minor 692
hadrosoma **651, 662**, 683, 685, 694
harrisii 703
heptagona **651, 666**, 681
heteroclada **649, 657**
himantoclada 645, 701, 702
hookeriana 659
horrida 664, 3632, **3634**
houlletiana **652, 669**, 676
houlletii 669
hylaea 663
ianthothele 825
incachacana **655, 680**, 681
itatiaiae 681
jamaicensis **653**, 672
knightii 688
lagenaria 681, 708
larmentacea 664
leiophloea **653, 674**
leucorhaphis **651, 665**
lindbergiana 646, 647, **650**, 661, **662**, 3633
linearis **652, 671**
loefgrenii **650, 662**, 694
lorentziana **654**, 673, **676**, 677
lumbricoides **651, 663**
macahensis 681
macrocarpa 681, 682, 745
macropogon 687, 688
madagascarensis 646, 648, 651, 664, 665, 3632, 3633, 3634, 3639
madagascariensis 664
— dasycerca**) 646, 664
megalantha 662, 693
mesembrianthemoides 655
mesembryanthemoides **649, 655**
mesembryanthoides 655
micrantha 645, **652, 668**, 671, 681, 698
microcarpa 682
minutiflora **651**, 660, **663**
miquelii 682
mittleri 687, 688
monacantha 701
— samaipatana 701
myosurus 683, 688
nevaesii 662
neves-armondii 692, 696
novaesii 662, 694
oblonga **654, 679**
oligosperma 682

*) Auf S. 721 fehlt das Synonym Rh. epiphylloides v. bradei Camp. Porto & Cast. (Rodriguesia II. 1935/36.
**) Britton & Rose schrieben ,,Rh. madagascarensis dasycerca Web.", Weber aber ,,magadascariensis".

Rhipsalis, pacheco-leonii 693
  pachyptera **654**, 677, **678**, 703, 760
  — crassior 678
  — purpurea 678
  paradoxa 696
  parasitica 659
  pendula 659, 660, 682
  penduliflora 644, **650**, 658, **659**
  — laxa 659
  pendulina 646, 647, 660
  pentagona 666
  pentaptera **651**, **665**, 683
  peruviana 682, 700
  pfeifferi 682
  phyllanthus 745
  pilocarpa 711
  pilosa 646, 664
  pittieri 692
  platycarpa **654**, **678**
  prismatica 646, 648, **649**, **656**
  pterocarpa 669
  pterocaulis 682, 697
  pulcherrima 682
  pulchra **650**, **662**
  pulvinigera 692
  puniceo-discus 691
  — chrysocarpa 691
  purpusii **653**, **674**
  quellebambensis 681
  radicans 689
  — anceps 689
  — ensiformis 689
  — rosea 689
  ramosissima 682
  ramulosa **653**, **673**, 674, 703, 755
  regnelliana 670
  regnellii 669, 670
  rhombea **653**, **672**, 712, 755, 3640
  — crispa 672, 679
  — crispata 679
  riedeliana 682
  rigida 695
  robusta **654**, 662, **677**, 678, 3639
  rosea 713, 714
  roseana **653**, **671**
  rugulosa 682, 691
  russellii **654**, **677**
  saglionis 655
  — rubrodisca 656
  salicornioides 655, 705, 706
  — bambusoides 709
  — gracilior 706, 708
  — gracilis 706, 708
  — ramosior 706, 708
  — setulifera 708
  — stricta 706, 708
  — strictior 706, 708
  — villigera 708
  salicornoides 706
  sansibarica 660
  sarmentacea 663
  sarmentosa 664
  schottmuelleri 708

Rhipsalis, setulosa 693
  shaferi 643, **650**, **662**, 692
  simmleri **649**, **656**
  spathulata 682
  squamulosa 669, 683, 687
  stricta 708
  suarensis 656
  suareziana 646, 648, 656
  sulcata **651**, **667**
  swartziana 703
  teres **650**, **661**
  tetragona 648, 656
  tonduzii **652**, **668**, 671
  triangularis **652**, **668**
  trigona 697
  tucumanensis 692
  turpinii 682
  undulata 659
  virgata **650**, **661**
  vollii 688
  warmingiana **652**, **670**
  wercklei **653**, **671**, **672**
  wettsteinii 682
  zanzibarica 646, 660
Rhipsaphyllopsis 713, 714, **726**
  graeseri **726**
Rhodocactus 49, 63, 104, **113**–**118**
  autumnalis 105, **113**, **114**, 118
  bleo **113**, **115**, 116, 3905
  colombianus **113**, **115**
  conzattii 113, **114**, **118**, 135
  corrugatus **114**, **118**
  cubensis **113**, **117**
  grandifolius **113**, **116**
  guamacho **113**, **115**
  horridus 110
  lychnidiflorus **113**, **114**
  nicoyanus **113**, **114**
  portulacifolius **114**, **117**
  tampicanus **113**, **115**
  zinniaeflorus **113**, **116**, 3905
Ritterocereus 58, 83, 2134, 2145, 2159, 2160, 2162, 2164, 2165, **2173**–**2190**, 2192, 2193, 3860
  chacalapensis **2164**, 2190
  deficiens 1119, 2074, 2131, **2174**, **2181**, 2184, 3860
  eichlamii **2174**, **2179**, 2189
  fimbriatus 2100, **2183**
  griseus 1119, 2131, 2174, **2175**, 2177, 2178, 2181, **2182**, 2183, 2184, 2189, 2267, 3860
  humilis 905
  hystrix 2131, **2174**, 2177, 2183, 2190
  laevigatus 2160, **2174**, **2178**, 2181
  montanus 2187
  pruinosus 2131, **2175**, **2183**, 2184, 3860
  queretaroensis **2175**, **2184**
  standleyi **2174**, **2176**
  weberi 2152
Rodentiophila 56, 78, 1670, 1798, **1799**–**1800**, 3764
  atacamensis **1799**, 3764
  lanata 1799

Rodentiophila, megacarpa 1799, 3764
Rooksbya *58, 83, 84,* **2165–2173**, 2192, 2193, 2196, 2198, 2199, 2203, 2204, 2387, 3859
  euphorbioides 2165, **2167**, 2168, 3859
  — olfersii 2169, **2170**, 3859
  mezcalaensis 2173, 2204
Roseia 2926
  castanedai 2929
Roseocactus *62, 97,* 2868, **3064–3075**, 3078, 3084
  albiflorus 3074
  fissuratus 2897, 3065, **3066**, 3068, 3074, 3084, 3089, 3499
  intermedius **3066**, **3068**
  kotschoubeyanus 3065, **3066**, **3069**, 3087, 3902
    — albiflorus **3066**, **3074**
    — grandiflorus 3074
    — macdowellii **3066**, **3075**
  lloydii 3065,3066,**3066**,**3068**,3069,3075,3084
Roseocereus *54, 74,* 1096, 1120, **1146–1150**, 3709
  tephracanthus 1147, **1148**, 1618, 3709

Salmiopuntia salmiana 156
  schickendantzii 408
Salpingolobivia 1328, 1338, 1358
  andalgalensis 1329
  aurea 1356, 1424
    — aurantiaca 1356
    — aureorubriflora 1356
    — cinnabarina 1356
    — elegans 1357
    — grandiflora 1357
    — robustior 1357
    — roseiflora 1356
    — rubriflora 1356
    — salmonea 1356
  cylindrica 1423, 1424
    — aureorubriflora 1424
    — roseiflora 1424
    — salmonea 1424
  densispina 1453
  huascha 1328
  shaferi 1426
  spinosissima 1358
    — rubriflora 1358
Samaipaticereus *54, 74,* **1090–1092**, 3705–3706
  corroanus **1090**, 3706
  inquisivensis **1090**, **1091**, 3706
  peruvianus 1092
Sapindaceae 3913
Schlumbergera *51, 68,* 646, 713, 719, 721, 722, **726–728**, 740, 3646, 3647
  bridgesii **728**, 3646, 3647
  epiphylloides 727
  gaertneri 723
  — makoyana 723
  russelliana **727**, 3647
  truncata 729
    — altensteinii 729
    — delicata 729
Schlumbergeria 727
Sclerocactus *61, 92,* **2674–2683**

Sclerocactus, franklinii 2674, **2676**, 2677, **2681**, 2682, 2683
  glaucus 2683
  havasupaiensis **2675**, **2678**
  — roseus 2675
  intermedius **2675**, **2677**
  parviflorus **2676**, **2680**
  polyancistrus 2674, 2675, **2676**, 2678, **2679**
  whipplei 2674, **2675**, **2676**, 2677, 2678, 2681, 2682
  — pygmaeus **2675**, **2677**
  — spinosior **2677**
Sclerospermae 42
Scoparebutia 1371, 1448, 1449
Selenicerei *52, 70,* 773
Selenicereus *52, 70,* 734, 737, 773, **774–793**, 795, 824, 3652, 3653, 3656
  acutangulis 792
  boeckmannii **776**, 778, 786, **787**, 1960, 3653
  brevispinus **776**, **783**
  coniflorus **775**, **782**, 3652
  donkelaari(i) **775**, **783**, 3652
  flavicomatus 792
  grandiflorus 26, 749, 774, **775**, **777**, 778, 780, 785, 3652
  — affinis **775**, **778**
  — albispinus 778
  — barbadensis **775**, **778**, 780, 3652
  — callicanthus 780
  — irradians **775**, **778**, 787, 3652
  — macdonaldiae 3652
  — mexicanus 3652
  — ophites **775**, **778**, 780, 3652
  — tellii **775**, **778**, 3652
  — uranos **775**, **778**, 780
  grusonianus 788
  hallensis **775**, **781**, 3906
  hamatus **777**, **789**, 3652
  hondurensis **775**, **783**, 3652
  humilis **792**
  inermis **777**, **791**, 1937, 3652, 3653
  jalapensis 783
  kunthianus **776**, **786**, 3653
  macdonaldiae **776**, **786**, **787**, 788, 789, 3652, 3653
  — grusonianus **776**, **788**
  maxonii 774, **776**, **781**, **786**
  megalanthus 797
  miravallensis 772
  murrillii **777**, **790**, 3653
  nelsonii 772, **777**, **791**
  nyctacaulis 792
  paradisiacus 781
  pringlei 774, **775**, 782, **783**, 3652
  pseudospinulosus 774, **777**, **789**, **790**
  pteranthus **776**, **784**, 792, 3652
  — armatus 786
  — gracilior 786
  — viridior 786
  radicans **776**, **787**, 792, 817
  „Rettigsche Hybride" **792**
  roseanus 786
  rostratus 789

Selenicereus, rothii **776**, **786**, 787
  seidelianus 792
  spinulosus 774, **777**, 789, **790**, 3652
  urbanianus **775**, **781**, 3653
  vagans **777**, **789**, 3652
  vaupelii 774, **776**, **786**, 787
  verdicarpus 792
  viridicarpus 792
  wercklei **777**, **791**, 3653
Seleniphyllum 737, 755
Septentriastrophytum 2652
Sericocactus 1576
  haselbergii 1576, 1577
Seticereus *54*, *73*, 920, 934, 941, 973, **977–991**, 1159, 1160, 2491, 2500, 3678–3680, 3681, 3683, 3695
  chlorocarpus 925, 978, **980**, 986, **988**, 990, 3679, 3680
  ferrugineus 982
  humboldtii 935, **979**, **983**, 990, 3678, 3679
  icosagonus 935, **979**, **980**, 983, 987, 990, 1186, 3678, 3681
  — aurantiaciflorus **979**, **982**, 3678
  — aureiflorus 3679
  — oehmeanus **979**, **981**
  oehmeanus 981
  — ferrugineus 980, **982**
  roezlii 925, 979, **980**, **985**, 986, 987, 989, 990, 3679, 3680
Setidenmoza icosagonoides 991
Setiechinopsis *54*, *74*, 1090, **1094–1095**, 1096, 1338, 2104, 3706
  mirabilis **1095**, 2108
Setirebutia 1482, 1484, 1487
  albiseta 1487
  — calenduliflora 1487
  disciformis 1489
  — grandiflora 1489
  — longiflora 1490
  — melanotricha 1489
  — multiflora 1489
  grandiflora 1487
  longiflora 1493
  melanotricha 1489
  multiflora 1489
  nidulans 1486, 1487, 1493
  roseiaurata 1487
  semicolumnaris 1487, 1493
  turbiniformis 1486, 1537
Soehrensia *56*, *76*, *77*, 1095, 1097, 1274, 1307, 1308, 1336, 1361, 1366, 1375, **1670–1683**, 1788, 1799, 1873, 3760
  bruchii **1671**, **1672**, 3760
  — nivalis 1673, 3761 (Abb.)
  formosa 1302, 1670, **1671**, 1675, **1678**, 1681, 1683, 3760
  — maxima **1671**, **1682**
  — polycephala **1671**, **1682**
  grandis **1671**, **1676**, 1677, 1678
  ingens 1375, 1670, **1671**, **1676**

Soehrensia, korethroides **1671**, **1673**
  oreopepon 1670, **1671**, 1673, **1674**, 1681
  schaeferi 1683
  smrziana **1671**, **1677**
  uebelmanniana 1670, 1683, 1800, **1925**
Solisia *62*, *98*, 3077, 3078, 3080, **3081–3083**, 3091, 3093, 3434, 3435, 3504
  pectinata 3077, **3082**, 3083, 3501, 3504
  pseudopectinata 3080
Spegazzinia 1787
  cumingii 1926
  fidaiana 1789
  neumanniana 1790
Sphaeropuntia 212, 219
Sphaeropuntiinae *49*, *64*, 211
Spinicalycium 1366
  klimpelianum 1369
  roseiflorum 1368
  spiniflorum 1368
  violaceum 1369
Stenocactus 2632, 2752, 2755, 2766, 2767, 2768, 2771, 2790, 2791, 2866
  albatus 2767
  anfractuosus 2781, 2789
  arrigens 2774
  boedekerianus 2766
  bravoae 2768
  bustamantei 2771
  carneus 2779, 2789
  confusus 3872
  coptonogonus 2763
  crispatus 2779
  debilispinus 2790
  densispinus 2768, 2769
  dichroacanthus 2783
  esperanzensis 2790
  gladiatus 2778, 2779
  grandicornis 2774
  grandicostatus 2790
  — flavispinus 2790
  — rufispinus 2790
  grisacanthus 2790
  hastatus 2763
  heteracanthus 2765
  hexacanthus 2790
  lamellosus 2773
  lancifer 2776
  lexarzai 2768
  lloydii 2771
  longispinus 2790
  multicostatus 2764
  nerispinus 2790
  obvallatus 2782
  ochoterenaus 2768
  oligacanthus 2791
  ondulatus 2790
  pentacanthus 2786
  phyllacanthus 2784
  polylophus 2790
  rectospinus*) 2768

s *) Borg schrieb „rectispinus"; die von ihm fälschlich aufgeführten Stenocactus zacatecaensis- Varietäten „v. brevispius und v. longispinus" waren nur Namen Gassers bei Echinocactus zacatecasensis. Siehe nächste Seite bei St. zacatecasensis.

Stenocactus, robustus 2790
  rosasianus 2768
  sphacelatus 2768
  sulphureus 2790
  tetracanthus 2790
  tetraxiphus 2770
  tricuspidatus 2785
  vaupelianus 2772
  violaciflorus 2777
  wippermannii 2765
  zacatecasensis 2772
  — brevispinus —
  — longispinus —
Stenocereus *58*, *85*, 2130, 2134, **2219–2223**, 2226, 2232, 2264
  stellatus 2124, **2220**, **2223**, 3823
  — tenellianus 2223
  — tonelianus 2223
  treleasii **2220**, **2223**
Stenopuntia 3627
Stephanocereus *60*, *90*, **2549–2551**
  leucostele **2549**
Stetsonia *53*, *72*, 910, **913–915**, 2287, 3665, 3666
  boliviana 3665
  coryne **913**, 3666
  procera 3666
Stromatocactus 3065
  kotschoubeyi 3070
Stromatocarpus*) —
  kotschubeyi*) 3070
Strombocacti 2931
Strombocactus *61*, *94*, **2866–2867**, 2868, 2869, 2881, 2887, 2892, 3064
  disciformis **2866**, 2881, 3499, 3503
  — seidelii 2867
  — setosus 2867
  klinkerianus 2888
  lophophoroides 2885
  macrochele 2883
  pseudomacrochele 2881, 2889
  schmiedickeanus 2886
  schwarzii 2887
Strophocactus *52*, *69*, **769–771**, 3653, 3903
  wittii **770**
Strophocerei *52*, *69*, 769
Strophocereus 3903
Subhydrochylus *98*, 3098, 3100, 3102, 3108, 3222, 3223, 3224, 3225, 3238, 3239, 3374, 3386, 3423, 3425
Submatucana *54*, *73*, 937, 951, 974, 1049, **1059–1063**, 1072, 1080, 3699–3704
  aurantiaca **1060**, **1061**, 3702
  calvescens **1060**, **1061**, 1063, 1080, 1088, 3702
  currundayensis **3702**
  paucicostata 3701, **3703**
  ritteri **3702**
Subpilocereus 24, *59*, *88*, 2314, 2318, 2370, **2373–2386**, 2388, 2389

Subpilocereus, atroviridis **2375**, **2382**, 2383, 2434
  grenadensis 2374, **2375**, **2383**
  horrispinus **2375**, **2384**, 2434
  ottonis 2373, **2374**, **2375**, 2384, 2433, 2434
  remolinensis **2375**, **2382**, 2383
  repandus 2318, **2375**, 2382, **2384**, 2385, 2450, 2467
  — weberi **2375**, 2383, **2385**, 2468
  russelianus 2373, **2374**, **2377**, 2383, 2429, 2433
  — margaritensis 2378
  — micranthus **2375**, **2381**
  wagenaari 2375
Subulatopuntia 137
  atroviridis 247
  cylindrica 140
  floccosa 233
  subulata 139
  vestita 150
Sulcorebutia *55*, *76*, 1532, **1555–1556**, 3740–3743
  steinbachii **1555**, 3740, 3742
  — violaciflora 1555
  tiraquensis **3741**
  xanthoantha 3743
Symphytoneurae 42

Tacinga *50*, *66*, 123, 124, **633–637**, 3632
  atropurpurea **634**, 635
  — zehntnerioides **634**, 3632
  funalis **634**, 635
  zehntneri 634
Tephrocactus *49*, *64*, 123, 166, **212–353**, 217, 354, 428, 3575, 3588–3601, 3606, 3619, 3905
  albiscoparius **3599**, 3601
  alboareolatus 349
  alexanderi **229**, **288**, 3593
  — bruchii **229**, 289, **290**, 293, 3593
  — — brachyacanthus **229**, **294**
  — — macracanthus **229**, **293**
  — subsphaericus **229**, **294**, 3593
  andicolus 218, 282
  aoracanthus 218, 261
  articulatus 24, 214, 215, 216, 222, **226**, 228, 252, 253, **256**, 282, 551, 2413, 3592, 3593
  — calvus 222, **226**, 228, **257**, 3592
  — diadematus 219, **227**, 228, 256, **264**, 265
  — inermis **226**, 228, **257**, 265, 3592
  — oligacanthus **227**, **265**, 3592
  — ovatus **227**, 228, 230, **261**
  — papyracanthus **226**, 228, **258**, 265
  — polyacanthus 222, **227**, 228, **258**, 262, 3592
  — syringacanthus **226**, 228, **257**, 265
  asplundii **232**, **335**, 3599
  atacamensis 215, **232**, 283, **339**, 340, 341, 3599
  — chilensis 222, **232**, **340**, 3599

---

*) Krainz („Die Kakteen" (VIII b) gibt an: Lemaire habe „Stromatocarpus kotschubeyi Karw." geschrieben.

Tephrocactus, atroglobosus **3905**
  atroviridis 216, **226**, **247**, 3591
  — longicylindricus **3591**
  — parviflorus **3591**
  — paucispinus **3592**
  berteri 294
  — kuehnrichianus 294
  — sphaericus 294
  bicolor 3598 (**3598**), 3601
  blancii **226**, **250**, 3592
  bolivianus 218, 222, 230, **231**, 314, 318, **319**, 320, 335
  boliviensis*) 319
  — albispinus*) 319
  — aureispinus*) 319
  — rufispinus*) 319
  bruchii 219, 220, 229, 290
  calvus 216, 218, 257
  camachoi **230**, 283, **306**, 3594
  campestris 3601
  — kuehnrichianus 3601
  chichensis **231**, **321**, 3598
  — colchanus **231**, **324**, 353, 3598
  chilensis 340
  coloreus 349
  conoideus **286**, 3593
  corotilla 222, **230**, **298**, 301, 3593
  — aurantiaciflorus **230**, **299**, 3593
  corrugatus 423
  crassicylindricus **226**, **253**, 3592
  crispicrinitus **225**, **243**, 3591
  — cylindraceus **225**, **243**, 3591
  — — flavicomus **225**, **243**, 3591
  — tortispinus **225**, **243**, 3591
  cylindrarticulatus **231**, 319, **320**, 3598
  cylindrolanatus **224**, **238**, 3591
  dactyliferus 222, **231**, **320**, 353, 3598
  darwinii 213, 214, **227**, **267**
  diadematus 218, 264
  — calvus 257
  — minor 264
  dimorphus **230**, 297, **299**, 301, 1388, 3596, 3601
  — pseudorauppianus **230**, **301**
  duvalioides 314, 320, 3598
  — albispinus 320, 3598
  echinaceus 3601
  ferocior 222, **232**, 320, **328**, 353, 3598
  flaviscoparius 335
  flexuosus 215, **233**, 344, **347**, 3599
  floccosus 214, **224**, **233**, 234, 248, 3588
  — aurescens 3588
  — canispinus **224**, **235**, 3588
  — cardenasii **3588**
  — crassior **224**, 234, **235**, 3588
  — — aurescens **224**, **235**, 3588
  — denudatus **224**, **235**, 248
  — ovoides **224**, **235**, 3588
  fulvicomus **231**, **325**, 3598
  — bicolor **231**, **326**, 3598
  geometricus **233**, **350**
  geometrizans 351

Tephrocactus, glomeratus **228**, 256, **276**, 287, 288, 3592
  andicola 220, **228**, **282**, 283
  — fulvispinus **228**, **283**
  — gracilior **228**, **283**, 3593
  — oligacanthus 265
  halophilus 219, 220, 288
  heteromorphus **225**, **244**
  hickenii **227**, **270**
  hirschii **226**, **251**, 3592
  hossei 216, 228, 258
  ignescens **232**, 288, **331**, 3598
  — steinianus 222, **232**, **334**, 3598
  ignotus 298
  kuehnrichianus 213, **229**, **294**, 296, 311, 3601
  — applanatus **229**, **296**
  lagopus 214, **224**, **236**, 3591
  — aureus **224**, **236**, 3591
  — — brachycarpus **224**, **237**, 3591
  — aureo-penicillatus **224**, **237**, 3591
  — leucolagopus **224**, **236**, 3591
  — pachycladus **224**, **237**, 3591
  leoncito **228**, **283**, 285, 297, 301, 305
  — reicheanus 285
  leoninus **3596**
  maihuenoides 353
  mandragora **233**, 350, **351**, 3595, 3599
  microclados **3599**
  minor **232**, 319, **341**, 3599
  minusculus **233**, **352**, 3600, 3601
  minutus **233**, **351**, 3599, 3600
  mirus **230**, **310**, 3595
  mistiensis **232**, **344**, 3599
  molfinoi 354
  molinensis **227**, **228**, **267**
  muellerianus **230**, **308**, 3595
  multiareolatus 3601
  neuquensis **228**, **286**
  nigrispinus **225**, **245**, 3905
  noodtiae **231**, **324**, 3598
  ovallei 316 (Abb.)
  ovatus 220, **230**, 286, 297, **303**, 319
  pentlandii 218, 222, **230**, **314**, 349, 3596
  — fuauxianus **230**, **317**, 3596
  — rossianus **230**, **317**, 3596
  platyacanthus 217, 218, **227**, 261, **270**, 3592
  — angustispinus **227**, **271**, 3592
  — deflexispinus **227**, **272**
  — monvillei **227**, **272**
  — neoplatyacanthus **228**, **275**, 3592
  polyacanthus 261, 270
  pseudorauppianus 301
  pseudo-udonis **225**, **243**, 3591
  punta-caillan **225**, **247**, 3591
  pusillus 218, 253, 422, 459
  pyrrhacanthus 215, **232**, **336**, 3599
  — leucoluteus **232**, **338**, 3599
  rarissimus **232**, **344**, 3599
  rauhii **225**, **239**, 243, 3591
  rauppianus 298
  reicheanus **284**, 306

---

*) Im WINTER-Katalog 1959 zu T. bolivianus umgestellt.

Tephrocactus, retrospinosus 218, 427
  riojanus 288
  russellii 217, **228**, 282, **286**
  schaeferi 349, 3594
  setiger 252
  silvestris **233**, **352**
  sphaericus 217, 219, **229**, 230, 294, **296**, 297, 298
  — rauppianus **230**, **298**
  — unguispinus **230**, **297**
  strobiliformis 257
  subinermis **232**, **344**
  subsphaericus 294
  subterraneus **233**, **349**, 350, 351, 3595
  tarapacanus **230**, 283, 302, **304**
  tortispinus 349
  tuna 349 (Abb.)
  turpinii 218, 257
  udonis **225**, **239**, 243, 3591
  unguispinus 297
  variiflorus **3594**
  verticosus **224**, **236**, 239, 3588
  weberi 212, 214, **226**, **252**
  — dispar **226**, **252**
  — setiger **226**, **252**, 423, 459
  wilkeanus **232**, **344**, 3599
  yanganucensis **225**, **247**, 3591
  zehnderi **231**, **328**, 3598
Thelocacti 2794, 2822
Thelocactus *61*, *93*, 2632, 2738, 2743, **2793**–**2822**, 2823, 2837, 2839, 2841, 2847, 2848, 2851, 2858, 2865, 2866, 2869, 2920, 2921, 3872–3873
  beguinii 2819
  bicolor 2738, 2739, **2798**, **2808**, 2811, 2812, 2861, 3872
  — bolansis **2798**, **2809**
  — flavidispinus 2812
  — mapi 2811
  — pottsii 2739, 2795, **2798**, **2809**
  — schottii 2798, 2809, 2812
  — texensis 2798, 2809, **3872**, 3873
  — tricolor **2798**, **2811**
  bueckii **2797**, **2805**
  conothelos 2819, 2859
  crassihamatus 2821, 2923
  crassior 2821
  ehrenbergii **2799**, 2816, **2819**
  flavidispinus **2799**, **2812**
  fossulatus 2800, 2801
  gielsdorfianus 2821, 2857
  goldii 2821, 2850
  hastifer **2798**, **2811**, 2848, 2859
  hertrichii 2821
  heterochromus 2738, 2795, **2796**, **2801**, 2809
  hexaedrophorus **2796**, **2799**, 2800, 2801
  — decipiens 2800
  — droegeanus 2800
  — fossulatus **2796**, **2800**, 3396
  — labouretianus 2800
  — major 2800
  horripilus 2821
  knuthianus 2821, 2858

Thelocactus, krainzianus **2797**, **2808**
  leucacanthus 2795, **2799**, **2815**, 2816, 3500
  — applanatus 2821
  — caespitosus 2821
  — porrectus **2799**, 2816, **2818**
  — recurvatus 2821
  — sanchezmejoradai **2817**
  — schmollii **2799**, **2816**, 2817, 2818
  lloydii **2797**, **2808**
  longispinus 2822
  lophophoroides 2821, 2885
  lophothele **2796**, **2803**, 2808
  mandragora 2821, 2862
  nidulans **2797**, **2806**
  pectinatus 2822
  perfectus 2856
  phymatothel(e)os 2795, **2796**, **2803**
  porrectus 2818
  pottsii 2738, 2739, 2795, 2801, 2809
  queretaroensis 2822
  rectispinus 2822
  recurvatus 2822
  rinconadensis 2803
  rinconensis **2796**, **2803**, 2805
  roseanus 2821, 2965
  sanchezmejoradai 2817
  saueri 2821, 2855
  saussieri 2821, 2860
  — longispinus 2848, 2859
  schmollii 2816
  schwarzii **2799**, **2813**, 3873
  smithii 2821, 2855
  subporrectus 2816
  subterraneus 2821, 2861
  theloideus 2816
  tulensis **2797**, 2805, **2806**
  uncinatus 2821, 2924
  valdezianus 2821, 2863
  viereckii 2821, 2851
  wagnerianus **2798**, **2811**
  ysabelae 2821, 2856
  — brevispinus 2821, 2856
Thelocephala 1800
  napina 1818
  — spinosior 1820
  roseiflora 1820, 3772, 3773
Thelomastus 2793, 2795, 2822
  bicolor 2811
  — bolansis 2811
  — tricolor 2811
  durangensis 2829
  heterochromus 2802
  hexaedrophorus 2800
  — major 2800
  macdowellii 2837
  phymatothele 2805
  unguispinus 2834
  wagnerianus 2811
Thiolobivia 1479
Thrixanthocereus *60*, *89*, 622, 1655, 1929, 2290, 2470, **2473**–**2479**, 2491, 2515, 2523, 2524, 2535, 3863–3864
  blossfeldiorum 2473, **2474**, **2476**, 2524, 3863

Thrixanthocereus, blossfeldiorum albidior 3863
— paucicostata 3863
cullmannianus **3863**
senilis **2476**, 2524, 3863
Toumeya *61, 94*, 2674, 2675, **2869**–**2871**, 2872, 2876, 2881, 2888
  klinkeriana 2888
  krainziana 2890
  lophophoroides 2885
  macrochele 2883
  papyracantha **2870**, 3501
  peeblesiana 2873
  pseudomacrochele 2889
  schmiedickeana 2886, 2888
  — klinkeriana 2888
  schwarzii 2887
Trichocalycium 1795
Trichocerei *54, 71, 73*, 1017, 1089, 1094, 1148, 1181, 1274, 1339, 1361, 1363, 1371, 3705, 3707
Trichocereus *54, 74*, 823, 1017, 1092, **1095**–**1146**, 1148, 1254, 1273, 1274, 1306, 1307, 1308, 1309, 1311, 1333, 1338, 1358, 1359, 1362, 1366, 2104, 3706–3709
  albispinosus 1145, 1291
  antezanae 1323
  atacamensis 1315
  auricolor 1330
  bertramianus 1323
  bridgesii **1099**, **1121**, 1123, 3706
  — brevispinus 1121
  — lageniformis 1121
  — longispinus 1121
  camarguensis **1101**, **1132**
  campos-portoi 1145, 2109
  campylacanthus 1145, 1296
  candicans 819, **1100**, 1126, 1128, **1129**, 1306, 1307, 1308, 1332, 3706
  — courantii 1129
  — gladiatus **1100**, **1130**
  — linkii 1129
  — robustior 1130
  — roseoalbus 1134
  — tenuispinus **1101**, **1131**
  cephalomacrostibas 1097, **1102**, **1141**, 3707
  cephalopasacana 1317
  — albicephala 1317
  chalaensis **1098**, **1109**, 3708
  chilensis **1101**, **1136**, 1139, 1140, 1146, 1153, 1918, 3707
  — australis 1141
  — conjungens 1141
  — eburneus 1097, **1101**, **1139**
  — funkii 1138
  — heteromorphus 1138
  — panhoplites 1138
  — polygonus 1138
  — poselgeri 1138
  — pycnacanthus 1138
  — quisco 1138
  — spinosissimus 1138
  — zizkaanus 1138

Trichocereus, chiloensis 3707
  conaconensis 1323
  coquimbanus **1102**, 1139, **1144**
  — nigripilis 1145
  courantii **1100**, **1128**, 1129, 1130
  crassiarboreus 1117, 1145
  cuzcoensis **1099**, 1109, 1111, **1123**, 1145
  — knuthianus 1117, 1145
  damazioi 2106
  deserticolus **1102**, **1143**
  fascicularis 1145, 1258
  — albispinus 1260
  — densispinus 1260
  fulvilanus 1145, 3709
  funkii 1138
  gladiatus 1130
  glaucus 1145
  glaziovii 1966
  herzogianus 1325
  — totorensis 1324, 1326, 3708
  huancayensis 3709
  huascha 1328
  — flavispinus 1329
  — rubriflorus 1329
  infundibuliformis 1146
  knuthianus **1099**, **1116**, 1117, 1145
  lamprochlorus 1126, 1127, 1128
  — salinicola 1128
  leucanthus 1145, 1296
  litoralis 1095, **1102**, 1139, **1142**, 3707
  macrogonus **1099**, 1108, **1119**, 1120, 1121, 1146
  manguinii **1100**, **1125**
  maritimus 1136
  microspermus 923
  narvaecensis 1327
  neolamprochlorus **1100**, **1126**, 1128, 1129, 1131
  nigripilis **1102**, **1145**, 3707
  orurensis 1145, 1321
  — albiflorus 1322
  pachanoi 891, **1099**, **1117**, 1119
  pasacana 1096, 1106, 1145, 1307, 1315, 1317, 1318, 3722
  — albicephala 1317
  — albicephalus 1317
  — boliviensis 1145, 1316
  — catamarcense 1316
  — inermis 1316
  — la rioja 1317
  — nigra 1317
  peruvianus **1098**, **1108**, 1111
  poco 1145, 1311, 1314, 1318
  — albiflorus 1321
  — fricianus 1320
  puquiensis **1098**, **1108**
  purpureopilosus **1101**, **1131**
  rhodotrichus 1145, 1295
  — argentiniensis 1145, 1295
  santaensis **1099**, 1108, **1110**, 3708
  santiaguensis **1098**, **1107**
  schickendantzii **1100**, **1125**, 3706
  schoenii **1098**, **1109**

Trichocereus. shaferi **1100**, **1125**, 1145, 1300, 1306
  skottsbergii **1102**, **1143**, 1152
  — breviatus **1102**, **1143**
  spachianus **1100**, 1107, **1123**
  spinibarbis 1146
  strigosus **1101**, **1132**, 3706
  — intricatus 1133
  — longispinus 1133
  — variegatus 1133
  tacaquirensis **1098**, **1107**
  taquimbalensis **1099**, 1107, **1111**, 3706
  — wilkeae **1099**, **1113**, 3706
  tarijensis 1326
  tarmaensis **1099**, **1114**, 1116
  tenuiarboreus 1145
  tephracanthus 1148
  — bolivianus 1150
  — boliviensis 1150
  terscheckii 1096, **1097**, **1103**, 1105, 1106, 1301, 1315, 1316, 1317
  — montanus **1097**, **1103**
  thelegonoides **1098**, **1107**, 1135, 1136
  thelegonus 940, **1101**, **1135**, 1136
  totorillanus 3709
  trichosus 1100, **1124**, 3706
  tropicus 1146, 1159
  tucumanense 1333
  tulhuayacensis **1099**, **1115**
  tunariensis 3707
  uyupampensis **1101**, 1123, **1134**
  validus 1096, **1098**, **1104**, 1106, 1295, 1316
  vollianus **1100**, **1123**
  — rubrispinus **1100**, **1123**
  werdermannianus 443, 1096, **1098**, **1105**, 1106
  wilkei 3706
Trichoechinopsis imperialis 1275, **1283**
Trigonorhipsalis *51*, *67*, 645, 669, 683, 687, 697
Trochilocactus 763, 765
  eichlamii 765, 766
Turbinicactus 2866, 2881
Turbinicarpus *61*, *95*, 2866, 2869, 2870, 2871, 2872, **2881–2890**, 2892
  klinkerianus **2882**, **2888**
  krainzianus **2882**, **2890**
  lophophoroides 2794, 2821, 2881, **2882**, **2885**
  macrochele **2882**, **2883**
  polaskii **2882**, **2883**, 2888
  pseudomacrochele 2881, **2882**, 2883, **2889**
  schmiedickeanus **2882**, **2886**, 2888, 2889
  schwarzii **2882**, 2884, **2887**

Utahia *61*, *93*, **2837–2841**
  sileri **2840**

Vatricania *59*, *60*, *89*, 1359, 1929, 2473, **2491–2494**, 2515, 2523, 3690
  guentheri **2492**
Vollia*) —

Weberbauerocereus *54*, *74*, 1096, 1145, **1254–1273**, 3707, 3718–3719
  albus 3718
  cephalomacrostibas 3707
  fascicularis 1254, 1255, **1256**, **1258**
  — densispinus 1267, 3719
  — horridispinus 3719
  horridispinus **1256**, **1264**, 3719
  johnsonii 3718
  longicomus 3718
  marnieranus 1257
  rauhii **1255**, **1256**, 1271, 1273
  — laticornua **1255**, **1257**
  seyboldianus 1254, 1255, **1256**, **1263**
  weberbaueri 1254, 1255, **1256**, **1260**
  — aureifuscus **1256**, **1262**
  — horribilis **1256**, **1262**
  — humilior 1254, **1256**, **1262**
  winterianus 1273, 3718
  — flavus 3718
Weberiopuntia 212
  weberi 252
Weberocereus *52*, *70*, **800–801**
  biolleyi 681, **800**, **801**
  panamensis **800**, **801**
  tunilla **800**
  — gonzalezii 801
Weingartia *56*, *76*, *78*, 1274, 1296, 1338, 1373, 1442, **1787–1794**, 1795, 1832, 2848, 3762
  ambigua **1789**, **1793**, 1833, 3497
  cumingii 1361, 1792, 1926
  fidaiana 1787, **1788**, **1789**, 1790
  hediniana **1789**, **1792**, 1926
  lanata 1793
  neocumingii 1787, **1788**, **1790**, 1792, 1832, 1926, 3762
  — brevispina 3762
  — corroana 1790, 1792
  — hediniana 1926
  neumanniana 1787, **1788**, **1790**
  pulquinensis 1791, 1792
  — corroana 1792
  schaeferi 1683, 1788
  westii **1789**, 1790
Werckleocereus *52*, *70*, 732, 735, **773–774**
  glaber **773**, **774**
  imitans 732, 734, 773
  tonduzii **773**
Wilcoxia *57*, *82*, 823, 860, 1940, 1946, **2072–2082**, 3856–3857
  albiflora 860, **2074**, 2077, **2080**
  australis 2082
  diguetii 1945, 2073
  nerispina 2078, 2082
  papillosa **2074**, 2079, **2082**
  poselgeri **2074**, 2077, 2078, **2079**, 3857
  pseudotomentosa 2079
  schmollii **2074**, **2081**, 2082
  — nigriseta 2081
  — serpens 2082
  serpens 2082

---

*) Dies war nur ein nom. prop. von mir für eine auch aus seitlichen Areolen blühende Form von *Zygocactus* (Abb. 667).

Wilcoxia, striata 1946, 2073, **2074**, 2076, **2080**, 3857
  tamaulipensis **2074, 2079**
  tomentosa 2076, **2078**, 2079, 3857
  tuberosa 2077, 2079
  viperina 2073, **2074, 2075**, 2077, 2078, 2079, 3857
Wilmattea *52, 70,* **802-803**
  minutiflora 768, 774, **802**
  viridiflora 803
Winteria **3906**
  aureispina **3906**
Wittia 23, *52, 69,* 645, 681, 701, 761, 766, **767-768**
  amazonica **767**, 768
  costaricensis 701, 702, 768
  himantoclada 3643
  panamensis **767**, 768
  Wittiae *52, 68, 69,* 761, 768

Xylophylla 3646

Yungasocereus 1359, 3729
  microcarpus 1359

Zehntnerella *57, 81,* **1968-1969**
  squamulosa **1968**
Zygocactus *51, 68,* 102, 646, 714, 715, 716, 719, 721, 722, 727, **728-731**, 739, 3646, 3647, 3903
  altensteinii 729
  bridgesii 728
  candidus 718
  delicatus 729
  microsphaericus 717
  obtusangulus 716
  opuntioides 714, 716
  truncatus 728, **729**, 730, 731, 754
  — altensteinii 730, 731
  — crenatus 730, 731
  — delicatus 730, 731
  — violaceus 731
Zygocereus 3903

Handbuch für Pilzfreunde

Begründet von E. Michael, neubearbeitet von B. Hennig,
weitergeführt und herausgegeben von H. Kreisel, Greifswald

Band 1 · Die wichtigsten und häufigsten Pilze mit besonderer Berücksichtigung der Giftpilze

5., überarb. Aufl., 1983. 408 S., 200 farb. Abb. auf 128 Tafeln, 14 schwarz-weiß Abb., Gzl. DM 48,–

Der Band 1 nimmt durch die betonte Behandlung der wichtigsten Giftpilze und gängigen Speisepilze eine Sonderstellung innerhalb des „Handbuches für Pilzfreunde" ein. Dem Konzept der Reorganisation des Gesamtwerkes folgend, bringt der Allgemeine Teil sowohl sehr nützliche Ratschläge für den Pilzsammler wie auch Hinweise und Rezepte zur besten Verwertung der Pilzbeute.

Band 3 · Blätterpilze–Hellblätter und Leistlinge

2., Aufl., 1977. 464 S., mit über 300 farb. Abb. auf 145 Tafeln, 18 schwarz-weiß Abb., Gzl. DM 69,–

Im vorliegenden Band 3 werden die deutschen und wissenschaftlichen Namen der Pilze (einschließlich ihrer Betonung) erläutert sowie nützliche Hinweise für den Aufbau von Pilzausstellungen und Pilzsammlungen gegeben. Der Systematische Teil bringt Angaben über 14 Familien der Hellblätter, von denen dann im Speziellen Teil rund 300 Arten in Bild und Text ausführlich vorgestellt werden.

Band 4 · Blätterpilze-Dunkelblättler

3. bearb. Aufl. 1985. Etwa 480 S., mit farb. Abb. von über 300 Pilzarten auf 146 Taf., Gzl. etwa DM 50,–

Der Allgemeine Teil von Band 4 („Geomykologie") behandelt die Ökologie der Pilze, ihre geographische Verbreitung (Chorologie) und die Pilzsoziologie. Dabei wurde besonderer Wert auf die Darstellung der Pilze als morphologisch ökologischer Typus, auf ihre Sonderstellung im Rahmen der Biozönose und auf die Beziehungen der Großpilze zu den Gehölzen (Holzzerstörung, Mykorrhiza) gelegt. Im Systematischen Teil werden die dunkelsporigen Blätterpilze (Agaricacea, Stropharicaeae, Coprinaceae, Bolbitiaceae, Cortinariaceae) mit ihren Gattungen und wichtigeren Arten charakterisiert.

Band 5 · Blätterpilze-Milchpilze und Täublinge

2., überarb. Aufl. 1983. 408 S., mit farbigen Abbildungen von 180 Pilzarten und Varietäten auf 131 Tafeln, 31 einfarb. Abbildungen auf 16 Fototafeln, Gzl. DM 54,–

Der Band 5 behandelt Pilze der Gattungen Milchlinge, Täublinge und verwandte Gruppen zur Darstellung, deren häufigere Vertreter in Bestimmungsübersichten, ausführlichen Beschreibungen mit Standort- und Verbreitungsangaben. Der Allgemeine Teil behandelt aus aktueller Sicht die Abstammung der Pilze, fossile Pilze und Bildungsabweichungen an Fruchtkörpern und stellt diese Thematik in allgemeinbiologische Zusammenhänge.

in Vorbereitung:

Band 2 · Nichtblätterpilze, 3. A.

Band 6 · Die Gattungen der Großpilze in Europa
Bestimmungsschlüssel und Gesamtregister der Bände 1-5, 2. A.

Gustav Fischer Verlag · Stuttgart · New York

Bestellkarte

Ich bestelle aus dem Gustav Fischer Verlag, Postfach 72 01 43, D-7000 Stuttgart 70, über die Buchhandlung:

....

Die Cactaceae
Von Curt Backeberg

30380	.... Expl.	Band 1 DM 220,—/188,—*	.... Expl.
30381	.... Expl.	Band 2 DM 235,—/198,—*	.... Expl.
30382	.... Expl.	Band 3 DM 235,—/198,—*	.... Expl.
30383	.... Expl.	Band 4 DM 260,—/220,—*	.... Expl.
30384	.... Expl.	Band 5 DM 298,—/248,—*	.... Expl.
30385	.... Expl.	Band 6 DM 260,—/220,—*	.... Expl.
98081	.... Expl.	**Cactaceae Band 1—6 zum Vorzugspreis DM 1272,—**	.... Expl. .... Expl.

* Vorzugspreis für Bezieher des Gesamtwerkes. .... Expl.

Preisänderungen vorbehalten .... Expl.

Datum: .... Unterschrift: ....

Zur Information über Neuerscheinungen und Neuauflagen des GUSTAV FISCHER VERLAGS auf Ihrem Fachgebiet schicken wir Ihnen auf Wunsch laufend kostenlos Informationen zu. Interessengebiete bitte ankreuzen und Karte ausgefüllt zurückschicken.

Medizin
- ☐ Anatomie, Embryologie
- ☐ Pathologie
- ☐ Physiologie
- ☐ Med. Mikrobiologie, Hygiene
- ☐ Pharmakologie Toxikologie
- ☐ Pharmazie
- ☐ Labormedizin
- ☐ Innere Medizin, Allgemeinmedizin
- ☐ Anästhesie, Intensivmedizin
- ☐ Chirurgie, Orthopädie, Urologie, Röntgenologie, Sonographie, NMR, diagnostische Nuklearmedizin
- ☐ Gynäkologie, Geburtshilfe, Perinatologie
- ☐ Pädiatrie, Perinatologie
- ☐ Ophthalmologen
- ☐ Oto-Rhino-Laryngologie
- ☐ Dermatologie, Venerologie
- ☐ Zahnheilkunde
- ☐ Neurologie
- ☐ Psychiatrie, Psychotherapie
- ☐ Psychologie
- ☐ Musiktherapie
- ☐ Medizinalfachberufe, Physikal. Medizin, Krankenpflege, Krankengymnastik, Massagen, MTA
- ☐ Rechtsmedizin, Arbeits- u. Sozialmedizin, Begutachtung
- ☐ Gesch. der Medizin u. Naturwissenschaften

Biologie
- ☐ Veterinärmedizin
- ☐ Umwelthygiene
- ☐ Botanik (incl. Ökologie, Allg. Biologie, Biogeographie)
- ☐ Zoologie (incl. Ökologie, Allg. Biologie, Mikrobiologie, Biogeographie)
- ☐ Anthropologie, Ethnologie, Evolution, Paläontologie
- ☐ **Statistik, Biometrie, Datenverarbeitung**
- ☐ **Wirtschafts- und Sozialwissenschaften**

Absender
(Studenten bitte Heimatanschrift angeben)

....

....

....

....

Bitte
ausreichend
frankieren

Werbeantwort/Postkarte

Gustav Fischer Verlag
Postfach 72 01 43

D-7000 Stuttgart 70

☐ Teilverzeichnis Biologie/Medizin
(kostenlos)

Backeberg, Cactaceae VI.
XII. 84. 1,5. nn. Printed in Germany

Absender
(Studenten bitte Heimatanschrift angeben).

....

....

....

....

Bitte
ausreichend
frankieren

Werbeantwort/Postkarte

Gustav Fischer Verlag
Postfach 72 01 43

D-7000 Stuttgart 70

☐ Teilverzeichnis Biologie/Medizin
(kostenlos)

Backeberg, Cactaceae VI.
XII. 84. 1,5. nn. Printed in Germany